리더십

헨리 키신저
Henry Kissinger

리더십
LEADERSHIP

현대사를 만든 6인의 세계 전략 연구

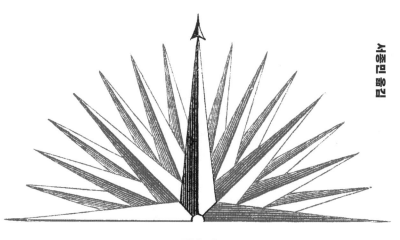

서종민 옮김

민음사

LEADERSHIP:

Six Studies in World Strategy
by Henry Kissinger

내 삶에 영감을 주는

낸시에게

차례

역사에서 찾은 리더십

리더십의 축

　정치체제와 상관없이 모든 사회는 지금까지 기억을 만든 과거에서 앞으로의 발전을 전망하는 미래로 영원히 나아가는 중이다. 이 여정에 리더십이 빠질 수 없다. 누군가는 결정을 내리고, 신뢰를 쌓고, 약속을 지키고, 나아갈 방향을 제시해야 한다. 국가, 종교, 군대, 기업, 학교 등 사람이 만드는 제도에서 리더십은 사람들이 지금 있는 자리에서 한 번도 이르지 못한 자리, 상상조차 못한 자리까지 이를 수 있도록 돕는다. 리더십이 없다면 제도는 표류하고, 국가는 점차 무의미해지다 결국 비참하게 실패한다.

　리더는 두 축이 교차하는 지점에서 생각하고 행동한다. 첫째는 과거와 미래를 잇는 축이고, 둘째는 불변의 가치와 리더를 따르는 사람들의 열망을 잇는 축이다. 리더의 첫 번째 과제는 분석이다. 이 분석은 역사, 관습, 가능성에 따라 사회를 현실적으로 평가하는 데서 시작한다. 다음 과제는 과거에서 비롯된 지식과 미래에 대한 불확실하고 추측 섞인 직관 사이에서 균형 잡기다. 리더는 방향을 직관적으로 가늠해 목표와 전략을 설정한다.

사회를 고무하기 위해 리더는 교육자가 되어 목표를 전달하고, 의심을 불식하고, 지지를 호소해야 한다. 국가가 말 그대로 무력을 독점하지만, 강압에 의존한다는 건 부적절한 리더십의 한 증상이다. 좋은 리더는 국민의 마음속에 리더와 동행하고 싶다는 바람을 일으킨다. 또한 좋은 리더는 자기 생각을 실제 당면한 문제와 관련지어 해석해 줄 최측근 참모에게 영감을 줄 수 있어야 한다. 역동적인 참모진은 리더의 여정을 뒷받침하고 결정의 딜레마를 덜어 주며 리더의 내적 생명력을 눈에 띄게 보완한다. 리더는 그를 둘러싼 사람들의 자질 때문에 과평가되거나 폄하될 수 있다.

과거와 미래를 잇는 가교에서 이런 구실을 하는 리더에게는 용기와 인격이 꼭 필요하다. 복잡하고 까다로운 상황에서 한 가지 방향을 선택할 용기가 있어야 하고, 이를 위해서는 정해진 길을 벗어나려는 의지가 필요하다. 또 선택의 순간에는 그에 따른 혜택과 위험을 완전히 파악할 수 없는 행동 방침을 계속 고수할 만큼 강인해야 한다. 용기는 결정의 순간에 미덕을 낳고, 인격은 오랫동안 빛날 지조를 강화한다.

리더십은 가치와 제도가 의미를 잃고 무엇이 좋은 미래인지에 관해 논쟁이 벌어지는 전환기에 가장 중요해진다. 이때 리더는 창의성과 진단 능력을 발휘해 생각해야만 한다. 사회의 행복은 어디에서 비롯되는가? 사회는 어디에서부터 붕괴하는가? 과거의 유산 중 무엇을 보존해야 하고 무엇을 바꾸거나 버려야 하는가? 마땅히 헌신해야 할 목표는 무엇이고, 아무리 매력적이라도 피해야 할 전망은 무엇인가? 궁극적으로, 더 만족스러운 미래로 나아가기 위해 지금 희생을 감내할 만한 생명력과 자신감이 사회에 있는가?

리더는 어떻게 결정하는가

리더는 필연적으로 여러 제약에 둘러싸인다. 모든 사회에 능력과 범위면에서 인구통계와 경제가 정하는 한계가 있기 때문에 리더는 결핍을 운용한다. 리더는 또한 시간과 함께한다. 모든 시대와 문화에 저마다 무엇이 가장 바람직한 결과인지를 판가름하는 유력한 가치, 관습, 태도가 있기 때문이다. 그리고 리더는 동맹, 잠재적 동반자, 적대자를 비롯해 다른 행위자들과 논쟁해야 하기 때문에 경쟁 속에서 움직인다. 리더는 멈춰 있는 대신 상황에 따라 적응하며 저마다 뚜렷한 능력과 열망을 품는다. 게다가 대개는 상황이 너무 빠르게 흘러가기 때문에 정확하게 계산기를 두드려 볼 여유가 없고, 입증할 수 없는 직관과 가설을 바탕으로 결정을 내려야만 한다. 리더에게 위험관리는 분석 기술만큼이나 중요하다.

전략은 이렇게 희소성, 일시성, 경쟁성, 유동성이라는 조건하에 리더가 내린 결론이다. 앞으로 나아갈 길을 찾는다는 점에서 전략적 리더십은 줄타기와 비슷하다. 곡예사가 너무 소심하거나 대범하면 줄에서 떨어지듯, 리더는 반드시 과거의 상대적 확실성과 미래의 모호성 사이에 아슬아슬하게 매달린 채 길을 찾아야만 한다. 고대 그리스에서 휴브리스(hubris)라고 부른 과한 야망을 품었다가는 목표를 이루기 전에 기운이 다하고, 지난날의 영광에 안주한다면 점차 퇴색하고 결국 쇠락한다. 따라서 목적지에 다다르려는 리더는 상황에 알맞은 목적과 목적에 알맞은 수단을 하나씩 갖춰 나가야 한다.

전략가로서 리더는 역설을 맞닥뜨릴 수밖에 없다. 행동에 나서야 하는 상황에서 대개 너무 적은 정보만으로 너무 폭넓은 결정을 내려야 한다. 더 많은 데이터를 확보할 즈음에는 이미 선택할 수 있는 전술의 폭이 좁아진 경우가 많다. 예컨대 경쟁 세력의 전략적 군비 확충이 막 시작되었거나 새로운 호흡기 질환 바이러스가 갑자기 나타났을 때 이를 일시적 현상이나 기존 방식으로 관리할 수 있는 상황이라고 보기 쉽다. 그러나 더는 위협을 부정하거나 간과할 수 없을 때가 되면 이미 행동 범위가 제한되거나 문제 대응 비용이 터무니없이 늘어날 수 있다. 시간을 잘못 썼다가는 자기 목을 스스로 조르는 꼴이 된다. 성공의 보상은 적되 실패의 대가는 더 막대해져서, 남은 선택 중 가장 좋은 것을 실행하기도 어려워진다.

바로 이때 리더의 직관과 판단이 필요하다. 이를 잘 알고 있던 윈스턴 처칠(Winston Churchill)은 『폭풍 전야(The Gathering Storm)』(1948)에서 이렇게 말했다. "쉬운 문제를 해결하는 데는 정치인이 필요 없다. 쉬운 문제는 대개 저절로 해결된다. 균형이 흔들리고 조화가 안개에 휩싸일 때야말로 세계를 구할 결정이 모습을 드러낼 기회다."[1]

1953년 5월, 어느 미국인 교환학생이 처칠에게 리더십의 위기에 대응하려면 무엇을 준비해야 하는지 물었다. 처칠은 단호하게 답했다. "역사를 공부하게. 역사를 공부하게나. 역사 속에는 국정의 비결이 다 숨어 있다네."[2] 처칠 자신도 역사를 열성적으로 공부하는 학생이자 저술가였으며 자신이 어떤 맥락에서 일하는지 잘 알고 있었다.

그런데 역사 지식이 필요하긴 해도 이것만으로 충분하지는 않다. 어떤 문제는 학식 있고 경험 많은 이들도 꿰뚫어 보지 못하는 안개에 영원히 휩싸여 있다. 역사의 가르침은 비슷한 상황을 알아보는 유추를 통해 얻는다. 그러나 이것은 본질상 근사치일 뿐이고, 이에 대한 인식과 당대의 상황에 알맞은 적용은 리더의 몫이다. 이를 포착한 20세기 초 역사철학자 오스발트 슈펭글러(Oswald Spengler)는 "사람, 상황, 사물의 가치를 판단하는 모든 이 가운데…… 옳은 일을 알지 못하는 채로 옳은 일을" 할 수 있는 사람이 "타고난" 리더라고 말했다.[3]

또한 전략적 리더는 예술가의 자질을 갖추고 지금 쓸 수 있는 재료로 미래를 조각할 줄 알아야 한다. 샤를 드골(Charles de Gaulle)이 리더십에 관한 묵상록 『칼날(Le Fil de L'épée)』(1932)에서 말했듯 예술가는 "교훈, 수단, 지식"의 원천인 "자신의 지성을 이용하는 데 단념하는 법이 없다". 오히려 예술가는 이런 기반에 "우리가 영감이라고 부르는 직관적 재능"을 더하며 이것만으로 도 "자연과 직접 맞닿아 생명의 불꽃을 일으킬" 수 있다.[4]

현실은 복잡하기 때문에 역사에서 말하는 진리와 과학에서 말하는 진리는 다르다. 과학자는 검증할 수 있는 결과를 추구하지만, 역사적 견문이 넓은 전략적 리더는 본질적인 모호성 속에서 실행할 수 있는 통찰을 뽑아내려고 애쓴다. 과학 실험은 앞선 결과에 근거를 보태거나 의문을 제기하고, 과학자는 이를 기회 삼아 변수를 수정해서 다시 실험할 수 있다. 그러나 전략가는 단 한 번만 실험할 수 있고, 그 결정은 대개 돌이킬 수 없다. 그러므로 과학자는 실험이나 수학으로 진리를 배울 수 있으나, 전략가는 어느 정도 과거의 유사점에 기대어 고찰해야 하며 과거의 어떤 사건이 유사하고 어떤 결론이 여전히 유효한지를 먼저 밝혀야 한다. 더욱이 이때 전략가는 유사점을 신중하게 선택해야만 하는데, 그 누구도 과거를 실제로 경험할 수는 없기 때문이다. 네덜란드 역사가 요한 하위징아(Johan Huizinga)의 말대로 그저 "기억의 달빛에 따라" 상상할 수밖에 없다.[5]

의미 있는 정치적 선택은 변수가 하나뿐인 경우가 거의 없다. 현명한 결정을 내리려면 역사에서 얻은 직관을 바탕으로 한 정치적, 경제적, 지리적, 기술적, 심리적 통찰이 필요하다. 20세기 말에 이사야 벌린(Isaiah Berlin)은 과학적 사고를 다른 영역에 적용할 수 없기 때문에 전략가의 능력은 끝없이 도전에 맞서게 된다고 설명했다. 그는 리더가 마치 소설가나 풍경화 화가처럼 눈부신 삶의 복잡성을 모두 받아들여야 한다고 했다.

어리석은 사람과 지혜로운 사람, 이해심이 있는 사람과 없는 사람을 만드는 것은 지식이나 배움이나 정보에 밝은 사람을 만드는 것과 반대로 각 상황의 고유한 특징을 있는 그대로 지각하는 데 있다. 각 특징은 다른 모든 상황과 구별되는 차이가 있기 때문에 과학적으로는 다룰 수 없다.[6]

저마다 다른 맥락 속 리더 6인

역사는 바로 이런 인물과 상황이 결합하며 탄생한다. 이 책에서 살펴볼 콘라트 아데나워(Konrad Adenauer), 드골, 리처드 닉슨(Richard Nixon), 안와르 사다트(Anwar Sadat), 리콴유(李光耀), 마거릿 대처(Margaret Thatcher) 등 여섯 리더는 모두 역사적 격동의 시기에 상황이 빚어낸 인물이다. 그리고 이들은 모두 건설자가 되어 전후 각 사회와 국제 질서를 발전시켰다. 운 좋게도 나는 이 여섯 리더가 저마다 최고의 영향력을 발휘할 때 이들 모두를 만나 보았으며 닉슨과는 밀접하게 일할 수 있었다. 전쟁이 신념을 휩쓸어 버린 세계를 물려받은 이 리더들은 과도기에 국가의 목적을 다시 정의하고, 새로운 전망을 열고, 세계의 새로운 구조를 세우는 데 이바지했다.

여섯 리더는 1914년 8월 1차세계대전 발발 무렵부터 1945년 9월 2차세계대전의 종식까지 이른바 두 번째 30년전쟁이라는 타오르는 용광로를 각자의 방식대로 헤쳐 나갔다. 첫 번째 30년전쟁과 마찬가지로 두 번째 30년전쟁이 유럽에서 시작해 전 세계로 퍼졌다. 첫 번째 30년전쟁은 유럽을 종교적 신앙과 왕조 계승에서 정당성을 찾던 지역에서 세속 국가의 주권 평등을 기반으로 하는 체제로 바꿔 놓았으며 그 교훈을 전 세계에 퍼트렸다. 3세기 뒤에 터진 두 번째 30년전쟁은 유럽의 환멸과 나머지 세계의 빈곤을 새로운 질서로 극복해야 한다는 과제를 전 세계 체제에 제시했다.

국제적 영향력이 최고조일 때 20세기를 맞이한 유럽은 그 전 수 세기에 걸친 진보가 앞으로도 끝나지 않으리라는 확신에 젖었으며 그것이 유럽의 숙명이라고 믿었다. 유럽 대륙의 인구와 경제는 전례 없는 성장세를 보이고 있었다. 산업화와 자유무역은 역사적인 번영을 유럽의 품에 안겨 주었다. 거의 모든 유럽 국가에 민주주의 제도가 존재했다. 이 제도가 영국과 프랑스에서는 지배적이었고, 독일제국과 오스트리아에서는 점차 타당성을 얻으며 발전하고 있었고, 혁명 전 러시아에서도 피어났다. 20세기 초 유럽의 지식층은 토마스 만(Thomas Mann)의 소설 『마의 산(Der Zauberberg)』에 등장하는 자유주의적 인도주의자 로도비코 세템브리니처럼 "모든 게 문명에 이로운 방식대로 흘러가고 있었다"고 믿었다.[7]

이 유토피아적 관점은 영국의 언론인 노먼 에인절(Norman Angell)이 1910년에 발표한 베스트셀러 『대환상(The Great Illusion)』에서 정점에 이르렀다. 에인절은 이 책에서 유럽 열강 간의 경제적 의존도가 커지면서 전쟁은 엄두를 못 낼 만큼 큰돈이 들게 되었다며 "인간이 상충하기보다는 협력할 수밖에 없다"고 선언했다.[8] 그러나 이에 더해 "어떤 정부도 더는 전 인구, 여성과 어린이를 옛날처럼 엄청난 규모로 몰살하려 들 수 없다"[9]는 그의 말을 비롯해 이와 유사한 여러 예상이 오래지 않아 산산이 부서지고 말았다.

1차세계대전은 국고를 바닥내고 왕조를 멸망시켰으며 수많은 생명을 앗아 갔다. 유럽이 아직도 완전히 회복하지 못했을 정도로 대참사였다. 1918년 11월 11일, 휴전협정이 체결될 때까지 1000만 명에 가까운 병사와 민간인 700만 명이 목숨을 잃었다.[10] 동원된 병사들은 일곱 명 중 한 명꼴로 돌아오지 못했다.[11] 두 세대에 걸쳐 유럽의 젊은이들이 소모되었다. 젊은 남성은 죽었고 젊은 여성은 과부가 되거나 홀로 남았으며 셀 수 없이 많은 아이들이 고아가 되었다.

프랑스와 영국은 승리를 거머쥐었으나 국력이 바닥났으며 정치적으로 취약한 상태였다. 패배한 독일은 식민지를 빼앗기고 막대한 빚을 짊어진 채

승전국의 분노와 국내에서 대립하는 정당들의 갈등 사이에서 동요했다. 오스트리아헝가리제국과 오스만제국은 무너졌고, 러시아는 역사상 가장 급진적인 혁명을 겪으며 국제 체제에서 물러나 있었다.

양 대전 사이에 민주주의가 비틀대는 동안 전체주의가 행진했으며 빈곤이 유럽 대륙 전역을 뒤덮었다. 1914년의 호전적인 열정이 오래전에 가라앉은 유럽이 1939년 9월, 체념에 물든 예감과 함께 2차세계대전 발발을 맞닥뜨렸다. 이번에는 전 세계가 유럽의 고통을 함께했다. 영국계 미국인 W. H. 오든(W. H. Auden)은 뉴욕에서 이렇게 썼다.

> 파도치는 분노와 두려움이
> 지구의 밝은 땅과
> 어두운 땅을 순환하며
> 우리의 사생활을 지배하고,
> 입에 담지 못할 죽음의 냄새가
> 9월의 밤을 해치네.[12]

오든의 시는 예언이나 다름없었다. 2차세계대전은 적어도 6000만 명의 목숨을 앗아 갔으며 소련, 중국, 독일, 폴란드에 인명 피해가 집중되었다.[13] 1945년 8월이 되자 쾰른과 코번트리부터 난징과 나가사키에 이르는 여러 도시가 포격과 공습, 화재 및 내부 분쟁을 거치며 폐허로 전락했다. 전쟁이 지나간 자리에는 파탄 난 경제와 엄청난 기근, 기진맥진한 사람들만 남아 큰 대가를 치러야 할 국가 재건이라는 과제를 마주했다. 아돌프 히틀러(Adolf Hitler)는 독일의 국가적 지위, 정당성 자체를 거의 지워 버렸다. 프랑스는 1940년 나치 침공의 영향으로 제3공화국이 무너지고 1944년에야 그 도덕적 공백에서 회복하기 시작했다. 유럽 열강 중 영국만이 전쟁 전 정치

체제를 유지했으나 사실상 파산 상태였으며 오래지 않아 제국의 점진적 손실과 기나긴 경제적 곤궁에 맞닥뜨렸다.

이런 격변이 이 책에서 만날 여섯 리더 모두에게 지울 수 없는 흔적을 남겼다. 1876년에 태어나 1917년부터 1933년까지 쾰른 시장을 지낸 아데나워의 정치 경력에는 라인란트를 두고 프랑스와 벌인 분쟁과 히틀러의 부상이 모두 포함된다. 아데나워는 2차세계대전 중 나치 집권하에 두 차례 투옥되었다. 1949년부터는 그가 역사상 최악의 시기를 지나는 독일을 인도하며 수십 년에 걸친 유럽 정복 원정을 폐기하고, 대서양 동맹에 독일을 정박시키고, 자신의 기독교적 가치와 민주주의에 관한 확신을 반영한 도덕적 기반을 재건했다.

1890년에 태어난 드골은 1차세계대전 중 포로가 돼 2년 반을 제2제국 시대 독일에서 보냈고, 2차세계대전이 터지자 기갑부대를 지휘했다. 프랑스가 무너진 뒤로 드골은 두 차례에 걸쳐 프랑스의 정치 구조를 재건했다. 우선 1944년에 프랑스의 본질을 복원했고, 1958년에는 프랑스의 영혼을 되살리며 내전을 막았다. 그는 지나친 확장 끝에 패배하고 분열된 프랑스제국이 강건한 헌법하에 안정적으로 번영하는 국민국가가 되는 역사적 전환을 이끌었다. 이를 바탕으로 프랑스가 다시 국제 관계에서 중요한 구실을 지속적으로 맡게 한 것이다.

1913년생인 닉슨은 2차세계대전 경험을 토대로 미국이 새로운 세계 질서에서 한층 강력한 구실을 해야 한다는 교훈을 얻었다. 미국 역사상 유일하게 대통령 자리에서 스스로 물러난 그는 1969년부터 1974년까지 냉전의 정점에서 초강대국 간 긴장을 완화하고 미국이 베트남전쟁에서 벗어나게 했다. 이 과정에서 닉슨은 중국과 교류를 트고 중동의 변화를 이끌 평화 정착 절차를 시작하는 한편 균형에 기초한 질서라는 개념을 강조하며 미국의 외교정책을 건설적인 전 지구적 기반에 올려 두었다.

이 책에서 살펴볼 리더들 중 두 명은 피지배국에서 2차세계대전을 겪었다. 1918년생인 사다트는 이집트 육군 사관으로서 1942년에 독일의 야전 군사령관 에르빈 로멜(Erwin Rommel)과 협력해 이집트에서 영국군을 몰아내려다 2년간 투옥되었으며 친영 성향의 전 재무 장관 아민 오스만(Amin Osman)이 암살된 뒤 감금되어 거의 3년을 독방에서 보냈다. 혁명적 범아랍주의라는 신념에 따라 오래도록 활발하게 움직인 사다트는 1970년에 가말 압델 나세르(Gamal Abdel Nasser)가 갑작스럽게 세상을 떠나면서 대통령 자리에 올랐다. 당시 이집트는 1967년 3차중동전쟁에서 이스라엘에 패한 충격과 혼란에 빠져 있었다. 군사전략과 외교를 기민하게 결합한 그는 이집트의 기존 영토와 국가적 자신감을 되찾으려 애쓰는 한편 이스라엘과 오래 끌어온 불화를 초월적 사상으로 잠재우고 평화를 지키려 했다.

1923년에 태어난 리콴유는 1942년에 일본 점령군에게 처형될 위기에서 간신히 벗어났다. 그리고 적대적 이웃 나라에 둘러싸인 태평양 끝자락의 가난한 다민족 항구도시가 변모할 기틀을 마련했다. 그가 이끈 싱가포르는 다양한 문화에 통일성을 부여하는 공동의 정체성을 갖추며 안전하고 잘 관리되는 번영한 도시국가로 거듭났다.

1925년에 태어난 대처는 영국 본토의 항공전 당시 가족들과 모여 앉아 처칠 총리의 전시 방송을 들었는데, 1979년에는 세계적 지배력을 상실한 전 제국주의 열강으로서 위상이 기운 탓에 지긋지긋한 체념에 빠진 영국을 물려받았다. 그리고 경제개혁 및 대담함과 신중함이 절묘하게 균형을 이루는 외교정책을 통해 영국을 쇄신했다.

두 번째 30년전쟁을 지나는 동안 여섯 리더는 모두 세계가 길을 잃고 헤맨 이유를 저마다 추론하며 대담하고 야심 찬 정치적 리더십이 꼭 필요하다는 점을 제대로 이해했다. 일반적으로 리더십을 타고난 선(善)으로 이해하지만, 역사가 앤드루 로버츠(Andrew Roberts)의 말처럼 리더십은 "사실 완전히 도덕 중립적이다. 인류를 심연으로 이끌든 햇볕 드는 고지대로 이끌든 마찬가지다. 리더십은 가공할 권력의 변화무쌍한 힘"이고, 우리는 이런 리더십이 도덕적인 목적을 지향하도록 해야 한다.[14]

리더십의 전형: 정치인과 예언자

리더는 대부분 선지자가 아니라 경영인이다. 모든 사회, 모든 수준의 책임자는 자기가 맡은 기관을 돌보기 위해 매일 관리인 노릇을 할 필요가 있다. 그러나 전쟁이나 급격한 기술 변화, 경제 혼란, 사상적 격변 같은 위기의 시대에는 현상 관리가 아주 위험한 방법일 수 있다. 운이 좋은 사회라면 이럴 때 변혁적 리더가 등장한다. 이 리더의 이상형으로 크게 정치인과 예언자를 들 수 있다.[15]

멀리 내다볼 줄 아는 정치인은 핵심 과제 두 가지를 잘 이해한다. 하나는 상황에 압도되지 않고 상황을 압도하며 사회를 유지하는 것이다. 이런 리더는 변화와 진보를 받아들이는 한편 사회가 기본 정체성을 유지하면서 자신이 이끄는 변화를 겪게 한다. 다른 하나는 한계를 늘 인지하며 비전을 신중하게 조정하는 것이다. 이런 리더는 최선의 결과뿐만 아니라 최악의 결과도 책임진다. 이들은 원대한 소망이 헤아릴 수 없을 만큼 좌절하고, 수많은 선의가 실현될 수 없었으며, 이기심과 권력에 대한 굶주림과 폭력이 인간사에서 끊임없이 나타난다는 걸 안다. 이런 리더십이 있는 정치인은 대개 가장 잘 만든 계획조차 물거품이 되거나 가장 설득적인 표현에도 숨은 뜻이 있을 가능성에 대비한다. 이들은 개인의 입맛대로 정책을 만드는 이를 의심하는 경향이 있는데, 왜냐하면 한 사람이 좌지우지하는 구조가 취약하다는 점을 역사가 알려 주기 때문이다. 야심은 있으나 혁명가는 아닌 이들은 자신이 역사의 순리로 인식하는 범위 안에서 일하며 사회를 진보시키는 한편 미래 세대에 전하는 유산인 정치제도를 비롯한 근본적인 가치는 수정해도 본질이 그대로 이어진다고 여긴다. 현명한 정치인형 리더는 새로운 상황에 발맞춰 기존 제도와 가치를 뛰어넘어야 할 때를 알아차린다. 그러나 이들은 사회가 융성하려면 이런 변화가 지속 가능한 범위를 넘지 않아야 한다는 점도 이해한다. 이런 유형에 17세기 베스트팔렌 국가 체제[*]를 만든 리더들과 파머스턴 경(Lord Palmerston), 윌리엄 글래드스턴(William Gladstone), 벤저민 디즈레일리(Benjamin Disraeli), 오토 폰 비스마르크(Otto von Bismarck)를 비롯한 19세기 유럽의 리더들이 포함된다. 20세기에는 시어도어 루스벨트(Theodore Roosevelt)와 프랭클린 루스벨트(Franklin Roosevelt), 무스타파 케말 아타튀르크(Mustafa Kemal Atatürk), 자와할랄 네루(Jawaharlal Nehru) 등이 모두 정치인형 리더였다.

리더의 두 번째 유형인 선지자 또는 예언자는 주요 제도를 가능성이라는 기준보다는 반드시 실현해야 할 전망으로 본다. 예언자형 리더는 자기가 품은 비전이 자신의 정당성을 증명한다고 호소한다. 설계도로 만들 백지를 갈구하는 이들은 과거의 말소를 최우선 과제로 여기며 과거의 덫은 물론이고 보물까지 지우려 한다. 예언자의 미덕은 무엇이 가능한지를 재정립한다는 데 있다. 조지 버나드 쇼(George Bernard Shaw)는 이런 사람이 "모든 진보"를 가능케 하는 "비합리적 인물"이라고 표현했다.[**] 궁극적 해결책을 믿는 예언자형 리더는 점진주의를 시간과 상황을 내주는 것으로 보는 경향이 있다. 이들의 목표는 현상을 관리하기보다 뛰어넘는 데 있다. 이크나톤

---

[*] 17세기의 30년전쟁 이후 수립되었으며 중세의 종교나 왕조 기반을 국익과 주권 기반으로 대체해 전후 생존 국가들을 한데 모았다.

[**] 합리적인 이는 세상에 자신을 맞추고, 비합리적인 이는 세상을 자신에게 맞추려 한다. 그러므로 모든 진보는 비합리적인 이에게 달려 있다. ―『인간과 초인(Man and Superman)』

(Ikhenaton), 잔 다르크(Jeanne d'Arc), 막시밀리앙 드 로베스피에르(Maximilien de Robespierre), 블라디미르 레닌(Vladimir Lenin), 모한다스 간디(Mohandas Gandhi) 등이 역사 속 예언자형 리더다.

두 유형을 가르는 경계는 절대적이지 않다. 리더는 한 유형에서 다른 유형으로 변할 수 있고, 대체로 한 유형에 속하면서 다른 유형의 속성을 빌릴 수도 있다. "광야의 시대" 속 처칠과 자유프랑스를 이끌던 드골은 예언자형 리더로서 당대를 살았으며 1973년 이후 사다트도 그랬다. 사실상 이 책에서 만나 볼 리더 여섯 명이 모두 두 가지 경향성을 종합했으나 정치인 유형에 더 가까웠다.

고대 인물 중에는 그리스 도시국가들이 페르시아제국에 흡수되지 않도록 지켜 낸 아테네의 리더 테미스토클레스(Themistocles)의 리더십이 두 유형을 가장 바람직하게 혼합한 경우다. 투키디데스(Thucydides)는 테미스토클레스가 "심사숙고할 틈도 없는 갑작스러운 위기 상황에 가장 탁월한 판단자인 동시에 아주 먼 미래의 가능성도 볼 줄 아는 가장 훌륭한 예언자"였다고 묘사했다.[16]

두 유형이 만나면 대체로 결론이 나지 않고 불만만 생기는데, 이는 성공에 대한 판단이 다르기 때문이다. 정치인은 정치 구조가 압력을 얼마나 버틸 수 있는지를 판단의 척도로 삼는데, 예언자는 절대적 기준으로 성과를 판단한다. 정치인이 앞으로 취할 수 있는 여러 방편을 진리보다 효용에 따라 평가한다면, 예언자는 이런 방식이 보편적 원리를 저버리고 편의주의를 택한 신성 모독이라고 본다. 정치인에게 협상은 안정을 위한 기제지만, 예언자에게 협상은 상대방의 생각을 바꾸거나 기를 죽일 수단이 될 수 있다. 또한 정치인이 국제 질서의 유지를 그 안에서 벌어지는 어떤 논쟁보다 중요하게 여기는 반면, 예언자는 자신의 목표를 이루는 데 필요하다면 기존 질서도 뒤집으려 한다.

리더십의 두 유형이 모두 변화를 몰고 오며 특히 위기가 닥쳤을 때는 변혁을 일으키지만, 격앙의 시기를 대표하는 예언자 유형에게 더 큰 혼란과 고통이 따르기 마련이다. 또한 각 유형에게 숙적이 있다. 정치인에게는 안정과 장기적 진보를 위한 환경은 될 수 있어도 자체적 추진력은 없는 균형 상태가 숙적일 수 있다. 그리고 예언자는 무아지경에 빠져 원대한 전망에 인간성이 매몰되고 개인을 단순한 객체로 전락시킬 위험이 있다.

역사 속 개인

개인적 특성이나 행동 양식과 상관없이 리더는 필연적으로 현재의 요구가 미래를 압도하지 않도록 해야 한다는 과제를 끊임없이 마주하게 된다. 평범한 리더는 눈앞에 닥친 상황을 관리하려고 하지만, 위대한 리더는 비전을 제시하고 사회를 고무하려고 한다. 이 과제를 해결하는 방안에 관한 논의는 인류가 의도한 일과 피할 수 없는 일의 관계를 숙고하기 시작했을 때부터 이어져 내려왔다. 19세기부터 서양에서는 마치 인간이 창조자가 아니라 도구에 지나지 않던 방대한 과정을 거치면서 사건에 압도되었다는 듯 점차 역사에서 해결책을 찾기 시작했다. 20세기에는 저명한 프랑스인 사학자 페르낭 브로델(Fernand Braudel)을 비롯한 수많은 학자가 개인과 그 개인이 일으킨 사건은 그저 그보다 더 광대한 바다에서 피할 수 없는 조류에 따라 일어난 "수면의 풍파"이자 "거품 산꼭대기"로 봐야 한다고 주장했다.[17] 사회사학자와 정치철학자, 국제 관계 이론가를 비롯한 주요 사상가들은 막 일어나기 시작하는 세력에 운명이라는 힘을 불어넣는다. '사회운동', '구조', '권력 분배' 앞에서 인류는 모든 선택권을 빼앗겼기 때문에 모든 책무를 포기할 수밖에 없다는 말이 있다. 물론 이는 타당한 역사적 분석 개념이고,

리더는 자신의 힘을 인지해야 한다. 그러나 이 힘은 언제나 인간의 지각을 거치고 행위를 통해 적용된다. 아이러니하게도 역사에 불가피한 법칙이 있다는 이론은 개인들의 권력이 악의적으로 결탁하는 데 가장 효과적인 수단으로 쓰였다.

여기서 대두하는 문제가 이런 힘은 국지적으로 발생하는가 또는 사회적, 정치적 행위의 대상인가다. 물리학에서는 실재가 관찰 과정에 따라 바뀐다는 점을 배웠다. 역사도 이와 비슷하게 인간이 자신의 해석에 따라 환경을 만들어 나간다는 점을 가르쳐 준다.

역사에서 개인이 중요한가? 율리우스 카이사르(Julius Caesar)나 마호메트(Mahomet), 마르틴 루터(Martin Luther) 또는 간디, 처칠, 프랭클린 루스벨트와 같은 시대를 산 사람들은 이를 질문이라고 생각하지도 않을 것이다. 이 책은 의도한 일과 피할 수 없는 일이 끊임없이 맞붙는 상황에서 피할 수 없을 듯한 일도 인간의 행동에 따라 그렇게 보인다는 점을 잘 이해한 리더들에 대해 살펴본다. 이들의 중요성은 이들이 자신이 물려받은 상황을 뛰어넘고 사회를 가능성의 한계까지 밀어붙였다는 데 있다.

리더십
LEADERSHIP

콘라트 아데나워, 1954년.

콘라트 아데나워: 겸손의 전략

개혁의 필요

1943년 1월 카사블랑카 회담에서 연합국은 추축국의 '무조건 항복' 외에 그 무엇도 받아들일 수 없다고 선언했다. 당시 이 선언을 주도한 미국 대통령 루스벨트는 히틀러를 이을 독일 정부가 이행되지 않은 약속에 속아 항복했다고 주장할 싹을 잘라 버리려고 했다. 군사적으로 완패한 데다 도덕적, 국제적 정당성까지 모조리 잃어버린 독일의 사회구조는 속절없이 무너지고 있었다.

당시 미 육군 제84보병사단 소속이던 나는 공업지역인 루르에서 마그데부르크 부근의 엘베강 쪽으로 가면서 독일의 붕괴 과정을 두 눈으로 볼 수 있었다. 우리가 이동한 곳은 훗날 베를린 공방전이 벌어지는 곳에서 고작 150킬로미터 남짓 떨어져 있었다. 보병사단이 독일 국경을 넘는 동안 나는 앞서 히틀러가 명령한 게릴라 행위를 막고 안보를 책임지는 부대로 전출되었다.

6년 전 가족이 인종 박해를 피해 바이에른주의 소도시 퓌르트에서 탈출한 나 같은 사람에게 이 광경은 내가 어릴 때 독일이 상상한 미래와 더없이 크게 대비되었다. 우리 가족이 탈출할 때는 히틀러가 오스트리아를 병합한 직후였으며 체코슬로바키아를 해체하는 중이었다. 독일인 대부분이 거만에 가까운 태도를 보였다.

그러나 이제 민중의 항복을 뜻하는 백기가 수많은 창문에 나부끼고 있었다. 몇 년 전만 해도 영국해협에서 볼가강까지 온 유럽을 호령할 생각에 들떴던 독일인들이 당혹감에 빠진 채 움츠러들어 있었다. 전쟁 중 강제 노역 동원으로 동유럽에서 이송돼 갈 곳을 잃어버린 사람들 수천 명이 먹을 것과 쉴 자리 그리고 고향에 돌아갈 방법을 찾아다니느라 길거리를 가득 메웠다.

실로 독일 역사에서 절망의 시기였다. 식량난이 심각해 수많은 사람이 굶주렸으며 영아 사망률은 나머지 서유럽의 두 배에 이르렀다.¹ 재화와 용역을 교환하는 방식이 무너지고 암거래가 그 자리를 채웠다. 우편 서비스는 제대로 기능하지 못하거나 아예 사라져 버렸다. 철도 서비스는 드문드문 남았으며 전쟁으로 도로가 파괴되고 휘발유가 부족해지면서 도로 운송이 극도로 어려운 상태였다.

1945년 봄, 연합국 점령군은 잘 훈련된 군사정부 인사가 전투부대를 대신할 때까지 이곳의 질서를 잡는 임무를 맡았다. 처칠과 클레멘트 애틀리(Clement Attlee), 해리 트루먼(Harry Truman), 이오시프 스탈린(Iosif Stalin)이 포츠담회담을 벌이던 7월과 8월 무렵 일이다. 포츠담회담에서 연합국은 독일을 네 구역으로 나누어 점령하기로 했다. 미국이 바이에른을 포함한 남부 지방을, 영국이 라인란트 북부 공업지역과 루르 지방을, 프랑스가 라인란트 남부와 알자스 국경 지대를, 소련이 엘베강부터 오데르·나이세선에 이르는 땅을 점령했다. 오데르·나이세선이 폴란드의 새로운 국경이 되면서 독일 영토가 전쟁 전에 비해 거의 4분의 1이 줄었다. 서구가 맡은 세 구역에서는 각 점령군의 고위 장교가 고등판무관이라는 직위로 관할권을 가졌다. 한때 효율성과 견고성을 입증해 보인 독일의 민정은 막을 내렸다. 이제 점령군이 깊게는 군(크라이스) 지역까지 최고권을 행사했다. 점령군이 질서는 유지했어도 통신이 예측할 만한 수준까지 복구되는 데만 거의 1년 반이 걸렸다. 1945년이 저무는 겨울의 연료난은 4년 뒤 총리가 될 아데나워도 두꺼운 코트를 입고 잠을 청해야 할 만큼 심각했다.[2]

연합군 점령하 독일에는 직전 과거뿐만 아니라 역사적 복잡성도 짐이 되었다. 독일은 통일 이후 74년 동안 군주제, 공화제, 전체주의 국가가 차례로 지배했다. 2차세계대전이 끝날 때까지 독일이 안정적으로 통치된 시기는 비스마르크가 총리로 있던 통일 독일 초창기(1871~1890)뿐이다. 이때부터 1차세계대전이 터진 1914년까지 독일제국은 독일의 군사적 잠재력과 완고한 발언 때문에 형성된 적대적 외부 연합에 둘러싸여, 비스마르크가 "악몽"이라고 할 만한 상황에 있었다. 통일 독일은 수많은 주변국에 비해 강력한 데다 러시아 다음으로 인구도 많았기 때문에, 한창 성장 중인 독일이 지배 세력으로 자리매김할 수 있다는 사실이 유럽의 항구적 안보에 관한 문제로 떠올랐다.

1차세계대전 뒤에 새로 성립한 바이마르공화국은 인플레이션과 경제 위기로 가난에 시달렸으며 전후 베르사유조약에 포함된 징벌 조항 탓에 자국이 혹사당하고 있다고 여겼다. 1933년 히틀러 통치하의 독일은 전체주의를 모든 유럽에 적용할 방법을 찾으려 했다. 한마디로 20세기 전반부에 독일은 유럽의 평화를 위협할 만큼 너무 강해지기도 했으며 너무 약해지기도 했다. 그리고 1945년에는 유럽을 비롯한 세계에서 가장 위태로운 자리에 놓였다. 이 망가진 사회의 위엄과 정당성을 되찾는 작업은 히틀러 때문에 물러나기 전까지 16년 동안 쾰른 시장을 지낸 아데나워의 몫이 되었다.

무조건 항복의 결과를 관리할 겸손과 민주주의 국가들 사이에서 독일의 위상을 회복할 기개를 동시에 보여야 하는 자리를 맡게 된 것은 그가 쌓은 경력이 낳은 뜻밖의 결과다. 비스마르크가 독일을 통일하고 겨우 5년 만인 1876년에 태어난 아데나워의 삶은 하늘을 찌를 듯한 고딕 대성당이 라인강을 내려다보는 도시이자 역사적으로 상업이 발달한 도시국가들이 맺은 한자동맹의 요지였던 고향 쾰른과 엮여 있었다. 성인이 된 아데나워는 황제의 호전적인 통치부터 바이마르공화국의 격변, 자멸과 분열로 끝난 히틀러의 모험주의까지 비스마르크 이후 통일 독일의 세 가지 형태를 차례로 겪었다. 전후 확립된 국제 질서 속에 독일의 위상을 다시 다지려고 애쓴 그는 유산과도 같은 전 세계의 원한을 마주하는 한편 국내에서 오래도록 혁명과 세계대전, 제노사이드, 패배, 분할, 경제 붕괴와 도덕성의 상실이 줄줄이 이어지는 동안 방향감각을 잃어버린 독일 국민을 마주해야 했다. 이때 아데나워는 겸손하면서도 대담한 길을 택했다. 즉 독일의 부당성을 시인했고, 분할통치를 포함해 패배와 불능에 따른 불이익을 받아들였으며, 전쟁 배상을 위해 산업 기반의 해체를 감내했고, 새로운 유럽의 체계에 따라 독일이 신뢰받는 동료 국가로 자리 잡을 길을 모색했다. 그는 독일이 정상 국가가 되기를 바랐으나, 비정상적 기억이 독일의 꼬리표가 되리라는 걸 잘 알고 있었다.

생애 초기부터 국내 망명까지

아데나워의 아버지 요한(Johann)은 한때 프로이센군의 부사관을 지냈으며 30년 동안 쾰른에서 사무원으로 일했다. 초등교육에서 학업을 그친 요한은 자식에게 교육과 경력 면에서 기회를 열어 주겠다고 다짐했다. 아데나위의 어머니 헬레네(Helene)도 같은 마음이었다. 은행원의 딸로 태어난 그녀는 요한의 수입에 바느질삯을 보탰다. 두 사람은 아들의 학비를 모으려고 부지런히 일했으며 가톨릭의 가치를 전하려고 애썼다.[3] 자신의 죄를 알고 사회적 책임을 져야 한다는 인식이 아데나워의 어린 시절에 늘 깔려 있었다. 본 대학교에 입학한 아데나워는 밤늦게까지 공부하며 피로를 이기기 위해 얼음물을 채운 양동이에 발을 담그는 습관을 들이면서 열성적이라는 평판을 얻었다.[4] 법학 학위와 공직자 가족의 영향을 받은 아데나워는 1904년부터 쾰른에서 본격적으로 공직 생활을 시작했다. 그는 특히 조세에 관한 책임을 지는 부시장을 지냈다. 1909년에는 선임 부시장으로 승진하고, 1917년에는 쾰른 시장이 되었다.[*]

역대 쾰른 시장들은 대체로 당대의 폭력적이고 격양된 당파 정치를 넘어 시정을 운영하려고 애썼다. 아데나워의 명성은 그들보다 한층 높았기 때문에 1926년에 연립정부의 총리 후보로 거론되기도 했다. 그러나 아데나워의 총리직 수락 조건이던 비당파적 협정을 이루기 어려운 탓에 그를 총리직에 앉히려는 노력은 물거품이 되었다.

국가적으로 처음 두드러진 아데나워의 정치적 행보는 1933년 1월 30일, 히틀러가 총리로 임명된 것과 관련 있다. 히틀러는 자신의 입지를 다지려고 총선을 요구했으며 법치와 민간 기관의 독립성을 보류하는 '전권 위임법'을 독일 의회에 제출했다. 아데나워는 히틀러가 총리로 임명된 달에 공개적으로 반대의 뜻을 세 번 드러냈다. 우선 아데나워는 쾰른 시장으로서 당연직 의원인 프로이센 상원에서 '전권 위임법'에 반대표를 던졌다. 또 선거운동을 벌이는 히틀러를 쾰른 공항에서 맞이해 달라는 요청을 거부했다. 그

---

[*]   1917년에 빌헬름 2세가 쾰른 시장 직위를 수석시장으로 바꿨다. Dr Matthias Oppermann, 'Biography of Konrad Adenauer', Konrad Adenauer Foundation (Konrad-Adenauer-Stiftung) online archives, https://www.kas.de/en/konrad-adenauer 참조.

리고 총선 전주에는 교량을 비롯한 공공 기념물에서 나치 깃발을 제거하라고 지시했다. 아데나워는 히틀러가 총선에서 마치 미리 정해진 듯 승리한 주에 바로 해임되었다.

해임 뒤 아데나워는 베네딕트회의 대수도원장을 지내던 동문에게 은신처를 부탁했다. 그의 도움으로 아데나워는 4월부터 쾰른에서 남쪽으로 80킬로미터 정도 떨어진 라허 호수의 마리아라흐 수도원에 살았다. 여기서 아데나워는 근대 노동계급의 발달을 비롯한 사회적, 정치적 발전에 가톨릭의 가르침을 적용한 교황 레오 13세(Leo XIII)와 비오 11세(Pius XI)의 회칙에 몰두하며 지냈다.[5] 이 두 회칙에서 아데나워는 자신의 정치적 신념과 이어지는 교리를 발견했다. 이것은 정치사상보다는 기독교를 강조하고, 공산주의와 사회주의를 비난하고, 겸손과 기독교적 자선으로 계급투쟁을 완화하고, 담합행위가 아닌 자유경쟁을 보장해야 한다고 말했다.[6]

아데나워가 수도원에 오래 머무르지는 못했다. 지역민들이 아데나워를 보고 지지하려고 모인 성탄절 미사에서 나치 장교들이 수도원장에게 친애하는 손님을 쫓아내라고 압박했기 때문이다. 아데나워는 이듬해 1월에 수도원을 떠났다. 이때부터 10년 넘게 어렵고 불안한 생활을 이어 가던 아데나워에게 심각한 위험이 여러 차례 코앞까지 닥쳤다. 특히 프로이센 상류층을 대표하는 인사들이 조직하고 나치 집권 전 정치적, 군사적 생활의 흔적이 담긴 1944년 7월의 히틀러 암살 계획이 실패한 뒤로 상황이 더 나빠졌다. 분개한 히틀러는 지난 시대의 흔적을 모두 없애 버리려 했다. 한동안 아데나워는 절대로 한 곳에 24시간 이상 머무르지 않고 도보로 이동하며 죽음을 모면했다.[7] 이런 위협에도 아데나워는 자신이 근대국가의 필수 요소로 본 법치주의를 짓밟은 히틀러에 대해 한결같이 반대 기조를 고수했다.[8] 아데나워가 반체제 인사로 잘 알려지긴 했어도 민간이나 군부의 반정권 모의에 가담할 생각이 없었는데, 주로 이런 모의가 성공할 가능성이 적다고 여겼기 때문이다.[9] 어느 학자가 설명했듯, 대체로 "그와 그의 가족은 가능한 한 조용하게 눈에 띄지 않으며 살려고" 최선을 다했다.[10]

나치는 정계에서 물러난 아데나워를 끝내 투옥했다. 1944년 가을, 그가 감옥에서 두 달 정도 보내던 중 창문 너머로 열여섯 살 소년을 비롯한 여러 사람의 처형을 목격했다. 고문당하는 수감자들의 비명이 감옥을 가득 메웠다.

마침내 아데나워는 당시 독일군에 복무하던 아들 막스(Max)의 도움으로 풀려날 수 있었다. 미국군의 전차가 1945년 2월 라인란트에 진입하자 아데나워는 군사적 패배와 도덕적 파국, 경제적 실패와 정치적 붕괴가 닥친 조국에서 자신이 어떤 일을 맡아야 할지 고심하기 시작했다.[11]

리더십에 이르는 길

2차세계대전의 살기등등한 마지막 한 해 동안 히틀러는 7월 쿠데타에 야만적으로 대응하면서 그의 자리를 대신할 만한 수많은 인물을 처참하게 살육했다. 총리직을 맡아도 될 만한 정치적 기량을 갖춘 사회민주당 정치인 몇몇이 강제수용소에서 살아 돌아왔고, 그중에는 훗날 아데나워의 경쟁 상대가 되는 쿠르트 슈마허(Kurt Schumacher)도 있었다. 그러나 이들이 서방 연합국 신뢰의 전제 조건인 독일의 무조건 항복과 그에 따른 불이익을 이행하는 데 필요한 대중의 지지를 얻을 만큼 많은 지지자를 확보하지는 못했다.

1945년 5월, 쾰른을 처음 점령한 미국군이 시장으로서 아데나워를 복권시켰다. 그러나 포츠담협정에 따라 쾰른이 영국 관할로 이전되면서 긴장이 고조된 끝에 영국이 몇 개월 만에 아데나워를 해임했다. 점령군은 한동안 아데나워를 정치 활동에서 배제했으나, 그는 조용히 정치 기반을 구축하는 데 집중하며 독일 자치 정부의 재건을 준비했다.

1945년 12월, 아데나워가 가톨릭과 개신교 양측 모두의 영향을 받은 새로운 정당을 만드는 회의에 참석했다. 그가 쾰른 시장일 때 몸담은 가톨릭 중앙당은 물론이고 보수당인 독일국가인민당과 진보당인 독일민주당의 전(前) 의원들도 이 자리에 있었다. 히틀러에 반대한 이들이 많았으며 저항하다 투옥되었던 이들도 있었다. 이들의 정치적 지향과 원칙이 분명하지는 않았다. 사실 첫 회의에서 고전적 자유주의보다는 사회주의에 가까운 논의가 이어졌다. 아데나워의 반대를 비롯한 몇몇 이유로 무엇이 제1원칙인지에 대한 논의는 다음으로 미루고 기독교민주연합이라는 당명을 확정하는 데 그쳤다.[12]

다음 달, 아데나워는 기독교민주연합에 자신의 정치철학을 불어넣어 이 정당이 민주주의와 사회보수주의, 유럽 통합을 바탕으로 독일의 가까운 과거와 모든 유형의 전체주의를 거부하는 정당으로 거듭날 수 있게 이끌었다. 1946년 1월 베스트팔렌 헤르포르트의 영국군 점령지에 기독교민주연합의 주요 인사들이 모인 자리에서 아데나워는 이런 원칙을 한층 정교하게 확립하며 신생 정당에서 자신의 리더십을 공고히 했다.

아데나워가 종전 후 처음 대중 앞에서 한 1946년 3월 26일 연설은 그가 뒤이어 펼칠 정치적 리더십을 한눈에 보여 주었다. 히틀러 치하 독일의 행보를 비난한 아데나워는 심각하게 망가진 쾰른대학교 대강당에 모인 청중 수천 명에게 어떻게 나치가 집권할 수 있었는지를 물었다. 그는 나치가 "중대한 범죄"를 저질렀으며 독일인이 과거를 인정하고 이해해야만 더 나은 미래로 갈 수 있다고 했다.[13] 독일의 부흥에도 이런 노력이 반드시 필요하다고 했다. 이런 관점에서 2차세계대전 뒤 독일은 1차세계대전 뒤와 전혀 다른 태도를 보여야 했다. 또다시 자기 연민의 민족주의에 빠져드는 대신, 독일은 하나 되는 유럽에서 미래를 모색해야 했다. 아데나워는 겸손의 전략을 공표하고 있었다.

키가 크고 냉정해 보이는 아데나워는 간결하게 말하는 편이었으나, 마크 트웨인(Mark Twain)의 표현을 빌리자면 문장이 제식 구령에 맞춰 대화를 가로지르며 행진하는 듯한 프로이센 말투보다는 부드럽게 노래하는 듯한 라인란트* 말투를 썼다. 이와 동시에 그는 활력과 자신감을 내뿜는 사람이었다. 히틀러 시대의 요란한 카리스마와 정반대인 아데나워의 면모는 절제와 공동의 가치에 따라 운영되던 1차세계대전 전 세대의 차분한 권위자들이 갈망한 모습이었다.

이런 자질에 더해 그 전 10여 년간 히틀러가 과시적으로 냉담하게 구는 동안 다져 놓은 입지 덕에 아데나워는 새로운 민주정당을 이끌 가장 확실한 후보로 떠올랐다. 게다가 그는 목표를 이루기 위해 실질적인 책략도 쓸 줄 알았다. 기독교민주연합의 첫 회의 때 상석에 놓인 의자가 단 하나였다. 이 자리에 아데나워가 성큼성큼 다가가 선언했다. "저는 1876년 1월 5일에 태어났습니다. 그러니 아마 제가 여기서 가장 나이가 많겠지요. 반대하는 분이 없다면 제가 의장이라고 생각하겠습니다." 이 말은 웃음과 함께 암묵적인 인정을 끌어냈고, 이때부터 아데나워는 15년 넘게 당을 이끌었다.[4]

아데나워의 주도로 정립한 기독교민주연합의 계획안은 독일에 과거를 거부하고 기독교 이상과 민주주의 원칙에 입각한 재건 정신을 갖추자고 촉구했다.

지나간 시대의 표어를 버리고 인생과 국가의 피로도 떨쳐 냅시다! 우리는 모두 같은 고초에 떠밀려 이 자리에 일하러 왔습니다. 이제 와 허무주의나 무관심에 침잠한다면 자기 가족과 독일 국민을 배신하는 꼴입니다. 기독교민주

---

* 라인란트는 1814~1815년에 프로이센으로 편입되기 전까지 독자적 역사가 있다.

연합은 독일 국민의 선한 자질에 대한 확고한 자신감, 기독교 관념과 진정한 민주주의의 드높은 이상을 개혁의 근본으로 삼겠다는 불굴의 결의를 발판 삼아 나아갈 모든 이에게 호소합니다.[15]

아데나워는 언제나 비극의 가능성을 의식하며 그것에 거의 집착했다. 그가 보기에 독일은 도덕적으로나 물질적으로 자립할 만큼 강인하지 못했으며 자립하려고 했다가는 재앙이 닥칠 것만 같았다. 대륙 한가운데 자리한 독일은 과거의 수많은 정책과 태도를 버려야 거듭날 수 있었다. 특히 지리적 입지를 기회주의적으로 이용하는 습관 및 러시아와 형성한 우호 관계에 기대는 프로이센식 성향을 없애야 했다.* 그 대신 아데나워가 이끄는 독일은 대내적으로는 가톨릭 신앙과 세계교회의 기독교적 가치, 대외적으로는 미국과 맺은 안보 동맹을 비롯해 서방과 형성한 연합을 바탕으로 민주주의를 정착시키려 했다.[16]

전시 공습의 해를 입지 않은 목가적인 대학 도시 본이 통일을 기다리는 독일연방공화국의 임시 수도로 선택되었다. 통일 이후에는 베를린이 다시 수도 구실을 할 터였다. 본은 아데나워의 고향인 뢴도르프와 가깝고 정치적 격전지에서 멀리 떨어져 아데나워가 선호한 곳이기도 하다. 그는 총리가 되기 전인 1948년 9월에 본이 임시 수도로 선택되는 데 영향을 미칠 수 있었는데, 이는 그가 연합국의 요청에 따라 독일 정계 인사들이 모여 정치 발전을 계획하고 새로운 헌법인 '기본법(Grundgesetz)'을 구상하는 의회 심의회의 의장이자 기독교민주연합의 당수로서 영향력이 있었기 때문이다. 훗날 아데나워는 인구가 2000명 이하인 뢴도르프가 수도가 되기에는 너무 작

---

* 1947년, 독일 군국주의의 근원인 프로이센이 연합국을 통해 국가의 지위를 공식적으로 상실했다.

다는 이유만으로 의회 심의회가 본을 지지한 게 분명하다는 농담을 던지기도 했다.[17] 그는 훨씬 더 큰 도시인 뮌헨이 임시 수도가 되는 것을 진지하게 반대했는데, 이는 뮌헨이 자리한 바이에른이 충동적인 감상벽으로 유명한 데다 그가 비하하듯 말한 것처럼 수도 옆에 감자밭이 있어서는 안 되기 때문이었다. 또 아데나워는 1848년에 잠시 의회가 머무르던 또 다른 주요 도시 프랑크푸르트를 수도로 삼는 방안도 멸시했는데, 민주주의의 전망이 시위와 폭동으로 일그러질 수 있다는 이유를 들었다.

공공질서 회복과 총리 취임

1946년, 독일 재건이 천천히 시작되었다. 각급 정부 인사 선거가 차례로 열리면서 사회구조가 복원되고 정치적 책임이 점차 독일에 이전되었다. 1947년 1월에는 미국과 영국이 점령지에 대한 공동 경제정책을 마련했다. 이듬해에 프랑스가 합류하면서 트리조네(Trizone)가 성립되었다. 경제학자 루트비히 에르하르트(Ludwig Erhard)가 경제위원장으로 임명되어 기존 화폐가 새로운 독일 마르크로 순조롭게 전환되도록 관리했다. 그는 가격통제와 배급도 없앴다. 대담한 경제정책을 펼친 덕에 경기 회복이 촉진되었고, 결국 연합국이 승인한 헌법에 기초한 정치적 재건으로 이어질 수 있었다.[18]

무조건 항복으로부터 4년이 지난 1949년 5월 23일에 새 헌법인 '기본법'이 발효되면서 서방 3개국 점령지로 구성된 연방공화국이 공식적으로 수립되었다. 몇 달 뒤 소련 점령지에서도 독일민주공화국이 세워졌다.

독일의 분단은 유럽을 가르는 경계선을 그대로 반영했다. 경계선을 긋는 과정은 8월에 독일 하원인 연방의회 선거로 마무리되었다. 9월 15일, 연방의회가 총리를 선출했다. 헌법에서 정한 안정화 조치에 따라 총리 선출에는 절대 과반 득표가 필요했으며, 절대 과반의 동의가 있을 때만 지명된 후임으로 대체할 수 있었다. 이 갈라진 나라의 의회에서 아데나워가 (아마 그 자신의 표일) 단 한 표 차이로 당선했지만, 그 뒤 네 차례 선거에서 잇달아 당선해 14년 동안 총리를 지냈다.

그러나 독일의 주권은 여전히 엄격하게 제한되었다. 연합국이 저마다 고등판무관을 통해 점령지에서 최고권을 행사했다. 이들은 독일 국민이 "가능한 한 최대한의 자치를 누릴 것"이라고 단언했으나, 외교부터 "사금·식량·기타 물자의 사용"에 이르기까지 여러 문제가 있다고 판단했으며 이에 대해 고등판무관을 비롯한 점령군 당국자들이 최종 결정권을 행사했다.[19] 앞에 쓴 인용구의 출처이자 독일연방공화국이 세워진 5월보다 두 달 앞서 시행된 점령법이 독일 '기본법'보다 우위에 있었다. 이와 관련된 문서인 루르 규약은 산업 중심지인 루르를 연합국이 지배한다고 규정하는 한편 배상을 위한 독일 산업의 해체 기준을 명시했다.[20] 그러나 또 다른 산업 기반인 자르 분지에는 비교적 일찍 특별 자치 지위가 주어졌다.

연합국의 권한 지속과 독일 자치권 회복 간의 긴장은 1949년 9월 21일에 아데나워가 독일연방공화국의 총리로서 히틀러 이후 처음으로 취임하는 것을 축하하기 위해 고등판무관 세 명이 본에 모인 자리에서 극명하게 드러났다. 취임식에 앞서 아데나워는 독일 분단이라는 사실과 연합국이 무조건 항복의 대가로 만든 갖가지 규약의 독일 주권 침해에 대해 문제를 제기하지 않겠다고 단언했다. 그러나 취임식을 기회 삼아 독일의 자긍심과 자부심을 선명하게 드러냈다. 원래 그의 자리는 고등판무관들이 선 레드 카펫 너머에 따로 마련되어 있었다. 그런데 취임식이 시작되자 아데나워가 의례를 아예 무시하고 자리를 벗어나 고등판무관들과 나란히 레드 카펫 위에 섰다. 지난날 독일이 저지른 죗값을 치른다고 해도 미래에는 독일연방공화국이 지위를 회복하리라는 것을 나타내는 행동이었다.

아데나워는 짧은 총리직 수락 연설을 통해 자신이 총리로서 점령 규약을 비롯한 주권 제한 조치를 받아들인다고 강조했다. 또 그런 순응이 독일의 분단과 결부된다고도 했다. 아데나워는 이렇게 희생을 감내한다고 강조하면서 고등판무관들에게 다양한 규약을 "자유주의적으로 관대하게" 적용해 독일 국민이 정당한 절차에 따라 "완전한 자유"를 획득할 수 있도록 변화와 발전을 허용해 달라고 호소했다.

총리직 수락 연설의 핵심은 승전국의 아량을 청하는 데 있지 않았다. 아데나워는 이 연설을 통해 새로운 유럽에 대해 전례 없는 선견지명을 드러냈으며 이 새로운 유럽에 새로운 독일을 안겨 주려고 했다. 민족주의나 전쟁전 유럽을 움직인 힘으로 돌아가지 않겠다고 선언한 그가 "19세기와 20세기 초에 만연했던 편협한 민족주의적 국가 개념"을 극복하기 위해 "긍정적이고 실행 가능한 유럽 연방"을 구축할 방안을 개략적으로 설명하며 이렇게 덧붙였다.

만약 지금 기독교에서 유래한 유럽 문명의 원천으로 돌아간다면, 우리가 추구하는 모든 영역에서 유럽인의 삶을 다시금 통합하지 못할 리 없습니다. 이것은 평화 유지를 보장하는 유일하고 효과적인 방법입니다.[21]

아데나워의 연설은 독일의 깊이 있는 변혁을 암시했다. 또한 무조건 항복이라는 맥락에서 독일만이 주장할 수 있는 방식으로 승전국과 대등한 지위를 영민하게 호소했다.

그리고 이 연설은 근본적인 전망도 제시했다. 아데나워는 신임 총리로서 막연하고 어쩌면 영원할지도 모르는 조국의 분단을 받아들이는 한편 조국을 점령한 외세와 협력하겠다는 외교정책을 선포했다. 독일의 굴종을 인정하는 한편 역사적으로 독일이 적대시하던 유럽 국가들과 연합하고 미국과 동맹한다는 국가적 목표를 선언한 것이다.

아데나워는 이런 통찰을 별다른 수사적 꾸밈 없이 선보였다. 그는 국가의 본분이 곧 그 국가의 명분이며 화려한 언변은 이해를 방해할 뿐이라고 여겼다. 그의 겸손한 태도 또한 앞으로 독일이 합의를 통해 새로운 유럽을 만들어 나가는 데 일조하리라는 점을 암시했다.

그 전 유럽의 역사를 한 세기가 넘도록 살펴봐도 자국을 국제 질서에 다시 편입시켜야 한다는 과제를 짊어진 지도사는 없었다. 나폴레옹전쟁이 끝났을 때 프랑스가 완패하고 외국 군대가 프랑스의 수도를 점령했지만, 프랑스의 통일은 유지되었으며 전후 빈회의에서도 샤를 모리스 드 탈레랑(Charles Maurice de Talleyrand)을 과거 프랑스와 동등한 권리가 있는 국가의 대표로 인정했다. 아데나워가 처한 상황은 훨씬 더 힘난했다. 이웃 나라들이 독일을 자국과 대등한 국가로 인정하지 않으면서 여전히 '보호관찰'하는 중이었다.

패배로 사기가 꺾인 사회의 민주적 주권 회복은 정치인에게 가장 어려운 과업이라고 할 수 있다. 승전국은 옛 적국에 힘을 되찾을 능력은 물론이고 법적 지위조차 내주길 꺼린다. 바짝 엎드린 패전국은 얼마나 빨리 어느 정도나 미래를 다시 통제할 수 있는지를 기준으로 자국의 진전을 가늠한다. 아데나워에게는 이런 긴장을 극복할 내적 자원이 있었다. 패배의 결과를 받아들이고, 승전국의 신뢰를 되찾고, 민주주의 사회를 건설하고, 유럽의 역사적 분열을 뛰어넘는 유럽 연맹을 창설하는 것. 아데나워는 이 네 가지 요소로 구성된 겸손의 전략을 펼쳐 보였다.

새로운 국가 정체성으로 가는 길

아데나워는 미국을 비롯한 서방과 관계를 강화하는 것이 독일의 국제적 입지를 회복할 열쇠라고 보았다. 딘 애치슨(Dean Acheson)은 미국 국무 장관으로서 1949년에 아데나워와 처음 만난 것을 회고록에 열성적으로 묘사했다.

나는 그의 상상과 지혜에 충격받았다. 그의 가장 큰 관심사는 독일을 서유럽에 완전히 통합하는 것이었다. 실제로 그는 불행히 분단된 독일의 재통일보다 이를 더 우선시했으며 이웃 나라들이 이를 거의 통일의 전제 조건으로 여길 만한 이유를 간파하고 있었다. (……) 그는 독일인이 유럽 시민이기를 바랐으며 특히 프랑스와 협력해 공동의 이해와 전망을 만드는 한편 지난 몇 세기 동안 이어진 적대 관계를 끝내고 싶어 했다. (……) 이들이 유럽의 재탄생을 이끌어야만 했다.[22]

미국은 경제 부흥 계획을 통해 독일의 이런 목표를 뒷받침했다. 1947년 6월 5일, 애치슨에 앞서 국무 장관이었으며 육군참모총장을 지내기도 한 조지 C. 마셜(George C. Marshall) 장군이 하버드대학교에서 이렇게 선언했다.

우리의 정책은 특정 국가나 독트린이 아니라 기아, 가난, 절망, 혼돈을 상대합니다. 정책은 자유 체제가 존재할 수 있는 정치적, 사회적 환경이 만들어지도록 전 세계의 경제 부흥을 목표로 삼아야 합니다.[23]

아데나워는 마셜의 연설과 그 뒤를 이은 마셜플랜이 연합국에서 독일 산업에 대한 지배권을 보유하는 수단 중 하나로 1949년 루르에서 만들어진 합의를 묵묵히 받아들일 이유라고 보았다. 그는 마셜플랜이 독일에 대한 강제징수에 제동을 건다고 해석했으며 유럽 연방으로 가는 첫걸음이라고 보았다.

> 만약 (루르규약이) 독일 경제를 억압하는 수단이 된다면 마셜플랜은 무의미하다. 그러나 루르규약이 독일과 유럽의 이익을 위해 이용된다면 그리고 서유럽에서 새로운 경제 질서의 출발을 뜻한다면, 유럽 연방의 유망한 출빌점이 될 수 있다.[24]

슈마허가 이끄는 독일사회민주당이 독일 내에서 아데나워의 가장 큰 적수로 떠오른 건 다소 아이러니했다. 사회민주당은 독일이라는 나라가 형성될 때부터 오래도록 민주주의에 헌신한 역사가 있다. 그러나 마르크스주의에 기초한 정당이라서 믿을 만큼 민족주의적이지 않다는 인식하에 독일제국 시대부터는 지도층에서 배제되었다. 히틀러 치하에서 10여 년 동안 감옥살이를 하느라 건강이 좋지 않던 당시 당수 슈마허는 사회민주당이 국가적 목표를 내세우지 못하면 전후 선거에서 절대로 승리할 수 없다고 확신했다. 그래서 그가 굴종을 통해 회복한다는 아데나워의 전략에 반기를 들었다. "국민으로서 우리는 독일 정책을 만들어야 합니다. 외세의 뜻대로 결정되는 정책이 아니라, 우리 국민의 뜻대로 만드는 정책이어야 합니다."[25] 슈마허는 일종의 포퓰리즘에 계속 기대야 했다. 사회민주당의 역사로 미루어보면 이해되지만, 무조건 항복이나 히틀러 치하 독일을 경험한 유럽과는 양립할 수 없는 태도였다.

아데나워가 사회민주당과 마찬가지로 민주주의 원칙을 지향한 데는 전략적인 이유가 있었다. 그는 굴종을 미덕으로 바꾸겠다고 마음먹었으며 일시적 불평등은 평등한 지위 회복의 전제 조건이라고 보았다. 1949년 11월

연방의회에서 아데나워가 그로서는 극히 드물게 큰 소리로 "전쟁에서 진게 누구인 줄 아느냐"고 호통 치며 이를 강조했다.[26] 굴종이 앞으로 나아갈 유일한 길이었다. "연합국은 그들이 원하는 안보를 내가 충족하는 경우에만 공장 해체를 멈추겠다고 했습니다." 그가 이렇게 말한 뒤 비꼬듯 덧붙였다. "사회민주당은 해체가 끝까지 진행되기를 바랍니까?"[27]

아데나워의 또 다른 목표는 프랑스와 화해하는 것이었다. 아데나워는 당시 프랑스의 외무 장관 로베르 쉬망(Robert Schuman)을 1948년에 처음 만났다. 당시 프랑스의 정책 목표는 독일의 산업 생산능력을 파괴하고 자르 지방을 프랑스의 지배하에 두는 것이었다. 그런데 아데나워가 전략이나 재정이 아닌 정치와 윤리를 궁극적인 문제로 재정의했다. 1949년 7월, 총리 취임 전 아데나워가 쉬망에게 보내는 편지에서 이렇게 주장했다.

제가 보기에 (다른) 국가가 해체된 공장을 통해 얻을 경제적 이익은 독일 국민의 사기에 미칠 심각한 해악에 비하면 너무나 미미할 것입니다. (……) 귀하는 프랑스와 독일 간 화해와 유럽 협력의 원칙을 잘 알고 계시니, 간청하건대 전혀 이해할 수 없는 이 조치를 끝낼 길을 찾아 주십시오.[28]

대내적으로 아데나워는 연합국의 다양한 징벌적 조치에 협조하는 것만이 현명한 방법임을 강조했다. 1949년 11월 3일, 그가 독일 주간지 《디차이트(Die Zeit)》와 한 인터뷰에서 이렇게 말했다.

만약 우리가 루르규약과 루르통치령에 부정적으로 대응한다면 프랑스는 이를 독일 민족주의의 징후이자 모든 관리 감독을 거부하는 행위로 해석할 테고 안보 자체에 대한 소극적 저항으로 보일 겁니다. 그건 반드시 피해야 합니다.[29]

아데나워의 접근 방식은 효과가 있었다. 그달 말, 연합국이 점령 당국과 새로운 관계를 협상하는 자리에 그를 초청해 해체 예정 공장 수를 줄이고 그해에 구성된 유럽평의회에 독일이 가입할 길에 대해 논의했다. 11월 24일, 아데나워는 여전히 민족주의가 만연한 연방의회에 새로운 합의안을 제시했다. 슈마허는 극도로 흥분한 나머지 아데나워를 "연합국 총리"라고 부르기까지 했다. 슈마허는 이 폭언으로 정직 처분을 받았으나 곧 복귀하고는 바로 공격을 재개했다.[30] 이에 대해 아데나워는 겸손이 평등으로 가는 길이라고 힘주어 말했다.

우리는 모조리 무너졌으며 아무런 힘도 없다는 사실을 늘 명심해야 한다고 생각합니다. 독일이 앞으로 그 어느 때보다 강한 힘을 손에 넣으려면 반드시 연합국과 협상해야 하고, 이 협상에서 호기를 놓치면 안 됩니다. 처음부터 신뢰를 요구하거나 기대할 수는 없습니다. 독일에 대한 타국의 시선이 갑자기 뒤바뀌리라고 생각할 수도 없고 그렇게 생각해서도 안 되며 신뢰는 천천히 조금씩만 회복할 수 있다는 걸 알아야 합니다.[31]

아데나워의 접근 방식은 독일 내 반대론자들보다 이웃 나라들에게 환영받았다. 1950년 3월에 유럽평의회가 준회원국으로서 독일연방공화국의 가입을 요청했다. 아데나워는 내각에 보내는 기록에서 차별적인 지위를 감수하고라도 가입해야 한다는 뜻을 밝혔다. "아직은 이 방법밖에 없다. 독일이 유럽의 협상을 물거품으로 만들었다는 오명을 쓰게 될 수도 있다."[32]

3개월 뒤, 독일을 프랑스에 묶어 두려 한 쉬망이 루르통치령을 대체할 계획을 제시했다. 1950년 5월 9일에 발표된 쉬망플랜은 곧 유럽석탄철강공동체(ECSC)의 창설로 이어졌다. 표면적으로는 재화를 거래하는 공동시장을 만드는 것 같았지만 사실 그 중심에는 정치적 목표가 있었다. 이를 두고 쉬

망은 "프랑스와 독일 간 전쟁은 상상할 수 없을뿐더러 물리적으로 불가능해졌다"고 선언했다.[33]

아데나워도 기자회견 자리에서 쉬망플랜을 지지하며 이 합의가 "앞으로 프랑스와 독일 간 모든 분쟁을 없앨 진정한 기반을 마련"했다고 말했다.[34] 그는 프랑스 국가기획위원회 위원장이자 훗날 ECSC 초대 의장(1952~1955)이 되는 장 모네(Jean Monnet)와 만났을 때도 "여기에 관여하는 여러 정부는 이 제안이 일으키는 원대한 희망 앞에서 저마다 기술적 책임보다는 도덕적 책임에 더 신경 써야 한다"면서 쉬망의 제안에 힘을 보탰다.[35] 쉬망에게 보낸 1950년 5월 23일 자 편지에서도 비물질적 목표를 강조했다. "사실상 우리는 단순히 기술적, 경제적 협력에 따른 일만 진행되도록 두지 않고 윤리적 기반을 마련해야 성공할 것입니다."[36]

쉬망플랜은 통합하는 유럽에 독일이 진입하는 데 박차를 가했다. 1951년 2월 본에서 아데나워가 연설 중에 이렇게 말했다.

> 쉬망플랜은 통합된 유럽의 건설을 지향합니다. 그래서 우리는 쉬망플랜을 이끌어 낸 구상을 받아들였습니다. 때때로 우리 앞에 극심한 어려움이 닥쳐도 지금까지 우리는 이 구상을 진실한 태도로 대했습니다.[37]

1951년 3월 19일, ECSC 헌장이 발의되었으며 이듬해 1월에 독일 연방의회가 이를 378 대 143으로 비준했다.[38] 독일연방공화국 10개 주를 대표하는 연방상원은 여전히 남아 있는 국민 정서를 대변하며 아데나워에게 "연합국 고등판무관이 독일 내 모든 철강 제조업에 대한 제약을 폐기하고 서베를린이 ECSC 영역에 명시적으로 포함되었는지 반드시 확인"하라고 촉구했다.[39] 결국 서베를린이 ECSC 영역에 특별히 포함되었으며 독일의 철강, 석탄 생산량은 새로운 공동체의 비호하에 한층 늘었다. 게다가 쉬망이 제안한 것처럼 ECSC가 적어도 독일에서는 평이 좋지 않던 루르통치령을 공식적으로 대체했다.

아데나워는 총리가 되고 겨우 2년 만에 독일을 유럽 통합에 참여시키는 쾌거를, 그것도 독일의 과거를 극복하기 위한 정책을 통해 이루어 냈다. 물론 그를 이끈 동기는 어느 정도 전술적이었고 민족주의적이었으며 윤리적이었다. 전술이 모여 전략을 이루고, 그 전략이 역사가 되고 있었다.

소련의 위협과 재무장

소련은 서독 경제의 재건과 독일 정치제도의 점진적 확립을 직접적인 위협으로 받아들였다. 1948년 6월에 소련이 다른 나라의 점령지에서 베를린으로 통하는 길을 봉쇄하자 서방 민주주의 국가들이 독일의 부활보다 공산주의의 위협을 더 크게 우려하기 시작했다. 소련의 행동은 1945년 포츠담회담에서 정한 베를린 분할 지배에 대한 위협이었다. 결국 미국은 서베를린에 공수 작전을 펼치며 소련의 위협을 극복했다. 미국은 베를린이 함락되도록 두지 않을 것이며 필요하다면 진입로를 확보하기 위해 군비 증강도 불사하겠다는 점을 분명히 했다. 스탈린은 1949년 5월에야 봉쇄를 풀었다. 그리고 같은 해 10월 7일, 소련이 점령 지역을 위성국가로 만들면서 독일 분단에 못을 박았다.

이렇게 냉전이 고조되는 과정에서 미국과 그 동맹국들은 훗날 미국 정책의 기둥으로 자리 잡을 북대서양조약기구(NATO)를 설립했다. 사실상 미국이 영토를 보장하는 상황에서 독일연방공화국이 1949년부터 NATO의 비호를 받게 되었으나 아직은 무장하지 않았으며 엄밀히 말해 NATO 회원국도 아니었다. 그러나 이듬해인 1950년에 북한이 남한을 침공하면서 무엇보다 중대한 공산주의의 위협이 연합국의 눈앞에 닥쳤다는 말이 설득력을 얻었다. 트루먼 대통령은 유럽 국가들의 청원을 받아들여 드와이트 D. 아이젠하워(Dwight D. Eisenhower) 장군을 NATO 연합군 최고사령관으로 임명했다. 아이젠하워는 유럽을 방어하려면 30개 사단(병사 약 45만 명)이 필요하다고 주장했는데,[40] 이는 독일이 참여하지 않고는 이를 수 없는 규모였다.

겨우 몇 년 전에 침략을 벌여 고통을 주던 나라가 이제 군사적으로 서구를 방어하는 데 중요한 기여를 하게 된다는 방안 앞에서 미국의 동맹국들은 당연하게도 상반된 감정을 드러냈다. 서유럽 리더들이 처음에는 독일 방어를 다른 나라들이 맡아야 한다고 주장했다. 그러나 심사숙고와 미국의 압박을 거친 끝에 대다수 유럽 지도자들이 독일의 군사적 기여 없이는 독일 방어를 보장할 수 없다는 점에 대해 인정했다.

아데나워는 회고록에서 당시 여전히 남아 있던 독일 약화 정책에 한국전쟁이 마침표를 찍었다고 했다.

독일이 다시 강성해지는 편이 미국에 유리했다. 따라서 루르규약과 점령규약, 독일 재무장과 관련된 규정 등 수많은 차별적 사례들이 일시적일 수밖에 없었다.[41]

아데나워는 독일의 재무장이 유럽을 위해서는 물론이고 독일의 정치적 정체성을 회복하는 데도 꼭 필요하다고 여겼다. 그가 처음에는 독일이 유럽의 여러 제도에 합류하는 과정에 방해가 되면 안 된다며 이 주제에 관한 공개적 논의를 가라앉히려 했으나 오래지 않아 생각을 바꿨다. 그리고 독일이 자국의 방어와 관련해 신뢰할 수 없거나 스스로 신뢰하지 못하는 상황이라면 연합국의 신뢰가 흔들릴 것이라고 주장했다.[42]

1950년 8월, 영국과 미국이 공식적으로 독일의 재무장을 제안했으며 독일도 곧바로 이를 지지했다. 같은 해 10월에 프랑스는 독일 병력을 포함한 다국적 유럽군을 제안하는 플러뱅플랜으로 마지못해 응했다. 통합 독일 분견대를 포함한 유럽방위공동체(EDC)의 창설을 준비하는 조약 초안이 마련되었다. 아데나워가 독일 연방의회의 주요 의원들에게 조약 초안에 대해 설명한 뒤 신랄한 논쟁이 벌어졌다.[43] 슈마허는 이 조약이 "연합국–성직자 동맹이 독일 국민을 상대로 거둔 승리"라고까지 평했다.[44]

1952년 3월, 스탈린이 유럽방위공동체와 독일의 재부상을 막기 위해 다섯 가지 조건을 전제로 독일의 통일을 공식 제안했다. 첫째, 소련군을 포함해 모든 점령군이 1년 안에 철수한다. 둘째, 통일 독일은 중립국 지위를 유지하며 어떤 동맹에도 가입하지 않는다. 셋째, 통일 독일은 1945년의 국경을 받아들인다. 즉 분란을 빚은 전후 폴란드와의 국경인 오데르·나이세선을 인정한다. 넷째, 외부 주체가 조건을 걸어 독일 경제를 제한하지 않는다. 다시 말해, 독일 경제를 제한하는 루르규약을 폐기한다. 다섯째, 통일 독일이 자국 군대를 키울 권리를 가진다. 이 방안은 독일의 부차적 지위를 강조하는 식으로 서방 연합국에 제시되었다.

스탈린이 진심으로 이 방안을 제시했을까? 혹시 아데나워가 마치 통일된 민족적 중립 독일보다 유럽 내 분단 독일을 선호하는 것처럼 보이게 만들어 곤란하게 하려는 시도였을까? 사실상 스탈린은 아데나워에게 독일 통일을 대가로 그가 지금까지 유럽 통합을 위해 일군 모든 진전을 포기하라고 요구하고 있었다.

당대의 증거로 미루어 볼 때 스탈린은 이런 조건을 내놓기 전에 이 제안이 기각되리라는 걸 소련 외무부를 통해 여러 차례 확인한 듯하다. 어쨌든 아데나워는 곤란해졌다. 무조건 항복 이후 처음으로 연합국과 독일 국민이 공식적으로 독일 통일 문제를 다루게 되었다. 슈마허는 협상 기회를 절대로 놓쳐서는 안 되며 스탈린의 제안을 완전히 검토할 때까지 독일 연방의회가 유럽방위공동체의 비준을 거부해야 한다면서 "이런 상황에서 유럽방위공동체를 승인하는 이들은 자기 자신을 더는 독일인으로 여기지 말아야 한다"고 주장했다.[45]

아데나워는 굳건하게 버텼다. 그는 협상이 교착상태에 빠져 독일 통일을 이념 문제로 끌고 갈 가능성이 크다는 걸 잘 알았다. 그럼 독일은 홀로 선채 모두에게 두려움의 대상이 될 터였다. 그 반면 독일이 독자적으로 행동한다면 협상은 동족 간 대립하는 전쟁터가 될 게 뻔했다.

이런 선택을 피하려는 아데나워는 자유선거라는 개념이 모든 점령국의 동의를 얻고 통일 독일의 헌법에 안착할 때까지 스탈린의 제안에 관한 의견 표명을 어물쩍 미루는 한편 연합군의 공동 방어라는 이름으로 유럽방위공동체 조약의 비준을 지지했다.

이런 접근 방식이 영국 외무 장관 앤서니 이든(Anthony Eden)의 말대로 "서면 전투"를 낳았다. 아데나워는 당시 미국 대통령 후보이자 1952년 5월 30일까지 NATO 최고사령관이던 아이젠하워의 지지를 받고 있었다. 소련의 압박보다는 독일이 중립국이 될 수도 있다는 전망을 더 우려하던 영국과 프랑스도 아데나워의 수에 호응했다. 3월 25일과 5월 13일에 크렘린으로 보낸 연합국의 문서가 이런 합의를 반영해, 통일에 앞서 서독과 동독 양측에서 자유선거를 보장하라고 요구했다. 이에 대해 소련은 5월 24일 답신을 통해 연합국의 문서가 독일의 재통일 가능성을 "무기한" 교착상태에 빠트렸다고 주장했다.[46]

독일의 통일이 위태로워질 게 분명한 상황에서 유럽 계획의 가능성을 하루빨리 증명해 보여야 했던 아데나워는 1952년 5월 26일에 유럽방위공동체에 관한 합의 사항에 서명했다.* 그러나 프랑스인 중 다수는 16세기 이

---

* 조약은 다음 날 파리에서 서명되었다.

래 세대가 바뀔 때마다 자국과 전쟁을 벌이며 1차세계대전 때는 프랑스 땅 일부를 쑥대밭으로 만들고 2차세계대전 때는 프랑스 전체를 점령한 나라와 군대를 공유한다는 구상을 여전히 받아들이려 하지 않았다. 결국 2년 뒤인 1954년 8월 30일, 프랑스 하원이 유럽방위공동체 비준을 거부하고 플러뱅플랜도 폐기했다.

이날을 "유럽의 암울한 날"[47]이라고 한 아데나워는 룩셈부르크와 벨기에 대사에게 우려를 나타냈다.

저는 (프랑스 총리 피에르) 망데스 프랑스(Pierre Mendès-France)가 우리에게 강요하는 국군이 독일과 유럽에 지대한 위험이 되리라고 100퍼센트 확신합니다. 제때 유럽을 만들어 내는 데 성공하지 못한다면, 제가 더는 이 자리에 없을 때 독일이 어떻게 될지 모르겠습니다.[48]

이런 예감 때문에 아데나워는 유럽방위공동체 계획을 폐기하고 개인적으로 연합국과 독일 국군의 윤곽을 그리는 비밀 협상에 돌입했다.

미국의 리더십은 실로 중요했다. 1952년 11월에 대통령으로 당선한 아이젠하워는 독일연방공화국을 포함한 유럽의 통합과 공동 방어가 어느 역사가의 말처럼 "일종의 결쇠"라고 판단했다.

이 결쇠로 여러 문제를 한 번에 해결하고 무엇보다 '이중 억제'를 실현할 수 있었다. 소련을 배척하고 독일을 유럽에 포함하면서도 둘 중 어느 나라도 유럽 대륙을 지배하지 못할 터였다.[49]

아이젠하워는 독일군 양성을 허용하는 유럽방위공동체 조약의 수정안을 영국 외무 장관 이든과 마련했다. 이로써 NATO는 무조건 항복 이후 10년도 안 된 독일의 군대를 포함하는 다국적 연합군을 창설하게 되었다.

아데나워의 1953년 워싱턴 방문은 이런 노력의 정점이었다. 4월 8일, 그가 무명용사의 묘를 방문했다. 프로이센 검을 쥔 검은 독수리가 아니고 나치의 스와스티카도 아닌 검은색, 붉은색, 금색으로 된 독일연방공화국의 삼색기가 알링턴국립묘지에 게양되었다. 아데나워 총리가 묘지로 다가가는 동안 예포 스물한 발이 발사되었다. 아데나워는 이 장면을 1945~1953년 회고록의 끝부분에 묘사했다.

> 미 군악대가 독일 국가를 연주했다. 내 일행 중 한 명이 눈물 흘리는 모습을 보았고, 나도 깊이 감동했다. 모조리 파국을 맞은 1945년부터 미국 국립묘지에 독일 국가가 울려 퍼지는 1953년의 이 순간에 이르기까지 길고도 험한 여정이 있었다.[50]

아데나워는 남은 임기 동안 독일 군대를 재건하면서도 독일 역사에 간헐적으로 나타난 군국주의를 부활시키지는 않았다. 1964년 초 독일연방군은 장교와 부사관, 병사를 합해 41만 5000명에 이르렀다. 어느 역사가는 이를 가리켜 NATO 동맹의 "창끝"이자 서유럽 방위의 "쐐기"라고 표현했다.[51] 더욱이 연방군은 새로운 독일이 대서양 동맹의 신뢰를 받으며 공동방위의 책임을 지는 기여자라는 점을 명백하게 알려 독일연방공화국이 외교 무대에 다시 설 수 있도록 뒷받침했다.

아데나워는 NATO 형성기를 거치면서 쌓은 정치적 자산에 의지해 그의 궁극적 목표인 연합국의 독일 점령 종식을 추구했다. 1954년, NATO의 정회원국 지위를 획득하고 점령 규약을 폐기하기 위해 아데나워는 프랑스 정부가 중립 보호령으로 두고 점령하려 한 자르 지역 문제의 해결을 1957년까지 미루는 데 동의했다. 그리고 의회에서 세심한 활동을 펼친 끝에 1955년

2월에 독일 연방의회가 두 조약을 모두 비준했다.[52]

1955년 5월 5일, 이 조약들이 발효되면서 독일연방공화국이 다시 주권 국이 되었다. 6년 전 아데나워의 선거를 승인한 연합국 고등판무관들이 이 제 해산을 받아들였다. 본 전역의 정부 청사에 독일 국기가 나부끼는 가운 데 아데나워가 집무실로 쓰던 샤움부르크 궁 계단에 올라섰다. 그는 점령 규약을 평화롭고도 신속하게 우호적으로 끝낸다는 첫 번째 중책을 이렇게 완수했다.[53]

이틀 뒤 아데나워는 독일이 유럽 및 대서양 동맹의 완전한 동반자로서 헌신하겠다는 점을 상징적으로 보여 주기 위해 사절단을 이끌고 파리로 향 해 NATO에서 다른 나라와 대등한 독일의 권리를 확보했다. 중차대한 6년 동안 그는 전후 분단, 점령 규약의 제약, 전쟁 배상을 짊어지고 있던 독일을 유럽공동체의 일원이자 NATO의 정회원국이라는 지위까지 끌어올렸다. 아데나워의 총리 취임으로 그 시작을 알린 새로운 유럽에서 독일은 겸손이 라는 전략을 통해 대등한 지위를 확보한다는 목표를 이뤘다.

벗어날 수 없는 과거: 유대인에 대한 배상

독일이 서방 연합국을 대할 때 아데나워가 기댄 외교정책에는 유대인과 관련해 특히 복잡한 윤리적 기반이 있었다. 나치가 유대인을 상대로 유례 가 없을 만큼 광범위하고 야만적이며 맹목적인 악행을 저질렀다. 전 세계 유대인의 3분의 1이 넘는 600만 명 정도가 조직적으로 계획되고 실행된 대 량 학살 정책에 따라 살해당했다.

전쟁이 막바지에 이를 무렵 서방 연합국은 나치 범죄를 즉시 체포 대상 으로 분류했고, 연합국의 정보 당국 요원들은 이를 혐의자의 나치 내 지위를 고려해서 실행에 옮겼다. 연합국의 독일 점령이 시작될 때까지 이런 범죄자에 해당하는 사람이 수만 명이었다. 점령군 정부에서 독일연방공화국으로 점차 전환되는 동안 탈나치화가 진행되면서 이것이 독일 국내 정치의 문제가 되었다. 아데나워는 유대인에 대한 배상이 도덕적 의무일 뿐만 아니라 독일에 무조건 도움이 되는 일이라고 보았다. 그러나 탈나치화 절차에 대한 그의 의지는 다소 불투명해 보였는데, 기독교민주연합의 대표이기도 했던 그가 탈나치화에 대한 열성이 유권자 상당수에게 미칠 영향을 기민하게 고려했기 때문이다.

그래서 아데나워는 탈나치화 절차를 정치적으로 관리할 수 있는 인원수로 제한했으며 징벌보다는 홀로코스트에서 살아남은 피해자에게 배상하고 화해하는 방안에 대해 더 많이 의논했다. 이는 전쟁범죄를 조사할 때 주로 나치 고위 간부나 법정에서 증명할 수 있는 특정범죄를 저지른 공무원에게 초점을 맞추겠다는 뜻이었다. 당연한 결과로 모호성이 커진 것은, 뉘른베르크 인종법의 초안을 작성한 한스 글롭케(Hans Globke)가 아데나워의 수석 보좌관이 되었다는 사실이 보여 준다. 아데나워는 독일이 나치 과거 때문에 도덕적 의무를 지고 있다고 한 치의 망설임도 없이 확언했다. 그러므로 회개의 뜻을 상징적으로 드러내며 정의 및 유대인과의 화해로 가는 다리를 놓기 위해, 아데나워의 독일연방공화국은 유대인 지도자는 물론이고 아데나워가 유대인 민족 전반의 대표로 인정한 이스라엘과도 배상을 논의하는 데 몰두했다.

1951년 3월, 이스라엘 정부가 네 나라 점령군과 독일의 양 정부에 생존자와 유족에 대한 배상으로 총 15억 달러를 요구했다. 소련과 독일민주공화국은 이에 대해 직접 답하지 않았으나 아데나워는 독일연방공화국을 대표해 1951년 9월 27일 연방의회에서 이렇게 답했다.

독일 국민의 이름으로 (……) 차마 입에 담을 수 없는 죄를 저질러 도덕적, 물질적 배상이 필요해졌습니다. 이 범죄는 사람뿐만 아니라 사망한 유대인의 재산에도 해를 끼쳤습니다. (……) 첫발을 뗐으나 아직 해야 할 일이 많습니다. 연방공화국 정부는 배상과 그 공정한 이행에 관한 법률을 조속히 마무리 지을 수 있도록 지원하겠습니다. 유대인 재산으로 확인되는 것 중 일부가 반환되고 앞으로 더 많이 반환될 것입니다.[54]

이어, 아데나워는 이 문제를 해결해 "내적 정화에 이르는 길을 닦는 것"이 이제 독일의 의무라고 말했다.[55]

1953년 5월 18일, 독일 하원에서 배상법이 통과되었다. 공산당 소속 의원 14인은 독일 민족주의에 호소하며 법안을 거부했고, 사회민주당은 만장일치로 배상을 지지했다. 정부로서는 더 모호한 결과가 나왔다. 즉 기독교민주연합이 주도한 정당 연합 소속 의원 106인은 찬성표를 던졌고, 기독교민주연합의 보수파인 바이에른파가 주를 이루는 의원 86인은 기권했다.[56]

이런 의회의 의구심에도 아데나워는 목표를 달성했다. 사학자 제프리 허프(Jeffrey Herf)는 이스라엘이 독일에서 받은 것을 이렇게 요약했다.

서독은 이스라엘에 선박, 기계 장비, 기차, 자동차, 의료 기기 등 여러 품목에 걸쳐 이스라엘 연간 수입량의 10~15퍼센트에 이르는 양을 보냈다. 연방공화국의 보고서에 따르면 나치의 정치, 인종, 종교 박해에서 살아남은 피해자(대부분 유대인)에 대한 배상금이 1971년까지 404억 [독일] 마르크, 1986년까지 770억 마르크, 1995년까지 960억 마르크 정도였으며 그 뒤 총 1240억 마르크까지 늘어났다.[57]

그러나 이스라엘 시민은 집단 학살에 대한 일종의 속죄인 "피 묻은 돈"을 받는 것에 대해 극심하게 갈라진 반응을 보였다. 이스라엘 의회인 크네세트에서 격렬한 언쟁이 벌어졌으며 가두시위도 일어났다. 그동안 아데나워는 세계유대인회의(WJC) 설립자인 나훔 골드만(Nahum Goldmann)과 개인적으로 연락을 이어 나갔다.

독일연방공화국은 아데나워가 퇴임하고 2년 뒤인 1965년에 이스라엘과 완전한 외교관계를 수립했다. 이듬해 아데나워는 당시 홀로코스트 생존자 15만 명이 살고 있던 이스라엘을 민간인 신분으로 방문해 이렇게 말했다. "오늘은 제 삶에서 가장 엄숙하고 아름다운 순간이라고 할 수 있습니다. (⋯⋯) 총리가 되었을 때만 해도 언젠가 이스라엘의 초청으로 이곳을 방문하게 되리라고는 생각조차 못했습니다."[58]

이렇게 시작했지만, 이 방문 때문에 아흔 살의 아데나워와 이스라엘 총리 레비 에슈콜(Levi Eshkol) 사이에 긴장이 급증한 것이 어쩌면 놀랍지도 않았다. 독일 정치인에 대한 예우를 갖춰 차려진 만찬 자리에서 에슈콜이 아데나워에게 말했다. "우리는 우리 민족 600만 명의 목숨을 앗아 간 끔찍한 홀로코스트를 잊지도 않았고 앞으로도 절대 잊지 못할 겁니다. 독일과 이스라엘의 관계는 정상적인 관계일 수 없습니다."[59] 에슈콜은 독일이 이스라엘에 준 배상금이 "상징일 뿐"이며 "이미 일어난 비극을 지울" 수는 없다고 덧붙였다. 아데나워는 언제나 그렇듯 침착하게 답했다. "유대인이 과거를 잊기가 얼마나 어려운지 압니다. 그러나 우리의 선의를 알아봐 주시지 못한다면 그 어떤 좋은 결과도 끌어내지 못할 겁니다."[60]

아데나워가 이스라엘을 방문한 시간 동안 가장 인상적인 장면은 그가 이스라엘의 홀로코스트 기념관이자 박물관으로 예루살렘 헤르츨 언덕의 서쪽 비탈에 자리한 야드바셈에 갔을 때 나왔다.[61] 엄숙하게 침묵을 지키던 아데나워가 안내를 따라 캐노피 천막을 닮은 천장이 있는 어둡고 동굴 같은 기억의 방으로 들어섰으며, 죽음의 수용소에서 목숨을 잃은 무명 피해자들의 기념비에 촛불을 밝히고 헌화하라는 권유를 받았다. 이때 누군가 갑자기 "기억합니다"라는 뜻의 히브리어가 적힌 휘장을 내밀자 아데나워가 말했다. "이 휘장이 없어도 저는 절대로 잊지 못할 겁니다."[62]

두 번의 위기: 수에즈와 베를린

임기를 마쳤을 때 독일이 다시 유럽과 국제 질서에 진입했다는 사실이 아데나워로서는 역사적 노력의 산물과도 같았다. 그러나 역사는 숨 돌릴 틈을 주지 않는다. 1955년에 독일이 주권을 회복하고 1년 뒤에 벌어진 중동 분쟁은 NATO 동맹의 전제를 뒤흔들었다.

1956년 10월 말, 아데나워는 수에즈운하를 국유화하려는 이집트를 막기 위해 프랑스와 영국이 펼친 군사작전을 규탄하는 국제연합(UN) 총회 결의안에 큰 충격을 받았다. 아데나워는 동맹이 말 그대로 각 회원국의 핵심 이익을 보호할 것으로 가정했기 때문이다. 그러나 당시 미국은 UN에서 영국과 프랑스를 공식적으로 반대하면서 주요 동맹국과 선을 긋는 한편 동맹국이 국익으로 여기는 요소를 놓고 군사행동에 나섰다. 앞으로 또 다른 상황이 펼쳐질 경우 독일도 비슷한 운명을 겪지 않는다는 보장이 없었다.

아데나워는 유럽원자력공동체 논의를 위해 파리를 정례 방문하는 1956년 11월에 프랑스 총리 기 몰레(Guy Mollet)와 외무 장관 크리스티앙 피노(Christian Pineau)를 비롯한 극히 소수의 인사만 모인 자리에서 이런 의견을 표명하기로 했다. 나세르 정권의 주요 후원자이자 군수 공급자인 소련의 국가원수 니콜라이 불가닌(Nikolai Bulganin)이 영국과 프랑스에 수에즈운하를 두고 군사작전을 계속한다면 미사일 공격을 감행하겠다고 협박한 지 하루 만에 아데나워가 파리에 도착했다.

프랑스 정부가 평소와 다르게 아데나워를 따뜻하게 맞이했다. 프랑스 방위군 1개 중대가 경례를 올리고, 양국의 국가가 울려 퍼졌다.[63] 아데나워의 수행단 중 한 명이 이 장면을 묘사했다.

> 총리는 마치 석상처럼 미동도 없이 경례를 받았다. (1953년) 워싱턴 부근 알링턴국립묘지에서 본 장면이 떠올랐다. 아무리 단단한 사람도 이 순간에 담긴 의의와 상징에는 감동할 수밖에 없었다. 프랑스로서는 전쟁이 끝난 이래 가장 힘든 시기에 양국 정부가 어깨를 나란히 하고 서 있었다.[64]

파리 방문 중 아데나워는 미국이 파운드화 하락을 저지해 달라는 요청을 거부하면서 동맹국인 영국에게 큰 타격을 입혔다는 소식을 접했다. 아데나워가 당황했으나 NATO의 의의에 의문을 품을 정도는 아니었다. 오히려 그는 유럽이 미국과 관계를 반드시 유지해야 한다고 생각했다. 그는 NATO 동맹이 모든 유럽 국가의 안보에 가장 중요한 요소라고 역설했다. 또 미국과 공개적으로 논쟁을 벌여서는 안 되며 어떤 식으로든, 심지어는 말로도 보복하면 안 된다고 프랑스에 경고했다. 그리고 미국의 유럽 동맹국들이 유럽 내 협력을 강화해야 한다고 주장했다.

> 프랑스와 영국은 결코 미국과 소련에 필적하는 강대국이 못 됩니다. 독일도 마찬가지입니다. 이 국가들이 세계에서 중요한 구실을 맡을 방법은 단 하나, 유럽을 통합하는 것뿐이며(⋯⋯) 허비할 시간이 없습니다. 유럽이 곧 여러분의 보복이 될 겁니다.[65]

이렇게 수에즈 위기 때부터 아데나워는 미국이 마음을 바꿔도 흔들리지 않도록 유럽 통합을, 특히 프랑스-독일 관계를 이용할 필요가 있다고 생각하게 되었다.

1958년에 드골이 다시 집권한 프랑스는 10여 년 동안 아데나워의 충고를 따랐다. 다음 장에서 살펴보겠지만, 사실 드골은 독일의 조언이 없었어도 유럽 자치를 추진했을 터다.* 실제로 1958년 9월 아데나워가 콜롱베레되제글리즈에 자리한 드골의 사저를 한밤중에 방문한 뒤로 프랑스와 독일의 관계는 더욱 강화되었다. 드골 대통령의 사저에 초청받아 방문한 해외 지도자는 아데나워뿐이었다.**

수에즈 위기로부터 2년 후인 1958년 11월, 소련의 지도자 니키타 흐루쇼프(Nikita Khrushchyov)가 베를린의 지위에 의문을 표하자 아데나워도 다시 미국의 신뢰도에 의문을 품게 되었다. 4대 강국의 점령 당국이 공식적으로 계속 기능하고 있었으나 서베를린은 1957년부터 사실상 독일연방공화국법을 따르고 있었다. 즉 베를린에서 연합국이 점령한 쪽의 법적 구조는 독일연방공화국의 주요 정당들이 경합하는 자유선거를 기반으로 했다.*** 동베를린은 소련을 등에 업은 독일민주공화국이 지배했다. 4개국 지배의 자취가 아직 남아 있었기 때문에 공직자들은 서베를린과 동베를린을 순환하며 오갈 수 있었다.

흐루쇼프가 6개월 안에 베를린의 새로운 지위를 정립하라며 서방 연합국에 날린 최후통첩은 아데나워의 외교정책 및 대서양 동맹의 기반과 정면으로 부딪쳤다. 소련의 위협으로 베를린의 지위가 뚜렷하게 변한다면, 결국 공산주의 세력이 베를린을 차지하게 된다는 징후이자 미국을 비롯한 연합

---

* 2장 154~156쪽, 161~163쪽 참조.
** 2장 152쪽 참조.
*** 아데나워 재임기에 1957년부터 1966년까지 서베를린 시장이던 빌리 브란트(Willy Brandt)가 서독의 국가적 인물로 떠올랐다. 브란트는 동베를린이 모든 실질적인 면에서 독일민주공화국에 속하게 된 1969년에 총리로 당선했다.

국의 핵우산 밑에 연방공화국을 건설하려는 아데나워의 계획에 위협이 될 터였다. 그러나 흐루쇼프가 무력을 내세워 위협하기는 했어도 최후통첩에서 제시한 시간 안에 실행까지 할 자신은 없었다.

아이젠하워는 흐루쇼프의 최후통첩이 암시하는 문제를 두고 오랫동안 대체로 절차상의 대화를 주고받으며 솜씨 좋게 대치 상황을 미루었으며 1959년 9월에는 소련 지도자를 미국으로 초청해 개인적으로 견학을 시켜 주기도 했다. 영국 총리 해럴드 맥밀런(Harold Macmillan)도 이와 비슷한 전략에 따라 1959년 2월에 모스크바를 방문했다. 드골만이 이런 전략을 따르지 않으면서 소련이 모든 협상을 시작하기에 앞서 최후통첩을 철회해야 한다고 주장했다.

자기가 한 위협을 실행에 옮길 줄 몰랐거나 적어도 군사적 대가를 마주할 생각은 없던 흐루쇼프는 1959년 5월에 최후통첩을 취하했다. 흐루쇼프가 미국을 방문했을 때 아이젠하워가 "[베를린과 같은] 주요 국제 문제는 무력 사용이 아니라 협상을 통한 평화적 수단을 통해 해결한다"는 문구가 들어간 공동성명에 합의하면서 미·소 관계에 잠시 온기가 돌기도 했다.[66]

그러나 이런 합의에도 흐루쇼프는 아데나워가 이끄는 독일을 고립시키고 혼란을 일으키기 위해 끝없이 노력했다. 결국 1960년 5월 파리에서 베를린 문제를 두고 4개 점령국 지도자 간 회담이 예정되었다. 연방공화국이 초대되지 못했다는 건 이 회담의 결과가 독일에 적용될 수 있다는 뜻이었다.

예정대로 각국 정상이 모인 1960년 5월 1일, 운명인지 우연인지 미국의 U-2 정찰기가 러시아 상공에서 격추되었다. 흐루쇼프는 회담에 앞서 이 사건에 대한 미국의 사과를 요구했다. 아이젠하워가 이를 거부하자 흐루쇼프가 회담을 무산시켰으나 다시 위협 카드를 꺼내 들지는 않았다. 이제 아데나워는 베를린과 미국의 신뢰도 문제를 아이젠하워의 후임인 존 F. 케네디 (John F. Kennedy)와 논의해야 했다.

아데나워와 나눈 세 번의 대화

운명의 장난인지, 나치 독일을 피해 가족과 함께 20년 넘게 도망치며 살던 내가 케네디 정부의 고문으로서 NATO 동맹의 일원인 독일에 대한 미국의 장기적 정책을 수립하는 데 참여할 기회를 얻었다.

내가 1950년대 말에는 유럽사를 연구하는 학자로서 그리고 1960년대 초에는 백악관 고문으로서 해외 정부 인사들과 만나기 시작했다. 나는 아데나워의 리더십을 존경했으나 그것과 별개로 당시 냉전 상황이 독일에 부여한 결정들에 독일의 요동치는 정치 문화가 영향을 미칠까 걱정되었다. 1961년 4월, 내가 케네디 대통령에게 이런 글을 남겼다.

두 차례 세계대전에서 패하고 혁명을 세 번 겪었으며 나치 시대에 범죄를 저지르고 한 세대 만에 두 번이나 물질적 풍요를 모조리 잃어버린 나라는 마음에 깊은 상처를 안고 있을 수밖에 없습니다. 히스테리적 분위기, 즉 불안정한 행동을 추구하는 경향이 감돌고 있습니다. 창작 활동을 하는 제 독일인 친구는 유럽의 주요 국가 중 전쟁 이후 정신적 타격을 눈에 띄게 드러내지 않은 나라는 독일뿐이라고 합니다. 독일은 경제 재건을 위한 광적인 노력으로 자국의 문제를 승화시켰습니다. 그러나 신경쇠약을 일으킬 가능성은 여전히 있습니다.[67]

이 글을 보면 아데나워가 활동하던 때의 불안정한 분위기와 그의 정책에 대한 반발 심리를 짐작할 수 있다.

나는 학문적 목적으로 독일을 방문한 1957년에 아데나워를 처음 만난 이래 그가 세상을 떠날 때까지 만남을 이어 갔다. 여남은 번의 만남 중 마지막 몇 번은 그가 은퇴한 뒤였다. 호의적으로 귀를 기울이던 나에게 그가 종종 자기 삶을 울적하게 돌아보는 이야기를 했고, 총리직에서 물러났는데도 소련의 공격을 억지하려면 영국과 프랑스와 미국의 군대를 무기한 주둔시킬 수밖에 없을 듯한 독일의 국민이 겪을 미래를 걱정하기도 했다.

총리의 집무실은 한때 19세기 라인 지역 귀족이 살던 샤움부르크 궁에 있었다. 공들여 짓긴 했어도 현대의 관료적, 기술적 국가조직을 담기에는 너무 작은 곳이었다. 총리 집무실은 편한 의자가 가득했으며 전문적인 비품은 최소한만 갖춘 듯 보였다. 권력의 중심이라기보다는 가정집 거실에 더 가까운 느낌이었다. 극소수의 주요 보좌관을 제외한 직원들은 다른 사무실에서 일했다. 사실 이들이 있는 본이 주요 국가의 수도라기에는 너무나 수수한 도시였다.

아데나워의 권위는 위엄과 힘을 겸비한 그의 성격에서 비롯한 면이 있다. 40대 초반에 당한 교통사고 후유증으로 일부 경직된 그의 얼굴과 공손하면서도 초연한 태도는 상대방에게 이곳이 원칙에 따라 움직이며 구호나 압박은 통하지 않는 세계라는 메시지를 분명히 했다. 말투는 차분했으며 강조가 필요할 때만 손짓을 동원했다. 아데나워가 내 개인사를 물은 적이 없지만, 언제나 효과적인 독일 관료제로 미루어 볼 때 그는 당연히 내 가족사를 알고 운명이 우리를 저마다 어떤 길에 데려다주었는지도 잘 이해하고 있었을 것이다.

아데나워는 사람을 날카롭게 꿰뚫어 보았으며 관찰한 바를 종종 냉소적으로 표현하기도 했다. 한번은 강력한 리더십의 특징에 대해 말하는 자리에서 그가 내게 "강인함과 에너지를 혼동해서는 안 된다"고 경고했다. 또 언젠가 아데나워의 집무실을 방문했을 때 얼마 전 그를 공격해서 언론의 주목을 받던 인사가 그곳에서 나서는 모습을 보았다. 두 사람이 정감 어린 인사를 나누는 모습에 나는 놀란 기색을 감추지 못했다. 그가 떠난 뒤 아데나워가 내게 한 첫마디는 이렇다. "친애하는 교수님, 정치학에서는 냉혹한 보복이 중요하지요."

1957년 10월

첫 대화는 서방과 소련의 관계에 관한 이야기로 시작했다. 아데나워는 이 갈등이 근본적이고 영구적이라면서 소련이나 동독에 대한 양보를 경계해야 한다고 말했다. 그는 베를린이 분열된 상황이 까다롭기는 해도 유지할 수 있다면서, 소련을 등에 업고 이 상황을 '수정'하거나 '개선'하자는 제안의 속셈은 5년 전 스탈린의 교활한 통일 제안처럼 서방의 단결과 베를린의 자치권을 약화하려는 것이라고 말했다.

또 아데나워는 국제 질서가 마주한 위협은 소련만이 아니라고 보았다. 그가 내게 진지한 관찰자들은 중국과 러시아의 결별이 임박했다고 판단하는 걸 아는지 물었다. 이런 문제가 커지는 상황에서 서방이 동맹국 간 분쟁으로 약해지지 않도록 각별히 주의해야 한다고도 말했다. 당시에는 중국과 소련이 명백하게 결별할 것으로 예상하는 이들이 많지 않았기 때문에 내가 아무 의견도 내놓지 않았는데, 그는 내 침묵을 긍정으로 여긴 듯하다. 1961년에 케네디 대통령과 회담할 때 그가 같은 내용을 말한 뒤 "키신저 교수도 이에 동의한다"고 덧붙였다.[68]

나와 처음 대화를 나눈 아데나워의 목적은 주로 미국의 핵 보장을 얼마나 믿을 만한지 알아보는 데 있었다. 그때는 핵무기가 개발되고 갓 10년이 지났으며 한 국가가 다른 국가를 위해 이만큼 파괴 위험을 무릅쓴 전례가 역사를 통틀어 없었다. 게다가 초기 NATO 동맹은 재래식 방어력이 충분하지 못하다고 시인한 터라, 미국이 정말 핵 위험을 감수할지가 핵심 질문이었다.

내가 미국은 신흥 국제 질서에서 동맹국의 이익과 자국의 이익을 따로 보지 않는다고 했더니, 아데나워는 정중하지만 강경한 말투로 겨우 1년 전 수에즈 위기에 미국이 주요 동맹국(영국과 프랑스)의 이익을 그렇게 다루지 못했다고 지적했다.

이렇게 운을 뗀 아데나워는 핵 문제에 관해 미국을 얼마나 믿을 만한지 의문이라는 점을 한층 분명히 밝히면서 미국 대통령의 결단력을 시험할 독창적인 가상 시나리오를 예로 들었다. 미국 대통령이 임기가 한 달 남은 시점에 핵 위험을 무릅쓸 수 있겠는가? 대선 후 취임까지 3개월 동안이라면 어떻겠는가? 수소폭탄이 미국의 주요 도시에 떨어진 뒤라면 어떤가? 미국과 독일의 당시 관계를 고려하면, 그의 질문이 퉁명스러운 듯해도 확답을 받아 내려는 뜻이 담겨 있었다. 나는 미국의 약속에 대한 표준적인 답변을 무한 반복했다. 그러나 이때부터 나와 만날 때마다 핵전략에 관한 그의 우려는 그 범위와 정도 면에서 점차 커지기만 했다.

1961년 5월, 유연 대응

내가 아데나워와 다음 대화를 나눈 1961년 5월 18일에는 정치적 구도가 그 전과 사뭇 달랐다. 미국의 새로운 대통령 케네디는 아데나워가 그때까지 쌓은 경험으로 대비할 수 없는 인물이었다. 언변이 화려하며 젊고 역동적인 데다 2차세계대전 중 태평양전쟁에서 눈에 띄는 공을 세운 케네디는 1차세계대전 전에 태어난 전임자들과는 다른 세대를 상징했다. "가장 위대한 세대"의 자신감으로 충만한 케네디는 이 세대의 에너지와 조국에 대한 신념을 통해 미국의 세계적 목표를 이룬다는 계획을 세우고 있었다.[*] 케네디는 아버지가 영국 대사로 있을 때(1937~1940) 유럽에서 살았으며 그 뒤

학창 시절과 상원의원 재임기에도 몇 차례 독일을 여행했다. 그러나 유럽을 재건하면서 소련의 위협에 맞서 정치체제를 지킬 수 있다고 패전국인 독일을 확신시킬 방법은 막 알아 나가는 중이었다.

케네디는 점점 늘어나는 소련의 핵무기 보유량을 마주하며 정책을 세워야 했다. 1949년에 핵무기 실험을 시작한 소련은 아이젠하워 대통령이 취임한 1953년까지 핵무기 200여 기를 개발했고, 케네디 대통령이 취임한 1961년까지는 탄두를 1500기 가까이 보유하는 한편 대륙 간 수송 시스템 개발도 시작했다. 이 때문에 미사일 갭이라는 때 이른 우려가 대두하기도 했다. 그러나 이런 우려는 과장된 것이었는데, 1960년대 초 미국은 여전히 선제 타격으로 승리할 만한 위치에 있었기 때문이다.

아데나워는 계속 대서양 동맹을 독일의 전략적, 정치적 미래의 열쇠로 여겼다. 그러나 대서양 동맹 내부에서는 정치적 목표 전반과 공동의 군사전략을 두고 논쟁이 벌어졌다. 앞서 나와 대화하며 아데나워가 말했듯, 핵전략에 관한 논쟁은 곧 동맹이 공격 위협을 받을 때 미국이 동맹의 목표와 자국의 목표를 거의 반사적으로 동일시하리라는 점을 동맹국이 언제나 믿고 의지할 수 있는지에 관한 논쟁이었다.

케네디와 국방 장관 로버트 맥너마라(Robert McNamara)를 비롯한 보좌진은 이 난제의 영향을 줄이기 위해 유연 대응 원칙을 제시해 적군이 대량보복** 대신 다른 대응을 추구하도록 전투의 다양한 단계를 구상했다. 그런데

---

* 케네디 정부가 전례 없는 대규모로 임용한 학자들 가운데 아서 슐레진저 주니어(Arthur Schlesinger, Jr), 존 케네스 갤브레이스(John Kenneth Galbraith), 칼 케이슨(Carl Kaysen)은 대통령을 직접 보좌했다. 외교와 국가 안보를 위한 기밀 취급의 복잡한 허가 체계보다 격식을 차리지 않는 학계 분위기에 더 익숙한 이들이 종종 공개적으로 자신의 의견을 밝혔는데, 외국에서 이런 발언을 대통령의 의견으로 해석하는 바람에 외국 지도자와 하는 회담이 한층 복잡해지기도 했다.

** 적의 공격에 그보다 강력한 핵무기로 대응해 더 큰 해를 입히는 것이다. — 옮긴이

핵무기의 파괴력이 엄청나기 때문에 이런 가상 시나리오의 기술적 구상이 그들의 우방에게 제시한 외교정책보다 더 설득력이 있는 것으로 밝혀졌다.

독일의 국방 장관 프란츠 요제프 슈트라우스(Franz Josef Strauss)는 미국의 핵전략에 공개적으로 반기를 들고 나섰다. 전형적인 바이에른주 사람으로 수다스럽고 열정적인 데다 지역의 명주를 즐긴다는 걸 증명하듯 살집이 두둑한 그가 본에 머무르던 나와 5월 11일에 만나 '유연 대응' 전략을 베를린 위기에 적용할 수 있는지 물었다.[69] 얼마나 많은 영토를 잃으면 대응 '단계'에 다다르는가? '일시 중지' 기간은 얼마나 되는가? 구상안의 한 단계에서 다음 단계로, 특히 재래식 전투에서 핵전쟁으로 넘어가는 시점은 누가 결정하는가? 슈트라우스는 미국이 이렇게 복잡하고 모호한 정책을 이행할 수 있는지, 이행할 의지는 있는지 의문스러워했다. 새로 창설된 육군의 참모총장을 비롯해 다른 독일 측 참석자들도 슈트라우스의 말을 지지했다.

슈트라우스의 견해가 가진 영향력을 증명하듯, 아데나워는 나와 다시 만난 샤움부르크 궁 집무실에서 "귀하와 같은 미국인들이 NATO에 꽤 큰 죄를 지었습니다."[70] 하고 퉁명스럽게 대화를 시작했다. 이에 앞서 미국이 영국과 프랑스의 핵전력을 NATO 동맹국들이 관리하는 체제를 구축하고 다국적군을 만들어서 두 나라의 전력을 공동 전략과 연계하자고 제안했으나 아데나워는 이에 대한 답을 미루고 있었다. 그는 자체 핵무기를 갖추지 못한 나라들이 민감한 제안을 어떻게 할 수 있겠냐고 물었다. 또한 NATO 사무총장의 참모들이 그런 임무를 맡기에는 너무 빈약하고 핵무기도 잘 모르니까 진정한 핵 협력을 추구하려면 사무총장의 권한을 키우고 참모진도 늘려야 한다고 주장했다.

백악관이 애초에 아데나워가 언급한 제안을 한 데는 그와 그의 참모진이 핵무기 전략에 익숙하지 않으며 미국이 계속 책임져야 한다고 판단할 것이라는 기대가 있었다. 그러나 예상과 달리 아데나워는 유럽이 독자적으로 핵전쟁 능력을 키워야 한다고 판단했다. 그래서 그가 드골을 언급했다. 드골이 아데나워에게 미국이 여러 약속과 상관없이 1956년 수에즈에서 그랬듯이 알제리를 두고 UN에서 프랑스를 저버렸다고 경고했다는 것이다. 아데나워의 말에 따르면, 드골은 베를린에 관한 동맹 외교에 결단력과 방향성이 부족하다고 지적했다. 또 미국이 우물쭈물하는 대신 대담하게 주도권을 잡고 소련의 요구를 단호하게 거절해야 한다고 주장했다. 드골이 아이젠하워와 흐루쇼프가 나눈 대화를 아데나워에게 간략하게 알려 주었고, 이를 들은 아데나워는 영국 총리 맥밀런이 유한 태도를 보이는 상황에서 소련이 압박을 계속할 수도 있다고 해석했다. 아데나워도 소련이 절대로 베를린을 두고 자멸할 위험을 무릅쓰지는 않으리라고 확신했기 때문에 그 무엇보다 결단력이 필요했다.

이에 대한 답으로 나는 첫 대화에서 밝혔듯이 내가 아는 한 미국은 베를린과 유럽 전반의 자유가 미국의 자유와 불가분의 관계에 있다고 여긴다는 말을 되풀이했다. 그러자 아데나워가 프랑스의 독자적 핵전력을 언급했다. 이 전력이 동맹을 강화하는가? 꼭 필요한 전력인가? 나는 크렘린에서 프랑스의 핵전력이 미국의 핵 약속을 대체한다고 해석할 수도 있다는 데 회의적인 견해를 밝혔다. 이 대목에서 아데나워가 독일 외무 장관 하인리히 폰 브렌타노(Heinrich von Brentano)를 불러들이고는 나에게 의견을 다시 설명해 달라고 청했다. 드골과 같은 군사 전문가가 어째서 그토록 비현실적인 야심을 품게 되었을까? 아데나워는 다음에 그를 만나면 이 점을 살펴보겠다고 약속했다.

다음 달, 흐루쇼프가 베를린 최후통첩을 다시 확언하자 향후 독일과 미국의 관계에 대한 아데나워의 걱정이 더 커졌다. 이에 대해 케네디는 주방위군을 동원하고 루셔스 클레이(Lucius Clay) 장군*을 '대사급 대리인'으로 임명하며 사실상 베를린에서 가장 중요한 미국 고위 관료로 삼았다. 흐루쇼프는 8월 13일에 장벽을 지어 베를린을 무참하게 분단시키면서 위기를 고조했다. 이렇게 베를린의 4개국 점령 상태가 막을 내렸다.

케네디 정부는 군사적 대비책을 마련하는 한편 네 열강 대신 국제기구가 베를린 접근권을 관할하는 정치적 방안을 제시했다. NATO와 바르샤바조약기구가 똑같이 여덟 명씩 위원을 임명하고 유럽 내 중립국에서 세 명을 임명해 기구를 꾸리자는 계획이었다. 그런데 이 계획에 따르면, 평화와 전쟁을 가르는 최종 결정권이 대서양 동맹이 아니라 주로 일상적인 문제를 피하려고 중립을 선언한 나라들의 손에 넘어갈 판이었다. 베를린에 접근하는 경로를 미국이 아니라 유럽의 중립국 세 나라가 관리하게 될 가능성을 아데나워가 거부하면서 이 제안은 정식 조사 없이 폐기되었다.

베를린 난국을 타개하기 위한 제안 중에는 독일이 오데르·나이세선을 수용하는 것도 있었다. 이 선은 2차세계대전 뒤 독일 영토를 전쟁 전에 비해 4분의 1가량 줄이는 국경선이었다. 아데나워는 이 제안도 거부했으나 사실상 독일 통일에 관해 합의하는 등 적절한 틀이 갖춰진다면 수용할 준비도 하고 있었다. 그는 베를린 접근 절차가 이미 적절하게 작동하고 있다고 생각했으며 이를 변경하는 방안도 엄청난 양보는 아니라고 판단했다. 무엇보다 개별 협상 방식을 끊임없이 추구하는 동안 독일이 고립되고 있었다. 아데나워의 전략은 조지 케넌(George Kennan)이 고안하고 애치슨과 존 포스터 덜레스(John Foster Dulles) 등 미 국무 장관들이 실행한 소련 봉쇄 정책에 의존했다. 이 정책은 소비에트 블록이 봉쇄 때문에 자체 자원만 쓰고 내부 딜레마를 마주할 수밖에 없어서 결국 약해질 것이라고 가정했다. 아데나워는 바로 그 순간이 통일을 협상할 때라고 믿었다.

---

* 독일을 점령한 미군 사령관이었다. —옮긴이

1962년 2월, 케네디와 아데나워

케네디와 아데나워의 회담에는 다소 울적한 면이 있었다. 두 사람이 저마다 중요한 목표를 추구했는데, 이들의 정책이 정반대 지점에서 비롯했으며 아데나워는 인내 그리고 케네디는 유연한 외교라는 서로 다른 수단을 이용했다. 아데나워는 독일 역사상 최악의 시기에 총리가 되었고, 케네디는 미국의 힘과 자신감이 최고조일 때 대통령이 되었다. 아데나워는 부조건 항복의 혼돈 속에서 기독교적 윤리관을 바탕으로 민주주의 가치를 재건해야 한다는 임무를 떠안았으며, 케네디의 원대한 목표에는 미국이 역사적인 민주주의 가치와 우세한 힘을 바탕으로 신이 내려 준 임무를 수행한다는 확고한 믿음이 반영되었다. 아데나워에게 유럽 재건은 전통적 가치와 진실을 다시금 확인하는 일이었고, 케네디에게는 현대 세계의 과학과 정치와 도덕의 발전에 대한 신념을 확인하는 일이었다. 아데나워가 성공하려면 독일의 정신을 반드시 안정적으로 다스려야 했으며 미국 대통령, 특히 케네디가 성공하려면 기존 이상주의를 동원해야 했다. 미국의 이상주의가 독일이 실천할 수 있는 외교적 유연성을 과대평가하면서 두 국가의 역사적 제휴가 그 실행 면에서 점차 억지스러워지고 있었다.

대서양 공동체를 건설하는 동안 미국과 독일은 나란히 각자의 목표를 추구했다. 1940년대 말부터 1950년대 초에 이르는 창의성의 시대에 형성된 이 구도는 정계에서 실질적으로 공유하던 비전과 미국의 핵 독점을 바탕으로 했다. 그러나 이 여정이 끝나면서 흐루쇼프가 여러 차례 베를린 최후통첩으로 압박하는 가운데 역사에 올 것이 왔다. 몇 세기 동안 서로 다른 내부 변화를 겪으면서 만들어진 각 나라의 이해관계와 방식이 다시 존재감을 드러냈다. 결국 1962년, 아데나워가 미국의 핵 약속과 베를린 정책의 신뢰성에 의문을 품고 있다는 보고가 워싱턴에 접수되었다.

1962년 2월, 케네디 정부의 국가안보보좌관 맥조지 번디(McGeorge Bundy)가 아데나워의 지인으로 알려져 있던 나에게 아데나워를 만나 핵 문제에 관한 신뢰를 회복할 수 있도록 도와 달라고 했다. 나는 아데나워에게 정치적 문제가 무엇보다 중요하고 영구적인 것이며 핵 문제는 정치적, 윤리적 신뢰를 상징한다고 답했다. 아데나워의 의구심을 없애려면 미국의 안보 정책과 핵전력에 관한 특별 설명이 필요하다는 데 의견이 모였다. 국방 장관 맥너마라가 고안하고 국무 장관 딘 러스크(Dean Rusk)가 승인한 이 설명에는 영국을 제외한 동맹국들의 지도자와 한 번도 공유하지 않은 핵전력 체계와 계획에 관해 상세한 정보가 포함되었다. 핵 관련 내용이 포함된 터라 아데나워는 통역관과 함께 참석했다. (내가 독일어로는 핵전략의 기술 용어를 모르기 때문에 이 자리에서 영어를 썼다.)*

2월 16일,[71] 내가 발표를 시작하며 미국의 약속이 건재하다는 점을 설명하자 아데나워가 내 말을 자르고 물었다. "워싱턴에서도 들은 이야기입니다. 거기에서 나를 설득하지 못했는데 여기에서는 설득할 수 있겠습니까?" 공직자보다는 학자로서 내가 발표를 마칠 때까지 판단을 유보해 줄 수 있을지 물었는데 그가 단호하게 말했다. "워싱턴에서 고문으로 얼마나 있었습니까?" 내가 1사분기 정도라고 답하자 그가 말했다. "그럼 하시는 말씀 가운데 4분의 3은 진실이라고 생각하겠습니다."

이 자리에 나와 함께한 본 주재 미국 대사 월터 다울링(Walter Dowling)은 아마 아데나워의 맹공에 당황했을 것이다. 그러나 그는 전문가답게 눈 하나 깜짝하지 않았다. 핵 관련 발표를 계속하면서 당시 미국과 소련의 핵전력 격차가 얼마나 큰지 설명하자 아데나워의 태도가 변했다. 이때까지 다른 미

---

* 이 설명은 본에 있는 아데나워의 집무실에서 진행되었다. 독일에서 태어난 나는 공식 회담에서 주로 영어를 썼지만, 상대방이 독일어를 쓸 때는 대개 통역을 요청하지 않았다.

국인 방문자들이 제대로 답해 주지 않던 질문에 대한 답을 담은 이 설명은 미국의 2차 타격 능력이 소련의 1차 타격 능력보다 크고 훨씬 효과적이며 미국의 1차 타격 능력은 압도적이라는 점을 강조했다. 다울링 대사가 작성한 보고서의 마지막 문단은 이 대화가 총리에게 미친 영향을 잘 보여 준다.

> 키신저와 내가 자리를 떠나려고 하자 [아데나워는] 두 차례나 우리에게 머무르라고 권하며 그 자리에서 나온 말에 대한 사의(謝意)와 강력한 동의를 표현할 기회를 달라고 했다. 그는 어떤 힘이 자유를 수호하기 위해 존재하는지 알게 되어 안심했으며 사람이 저지르는 실수가 없도록 하는 게 중요하다고 말했다. 자리를 떠나면서 키신저는 미국의 힘이나 대서양 공동체에 대한 미국의 헌신과 관련해서 우리가 한 말은 단순한 수사가 아니라고 말했다. 그러자 총리가 답했다. "정말 다행입니다." 회의가 끝났다.[72]

"사람이 저지르는 실수"라는 아데나워의 말에는 적절한 전략 수립과 미국이 압도적 힘을 행사할 의지가 없을 가능성에 대한 우려가 분명히 담겼다.

수십 년 뒤 내가 독일에서 보낸 편지를 한 통 받았는데, 이것을 통해 아데나워가 약속을 지키는 데 얼마나 큰 가치를 두었는지 알게 되었다. 봉투에 적힌 발신자명을 알아보지 못했는데, 편지를 읽어 보니 작성자가 오래전 이 회의에서 통역을 맡은 사람이었다. 당시 나는 백악관 지침에 따라 아데나워에게 우리가 공유한 핵 관련 정보를 유포하지 말라고 요청했고, 그는 그러겠다고 약속했다. 그런데 편지를 보니 작성자는 통역관으로서 그날 설명을 다 기록하고 다음 날 총리에게 전달했다. 그러나 아데나워는 핵 관련 부분을 없애라고 명령했다. 자신이 총리직에서 물러난 뒤에도 약속이 지켜질지 확신할 수 없기 때문이었다.

역사가 아데나워와 케네디를 상호의존관계에 던져 넣었으나 그것만으로는 세대 차이와 그에 따른 다름을 극복할 수 없었다. 케네디에게는 핵전쟁이 터질 가능성을 일단 줄이고 궁극적으로는 완전히 없앤다는 목표가 있었고, 이를 추구하는 장기적인 여정에 소련을 참여시켜야 했다. 그래서 유연한 전술이 필요했고, 독일 총리에 관해서도 마찬가지였다. 그러나 아데나워가 보기에 미국 대통령의 이런 전술은 그가 히틀러 치하 독일의 파국을 딛고 일어나 만들어 낸 안정성과 견고성을 흔들 위험이 있었다. 케네디에게는 폭넓은 전 지구적 계획이 있었고, 아데나워에게는 조국의 도덕적·물리적 붕괴를 직면하는 한편 분단을 감내하고 대서양 동반자 관계를 바탕으로 새로운 유럽의 질서를 구축할 불굴의 용기가 있었다.

독일 통일, 괴로운 기다림

독일 민족이 전후에 설정된 국경으로 통치된 적은 역사상 한 번도 없었다.[73] 동서 간 합의가 없고 기존 세력의 균형이 무너지지도 않은 상황에서 이런 국경이 정해졌다는 것은 공산주의 동독과 민주주의 서독으로 무기한 분단되는 독일의 전조처럼 보였다. 물론 독일을 통치하는 4개국으로 구성된 관리이사회 자체가 통일 독일을 지향한다는 암묵적 확언이었으며 서구 열강 세 나라는 독일의 통일을 명시적으로 포용했다. 그러나 독일 정계는 당연하게도 점령국들보다 더 분명하게 서독과 동독의 통일을 추구했다. 통일은 서독에서 영원한 정치적 문제가 되었고, 소련은 1952년 스탈린의 제안부터 흐루쇼프의 베를린 최후통첩에 이르기까지 통일 문제를 전략적으로 이용했다.

아데나워의 정책은 기본적으로 분단을 일시적인 상태로 보았다. 그는 소련의 위성 해체와 독일연방공화국의 탁월한 경제성장, 대서양 동맹의 결속력, 바르샤바조약기구 내부의 긴장 고조 등을 통해 언젠가는 통일될 것이라고 믿었다. 전제는 위성국가 동독의 붕괴였으며 1989년에 이것이 실현되었다. 그 전까지 독일연방공화국은 대서양 동맹 및 미국과 긴밀한 관계를 유지하고 유럽을 통합하는 데 최우선 목표를 두었다. 연합국의 지배를 받으면서 때를 기다리는 전략은, 모스크바가 가만히 있을 리 없고 베를린의 여러 위기에서 드러났듯 외교적 압력은 물론이고 군사적 압력을 행사해 통일을 막으려 들 게 분명했기 때문에 선택하기 어려웠다. 이에 따른 논란으로 국내에서 아데나워의 입지가 점차 약해졌다.

1949년 10월, 소련의 위성국가인 동독이 주권을 선포하자 아데나워는 이른바 브렌타노(1955~1961년 외무 장관) 선언으로 응수했다. 독일연방공화국은 독일민주공화국을 승인하는 모든 국가와 외교관계를 단절한다는 내용이었다. 그러나 시간이 갈수록 독일 내에서 적어도 동유럽 및 동독과는 접촉해야 한다는 압력이 거세지면서 이 정책을 유지하기가 어려워졌다.

선거 패배와 흐루쇼프의 책략에 충격받은 사회민주당이 노선을 바꿔 동유럽, 특히 동독과 협상하는 데 호의를 밝히며 지지를 모았다. 당 지도부에서 유력자 헤르베르트 베너(Herbert Wehner)*가 내부 과정을 이끈 결과, 1959년에 사회민주당은 독일의 NATO 가입을 승인했다. 점차 통일을 위한 조직으로 자리 잡은 사회민주당은 이때부터 NATO의 체제를 따르면서도 전쟁 직후의 기조를 되살리며 최대한 유연하게 동유럽 국가 및 소련과 협상한다는 동방정책을 펼쳤다.[74]

아데나워와 기독교민주연합은 이들이 독일의 역사적 수도인 베를린을 공산권에서 지리적, 군사적 자산을 모두 차지한 협상에 몰아넣어 궁극적으

---

* 베너는 전쟁 중 소련 간첩 혐의로 스웨덴에 구금된 전력 탓에 수뇌부에는 오르지 못했다.

로 통일에 이르는 과정에 방해가 된다고 주장했다. 아데나워는 최종 목표를 확인한 것이 오히려 일시적 분단 상태를 견딜 수 있게 한다고 보았다. 그가 이 문제를 애써 무시하던 연방공화국 초창기와 대비되는 모습이었다.

한편 사회민주당과 논쟁하던 기독교민주연합 내부에서는 아데나워의 후계를 두고 분열이 생기기 시작했다. 1962년에 여든여섯이 된 아데나워의 나이뿐만 아니라 소련보다 미국을 우선시하는 전략에 관한 논쟁이 국내에서 그의 위상을 점차 약화했기 때문이다. 영국의 유럽경제공동체 가입에 드골이 거부권을 행사한 상황*에서 아데나워가 이를 반대하지 않자 기독교민주연합의 소수파 상당수가 비난하고 나섰다. 1961년 총선에서는 기독교민주연합이 연방의회의 과반을 차지하지 못한 탓에 연립정부를 꾸려야 했다. 그런데 자유무역을 추구하는 중도 보수당이자 유일하게 손잡을 수 있는 정당인 자유민주당이 연립정부의 임기가 끝나는 1965년 전에 아데나워가 사임한다는 조건으로 연립정부 구성에 동의했다.

1962년 가을에 아데나워의 은퇴 문제가 불거졌다. 국방 장관 슈트라우스가 연방공화국의 방위를 위해 전략적 핵무기 확보 계획을 검토하고 있다는 정부 문서가 유출되어 《슈피겔(Der Spiegel)》지에서 이를 공개했는데, 국가 안보를 해쳤다는 이유로 슈트라우스가 《슈피겔》을 비난했다.[75] 그는 《슈피겔》을 선동죄로 고발했으며 함부르크 경찰에게 잡지사 사무실을 급습해 수색하라고 권했다. 게다가 당시 보도 책임자가 스페인에서 휴가를 보내던 중에 체포되었다.

자유민주당 출신 장관 다섯 명이 모두 이에 항의하는 뜻으로 11월 19일에 사임하고, 슈트라우스도 얼마 있다 마지못해 사임했다. 아데나워가 (쿠바 미사일 위기에 정신이 팔려 있었다고 말했지만) 슈트라우스의 계획을 알고 있었

---

* 2장 160~161쪽 참조.

으며 눈앞에 닥친 사임의 파고를 무사히 넘겼으나 그의 시대는 분명히 얼마 남지 않았다.

아데나워는 퇴임을 준비하는 동안 자신의 외교 성과가 미래에도 흔들리지 않도록 단단한 기반을 마련하는 데 특히 신경을 썼다. 그의 외교정책을 떠받친 기둥 중 하나는 소련의 힘을 견제하는 것이었으며 트루먼 이후 모든 미국 대통령이 이 전략을 지지했다. 연합국의 힘이 우월한 상황을 특히 중부 유럽에서 만들어 소련의 이념과 전략적 자기주장을 극복할 수 있다는 믿음을 전제로 한 이 구상에는 선견지명이 담겼다. 그러나 견제 전략의 단점은 적이 직접 공격하거나 압박하지 않는 한 서방의 힘을 드러내거나 외교적으로 실행할 방법이 없다는 것이었다. 따라서 독일 정계에서 아데나워의 용기와 인내는 동방정책에 자리를 내줄 수밖에 없었다.

또 다른 중요한 기둥은 독일 및 통합된 유럽의 미래가 도덕적 믿음과 민주주의 원칙에 대한 헌신에 달려 있다는 아데나워의 신념이었다. 그가 1956년에 유럽의 미래에 관한 연설에서 이렇게 말했다.

"위대한 생각은 마음에서 우러나온다"는 명언이 있습니다. 유럽 통합이라는 위대한 생각이 실현되려면 우리 마음에서도 그런 생각이 우러나와야 할 겁니다. 유럽의 통합이 감정이나 정서의 문제라는 말이 아니라, 위대한 임무에 헌신하는 단단한 마음이야말로 우리가 옳다고 판단한 일을 온갖 어려움 속에서도 실천할 힘이 된다는 뜻입니다. 이런 힘을 찾는다면, 제가 앞서 말한 불가피한 일을 모두 우리가 제대로 다룰 수 있을 겁니다. 그다음에 우리는 각 나라에 필요하고, 유럽에 필요하고, 전 세계에 필요한 통합이라는 위대한 임무를 완수할 겁니다.[76]

아데나워는 독일에 민주주의가 뿌리내리게 하고 독일이 주요 일원인 체계를 유럽에 구축한다는 목표를 임기 중에 달성했다. 아데나워와 케네디의 전략이 합쳐지면서 궁극적 목표였던 독일 통일은 두 사람이 무대에서 내려가고 20년 넘게 지난 뒤 소비에트제국의 붕괴와 함께 이루어졌다.

마지막 대화

아데나워는 총리로서 14년을 보낸 뒤 1963년 4월에 물러났다.

언젠가 애치슨은 퇴임한 지도자가 뜨거운 연애를 끝낸 사람처럼 행동하는 경우가 많다고 말했다. 그런 사람들은 일상을 채우던 문제와 자기 자신을 분리하는 데 어려움을 겪어, 대안적 행동 방침을 돌아보는 시간과 대화가 많을 정도다.

그러나 아데나워는 달랐다. 특히 그가 세상을 떠나기 3개월 전인 1967년 1월 24일, 마지막으로 그를 만났을 때 내 생각이 그랬다. 아데나워는 나이가 무색하게 정정했고, 당시의 현안보다는 독일의 장기적 추세를 걱정했다. 그가 독일인의 정체성 발달에 대해 이야기했는데, 그는 언제나 생각했어도 나에게는 모호한 주제였다. 그는 독일인들에게 닥친 어려움과 갈등이 심각하다면서 과거의 나치 때문만은 아니고 더 깊은 의미에서 균형이나 역사적 연속성에 대한 감각이 없기 때문이라고 말했다. 독일인들이 놀랄 만큼 발전할 테고, 이에 대해 예기치 않은 방식으로 반응할 수도 있다. 독일의 내적 안정 유지가 영원히 숙제로 남을지도 모른다.

내가 아데나워에게 주요 정당인 기독교민주연합과 사회민주당 사이에 최근 형성된 대연정이 국가적 합의의 부재를 극복할 수 있겠느냐고 묻자, 그는 두 당 모두 매우 약하다고 답했다. 그리고 이렇게 물었다. "진정 원대한 정책을 펼칠 지도자가 한 명이라도 있습니까? 지금 진정한 리더십이 가능하겠습니까?" 그는 사회민주당에서는 공산주의자라는 전력 탓에 총리 자리에 오를 수 없는 베너가 유일하게 강력한 지도자라고 했다. 게다가 사회민주당은 책략가 우파와 평화주의자 좌파로 갈라져 있었다. 그는 이 분열 때문에 사회민주당이 갈수록 동독 공산당(사회주의통일당)이나 위성국가 동독 또는 민족주의 기반 소련 쪽으로 기울 수도 있다고 했다.

아데나워가 속한 기독교민주연합은 기회주의가 약점이었다. 아데나워의 후임이던 에르하르트를 이어 1966년부터 독일을 이끈 당시 총리 쿠르트 게오르크 키징거(Kurt Georg Kiesinger)는 유능한 웅변가였으나 수려한 만큼 강하지는 않았으며 겉모습에 지나치게 신경을 썼다. 그래도 에르하르트보다는 그가 나았다. 아데나워는 에르하르트가 전쟁 뒤 경제적으로 묘책을 펼쳤지만 총리로서는 너무 "멍청했다"고 보았다. 내가 "너무 비정치적"이라는 표현이 더 어울리지 않을지 물었는데, 아데나워가 "정치 지도자가 비정치적이라는 것이야말로 멍청하다는 뜻"이라고 답했다.

아데나워는 베트남전쟁에서 미국이 한 일에 대해 강경한 반응을 보였다. 미국이 주요 국익의 장에서 그렇게 먼 곳까지 활동 범위를 넓히고는 거기에서 발을 빼기도 어려워하는 이유를 모르겠다고 했다. 내가 미국이 아시아의 동반국들을 보호해 동맹국의 신뢰를 지키려고 했다는 의견을 밝히자 그가 이 관점에 대해 좀 더 생각해 보고 싶다면서 다음 날 다시 와 달라고 했다.

다음 날, 아데나워가 우리와 마주 앉은 자리에서 엄숙하게 말했다. "내 눈을 똑바로 보시오.(Schau mir in die Augen.)" 그러고는 전날 내가 펼친 주장에 대해 이야기했다.

내가 아직도 당신들이 우리를 무조건 보호해 준다고 믿을 것 같습니까? (……) 지난 몇 년간 당신들의 행동은 당신네 나라가 소련과 조성하는 데탕트를 위기 상황에서 최우선 과제로 삼는다는 걸 분명히 했습니다. 나는 미국 대통령이 어떤 상황에서든 베를린을 위해 핵전쟁 위험을 무릅쓰지는 않으리라고 봅니다. 그래도 동맹은 여전히 중요합니다. 소비에트 지도층 인사들도 이 미심쩍은 부분에 대해 장담하지 못한다는 사실이 우리를 지켜 주니까요.

이렇게 신랄한 개요를 통해 아데나워는 10년 전 우리의 첫 대화 주제, 즉 핵 위협의 본질적 모호성으로 돌아갔다. 그러나 한편으로는 그가 지난 세월 총리직을 수행하면서 깨달은 또 다른 주요 원리인 대서양 동맹의 결정적인 중요성도 역설했다.

위기가 닥치면 신뢰를 지켜 달라는 청원으로 시작한 것이 장기 전략적 개념으로 거듭난 셈이다. 아데나워는 나와 나눈 마지막 대화에서 대서양 동반자 관계를 실현하기가 너무 복잡하다는 의구심을 표했으나 동반자 관계 자체에는 헌신한다는 뜻을 다시 확인했다. 거의 반세기 동안 소련 견제 전략을 받아들인 아데나워는 바로 이런 모호성이 억지력을 만들어 내며 미국의 동맹국들이 이 힘에 의지해 유럽 정치체제 내부에서 그리고 미국과 맺은 동반자 관계에서 스스로 발전한다는 걸 알고 있었다.

아데나워식 전통

위대한 리더십은 찰나의 환희를 일으키는 데 그치지 않고 장기 전망의 영감을 불러일으키며 오랫동안 이어 나갈 수 있어야 한다. 아데나워의 후임들은 그가 품었던 비전의 초기 원칙들이 독일의 미래에 필요하다는 걸 알았다. 심지어 1969년에 최초의 사회민주당 소속 연방공화국 총리가 된 브란트도 그랬다.

브란트는 히틀러 시대에 노르웨이와 중립국 스웨덴에서 망명 생활을 했다. 베를린 위기가 한창이던 1958~1962년에는 서베를린 시장을 지내면서 강력한 리더십과 언변을 발휘해 국민에게 힘을 불어넣고 사기를 높였다.

총리가 된 브란트는 아데나워의 전통주의와 뚜렷하게 구별되는 행보를 보였다. 브란트는 무엇보다 동방정책을 추진하며 동맹국과 독일의 관계를 유지하는 한편 공산주의 세계에도 문을 열었다. 미국 대통령 닉슨과 당시 그의 국가안보보좌관이던 나는 동방성책이 독일의 새로운 민족주의로 발전하는 한편 독일연방공화국이 중립주의의 탈을 쓰고 동서를 오가려 할 수 있다는 점을 불안하게 여겼다.

외교정책 중 일부가 아데나워의 정책과 상당히 멀어졌으나 브란트도 대서양 동맹에 충분히 헌신했으며 모스크바와 협상할 때면 항상 워싱턴과 밀접하게 논의했다. 취임 첫 주에 그가 친구이자 외교정책 보좌관인 에곤 바르(Egon Bahr)를 워싱턴에 보냈다. 놀랍게도 바르는 연방공화국이 NATO에 헌신할 것이며 아데나워 시대에 이어 유럽 통합을 위한 노력을 계속하겠다고 단언했다. 바르는 신임 총리가 백악관을 비롯한 동맹국들과 동방정책을 조율할 것이라고 말했다. 이에 따라 닉슨은 의구심을 버리고 그의 확언을 받아들여 보좌관실을 통해 협의 절차를 마련했다.

브란트는 바르가 한 말을 지켰다. 그는 폴란드를 비롯한 동유럽에 대해 창의적인 정책을 수립했으며 소련과 협상을 재개해 관계 전반과 베를린 접근권 보장을 두고 논의했다. 이 협상이 1972년에 마무리되었으며 미국은 연계 정책을 통해 이를 촉진했다.* 브란트가 서방 동맹과 이끌어 낸 베를린 접근권에 관한 협약은 통일 때까지 별다른 문제 없이 효력을 유지했다.

브란트는 NATO와 협의하겠다는 아데나워의 약속을 유지하는 한편

---

* 3장 196~201쪽 참조.

동쪽으로 인접한 국가들과 동방정책을 전개했다. 그는 1970년에 바르샤바를 방문해 게토 봉기 기념비를 찾았다. 1943년에 유대계 폴란드인들이 그들을 죽음의 수용소로 강제 이송하려는 나치의 계획에 저항하다 잔혹하게 진압당한 사건을 추도하는 이 자리에서 그는 기념비에 헌화하고 무릎을 꿇어 사죄했다.

이 조용한 몸짓은 독일이 전후 세계에 내미는 화해의 도덕적 근거를 대변하면서 분명한 영향력을 발휘했다. 브란트는 당연하게도 독일연방공화국과 폴란드의 관계에 전략적으로 엄청난 가치가 있다고 여겼으며 이를 "도덕적, 역사적 의의"라고 표현하기도 했다. 아데나워의 노선을 따라 참회와 긍지를 모두 추구하는 방식, 실로 참회를 통해 긍지를 추구하는 방식이었다.[77]

동방정책 지지자들이 품은 야망은 1974년에 브란트가 사임하면서 사그라들었다. 그의 후임으로 1982년까지 총리로 지낸 헬무트 슈미트(Helmut Schmidt)는 사회주의자였는데, 이는 그가 우연히도 사회민주당이 여당인 도시국가 함부르크에서 태어났기 때문이다. 그는 1960년대 함부르크에서 시 상원의원을 지내기도 했다. 젊은 시절에는 안정보다 혼돈 속에서 자랐다. 1941년에 루프트바페 소속으로 동부전선에서 대공 포병 장교로 복무하기도 했으나[78] 나이가 어려서 나치 시대에는 정치적으로 두각을 드러내지 않았다.

슈미트는 아데나워가 세운 원칙을 중심으로 외교정책의 상당 부분을 만들어 갔다. 위대한 전임자와 마찬가지로 슈미트는 도덕성이 꼭 필요한 구실을 한다고 믿었다. 한번은 "양심 없는 정치는 범죄를 향해 가기 마련"이라면서 "정치는 도덕적 목표를 이루기 위한 실용적 활동"이라고 덧붙였다.[79] 1977년에 만난 슈미트는 몇 주 전 소말리아 모가디슈에서 테러리스트에게 납치된 독일인 인질을 구하려고 독일 특수부대가 감행한 급습 작전의 성공 소식이 들릴 때까지 괴로움에 시달렸다고 내게 말했다. 그는 인질 여든여섯 명과 구조대의 생존 여부에도 그렇게 마음이 쓰이는데 NATO의 핵전략을 어떻게 실행할 수 있을지 모르겠다고도 했다.

하지만 1980년대 초 독일에 미국의 중거리 미사일을 배치하는 문제에 관해 결정을 내려야 할 때 슈미트는 소속당의 중론과 달라도 자신이 의무라고 생각한 것을 실행에 옮겼다. 다만 이 용감무쌍한 행동은 그가 자리에서 물러나는 결정적 이유가 되었다.

슈미트는 아데나워 정책의 두 번째 측면인 유럽 통합을 추진했다. 슈미트도 아데나워처럼 프랑스를 우선시했다. 당시 프랑스 대통령이던 발레리 지스카르데스탱(Valéry Giscard d'Estaing)과 손잡은 슈미트는 아데나워와 드골이 만든 협력 관계를 부활시켰으며 전임자들과 마찬가지로 사적인 친분을 쌓으면서 관계를 강화했다. 두 사람이 1975년 유럽 안보 회의를 추진한 것은 동유럽을 지배하는 소련의 정당성이 무너지는 과정을 재촉했다. 또한 민주주의 정부 수반들이 모여 국제 질서를 향한 공동 접근 방식을 확립하는 회담(당시 G5, 현재 G7)의 개최를 주창했으며 미국의 제럴드 포드(Gerald Ford) 대통령도 이를 강력하게 지지했다.[80]

통합 유럽 속의 통일 독일이라는 아데나워의 비전은 슈미트의 후임인 헬무트 콜(Helmut Kohl) 총리 임기 중에 소련이 무리한 확장과 내부 모순으로 붕괴하고 동유럽에 대한 지배력을 상실하면서 현실이 되었다. 고향인 라인 지방의 사투리를 쓰고 독일사를 공부하는 사려 깊은 학생이던 콜은 슈미트에 필적하는 지성인이 아니고 아데나워에 필적하는 철학자도 아니었다. 그는 독일 국민의 태도를 솜씨 좋게 다루면서 통치했다. 그도 아데나워와 마찬가지로 독일이 지리적 위치와 복잡한 역사 때문에 마주하게 되는 여러 유혹 사이에서 다시는 흔들리지 않겠노라고 단단히 결심했다. 소련의 핵무기 배치에 대응해 미국의 중거리 미사일을 유럽에 두려고 하자 독일에서 전례 없는 대규모 시위가 일어났는데, 콜은 불굴의 의지로 이를 버텼다. 그 덕에 미국과 소련 간 협상이 진행되었고, 1988년에는 양측 모두 일정한 수준의 핵무기를 철수하는 중거리핵전력 군비 통제 협정이 체결되었다. 특정 범주의 핵무기를 제거하려고 체결한 협정은 이것이 최초이며 지금까지 유일하다.

동독의 공산주의 정권 해체는 이웃 나라로 이탈하는 사람들이 점점 더 많아지면서 시작되었다. 1989년 8월, 헝가리로 이탈한 동독 주민 9000여 명의 서독행이 허용되면서 정치적 균형이 돌이킬 수 없는 수준으로 깨졌다. 10월에는 동독 주민 수천 명이 프라하의 서독 대사관에 피신했다. 연방공화국 공직자의 지원으로 기차를 탄 난민들이 동독 땅 너머 서독으로 갈 수 있게 해야 한다는 의무감이 생겼을 때 위성국 동독의 정부 해체가 확정되었다.[81]

1989년 11월에 베를린장벽이 무너지면서 독일 통일이 다시 눈앞에 닥친 현안으로 떠올랐다. 저명한 리하르트 폰 바이츠제커(Richard von Weizsäcker) 대통령을 비롯한 서독의 주요 인사들은 서방이 옛 소련 점령 지역에 민주주의 선거를 도입할 조건을 적어도 초기 상태로는 충족했다는 것을 언명해야 한다고 주장했다. 그러나 콜의 생각은 달랐다. 아데나워의 전통을 따른 콜은 분단된 두 독일이 계속 존재한다면 두 나라 모두 민주주의에 기초한다고 해도 저마다 독립적인 존재로서 정당성을 확보해 내지 않고서는 결코 통일될 수 없기 때문에 사실상 일련의 위기를 부채질하는 셈이라고 주장했다.

콜은 결정적이고 대담한 리더십을 보이며 이 문제를 해결했다. 동독 정권이 자유선거를 선언했을 때 콜이 독일민주공화국은 존재하지 않는 것처럼 행동하며 마치 서독의 총선인 듯 선거운동차 동독에 방문할 일정을 잡았다. 동독의 기독교민주연합이 선거에서 압도적으로 승리하며 물꼬를 튼 결과 1990년 10월 3일에 독일이 공식적으로 통일되었으며 독일의 NATO 회원국 지위는 유지되었다.

콜에게는 프랑스와 영국을 설득해야 한다는 과제가 남아 있었다. 두 나라 모두 두 차례의 세계대전을 통해 생긴, 이유 있는 의구심을 품었다. 특히 영국 총리 대처가 독일 통일을 반기지 않았다.* 통일 절차는 1990년 5월에 소련이 동독에서 군대를 철수하고[82] 통일 독일이 NATO 회원국으로 남는 데 동의하고 나서야 마무리되었다. 여기에는 소련의 내부 문제가 어느 정도 영향을 미쳤다. 그러나 독일의 무조건 항복 이후 국민들에게 그리고 분단된 조국에 다시 일어설 용기를 주려고 아데나워가 말한 전망을 그의 후임자들과 연합국이 정책 기조로 삼고 추구하지 않았다면 이루지 못했을 일이다.

베를린장벽이 무너지면서 생겨난 뜻밖의 결과 중 하나로 1989년 12월에 동독 훔볼트대학교에서 일하던 무명 과학자 한 명이 정계에 진출한 사건을 꼽을 수 있다. 목사의 딸로 태어났으며 한 번도 정계에 몸담은 적 없던 이 여성이 동독에서 '민주 각성'이라는 신생 정당에 들어갈 마음을 먹었다. 당시 서른다섯 살이던 앙겔라 메르켈(Angela Merkel)은 정치 경험이 전혀 없었으나 확고한 도덕적 원칙이 있었다. 민주 각성은 1990년 말 기독교민주연합과 합쳐졌고, 메르켈은 2005년 11월에 독일 총리로 뽑혔다. 총리로서 16년을 보낸 그녀는 켜켜이 쌓인 위기를 지나는 동안 독일의 안정을 유지하고, 고기술 사회에서 수준 높은 목표를 제시하고, 냉전 후 국제 질서에서 주요 지도자로 부상한 데다 아데나워가 장차 독일이 맡기를 바라던 구실을 해냈다. 2021년 12월, 메르켈이 독일연방공화국 총리로서는 유일하게 정치적 위기 없이 은퇴했다.

2017년에 아데나워의 50주기를 맞아 메르켈이 그의 역사적인 공헌을 이렇게 기렸다.

---

* 6장 495~498쪽 참조.

오늘 우리는 바이마르공화국의 실패와 국가사회주의의 공포를 겪은 조국에 통찰력과 기량으로 균형과 안정을 준 위대한 정치인을 기립니다. 우리는 콘라트 아데나워에게 깊은 감사의 인사를 올립니다. 우리는 그의 업적에 따라 이 어렵고 복잡한 세상에서 우리가 해야 할 일을 찾습니다. 우리는 콘라트 아데나워와 그의 동시대인들이 이룬 것들을 돌아보며 이 일을 계속할 용기를 얻습니다.[83]

사실 아데나워는 후대의 평가에 연연하지 않았다. 어떤 인물로 기억되고 싶은지 물었을 때 그는 그저 "해야 할 일을 한 사람"이라고 답했다.[84]

샤를 드골, 1967년.

2

샤를 드골: 의지의 전략

우연한 만남

1969년 1월 20일, 취임한 지 한 달도 안 된 미국 대통령 닉슨은 자신이 대서양 관계를 얼마나 중요하게 생각하는지 강조하기 위해 유럽 각국의 수도를 순방했다. 이미 닉슨을 만난 적이 있는 유럽 정상들은 브뤼셀, 런던, 본에서 저마다 그를 환대하며 대서양 관계에서 미국이 맡은 주요 구실을 확인하고 싶어 했다.

그런데 파리의 분위기는 달랐다. 6년 전, 드골이 1962년 캘리포니아 주지사 선거에서 패배하고 얼마 안 된 닉슨과 대통령 관저인 엘리제 궁에서 오찬을 함께 했다. 프랑스 대통령은 닉슨이 아이젠하워의 부통령 시절(1953~1961) 외교정책에서 날카로운 통찰력을 보여 주었다고 칭찬했다. 당시 정치 경력의 저점에 있던 닉슨에게 큰 힘이 되는 말이었다. 이제 대통령이 된 닉슨을 과거의 실무자가 아닌 국빈으로서 맞이하기 위해 드골이 수행단과 직접 공항에 나왔다.

나는 이때 처음으로 드골을 만났다. 그는 닉슨에게 간명하지만 따뜻한 환영사를 전하며 프랑스의 역사적 정체성을 강조했다.

지난 200여 년간 너무 많은 일이 일어났으나 우리나라가 귀국에 품은 우정은 굳건합니다. 그런데 여러분께서 우리를 찾아왔으니, 우리는 국제 정세라는 주제에 관한 우리의 생각과 의도를 밝히고 여러분도 여러분의 견해와 계획을 분명히 할 수 있을 겁니다. 이 회담만큼 중대한 일이 또 있겠습니까?[1]

이 환영사는 전적으로 프랑스의 국익과 닉슨에 대한 드골의 개인적 배려에 따른 것이다. 유럽의 다른 나라 지도자들이 일반적으로 논하던 NATO, 공동시장, 유럽의 다자주의 등에 대한 말은 없었다.

이어, 엘리제 궁에서 환영회가 열렸다. 연회가 한창일 때 드골의 보좌관이 나를 불러내더니 드골이 있는 곳으로 안내했다. 진지한 얼굴로 연회장을 내려다보던 드골은 전에 내게 연락한 티를 내지 않았고[2] 반기는 기색도 없었다. 그가 첫마디부터 따지듯 물었다. "왜 베트남을 떠나지 않습니까?" 기껏해야 7년 전, 군사적으로 3년 가까이 공들인 끝에 알제리를 떠나기로 결정한 사람이 하기에는 이상한 질문이었다. 내가 "갑작스러운 철수는 미국의 국제적 신뢰도에 해가 되기 때문"이라고 답하자 그가 퉁명스럽게 프랑스어로 답했다. "예컨대 어디에서 말입니까?(Par exemple, où?)" 나는 이번에도 비슷한 수준의 답을 내놓았다. "예컨대 중동이 그렇습니다." 그러자 드골이 잠시 생각에 잠기는 듯하다가 침묵을 깼다. "이상하군요. 지금까지 중동에서 신뢰도 문제를 겪는 나라는 여러분의 적국(즉 소련)뿐인 줄 알았습니다."

다음 날, 루이 14세가 베르사유 궁 가까이 지은 우아한 별궁 그랑트리아 농에서 드골이 닉슨과 실질적인 회담을 열었다. 유럽에 관한 이야기로 넘어 가자 드골이 환영사에서 언급한 내용을 35분에 걸쳐 자세히 설명하며 비범한 열정과 품위와 언변을 드러냈다.

그는 유럽이 역사적으로 다양한 민족과 신념이 각축을 벌이는 경기장이었다고 말했다. 정치적 유럽이란 존재하지 않았다. 유럽의 각 지방이 저마다 정체성을 형성하고 고난을 겪으며 주권과 사명을 발전시켰다. 유럽 국가들은 2차세계대전에서 회복하며 고유한 특성을 정의하는 전략을 바탕으로 자국을 지키려 하고 있었다. 전쟁 이후 계속된 이런 상황이 유럽 국가들 간의 긴밀한 협력뿐만 아니라 유럽과 미국의 협력에 대한 필요성과 위험성을 낳았다. 프랑스는 공동의 임무에 협력할 준비가 되어 있으며 충실한 동맹국임을 보여 줄 터였다. 그러나 자국의 방어력을 포기하거나 미래에 대한 결정권을 다국적 기구에 넘겨줄 생각은 없었다.

이런 기조에 따라 드골은 린든 B. 존슨(Lyndon B. Johnson)과 케네디, 미국 대통령 두 사람이 제시한 대서양 정책에 반대했다. 드골을 존경한 데다 취임한 지 얼마 안 된 터라 논쟁을 벌이고 싶지 않던 닉슨이 나에게 역사 교수로서 의견을 말해 달라고 했다. 예상 못 한 요청에 다소 놀랐지만 내가 답했다. "심오하고 감동적인 말씀을 들었습니다. 그런데 드골 대통령께서는 앞서 설명하신 유럽을 독일이 지배하지 못하게 할 방법에 대해서는 어떻게 생각하십니까?" 그가 잠시 침묵하다 답했다. "전쟁을 통해.(Par la guerre.)"

얼마 있다 오찬 자리에서도 상당한 대화가 이어졌다. 내 학계 경력을 분명히 알았을 드골은 19세기 후반의 정치적 역량에 대해 말하면서 내게 가장 인상적인 인물은 누구냐고 물었다. 내가 독일 총리 비스마르크라고 답하자 드골이 바로 그의 어떤 점이 가장 놀랍냐고 물었다. "중용입니다. 아쉽게도 그것 때문에 1871년 프로이센·프랑스전쟁 뒤 협상에서 실패했습니다만." 내가 이렇게 답하자 드골이 그 협상 결과를 연상시키는 말로 대화를 마무리했다. "그렇게 하는 편이 나았습니다. 우리가 알자스를 수복할 기회가 생겼으니까요."

이보다 고작 6년 전에 드골은 그가 개인적으로 가장 두텁게 친분을 쌓은 세계적 지도자, 아데나워 독일 총리와 우호조약에 서명했다. 그러나 우정 때문에 역사의 교훈이나 전략상 필요를 무시하지는 않았다. 드골이 호전적인 말로 회담 상대를 떠봤을 가능성이 상당하다.

드골이 닉슨과 회담하고 두 달 만에 사임했다. 사임을 종용하는 대내외적 압력은 없었다. 그가 이때 마지막 인사를 한 것은 역사적 전환에 알맞은 시기라는 판단 때문이었다. 카나페를 앞에 두고 편안하게 독일과 맞선 전쟁 이야기를 꺼낼 수 있을 만큼 자신만만하고 국제 질서에 관해 웅변하는, 적당한 때가 왔다는 판단에 따라 사임할 만큼 자기 확신적인 이 비범한 인물이 누구인가? 드골은 자신이 미스터리를 망토처럼 두른 덕에 전설적인 위엄이 유지되었다는 걸 아주 잘 알고 있었다. 이 베일 속 거인은 어떤 사람이었을까?

여정의 시작

1940년 3월 21일, 독일의 노르웨이 침공에 맞서던 프랑스군이 패배하자 사임한 에두아르 달라디에(Édouard Daladier)에 이어 폴 레노(Paul Reynaud)가 총리직에 올랐다. 이보다 5년 전에 레노는 당시 중령이던 드골의 견해에 관심을 보이며 그를 고문으로 삼았다. 1940년 5월 중순, 마흔아홉 살이 되도록 알려진 게 거의 없는 이 직업군인이 독일의 벨기에 침공을 막기 위한 싸움에서 탁월한 리더십으로 기갑부대를 이끈 덕에 대령에서 준장 직무대리로 진급했다. 그리고 2주 뒤, 국방 장관을 겸하고 있던 레노가 국방 차관으로 드골을 택했다.

드골이 국방부에 집무실을 차린 6월 5일은 독일 공군이 파리 교외를 공습한 날이기도 하다. 이때부터 채 1주일도 되지 않아 프랑스 정부는 수도 파리에서 퇴각했다. 6월 17일에는 신임 차관 드골이 레노의 사임 소식과 함께 히틀러와 휴전하려 한다는 계획을 알자마자 급하게 보르도에서 런던행 비행기를 탔다. 드골이 탄 비행기는 독일군이 수십 척의 배에 불을 지른 로슈포르항과 라로셸항 그리고 그의 어머니 잔(Jeanne)이 죽어 가던 브르타뉴의 작은 마을 팽퐁을 지나 런던으로 향했다. 그는 프랑스를 떠나면서 아내와 세 자녀도 런던으로 따라올 수 있도록 여권을 즉시 발행하라고 명령했다.[3] 다음 날, 드골이 BBC를 통해 프랑스 정부의 정책에 대한 저항을 호소했다.

세계의 운명이 위기에 처했습니다. 지금 런던에서 나, 드골 장군은 영국 땅에 지금 있거나 앞으로 있을 프랑스 장병 모두에게 무기가 있든 없든 호소하며 영국 땅에 지금 있거나 앞으로 있을 군수공장의 기술자와 숙련공 모두가 제게 연락하기를 청합니다. 무슨 일이 있어도 프랑스 저항의 불꽃은 꺼지지 않아야 합니다.[4]

프랑스 국민 중 압도적 다수가 전혀 모르는 사람의 선언치고는 별났다고 해도 과장이 아니다. 고작 2주 전 프랑스 정부에 들어간 명목상 차관이며 프랑스군 장성 가운데 계급이 가장 낮은 사람이 버젓이 정부에 반기를 들자고 청했기 때문이다. 미국 독립선언문(1776)을 비롯한 역사적 성명의 고상한 수사적 관습을 따르지 않은 이 간결한 방송은, 말 그대로 영국 땅에 있는 프랑스 국민에게 계획도 명확하지 않은 반정부 운동을 요청했다.

이 방송 며칠 전 영국 정부는 프랑스 지도부가 히틀러와 평화조약을 맺지 못하게 하는 데 집중하고 있었다. 심지어 처칠 총리가 프랑스와 영국의 병합까지 제안하는 상황이었다. 프랑스가 독일의 영향권에 흡수된 뒤 아예 무너져 버리는 최악의 상황을 막기 위해서였다.[5] 드골은 몇 가지 세부 사항이 미심쩍어도 이 제안에 우호적이었는데, 정부가 항복하지 않고 더 버틸 힘을 줄 수 있다고 생각했기 때문이다.

이 계획은 훗날 유럽연합 구상에 중요한 구실을 하는 모네와 샤를 코르뱅(Charles Corbin)이 고안했다.[6] 사실상 연합을 위한 계획이 6월 16일에 급진전되었다. 당시 협상을 위해 잉글랜드에 간 드골이 전화로 읽어 준 내용을 들은 레노는 처칠이 그것을 공식적으로 승인했는지 물었다. 그러자 드골이 처칠에게 전화를 넘겨주고, 처칠은 같은 제안을 반복했다. 레노는 한 시간 안에 이를 내각에 제출하겠다고 답했다. 어느 역사가는 당시 상황을 이렇게 기록했다.

처칠, 애틀리, 싱클레어(Archibald Sinclair), 참모총장 등이 전쟁의 장기화와 이 새로운 국가의 미래에 대해 레노 및 그 동료들과 논의하기 위해 그날 밤 순양함 갈라테이아를 타고 브르타뉴 해변의 콩카르노로 향할 준비가 되어 있었다. 이들은 (……) 워털루(역)까지 가서 밤 9시 반에 사우샘프턴으로 출발할 예정이던 특별열차에 몸을 실었다.

그러나 (……) 열차는 역을 떠나지 못했다. 처칠이 비서에게 직접 받은 메모는 (프랑스 정부가 피신해 있던) 보르도에서 '내각의 위기'가 발생해 여행이 무산되었음을 알렸다.[7]

레노가 실각한 것이다. 그 대신 총리가 된 사람은 여든일곱 살의 필리프 페탱(Philippe Pétain) 원수다.

휴전 협상의 결과가 확정되지 않았지만 영국은 드골과 거리를 두었다. 드골의 선포로 모인 프랑스의 장병들은 얼마 있다 '자유프랑스'로 알려지게 되는데 공식적인 지위를 부여받지는 못했고, 예정되어 있던 후속 BBC 방송도 취소되었다.[8] 순식간에 주사위가 던져졌다. 6월 22일에 프랑스가 독일과 휴전협정에 서명하면서 대서양 연안 전체와 프랑스 절반이 독일 점령하에 놓이게 되었다. 이것이야말로 드골이 애써 막으려던 사태다. 이때부터 드골은 자유프랑스의 주도로 프랑스의 주권을 회복하고, 1940년의 도덕적·군사적 붕괴로 망가져 버린 프랑스 사회를 부활시킨다는 가장 중요한 목표를 세웠다.

6월 23일, 영국 내각의 허가를 받은 드골이 다시 BBC를 통해 목소리를 전했다. 그는 독일과 손잡은 비시 프랑스의 페탱에게 반기를 드는 연설을 했다. 퇴각한 정부가 새로 자리 잡은 프랑스 중부의 휴양지의 이름을 딴 비시 프랑스는 독일이 점령하지 않은 프랑스 땅 중 상당 부분을 2년에 걸쳐 통치했다.

1920년대 초만 해도 드골의 멘토였던 페탱은 1차세계대전 중 베르됭에서 독일의 공격을 격퇴한 덕에 존경받았다. 그러나 어느덧 말단 프랑스 장군이 최고 선배이며 그때까지 가장 높이 평가받던 장군에게 계급의 고하를 무시하며 시들어 가는 겸손을 드러내고 있었다. 드골은 휴전 탓에 프랑스가 노예로 전락했다면서 페탱을 날카롭게 비난했다. "그런 타락을 받아들이는 데 당신이 필요하지는 않았습니다, 원수님. 베르됭의 승자는 필요하지 않았습니다. 다른 누구라도 그렇게 할 수 있었을 겁니다."[9]

이 모욕으로 공식 프랑스와 단번에 확실히 갈라선 드골은 신흥 자유프랑스운동의 지도자로서 기반을 다지는 데 총력을 기울이기 시작했다. 당시 학계를 중심으로 저명한 프랑스인 몇몇이 이미 런던에 망명해 있었으나 이 중 전시 운동을 진두지휘할 만큼 위엄이나 꼭 필요한 확신을 갖춘 사람은 없었다. 한편 영국 정보국은 아직 점령되지 않은 프랑스 제3공화국에서 손꼽히는 정치인 두 명, 즉 전임 총리 달라디에와 마지막 내무 장관 조르주 만델(Georges Mandel)에게 망명해서 반체제 정부를 세우라고 설득할 계획을 세우고 있었다. 그러나 알제리로 피한 두 사람이 비시 정권에 충성하는 프랑스 식민지 관료들에게 가로막혀 영국과 접촉하지 못하고 프랑스 본토로 추방당하면서 계획은 물거품이 되었다.

처칠은 모든 불확실성을 가라앉히려면 프랑스 서항운동의 표싱이 있어야 한다고 확신했다. "당신뿐입니다." 그가 드골에게 말했다. "어쨌든 저는 당신만 인정할 겁니다." 6월 28일, 드골이 영국에 도착한 지 겨우 11일 만에 영국 정부가 드골을 "어디에 존재하든 자유프랑스의 지도자"라고 인정했다.[10] 드골의 생각을 깊이 있게 알 수 없고 그가 연합군 측에 병력을 얼마나 보탤지 예측할 수도 없던 처칠이 그답게 대담한 결정을 내린 셈이다.

오래지 않아 영국은 드골과 관계를 공식화하고 그의 구상대로 고유한 프랑스의 지위를 인정했다. 예컨대 드골은 자유프랑스가 영국의 돈과 자원을 받되 증여가 아니라 곧 상환될 차관 형식이어야 한다고 주장했다. 또 (아직 공식적으로 존재하지 않은) 자유프랑스군이 전반적으로 영국군이나 연합군 최고사령부의 지휘를 따르겠지만 자유프랑스 장교 휘하의 자율 부대로 운영될 것이라고 했다. 이 선언은 "땡전 한 푼 없이 말도 안 통하는 땅으로 망명한 준장"의 성과가 얼마나 컸는지를 잘 보여 주었다.[11]

행보의 기원과 목표

1940년 이전에 걸출한 군인이자 진취적인 전략 분석가로 알려진 드골에게 훗날 전설적인 지도자가 될 조짐은 없었다. 1914년 8월 15일, 벨기에

뫼즈강 유역의 마을 디낭에서 격렬한 전투가 벌어졌을 때 무릎에 총상을 입은 드골은 1차세계대전에서 다친 최초의 프랑스군 병사들 중 한 명이 되었다. 짧은 휴식기 뒤에 다시 전선으로 간 그가 1915년 1월, 완충지대 가장자리까지 기어가 독일군 참호 속 대화를 엿듣는 대담한 정찰 임무에서 리더십을 인정받아 무공 십자 훈장을 받았다. 1916년 3월 2일에는 총검에 허벅지를 찔리고 포로가 되어 끌려갔다. 독일 포로수용소에서 다섯 차례나 탈출하려 했으나 모두 실패해 투옥된 채로 1918년 11월 11일에 휴전을 맞았다.

학창 시절에 독일어를 배운 드골은 포로수용소에서 열성적인 학생의 관심과 숙련된 군사 분석가의 호기심으로 독일 신문을 읽었다. 그는 독일 국민이 전쟁에 들이는 노력에 관해 폭넓게 글을 쓰고 소설을 읽었으며 군사전략에 대해 동료 포로들과 열띤 토론을 벌이고 심지어는 프랑스 역사 전반에서 민간과 군대의 관계에 대한 강의까지 여러 번 했다. 그가 전선으로 돌아가기를 갈망했지만, 포로수용소가 그에게는 대학원 같았다. 또한 그곳은 고독이 들끓었다. 스물여섯 살의 드골이 수감 일기에 이렇게 썼다. "옷과 대화와 사고방식같이 아주 사소한 것에 대한 의지를 끊임없이 단련해서 이루는 자기 지배가 일종의 습관이자 도덕적 반사작용이 되어야 한다."[12]

17세기 프랑스의 극작가 피에르 코르네유(Pierre Corneille)가 "내 영혼의 비밀과 삶의 근심 / 누구에게 털어놓으리오?"[13]라는 시구를 통해 고독이야말로 정치력의 대가라고 말했듯, 학창 시절 예민한 독서가이자 시인이던 드골이 성년 초기에는 고독에 묻혀 산 듯하다. 일기에서도 드러난 극기라는 미덕은 그의 인격을 대표하는 핵심적 특징이 되었다. 이때부터 그가 공식적인 자리에서는 금욕주의적인 면만 드러내고 다정한 모습은 아내 이본(Yvonne)과 장애가 있는 딸 안(Anne)을 비롯한 가족에게만 보여 주었다.

평시 군으로 복귀한 드골이 더는 전장에서 이름을 떨치지 못해도 학문 추구를 통해 명성을 얻을 수 있다는 점을 깨달았다. 1924년, 그가 1918년에 독일의 전시체제가 붕괴한 근본적인 이유를 통렬하게 분석해서 『적의 내분(*La Discorde chez l'ennemi*)』을 펴냈다. 그간 읽은 독일 신문을 기초 자료로 삼은 이 책 덕에 드골은 페탱의 눈에 띄었다. 페탱이 드골을 부관으로 삼고, (나중에 폐기되지만) 당시 집필 중이던 프랑스군의 역사에 관한 책의 연구 보조를 맡겼다. 젊은 드골의 능력을 높이 산 페탱은 드골이 프랑스 최고의 군사교육기관에서 교편을 잡을 수 있도록 추천했으며 첫 강의를 직접 참관했다.

그러나 고마움을 표현하는 재능이 탁월하지는 않던 젊은 드골이 학문적 기여를 제대로 인정받지 못했다며 페탱의 추천과 두 사람의 계급 차이와 상관없이 멘토에게 따졌다. 이렇게 페탱과 관계가 악화되고 드골은 다시 사령부로 가서 글을 쓰기 시작했다.

영향력이 가장 컸던 저작 『전문적 군을 향하여(*Vers l'Armée de Métier*)』[14]에서 드골은 프랑스군의 방어적 정책에 문제를 제기하면서 공격적 기갑전을 바탕으로 하는 전략을 촉구했다. 당시 프랑스는 독일과 접한 동쪽 국경 지대를 따라 마지노선을 구축하고 있었다. 마지노선의 목표는 난공불락이었으나 1940년에 벨기에를 통해 침입한 독일의 기갑부대를 막지 못하면서 아무 소용 없다는 것이 극적으로 드러났다. 프랑스군이 무시한 그의 권고는 1930년대 중반 독일에 적용됐으며 몇 년 만에 독일이 프랑스를 상대로 승리를 거둔 이유가 되었다.

전쟁 초반부터 드골은 결국 미국이 참전할 수밖에 없기 때문에 힘의 균형이 추축국에 불리한 쪽으로 깨질 것을 알고 있었다. 미국을 상대하는 편에게 화가 있으리. 그가 1940년 7월에 "자유세계의 막강한 세력이 아직 자기 몫을 다하지 않았다"고 선언하면서 이렇게 덧붙였다.

언젠가 이 세력이 적을 무너트립니다. 그날 프랑스는 승리의 편에 서 있을 겁니다. 그럼 프랑스는 예전 모습, 위대한 독립국의 지위를 되찾을 겁니다. 이것, 오직 이것이 제 목표입니다.[15]

그러나 당대 프랑스 군부에서 이렇게 상황을 바르게 분석한 이는 또 드골뿐이었다.

일반적인 상황이었다면 드골은 전투 경험과 준장 진급과 탁월한 학문적 성과로 미루어 볼 때 아마 군 수뇌부를 노렸을 테고, 10여 년을 더 복무한 뒤에는 프랑스 내각에 진출했을 수도 있다. 만약 그랬다면 그가 프랑스 자체의 상징으로 떠오르지는 않았을 것이다.

그러나 역사를 바꾼 지도자가 곧게 뻗은 도로 끝에서 모습을 드러내는 경우는 거의 없다. 프랑스가 히틀러 독일에 항복하는 혼돈 속에서 어느 하급 준장이 나타나 저항운동을 선포한다는 것은 향후 최종 승자를 가리는 데 보탬이 되는 장면으로서 각주에나 등장할 사건일 수도 있었다. 그러나 사실상 군복과 목소리 말고는 가진 것 하나 없이 런던에 도착한 드골은 무명의 어둠에서 튀어나와 세계적인 정치가 반열에 들었다. 50년도 더 전에 쓴 글에서 나는 드골이 환상에 빠져 있다고 묘사했다.[16] 전쟁 중 자유프랑스를 이끄는 지도자로 처음 등장해 훗날 제5공화국의 건설자이자 대통령이 된 드골은 객관적 현실을 초월하는 전망을 제시했으며 그의 목소리를 들은 이들이 그것을 사실로 여기도록 설득했다. 그에게 정치란 가능성의 기술이 아니라 의지의 기술이었다.

전쟁 중 런던은 점령당한 조국에서 도피한 폴란드, 체코, 덴마크, 네덜란드와 그 밖의 대여섯 나라 사람들로 가득했다. 이들이 모두 자신이 영국 병력에 속하게 됐다고 여겼다. 독립적인 전략을 선언한 사람은 없었다. 오직 드골만이 처음부터 그렇게 했다. 드골의 병력은 영국군의 통제를 받을 수밖에 없을 만큼 미미했으나, 전쟁에 임하는 드골은 다른 동맹 세력들과 궁극적 목표가 달랐다.

영국 그리고 1941년에 참전한 미국이 독일과 일본의 패배를 위해 싸웠다. 드골도 같은 목표를 위해 싸웠으나, 그의 최종 목표는 프랑스 정신의 부활이었다.

프랑스 역사 속 드골

처칠조차 드골과의 관계가 시작될 무렵에는 그의 꿈이 얼마나 원대한지 몰랐을 가능성이 크다. 드골은 프랑스가 탁월한 도덕성과 문화에 물질적 성공까지 더하면서 쌓아 올린 신비한 위엄이 지난 두 세기에 걸쳐 안개처럼 흩어졌다고 보았다. 이때, 프랑스 역사상 최악의 시기에 그가 프랑스를 다시 위대한 국가로 만들 사명을 짊어진 운명의 특사처럼 등장했다. 전조가 없었고 전조가 드러날 새도 없이 내려진 사명이었으나 아무래도 좋았다. 드골의 정당성은 그 자신의 타고난 권위에서 비롯했으며 프랑스와 그 역사에 대해 확고한 신념이 이를 뒷받침했다.

드골이 보기에 프랑스는 봉건주의 공국들이 불화를 가라앉히기 위해 세력균형에 적응하던 중세 유럽에서 시작된 장구한 역사적 과정을 거치면서 고귀한 지위를 이루는 요소를 하나씩 쌓았다. 이를 통해 프랑스의 중심부에서는 일찍이 6세기 프랑크왕국의 왕 클로비스(Clovis) 때부터 중앙집권 정치체제가 발달했다.

17세기 초, 오스트리아의 합스부르크 왕국과 중부 유럽을 넘어 서쪽으로 멀리 스페인까지 세력을 확장한 프랑스는 더 강한 중앙 권력뿐만 아니라 포위 상태에서 자국을 방어할 복합적인 전략을 마련해야 했다. 이 임무를 맡은 사람이 1624년부터 1642년까지 루이 13세의 재상을 지냈으며 루이 14세 치하에서 프랑스가 유럽의 주요 강대국으로 거듭나는 데 결정적인 구실을 한 설계자 아르망 장 뒤 플레시(Armand-Jean du Plessis), 다른 이름으로는 리슐리외(Richelieu) 추기경이다. 리슐리외는 왕조에 대한 충성이나 고해성사를 통한 제휴 등에 바탕을 둔 기존 전략을 거부하는 대신 '국가 이성'에 부합하는 대내외 정책을 지향했다. 오롯이 상황에 대한 현실적 판단에 따라 유연하게 국익을 추구한다는 뜻이었다.

드골은 이를 로마의 몰락 이래 처음으로 유럽 정세에 전략적으로 접근한 진정 위대한 방식이라고 보았다. 프랑스는 이제 어떤 공국들이 결합하든 그들보다 언제나 강한 지위를 유지하는 선에서 공국들 간 경쟁을 부추기고 분열을 통해 중부 유럽의 수많은 국가를 이용하려고 했다. 중부 유럽을 쑥대밭으로 만든 30년전쟁에서 리슐리외와 그의 후임 쥘 마자랭(Jules Mazarin)이 프랑스와 자신들의 종교인 가톨릭을 제쳐 두고 개신교 국가들을 지원하면서 프랑스가 두 종교 간 중재자로 자리 잡았다.

이런 식으로 프랑스는 유럽 대륙에서 가장 영향력 있는 국가로 떠올랐고, 영국은 프랑스에 맞서 세력균형의 반대편을 맡았다. 18세기 초에 이르자 부분적으로 겹치기도 하는 두 연합이 앙시앵레짐이라는 유럽 질서를 구성했다. 때때로 전쟁을 벌이고 때때로 화해한 이들의 갈등이 체제 자체를 위협할 만큼 극심한 수준까지 치닫지는 않았다. 이 질서의 가장 중요한 요소는 프랑스가 만드는 중부 유럽의 안정 그리고 영국이 당대 유럽에서 가장 강한 나라(대개는 프랑스)에 맞서 해군과 재원을 쏟아부으면서 관리하는 전반적 세력균형이었다.

드골은 1939년 연설에서 리슐리외와 그 후임들의 기본 전략을 찬미했다.

프랑스는 원할 때면 언제나 자연스레 동맹을 찾았습니다. 카를 5세, 그다음에 합스부르크가, 마지막으로는 성장 중이던 프로이센과 싸우려고 리슐리외, 마자랭, 루이 14세, 루이 15세가 저마다 동맹을 이용했습니다.[17]

그런데 19세기가 시작되면서 나폴레옹(Napoléon) 치하 프랑스가 동맹과 제한적인 교전을 통해 국익을 추구하는 대신 프랑스혁명의 새로운 원리인 대중적 정당성을 시종일관 내세우며 경쟁국을 정복하고 기존 질서를 무너뜨렸다. 그러나 결국 나폴레옹과 그가 만든 '무장 국가'의 힘도 러시아 침공이라는 치명적인 계산 실수에 압도당했다. 드골은 나폴레옹을 천년에 한 번 나올까 말까 한 천재라 여기면서도 그가 프랑스의 국력과 특권을 산산이 흩트려 놓았다며 "그는 처음 만났을 때보다 작아진 프랑스에서 떠났다"고 비난했다.[18] 드골은 나폴레옹의 광휘와 끔찍한 오류를 부른 판단력을 쉽게 구분할 수는 없다고 보았다. 나폴레옹 치하 프랑스가 거둔 압도적인 승리는 결국 실패의 초석이 되고 말았다. 나폴레옹이 무대에서 내려온 뒤에도 프랑스가 여러 사건의 중심에 있었지만, 드골은 바로 이런 이유에서 나폴레옹시대부터 세계적 강대국 프랑스가 기울기 시작했다고 보았다.

독일을 비롯한 신흥 세력들이 경제적 성과 면에서 프랑스를 능가했으나 프랑스는 탁월한 문화를 계속 뽐냈다. 1820년대에 프랑스 학자들이 로제타석의 상형문자 해독을 통해 고대 언어의 신비를 밝혀냈다. 1869년에는 프랑스 공학자들이 수에즈운하로 홍해와 지중해를 연결했다. 오귀스트 르누아르(Pierre Auguste Renoir), 오귀스트 로댕(Auguste Rodin), 클로드 모네(Claude Monet), 폴 세잔(Paul Cézanne) 등이 시각예술의 새로운 지평을 연 19세기 후반 프랑스는 유럽 예술계를 선도하는 한편 경제적, 상업적으로 여전히 상당한 영향력을 떨쳤다. 조르주외젠 오스만(Georges-Eugène Haussmann) 남작이 중세의 과거를 가로지르는 대로를 건설해 현대성을 불어넣은 파리는 서구 문명의 심장이자 "19세기의 수도"였다.[19] 최신 무기를 갖춘 야전군을 해외에 배치한 프랑스 제3공화국은 문명화 사명이라는 명목하에 광대한 식민 제국을 건설했다.*

프랑스 내부에서 국력이 쇠퇴하는 것은 제국의 승리와 문화적 성취에 가려져 있었다. 나폴레옹전쟁이 끝난 1815년에 프랑스 인구가 3000만 명에 이르렀고, 퇴보하는 러시아를 제외하면 유럽에서 가장 많았다. 그러나 20세기가 시작될 무렵까지 고작 3890만 명으로 늘었다.[20] 같은 기간에 영국 인구는 1600만 명에서 4110만 명으로,[21] 독일 인구는 2100만 명에서 6700만 명으로 늘어났다.[22] 산업 생산량에서도 1914년을 기준으로 프랑스는 미국, 독일, 영국, 러시아에 뒤처졌으며 특히 석탄과 철강 등 주요 산업에서 격차가 두드러졌다.[23]

독일과의 불균형이 심해지자 프랑스가 이를 완화하기 위해 다시 그리고 이번에는 초조하게 동맹을 찾아 나섰다. 1894년에 러시아와 동맹하고, 1904년에 영국과 앙탕트 코르디알(화친조약)을 맺은 것이 대표적이다. 주요 강대국들이 두 동맹으로 굳으면서 외교가 경직되고, 다른 경우였다면 그다지 주목받지 않았을 1914년 여름 세르비아와 오스트리아 사이에 벌어진 발칸 위기가 모든 참전국에서 역사상 그 어떤 전쟁보다도 훨씬 많은 사상자가 발생한 세계대전을 재촉하게 되었다.

그중에서도 피해가 가장 큰 참전국이 프랑스다. 인구의 4퍼센트에 해당하는 200만 명이 사망하고 북부 지역은 쑥대밭이 되었기 때문이다.[24] 당시 프랑스의 가장 중요한 동맹 러시아는 1917년 혁명 발발로 크게 요동치는 한편 갖가지 평화협정을 맺으면서 동쪽으로 수백 킬로미터는 밀려났다. 오

---

* 1897년에 도입된 프랑스식 75밀리미터 야포는 긴 사정거리와 극도의 정확도를 결합한 혁신적 대포였다. 또 1866년식 샤스포를 비롯한 프랑스제 소총은 탁월한 노리쇠 소총으로 금속성 탄약통과 사용할 수도 있었다. Chris Bishop, 'Canon de 75 modèle 1897', *The Illustrated Encyclopedia of Weapons of World War II*(London: Amber Books, 2014); Roger Ford, *The World's Great Rifles* (London: Brown Books, 1998).

스트리아가 패배한 데다 우드로 윌슨(Woodrow Wilson)이 민족자결주의와 민주주의를 천명하자, 구조적으로 약하고 자원도 충분하지 않은 수많은 나라들이 유럽의 동부와 중부에서 독일을 정면으로 마주하게 되었다. 독일의 군사력이 다시 커지면 독일령 라인란트를 향한 프랑스의 공세로 막아 내야 할 터였다.

1918년, 프랑스가 승리를 거머쥐기는 했으나 패배가 얼마나 가까이 다가왔었는지를 다른 어떤 연합국보다 잘 알았다. 게다가 프랑스는 심리적, 정치적 회복력을 잃어버렸다. 줄어든 청년층, 패배한 적국에 대한 두려움, 맹방에게 버림받았다는 소외감, 엄습하는 무능의 전조를 짊어진 프랑스는 1920년대와 1930년대에 거의 끊임없이 좌절을 겪었다.

프랑스가 유럽에서 가장 큰 병력을 보유하고 독일의 병력이 평화조약을 통해 10만 명으로 제한된 이때 프랑스에서 마지노선 구축을 시작하기로 한 것은 1918년 이후 프랑스가 어떤 불안감에 시달렸는지를 무엇보다도 잘 보여 주었다. 독일이 프랑스를 공격하려면 건너야 하는 땅 라인란트에 병력을 두지 못하도록 베르사유조약에서 구체적으로 명시할 만큼 프랑스의 결정은 가슴 아팠다. 승전의 여파 속에서도 프랑스는 무장해제된 적국이 파렴치하게 평화조약을 위반할 경우 자국의 공격만으로는 대응할 수 없다고 생각할 만큼 불안에 떨고 있었다.

1934년, 드골 중령이 『전문적 군을 향하여』에서 프랑스 군사 교리에 대해 매우 중요한 비판을 내놓았다. 그는 기동성이야말로 전략의 핵심이며 공군력과 전차가 주요 실행 병력이라고 썼다.[25] 그러나 그가 복무한 군대는 정적 방어 전략을 설계했다면서 그것이 부적절함은 재앙처럼 드러날 수 있다고 했다.

이 책의 한 대목에는 드골이 침울한 결론을 드러냈다.

옛날 옛적에 습관과 경계심 사이에서 옴짝달싹 못 하던 나라가 있다. 한때 세계 무대의 한가운데서 누구보다도 부유하고 강하던 이들이 큰 불운을 겪고는 사력을 다하지 않고 물러났다. 주변의 다른 이들이 성장하는 동안 이 나라는 움직이지 못한 채로 남았다.[26]

드골은 조국의 이런 태도를 뒤집기 위해 오랫동안 지속적으로 애썼다.

드골과 2차세계대전

1940년 여름 런던에서 드골의 처지는 위엄을 회복할 여지가 분명히 없었다. 유럽의 중심부는 히틀러에게 정복당하고 있었고, 마지막으로 남은 대륙의 강국 소련은 한 해 전 독일과 불가침조약을 맺었다.[27] 그리고 독일의 부분적 점령하에 페탱이 통치하는 프랑스는 중립과 이적을 오가고 있었다.

드골은 프랑스 당국 어느 쪽에서도 자유프랑스의 지도자로 임명되지 않았고 선거를 통해 리더십을 확인받지도 않았다. 그가 주장한 지휘권은 그 지휘권에 대한 선언에서 나왔다. 훗날 그는 "통치 권력의 정당성은 그 권력이 불러일으키는 확신, 국가가 위험에 처할 때 권력이 국민 통합과 연속성을 구현하리라는 확신에서 나온다"[28]고 적었다. 또 다른 국가적 위험을 암시하듯, 드골은 가로줄이 두 개인 로렌 십자를 자유프랑스운동의 기치로 삼았다. 로렌 십자는 5세기 전에 신비로운 예언으로 프랑스가 외세에 맞서 영토를 되찾도록 프랑스 국민을 규합한 순교자 잔 다르크의 상징이다. 드골은 물리적 국경 안에서 일시적으로 펼쳐지는 모든 비극을 초월하는 영원한 불굴의 프랑스가 그를 "최고 권위"에 "봉했다"고 (명백한 증거도 없이) 주장했다.[29]

이때부터 언제나 자기 확신에 찬 행동을 보인 드골은 프랑스가 유럽 재건에 꼭 필요한 존재라는 주장을 관철하기 위해 반드시 상대해야 하는 연합국 지도자인 처칠과 루스벨트, 심지어는 스탈린과도 타협하지 않아 자주 이들의 짜증을 일으켰다.

1940년 6월 18일부터 드골은 자유프랑스가 열망이 아니라 실재라는 듯 행동했다. 그는 런던으로 망명을 자처한 걸출한 프랑스인들을 모아 고문으로 삼고, 됭케르크에서 큰 희생을 치른 뒤 철수한 프랑스군에서 주로 병력을 모아 거사를 시작했다. 민간인 지지자들이 제국방위협의회를 창설한 1940년 말까지 자유프랑스의 유효 병력은 7000명을 넘지 않았다.

이렇게 빈약한 병력으로 어떻게 드골의 꿈을 이루겠는가? 그는 군사적 선택의 여지가 거의 없다는 걸 잘 알고 있었다. 따라서 그는 뿔뿔이 흩어진 프랑스제국의 전투부대를 자기편으로 끌어들여 정당성의 지리적 기반을 마련하는 데 집중하기로 했다. 그가 조국 해방의 첫걸음으로 비시 정권과 전투원들을 분리하기 위해 곳곳의 식민지를 방문했다. 언제나 그의 주적은 독일이 아니라 비시 정권이었고, 그의 주요 목표는 (당연히 힘을 보탤) 전쟁의 승리가 아니라 곧 뒤따를 평화 속에서 프랑스의 영토·제도·도덕을 새로 정립할 환경을 만드는 데 있었다.

영토 확보를 위한 드골의 노력이 결실을 보기까지는 두 달이 필요했다. 그동안 연합국 앞에 난제가 놓였다. 알제리의 도시 오랑 외곽 메르스엘케비르 해군기지에 정박한 프랑스 함대의 처리 문제다. 이것이 독일의 손아귀에 넘어간다면 해상에서 영국이 불리해질 위험이 있고, 심지어는 향후 나치가 영국제도 침공에 이용할 수도 있었다. 처칠은 이런 위험을 감수할 수 없다고 판단했다. 7월 3일, 처칠이 함대를 영국 항구로 옮기라고 요구한 뒤 알제리 해군기지 폭격을 명령했다. 이 폭격으로 거의 1300명에 이르는 프랑스 해군이 목숨을 잃고, 전함 브르타뉴호를 비롯해 선박 세 척이 가라앉았다. 드골은 괴롭지만 침착하게 대응했으며 BBC 방송을 통해 "명실상부한 프랑스인이라면 영국의 패배가 조국의 속박을 영구 봉인하리라는 데 눈곱만큼의 의심도 품지 못할 것"[30]이라며 이 사건을 변호했다. 전쟁이 끝난 뒤에는 자신이 처칠이었어도 똑같이 명령했을 것이라고 말했다.[31]

8월 26일에 드디어 자유프랑스에 좋은 소식이 날아들었다. 아프리카 혈통으로는 처음으로 프랑스 식민지의 고위 행정관이 된 차드 총독 펠릭스 에부에(Félix Éboué)가 드골에 대한 식민지의 지지를 맹세한 것이다. 드골이 다음 날 라디오 방송에서 이 일을 칭찬했다. "프랑스는 프랑스다. 언제나 전 세계를 놀라게 한 프랑스의 신비한 활기가 세계를 놀래기를 멈추지 않았다. 패배하고 모욕당하고 버려진 프랑스가 이제 심연에서 다시 기어오르기 시작하고 있다."[32]

이들의 등반은 쉽지 않았다. 비시 프랑스가 여전히 프랑스령 서아프리카를 단단히 쥐고 있었기 때문이다. 9월에는 프랑스·영국 소함대가 세네갈과 그 주변 식민지들을 자유프랑스 쪽에 끌어들이기 위해 다카르항으로 떠났다. 그러나 이 작전이 대실패로 끝나고, 드골은 며칠 동안 절망에 괴로워했다.[33] 10월 7일 카메룬 두알라에서 열광적인 환호가 쏟아지면서 그의 기운을 북돋웠고, 얼마 있다 프랑스령 콩고의 브라자빌이 자유프랑스의 새 수도가 되었다. 자유프랑스가 소규모 군사작전의 성공으로 11월 10일에 가봉을 획득하면서 프랑스령 적도아프리카 전체가 드골의 종대에 포함되었다.

자유프랑스운동에 재정적, 군사적 한계가 있었으나 드골이 사람들의 심금을 울렸다. 1차세계대전 휴전 기념일인 11월 11일에는 파리에서 자유프랑스를 지지하는 대중 집회가 열렸으며, 이 가운데 드골과 발음이 비슷한 '낚싯대 한 쌍(deux gaules)'을 든 학생들도 있었다.

역사적인 사하라 종단 무역로를 따라 자리한 전략적 요충지 차드는 자유프랑스의 군사작전에 핵심적인 발판이 되어, 특히 이탈리아령 리비아를 공격하는 데 도움이 되었다. 1941년 초에는 자유프랑스의 필립 르클레르드 오트클로크(Philippe Leclerc de Hauteclocque) 대령이 400명 종대를 이끌고 험난한 지형을 1500킬로미터 넘게 가로질러 가서 이탈리아 수비대가 주둔한 리비아 남부의 오아시스 마을 쿠프라를 대담하게 공습했다. 열흘간 이어진 포위 작전 끝에 3월 1일에는 이탈리아군의 항복을 받아 냈다. 르클레르는 병사들에게 "우리의 색, 우리의 아름다운 색이 스트라스부르대성당에 나부끼는" 그날까지 절대 안주하지 않겠다는 서약을 받았고, 이것이 곧 "쿠프라의 맹세"로 알려졌다.[34]

쿠프라 전투는 자유프랑스가 전쟁에서 처음으로 거둔 중요한 군사적 승리로서 사기를 크게 진작하는 한편 "가만히 있으면 뒤처진다"[35]는 드골의 말을 뒷받침했다. 2년 뒤 연합군이 북아프리카에 상륙하고 나서 르클레르는 드골의 명령에 따라 아프리카인 4000명과 프랑스인 600명으로 구성된 자유프랑스 부대를 이끌고 차드에서 리비아를 거쳐 튀니지로 간 다음 그곳에서 영국군과 합류해 독일 육군 원수 로멜이 이끄는 아프리카 군단에 맞서 총력전을 벌였다.

그러나 르클레르가 다시 리비아를 거쳐 진격하기에 앞서 자유프랑스는 다른 무대에서 기개를 증명해야 했다. 이들은 세계의 주요 강대국 프랑스라는 지위를 되찾을 기백과 능력과 결의가 자유프랑스에 있다는 점을 전 세계에 보일 작전을 구상했다. 비시 프랑스가 지배하는 영토를 연합국의 도움을 받아 해방하는 것이었다. 드골은 이 과정에서 자유프랑스는 탄원자가 아니라 동반자로서 협력한다는 점을 강조했다.

1941년 6월, 이들이 1차세계대전 뒤 국제연맹이 프랑스 위임 통치령으로 인정한 시리아와 레바논을 침공했을 때도 아프리카에서와 같은 양식이 반복되었다. 독일이 레반트에 공군기지를 건설하지 못하게 영국이 미리 손쓰려 할 때 드골은 이 지역에서 프랑스가 역사적으로 차지한 지위를 증명하기 위해 얼마 되지도 않는 군대를 여기에 가담시켰다. 이 결정의 배경에는 영국에 대한 뜨거운 경쟁심이 적잖이 있었다.

시리아의 비시 당국이 자유프랑스와 대면하는 것을 거부하자 영국군 사령관이 비시 프랑스의 고등판무관 앙리 덴츠(Henri Dentz)와 협상에 돌입했다. 성 잔 다르크의 휴전이라 불리는 1941년 7월 합의가 사실상 레반트 전역에 대한 종주권을 영국에 안겨 주었다. 그러나 프랑스의 영토가 영국과 비시 프랑스 간 협상의 대상일 수 있다는 점은 드골에게 저주나 다름없었다. 이 조약에 프랑스군을 비시 프랑스로 송환한다는 조항이 포함된 점도 드골의 불만을 부채질했다. 드골은 시리아에 주둔한 비시 프랑스 군의 탈영자를 모아 자신의 미약한 군대를 증강한다는 희망을 품고 있었던 데다, 무엇보다 결국 프랑스를 처리하는 데 선례가 될까 걱정했다. 특히 그는 최종 승리를 거둔 다음 프랑스가 연합국의 통제하에 놓이고 새로운 프랑스 정부에 대한 정당성 부여가 프랑스의 독립적인 행동이 아니라 연합국의 몫이 될까 두려워했다.

7월 21일, 영국의 중동 공사 올리버 리틀턴(Oliver Lyttelton)이 카이로에 자리한 자신의 집무실에서 드골을 맞이했다. 드골은 자기 병사들이 통합군을 탈퇴하고 자유프랑스도 더는 영국의 지휘를 따르지 않을 수 있다고 차갑게 협박했다.[36] 훗날 드골은 회고록에서 이 사건을 두고 "레반트가 영국의 계획에 열어 준 침투력 있고 음모 가득하며 부패한 수단"이 "쉽고 입맛 당기는" 수였다며 "우리와 결렬할 수 있다는 전망과 프랑스의 감정을 달래야 한다는 필요만이 런던에 어느 정도 중용을 강제할 수 있었다"고 적었다.[37] 리틀턴은 곧바로 드골을 회유할 만한 방식으로 휴전에 대한 해석을 내놓았다. "영국은 전쟁에서 승리하는 것 말고 시리아나 레바논에는 아무 관심도 없습니다. 우리는 어떤 식으로도 프랑스의 지위를 침해할 생각이 없습니다."[38] 드골도 냉엄한 진실을 인정했는지 회고록에서 "영국과 결별하는 경우 우리에게 따를 정신적, 물질적 손실을 생각한다면 물론 조심스러웠다"[39]고

했다. 9월 12일, 드골과 처칠이 만난 자리에서 초반부터 대화가 격양되다 끊기고 한동안 침묵이 이어졌다. 혹시 두 사람이 "서로 목을 조르고 있지 않은지" 궁금해하는 보좌관이 있었을 정도다. 두 사람은 결국 시가를 피우며 나왔으나 합의문 작성에 이르지는 못했다.[40]

자신의 명성을 만들어 준 처칠에 맞선 드골은 사실상 연합군이 재점령한 프랑스 영토의 운명이라는 같은 문제를 두고 처칠보다 더 만만찮은 루스벨트 대통령과 겨루는 데도 망설임이 없었다. 이때 드골이 단호한 데도에 맞닥뜨렸다. 루스벨트는 오직 전쟁 승리에 매진하고 있었으며 연합국 내 지위를 두고 벌어지는 논쟁을 성가시게 여겼다. 특히 어느 모로나 주장을 뒷받침할 만한 힘이 없는 인물이 벌이는 논쟁이라면 더더욱 그랬다. 루스벨트는 드골에게 잔 다르크 콤플렉스가 있다고 여겨 이를 경멸했을 뿐이다.[41]

드골과 미국의 논쟁은 뉴펀들랜드 연안에 자리하며 1763년 파리조약으로 무산된 프랑스령 북아메리카제국의 흔적이 남아 있는 작은 섬 두 곳, 생피에르와 미클롱을 두고 시작되었다. 진주만 공습을 당한 뒤 루스벨트가 비시 프랑스에서 서반구 속령을 책임지는 관리에게 연락해 두 섬을 공식적으로 중립화하라고 요구했다. 독일 잠수함이 이 지역을 지나다 섬의 무선국에서 나오는 방송을 들을 수 없게 하려는 조치였다. 비시 프랑스는 이 요구를 받아들였으나, 드골은 아무리 호의적이라도 외국이 자신의 동의 없이 프랑스 국내 문제에 개입했다는 점을 용납하지 못했다. 이에 드골은 자신의 조그마한 해군을 이끄는 에밀 뮈즐리에(Émile Muselier) 제독에게 자유프랑스의 이름으로 두 섬을 점령하라고 명령했다.

이 계획이 특히나 무모했던 것은 제독이 섬에 상륙한 12월 23일 무렵 처칠이 연합국으로서는 처음 연 전시 회담에서 루스벨트와 협의하기 위해 워싱턴에 도착했기 때문이다. 드골은 크리스마스이브에 뮈즐리에에게 보낸 전보에서 미국의 시위에도 흔들리지 말 것을 당부했다.

우리가 포석을 개구리 연못에 던졌다. 생피에르에 조용히 머무르며 정부와 무선국을 정비하라. 외국 정부의 대표자가 섬에 관한 말을 하려면 [자유프랑스] 국가위원회에 하라고 요청해야 한다.[42]

뮈즐리에가 이끄는 군대는 저항에 부딪히지 않고 두 섬을 포위했으며 12월 26일에 국민투표를 조직해 자유프랑스에 대한 충성을 확인했다.

그런데 서반구에서 갑자기 벌어지는 공습은 이 사건처럼 작은 공습이라고 해도 워싱턴을 혼란에 빠트릴 수밖에 없었다. 진주만 공습 이후 겨우 2주가 지난 터라 더욱 그랬다. 국무 장관 코델 헐(Cordell Hull)은 격노한 나머지 항의 성명에 "이른바 자유프랑스"라고 표현했다가 언론과 의회에서 대대적으로 질타받았다.[43] 드골도 이때부터 헐을 "이른바 국무 장관"이라고 불렀다. 자유프랑스와 워싱턴의 협력은 1942년 2월에 국무 차관 섬너 웰스(Sumner Welles)를 통해 회복되었다.[44]

그리고 누가 봐도 불합리한 드골의 공습은 자유프랑스의 정치적 회복을 상징하게 되었다. 프랑스의 역사적 정체성을 지키려는 드골의 끊임없고 여러 면에서 영웅다운 추진력은 사실상 프랑스의 위대함을 회복하는 데 꼭 필요한 전제 조건이었다. 연합국으로서는 이것이 얼마나 화나는 일인지 드골도 잘 알고 있었다. 그의 생각은 이랬다. "그들은 아마 내가 같이 일하기 쉬운 사람은 아니라고 생각할 것이다. 그렇지만 내가 만약 그런 사람이었다면 페탱의 참모가 되었을 것이다."[45]

드골의 도전적인 행동은 그가 다시 세우려고 한 위엄이라는 개념에 뿌리를 내리고 있었다. 앞서 살펴보았듯 유럽 대륙에서 우위를 점하려고 애썼으나 언제나 고지를 코앞에 두고 영국의 세력균형 정책에 가로막힌 프랑스의 행보에서 비롯한 이 개념은 드골이 자유프랑스의 지도자로서 자신의 소명을 해석하는 데 녹아들어 있었다. 이를 위해 어쩔 수 없이 드골은 여러 가지 역사적 논쟁거리를 전쟁 중에 선제적으로 정리하고 넘어가려는 영국 측의 유혹도 미리 막기 위해 노력해야 했다.

드골 때문에 종종 격노한 처칠은 언젠가 "빌어먹을, 드골은 정말 자기가 잔 다르크인 줄 아는데 우리 주교는 화형을 허락하지 않을 것"이라고 빈정대기도 했다. 그렇지만 결국 드골과 처칠은 전쟁 내내 양면적 협력을 이어나갔다. 처칠은 드골의 계획이 실현되도록 재정적으로 돕는 한편 루스벨트의 적의에 맞서 드골을 보호해 주었다. 1943년 5월에 루스벨트 대통령이 드골을 마다가스카르로 추방하자고 반쯤 진담으로 제안했을 때도 그랬다.[*]

1943년 가을, 영국의 인내심이 한계에 다다르고 있다는 걸 드골이 알아차린 듯했다. 그가 소련 대사 이반 마이스키(Ivan Maisky)에게 만약 처칠과 심하게 불화할 경우 러시아 땅에 자신을 받아 줄 수 있는지 물었다. 소련 대사는 이를 정식으로 제안하기에 앞서 신중하게 고려해 보라고 그에게 말했다. 드골이 정말 자유프랑스를 러시아 땅으로 옮겨야 한다고 생각했을 가능성은 적다. 오히려 그는 미래의 선택 가능성들을 두루 살펴보고 러시아가 자신의 장기적 계산에 포함된 필수 요소라는 걸 스탈린에게 보이고 있었다.

드골은 늦지 않게 자신의 비전을 프랑스 본토에서 실현해야 한다는 걸 잘 알고 있었다. 그는 조용히 이 전투를 준비했다. 1941년 9월에 프랑스국가위원회(CNF)를 설립한 그는 때가 오면 조국으로 옮겨 갈 법적 체계를 만들었다. 입법부와 사법부가 없는 상황에서 법령은 프랑스의 오랜 전통을 따라 《관보(Journal officiel)》로 공포했다.[**]

---

[*]   1942년 5월에 영국군이 드골에게 미리 알리지 않은 채 프랑스 속령이던 마다가스카르를 침공했다.

[**]   프랑스 제2제정 말기인 1869년에 만들어진 《관보》가 제3공화국 내내 간행되었으며 비시 프랑스에도 자체 관보가 있었다. 오늘날에는 디지털 버전이 있다.

드골은 또한 런던에서 상당한 규모를 형성한 이민자 사회와 연락을 유지하면서 자신을 진정한 프랑스의 화신으로 내세웠다. 그의 정당성에 의문을 품는 이는 없었으며 흠모자들이 눈에 띄게 늘었다. 결국 그는 프랑스 본토에서 추종자들을 모으는 한편 공산주의자를 비롯해 다양한 레지스탕스 분파와 제휴하려 했다.

이 모든 요소의 중심에는 드골의 인격이 있었다. 그는 위풍당당하고 초연하며 열정적인 데다 통찰력이 있었으며 형언할 수 없을 만큼 애국자였다. 1942년 6월 18일, 자유프랑스 건국 2주년을 기려 런던 로열 앨버트 홀에서 열린 집회 중에 그가 이렇게 선언했다.

> 프랑스 역사의 개벽부터 조국을 섬긴 이들의 뒤에서 또 프랑스의 영원한 미래에 조국을 섬길 이들의 앞에서 우리가 맡은 일을 다하는 그때, [시인 샤를] 페기(Charles Péguy)처럼 다만 이렇게 말하려 합니다. "어머니시여, 어머니를 위해 싸워 온 아들들을 바라봐 주소서."[46]

자유프랑스가 앞으로 닥칠 문제를 극복하려면 이렇게 거의 신비에 가까운 무조건적 헌신이 필요했다.

북아프리카 분쟁

1942년 11월 8일, 미국군과 영국군이 '횃불 작전'을 펼쳐 프랑스령 모로코와 광대한 알제리 땅에 상륙했다. 알제리의 해안 지역 세 곳은 식민지가 아니라 프랑스 영토에 속하는 현으로 통치되고 있었다.* 알제리는 전략상 연합국에 아주 중요했다. 특히 이곳에 자리한 상당한 규모의 군사기지가 횃

날 유럽 본토를 공습할 때 연합군 병력에 큰 보탬이 될 수 있었다. 그러나 자유프랑스로서는 이것이 무엇보다 프랑스의 통치에 관한 문제를 표면화하는 작전이었다. 알제리에서 싸움을 벌이는 세력 중 승리하는 자만이 전쟁이 끝난 뒤 프랑스에 대해 정당한 통치권을 주장할 수 있을 터였다.

드골이 입버릇처럼 '앵글로색슨'이라고 부른 세력은 이 강력한 힘을 골치 아픈 자유프랑스 지도자에게 넘겨줄 생각이 없었다. 이들은 작전 계획을 드골에게 알리지 않았고, 드골은 사건이 터지고 나서야 공습 사실을 알게 되었다. 게다가 연합군은 드골의 리더십에 맞설 수도 있는 경쟁자를 알제리에 데려갔다.

1차세계대전에 참가한 앙리 지로(Henri Giraud) 장군은 1940년 작전에서 네덜란드의 프랑스군을 지휘했다. 포로가 된 그가 드레스덴 부근의 산꼭대기 쾨니히슈타인 요새에 투옥되었는데, 1942년 4월 당시 예순셋이라는 나이로 45미터 높이 절벽에서 줄을 타고 내려와 탈출했다. 이 대담한 탈출은 지로가 1차세계대전 때 독일의 포로수용소를 탈출해서 얻은 영웅적 명성을 한층 드높였다.[47] 비시 프랑스로 돌아온 그는 독일이 전쟁에서 패할 테니 프랑스가 연합군 쪽으로 전향해야 한다며 페탱을 설득하려 했다. 페탱이 지로의 주장을 받아들이지 않았으나 그를 독일에 송환하라는 요청도 거부했다. 1942년 11월 5일, 지로가 명목상 미국이 지휘하는 영국 잠수함을 타고 프랑스에서 지브롤터로 탈출했다. 11월 9일, 횃불 작전 이후 지로가 알제로 피신했으며 루스벨트와 처칠이 모두 그를 유력자로 내세우려 했다.

정치적 명분을 두고 벌어진 이 중대한 다툼에 뛰어든 세 번째 도전자도 알제에 있었는데, 그는 연합군 상륙 직전에 도착했다. 표면상으로는 아

---

* 오랑, 알제, 콩스탕틴이 1848년부터 1957년까지 프랑스의 현으로 통치되었다. 나중에 안나바도 1955년부터 1957년까지 같은 행정구역으로 통치되었다. 해안 너머 알제리의 사막 지역은 한 번도 '프랑스 땅'으로 여겨지지 않았다.

들 문병 때문에 방문한 비시 프랑스의 해군 제독 프랑수아 다를랑(François Darlan)이다.

이것이 독일과 결별하기 위해 페탱이 내디딘 첫걸음이었을까? 또는 혹시 있을지 모를 영국군과 미국군의 침공에 대비해 알제리 방어를 체계화하려는 수단이었을까? 이렇게 모호한 상황에서는 부역자가 하는 일과 애국자가 하는 일이 겹칠 수 있었다. 11월 10일, 당시 연합군 최고사령관이던 아이젠하워는 다를랑의 존재를 활용해 비시 프랑스 군과 휴전을 협상했으며 북아프리카에서 연합군의 작전에 협조하는 대가로 그를 프랑스의 아프리카 고등판무관 자리에 앉혔다.

다를랑의 권위는 고작 41일 만에 막을 내렸다. 그가 크리스마스이브에 암살당했으며 암살 동기는 끝내 밝혀지지 않았다. 이 싸움에 발을 디딘 사람들이 모두 다를랑을 제거해서 이득을 볼 수 있었지만 그중 누구도 암살에 가담했다는 증거는 없었다.

이로써 지로가 드골의 주요 경쟁자가 되었다. 사실상 지로는 구원에 대한 비시 프랑스의 열망을 상징했다.

두 장군의 불화가 너무 격해지기 전 루스벨트와 처칠은 저마다 참모진을 이끌고 1943년 1월 카사블랑카에 모여 영국과 미국의 전쟁 전략을 짜는 한편 루스벨트의 표현으로 프랑스의 프리마돈나 두 사람의 분쟁 해결 방안을 논의했다. 1월 22일에 드골과 처음 만난 루스벨트가 자신의 견해를 밝혔다. 그는 재점령된 프랑스에 대한 앵글로색슨의 신탁통치, 즉 드골에게 악몽과도 같은 방안을 지지했다.

대통령은 지금 프랑스 국민에게는 주권을 주장할 힘이 없음을 암시했다. 따라서 대통령은 '신탁'의 법적 검토에 기댈 필요가 있다고 지적하고, 지금 프랑스 땅에서 싸우는 연합국이 프랑스 해방을 위해 싸우고 있으며 프랑스 국

민을 위해 '신탁'의 정치적 상황을 관리해야 한다는 생각을 밝혔다.[48]

루스벨트의 도발은 암묵적 문제를 명시적 문제로 만들었다. 드골은 뉴욕 대주교 프랜시스 스펠먼(Francis Spellman)을 통해 프랑스의 자율적인 해결책만 받아들이겠다는 뜻을 분명하게 전했다. 당시 모로코의 미국군을 방문한 스펠먼이 루스벨트의 요청에 따라 드골에게 지로가 통치하는 체제에서 부수적인 구실을 맡아 달라며 설득하려 했다. 하지만 드골이 이를 받아들이기는커녕 위협으로 답했다. 즉 영국과 미국이 경솔하게 프랑스의 의지를 꺾어 프랑스 국민이 구제를 위해 정치적으로 제삼자에게 돌아서게 될지도 모르겠다고 했는데, 이는 명백하게 소련을 암시하는 말이었다.[49] 앞서 런던의 소련 대사를 만났을 때 쓴 전술의 변형인 셈이다.[50]

루스벨트가 한발 물러나 두 장군의 양두정치를 제안했으며 처칠도 이를 지지했다. 드골은 자신이 프랑스를 진정 대표한다는 이유로 이를 거절했으며 카사블랑카 회담에 참석한 3일 내내 태도를 바꾸지 않았다.

지로에게 정치력이 조금이라도 있었다면 그에게 좋은 결과가 돌아갔을 수도 있다. 그러나 당시 알제리의 영국 공사였으며 훗날 총리가 되는 맥밀런이 쓴 글을 보면 지로가 이 분야에서 얼마나 부족했는지를 잘 알 수 있다.

그렇게 큰 자산을 그렇게 짧은 기간에 낭비해 버리는 사람은 정치사를 통틀어 또 없을 것이다. (……) 그는 모든 에이스와 모든 킹에 거의 모든 퀸까지 쥐고 카드놀이를 시작했으나 (……) 제 꾀에 제가 넘어가는 별난 결과를 낳고 말았다.[51]

경쟁자는 정치력으로 지로의 실각에 박차를 가했다. '앵글로색슨' 지도자들이 프랑스 내부 문제에 대한 해결책을 강요하지 못하게 할 방법이 화두로 떠오르자 드골이 갑자기 뜻밖의 유연성을 발휘했다. 1943년 4월, 드골이 지로를 여전히 무시하며 "온 프랑스가 나와 함께하니 (……) 지로는 조심해야 한다. (……) 승리를 안고 프랑스에 돌아간들 내가 없다면 사람들이 그에게 총을 쏠 것"[52]이라면서도 만남을 청해, 드디어 5월 31일에 두 사람의 회담이 성사되었다. 이 자리에서 드골은 몇 개월 전에 거부한 공동 리더십 원칙을 받아들여 자신이 정치 부문을 맡고 지로가 군사 부문을 맡는 식으로 의장이 두 명인 위원회를 만들자고 제안했다. 그 위에는 드골과 지로 및 알제리 당국이 저마다 세 명씩 임명해 9인으로 구성된 프랑스국민해방위원회(CFLN)가 있을 터였다.

드골의 제안은 알제리 당국이 임명한 위원회 구성원들이 자신의 월등한 통치력을 보고 결국 자신을 지지하게 되리라는 확신에 기반을 둔 대담한 수였다.[53] 실제로 드골은 자신의 제안에 따라 구성된 국민해방위원회의 체제 전반에서 그보다 더 나이 들고 훨씬 덜 영민한 지로 장군을 압도했다. 결국 지로가 맡은 군사령관 구실은 위원회의 명목상 '문민' 지배에 종속되었다. 연합국으로서 프랑스 권력의 통합은 기정사실이 된 셈이었다. 이 과정에서 드골을 조타수로 삼아 해외 군사작전을 감독하는 새 국방위원회가 창설되면서 사실상 지로는 참모 지위로 밀려났다.[54]

훗날 드골이 지로의 정치적 몰락에 대해 이렇게 썼다.

그래서 어쩔 수 없이 지로는 점점 고립되고 거부되는 느낌을 받았을 것이다. 결국 받아들이지 못할 한계에 가로막힌 데다 눈부신 야심의 원천이던 외부의 지지까지 바닥나는 지경에 이르자 그가 사임을 결심했다.[55]

드골은 무한한 자신감과 끈기를 발휘해 지로가 권력을 얻을 만한 길을 모조리 교묘하고도 무자비하게 차단했으며 국민해방위원회를 궁극적인 프랑스 공화정의 기반으로 탈바꿈시켰다.

드골의 지휘하에 알제리의 프랑스국민해방위원회는 해방 이후 프랑스의 국내 문제와 외교관계를 운영할 제도를 구상하기 시작하면서 앵글로색슨 신탁통치를 미리 막으려 했다. 1944년 6월 법령으로 해방 후 나치 부역자들에 대해 프랑스 민사사건에서 흔히 볼 수 없는 배심재판을 열 특별법원을 설립했다. "국민 정서를 증명"할 수 있거나 지역 해방위원회가 승인한 참전 기록을 가진 시민만이 배심원으로 참여할 자격이 있었다.[56] 드골의 초기 국가는 그 시작부터 강력한 행정국가의 형태를 갖추었으며 이를 보조하는 자문위원회는 제한적인 권력을 가지고 모든 사안을 드골에게 보고했기 때문에 그가 미래 정부를 이끈다는 것은 누가 봐도 명백했다.

루스벨트와 처칠을 대할 때 드골은 이미 자신이 정부 수반인 것처럼 행동했으며 승리 후에 있을 가장 중요한 임무를 절대 잊지 않았다. 1940년 6월까지만 해도 궁핍하고 인정받지 못하던 이 말단 장군은 영미 연합군이 프랑스 본토에 상륙한 1944년 6월이 되자 연합국의 프랑스 대표단과 잠재적 정부의 부정할 수 없는 지도자로 자리매김해 있었다.

정치권력의 획득

시험의 장은 서방 연합국이 1943년 말 테헤란회담에서 스탈린에게 약속한 대로 프랑스의 해방을 실현한 다음부터 펼쳐질 터였다. 연합국이 1944년 6월 프랑스의 노르망디 해안에 상륙할 준비를 하는 동안 드골은 자기가 이끄는 세력과 레지스탕스를 비롯한 프랑스 정치 세력들 간에 내전이 벌어지지 않도록 하는 데 주력했다. 미국과 영국의 협력국들이 당시 존재하는 프랑스군에 대한 드골의 지휘권을 마지못해 인정했어도 아직 미래의 프랑스 정부 수반으로서 자신들과 동등하게 대할 준비는 되어 있지 않았기 때문에 내전을 막는 것이 무엇보다 더 중요했다. 루스벨트가 전쟁이 끝날 때까지 이 문제에 관한 결정을 미루려고 애썼으며 처칠도 정도는 덜했으나 마찬가지였다. 루스벨트는 전쟁 장관 헨리 L. 스팀슨(Henry L. Stimson)과 프랑스의 정치적 전개에 대해 이야기하며 이렇게 전망했다. "드골은 무너진다. (……) 해방되면 다른 분파들이 튀어나올 테고 드골은 아주 미미한 인물로 전락할 것이다."[57]

드골이 프랑스 해외 식민지를 자기편으로 만들고 경쟁자 지로의 도전을 극복하는 데 성공했어도 자유프랑스가 프랑스 본토를 통치할 수 있을지는 전혀 장담할 수 없었다. 비시 정부는 독일 점령이 시작될 때 상당한 대중적 지지를 누렸다. 또한 프랑스 내부의 레지스탕스 집단들은 연합군이 북아프리카에 상륙할 때 대규모 조직을 꾸리지 못하고 있었다. 공산주의 분파가 가장 잘 조직되어 있었으며 사회주의 세력도 상당했다. 그 밖의 많은 집단은 결국 단일 지휘하에 연합하지 못했다.

드골은 연합군이 프랑스에 진입한 뒤 과도정부가 형성되면서 루스벨트가 예견한 대로 흘러가는 것을 가장 두려워했다. 그러므로 드골은 과도정부가 설립되기 전 프랑스에서 가능한 한 빨리 존재감을 드러내고, 파리에서 제3공화국의 분열을 초월하는 국가적 인물로 자리매김해야 했다.

1944년 6월 6일, 미국군과 영국군이 노르망디에 상륙했으며 오래지 않아 100킬로미터 길이에 내륙으로 25킬로미터 들어간 교두보를 마련했다. 독일군의 결연한 저항을 격파하기에 충분한 규모의 연합군이 모이기까지는 6주가 걸렸다.

드골은 이를 기다릴 새도 없이 자신의 권위를 세우는 데 착수했다. 상륙 첫날부터 그가 재점령한 지역을 방문하겠다고 주장했다. 영국군 점령 지역 방문을 마지못해 동의한 처칠이 영국군 사령관 버나드 로 몽고메리(Bernard

Law Montgomery)에게 프랑스 땅의 비행장이 아닌 영국군 본부에서 그를 맞이하라고 지시했다.

그런데 이런 냉대가 오히려 드골이 정치적 존재감을 다지는 데 도움이 되었다. 6월 14일, 영국군 본부를 잠깐 방문한 드골이 영국군 점령 지역에서 가장 큰 마을로 인구가 1만 5000명인 바이외를 방문했다. 이곳에서 여전히 자리를 지키던 비시 프랑스의 부시장이 건네는 샴페인을 거절한 드골이 비시 관리들에게 냉담하게 인사한 뒤 주요 목적, 즉 프랑스 본토에서 하는 첫 연설을 위해 중앙 광장으로 발걸음을 옮겼다. 바이외의 장엄한 중세 성당이 그림자를 드리운 가운데 드골은 마치 청중이 전쟁 내내 프랑스 레지스탕스의 일원이었다는 듯 "전쟁이 시작된 이래 여러분은 〔투쟁을〕 단 한 번도 멈추지 않았습니다." 하고 자신은 마땅히 그들에게 명령할 수 있는 것처럼 말했다.

> 우리는 우리의 육군, 해군, 공군과 계속 전쟁을 치를 겁니다. 오늘 이탈리아에서 우리 병사들이 영광에 빛나듯, 내일은 프랑스 본토에서도 영광을 찾을 겁니다. 우리를 완전히 둘러싼 우리 제국이 엄청난 도움이 되고 있습니다. (……) 약속드리건대 우리는 한 치도 남기지 않고 프랑스 모든 영토의 주권을 회복할 때까지 계속 전쟁을 치러 나갈 겁니다. 아무도 우리를 막을 수 없습니다.
>
> 우리는 연합군과 동맹으로서 나란히 싸울 겁니다. 그리고 우리가 거머쥘 승리는 자유의 승리이자 프랑스의 승리가 될 겁니다.[58]

이 연설에서 드골은 실제로 바이외를 해방한 영국군이나 상륙작전에서 사상자가 많이 발생한 미국군을 전혀 언급하지 않았다. 그는 이 일에 대한 청중의 인식을 본질적으로 영국과 미국의 작전이라는 데서 프랑스의 독자적 승리로 바꾸려 했다. 그가 바이외를 방문한 목적이 국토에 대한 주장보다는 국민정신에 대한 깨우침에 있었다. 현실과 동떨어진 이야기를 청중이 복음으로 받아들이게 하려는 그의 설득은 여기에서 멈추지 않았다.

드골은 지극히 정치적인 언행으로 방문을 마무리했다. 몽고메리에게 작별 인사를 건네면서 그가 별일 아니라는 듯 자유프랑스 측 인원 일부가 이곳에 남을 것이라고 말했다. 몽고메리는 이 일을 보고하면서 "그들이 할 일이 뭔지 전혀 모르겠다"고 덧붙였다. 그러나 드골은 알고 있었다. 그들이 새로운 시민 정부를 통해 드골의 권위를 확립할 터였다.[59]

그다음 두 달 동안 드골은 연합국 사이에서 자신의 입지를 강화하려고 애썼으며 연합군의 이탈리아 작전에 합류하러 알제리에서 온 프랑스군을 만나기 위해 로마를 방문했다. 그 뒤에는 미국과 동맹 관계를 개선하기 위해 처음으로 워싱턴을 방문했다. 그 전 3년간의 격동과 희망과 야망이 최고조에 이르는 순간, 즉 프랑스 땅에서 프랑스의 정치적 정당성의 화신으로 인정받을 순간을 준비하는 데 4주도 남지 않았다.

파리는 이를 달성할 수 있는 유일한 장소였다. 이곳에서 드골이 거둔 승리는 돌이켜 볼 때나 필연 같을 뿐이다. 그에게는 자체 병력이 없었다. 마지막으로 파리에 진격할 때 오마 브래들리(Omar Bradley) 장군의 호의로 선두에 선 자유프랑스군은 연합군의 지휘를 받고 있었다. 당시 레지스탕스는 자체적으로 독일 점령군에 맞설 수 있을 만큼 강했다. 그럼에도 드골은 독일군을 상대로 거둔 승리를 기리기보다는 자신의 사명을 선언하기 위해 파리로 향했다.

차를 타고 파리에 도착한 드골은 레지스탕스가 독일 점령군의 항복을 수락한 몽파르나스역에 들러 자유프랑스 사단의 르클레르 장군을 치하했다. 그 뒤 드골은 런던으로 망명하기 전에 정확히 닷새 동안 차관으로 일하던 국방부 사무실로 이동했다. 그곳은 그가 떠날 때와 가구 하나 달라지지 않았으며 심지어 커튼까지 그대로였다. 그는 지난 4년을 프랑스 역사가 잃어버린 시기라고 여겼다. 훗날 그가 회고록에서 이렇게 말했다. "잃어버린 건 정부뿐이었다. 그걸 되찾는 게 내 의무였다."[60]

프랑스 역사의 연속성을 나타내듯 드골이 다음 목적지로 택한 곳은 오텔드빌, 파리 시청이 자리했을 뿐만 아니라 제2공화국과 제3공화국이 건국을 선포한 곳이다.[61] 그가 전쟁에서 패배한 제3공화국의 마침표를 찍고 제4공화국을 선포할 것으로 생각한 사람들이 많았다. 그러나 그의 계획은 정반대였다. 레지스탕스의 명목상 지도자인 조르주 비도(Georges Bidault)가 공화국 선포 계획에 대해 묻자 그가 퉁명하게 대답했다. "공화국은 사라진 적이 없는데 (……) 왜 선포해야 합니까?"[62] 드골은 프랑스 국민을 위해 새로운 정치 현실을 만들려고 했다. 그것이 무엇인지에 대한 선포는 나중 일이었다.

오텔드빌에서 비도와 파리해방위원회의 부위원장이자 공산당의 고위 당원인 조르주 마란(Georges Marrane)이 가슴 벅찬 연설과 함께 드골을 맞이했다. 이에 드골은 이날의 의미를 되새기는 감동적인 연설로 화답했다.

지금까지 우뚝 서서 스스로 자신을 지켜 낸 우리 집, 이곳 파리에 선 우리 모두를 사로잡은 감정을 어떻게 숨길 수 있겠습니까? 아니요! 우리는 이 신성하고 심오한 감정을 숨기지 않을 겁니다. 우리 각자의 가련한 삶을 뛰어넘는 순간들이 있습니다. 파리여! 파리는 분노했습니다! 파리는 망가졌습니다! 파리는 순교했습니다! 그러나 파리는 해방되었습니다! 파리는 스스로, 파리 사람들의 손으로, 프랑스군의 도움으로 그리고 싸우는 프랑스, 유일한 프랑스, 진정한 프랑스, 영원한 프랑스, 온 프랑스의 도움으로 해방되었습니다.[63]

드골의 웅변에서 비범하게 고양되는 형이상학적 표현은 조국의 단일성에 대한 그의 믿음을 드러냈다. 파리로 들어갈 때 자유프랑스가 앞서도록 우아하게 길을 터 주고 그 뒤를 따른 연합군은 언급되지 않았다. 막대한 피해와 희생을 감내하며 전쟁을 치른 영국과 미국도 언급되지 않았다. 파리 해방이 온전히 프랑스의 위업 같았다. 드골은 순수한 의지의 힘으로 이런 정치 현실을 만들어 냈다고 선포하면서 이것이 사실이라고 청중을 설득하고 있었다.

해방자에게 고마워하는 마음이 부족해 보이는 점이나 프랑스가 맡았다고 주장하는 일을 집착에 가깝게 강조하는 데는 또 다른 목적이 반영되어 있었다. 드골은 프랑스 국민 중 대다수가 이미 점령에 익숙해졌다는 걸 아주 잘 알았다. 점령기를 강조한다면 양가감정으로 혼란스러워질 테고, 미국군과 영국군이 한 일을 강조한다면 프랑스의 신념을 독자적으로 회복한다는 그의 최종 목적에 방해가 될 수 있었다.

전대미문의 규모에 프랑스 역사상 유례가 없을 만큼 열광적인 축하 행진이 샹젤리제를 따라 펼쳐지면서 드골의 공고한 정당성이 확인되었다. 이 행진은 파리 시민들이 이때까지 BBC 방송으로 목소리만 듣던 인물을 실제로 처음 볼 기회였다. 군중은 열광과 감동의 도가니 속에서 키가 아주 큰 장교가 개선문부터 콩코르드광장까지 이어지는 긴 대로를 걸어가는 모습을 지켜보았다. 오른쪽에 파리 주재 대리인을, 왼쪽에 비도를 두고 반걸음 앞서 걷던 드골은 분명히 감동하고도 웃음기를 거의 안 보이며 때때로 손을 흔들어 인사를 건넸다. 콩코르드광장에 너무 많은 사람들이 모인 탓에 목적지인 노트르담대성당까지는 차를 타고 갈 수밖에 없었다. 두 장소에 모두 저격수의 총격이 있었다. 앞서 전쟁 중에나 훗날 다른 암살 시도를 마주했을 때와 마찬가지로 드골이 몸을 보호하려고 웅크리기는커녕 꿈쩍도 안 했으며 이에 대한 언급까지 삼갔다. 이때 그가 신체적으로 전혀 위축되지 않는 배짱을 보인 점이 프랑스에서 그의 리더십을 굳히는 데 도움이 되었다.

새로운 임시정부에 레지스탕스가 빠르게 합류했다. 파리 해방으로부터 한 주 뒤 사적인 자리에서, 저항운동에 참여한 어느 인사가 "레지스탕스는……" 하고 말문을 열자 드골이 불쑥 끼어들어 이렇게 말했다. "이제 우리는 레지스탕스를 지나왔습니다. 레지스탕스는 끝났습니다. 이제 레지스탕스가 국가에 통합돼야 합니다."[64]

2년 전인 1942년에 여전히 기반을 닦고 있던 드골이 런던의 로열 앨버트 홀에서 18세기의 시인 니콜라 샹포르(Nicolas Chamfort)의 금언, "이성적인 자는 살아남았다. 열정적인 자는 살았다."(즉 꿈을 이뤘다.)를 인용했다. 그러고는 프랑스인의 두 가지 자질인 이성과 열정이 있기에 자유프랑스가 승리할 것이라고 선언했다. 드골에게 이성은 자기편에서 싸운 이들 중 일부를 무시한 냉정의 이유였고, 열정은 샹젤리제를 따라 펼쳐진 행진과 노트르담에 모인 군중만으로도 알 수 있었다.

9월 9일까지 드골은 임시정부의 대통령으로서 새로운 내각을 꾸렸다. 오랫동안 함께한 자유프랑스 관계자를 비롯해 비시 정권 가담 전력이 없고 노련한 제3공화국 정치인, 공산주의자, 기독교 정당인, 전 레지스탕스 지도자, 기술 관료 들이 설득 끝에 이 국민 통합 정부에 합류했다. 드골은 첫 내각회의의 시작부터 "공화국 정부가 수정된 구성으로 계속 이어진다"며 강경한 태도를 보였는데, 여기에는 국가가 없으면 혼돈만 펼쳐진다는 그의 신념이 반영되어 있었다.[65] 프랑스가 분열 탓에 쇠퇴를 겪었다고 확신한 그는 프랑스가 역사적 위엄에 걸맞은 통일성을 갖춘 상태로 종전 다음 상황을 맞이할 수 있게 하려고 했다.

모스크바 방문

8월 26일에 펼쳐진 일은 가히 공화정 군주의 대관식에 버금갔다. 어떤 형태로든 프랑스에 연합국의 점령 기관이 생기지 못하게 한 드골의 임시정부는 놀라운 속도로 질서를 확립했다. 그는 비시 정권 지도자와 나치 부역자에 대한 대중적 보복과 사법적 보복의 균형을 잡는 한편 사면권을 관대하게 활용했다. 초기에 레지스탕스의 정치적인 면을 강화하느라 애먹었으나 이때는 제3공화국 말기의 불화 가득한 당파 정치를 초월할 만큼 강력한 대통령제를 주장했다.

프랑스 내에서 권위를 확립한 드골은 파리 해방으로부터 겨우 3개월 만인 11월 24일에 모스크바로 향했다. "혁명이 일어나지 않기를 바랍시다." 그가 출발하면서 반농담조로 무표정하게 한 말이다.[66] 독일군이 여전히 알자스-로렌 지역 일부를 점령한 당시, 연합군 장성들이 알아차리지 못했으나 독일군의 새로운 아르덴 공습이 코앞에 다가와 있었다.

드골은 프랑스가 외교 무대에 다시 진입하는 것이 국내에서 자신의 권위를 공고히 하고 국민정신을 되살리는 데 매우 중요한 단계라고 보았다. 프랑스는 1940년 패배로 외교에서 한발 물러나 있었다. 처칠, 루스벨트, 스탈린이 전쟁 전략에 관해 합의한 1943년 테헤란회담에서도 배제되었다. 전후 유럽의 구조를 확립한 1945년 얄타회담과 포츠담회담에서도 마찬가지로 빠지게 될 터였다. 국제회의에 참여할 방법을 찾아다니며 탄원하는 태도로는 프랑스의 영향력을 회복할 수 없었다. 드골은 프랑스가 독립적 선택권이 있는 자율적 주체이며 프랑스의 호의를 구하는 게 중요하다는 점을 영국과 미국에 보여야 했다. 정상 외교에 다시 합류하려면 프랑스는 스스로 기회를 만들어 내야 했다. 드골은 스탈린과 교섭하기 위해 대담하게 모스크바로 날아가는 것부터 했다.

앞서 처칠과 애버렐 해리먼(Averell Harriman), 웬들 윌키(Wendell Willkie) 등 미국 외교관들은 스탈린과 회담이 있을 때 무르만스크에 이르는 북극해 항로로 갔다. 그러나 드골에게는 북극해 항로에 알맞은 비행기가 없고 호위기 구실을 할 만큼 사계가 넓은 전투기의 조종사도 없었다. 그래서 프랑스 비행기를 타고 카이로와 테헤란을 지나 카스피해의 바쿠로 가는 우회로를 택했으며 그다음에는 스탈린이 제공한 특별열차를 타고 스탈린그라드전투와 모스크바 부근의 전투가 남긴 쑥대밭을 닷새 농안 가로질러 갔다. 불편한 여정이었으나 감내할 가치가 있었다. 그 덕에 드골은 다음 영미 회담에 앞서 독자적 권리를 보유한 세력의 대표로서 소련의 독재자와 전후 강화조약에 대해 논의할 수 있었다. 드골이 연합국 정상 중 처음으로 스탈린과 강화조약을 논의한 것이다.

크렘린 궁에 도착한 이들은 주로 전후 유럽의 체제에 관해 논의했다. 스탈린은 동유럽에 대한 지배권이 자신의 목표라는 점을 분명히 했다. 그는 1939년 독일에 대한 영국의 전쟁 선포를 부른 폴란드의 영토 보전과 소련이 폴란드 점령 후 세운 루블린 정권에 대한 국제적 인정을 지지해 달라고 프랑스에 제안했다. 드골은 루블린 정권에 대해 더 알아봐야 한다는 말로 즉답을 피했다. 이에 대해 소련만 지지하는 상황에서 프랑스가 소련 편을 들기는 어렵지만, 적절한 대가가 있다면 스탈린이 이루지 못할 목표는 아니라는 점을 암시하는 태도였다.

드골도 프랑스 측에서 고안한 동유럽 계획안을 제시했는데, 이는 지난 200년의 유럽 역사를 돌이키자는 제안에 가까웠다. 그는 라인강 서쪽의 독일 영토가 프랑스에 할양돼야 한다고 보았다. 여기에는 주요 석탄 생산지인 자르와 루르 공업지역 일부가 포함되었다. 새로 구성되는 독일에서 가장 큰 주를 바이에른으로 하고, 프로이센을 해체한 뒤 그 상당 부분을 재건되는 하노버주에 할당한다는 제안이었다.

드골은 연합국과 나눈 논의를 전혀 언급하지 않았고, 스탈린은 분명 미국과 영국이 이렇게 유럽 지도를 뒤집어 놓을 계획에 동의할 리 없다고 이해했을 것이다. 따라서 스탈린이 영국과 이 제안에 대해 논의할 필요가 있다고 답했는데, 그가 이때까지 어떤 사안을 두고도 보이지 않던 태도다. 미국을 언급하지 않았다는 점에서 스탈린도 미국을 배제한 유럽 국가들만의 거래 가능성을 암시한 것이다.

결국 두 지도자는 전후 독일의 공격을 억제할 목적으로 상호원조조약을 맺는 데 합의했다. 그런데 이 조약에는 두 나라 중 한쪽이 "독일의 새로운 위협을 제거하는 데 필요한 모든 조치를 이행"한 뒤 침공당하는 경우 공동 행동에 나선다는 놀라운 추가 조항이 포함되었다. 1차세계대전 전 러시아·프랑스동맹을 연상시키는 이 상호원조조약은 두 국가가 지리적으로 멀리 떨어져 있고 프랑스 정부가 고작 3개월 전에 수립되었다는 점에서 실질적으로 즉각 효과를 발휘할 수는 없었다.

조약을 체결하는 과정에 드골은 러시아가 몇 년 뒤 냉전기에 고수할 전형적인 협상 방식을 일찍이 맛보았다. 스탈린 측에서 최종 문서의 준비를 관리한 소련의 외무 장관 뱌체슬라프 몰로토프(Vyacheslav Molotov)가 프랑스 측이 제시한 초안을 거부하면서 대안을 빨리 마련하겠다고 약속했다. 그러나 이틀 뒤, 이 방문의 마지막 순서인 만찬 자리에서도 소련 측 초안은 보이지 않았다. 드골은 굴하지 않았다. 만찬 내내 자리를 지키고 끝없이 건배를 든 그가 스탈린의 만찬치고는 이르게 자정 직후 자리에서 일어나며 다음 날 아침 일찍 떠나는 기차를 준비해 달라고 했다.

이렇게 힘겨운 여정 끝에 빈손으로 돌아갔다면 수치스러운 일이었을 텐데, 드골의 도발이 효과를 발휘했다. 새벽 2시, 소련 측 초안이 등장했으며 수정된 내용도 드골이 받아들일 만했다. 이 조약은 새벽 4시에 스탈린이 있는 자리에서 체결되었다. 스탈린은 프랑스 측에 한 방 먹었다고 농담하기도 했다. 교활하고 잔혹하기로 악명 높던 스탈린은 이런 자기 비하적 발언으로 히틀러의 외무 장관 요아힘 폰 리벤트로프(Joachim von Ribbentrop)를 비롯해 수많은 초기 회담 상대를 만족시켰다.*

1944년 12월 17일, 모스크바에서 파리로 돌아온 드골은 4년의 공백 끝에 이룬 프랑스의 유럽 재진입과 자신의 외교적 승리를 축하했다.[67] 이 조약은 국내에서 프랑스 공산당을 상대하는 드골의 기반도 강화했다. 그러나 며칠 만에 독일이 아르덴 숲과 알자스에 대한 공습을 시작하면서 교전이 다시 전면에 대두했다.

드골과 임시정부

자유프랑스를 이끄는 동안 드골이 남긴 말과 행동을 관통하는 한 가지 주제는 바로 해방 이후 독자적으로 질서를 회복하고 연합국과 대등한 지위에서 독일을 상대로 종반전을 치를 수 있을 만큼 당당하고 강력한 국가 프랑스의 재건이다. 대통령 회고록에서 드골은 "프랑스라고 할 수 있는 국가는 어제의 유산과 오늘의 이익과 내일의 희망을 동시에 책임진다"[68]고 했다. 국가를 세대 간 협약으로 구상한 드골은 사회를 "산 자와 죽은 자와 태어날 자의 (……) 동반 관계"[69]로 정의한 에드먼드 버크(Edmund Burke)와 맥을 같이한다.

---

* 곧이어 미국의 협상가들도 비슷한 전술을 마주했는데, 스탈린이 앙심 깊기로 유명한 만큼 미국은 특히 악의적인 수를 상대해야 했다. 시간을 끌면서 상대의 인내심을 시험하는 방식은 냉전 중 소련의 동서 외교에서 거의 기본 전술로 자리 잡았다. 게다가 1972년 5월 모스크바에서 열린 닉슨과 레오니트 브레즈네프(Leonid Brezhnev)의 회담처럼, 몇 개월간 협상을 통해 성실하게 갈고닦은 구상과 자제력이 상대방의 지구력을 오판한 탓에 오래 기다린 결실을 놓칠까 불안한 마음 앞에서 한순간에 무너지는 듯 마지막 단계에서 급하게 합의하는 관행도 생겼다.

이런 국가관은 비시 정권이 영광스러운 과거와 밝은 미래 사이에 잘못 발생한 공백기이며 자유프랑스가 진정 국가의 명맥을 이었다고 봄으로써 프랑스의 자존심을 구해 주었다. 드골이 전쟁 중 프랑스의 정체성을 위해 결단력 있게 싸우지 않았거나 국제적 기반을 두고 비시 정권을 대체하는 체제의 지도자로 자신을 내세웠다면 국가의 연속성이라는 신화는 설득력을 잃었을 것이다. 앞서 살펴보았듯이 자유프랑스를 적극적으로 지지한 프랑스 국민은 상대적으로 소수였다. 그러나 드골의 주문이 상당히 강력한 덕에 이런 사실은 프랑스인의 기억에서 사실상 지워졌다. 역설적이지만, 망각은 때때로 다른 방법으로는 결집하지 못했을 사회를 하나로 뭉쳐 준다.

비시 정권의 중요성을 격하한 덕에 드골은 옛 저항군이 나치 부역자로 추정되는 인사들을 상대하려고 조직한 자경단인 애국민병대를 1944년 10월에 해체할 수 있었다. 그리고 그 대신 알제리에서 준비한 더 공평한 사법 체계를 도입했다. 국가 내 정당한 폭력을 독점하기도 했고 그러지 않기도 한 드골의 프랑스에 즉결심판이 들어설 자리는 없었다.

군사적 발전도 있었다. 1944년 말까지 프랑스 병력이 56만 명으로 불어났다. 11월 23일, 장 드라트르 드타시니(Jean de Lattre de Tassigny) 장군이 지휘하는 프랑스 제1군이 중세도시 스트라스부르를 탈환하면서 르클레르가 한 쿠프라의 맹세를 지켰다. 그러나 1944년 12월에 독일군은 아르덴에 이어 알자스를 공격하며 도시를 포위할 기회를 노리고 있었다. 상황이 이렇게 전개되면서 군사적인 면과 정치적인 면 중 어느 쪽에 더 무게를 두고 전쟁 전략을 수립해야 하는가라는 영원한 문제가 다시 불거졌다. 전장이 프랑스 땅인 만큼 드골은 정치적 요소부터 고려했다.

미국 야전군사령관 브래들리 장군은 보주산맥을 따라 방어선을 구축하고 이곳에서 반격을 위해 병력을 결집하려고 했는데, 이 작전을 실행하려면 스트라스부르에서 철수해야 했다. 드골은 단호하게 반응했다. 지난

100년 동안 네 차례나 독일과 프랑스의 손을 오간 도시에서 프랑스군이 철수하는 일은 없을 것이라고 역설했다. 국가의 의무와 연합국의 의무가 상충하는 가운데 드골이 드타시니 장군에게 아이젠하워의 명령을 거부하라고 지시했다. 드골은 이와 동시에 루스벨트와 처칠과 아이젠하워에게 작전을 재고해 달라고 호소했으며 직접 연합군 본부에 가서 이유를 설명하겠다고 선언했다.

드골이 베르사유 본부에 도착한 1945년 1월 3일에 처칠은 이미 본부에서 독일군의 세찬 공격 속에 연합국 간의 공개적인 분쟁을 막을 방안을 찾고 있었다. 이때는 행운이 따라 두 사람의 대의는 물론이고 역사 속 드골의 지위도 지켜 주었다. 군사적 상황이 개선되면서 이미 마음을 바꾼 아이젠하워가 프랑스군을 스트라스부르에 계속 주둔하게 했다. 드골로서는 전투가 한창일 때 프랑스가 최고사령관의 명령에 불복종하는 상황이 벌어지기에 앞서 아이젠하워가 묵종하는 반응을 보인 셈이다. 이렇게 승리한 드골이 나중에는 그와 타협하는 미국의 의지 면에서 한층 더 큰 대가를 치르게 되었다.

1945년 4월 이후 전쟁이 막바지에 접어들면서 프랑스의 독단이 다시 고개를 들었다. 드골이 프랑스군에게 독일 남서부의 공업도시 슈투트가르트를 점령하라고 명령했는데, 이곳은 군사적 목적에서 미국군이 관할하는 지역으로 배정되어 있었다. 이에 대한 지적이 있었으나 드골은 평소대로 명령을 고수했으며 이에 관한 회담을 열지도 않았다.

4월 12일에 루스벨트에 이어 대통령이 된 트루먼은 이 도전에 관한 드골의 설명에 눈 하나 깜짝 안 했다. 드골은 사실상 영국 대신 프랑스가 미국의 주요 유럽 동맹국이 되어야 한다고 주장하고 있었다. 영국은 전쟁에서 국력을 소진한 탓에 그런 구실을 맡을 수 없다는 논리였다. 트루먼은 점령 구역에 대해 앞서 합의한 계획을 따라야 한다면서 그러지 않으면 이

미 약속된 여러 사안을 원점에서 재고할 수도 있다고 위협했다. 드골이 얌전히 굴어야 한다는 압박을 느끼지는 않았어도 기세를 누그러뜨릴 수밖에 없었다.

한편 후방은 궁핍에 시달리고 있었다. 드골은 전쟁 회고록에서 해방 후 "생존에 필요한 최소한의 식량도 없었다"고 적었다.[70] 돈 있는 사람들은 암시장을 통해 그나마 숨을 돌렸지만 거의 모든 곳에서 자원이 부족했다.

> 양모도, 면화도, 가죽도 거의 없어서 수많은 시민들이 누더기를 걸치고 나막신을 신은 채 걸어 다녔다. 그나마 조금 캔 석탄이 모두 군대와 철도, 발전소, 기초산업, 병원에 쓰이면서 도시에 난방이 전혀 공급되지 않았다. (……) 가정과 직장, 사무실과 학교에서 모든 사람이 추위에 떨었다. (……) 전쟁 전과 같은 생활을 하기까지 몇 년이 걸렸다.[71]

프랑스인들은 정신적으로든 물질적으로든 곤궁에 빠져 있었다. 억압받는 이들과의 연대를 내세운 공산당은 레지스탕스 대열에서 엄청난 비중을 차지했다는 점과 스탈린이 동부전선에서 승리한 데 힘입어 자신들의 위신을 표현했다. 따라서 드골은 "충성을 재편하고, 노동자의 지지를 확보하고, 경제 회복을 보장할 개혁"의 실현을 정부의 "시급한 과제"로 규정했는데, 이 모두가 그 자체로 유익하면서 공산당이 프랑스의 통제권을 장악하지 못하게 하는 부차적 효과가 있었다.[72]

그리고 더 평온한 시기였다면 수십 년이 걸렸을 개혁이 몇 주 만에 펼쳐졌다. 임시정부가 육아를 지원하고 프랑스의 출산율을 다시 높이기 위해 가족수당을 도입했다. 프랑스 여성이 처음으로 투표권을 가지면서 현대사회에는 보통선거권이 필요하다는 드골의 오랜 신념이 실현되었다. 사회보장제도도 극적으로 확대되었다. 드골은 이로써 "파괴적인 무게로 노동자를 짓누르는 질병, 사고, 노환, 실업에 대한 인류의 유구한 두려움이 사라졌다"고 적었다.[73] 전시 계획은 사그라지지 않고 계획경제 정책으로 이름이 바뀌었다. 에어프랑스, 르노, 석탄, 가스, 전기 등이 모두 국유화되었다. 전후 프랑스를 떠받친 두 기둥, 원자력위원회와 국립행정학교도 1945년 후반에 설립되었다.

드골은 혁명적 변화를 혁명 없이 일으킬 수 있다는 것을 보여 주었다. 자유시장을 외치는 자유주의자와 공산주의자, 임차인과 임대인 사이에서 드골은 "양쪽 모두의 앞에서 나는 힘의 방패를 들었으니 / 누구든 상대방의 권리를 건드리지 말라"[74]는 말로 사회의 부유한 자들과 가난한 자들에게 평형을 제시한 아테네의 입법자 솔론(Solon)을 연상시켰다.

드골의 방패는 강력했으나 국내의 정치적 압박이 이를 위협하고 있었다. 전후 프랑스의 정치제도는 미처 자리 잡지 못했고, 드골의 "프랑스에 관한 구상"을 뒷받침할 조직은 없었다. 오래도록 프랑스를 분열시킨 가톨릭교도와 세속주의자, 군주주의자와 공화주의자, 사회주의자와 보수주의자 등의 극심한 분열을 막으려면 정당한 중앙 권력을 반드시 확립해야 했다.

드골은 독재 정권을 주장하지 않았으며 중앙 권력은 국민의 주기적인 의사표시를 통해 검증받을 터였다. 오히려 그는 양원제 입법부와 독립적인 사법부를 포함한 공화정 체계하의 강력한 행정부를 구상했다.

내가 생각하기에 국가가 프랑스의 통합과 더 드높은 국익과 국가정책의 연속성을 실현하는 도구가 되려면 정부의 정당성이 의회, 다시 말해 정당이 아니라 그 너머에서 전 국민이 선택·결정·행동의 권리를 부여하고 직접 위임한 지도자에게서 나와야 한다.[75]

1945년 10월 21일, 프랑스 유권자들이 새 헌법 제정이라는 임무를 맡은 임시 입법부 구성을 위해 투표했다. 3주 뒤에는 거의 만장일치로 드골이 정부 수반임을 확인했다. 드골은 회고록에서 이를 두고 국민이 과거의 공적을 인정했다기보다는 미래에 대한 그의 꿈을 이해해 준 셈이라고 무미건조하게 적었다.

정부가 가동하자마자 제3공화국의 역사적 딜레마가 또다시 불거졌다. 문제는 정부가 구성된 11월 21일부터 시작되었는데, 헌법에 따르면 정부 구성이 국회의 승인을 받아야 했다. 제헌의회에서 가장 큰 정당이던 공산당은 외교, 국방, 내무 장관 등 내각에서 가장 중요한 세 자리를 요구했다. 드골이 이를 거절했으나 경제와 노동 같은 주요 부를 공산당에 맡겨야 한다는 생각이 들었다.

몇 주 만에 드골은 새 헌법을 만드는 싸움에서 지고 있다는 것을 알아차렸다. 틀에 박힌 정치 지도자였다면 이런 실망감을 권력을 쥔 대가로 여기며 받아들였을지도 모른다. 그러나 드골은 자기 신념 대신 다른 이들이 실용적이라고 판단하는 것을 선택할 준비가 되어 있지 않았다. 전쟁 중에 험난한 여정을 거치면서 불가능을 현실로 바꿀 수 있다는 점을 몸소 보여 준 그는, 사회를 정신적으로 쇄신할 수 없을 경우 대부분의 정치 지도자가 성취로 여길 만하고 그 자신도 고통스럽게 싸워서 얻은 것을 포기할 수 있었다.

11월 19일, 드골이 캐나다 대사관에 사임 후 지낼 거처를 마련해 줄 수 있는지 물었다. 1946년 1월 1일에는 그가 국방 예산안을 지키기 위해 의회에서 연설하며 자신이 "이 본회의장에서" 마지막으로 발언하는 것임을 암시했다.[76] 닷새 뒤 휴가를 떠난 드골이 1월 14일에 돌아와 내무 장관 쥘 모크(Jules Moch)에게 확신에 차서 말했다.

나는 이런 싸움에 걸맞지 않은 사람인가 봅니다. 프랑스 어느 한구석에서

당선했다는 점밖에 내세울 게 없는 자들의 공격과 비난과 논쟁을 매일 당하고 싶진 않습니다.[77]

해방된 파리로 의기양양하게 돌아온 지 채 18개월도 안 된 1월 20일 일요일, 드골이 내각 특별 회의를 열었다. 이 자리에서 그가 짧은 성명을 통해 "배타적인 정당 체제"를 질타하면서 "돌이킬 수 없는" 사임 결정을 전했다. 계획에 대해서는 전혀 암시하지 않았다.[78] 그는 동료들과 악수한 뒤 차를 타고 떠났다. 충격에 빠진 동료들은 회의장에 들어설 때까지만 해도 상상조차 못 한, 전설적인 인물의 후임을 물색해야 한다는 임무를 맡게 되었다. 이들이 선출한 사회당의 펠릭스 구앵(Félix Gouin)은 5개월간 자리를 지켰다.

많은 역사가들이 드골의 사임 시점을 의아해했다. 확실히 그는 제헌의회에서 헌법 초안을 완성할 때까지 여전히 가동되던 제3공화국의 절차와 뜻이 맞지 않았다. 그러나 정부 수반으로서 자신이 이끄는 기관을 공격한다면 정치적으로 무능한 것처럼 보이거나 보나파르트주의*자들의 쿠데타를 부를 위험이 있었다. 게다가 역설적이게도 그가 그 모든 고난과 의심 속에서도 절대 흔들리지 않은 신념대로 권력을 잡고 폭넓은 정당성을 갖춘 공화정을 실현하려고 했다면, 그에게는 제헌의회의 작업이 끝나기 전에 기존 헌법에 반대하지 않고 사임하는 방법밖에 없었다.

그런데 이때 선택의 귀재도 정치권에서 자신이 꼭 필요한 사람임을 깨닫고 방향을 수정하기까지 얼마나 긴 시간이 걸릴지는 미처 계산하지 못한 듯하다.

---

* 나폴레옹 1세와 3세처럼 혁명 또는 민주주의의 의미를 퇴색시키며 스스로 황제가 되는 1인 지배 체제를 가리킨다. — 옮긴이

황야

드골의 갑작스러운 사임은 5년 반 전 런던으로 날아갔을 때와 마찬가지로 자신의 신념에 비춰 지지할 수 없는 방향성을 택한 공식 프랑스와는 얼마든지 결별한다는 점을 확실하게 보여 주었다. 이를 위해 그는 "사건이 내게서 멀어지기 전에 내가 사건에서 빠지는" 방법을 택했다.[79] 그러나 런던으로 자리를 옮기면서 세계사적 사건의 중심에 들어가 망명 상태에서 프랑스를 지킨다는 위대한 임무를 맡은 것과 달리, 이때 드골은 조국 내 망명으로 외딴 시골에 박혀 있었다.

일반적인 정치와 거리가 멀고 권력 자체를 위한 권력에는 무관심한 운명의 남자라는 이미지를 공들여 쌓은 드골다운 행보였다. 그의 가족은 파리에서 동쪽으로 220킬로미터 정도 떨어진 콜롱베레되제글리즈라는 마을의 19세기 초 시골 저택 '라부아스리'에서 살았다. 훗날 독일 총리 아데나워는 이곳이 "아주 단순한 집으로 1층에 가구를 잘 갖춘 방이 몇 개 있고, 나머지는 (……) 전혀 꾸미지 않았다"[80]고 묘사했다. 난방장치가 없는 이곳에서 보내는 겨울은 우울하고 혹독했다. "이 집은 즐거운 곳이 아니야. 여기 웃으러 오는 사람은 없지."[81] 드골이 어느 방문자에게 한 말이다.

자처한 망명 중에 집필한 전쟁 회고록에서 그는 자신이 금욕적인 생활에서 안식을 찾은 방법을 설명했다.

샹파뉴에서 이 부근은 고요로 물들어 있다. 드넓고 구슬픈 지평선, 우울한 숲과 초원, 오래된 산맥의 태연한 등성이, 수천 년 동안 변함없이 자리를 지키고 있는 평온하고 꾸밈없는 여러 마을. 이 모든 게 우리 마을에서 보인다. (……) 정원에 선 나는 곳에 넘실대는 바다처럼 경작지를 둘러싼 원시림의 깊이를 내려다본다. 어스름이 내려앉는 풍경을 본다. 그리고 별을 올려다보며

세속적인 것이 무상함을 곰곰이 생각한다.[82]

이 시기 드골의 공적 활동 중 역사적으로 의미 있는 것은 1946년 6월 16일 바이외에서 프랑스 정치제도에 관해 자신의 비전을 제시한 연설뿐이다. 2년하고 이틀 전, 연합군의 교두보가 아직 보잘것없는 수준이던 상륙작전 1주일 차에 드골이 노르망디의 마을 바이외를 처음으로 방문했다. 사임하고 6개월이 지난 이때 드골은 이곳에 자유프랑스 소속 행정관을 둔 자신의 선택이 얼마나 중요했는지를 회고했다. "국가가 여기, 우리 선조의 땅에서 다시 모습을 드러냈습니다."[83] 그러나 프랑스의 제도와 역사적 사명의 조화를 이루는 작업은 완수하지 못했다. 제4공화국을 수립할 헌법은 초안을 만드는 단계에 있었고, 드골은 제헌의회에서 어떤 결론을 내놓든 막다른 길에 다다를 것이라고 여전히 확신했다.

드골은 특유의 솔직한 화법으로 프랑스의 침체를 진단했다. "프랑스는 두 세대도 안 되는 기간에 일곱 번의 침략과 열세 번의 정권 교체를 겪었습니다." 그는 "공적 생활에서 그렇게 많은 소요"가 일어나 프랑스인에게 있는 "분열과 다툼을 벌이는 고대 갈리아 사람들 성향"이 강화된 결과 "시민이 제도를 불신"하게 되었다고 보았다.[84] 그러므로 자유프랑스의 지도자로서 드골이 보여 주었듯 "정당을 초월한 위치"에서 "연속성이라는 가치"를 대표하는 강력한 대통령제가 필요했다.[85]

드골은 또한 샤를 루이 드 세콩다 몽테스키외(Charles Louis de Secondat Montesquieu)를 따라 엄격한 권력분립을 주장했다. 특히 대통령이 입법 권력에 휘둘리지 않아야 한다는 점이 매우 중요했는데, 만약 그렇게 되면 "오래지 않아 정부가 그저 대표단에 지나지 않는 권력의 혼란"을 빚어, 국익을 지키는 이들이 없어지며 각료들이 모두 "정당 대리인" 구실밖에 못 할 수 있다.[86] 양원제를 도입하면 상원에서 하원을 통과한 법안을 검토하고 수정하는 한편 법안을 제안할 것이다. 이런 식으로 프랑스 헌법이 "강력한 정부의 보호 속에 하나가 된 자유로운 국민의 활기 찬 위엄"[87]을 활용할 것이다.

이 두 번째 바이외 연설은 그가 거의 말하지 않던 주제인 민주주의에 관한 생각이 드러났다는 점에서도 눈여겨볼 만하다. 미국 정부 수뇌부와 달리 드골은 민주주의를 개별적 자유 일람보다는 그것의 제도적 틀로 인식했다. 그래서 이 중요한 바이외 연설을 통해 그가 독재정치의 결점과 궁극적 무익을 신랄하게 분석하는 식으로 민주주의를 지지했다.

> 많은 일을 과장하는 것이 독재정치의 숙명입니다. 시민들이 독재정치의 제약을 참을 수 없게 되고 잃어버린 자유에 대한 그리움이 커질수록 독재정치는 어떤 대가를 치르든 점점 더 큰 성취로 보상할 수 있어야 합니다. 국민은 독재자의 강요에 따라 폭주하는 체제를 짊어진 기계가 됩니다. 결국은 무언가 무너질 수밖에 없습니다. 거창한 조직이 피와 불행 속에 몰락합니다. 국민은 형편이 더 나빠진 채로 남아(……).[88]

한마디로 공화정이 혼돈과 폭정 사이에 놓인 최선의 보루라는 뜻이다. 드골이 바이외에서 이렇게 호소했지만, 의회의 패권과 약한 정부라는 제3공화국 체제를 그대로 담은 제4공화국 헌법 최종안을 막는 데는 별 영향이 없었다. 이것은 1946년 10월에 국민투표를 거쳐 비준되었다.

드골은 국가가 자신을 곧 다시 불러 주리라고 기대했으나 아무 소식도 날아들지 않았다. 그는 한동안 눈에 띄게 금욕적으로 생활하며 우울과 싸우는 가운데 때로 종말론적인 분위기까지 풍겼다. 1947년에는 기존 정당과 별개로 국민 정치 운동을 일으키려 했지만, 잠깐 활기 있던 운동이 잡음을 내며 사그라졌다.

국내 상황은 전반적으로 한층 나아지며 안정되고 있었다. 프랑스 총리가 회전목마 돌듯 바뀌었으나 곳곳에서 활력이 다시 샘솟기 시작했다. 미국이 주도한 유럽 부흥 계획인 마셜플랜의 도움으로 경제가 회복하기 시작했으며 1950년대 초에 이르자 교육 수준이 높은 프랑스의 노동인구와 전문적인 기술력에 미국이 후원하는 공개 거래 시스템 통합이 하나로 엮이면서 역사적 번영을 일구었다.

제4공화국은 1958년에 무너졌다. 이들의 패인은 국내 문제가 아니라 자국의 식민지에 대한 정책을 수립할 능력이 없다는 데 있었다. 이들은 경제 회복으로 얻은 정치적 이익을 인도차이나를 유지하기 위한 활동, 수에즈에 대한 개입, 알제리 위기 등 세 가지 식민지 위기로 소비해 버렸다.

인도차이나에서 겪은 실패와 중동에서 겪은 좌절

인도차이나는 종전 후 제4공화국이 과거 프랑스의 지정학적 영향권을 얼마나 유지할 수 있을지를 밝혀낼 일련의 시험대 중 첫 번째 것이었다. 1862년부터 1907년까지 프랑스가 조금씩 점령한 이 식민지를 1940년 6월 프랑스 함락 이후 일본과 비시 정권이 공동으로 점령했다. 그러다 1945년 3월이 되자 일본이 연합군의 공격과 프랑스 식민지인들이 일으킬지 모를 반란을 염려해 기존 부역자들을 끌어내리고 직접 통치 체제를 수립했다.

일본이 항복한 1945년 8월 무렵에는 강력한 두 세력이 공백을 이용할 준비에 나섰다. 하나는 전쟁 중 프랑스와 일본 모두에 맞선 호찌민(Ho Chi Minh)의 공산주의 베트민 반란이고, 다른 하나는 식민지를 다시 차지하려는 연합군의 작전으로 중국군·영국군·인도군과 르클레르 장군 휘하의 프랑스 원정군이 포함되어 있었다.

1946년 초까지는 대체로 프랑스가 인도차이나 지배력을 되찾는 듯했다.

그러나 각고의 노력을 기울인 프랑스에 돌아온 것은 잠깐의 고요뿐이었다. 1946년 12월 19일, 베트민이 하노이 곳곳에서 일으킨 엄청난 폭발로 피비린내 나는 장기전의 시작을 알렸다.

1954년, 베트남에서 식민 통치를 유지할 수 없게 되었다. 라오스와 캄보디아는 이미 한 해 전에 프랑스로부터 독립을 쟁취했다. 한국전쟁을 치른 아이젠하워 정부는 베트남의 프랑스군을 지원할 생각이 없었다. 앙리 나바르(Henri Navarre) 장군은 베트민의 보응우옌잡(Võ Nguyên Giáp) 장군을 꾀어 야전을 벌일 생각으로 거대한 솥처럼 생긴 디엔비엔푸 계곡에 병력을 집중하는 전략을 썼다가 참패했다. 중국의 지원을 받은 북베트남군은 8주 동안 프랑스군을 포위하고 있다가 5월 초에 항복을 받아 냈다.

제4공화국의 총리 중 훗날 드골이 유일하게 경의를 표한 망데스 프랑스는 이 파국을 겪은 뒤 빠르게 제네바로 가서 베트남의 미래에 관한 협상을 마무리했다. 그 결과에 따라 프랑스는 베트남 식민지를 포기하고 베트남은 위도 17도를 기준으로 공산주의 북부와 반공산주의 남부로 나뉘게 되었다.

드골은 이 극적인 사건이 벌어질 때 공직자가 아니었으나 그 교훈을 절대 잊지 않았다. 1961년 5월에 케네디 대통령을 만난 그가 젊은 미국 대통령에게 이 지역에 개입하지 말라고 경고한 것이 공식 기록으로 남아 있다.

드골 대통령이 인도차이나에서 프랑스가 치른 전쟁을 회고했다. 그는 아무리 미국이 일으켰다고 해도 새로운 전쟁이 어떻게 전개될지 모른다며 감회를 밝혔다. 미국이 안보 또는 명예 때문에 개입할 수밖에 없다면 프랑스가 반대하지 않아도 참여하지는 않을 것이라고 했다. 다만 세계대전으로 이어지는 경우는 예외로, 이때 프랑스는 언제나 미국의 편에 설 것이라고도 했다.[89]

전후 프랑스가 겪은 두 번째 충격은 중동에서 서방의 지위를 회복하려는 영국과 프랑스가 또 다른 목적이 있던 이스라엘과 결탁해 수에즈운하 지역을 침공한 공동 군사작전의 후폭풍이다.

1954년, 나세르가 2년 전 군주국을 무너뜨리고 대통령이 된 모하메드 나기브(Muhammad Naguib) 장군을 밀어내고 이집트를 넘겨받았다. 그리고 나서 세운 민족주의 정권이 점차 소련의 경제원조에 의존하고 소련의 무기로 무장하게 되었다. 1956년 7월, 나세르는 이때까지 프랑스와 영국이 소유하고 있던 수에즈운하를 국유화했다. 이로써 영국은 이 지역에서 더는 우위를 유지할 수 없게 되었고, 프랑스는 대담해진 나세르가 알제리를 비롯한 북아프리카 내 프랑스 식민지의 민족주의 반란자들에 대한 지원을 배가할 수도 있는 상황에 직면했다.

1956년 10월, 이스라엘군이 시나이반도를 침공하고 며칠 뒤에 영국군과 프랑스군이 비밀리에 협의한 대로 수에즈운하를 포위했다. 냉전을 개발도상국의 충성을 두고 벌어지는 이념 경쟁으로 본 아이젠하워 정부는 소련이 이를 기회 삼아 중동을 선취할지도 모른다는 우려 때문에 선뜻 나서지 못했다. 따라서 미국은 이스라엘이 공격을 개시한 지 24시간 만인 10월 30일 이스라엘군에게 "확립된 휴전선 안쪽으로 (……) 즉시 철수"를 명령하는 결의안을 UN 안전보장이사회에 제출했다. 이에 대해 영국과 프랑스가 거부권을 행사하고, 아이젠하워는 이 문제를 총회에 넘겼다. 11월 2일, 총회는 64 대 5라는 압도적인 표 차이로 교전의 종식을 요구하기로 결정했다. 11월 3일에서 4일로 넘어가는 밤샘 회의에서는 한층 더 강력한 결의안을 통과시키고, UN 평화유지군을 수에즈운하에 파견하는 방안을 논의하기 시작했다. 11월 6일에는 파운드화의 가치가 놀랄 만큼 급락했다. 미국은 관행대로 사태에 개입해 시장을 진정시키는 대신 한발 물러나 방관했다.[90] 이런 조치에 부딪힌 영국과 프랑스는 결국 작전을 취소했다.

영국과 프랑스가 수에즈에서 벌인 행동에 대한 워싱턴의 반대는 정부

간 군사동맹으로서 NATO의 한계를 드러냈고, 동맹에 대한 미국의 헌신이 도마에 올랐다. 런던과 파리는 저마다 이 사태를 통해 정반대의 교훈을 얻었다. 자국의 역사적 지위가 기울어 간다는 데 충격을 받은 데다 워싱턴과 분열하며 따끔하게 혼이 난 영국은 미국과 특별한 관계를 회복하려 노력했다. 미국의 의사 결정에 더 강한 영향력을 행사하려는 영국이 자국의 역사적 정책을 일부 수정했다. 그 반면 미국의 선택에 영향을 미칠 가능성이 훨씬 낮은 프랑스는 절망 속에 시들어 갔다. 이 때문에 대서양 동맹에 대한 시각에 균열이 생겼고, 드골이 귀환한 뒤 이 균열이 전면에 드러났다.

그런데 제4공화국의 고질적 불안이 프랑스의 북아프리카 식민지 위기와 한데 뒤섞이는 사건이 먼저 일어난다.

알제리와 드골의 귀환

1830년에 프랑스가 점령한 알제리는 프랑스의 해외 영토 가운데 특별한 위치에 있었다. 합병 이후 수십 년 동안 수많은 프랑스와 남부 유럽 사람들이 줄지어 알제리로 이주해 해안선을 따라 정착했다. 1950년대에 대략 100만 명으로 늘어난 이들 중 대부분은 피에 누아르*로 불린 프랑스인이었다.

앞에서 본 것처럼 북아프리카 연안은 2차세계대전 때 연합군의 전략상 중요한 위치였고, 특히 알제리는 드골의 권력 획득 전략을 뒷받침했다. 튀니지, 모로코 및 사하라 이남의 프랑스 식민지와 달리 알제리 연안은 헌법상 프랑스 본토의 일부로 여겨졌으며 코르시카에 필적하는 지위를 누렸다. 그

---

* pieds-noirs, 프랑스어로 '검은 발'을 뜻하며 프랑스를 비롯한 유럽에서 이주한 사람들의 자손으로 아프리카에서 태어났다는 것을 나타낸다. ─옮긴이

래서 1954년에 망데스 프랑스 총리가 소련의 사정권 밖에 있는 이곳으로 프랑스 무기 공장을 이전할 계획을 세웠다.

그런데 알제리를 일종의 안식처로 여기는 생각이 채 한 해를 넘기지 못했다. 그해 11월, 알제리에서 민족해방전선(FLN)이 "이슬람 원리에 기초한 자주적, 민주적, 사회적" 독립국가를 요구하며 조직한 게릴라 공격이 잇따라 일어났다.[91] 망데스 프랑스는 이들의 도전에 대응해 "그 어떤 프랑스 정권도 알제리가 프랑스라는 원칙을 양보하지 않을 것"[92]이라고 선언했다. 프랑스의 알제리 총독 자크 수스텔(Jacques Soustelle)을 비롯한 일부는 움트는 반란을 경제개발 계획으로 잠재울 수 있으리라고 믿었으나 그 뒤 몇 달 동안 식민지가 죄를 짓고 있다는 견해가 한층 강화되었다.

미국 중앙정보국(CIA)은 본래 "알제리 타결"이 1년 안에 이루어질 것으로 예상했다.[93] 그러나 몇 달이 지나자 CIA 분석가들이 기존 의견을 뒤집고 디엔비엔푸에서 프랑스가 겪은 굴욕과 (정의되지는 않았지만) "현실 직시"를 안 하려는 프랑스의 태도가 알제리 분쟁에 기름을 붓고 있다고 판단했다. 심지어 좌경화된 프랑스 정부에서도 군비 증강이라는 악순환에 갇혀 있다는 말이 나왔다. 나중에 사회당 당수와 대통령이 되는 프랑수아 미테랑(François Mitterrand)은 당시 망데스 프랑스 치하 내무 장관으로서 좌파의 많은 사람들에게 "알제리는 프랑스"라고 총리의 말을 되풀이하며 "유일한 협상은 전쟁뿐"이라고 덧붙였다.[94]

본래 프랑스 세력 전개의 교두보로 이용하려고 점령한 이 식민지가 이제 국가를 안에서부터 좀먹는 암 덩어리가 되었다. 파리의 프랑스 정부가 자신들을 지켜 주지 못하는 데 분노한 피에 누아르는 선출 권력에 도전하는 자경단을 조직했다. 프랑스군은 정치권의 우유부단함이 교착상태를 낳았다며 이들에 대한 적개심을 키우고 있었다. 1954년 11월 민족해방전선의 공격부터 1958년 6월 드골의 복귀까지 정권이 여섯 차례나 잇따라 무너지면서 해결될 기미가 보이지 않는 위기에 프랑스 여론이 분노로 들끓었다. 프랑스 사회의 주요 인사들이 정부 당국에 반기를 들면서 본래 아랍 민족주의자들이 프랑스 식민주의에 맞선 반란으로 시작된 것이 자칫 프랑스 내전으로 확산될 위험이 있었다.

알제리는 프랑스의 제국주의 후퇴기의 마지막 무대이자 드골이 귀환해 프랑스를 다시 구한 첫 번째 사례다. 드골은 점점 심해지는 국가의 마비 상태를 콜롱베에서 지켜보고 있었다. 그는 무엇보다 자신이 꼭 필요한 존재임을 사람들이 빨리 알아줄 것으로 생각했다. 그러나 그 어떤 정당의 당수도 그가 복귀를 위해 제시한 조건의 목록에 알맞게 헌법을 개정하자고 나서거나 개헌을 지지하지 않았다.

1958년 5월에 이르자 프랑스 국내 상황은 드골이 앞서 규정한 중대 국면을 맞닥뜨렸다. 낙하산부대 사령관 자크 마쉬(Jacques Massu)를 비롯해 많은 장군들이 당시 프랑스 대통령 르네 코티(René Coty)에게 쿠데타에 가까운 형식으로 호소하면서 국가의 안전을 위해 드골을 정부 수반으로 임명하라고 요구했다. 한편 더 강력한 총리를 물색하던 의회에서는 기독교민주당 소속 피에르 플림랭(Pierre Pflimlin)을 선택했으나, 그가 우유부단한 모습을 보였으며 나중에 안정적인 과반 의석을 확보하는 데도 실패했다. 이때도 알제리는 계속 들끓고 있었다.

드골은 경합하는 분파들 사이를 교묘하게 오가며 어느 편도 들지 않았다. 그는 모든 정당이 공존할 수 없는 목표를 추구하다가 교착상태에 빠질 때까지 기다리고 나서야 자신이 공직에 복귀할 준비가 되었다고 선언했다. 의회에서는 군사 쿠데타에 대한 우려가 점점 커지면서 그가 이를 막아 주기를 바랐다. 군도 드골의 복귀에 찬성하는 쪽으로 기울었는데, 군인이던 그가 주장하고 있던 강력한 국가가 알제리의 반란을 진압할 해결책으로 해석되었기 때문이다. 여기에 더해 알제리 부대의 장교들이 유혈 사태 없이 코르시카를 장악하자 파리에도 낙하산부대가 올 것이라는 두려움이 커지면서 플림랭의 사임을 부추겼다.

드골의 지지자들은 저마다 어느 정도 그를 잘못 이해하고 있었다. 그는 군대의 압력을 도구로 이용해도 총을 겨눠 권력을 장악하려 하지는 않았다. 그의 목적은 사실상 또 다른 보나파르트주의가 아니라 군대를 막사로 돌려보낼 수 있을 만큼 강력한 입헌국이었다. 그가 합헌적인 방식으로 다시 공직에 오를 방법을 찾고 있었으며 기존 정치체제를 따르지 않고 폐지하려고 했다는 점이 그 증거다.

드골은 구체적인 요구를 내세우지 않았다. 그 대신 각 당파가 자신을 이용할 여지를 두면서 최악의 우려에 대한 최선의 마지막 해결책처럼 보일 수 있도록 유연하게 교묘한 모호성을 유지했다. 이렇게 그는 경쟁 세력을 간청하는 처지로 만들고 언제나 자신이 의도한 지위에서 협상했다.

드골도 잘 알고 있었듯, 1958년 봄의 정치 상황은 역사가 프랑스에 맡긴 임무라고 그가 믿은 일을 실현할 마지막 기회일 가능성이 컸다. 그러나 그는 마치 바둑을 두듯 이 상황을 대하는 지혜를 발휘했다. 빈 판에서 검은 돌 181개, 흰 돌 180개로 시작하는 바둑은 인내심을 유지하며 전술 상황을 탁월하게 이해해야 승리할 수 있다. 그가 궁극적인 계획을 다른 이들에게 알린다면 모든 당파에 소외감을 낳거나 섣부른 행동을 부추길 위험이 있었다. 그래서 그는 각 집단에 자신을 후보로 세우는 것이 경쟁 상대를 꺾을 가장 좋은 방법이라고 설득했다. 마침내 1958년 5월 29일, 코티 대통령이 대통령비서실을 통해 그에게 제4공화국의 마지막 총리가 되어 달라고 청했다.

이 시기에 드골은 기자회견을 단 한 번 했다. 위기가 거의 끝난 5월 19일에 열린 기자회견에서 그는 자신이 "아무에게도 속하지 않았지만 모두에게 속한" 사람이라면서 의회가 새로운 헌법을 도입하기 위해 자신의 취임을 원하는 경우에만 정계에 복귀하겠다고 말했다.[95] 그는 모든 문제에 대해 의견을 내놓았다. 군대에 관해서는 군의 임무는 국가를 섬기는 것이고, 그러려면 국가가 존재해야 한다고 말했다. 그가 민주주의를 위협하지는 않을지 우려하는 이들에게는 자신이 1944년에 프랑스의 민주주의 제도를 복원했다는 사실을 지적하며 반문했다. "내가 왜 예순일곱 나이에 독재자가 되려고 하겠습니까?"[96] 그는 이런 말로 기자회견을 마무리했다. "제가 할 말은 다 했습니다. 이제 저는 우리 마을로 돌아가 국가의 처분을 기다리겠습니다."[97]

6월 1일, 여러 차례 협의 끝에 드골이 1946년 1월에 사임한 뒤 처음으로 의회 앞에 모습을 드러냈다. 그는 양원을 해산하고 6개월간 새 헌법의 초안 작성에 관한 전권이 자신에게 있으며 그 초안은 국민투표에 부친다는 내용의 법령을 덤덤하게 읽었다. 논쟁은 여섯 시간 만에 끝났다. 최종 투표에서 329 대 224로 그가 헌법상 대통령이 되기에 앞서 잠시 발을 디딜 총리 자리에 올랐다.

드골은 두 번이나 프랑스의 지도자가 되었다. 첫 번째인 1940년에는 프랑스를 파멸에서 구하기 위해서였고, 두 번째인 1958년에는 내전을 피할 유일한 길을 제시하기 위해서였다. 무명의 준장으로 시작한 첫 번째 시기에는 4년간 뚝심 있게 비전을 고수한 끝에 파리 해방을 실현했다. 이미 전설적인 인물이던 두 번째 시기에는 합헌 정부를 내부 위기에서 구하고 프랑스 국민이 세계 무대에서 탈제국적이며 역동적이고 독립적인 구실을 맡을 수 있도록 이끌라는 사명의 부름을 받아 국내 망명에서 돌아왔다. 그는 이 거대한 임무를 네 단계로 나누어 완수하려고 했다. 우선 프랑스의 입헌제도를 회복해 권위 있는 정부를 수립하고, 프랑스라는 국가에서 궤양을 도려내듯 식민지 원정을 끝낸 다음 국방과 외교 양면에서 프랑스가 국제적으로 꼭 필요한 존재로 자리 잡을 수 있게 군사 및 정치 전략을 구상하고, 마지막으로 주저하는 미국을 비롯한 동맹국들 앞에서 이 전략적 구상에 대해 설득한다는 계획이었다.

제5공화국

드골은 제4공화국을 전복한 이유로 세 가지를 꼽았다. "공화정을 유지하면서 조국을 구하려면" 무엇보다 먼저 "신뢰도가 떨어진 정치체제에 변화를" 주어야만 했고, 그다음에 군대가 "즉각 복종하는 방식"을 회복해야 했으며, 끝으로 그 자신이 필요한 변화를 일으킬 수 있는 유일한 인물이 되어 주도적인 구실을 해야만 했다.[98]

취임 후 드골은 이제 그의 몫이 된 혁명 소란을 극복하기 위해 기존에 의도한 모호한 전술을 전략적 설계로 개편할 필요가 있었다. 그를 비판하던 국내 좌파 인사들은 프랑스와 알제리의 분리가 단순한 작업이라고 생각했다. 그러나 한 세기 넘게 이어진 프랑스의 통치 및 정착 과정과 1954년부터 계속된 전쟁을 텔레비전 채널 바꾸듯 갑자기 끝낼 수는 없었다. 알제리를 프랑스령으로 유지하려는 군의 염원에 따라 당시 위치에 오른 드골은 단 한 번의 극적인 결정으로 군대를 국가정책의 도구라는 본연의 구실로 되돌리지는 못할 것이라는 확신에 따라 움직였다. 먼저, 민간의 질서와 관련된 군의 기능을 점진적으로 줄여 군이 우위에 설 가능성을 차단하는 과정이 필요했다.

법령에 따라 통치하는 드골이 6개월 동안 새 헌법을 만들어 나갔다. 1946년 바이외 연설에서 간략하게 설명한 원칙에 부합하는 새 헌법은 제3공화국과 제4공화국에서 드러난 의회의 우위와 당파성을 없애고 전반적으로 대통령을 중심으로 하는 체제를 도입했다. 제5공화국의 대통령은 국방과 외교에 관한 정책을 관리하며 임기는 7년으로 (1962년에는 직접선거로 바뀌는)

간접선거를 통해 선출되었다. 선거로 구성되는 하원의 다수당 대표는 대통령의 임명에 따라 정부 기능을 감독했다. 그러나 행정부와 입법부의 교착상태를 막기 위해 대통령이 의회를 해산하고 총선을 요구할 권리도 가졌다.

국가적 중대사가 있는 경우 대통령은 이를 국민투표에 부칠 수 있는데, 드골도 이 방법을 즐겨 썼다. 그가 1962년 10월에 대통령 직선제 도입을 위해 국민투표 유세의 선봉에 섰다. 프랑스와 알제리를 분리할 때는 국민의 과반수가 자신의 계획을 지지한다고 증명하기 위해 국민투표를 두 번 실시했다.

드골은 대통령 임기가 시작될 때만 해도 알제리 문제가 어떻게 끝날지 정확히는 몰랐을 가능성이 크지만, 어쨌든 프랑스가 대내외적 사명을 다하는 데 방해되는 전쟁을 끝내기로 결정했다. 다시 실권을 잡은 드골은 어떤 결과를 얻는 데 몰두하는 대신 자신을 그 자리에 올려 준 두 가지 사명과 병립할 수 있는 여러 전략을 동시에 펼쳤다.

드골의 교묘하고 모호한 태도는 정부 수반이 된 직후, 즉 1958년 6월에 방문한 알제리에서 전면적으로 드러났다. 그를 구원자로 여기며 열광하는 피에 누아르 군중 앞에서 연설하며 말했다. "저는 여러분을 이해했습니다.(Je vous ai compris.)" 이는 프랑스령 알제리에 대한 헌신으로 드골을 그 자리에 올리는 데 일조한 이들의 믿음을 북돋는 한편 자신의 선택을 조금도 제한하지 않는 표현이었다. 이런 단어 선택이 그가 목숨을 부지하는 데도 도움이 된 듯하다. 연설 중인 드골을 암살하려던 자가 근처 건물에 있었으나 그의 말을 듣고 총을 내려놓았기 때문이다.[99]

드골은 사령관인 모리스 샬(Maurice Challe) 장군에게 전면 공세로 지방 반란군을 소탕하라는 명령을 내리며 첫수를 두었다. 자신의 선택을 확고히 하는 것이 목적이었다. 만약 군사적으로 승리한다면 알제리를 프랑스로 흡수할 수 있고, 만약 실패한다면 정치적 타결에 반대하는 군대의 태도를 누그러트릴 수 있었다.

드골은 국내에서도 군대를 동원하며 광범위한 개혁을 일으켰다. 1958년 10월, 알제리 동부 도시에서 이름을 따와 발표한 콩스탕틴 계획은 알제리의 산업화와 근대화라는 야심 찬 목표를 둔 인도주의적 경제개발 계획이었다. 이를 통해 드골이 좌파와 프랑스령 알제리의 불만이 터져 나오기 전에 선수를 칠 수 있었다.[100]

이런 전략적 계획을 이행하기 위해 드골은 국민투표 절차의 힘을 빌렸는데, 이때는 새 헌법의 비준과 프랑스의 새로운 식민지 계획을 탁월하게 연계했다. 새 헌법 체제에 관한 국민투표에서는 프랑스 본국뿐만 아니라 모든 식민지 주민에게도 보통선거권을 부여했다. 당시 헌법을 두고 프랑스의 아프리카 식민지 두 곳의 지도자가 대립하고 있었다. 훗날 세네갈의 대통령이 되는 레오폴 세다르 상고르(Léopold Sédar Senghor)는 아프리카인이 완전한 프랑스 시민이 되는 연방을 선호했으며, 프랑스 보건 장관이었으며 훗날 코트디부아르의 대통령이 되는 펠릭스 우푸에부아니(Félix Houphouët-Boigny)는 더 느슨한 연합국을 선호했다. 그러나 드골이 "프랑스 공동체"라는 개념을 제시하며 이 가시밭길 같은 논쟁을 바꿨다.

각 식민지는 헌법을 승인하고 프랑스 공동체에 합류하는 방안과 즉시 독립을 승인받는 방안 중 하나를 택할 수 있었다. 세쿠 투레(Sekou Touré) 치하의 기니를 제외한 모든 식민지가 막연하게 안보 기능을 함께하는 제도인 프랑스 공동체에 남는 편을 택했다. 그러나 아프리카 전역에 정치적 독립의 바람이 불고 있었으며 프랑스 공동체는 2년도 안 돼 망가졌다. '아프리카의 해'로 불리는 1960년에는 프랑스어권의 14개국이 독립했다. 대부분 해방전쟁을 치르지 않았으나 예외도 있었다. 카메룬에서는 민족주의 반란자들과 프랑스군이 9년간 피비린내 나는 전투를 벌였고, 알제리는 군사적으로나 외교적으로 어떤 결과가 나오든 공존할 수 있도록 중립을 유지했다.

1958년 8월, 드골이 프랑스 공동체에 대한 아프리카의 지지를 확보하기 위해 닷새 동안 대륙 횡단 유세에 나서 평소와 다르게 열광적인 어조로 프랑스의 새로운 사명을 설파했다. 그는 마다가스카르의 수도에서 인근의 고대 궁전을 가리키며 선언했다. "여러분의 왕들이 궁전에 살던 때처럼, 내일이면 여러분이 다시 국가가 될 겁니다!"[101] 회고록 『희망의 기억(Mémoires d'espoir)』에서 드골은 프랑스령 콩고의 수도 브라자빌에서 받은 환영을 떠올리며 "깃발을 내건 도심 거리"에서든 "중앙콩고와 포토포토같이 요동치는 교외에서든" 국민투표를 기대하는 군중이 "미친 듯 열광했다"고 설명했다.[102]

1969년 5월, 내가 닉슨 대통령에게 보내는 기록에서 드골의 비범한 국민투표에 담긴 의의를 설명했다.

〔그 국민투표에는〕 아프리카 민족주의자들에 대한 동정이나 영민하게 반식민 물결에 기대려는 의도를 넘어서는 요소가 있었습니다. 드골의 아프리카 정책은 그의 위엄과 감사라는 개념을 반영했습니다. 프랑스의 문화적 사명에 대한 집착이 분명하게 드러나는 그의 회고록을 보면, 식민지의 독립을 프랑스의 영향력과 문화가 여전히 강력한 정치적·경제적·개인적 유대 관계로 규정했다는 점을 알 수 있습니다. 따라서 프랑스어권 아프리카인들은 그가 제시하는 특별한 후원에 의지하게 되었습니다. 결국 드골은 아프리카는 물론이고 모든 곳에서 프랑스를 강대국으로 만들었습니다.[103]

알제리 분쟁의 종식

헌법 체제를 완성한 드골은 알제리 정책을 마무리하는 데 집중하기 시작했다. 프랑스에 닥친 곤경을 분명하게 이해한 이들 중 한 명인 마오쩌둥(毛澤東)이 민족해방전선 지도자 페르하트 아바스(Ferhat Abbas)에게 프랑스가 분쟁에 들이고 있는 군사력의 규모를 유지하지 못할 것이라고 예견했다. "그들이 여러 곤경에 처하는 모습을 보게 될 겁니다. 프랑스는 80만 명 규모의 강력한 군대에 물자를 보급해야 하고 매일 30억 프랑을 씁니다. 장기간 이렇게 하면 무너질 수밖에 없습니다."[104]

드골도 이와 같은 결론에 이르렀는데, 정확한 시점에 대해서는 기록하지 않았다. 그에게는 흔한 일이었다. 그가 특유의 극적인 방식으로 최종 목표를 선언할 때면 대개 그 여정의 본질을 뚜렷이 밝히지 않고 목표를 제시했다.

드골의 이런 특성을 보여 주는 예가 두어 건 있는데, 그중 하나는 당시 프랑스 공군 사령관이던 폴 스텔린(Paul Stehlin)이 내게 이야기해 주었다. 프랑스의 국가 전략을 논의하는 자리에서 드골이 참석자들에게 자신의 NATO 정책을 어떻게 생각하는지 물었다. 스텔린이 아무 말도 안 했는데 드골이 그를 집무실로 불렀다. "침묵은 동의하지 않는다는 뜻입니까?" 이에 스텔린이 자신이 동의하지 않는 이유를 설명하자 드골이 수수께끼처럼 말했다. "그래서 내가 같은 목적지가 아니라 나만의 길을 가는 걸 사령관이 어떻게 압니까?"[105]

드골의 초연한 의사 결정 방식이 드러난 두 번째 예는 재정 개혁 계획을 수립하던 1958년 12월의 일이다. 고위 공직자이자 경제학자인 자크 레프(Jacques Rueff)가 구상해서 제시한 계획안이 상당한 논쟁을 일으켰다. 계획안을 검토하던 드골이 재정 보좌관 로제 고에츠(Roger Goetze)를 집무실로 불러, 정책 입안자가 전망을 평가할 때는 아무리 잘 만든 계획안이라도 3분의 1 정도 의심하는 편이 현명하다고 말했다. "보좌관이 전문가니, 이 계획안이 성공할 가능성이 3분의 2가 되는지 내일까지 생각해 보고 말해 주십시오. 만약 된다면 이 계획을 채택하겠습니다."[106] 고에츠는 다음 날 아침 레프의 계획이 성공하리라고 확신한다는 뜻을 밝혔고, 드골은 이 계획안을 채택했다. 법령으로 공표되고 라디오 연설을 통해 프랑스 국민에게 전달된 이 계획안이 1959년 1월 8일에 공식적으로 시작된 드골 대통령 재임기의 경제적 기반을 마련해 주었다.

1959년 9월 16일, 드골이 갑작스러운 텔레비전 연설을 통해 프랑스 국민 앞에 알제리 문제의 해결 방안을 구체적으로 제시했다. 자신의 의사를 밝히지 않은 채 세 가지 선택 사항을 들었다. 드골의 전기를 쓴 줄리언 잭슨(Julien Jackson)의 설명은 이렇다.

> 첫 번째 선택은 독립, 드골의 말을 그대로 옮기면 "분리 독립"이었다. (……) 두 번째 선택은 드골이 "프랑스화"라는 신조어로 설명했는데, 이는 프랑스령 알제리를 지지하는 사람들이 "통합"이라고 부르는 방안과 같았다. (……) 세 번째 선택은 "알제리인이 알제리 정부를 수립하고 프랑스와 밀접하게 연합한 상태로 프랑스의 원조를 받으며" 알제리 국내에 다양한 공동체가 평화롭게 공존하는 연방제를 두는 방안이었다.[107]

드골은 세 번째 선택인 "연합"을 선호했으나, 첫 번째 선택에 따른 알제리와 프랑스의 완전한 분리를 피하기에 너무 늦었을지도 모른다고 생각했다.[108] 첫 번째와 세 번째 선택은 이슬람교도가 주를 이루는 알제리 사람들의 자결권과 관련된 성격이 짙고, 두 번째 선택은 프랑스인과 알제리인을 점차 합병하는 방안이었다.

4개월 뒤인 1960년 1월, 군사적 상황이 별 진전을 보이지 못하는 상황에서 드골이 제안한 선택 사항에 대해 불안해하던 피에 누아르 운동가들이 알제리에 바리케이드를 쌓기 시작했다. 이 소식이 처음으로 전해졌을 때 나는 파리에 있었다. 그날은 이른 아침부터 프랑스군 장교 몇 명과 내 책 『핵무기와 대외 정책(*Nuclear Weapons and Foreign Policy*)』을 두고 이야기하고 있었다. 바리케이드 설치 소식은 당연히 핵무기 전략에 관한 우려를 한구석으로 밀어냈다. 나와 이야기하던 사람들은 대령이나 준장이 대부분이었는데, 그들이 대통령 때문에 군에서 피에 누아르 반란군을 동정하게 되었다고 비난하면서 등장할 때마다 프랑스를 분열시키는 대통령은 축출해야 한다고 주장했다.

같은 날, 내가 프랑스의 위대한 정치철학자 레몽 아롱(Raymond Aron)과 점심 식사를 했다. 센강 좌안의 카페에서 만난 그가 바리케이드 소식을 듣고 당황했다고 큰 소리로 말했다. "프랑스인이라는 게 점점 부끄러워집니다. 영구혁명 상태에서 우리가 스페인 사람들처럼 행동하고 있습니다."* 그러자 가까운 자리에서 식사하던 남자가 이 말을 듣고 우리에게 와서 자신이 예비역 장교라고 밝히고는 프랑스군의 이름으로 사과를 요구했다.

1월 29일에는 프랑스에 있는 내 지인 모두를 비롯해 많은 프랑스인들이 쿠데타가 일어나고 파리에 낙하산부대원들이 내려올 수도 있다고 생각했다. 그날 저녁, 드골이 전시 제복을 입고 텔레비전에 등장했다. 그가 알제리 상황을 냉엄하게 설명한 뒤 프랑스군에게 바리케이드를 무조건 무너뜨리라고 명령했다. "프랑스군 전원이 내게 복종해야 합니다. 그 어느 병사도 단 한 순간이라도, 소극적으로라도, 반란에 가담해서는 안 됩니다. 공공질서는 결국 반드시 다시 확립됩니다."[109] 바리케이드는 다음 날 무너졌다. 카리스

---

* 영구혁명은 프롤레타리아혁명이 사회주의혁명, 국제주의 실현으로 발전하는 데 필요한 조건에 관한 레온 트로츠키(Leon Trotsky)의 이론에서 온 말로 어떤 사회든 모순이 있는 만큼 혁명의 필요성은 영구적이라는 의미가 담겨 있다. 1930년대 스페인에서는 노동자, 농민 중심의 좌파 연합 정당이 승리하고 집권하자 지주, 가톨릭 세력과 손잡은 군부 쿠데타가 일어나 스페인 국민뿐만 아니라 이해관계와 지향하는 이념이 다른 세계 각국 사람들이 직간접적으로 개입해 분열하고 대립하는 전쟁으로 확산되었다. — 옮긴이

마 있는 리더십이 비범한 힘을 발휘한 사건이다.

드골이 역사적 임무라고 여긴 알제리 철수에 반발하는 알제리 정착민들이 1961년 4월에 마지막으로 군사 쿠데타를 꾀했으나 실패했다. 이때도 드골은 텔레비전 방송을 통해 알제리에서 벌어진 좋지 않은 행동을 규탄했다.

> 이제 정부는 경멸당하고, 국민은 무시당하고, 우리의 국력은 꺾이고, 국제적 위신은 땅에 떨어졌으며, 아프리카에서 우리의 기능과 지위는 위태로워졌습니다. 이게 다 누구의 소행인 줄 아십니까? 통탄할 일입니다! 복역과 복종을 의무이자 영예, 존재의 이유로 여겨 마땅한 이들의 소행입니다.[110]

반란이 실패로 끝났어도 반대 정서가 사라지지는 않았다. 1962년 8월 22일, 드골과 그의 아내 이본이 파리 교외 프티클라마르에서 비밀 군사 조직(OAS)이 벌인 암살 시도를 가까스로 피했다. 1944년 8월 26일 노트르담 대성당 미사 도중 저격수가 총을 쏘았을 때처럼 드골은 몸을 피하지 않았다. 그러나 모두가 그처럼 운이 좋지는 않았다. 2년간 프랑스 시민 2000여 명이 비밀 군사 조직의 폭격과 표적 암살로 목숨을 잃었다.*

대통령 취임 3년 차에 접어든 1961년 8월, 드골은 프랑스 국민이 최종 결과를 받아들일 수 있도록 준비 작업에 착수했다. 그는 우선 유럽 방어에 필요하다는 명목으로 군대를 알제리에서 철수하기 시작했다. 법적으로 프랑스의 한 주였던 곳의 안보를 유럽 방위에 종속시킨다는 것이 프랑스 식민지 사람들의 자아상에 큰 타격이었으며 프랑스가 우선시하는 사안이 혁명적

---

* 프레더릭 포사이스(Frederick Forsyth)가 소설 『자칼의 날(*The Day of the Jackal*)』(1971)에서 이 사건을 다루었다.

으로 바뀌었다는 뜻이었다. 프랑스 대중은 식민지 전쟁에 지쳤을지도 모르겠으나, 식민지 사람들과 식민지군 대부분은 이때까지 희생이 남긴 흉터를 떠안고 살아왔기 때문에 크게 기만당했다고 느꼈다.

알제리 분쟁의 종반부는 1962년 초 드골의 각료들과 민족해방전선 대표단이 비밀리에 만든 에비앙 협정으로 드러났다. 93쪽에 이르는 이 협정문을 통해 양측은 독립국을 세우고 군사시설에 대한 프랑스의 접근권과 프랑스 에너지 회사의 우대권을 보장하는 등 해당 영토에 대한 프랑스의 전략적 지분을 보호하기로 합의했다. 앞서 드골이 제시한 세 가지 선택 사항에 비춰 보면 준분리 독립에 해당하는 조치였다. 드골은 4월 프랑스 본토에서 이 협정에 대한 국민투표를 실시했다. 90퍼센트 이상이 찬성표를 던졌는데, 여기에는 비밀 군사 조직 잔당이 협정 무산을 위해 테러를 저질러서 대중의 불만이 격화되고 찬성 여론이 압도적으로 커진 덕도 있었다. 그 뒤 7월 1일 알제리에서 실시한 국민투표 결과, 알제리 협정은 99.72퍼센트의 지지를 받았다. 이틀 뒤 프랑스가 새로운 국가 알제리를 승인했다. 그러나 약속된 채굴권은 이행되지 않았고, 프랑스는 4년 뒤인 1966년에 알제리 사막에서 마지막 핵실험을 진행한다.

드골은 1950년 중반까지만 해도 자명한 사실이던 프랑스령 알제리를 5년 후 피에 누아르를 중심으로 하는 극단주의자들의 표어로 탈바꿈시켰다. 그러나 1958년에 드골을 대통령으로 만드는 데 일조한 폭넓은 통합주의 세력이 비주류 폭력주의 활동으로 전락해 버렸다. 이슬람주의, 사회주의, 아랍민족주의 등 여러 측면이 뒤섞인 새 정권이 알제리에 들어서면서 80만 명에 이르는 프랑스 식민지 사람들이 추방되거나 평화협정 체결 직후 직접 알제리를 빠져나왔다. 남은 20만 명 중 15만 명도 폭력에 대한 공포로 1970년까지 이주를 이어 갔다.[111] 이슬람계 알제리인 중에서 프랑스 편에서 싸우던 '하르키'는 프랑스 철수 이후 자신들을 배반자라 여기는 민족해방전선의 보복에 무방비로 노출되었다. 약 4만 명이 프랑스로 탈출하는 데 성공했으나 알제리에 남은 수만 명은 학살당했다.[112]

드골은 자신이 프랑스의 자존심과 국제 문제에 대한 영향력을 다시 드높이기 위해 영웅적으로 행동했다고 여겼다. 알제리 철수로 프랑스는 경제 발전과 군대 현대화에 더 많은 자원을 쏟을 수 있게 되었다. 철수 절차가 시작되자 드골은 1940년 런던에서 그를 이 자리로 데려다준 원동력인 특유의 집념을 발휘했다.

드골은 고향으로 여기며 살아온 곳에서 도망쳐야 하는 프랑스계 정착민에게 공감을 표하는 게 어떻겠냐는 제안에 한 번도 응하지 않았으며 알제리 정책이 자신에게 미칠 영향을 두고 논의한 적도 없다. 그렇지만 1944년 6월 바이외 연설과 8월 파리 연설에서처럼 가끔 대중 앞에서 감정을 드러내기도 했다. 감정에 치우쳐 의무감이나 역사적으로 필요하다고 판단한 일을 무시하는 법이 없던 그가 보기에 알제리는 프랑스의 밑 빠진 독이었고, 프랑스를 동맹국 사이에서 고립시키며 소련을 비롯한 극단주의 세력이 동맹에 개입할 기회를 만들었다. 알제리를 잘라 낸 제5공화국은 활력을 지킬 수 있었다. 프랑스가 독립적인 외교정책을 이행하고 신흥 세계 질서에서 드골의 비전에 걸맞은 구실을 하려면 언젠가 알제리라는 대가를 치렀어야 했다. 드골은 자신의 알제리 정책이 하나씩 이행되던 1959년에 사석에서 이를 두고 "어쩌면 (……) 내가 프랑스에 안겨 줄 최고의 공헌"이라고 평했는데, 이 말은 과장이 아니라고 볼 만했다.[113] 드골이 역사의 방향을 바꾸기 위해 역사를 거역했다.

프랑스 정책의 열쇠가 된 독일: 드골과 아데나워

총리가 되고 3개월이 지난 1958년 9월 14일, 드골은 제4공화국 전임자들이 시작한 독일과의 화해 정책을 한 단계 크게 발전시켰다. 30년전쟁 이래 양국은 서로 적대시했다. 20세기만 해도 프랑스와 독일은 두 차례 세계대전에서 맞서 싸웠다.

이런 전통을 물려받은 드골도 1944년에 모스크바를 방문했을 때 패전국 독일을 여럿으로 쪼개야 하며 라인란트 지방은 프랑스의 경제권에 속해야 한다고 주장했다. 1945년에도 그는 이와 비슷한 계획안을 유럽의 연합국에 제시했다.

그러나 1958년에 망명을 끝내고 돌아온 드골은 몇 세기 동안 이어진 정책을 뒤집고 프랑스와 독일의 동반자 관계를 시작했다. 더 폭넓은 과업을 위한 힘을 해방하고 유럽 자치로 이어질 수도 있는 블록을 형성하기 위해, 드골은 콜롱베레되제글리즈에 자리한 자택 라부아스리에 독일 총리 아데나워를 초대해 하룻밤 머무르게 했다. 국내외 지도자를 통틀어 이와 비슷한 초대를 받은 사람은 또 없었다. 영국 주재 프랑스 대사가 영국 총리 맥밀런도 초대하는 것을 제안하자 드골은 콜롱베가 적절한 회담을 열기에는 턱없이 작다는 말을 당당하게 전했다.[114]

드골은 직접 안내에 나서는 등 아데나워에게 예우를 갖췄는데, 이는 그가 이 새로운 관계를 얼마나 중요하게 생각했는지를 상징적으로 보여 준다. 아데나워에게만 보인 또 다른 제스처로는 보좌관 없이 대부분 독일어로 논의를 진행했다는 점이 있다. 사실상 이 만남의 의전은 처음부터 끝까지 아데나워의 심리에 호소하는 한편 19세기에 태어나 나이 지긋한 두 사람이 전통적인 예의범절을 따르며 서로 편안하게 대할 수 있도록 잘 짜여 있었다.

두 사람이 구체적인 합의 사항을 내놓거나 결론을 내리지는 않았다. 그 대신 드골은 2차세계대전이 끝나고 13년 만에 두 국가가 이때까지 쌓은 적대 관계를 철저히 뒤집고자 노력했다. 양측 모두 과거의 기억을 잊고 넘어가자는 제안은 아니었으며 오히려 계속 필요한 기억도 많았다. 다만 드골은 몇 세기 동안 이어진 적개심을 이어 가는 대신 독일이 신용을 회복하고 유럽 국가로서 정체성을 찾을 수 있도록 지원하겠다고 제안했다. 세력균형과 유럽 통합을 추진하기 위해 밀접한 관계를 수립하는 방안도 제시했다. 그 대가로 독일이 폴란드 국경을 포함해 당대의 유럽 국경을 인정하고, 유럽을 지배하기 위한 활동을 멈춰 달라고 요청했다. 훗날 드골이 회고록에 이에 대해 기록했다.

프랑스 측에서는 통합과 안보, 지위와 관련해 독일에 부탁할 것이 전혀 없었다. 그 반면 프랑스는 오랜 적국의 회복을 도울 수 있었다. 프랑스는 두 나라 국민들 사이에 만들어질 합의와 유럽의 세력균형과 통합 그리고 평화의 이름으로 독일을 도울 생각이었다. 참으로 관대하지 않은가! 그러나 이 지지를 정당화하려면 프랑스가 독일 측에 일정한 조건의 충족을 요구해야 했다. 이를테면 현존하는 국경을 인정하고, 동방과 관련해 호의적인 태도를 취하고, 핵무기를 깨끗이 포기하고, [독일의] 재통일과 관련해 끊임없이 인내해 달라는 것 등이었다.[115]

드골은 프랑스 외교정책의 전면적 재구성에 상응하게 자신이 젊은 날 마주한 민족주의 독일의 전통적 외교정책을 버리라고 독일에 요구했다. 아데나워는 독일이 유럽 체제에 진입할 길을 열어 줄 NATO의 주류 의견을 따랐다. 이것은 두 사람 모두에게 미래를 향한 발걸음이었다.

드골과 대서양 동맹

이렇게 기존 정책의 추세를 바꾸면서 세계 질서에 더 큰 영향을 미치는 일이 대서양 동맹의 탄생과 함께 생겼다. 2차세계대전 막바지에 미국은 역사적 고립에서 벗어나 세계적으로 전례 없는 구실을 맡기 시작했다. 전 세계 인구의 6퍼센트를 차지한 미국이 경제적으로 뚜렷한 영향력을 발휘했으며 전 세계 산업 생산능력의 절반을 보유하는 데다 핵무기까지 독점했다.

이때까지 서반구 바깥에서 미국이 보인 행보는 전략적 위협에 대처해 결집하는 정도에 한정되었고, 고립되어도 안전할 정도로 위험이 가라앉으면 다시 고립 상태로 돌아갔다. 그러나 1945년부터 1950년까지 미국은 NATO와 마셜플랜이라는 두 가지 위대한 기획 안에서 기존 행동 양식을 버리고 국제 정세에서 영속적인 구실을 맡았다. 맨해튼 미드타운의 이스트 강 옆에 세워진 새 UN 본부는 미국이 국제 질서의 일원이 되었다는 사실을 상징적으로 보여 주었다.

새로운 기획은 미국의 역사만큼 고유하고 사실상 특이하기까지 한 국제 관계를 전제했다. 예컨대 국가 간 협력이 자연스럽고, 보편적 평화가 국제 관계의 본질적인 결과이며, 원칙에 기초한 분업이 대서양 동맹의 운영에 적절한 동기와 자원을 부여한다는 것 등이었다.

역사적으로 드골은 이와 정반대의 결론에 이르는 경험 속에 살았다. 그가 이끄는 국가는 너무나 많은 열정이 산산이 조각난 탓에 신중했고, 너무나 많은 꿈이 좌절된 탓에 회의적이었으며, 국력이나 결집력이 아니라 잠재적 취약성이라는 감각에 길들어 있었다. 게다가 그는 평화가 국가들 간 자연스러운 상태라는 말도 믿지 않았다. "세계에서 수많은 세력이 경쟁하고 있습니다. (······) 경쟁이 삶의 조건입니다. (······) 일반적인 삶과 마찬가지로 만국의 삶은 투쟁입니다."[116]

미국의 우세를 확신한 워싱턴은 눈앞에 닥친 실질적인 문제에 집중했으며 통합이라는 이름으로 연합국의 공동 행동을 촉진하고 독자적 기획을 막는 동맹 체제를 촉구했다. 그러나 여러 세대에 걸쳐 나라 안팎의 분쟁으로 망가진 국가를 관리하는 드골은 협력 방식이 그 목적만큼이나 중요하다고 주장했다. 프랑스가 국가의 정체성을 회복하려면 강요보다는 선택에 따라 행동하는 것으로 보여야 했고, 그래서 행동할 자유를 지켜야 했다.

이렇게 확신한 드골은 NATO와 관련해 프랑스군이 국제 사령부 휘하에 들어가는 방안이나 유럽과 관련해 프랑스의 정체성을 없애고 초국가적 체제에 합쳐지는 방안을 모조리 거부했다. 드골은 초국가주의가 마치 "이제 자포자기만이 기회이자 심지어 포부인 듯한" 태도라고 경고했는데, 실제로 이는 프랑스의 성격과 목적에 반대되는 태도였다.[117]

역설적으로 드골은 이런 견해가 유럽 통합과 공존할 수 있다고 생각했다. "그래서 라인강 양안과 알프스 그리고 어쩌면 영국해협에 이르기까지 세계에서 가장 강력하고 윤택하며 영향력 있는 복합체가 점진적으로 세워질 수 있을 것이다."[118] 드골은 언제나 동맹으로서 미국이 중요하다고 단언했지만 프랑스의 모든 문제에 이 동맹이 적용된다고 생각하지는 않았다. 그는 특히 핵무기에 관한 영역에서 미국이 전면적인 헌신을 무기한 유지할지 또는 그럴 의지가 있는지 의문스러워했다.

개인적 자신감과 역사적 경험이 더해진 결과 단호한 드골의 태도는 뜻밖의 사건이 악몽처럼 프랑스 역사의 핵심이 될 수 있다는 걸 잘 아는 덕에 한층 누그러졌다. 그 반면 미국의 지도자들은 개인적으로 온건한 편이라도 미래를 다스릴 수 있다는 자신감에 기초한 관점을 고수했다. 1959년에 파리를 방문한 아이젠하워 대통령은 "우리가 미국의 운명을 유럽의 운명과 동일시하는 걸 왜 의심하십니까?" 하고 프랑스의 의구심을 정면으로 다뤘다.[119] 몇 년 전 수에즈 위기 때 영국과 프랑스를 상대한 워싱턴을 생각해 보면 이상한 질문이었다. 드골은 수에즈 이야기를 꺼내고 싶은 유혹을 억누른 채 아이젠하워에게 1차세계대전 때 프랑스가 3년간 위난을 겪은 뒤에야 미국이 구하러 왔으며 2차세계대전 때는 프랑스가 이미 점령당하고 나서야 참전했다는 점을 지적하면서 핵무기 시대였다면 두 개입이 모두 너무 늦은 것이라고 지적했다.[120]

드골은 프랑스가 지리적으로 취약하다는 점에도 각별한 주의를 기울였다. 그는 1957년에 케넌이 BBC 리스 강연을 통해 제시한 것을 비롯해 동유럽에서 미군의 철수를 논의하는 여러 계획에 반대했다. 드골은 유럽에 있는 여러 경계에서 그것을 마주한 양측이 대칭적으로 철수하는 방안도 모두 거부했는데, 자칫 미군이 프랑스와 너무 멀어지는 한편 소련군이 너무 가까워질 수 있었기 때문이다. "군비축소 때문에 대서양과 가까운 만큼 우랄 산맥과도 가까운 지역이 제외된다면 어떻게 프랑스를 보호하겠다는 말인가?"[121]

1958년, 소련 총리 흐루쇼프가 연합국의 베를린 접근권을 위협한 최후 통첩을 번복하자 소련 문제에 대한 드골의 판단도 한층 명확해졌다. 드골은 위협에 굴복해서 협상하지 않겠다는 생각을 강경하게 드러냈다. 그는 특유의 웅변으로 이 문제가 소련 체제의 불안정성에서 비롯했다고 지적했다.

이 소란에 숨은 소련의 저주와 요구는 너무나 독단적이고 너무나 인위적이기 때문에 소련이 광적인 야망을 작정하고 드러냈다거나 심각한 곤경에 쏠리는 주의를 분산하려는 심산이라고 볼 수밖에 없다. 두 번째 가설이야말로 설득력 있어 보이는데, 공산주의 체제가 국가에 멍에를 씌우고 강압과 고립과 무력으로 국가를 에워쌌는데도 (⋯⋯) 격차와 결핍, 내부 실패 그리고 무엇보다 비인간적인 압제를 지식층과 대중이 점점 더 크게 느끼면서 그들을 속이고 예속시키기가 점점 더 어려워지고 있기 때문이다.[122]

드골은 이런 판단에 기초해 자기가 보기에 프랑스와 미국의 국익이 진정으로 한 곳에 수렴되는 경우라면 언제든 협력할 생각이었다. 그래서 1962년에 소련이 섬나라 쿠바에 탄도미사일을 배치하는 데 미국이 강력하게 대응하면서 위기가 조성됐을 때 드골은 미국 관료들이 놀랄 정도로 연합국 지도자들 가운데 가장 전폭적인 지지를 보내 주었다. 당시 케네디 대통령의 특사로 프랑스에 급파된 전 국무 장관 애치슨이 곧 쿠바를 봉쇄한다고 전하며 백악관의 설명을 제안했는데, 드골은 동맹국의 필요에 따른 행동은 그 긴급성만으로도 충분히 정당하다며 사양했다.

핵 관리국

드골은 취임 이후 프랑스군의 기존 핵 프로그램에 박차를 가하며 몇 개월 만에 핵전략 문제에 관해 NATO의 재편을 건의하는 대서양 정책을 발표했다. 미국은 원칙상 유럽의 독자적 핵전력을 대단히 꺼렸다. 워싱턴은 그런 군사력이 필요하지 않으며 NATO의 계획과 합동군사령부 휘하에 통합되어야 한다고 보았고,[123] 미국이 선호하는 재래식 전력에 대한 주의를 분산하는 것으로 여겼다. 드골은 주요 군사력 개발에 동참하지 않는 것은 정신적 기권이라고 생각했다. 1958년 9월 17일, 그가 당시 NATO의 핵보유국이던 영국과 미국의 아이젠하워와 맥밀런에게 3자 협상을 제안했다. 드골은 직접 피격에 대응하는 경우를 제외하고는 핵무기 사용에 대한 거부권을 보장해 각국이 원치 않는 핵전쟁에 휘말리지 않도록 하는 것을 제안했다.[124] 그리고 유럽 외 전 세계의 특정 지역에 관한 공동 전략도 이 세 관리국 회의를 통해 구상하려고 했다.[125]

드골은 프랑스가 독자적 전략을 세울 수 있을 만큼 강력한 핵무기를 보유할 때까지 임시로 관리국 회의에 기대려 했을까? 또는 핵무기를 바탕으로 유럽 대륙에서 특별한 리더 구실을 프랑스에 안겨 줄 전례 없이 새로운 관계를 워싱턴 및 런던과 맺는 게 목적이었을까? 이에 대한 답은 영영 알 수 없게 되었는데, 놀랍게도 관리국 회의를 제안한 드골에게 아무도 화답하지 않았기 때문이다.[126]

아이젠하워와 맥밀런이 앞서 알제리에서 드골을 상대했는데, 이때는 드골이 아직 지도자 자리를 두고 경쟁 중이라 자신의 의견을 일방적으로 실행에 옮길 만한 처지가 아니었다. 그래서 두 사람은 드골을 무시해도 된다고 생각했다. 드골이 경솔하게 호언장담할 뿐이며 실질적인 대안이 없을 것으로 가정했다는 뜻이다. 곧 밝혀지겠지만, 이 가정은 실수였다.

드골에게 이 문제는 세계 속 프랑스의 구실이라는 가장 중대한 요소와 닿아 있었다. 조국의 운명에 영향을 미치는 결정들에 대한 통제력을 유지하려는 결정은 그가 펼치는 전략의 핵심이었다.

드골은 미국과 영국의 침묵에 답하듯 다른 선택도 있었음을 증명해 보였다. 1959년 3월, 드골이 NATO 연합군에서 프랑스의 지중해 함대를 철수시켰다. 그해 6월에는 프랑스 영내 미국의 핵무기를 제거하라고 명령하고, 1960년 2월에는 프랑스가 알제리 사막에서 첫 핵실험을 진행했다. 1966년에는 드골의 지휘에 따라 프랑스가 NATO 연합군 체계에서 완전히 발을 뺐다.[127] 만약 소련이 공격에 나설 경우 영국과 미국은 드골을 지지할 수밖에 없겠으나 드골 자신은 자유로운 결정권을 행사할 수 있다고 판단한 게 분명했다.

1963년 4월 19일, 드골이 텔레비전 연설을 통해 이렇게 빨리 독자적 핵억지력을 확보한 이유를 설명했다.

움직이지 않는 자들과 선동하는 자들은 언제나 우리를 단념시키려고 동시에 목소리를 냅니다. 어떤 이는 쓸모없다 하고, 다른 이는 너무 비싸다고 합니다. (……) 그러나 이번에는 조국에 침략을 부르는 판에 박힌 환상에 빠져서는 안 됩니다. 더욱이 지금 우리가 사는 이 긴박하고 위험한 세계 한복판에서 우리의 가장 중요한 의무는 더 강해지고 더 자립하는 것입니다.[128]

1968년 8월 24일, 프랑스가 첫 번째 핵융합(수소폭탄) 실험을 단행했다. 이렇게 프랑스는 기술적으로 완전한 핵보유국이 되었다.

유연 대응과 핵전략

1961년, 갓 취임한 케네디 대통령이 미국 국방 정책의 검토를 지시했다. 특히 그는 당시 통용되던 대량보복 원칙을 수정하는 데 신경을 썼다. 아이젠하워 정부의 국무 장관 덜레스가 처음 전개한 이 원칙은 미국이 직접 선택한 장소에 대한 압도적 핵 보복으로 공격에 저항해야 한다고 천명했다.

미국의 핵무기가 압도적인 상황에서는 이 원칙에 상당한 설득력이 있었으나, 우발적으로 벌어지는 모든 상황에서 미국이 그런 무기를 실제로 사용할 수 있을 만큼 준비 태세를 갖추었는지가 의문이었다.[129] 소련의 핵전력이 확대되면서 대량보복의 신빙성이 떨어졌으며 연합국들은 핵무기 사용을 자국이 망설이는 만큼 미국도 금기시할 것이라고 결론지었다.

게다가 당시 핵무기를 주로 비행기로 수송하던 영국은 소련의 대공 방어 강화가 영국의 보복 능력을 위협하는 데 두려움이 있었다. 따라서 영국은 당시 개발 중이던 미국의 공중 발사 스탠드오프 미사일 스카이볼트를 확보하려고 했다. 원칙적으로 독자적 핵전력에 반대하는 국방 장관 맥너마라가 항의했으나 케네디가 처음에는 이를 무시했다.

그러나 곧 케네디가 마음을 바꿨다. 케네디 그리고 특히 맥너마라는 다수의 독자적 군사작전이 동시에 펼쳐지면 너무 위험하다고 보았다. 그리고 케네디는 각 연합국이 보유한 핵무기를 단계적으로 제거하라고 압박했다. 1962년 7월, 맥너마라가 독자적 핵전력에 반대하는 성명을 발표하여 "독자적으로 운영되는 제한적인 핵전력은 위험하고 비싸며 노후하기 쉬운 데다 억지력으로 작용할지도 의문"[130]이라고 했다.

영국이 보유한 독자적 핵전력의 실효성에 관한 우려는 이때까지 한 번도 수면 위로 올라오지 않았다. 미국과 특별한 관계에 있는 영국이 핵과 관련해 독자적 행동에 나설 일은 없어 보였기 때문이다. 그러나 1962년 11월, 맥너마라가 기술적인 이유를 내세워 영국과 미국의 스카이볼트 프로그램을 중지했다. 이에 대해 영국은 핵보유국으로서 영국의 지위를 무너뜨리고 미국의 동맹국 가운데 영국이 차지하는 특별한 지위를 훼손했다며 격분했다.

1962년 12월 나소에서 만난 케네디 대통령과 맥밀런 총리가 합의를 이끌어 냈다. 미국에서 영국이 소련의 대공 방어를 극복할 수 있도록 폴라리스 잠수함을 구축하는 데 도움을 주겠다고 제안했다. 이 잠수함은 NATO 사령부 휘하에 놓이지만, "최고 국익"에 관련되는 경우 영국이 독자적으로 운용할 수 있었다. 프랑스에도 이와 비슷한 내용의 협정이 제시되었다.

맥밀런은 "최고 국익"에 관한 면책 조항이 영국에 선택의 자유를 준다고 보고 이 제안을 수락했다. 핵무기를 독자적으로 쓸 만한 상황이라면 말 그대로 가장 중요한 국가적 문제와 관련될 수밖에 없기 때문이었다.

드골은 이와 정반대의 반응을 보였다. 그는 나소협정을 모욕으로 여겼다. 무엇보다도 자신과 미리 협의하려는 시도조차 없이 공개적으로 통보했기 때문이었다. 1963년 1월 14일, 드골이 기자회견을 통해 미국의 통보 방식에 맞먹을 만큼 공개적으로 미국의 제안을 비난하면서 "물론 이 제안과 협정에 관해 이야기하는 것은 협정이 공개되었으며 그 내용이 이미 알려져

있기 때문"이라고 신랄하게 지적했다.[131]

이러는 중에 드골은 대서양 관계를 떠받치는 양대 기둥 가운데 하나인 유럽 기둥은 초국가적 방식으로 조직되어야 한다는 케네디의 견해도 거부하면서 "그런 체제는 무력하게 휩쓸리고 우리 국민을 비롯한 여러 국민을 그들의 영혼과 육체마저 불확실한 영역으로 끌어들일 게 뻔하다"고 했다.[132]

결국 드골은 같은 기자회견에서 그 전 2년간 끈질기게 구애한 맥밀런을 물리치고 영국의 유럽경제공동체 가입에 대해 거부권을 행사했다. 맥밀런의 장대한 전략과 미국의 양대 기둥 동반자 관계라는 개념을 약화한 것이다.

동맹이란 무엇인가

역사적으로 동맹은 각국의 역량과 의도를 합치시키기 위해 다음 다섯 가지 방식으로 형성되었다. 첫째, 잠재적 적대 세력을 무찌르거나 억제할 병력을 모으는 방식. 둘째, 이런 역량을 드러내는 방식. 셋째, 권력관계의 셈법을 뛰어넘는 의무를 천명하는 방식. (저마다 어떤 의무를 지는지가 명백하게 드러나는 상황이라면 공식적으로 발표할 필요가 없을 것이다.) 넷째, 개전 사유를 구체적으로 정의하는 방식. 다섯째, 위기 상황에 외교 수단으로서 각 측의 의도에 관한 모든 의문을 해소하는 방식.

그런데 핵무기가 출현하면서 전통적인 목표들이 다 바뀌었다. 미국의 핵 보장에 의존하는 국가로서는 기존 병력에 다른 병력을 더하는 방편이 무의미해졌으며 미국의 핵 보장에 대한 신뢰에 모든 것을 걸게 되었다. 따라서 NATO를 강화하기 위해 각 동맹국의 재래식 전력을 증강하려는 시도가 있어도 그 목표를 이룬 적은 없다. 동맹국은 재래식 무기가 공동 군사력에 큰 도움이 되지 않는다고 여기며 재래식 무기에 관한 약속을 절대로 이행하지 않았는데, 여기에는 자칫 미국의 핵전력이 더는 필요하지 않다는 뜻으로 보일까 봐 두려워한다는 이유도 있었다. 예컨대 아프가니스탄이나 이라크에서 미국이 전개한 군사행동에 동맹국이 가담할 경우 그 이유가 각국의 전략적 이익 추구보다는 미국의 핵우산 아래라는 지위 유지에 있었다.

드골은 이런 양면가치 사이에서 움직였다. 프랑스의 독자적 핵 억지력을 정당화하기 위해 그는 핵 보장이 내재적으로 불안정하다고 호소했다. 그러나 미국의 핵 보장을 어떻게 표현했든 그는 자주적 핵전력을 갖추는 방향을 고집했을 것이다. 그에게 리더십이란 현존하는 권력관계와 역사의 전개가 한데 뒤얽힌 결과를 세심하게 분석해 가며 국가목적을 가다듬는 일이었다. 전쟁 회고록에서 그는 프랑스가 자국의 안보를 "외국 군대"에게 맡긴다는 것은 "여러 세대의 영혼과 삶을 망치는 일"이라고 했다.[133] 1960년대에 그는 독자적 핵 억지력을 갖춘 강력한 군대를 재건하려고 했다. 만약 이 목표가 이루어진다면 그의 조국은 미래를 만든다는 의무를 다할 수 있게 될 터였다.[134] 보조적인 구실은 단 한 번도 프랑스에 어울리지 않았다. 이는 기술이 아니라 도덕에 관한 문제였다.

가까운 미래를 이야기하자면, [프랑스의] 아들들이 무엇을 위해 더는 우리 소관이 아닌 전쟁에 나서야 하겠는가? 다른 세력을 돕는 병력을 제공하는 데 어떤 이익이 있겠는가? 그래서는 안 된다! 다시 전쟁으로 돌아간다면 단지 몇몇 프랑스인이 아니라 프랑스 자체로서 참가하는 것만이 그럴 만한 가치가 있다.[135]

드골은 국제사회에 대한 의무가 그 본질상 상황에 따라 달라질 수 있다고 보았는데, 그런 의무와 관련된 상황을 말 그대로 예측할 수 없으며 지정학적 환경이나 지도자의 관점이 바뀌면 의무도 수정될 수 있기 때문이었다. 그래서 드골은 1962년 쿠바 미사일 위기나 베를린의 지위에 대한 소련의 최후통첩 당시 대서양 동맹을 누구보다 굳건하게 지지하는 한편 시시각각 벌어지는 상황의 결과에 대해 판단할 자유를 조국 앞에 두려는 고집을 포기하지 않았다.

미국의 구상에 따른 NATO는 반세기 넘게 세계 평화를 지켜 냈다. 미국 대통령들은 이를 법적 계약으로 다루었으며 동맹의 조건에 관한 준법률적 분석을 바탕으로 이를 이행한다고 보았다. 이 계약의 핵심은 어떤 도전이 있을 때 이를 동맹 전체에 대한 무차별적 도전으로 보고 대응한다는 일관된 약속에 있었다. 그러나 드골에게 동맹의 핵심은 조국 프랑스의 영혼과 확신에 있었다.

닉슨 대통령이 핵무기 통제에 관한 이론적 논쟁에 마침표를 찍으면서 프랑스와 미국 간 긴장은 대체로 가라앉았다. 이때부터 프랑스는 미국의 반대 없이 독자적 핵전력을 개발하면서 종종 미국 법률과 양립할 수 있는 범위 안에서 미국의 도움을 받았다. 프랑스 제5공화국이 아프리카와 중동 등지에서 여러 차례 재래식 군사작전을 펼쳤으나 독자적으로 핵무기를 쓰겠다고 위협한 적은 없으며 미국과 프랑스는 서로 양립할 수 있는 정책부터 협력의 정책까지 다양한 핵 정책을 수립했다. 드골이 설정한 길을 따라 걸어온 프랑스는 드골식 자주적 핵전략은 물론이고 미국과 긴밀한 공조를 유지하고 있다.

대통령 임기의 마무리

1960년대 말까지 드골은 프랑스를 부활시키고, 프랑스의 제도를 재건하고, 알제리전쟁의 그림자를 없애고, 새로운 유럽 질서의 핵심 인물이 되었다. 그는 프랑스가 언짢은 국제 정책이 수립되지 않도록 막을 수 있는 위치에 오르게 했으며, 프랑스를 배제하고는 운영할 수 없는 일련의 합의를 만들었다. 17세기의 리슐리외가 이런 치국책을 처음 선보였다면, 20세기의 드골은 이를 부활시켰다.

대통령 취임 후 10년, 드골은 할 수 있는 거의 모든 역사적 임무를 다한 끝에 일상적인 업무를 관리하게 되었다. 그러나 이때까지 그의 전설적인 여정을 이끈 것은 이렇게 시시한 일들이 아니었다. 사람들은 거의 우울 같은 권태가 쌓여 간다는 걸 조금씩 감지했다. 1968년, 당시 독일 총리 키징거는 드골과 대화하던 중 그가 "몇 세기 동안 우리와 독일은 대체로 경쟁자가 돼 숨겨진 보물을 찾아 세계를 가로지르며 살아왔으나, 숨겨진 보물은 없고 우리에게 남은 건 우정뿐이라는 사실을 알게 되었다"면서 사임을 암시했다고 내게 말했다. 그가 또다시 공직에서 물러나고 후계자가 권력을 이어받으리라는 추측이 퍼지기 시작했다.

그러나 역사는 드골의 오디세이아가 간단하게 끝나도록 두지 않았다. 1968년 5월, 유럽 전역을 휩쓸던 물결이 파리에서도 학생운동으로 시작해 일반 시위로 확대되면서 도시를 거의 집어삼켰다. 당시 학생들은 소르본대학교를 점거하고 창문과 기둥을 마오쩌둥 사상 포스터로 도배했다.[136] 라틴구에 바리케이드를 세우고 경찰과 시가전을 벌였다. 시위 참가자들이 "금지를 금지한다"는 그라피티로 곳곳을 도배하며 무정부주의 감성을 노골적으로 드러냈다.[137] 학생들에게 힘을 얻은 노동조합도 정부가 주저하는 사이 전국적 파업에 돌입했다.

드골 대통령의 임기가 곧 막을 내릴 것만 같았다. 전 정권의 주요 인사 두 사람, 미테랑과 망데스 프랑스는 권력 승계 준비를 시작하면서 미테랑이 대통령이 되고 망데스 프랑스는 총리가 되는 계획을 짰다. 당시 조르주 퐁피두(Georges Pompidou) 총리가 시위대와 협상에 나섰는데, 이 협상의 목표가 변화를 꾀하는 데 있었는지 또는 드골을 퇴진시키는 데 있었는지는 명확하게 알려지지 않았다. 워싱턴에서는 국무 장관 러스크가 존슨 대통령에게 드골의 사임이 초읽기에 들어갔다고 전했다.

그러나 드골이 프랑스 부흥의 핵심 요소로 설계한 국가에서 제3공화국 방식의 전술로는 그의 권위를 무너뜨릴 수 없었다. 5월 29일 수요일, 그가 아내와 갑작스럽게 파리를 떠나 바덴바덴으로 향했다. 냉전기 서독의 프랑스 주둔군을 지휘하는 마쉬 장군을 만나기 위해서였다.

알제리 주둔 프랑스 낙하산부대의 사령관이던 마쉬는 드골에게 배신감을 느낄 만한 모든 조건을 갖추고 있었다. 게다가 드골은 국가원수의 명령을 반사적으로 이행하지는 않겠다고 한 공개 발언을 이유로 그를 사령관직에서 해임한 적도 있다. 그러나 마쉬는 알제리에서 드골이 몸소 실현한 국가적 신화를 지켜보고 그 강력한 힘에 이끌려 다시 드골에게 충성하게 되었다. 드골이 사임할 뜻을 비치자 마쉬는 경기장을 떠나는 게 아니라 맞서 이겨 내는 게 그의 의무라고 답했다. 전선이 프랑스 내부에 있을 때 대통령에게는 도망칠 권리가 없기 때문이었다. 또 언젠가는 사임하겠지만 지금은 이 싸움을 계속해야 할 의무가 있다면서 자신이 전적으로 지지하겠다고 말했다.*

확신을 얻은 드골은 파리로 돌아가 대체로 무력행사를 삼가면서 정부

---

* 이 바덴바덴 방문에는 수수께끼가 하나 있다. 드골은 독일 정부에 자신의 존재를 알리라고 명령했다. 또 믿을 만한 목격자의 증언으로는 비행기에 가족들의 짐이 실려 있었다. 마쉬 장군을 설득하는 데 실패하면 퐁피두가 협상을 진행할 수 있도록 그동안 독일에 머무르려는 계획이었을까? 드골이 독일에 망명해서 여생을 보내려 했다고 보기는 어렵고, 마쉬를 자기편으로 끌어들이지 못했을 때 퐁피두의 협상이 끝나기를 기다리다 결과에 따라 프랑스로 돌아가서 혼돈에 대처하거나 국내 망명에 들어갈 생각이었을 가능성이 더 크다. 'Secrecy Marked de Gaulle's Visit', *New York Times*, June 2, 1968; Henry Tanner, 'Two Tense Days in Elysée Palace', *New York Times*, June 2, 1968 참고.

의 권위를 바로 세웠다. 프랑스의 지도자 자리에 오르던 10여 년 전에 드골은 정치체제에 문제를 제기하며 프랑스 대중에게 호소하는 방식을 택했고, 이때는 비상 권력을 행사하는 대신 새로운 국민투표를 요청했다. 마쉬의 지지 덕에 드골이 마지막 수단으로 군대를 동원할 수도 있었으나 그럴 필요가 전혀 없었다.

다음 날, 드골이 40만 명이 넘는 대규모 시위대가 운집해 공공질서를 외치는 콩코르드광장에서 연설했다. 자유프랑스, 제3공화국과 제4공화국, 레지스탕스의 지도자들뿐만 아니라 제5공화국의 헌정 질서도 드골 뒤에 결집했다. 파리에서 이렇게 화합한 날은 도시가 해방된 다음 날 드골이 샹젤리제를 따라 행진하던 1944년 8월 이후 처음이었다.

이날 집회 이후 기류를 읽은 퐁피두는 바로 사의를 표명했다. 그는 다음 날 사의를 철회하려 했으나 드골의 보좌관에게 불과 한 시간 전 그의 자리에 모리스 쿠브 드 뮈르빌(Maurice Couve de Murville)이 임명되었다는 소식을 들을 수 있었다. 그 뒤 국민투표에서 드골의 지지자들은 압도적 과반 득표를 했다. 프랑스공화국 역사를 통틀어 단일 정치집단이 절대다수를 차지한 건 이때가 처음이다.[138]

이때 드골에게 남은 과제는 퇴장할 길을 마련하는 것뿐이었다. 대통령직이 버겁다는 핑계는 하급 준장에서 신화적 인물로 거듭난 그의 위엄에 걸맞지 않았다. 정치적으로 패배하고 은퇴하는 모습도 마찬가지였다.

드골은 형식적인 문제를 수단으로 삼았다. 입법부의 심의 일정표에 꽤 오랫동안 올라 있던 지방 개혁 조치 두 건을 국민투표에 부쳤다. 두 개혁 모두 헌법상 중요한 문제는 아니었다. 드골은 각 조치에서 자신이 선호하는 요소를 공개적으로 밝혔는데, 이는 서로 양립하기 어려운 것들이었다. 국민투표는 1969년 4월 27일 일요일로 예정되어 있었다. 드골이 정기 주말 휴가를 보내기 위해 콜롱베레되제글리즈로 떠나면서 자신의 소지품과 서류를 정리하라고 지시했다.

국민투표에서 패배한 다음 날, 콜롱베에서 드골이 대통령직 사임을 발표했다. 아무 설명도 없었다. 그가 엘리제 궁으로 돌아오지 않았고, 공식 담화문을 발표하지도 않았다. 훗날 사임 계기로 왜 이 문제를 택했는지 묻는 이에게 드골은 "사소한 일이라서" 그랬다고 답했다.

내가 마지막으로 드골과 만난 건 이보다 4주 전인 1969년 3월, 아이젠하워 대통령의 장례식과 관련된 자리에서다. 드골이 장례식에 참석하겠다는 뜻을 밝히자 닉슨은 나에게 대통령을 대신해 공항에서 그를 맞이해 달라고 했다. 그가 저녁 8시쯤 도착했는데, 파리 시각으로는 새벽 2시였다. 그가 매우 피곤해 보였다. 나는 닉슨이 드골의 여행을 돕고 특히 그와 소통하기 위해 마련한 몇 가지 구체적인 사항들을 안내했다. 내가 영어로 말하자 드골도 영어로 대답했는데, 그로서는 지극히 드문 일이었다. "대통령께서 보내 주신 환대와 예우에 감사드린다고 전해 주십시오." 더는 대화가 없었다.

다음 날 드골은 닉슨과 한 시간쯤 대화하고, 장례식에 참석한 해외 지도자들과 워싱턴 고위 인사들을 위해 백악관에서 준비한 리셉션에 참석했다. 이 자리에는 국가원수와 총리 60여 명뿐만 아니라 국회의원을 비롯한 미국의 지도자들도 함께 있었다. 워싱턴 대표단에는 원칙상 드골을 아주 반기지는 않는 진보 인사들도 상당수 포함되었다.

리셉션이 순조롭게 진행되는 가운데 드골이 프랑스군 준장 제복을 입고 나타났다. 그가 등장하면서 행사의 성격이 달라졌다. 자유롭게 듬성듬성 흩어져 대화를 나누던 이들이 드골을 둘러싸고 원을 만들기 시작했다. 내가 드골이 창가로 가면 방이 기울어 버릴 테니 그러지 않으면 좋겠다고 보좌관에게 말할 정도였다. 그는 사람들의 의견과 질문에 신중하고 예의 있게 대답하는 듯했다. 그는 이 자리에 수다를 떨러 온 게 아니라 아이젠하워에 대한 프랑스의 경의를 표하러 온 것이었다. 15분도 되지 않아 그가 닉슨에게 다가가 조의를 표하고는 공항으로 향했다.

한 달 뒤 그가 사임했다.

드골이 보인 정치력의 본질

드골을 기억하는 미국인은 대개 그를 위엄이라는 환상에 빠져 실제와 상상의 냉대에 영원히 시달리는 이기적 프랑스 지도자라는 희화화된 모습으로 기억할 것이다. 그는 종종 같은 편에게도 가시 같은 존재였다. 처칠은 때때로 드골 때문에 격노했고, 루스벨트는 그를 따돌리는 계획을 세웠다. 1960년대에 케네디 정부와 존슨 정부가 끊임없이 드골과 반목하면서 그의 정책이 지독할 만큼 미국의 목표와 반대된다고 보았다.

근거 없는 비판은 아니었다. 드골은 때로 오만하고 냉담하고 까칠하고 편협했다. 따뜻하기보다는 신비로운 지도자였고, 존경과 경외는 불러일으켜도 애정을 샘솟게 하는 사람은 아니었다.

그러나 정치력 면에서 드골은 예외적일 만큼 특별하다. 20세기 지도자 중 그보다 더 탁월한 직감을 뽐낸 이는 없다. 무려 30년이라는 세월 동안 프랑스와 유럽이 마주한 모든 주요 전략적 문제 앞에서 그는 압도적 다수의 의견에 맞서 올바른 판단을 내렸다. 그에게는 비범한 통찰에 더해 자신의 직관을 믿고 행동할 용기가 있었다. 정치적 자살처럼 보이는 상황에서도 그는 굴하지 않았다. 드골의 경력은 행운이 용감한 자를 돕는다는 로마 격언을 증명했다.

프랑스군이 모두 정적 방어 전략에 몰두하던 1930년대 중반부터 드골은 다음 전쟁을 좌우하는 것은 동력화한 공격력임을 이해했다. 1940년 6월, 프랑스 정계가 거의 다 독일에 저항해도 소용없다는 결론에 이르렀을 때 드골은 정반대의 판단을 내렸다. 조만간 미국과 소련이 참전하게 될 테고, 두 세력의 힘이 결합하면 결국 히틀러 독일을 압도할 것이며 그에 따라 미래는 연합국의 편이라고 이해한 것이다. 더욱이 그는 프랑스가 미래 유럽에서 어떤 구실을 하려면 정치적 영혼부터 회복해야 한다고 주장했다.

프랑스 해방 이후 그가 다시 동포들과 등졌다. 새로운 정치체제의 대두가 반드시 문제는 아니라는 걸 안 그는 임시정부 수반 자리에 계속 있기를 거부하며 전시 복무 중 그토록 공들여 개척한 최고 지위에서 갑작스레 사임했다. 그는 자신이 예견한 정치적 마비 상황이 펼쳐지면 다시 자신이 불릴 것으로 생각하며 콜롱베레되제글리즈 자택에서 은거했다.

기회의 순간이 오기까지 12년이 걸렸다. 내전이 발발할 조짐이 피어오르는 가운데 드골은 프랑스라는 국가의 변혁을 감독하고 그가 평생 경험하지 못한 프랑스의 잃어버린 안정성을 되찾아 주었다. 이와 동시에 그는 알제리 식민지를 유지한다면 치명적인 결과를 낳는다는 판단하에, 한때 프랑스가 누린 역사적 영광에 대한 향수를 가차 없이 물리치고 알제리를 프랑스에서 잘라 냈다.

드골의 정치력은 독보적이다. 프랑스의 이익에 완고하게 헌신하고 프랑스의 유산을 초월한 그의 경력이 정책 수립에 관한 공적 가르침이나 특정 상황에서 따를 만한 구체적인 모범 답안을 제시해 주지는 않았다. 그러나 리더십의 유산은 원칙을 가르쳐 주는 데서 더 나아가 영감을 안겨 줄 수 있어야 한다. 드골은 처방이 아니라 본보기를 통해 지지자들을 이끌고 고무했다. 세상을 떠난 지 반세기가 넘은 지금도 프랑스의 대외 정책은 드골주의적이라고 할 수 있다. 그리고 드골의 삶은, 위대한 지도자가 상황을 지배하고 역사를 만들어 가는 방식을 보여 주는 사례 연구 대상이다.

드골과 처칠

이 책의 첫머리에서 위대한 지도자를 예언자나 정치인으로 나눌 수 있다고 했다. 예언자는 선견지명으로, 정치인은 분석력과 외교술로 정의된다. 절대자를 찾아 나서는 예언자에게 타협은 수치를 안겨 줄 수 있다. 정치인에게 타협이란 우열을 다투는 조정과 미세한 차이를 쌓으며 목표를 향해 가는 길의 한 단계일 수 있다.

드골의 경우 목표를 정할 때는 예언자의 선견지명을 발휘했으나 그 목표를 성취할 때는 냉엄하고 타산적인 정치인의 태도로 임했다. 그에게 협상은 기정사실을 만들기 위해 일방적으로 행동하는 것이고, 목표를 변경하는 게 아니라 수정하는 것이었다. 심지어 그는 1940년에 재정과 외교 면에서 완전히 의존했으며 기반을 다지고 임기를 지속하는 데 상당한 도움을 받은 처칠에게도 똑같은 태도를 보였다.

자원도 병력도 지지자도 없고 언어조차 모르는 채로 영국에 도착한 드골의 능력을 바로 알아보고 그를 자유프랑스의 지도자로 인정했다는 점은 처칠이 얼마나 대단한지를 보여 준다. 그때까지만 해도 자유프랑스라는 정치 세력은 이 프랑스인 한 명의 상상 속에나 있었다. 그러나 오래지 않아 처칠은 몇 세기를 이어 온 양국의 군사적 경쟁 관계에 관한 기억이 여기 담겨 있다는 것 그리고 드골이 중동과 아프리카 등 유럽과 가까운 무대에 대한 영국의 지배를 유감으로 여기고 심지어는 불쾌해한다는 것을 알게 되었다.

그 뒤에도 둘이 때때로 심각하게 반목했으나 중요한 문제에 관해서는 처칠이 드골 편에 섰다. 처칠의 지지가 없었다면 드골이 파리의 코앞까지 닥친 루스벨트의 반대를 버텨 내지 못했을 것이다.

처칠은 1차세계대전 때 발전적이고 낭만적이던 영불동맹의 경험을 떠올리며 자유프랑스의 탄생을 지지했고, 같은 마음으로 2차세계대전에서 프랑스가 낭떠러지 끝에 서 있을 때 양국의 공식적 병합을 제안하기까지 했다. 드골이 유용한 인물에서 위대한 인물로 거듭나는 동안 처칠은 이런 헌신을 유지하고 강화했다.

리더십의 두 거물에게는 비범한 분석력과 역사적 전개의 미묘한 차이를 알아채는 특별한 감각이 있었다. 그러나 두 사람의 유산은 다르고, 저마다 힘을 얻는 원천이 달랐다. 처칠은 영국 정계에 참여하는 데 그친 인물이 아니다. 그는 드골과 마찬가지로 시대와 전망을 거의 모든 동시대인보다 더 잘 이해했고, 따라서 더 큰 위험을 감수했다. 그는 국민이 이해할 수 있는 범위보다 멀리 내다보았기 때문에, 동시대인들이 문제를 마주하고 그의 선견지명을 인정할 때까지 기다린 뒤에야 가장 높은 자리에 오를 수 있었다. 마침내 때가 되자 그는 가장 끔찍한 시기를 헤치며 국민을 이끌어 갈 수 있었다. 이는 존경과 애정을 자아내는 그의 인격 덕이기도 했지만, 영국 역사의 계승 속에서 국민이 어떤 노력을 기울일 수밖에 없는지를 그가 제대로 파악하고 탁월한 수완으로 환기한 덕이기도 했다. 그는 영국의 인내와 승리의 상징으로 거듭났다.

처칠의 리더십이 영국 국민을 번영시키고 역사상 정점으로 이끄는 것이었다면, 드골은 자기 자신이 프랑스 국민에게 사라진 영광을 되찾아 주려고 나타난 유일무이한 대사건인 듯 행동했다. 시대에 영합하지 않은 드골은 사라진 위엄의 정신적, 실질적 중요성을 설파하며 사람들의 합의를 끌어내려 애썼다. 그는 역사적 계승에 호소하기보다는 몇 세기 전 프랑스가 가졌으며 앞으로 다시 가질 수 있는 모든 것에 호소했다. 이런 서사를 통해 드골은 프랑스가 몰락에서 다시 일어나도록 돕고 새로운 프랑스가 될 수 있도록 이끌었다. 앙드레 말로(André Malraux)의 표현대로 드골은 "그저께의 남자이자 모레의 남자"[139]였다.

17세기의 리슐리외가 위대한 국가를 만들 정책을 고안했으나 이는 국왕의 책무를 대신한 것이었을 뿐이며 올바른 길로 가려면 국왕을 설득해야만 했다. 드골은 이상을 실현하는 과정에서 직접 이상을 규정해야 했으며 단계를 넘어갈 때마다 프랑스 국민을 설득해야만 했다. 그래서 드골은 지시하기보다 영감을 주는 격언처럼 말하지 않았다. 그리고 자기 견해를 말하면서도 자신의 생각이 아니라 마치 운명의 표현처럼 들리도록 자신을 언제나 3인칭으로 가리켰다.

처칠과 드골이 저마다 사회와 국민을 구해 냈지만, 두 사람의 리더십은 근본적으로 달랐다. 처칠은 영국 리더십의 정수를 보여 주었다. 그 바탕에는 높지만 이례적이지는 않은 수준의 집단적 행위가 있고, 운이 따라 준다면 지도자가 꼭 필요한 순간에 비범한 인격을 드러낼 수 있다. 처칠의 리더십은 상황에 알맞은 전통의 특별한 소산이고, 처칠 자신은 원기 왕성하고 유쾌한 유머가 있는 사람이었다. 드골의 리더십은 역사적 과정이 빚은 역작이 아니라 인품과 일련의 특별한 원칙의 독특한 표현이었다. 드골의 냉소적인 유머는 이야기의 주제가 얼마나 명료하고 독특한지를 강조하는 식으로 쓰였다.* 처칠이 지도자 자리를 역사적 과정과 개인적 성취의 정점으로 보았다면, 드골은 자신과 역사의 만남을 개인적 만족과 상관없는 부담인 의무로 여겼다.

1932년, 앞으로 찾아올 명성과 동떨어진 채 프랑스 육군 소령으로 복무하던 마흔두 살의 드골이 마음 약한 이들은 짊어질 수 없는 위대함에 대해 구상했다.

초탈, 기개, 위대함의 화신 같은 자질은 (……) 나약한 인간이 감당하기엔

---

* 처칠과 드골의 시골 저택에도 비교할 만한 차이가 있었다. 처칠의 차트웰은 여유롭고 사교적인 시간을 보내며 학문적 성취를 이룰 수 있는 안식처였으며 쾌적한 환경 덕에 신뢰하는 친우들과 대화하기에 좋았다. 콜롱베레되제글리즈는 고독과 숙고를 위한 금욕적 안식처였다.

너무 무거운 책임을 짊어질 준비가 된 사람들을 기품 있게 감싸고 있다. 이들은 지도자가 되기 위해 끊임없는 수양과 거듭되는 도전, 영원한 내적 갈등이라는 대가를 치러야 한다. 기질에 따라 정도의 차이가 있어도 이들은 참회자만큼이나 고통스러울 수밖에 없다. 이는 이해하기 어렵게 물러서는 경우를 설명하는 데 도움이 된다. 비할 데 없는 성공을 이루고 대중의 찬사를 받은 사람이 한순간에 책임을 내려놓는 일이 끊임없이 벌어진다. 만족과 평안과 행복이라는 이름의 단순한 기쁨이 권력 있는 자리를 채운 이에게는 허락되지 않는다. 선택, 그것도 어려운 선택을 해야만 한다. 희미한 우울감이 왜 위엄을 둘러싸고 있을까 (……) 언젠가 누군가가 나폴레옹과 오래되고 귀한 기념물을 바라보다 말했다. "너무 슬프군요!" 그리고 이런 답을 들었다. "네, 위대한 만큼 슬픕니다."[140]

신비 너머

드골 주변에 그를 존경하며 따르는 이들이 있었으며 그들에게 도움을 받기도 했으나, 이들의 관계는 호혜적이거나 영원하지 않았다. 그는 외롭게 역사의 길을 걸었다. 초연하고, 심오하고, 용감하고, 엄정하고, 영감을 일으키고, 화나게 했으며 감정에 흔들리지 않고 자신의 가치와 이상에 몰두했다. 1차세계대전 중 독일에서 포로로 지낼 때 그가 일기에 이렇게 썼다. "인격자가 돼야 한다. 이를 실현하는 가장 좋은 길은 영원히 극기하는 법을 알아내는 것이다."[141]

이게 다는 아니다. 1950년대 중반 콜롱베에서 흘러가는 계절을 곱씹던 드골이 전쟁 회고록의 끝부분에 시를 썼는데, 그가 쓴 글 중 유일하게 1인칭대명사를 사용했다. "나이가 들수록 자연이 내게 더 가까이 온다. 해마다 그 많은 가르침을 담은 사계절을 지내면서 나는 그 지혜 안에 위안을 얻네."
봄은 "눈발이 휘날려도" 세상을 밝히고 "시든 나무에도" 생기를 입힌다. 여름은 너그러운 자연의 영광을 알린다. 자연이 쉬어 가는 가을에는 "보랏빛, 금빛 긴 옷을 걸친" 모습이 아름답다. 겨울에도 모든 것이 "메마르고 얼어붙은 (……) 비밀스러운 작업이 이어지면서" 부활일지도 모를 새로운 성장의 터전을 준비한다.

친애하는 세상이여, 세월에 닳고 비바람에 해져 지쳐도 언제든 삶을 계속할 이유를 안겨 줄 세상이여!
친애하는 프랑스여, 역사에 짓눌리고 전쟁과 혁명에 굴복하고 끝없이 융성과 쇠락을 오가면서도 놀라운 소생력으로 매 세기 부활하는 프랑스여!
친애하는 자연, 시련에 지치고 인간의 행위에 초연해 영원한 추위가 다가옴을 느껴도 언제나 그림자 속에서 한 가닥 희망을 보는 자연이여![142]

뚫을 수 없을 것만 같은 드골의 갑옷으로 가려진 온화하기까지 한 감정의 내밀한 저장고는, 장애가 있는 딸 안과 그의 관계에서 가장 잘 드러났다.
안에게 다운증후군이 있었는데, 드골 부부는 장애아를 정신병원에서 키우는 당대 관행을 거부하고 안을 집에서 키웠다. 1933년에 드골이 딸과 바닷가에 앉아 찍은 사진에서 두 사람의 따뜻한 관계를 엿볼 수 있다. 당시 마흔두 살이던 사진 속 드골은 평상복인데도 제복처럼 어두운 색으로 갖춰 입은 정장에 모자를 비스듬하게 쓴 채 흰색 물놀이 옷차림의 안과 손뼉 치기를 하는 듯한 모습이다.
안은 스무 살이던 1948년에 폐렴으로 세상을 떠났다. 훗날 드골이 전기 작가 장 라쿠튀르(Jean Lacouture)에게 이렇게 털어놓았다. "딸아이가 없었다면 내가 아무 일도 못 해냈을 것이다. 그 애가 내게 용기와 영감을 주었다."[143] 딸이 죽은 뒤 드골은 항상 그녀의 사진을 가슴 주머니에 넣고 다녔다.

대통령직에서 물러나고 2년도 안 된 1970년 11월 9일, 드골이 라부아스리에서 동맥류로 삶을 마쳤다. 당시 그는 홀로 카드놀이를 하고 있었다. 그는 콜롱베레되제글리즈 교회 묘지에 딸과 나란히 묻혔다.

리처드 닉슨, 1967년.

©Burt Glinn/Magnum Photos.

3

리처드 닉슨: 평형의 전략

닉슨이 등장한 시기의 세계

닉슨은 미국 역사상 가장 논란이 많은 대통령이라고 할 수 있으며 사임을 요구받은 유일한 대통령이다. 그는 또한 냉전의 정점에서 기울어 가는 세계를 재편한 대통령으로서 당대와 후대의 외교정책에 상당한 영향력을 미쳤다. 5년 반의 임기 동안 닉슨은 미국의 베트남 개입에 마침표를 찍고, 중동의 지배적인 외부 세력으로서 미국의 지위를 공고히 했으며, 중국에 문을 열고 기존의 양극 냉전에 삼각 구도를 도입하면서 소련에 전략상 결정적 불이익을 안겼다. 나는 닉슨에게 국가안보보좌관 자리를 제안받은 1968년 12월부터 그의 임기가 끝난 1974년 8월까지 긴밀하게 협력하며 리더십과 의사 결정에 참여했다. 그 뒤로도 나와 닉슨은 그가 세상을 떠나기 전까지 20여 년 동안 주기적으로 연락하며 지냈다.

내가 아흔아홉 나이에 닉슨 이야기를 다시 하는 것은 세 권의 회고록에서 다룬 반세기 전의 논쟁을 되풀이하고 싶어서가 아니라, 문화적으로나 정치적으로 전례 없는 동요 속에서 취임해 국익이라는 지정학적 개념을 채택하고 외교정책을 혁신한 지도자의 사고방식과 성격을 분석하기 위해서다.

닉슨이 대통령 취임식 선서를 한 1969년 1월 20일 무렵 냉전이 완연히 무르익었다. 종전 후 미국이 한계를 모르는 듯한 세력으로서 도맡은 구실은 물질적으로든 감정적으로든 감당할 만한 범위를 넘어선다는 사실이 점차 드러나기 시작했다. 베트남을 두고 벌어진 국내 갈등이 거의 정점에 이를 정도로 격화되면서 일부 지역에서 미국의 군사적 철수와 정치적 후퇴를 요구하는 목소리가 커지고 있었다. 미국과 소련이 모두 유효 탑재량과 정확도, 대륙 간 범위가 한층 높아진 미사일을 배치하고 있었다. 소련이 장거리 전략핵무기 보유량에서 미국과 거의 대등했는데, 소련이 전략적 우위에 있다는 분석이 나오면서 갑자기 세계를 멸망시킬 공격이 시작되거나 정치적 협박 기간이 길어지리라는 우려가 커지고 있었다.

닉슨의 대선이 있던 1968년 11월 이전 몇 달 동안은 주요 전략의 무대인 유럽과 중동, 동아시아에서 그가 대통령으로서 마주할 문제들이 윤곽을 갖춰 나가기 시작했다.

1968년 8월, 소련이 동유럽 위성국가들과 체코슬로바키아를 점령했다. 체코슬로바키아가 소련의 궤도 안에서 체제를 자유화했다는 죄목이었다. 독일에서는 소련의 흐루쇼프 총리가 1958년에 서방 점령군에게 6개월 안에 병력을 철수하라는 최후통첩을 보내며 시작된 서베를린 위협이 계속되는 가운데 포위된 베를린을 봉쇄하겠다는 모스크바의 협박이 산발적으로 날아들었다. 미국의 안보 우산 밑에서 전쟁의 참화를 딛고 일어난 유럽과 일본은 이때 경제적인 면에서 미국과 경쟁하기 시작하며 새로운 세계 질서에 대해 때로 저마다 다른 견해를 세워 나갔다.

이와 동시에 중화인민공화국은 1964년 10월 핵실험에 성공하면서 미국, 소련, 영국, 프랑스에 이어 다섯 번째로 세상에서 가장 파괴적인 무기를 갖게 되었다. 국제 체제에 참여했다가 후퇴하기를 반복한 베이징은 세계 곳곳에서 마오쩌둥 사상을 신봉하는 게릴라들의 훈련과 재정을 지원했고, 1967년 봄에는 문화혁명이라는 대격변 속에 전 세계 거의 모든 나라에서 대사관을 철수하기도 했다.[1]

중동에서는 닉슨이 분쟁의 고투에 빠진 지역을 마주해야 했다. 비틀거리는 오스만제국의 영토를 영국과 프랑스가 각자의 영향권에 포섭하기로 합의한 사이크스·피코협정(1916)이 아랍인, 이슬람교도가 주를 이루는 여러 정치조직의 형성을 낳았다. 마치 베스트팔렌조약으로 탄생한 평화 체제에 견줄 만한 체제를 이루는 나라들 같았으나 겉보기에만 그랬다. 본질적으로 여전히 베스트팔렌체제를 따르는 유럽 국가들과 달리 20세기 중반 중동 국가들은 공동의 정체성이나 역사를 반영하지 않았다.

역사적으로 중동에서 우위를 차지한 프랑스와 영국이 모두 두 차례의 세계대전에서 심한 출혈을 겪은 탓에 중동에서 힘을 발휘하기가 점점 더 어려워지고 있었다. 반식민주의 운동이 촉발한 지역 반란이 더 큰 분쟁으로 번져 아랍 세계를 휩쓰는 가운데 아랍 국가들과 이스라엘 사이에서도 분쟁이 일어났다. 1948년에 독립하고 2년 만에 서방 국가 대부분의 승인을 받은 이스라엘이 주변국의 승인을 구했는데, 주변국들은 이스라엘이 태생부터 위법하며 자국의 정당한 영토를 점거한다고 보았다.

닉슨이 취임하기 전 10여 년 동안 소련은 갈수록 거세지는 중동의 소요를 이용하기 시작하고 오스만제국이 남긴 봉건제에 가까운 통치 체제 대신 들어선 전제주의 군사정권들과 관계를 맺으면서 혼란을 부채질했다. 아랍계 군대가 소련제 무기를 새로 탑재하면서 이때까지 서방이 지배하던 중동 지역에 냉전이 흘러들어 대립이 한층 첨예해지는 한편 전 지구적 대격변으로 이어질 위험이 커졌다.

닉슨이 취임할 무렵에는 베트남의 피비린내 나는 교착상태 탓에 다른 모든 걱정거리가 작게 보였다. 전임 존슨 정부는 미국과 지리적으로는 물론이고 문화적으로나 심리적으로도 머나먼 이곳에 50만 명이 넘는 미군을 파병했다. 닉슨이 취임하는 순간에도 파병 예정 인원이 5만 명 이상이었다. 남북전쟁 뒤로 가장 소란스러운 국내 상황을 짊어진 채 언제 끝날지 모를 전쟁에서 미국을 탈출시켜야 한다는 임무가 닉슨에게 주어졌다. 국내에서는 대선 전 5년 동안 케네디, 그의 동생이자 민주당의 유력한 대선 주자였던 로버트 F. 케네디(Robert F. Kennedy) 그리고 민권운동의 신기원을 연 지도자 마틴 루서 킹(Martin Luther King, Jr.)이 암살당하면서 남북전쟁 이래 가장 격렬한 정치적 논쟁이 벌어지고 있었다. 베트남을 두고 벌어진 폭력 시위와 킹의 암살이 촉발한 시위가 수많은 미국 도시의 거리를 뒤엎었으며 워싱턴은 며칠 동안 마비되기까지 했다.

미국 역사에 요란한 논쟁이 가득해도 닉슨이 마주한 상황은 신흥국 엘리트층이 전쟁의 패배가 전략상 피할 수 없는 선택인 동시에 윤리적으로도 바람직한 결과라는 데 처음으로 동의했다는 점에서 전례가 없다. 이들의 확신은 국익이 곧 정당하고 도덕적인 목적이라는 지난 수 세기 동안의 합의가 무너졌음을 암시했다.

어떤 면에서 이런 믿음은 미국이 외국 문제에 '연루'되는 게 국가의 안녕에 불필요할 뿐만 아니라 국가의 성격을 좀먹기까지 한다는 옛 고립주의 기조의 부활로 볼 수도 있었다. 그러나 머나먼 곳에서 벌어지는 분쟁에 끼어들기에는 미국의 가치가 너무 고결하다고 주장하는 대신, 새로운 고립주의는 미국 자체가 너무 부패해서 외국에 도덕적 이정표 구실을 할 수 없다고 주장했다. 이를 지지하는 이들은 대개 고등교육기관에서 기반을 닦고 결국 거의 지배적인 영향력을 확립했는데, 베트남에서 벌어진 비극을 지정학적 틀이나 이념 투쟁 차원에서 보는 대신 오래전에 일어났어야 할 내적 전환에 박차를 가할 국가적 카타르시스의 전령으로 보았다.

뜻밖의 제안

하버드대학교에서 학생들을 가르치던 나는 1960년과 1968년 공화당 후보 경선에서 닉슨의 주요 경쟁자였던 뉴욕주 주지사 넬슨 록펠러(Nelson Rockefeller)의 대외 정책 보좌관도 맡고 있었다. 그래서 새 대통령의 보좌관 자리를 제안받는다는 예상은 전혀 못 했다. 나는 상원의 승인이 필요하지 않은 대통령 임명직 가운데 수석 보좌관에 이어 두 번째로 높은 국가안보 보좌관직을 제안받았다. 자신에게 반대한 적이 있는 하버드 교수에게 중책을 맡기기로 한 닉슨의 결정은 대통령 당선인의 관대함은 물론이고 인습적인 정치사상과 결별하겠다는 의지도 보여 주었다.

1968년 11월 대선에서 승리를 거둔 직후 닉슨이 뉴욕 피에르호텔에 자리한 인수 본부로 나를 불러 첫 번째 실질적인 만남이 되었다. 그 전에 내가 그를 만난 건 대단한 클레어 부스 루스(Clare Boothe Luce)가 연 크리스마스 파티에서 마주쳤을 때뿐이다. 이 자리는 국제 정세를 검토하며 주요 대외 정책에 대해 많은 생각을 편히 나눌 기회가 되었고, 그러는 중에 닉슨이 자신의 견해를 밝히면서 내 의견을 물어보았다. 그는 이 만남이 내가 특정 직위에 적합한지를 평가하는 자리라는 사실은 고사하고 다음 정부의 참모진을 모으는 일과 연관되어 있다는 기색조차 내비치지 않았다.

자리를 나설 무렵 닉슨이 대통령 수석 보좌관이 될 호리호리한 캘리포니아 사람 해리 로빈스 홀드먼(Harry Robbins Haldeman)을 소개해 주었다. 그러고는 별다른 설명 없이 그에게 하버드대학교의 내 사무실과 바로 연결되는 전화를 설치하라고 지시했다. 홀드먼이 대통령 당선인의 지시를 노란색 노트에 적기는 했으나 다른 행동은 없었다. 대통령의 일부 언사는 상징적인 것으로, 지시를 담고 있지만 즉시 행동하라는 요청은 아니었다. 이것은 새 대통령의 다면성을 보여 주는 한편 그가 이끄는 백악관에서 벌어질 관료적 행위를 미리 알려 주는 대목이었다.

홍미롭지만 다소 불확실한 상황에서 나는 하버드로 돌아가 다음 소식을 기다렸다. 며칠 후, 닉슨과 같은 법률 회사에서 파트너 변호사로 일했으며 곧 법무 장관으로 임명될 예정이던 존 미첼(John Mitchell)이 나에게 전화를 걸어 물었다. "자리를 맡으실 겁니까, 안 맡으실 겁니까?" 내가 어떤 자리를 말하는지 묻자 그는 "또 망했네." 하고 중얼거리는 듯하더니 이튿날 대통령 당선인과 다시 만나자고 했다.

이때 국가안보보좌관직을 분명하게 제안받았다. 나는 내 정치적 견해를 잘 아는 동료들과 의논하고 생각해 볼 시간이 필요하다고 어색하게 말했다. 내가 아는 다른 대통령이나 주지사들이라면 이렇게 망설이는 대답을 들은 자리에서 바로 논의를 끝내고 내 고민을 덜어 주었을 것이다. 그러나 닉슨은 내게 1주일 동안 생각해 보라면서 감동적이게도 론 풀러(Lon Fuller)와 이야기해 보라고 제안했다. 듀크대학교에서 닉슨에게 계약법을 가르친 풀러 교수는 당시 하버드 로스쿨에 있었으며 닉슨의 사고방식과 행동 양식을 잘 아는 사람이었다.

다음 날, 나는 베네수엘라의 목장에서 막 돌아온 록펠러에게 충고를 구했다. 그의 반응은 내 모든 망설임을 끝내 준 데다 이 나라가 저변에서는 여전히 단결하고 있다는 점을 보여 주었다. 그는 결정을 미룬 나를 꾸짖으면서 당장 닉슨의 제안을 받아들이라고 했다. 대통령이 중요한 직무를 제안했는데 시간을 끈다는 건 적절하지 않다고도 했다. "당신을 기용하는 게 당신보다 닉슨에게 훨씬 더 큰 모험이란 걸 명심해요." 록펠러가 덧붙였다. 그날 오후 내가 닉슨에게 전화를 걸어 그의 정부에서 일하는 걸 영광으로 여기겠다고 답했다.

닉슨과 내가 운영 방식상 '동반자 관계'라고 할 만한 관계를 쌓았으나 권력이 한쪽에 치우친 경우 진정한 동반자 관계가 되기는 어렵다. 대통령은 별다른 절차나 경고 없이 국가안보보좌관을 해임할 수 있으며 형식적인 통보나 논의 없이도 자신이 원하는 방향을 지시할 권한이 있다. 또 국가안보보좌관이 얼마나 크게 기여한 결정이든 최종 책임은 대통령이 진다.

현실이 이런데도 닉슨은 국가 안보와 대외 정책 문제에서 한 번도 나를 아랫사람으로 대하지 않았다. 오히려 그는 나를 일종의 학문적 동료로 여겼다. 국내 정책이나 선거 정치에 관해서는 달랐다. 국방부 기밀문서가 유출된 '펜타곤 문서' 사건 때를 빼고는 국내 문제에 관한 회의에 내가 초대된 적이 한 번도 없다.

우리 관계는 처음부터 동료 사이 같았다. 닉슨은 내가 록펠러와 연이 있었다는 점에 관해서도 비판적인 언급을 피했다. 심한 압박을 받을 때도 나를 대하는 그의 품행은 한결같이 정중했다. 닉슨이 이렇게 확고하고 사려 깊은 사람이었으나 한편으로는 자기 이미지를 불안해하고, 권위가 불확실하다고 생각했으며, 성가신 자기 의심에 시달린 면도 있었기 때문에 그가 내게 초지일관 정중했다는 게 더욱 놀라웠다. 그는 애덤 스미스(Adam Smith)가 말한 "공정한 관객"처럼 자신의 행동을 관찰하고 판단하는 또 다른 '나'를 데리고 다녔다. 내가 보기에 닉슨은 평생 이런 비판적 자의식에 쫓기며 산 듯하다.

닉슨의 이런 면은 끊임없이 칭찬이라는 상을 받으려는 모습과도 관련 있었다. 그가 가장 중요하게 여긴 집단에서 칭찬을 자제하는 경우가 흔했다. 가장 돈독한 관계에서도 인색한 분위기를 쉽게 느낄 수 있었다. 측근이 아닌 사람들, 특히 저명인사와 만날 경우에는 일종의 성과를 요구하는 것처럼 여겨질 가능성이 컸다. 닉슨이 언제나 정보를 주고받기 위해서 대화를 나누지는 않았으며 때로는 어떤 인상을 상대에게 심어 주면서도 그게 무엇을 위해서인지 꼭 밝히지는 않는 식으로 말했다. 이렇게 복잡한 화법 때문에 그가 하는 말에 그의 의도가 온전히 담기지 않을 때도 있었다. 이를 우유부단과 혼동하면 안 된다. 닉슨은 확고한 목표를 세우고 그것을 치밀하고 결단력 있게 추구하는 사람이었다. 그러나 한편으로 그는 여러 선택 사항을 보전하기 위해 가장 유리한 시간과 장소를 골라 논의를 꺼내곤 했다.

이런 특징이 한데 모여 닉슨 정부의 특성이 되었다. 대외 정책 문제에 관해서는 특히 더 식견이 높고 자신이 분석한 것을 아주 효과적으로 제시할 줄 아는 닉슨이 막상 직접 대치하는 상황에서는 움츠러들었다. 자신과 의견이 다른 각료에게 직접 지시하기를 끔찍이도 싫어한 그는 대개 홀드먼이나 미첼 그리고 대외 정책과 관련된 경우는 나를 통해 지시를 전했다.

닉슨의 보좌관으로 일하려면 이런 운영 방식을 알아야 했다. 대통령이 어떤 말을 하거나 명령을 내렸다고 해도 언제나 그걸 곧이곧대로 수행하라는 뜻은 아니었다. 나와 처음 만난 자리를 마무리하면서 홀드먼에게 내 사무실과 연결되는 직통전화를 설치하라고 한 게 그런 경우다. 그가 나를 참모진에 합류시킬 생각이지만 내가 다른 사람들이 듣는 자리에서 거절할 수도 있는 만큼 당장 자리를 제안할 상황은 아니라는 뜻을 보좌관에게 전하려 한 것이다.

더 무게 있는 예도 있다. 1969년 8월, 로마에서 이륙해 이스라엘로 가던 미국 여객기가 팔레스타인계 테러리스트에게 납치당해 다마스쿠스로 끌려가는 사건이 발생했다. 플로리다에서 오랜 친구들과 토요일 저녁을 보내고 있던 닉슨에게 이 소식을 전하자, 그가 내게 "다마스쿠스 공항을 폭격"하라고 말했다. 공식적인 지시라기보다는 함께 저녁 식사를 하던 이들과 보좌관들에게 납치 사태를 끝내겠다는 그의 결단을 보인 말이다.

대통령이 명령한다고 해서 바로 그런 군사행동을 시작할 수는 없다는 것을 닉슨도 잘 알고 있었다. 실행 부서에 작전 지시를 포함해 후속 지침을 보내야 한다. 후속 결정이 있을 거라고 예상한 국방 장관 멜빈 레어드(Melvin Laird), 합참의장 얼 휠러(Earle Wheeler) 장군과 나는 제6함대 항공모함에서 명령을 수행할 수 있도록 함대를 키프로스로 이동시키는 등 그날 저녁 내내 공습을 위해 필요한 절차를 밟았다. 대통령의 참모라면 맹세한 대로 대통령의 명령을 따라야 하지만, 대통령이 자신의 행동이 미칠 영향을 충분히 성찰할 기회를 마련하는 것도 의무다.

이 경우 닉슨은 다음 날 아침에 문제를 해결했다. 아침 보고 때 내가 다마스쿠스 공항의 인질 사태에 관해 새로운 소식을 전하면서 제6함대 군함들이 키프로스 부근에 있다고 알렸다. 그러자 닉슨이 물었다. "다른 일은 없었습니까?" 내가 없다고 대답하자 그가 표정 변화 없이 한마디로 말했다. "좋습니다." 그 뒤 공습에 관한 언급이나 조치는 없었다.[2]

닉슨의 최측근은 그의 대범한 발언이 반드시 명백한 행동을 요구하지는 않는다는 것을 이런 식으로 알게 되었다. 그저 분위기를 조성하거나 사람들의 의견을 평가하기 위한 말이 많았다. 홀드먼은 돌이킬 수 없는 행동을 실행에 옮기기 전에 대통령이 충분히 고심하고 결정할 수 있도록 닉슨의 백악관 집무실 회의에 대통령 보좌관 한 명이 반드시 참석해야 한다는 참모진 원칙을 확립했다. 이에 따라 선임 고문들이 대통령 수석 보좌관을 통해 지침을 전달할 수밖에 없었다. 대통령이 자기 자신의 문제에 관한 선택 사항을 논의하는 자리에 대통령을 자주 접하지 않는 사람이 함께하면 문제가 생길 수 있었다. 아이젠하워 대통령의 보좌관이었으며 닉슨의 친구이기도 한 브라이스 할로(Bryce Harlow)가 워터게이트 사태를 두고 "웬 멍청이가 백악관 집무실에 들어가서 시키는 대로 행동했다"고 날 선 말을 한 데서 이를 잘 알 수 있다.

놀랍지도 않지만, 닉슨은 자기 자신을 앞서 말한 것들로 짐작할 만한 수준보다 더 날카롭게 평가했다. 내가 비밀리에 중국에 가서 닉슨의 이듬해 중국 방문 의사를 전한 직후인 1971년 7월, 닉슨이 내게 언론 브리핑에 관해 몇 가지 사항을 권했다. 자신을 3인칭으로 가리키며 이런 글을 전한 것이다.

언론과 이야기할 때 RN이 이 회담을 특별히 준비하고 있으며 역설적이게도 많은 측면에서 (중국 총리 저우언라이(周恩來)와) 비슷하다고 말하는 편이 효과적일 겁니다. 강조할 만한 것 몇 가지를 추천합니다.

(1) 강한 신념.

(2) 역경 극복.

(3) 위기에 강함. 냉철하고 침착함.

(4) 굳건하고 대담하며 강한 리더. 필요할 때 위험을 무릅쓰려는 의지가 있음.

(5) 멀리 내다볼 줄 아는 사람. 내일의 기사제목보다는 몇 년 뒤의 정책 평가를 고려함.

(6) 철학적 사고방식이 있는 사람.

(7) 메모의 도움 없이 일하는 사람. RN은 73개국 국가원수 및 정부 수반과 회담하며 몇 시간 동안 아무 메모 없이 대화를 이어 가 (……).

(8) 아시아를 잘 알고 아시아 방문을 특히 중시하며 아시아를 연구하는 사람.

(9) 개인적으로는 필요할 때 매우 강인하고 굳건한 강철 같은 사람이지만 섬세하고 거의 온화해 보이는 사람. 대개 그는 어려운 상황일수록 목소리를 낮춘다.[3]

두말할 것도 없이 이 메모에서 상당한 불안과 공명심이 명백하게 드러난다. 하지만 닉슨의 자평은 기본적으로 정확했다. 그는 대외 정책 경험이 풍부했고, 위기에 강했으며, 대담하면서 신중했고, 때로는 고통스러울 만큼 숙고하고 분석했다. 그는 정보 파악을 상당히 중요하게 여겼으며, 조국이 맞선 문제를 철저하게 숙고한 뒤 장기적 관점을 취했고, 협상보다는 발표에 관해 다른 국가 지도자와 중압감이 심한 전략 회의를 할 때도 탁월한 모습을 자주 보였다. 닉슨이 책임자의 면모를 보이는 데 열중한 나머지 때로는 기록을 윤색하려 들기까지 했다는 사실로도 닉슨 정부가 일군 성과들을 부정할 수는 없다.

국가의 이해관계가 달린 데다 빨리 결정해야 한다는 압박 때문에 백악관 고위직에 있는 사람들 사이에 마찰이 전혀 없는 관계는 없었다. 내 경우에는, 언론에서 국가정책에 관한 내 기여도를 강조하면서 대통령을 격하할 때 종종 그의 불안감이 분노로 이어지기도 했다. 내 평생 친구이자 지적 멘토인 프랑스 철학자 아롱은, 언론이 내가 하는 일을 주로 보도하는 것이 닉슨에 대한 적의를 변명하는 알리바이라고 내게 말했다. 이에 따른 긴장감이 겉으로 드러나는 경우는 극히 드물었고, 만약 그런 일이 있어도 홀드먼이나 국내 문제 보좌관 존 에를리크먼(John Ehrlichman) 같은 동료가 아닌 닉슨에게서 드러난 적은 없다.

나중에 알았지만, 닉슨은 내가 한 번도 겪어 보지 못한 언사를 다른 이들에게 종종 던진 듯하다. 닉슨의 백악관 집무실 대화 녹취록이 공개되었을 때 예산국장이자 재무 장관이던 조지 슐츠(George Shultz)에게 전화해서 내가 닉슨의 욕설이 너무 익숙해서 기억하지 못하는지 물어보았다. 슐츠의 기억도 내 기억과 비슷했다. 우리를 대할 때 닉슨의 언사는 정중하고 꼼꼼했다.

존경심을 최대한 끌어내리려는 욕구를 자극한 걱정과 불안, 면전의 반대 의견 기피 같은 닉슨의 약점은 결국 대통령직에 해가 되었다. 그러나 그가 경력 전반에 걸쳐 이룬 성과는 그릇이 작은 지도자라면 굴복했을 억압을 뛰어넘으려는 그의 엄청난 노력으로 인정해야 한다.

닉슨 백악관의 안보 관련 의사 결정

백악관은 총사령관만이 할 수 있는 선택을 돕기 위해 의사 결정 체계를 마련한다. 홀드먼은 수석 보좌관으로 임명되자마자 닉슨이 신념과 금기 사이에서 균형을 찾을 수 있도록 돕는 백악관 조직을 만들어서 닉슨의 약점을 가리는 한편 상당한 일관성을 달성했다.

대통령 접견에는 일반적으로 보좌관 한두 명이 함께했다. 국내 정책에 관해서는 에를리크먼이, 안보 문제에 관해서는 내가 동석했다. 보좌관실은 대통령이 각 회의에 앞서 대두될 문제와 제시할 대응을 구상하고 준비할 수 있도록 지원하는 책임을 맡았다. 닉슨은 보좌관실이 추천한 것을 세심하게 살폈으나 실제 대화할 때는 절대로 메모를 꺼내지 않았다.

닉슨과 내가 둘 다 워싱턴에 있을 때면 대개 그가 아침 첫 일정으로 나를 만났다. 나는 그의 해외 방문에 동행했으며 모든 공식 회담에 참석했다. 두 사람 중 어느 쪽이든 국내 다른 지역에 있을 때면 적어도 하루에 한 번은 전화로 대화했다. 대개 우리 대화의 첫 주제는 CIA가 매일 준비하는 브리핑이었다. 위기 상황이 아닐 때 닉슨은 일상적인 문제보다 특정 지역이나 상황의 역사적 배경이나 역학을 파악하는 데 훨씬 더 많은 시간을 썼다. 그는 언제나 무엇이 잠재적 전환점이나 임박한 주요 결정을 구성하는지에 주목했다. 자주 몇 시간씩 이어지던 이런 논의를 통해 닉슨 정부의 전략적 사고방식이 수립되었다.

아이젠하워 정부에서 부통령이던 닉슨은 전임 대통령이 국가 안보를 다룬 절차를 재현하면서 자신의 필요에 맞게 조정하려고 했다. 그래서 한동안 아이젠하워의 국가안전보장회의(NSC)를 조직한 앤드루 굿패스터(Andrew Goodpaster) 장군에게 나와 의논해서 그에 필적할 만한 구조를 마련해 달라고 했다.[4] 아이젠하워 때 NSC는 기본적으로 각 부서의 견해를 종합해서 회의를 준비했다. 이때 굿패스터가 이끌던 참모진이 뒤이은 케네디 정부와 존슨 정부의 번디와 월트 로스토(Walt Rostow)를 거치면서 크게 변했다. 학계 인사를 포함해 50명 정도 되는 전문가가 NSC를 준비하는 데 꽤 깊이 참여했다. 닉슨 정부에서도 이와 비슷한 규모를 유지한 NSC 인원이 오늘날 최대 400명으로 늘었다.[5]

대통령이 바뀐 지 얼마 안 됐을 때 나와 굿패스터가 당시 말기 심장 질환으로 월터리드병원에 있던 아이젠하워를 찾아갔다. 하버드 시절 버릇 때문인지 나는 그때까지만 해도 아이젠하워 전 대통령의 정신이 그가 기자회견에서 종종 쓰던 문법만큼 흐려졌다고 생각했다. 그러나 그렇지 않다는 것을 곧 깨달았다. 아이젠하워는 실질적인 국가 안보 문제와 그것이 행정에 미칠 영향에 대해 잘 알고 있었다. 그는 얼굴 표정이 또렷하고 풍부했으며 수십 년의 진두지휘에서 얻은 자기 확신을 뿜고 있었다. 그는 웅변같이 힘있게 직설적으로 말했다.

아이젠하워는 굿패스터와 인사한 뒤 조금도 지체하지 않고 본론으로 들어갔다. 이미 들었을지 몰라도 내가 안보보좌관으로 임명된 걸 달갑게 여기지는 않는다고 내게 말했다. 학계 출신 인사는 고위직에서 의사 결정을 내릴 준비가 부족하다는 생각 때문이었다. 그래도 그가 힘닿는 데까지 나를 돕겠다고 말했다. 아이젠하워는 국무부가 국가 안보 프로세스의 부서간 조율을 맡은 존슨 대통령의 방식은 국방부의 반대 탓에 제대로 작동하지 않았다고 평가하며 어쨌든 국무부 사람은 전략적 의사 결정보다 대화를 맡는 편이 더 적합하다고 덧붙였다.

그러고 나서 아이젠하워는 국가 안보를 백악관 안보보좌관이 관리하는 방식을 추천했다. 안보보좌관이나 보좌관이 지명한 사람이 다양한 지역 및 기술 관련 소위원회를 주재하고, 여기서 심의한 내용을 부장관급* 위원회가 NSC에 앞서 검토하는 것이다.

굿패스터가 이런 권고를 정리해서 닉슨에게 보고했고, 닉슨이 채택했다. 그 이후 이 체제가 사실상 그대로 유지되고 있다. 그러나 어떤 정부에서든 눈에 보이지 않는 개성이 실제 권력 분배에 영향을 미칠 수밖에 없을 것이다.

국무, 국방, 재무 장관과 CIA 국장 등 지정된 각료들이 참석한 NSC에서 닉슨은 특정 방안을 이행하겠다고 약속하지 않으면서도 원하는 목표를 암시하는 데 어려움이 없었다. 그가 여러 선택 사항을 검토하는 경우가 많았는데, 이는 어떤 결정을 앞두고 대립하지 않으면서도 여러 잠재적 노선에 관한 정보를 이끌어 내는 그만의 방법이었다. 그는 이런 식으로 일상적 절차와 장기적 정책을 구분했다. 이것은 각 개인이 선호하는 방법이나 각 부처의 특권과 상관없이 여러 선택 사항을 추상적이고 학문적인 문제처럼 이해하는 데 도움이 되었다. 닉슨은 실제 결정의 전달을 그 어떤 반대도 직면하지 않을 때까지 미뤘다. 내가 기억하기로는 이에 대한 예외가 없었다.

아이젠하워가 제안한 NSC 체제를 받아들인 덕에 닉슨은 백악관에서 대외 정책을 통제하겠다는 숙원을 한결 수월하게 이룰 수 있었다. 닉슨의 이름으로 만들어지는 결정에 관한 메모가 그의 행동 계획을 알렸다. 1970년, 캄보디아에 주둔한 북베트남군을 타격하기 위해 캄보디아 침투 계획을 세웠을 때처럼 특히 논쟁적인 상황에서는 홀드먼이나 법무 장관 미첼이 관련 부처의 장관들을 만나 대통령의 최종 결정을 한 번 더 전하면서 더는 논의할 수

---

* 미국 정부는 장관 밑에 부장관, 차관, 부차관을 두고 있다. —옮긴이

없다는 점을 암시했다.

닉슨에게 작용하는 억압이 그의 결단에 방해가 되진 않았다. 위기의 순간에는 내 비서들을 통해 간접적으로나마 과정을 주도했다. 또 1972년 북베트남이 남베트남에 부활절 공격을 펼친 것에 대응할 때나 1973년 10월 욤키푸르전쟁에서 항공수송으로 이스라엘에 무기와 물자를 공급할 때처럼 중요한 순간에는 종종 직접 개입해서 명령을 내렸다.

닉슨이 취임한 1969년 1월 무렵, 베트남을 두고 미국에서 벌어진 논쟁이 본질적으로 격변하고 있었다. 국내에서 동남아시아에 관한 초기 논의는 관습적인 수준에 머물렀으며 목표에는 합의했으나 그것을 이룰 수단을 놓고 의견이 갈렸다. 대학들은 베트남 문제에 관해 토론하며 상대편이 당연히 신의를 지킨다고 보았다. 미국이 베트남에서 벌인 행동을 평가할 때 존슨 대통령의 행보는 바로 이 신의라는 지점에서 문제가 되었다. 반대자들은 이 전쟁이 부도덕하며 전통적인 미국의 가치에 어긋난다고 주장했다. 이런 반응은 기존 정책과 다음 정부의 도덕적 정당성이 이겨 내야 할 문제였다. 일부 반전운동가들은 정부의 작전을 방해하기 위해 때로 며칠씩 이어지는 대규모 시위를 벌이기도 했다. 어떤 비밀주의적 요소와도 양립할 수 없는 열린 정부라는 명목하에 정부의 기밀을 대량 유출하는 전술도 있었다.

닉슨은 회고록에서 "비밀주의에는 분명 정부 내 의견 교환의 자유와 창의성이 떨어진다는 엄청난 대가가 따른다"고 인정했다. 그러나 국정에는 언제나 어느 정도 비밀주의가 필요하다면서 "비밀주의가 아니었으면 중국과 수교한 것이나 소련과 맺은 전략무기제한협정(SALT), 베트남전쟁을 끝낸 평화협정도 없었다고 명확하게 말할 수 있다"고 덧붙였다.[6]

이런 면에서 아이젠하워는 워싱턴에서 일하는 것과 관련해 중요한 교훈을 내게 주었다. 그의 병세가 깊어지는 게 분명해 보이던 1969년 3월 중순, 닉슨이 이 전임 대통령에게 최근 NSC에 관해 설명하는 자리에 나를 불렀다. 중동이 화두였던 이 NSC에서는 해당 지역에서 점차 커지는 소련의 군사적 존재감과 이에 대한 미국의 외교적 대응을 비롯해 여러 조치를 어떤 비중으로 취하고 있는지에 대해 다뤘다. 닉슨은 NSC에서 결정을 내리기 전에 논의한 선택 사항들을 아이젠하워에게 설명해 달라고 내게 말했다.

다음 날 아침, 이 NSC 회의 내용이 보도되었다. 아이젠하워의 보좌관 로버트 슐츠(Robert Schulz)가 내게 전화해 전 대통령을 바꿔 주었다. 상냥한 대외용 페르소나가 있던 아이젠하워로서는 흔치 않게도 욕설을 섞어 가며 NSC 논의안 유출 때문에 닉슨의 선택 범위가 좁아졌다고 장황하게 나를 꾸짖었다. 혹시 우리 보좌관실에서 문서가 유출되었다고 생각하는지 내가 물었더니 그가 또 다른 갖가지 욕설을 퍼부으면서 안보 체계 전반에 관한 기밀 정보를 지키는 게 내 임무라고 못 박아 말했다. 또한 이걸 내 보좌관실의 보안에만 적용되는 말로 생각했다면 내가 임무 수행을 제대로 하지 않고 있다는 뜻이라고도 했다.

나는 일을 시작한 지 두 달밖에 안 됐으며 그동안 유출을 막기 위해 최선을 다했다고 말했지만, 그의 화를 조금도 누그러뜨릴 수 없었다. 당시 마흔여섯이던 내게 그가 거의 아버지같이 말했다. "젊은이, 내 중요한 충고 하나 하지. 자네에게 주어진 일을 해내지 못하겠다는 말은 아무에게도 절대로 하지 말게." 이것이 내가 아이젠하워와 나눈 마지막 대화다. 그는 2주 뒤 세상을 떠났다.

닉슨의 세계관

닉슨은 정계에서 쌓은 상당한 국제적 경험과 공직에서 물러나 있던 몇 년의 고민을 바탕으로 과거를 평가하고 미래를 직관했다. 그는 부통령이자 미래의 대선 주자로서 해외를 다니며 세계 지도자들과 만났다. 이들은 닉슨을 통해 미국의 사고방식을 이해하고 닉슨 개인의 전망을 알아보려고 했다. 이들 사이에서 닉슨은 진지한 인물로 통했다. 국내의 반대파나 언론 사이에서 늘 증명되지는 않은 태도다.

대외 정책에 대한 닉슨의 신념은 기존의 정치적 범주로 깔끔하게 규정할 수 없었다. 의원 시절 그는 전 국무부 공직자이며 소련 간첩 혐의를 받은 앨저 히스(Alger Hiss)의 재판에 관한 논쟁에서 눈에 띄는 활약을 했다. 당시 주류 정계에서 마녀사냥의 희생자라고 여긴 히스는 결국 위증죄로 투옥되었다. 그래서 닉슨이 대통령으로 취임할 때 보수주의자와 자유주의자 등이 모두 그에 관해 확고한 이미지가 있었다. 보수주의자들은 그가 대립적인 외교술을 보일 것으로 전망하며 그를 완고한 반공주의자이자 강경한 냉전주의자라고 생각했다. 자유주의자들은 닉슨 때문에 미국이 해외에 힘을 과시하고 국내에서 논쟁만 키우는 시대가 열릴까 봐 걱정했다.

대외 정책에 관한 닉슨의 견해는 비판자들의 생각보다 훨씬 더 복잡했다. 2차세계대전 때 해군으로 복무하고 의원과 부통령으로서 공직 생활을 하는 동안 그는 미국인의 생활양식에 대해 부동의 확신을 빚었다. 특히 그는 자신의 삶이 증명하는 것처럼 사회이동의 기회가 있어야 한다고 믿었다. 그는 당시 대외 정책의 진리로 여겨지던 기조대로 미국이 세계 무대에서 자유라는 대의를 수호해야 하며 특히 미국의 민주주의 동맹국들이 자유를 누리도록 보장할 특별한 책임이 있다고 믿었다. 대통령직과 함께 넘겨받은 베트남전을 끝낼 방법을 찾을 때는 미국이 후퇴하면 동맹국으로서 신뢰도뿐만 아니라 세계에서 미국이 차지하는 권력과 존재감 전반에 영향이 미칠 것이라는 생각에 시달렸다.

국제사회에서 미국이 지는 의무에 대한 닉슨의 견해는 1971년 7월 6일 연설에 잘 드러났다. 이때 그는 민주당 전임자나 전쟁에 반대하는 좌파를 비난하지 않고 사실상 비당파적인 말로 베트남에 대한 미국의 의무를 설명했다. 그는 미국의 정책에 대해 어떤 비판이 만연해 있는지 잘 알았으며 이를 구체적으로 짚었다.

미국을 신뢰하고 힘을 맡길 수 없다. 즉 미국은 부도덕하게 대외 정책을 전개하기 때문에, 세계 무대에서 물러나 자국의 문제에 집중하고 세계의 리더십은 다른 누군가에게 넘겨야 한다.[7]

닉슨은 미국이 다른 전쟁처럼 베트남전에도 첫발을 잘못 디뎠다고 인정한 다음, 세계의 어느 나라가 권력의 우위에 있어야 만족하겠느냐는 가장 중요한 질문을 던졌다.

〔미국은〕 탁월한 세계적 지위를 추구하지 않았습니다. 우리는 2차세계대전에서 일어난 일들 때문에 이 자리에 있습니다. 그러나 이 나라는 과거의 적을 돕는 나라, 적이 될 수도 있는 이들에게도 관대한 나라이며 (……) 이런 나라가 세계의 지도자 자리에 있다는 것이 (……) 세계로서는 아주 큰 행운입니다.[8]

닉슨이 미국의 세계적 리더십이라는 전후 비전을 반복하는 한편 미국 대외 정책 전반에 깔린 가정에 의문을 제기했다. 지금과 마찬가지로 당시 주요 학파는 안정과 평화가 국제 정세의 정상적인 상태이며 분쟁은 오해나 악의에 따른 결과라고 보았다. 이들은 적의가 있는 세력을 확실히 진압하거나 무찌른다면 저변의 조화나 신뢰가 다시 모습을 드러낼 것이라고 했다. 이 전형적인 미국식 구상에서 분쟁은 내재적인 것이 아니라 인위적인 것이었다.

닉슨의 시각은 이보다 더 역동적이었다. 그는 평화가 깨지기 쉬운 상태이자 여러 강대국 간 유동적 평형 상태이며 결국 세계의 안정에 꼭 필요한 요소로 구성된 아슬아슬한 균형이라고 생각했다. 1972년 1월 《타임(Time)》 인터뷰에서 닉슨은 세력균형이 평화의 전제 조건이라고 힘주어 말했다.

한 국가가 잠재적 경쟁국에 비해 무한히 강해질 때 전쟁의 위험이 커집니다. 미국이 강력한 세계에서도 마찬가지일 겁니다. 강하고 건전한 미국, 유럽, 소련, 중국, 일본 등이 서로 대항하는 대신 일정한 균형을 유지한다면 더 안전하고 나은 세계가 되리라고 봅니다.[9]

19세기 영국의 훌륭한 정치인이라면 누구든 유럽의 세력균형에 관해 이와 비슷한 말을 했을 것이다.

닉슨의 재임기에 유럽*과 일본이 대등한 세력으로 부상하지 않았지만, 중국과 소련을 고려한 삼각 구도가 닉슨 재임기부터 냉전이 끝날 때까지는 물론이고 그 뒤에도 미국 정책의 원칙으로 자리 잡았다. 삼각 구도는 사실상 냉전을 성공적으로 끝내는 데 데 중요한 구실을 했다.

닉슨은 미국만의 특별한 맥락에서 전략을 펼쳤다. 20세기 초 시어도어 루스벨트(1901~1909년 재임)는 유럽에서 세력균형을 유지한 경험을 바탕으로 세계의 평형을 유지하는 영국의 구실을 언젠가는 미국이 물려받을 것이라고 보았다.[10] 그러나 후임 대통령들은 이런 분석을 삼갔다. 그 대신 국제법의 공동 집행이라는 집단 안전보장을 통해 세계의 안정을 도모해야 한다는 윌슨(1913~1921년 재임)의 전망이 우세했다. 윌슨의 말로는 "세력균형이 아니라 세력 공동체고, 조직된 경쟁이 아니라 조직된 공동 평화"였다.[11]

---

* 유럽은 누적된 힘이 강력해도 강력한 단일체는 아니었다.

닉슨은 루스벨트가 생각한 세력균형을 미국 대외 정책에 다시 적용하려고 했다. 루스벨트와 마찬가지로 닉슨은 국가의 전략과 대외 정책의 가장 중요한 목표가 국익이어야 한다고 보았다. 여러 국익이 팽팽하게 대립할 때가 많고 조정한다고 해도 항상 '윈윈'으로 이어지지는 않는다는 점을 잘 알고 있던 그는 차이를 분별하고 관리하는 게 정치인의 임무라고 보았다. 또 이를 위해서는 차이를 줄이거나 필요한 경우에 최후의 수단으로 힘을 써서 차이를 극복해야 한다고 생각했다. 이렇게 극단적인 경우, 닉슨은 동료들 앞에서 그가 자주 인용한 격언처럼 "반신반의하거나 망설이며 실행하든 확신을 품고 올바르게 실행하든 같은 대가를 치른다"는 태도로 대하는 경향이 있었다.

닉슨의 대외 정책 전망에서 미국은 균형이 움직이는 유동적 체제의 형성을 주도해야 했다. 이런 구실을 끝내는 때가 정해지지 않았지만, 만약 미국이 이를 그만두면 전 세계가 혼돈에 빠질 것이라고 그는 믿었다. 국제적 대화에 참여하며 적절하게 그 대화를 주도하는 것이 미국의 영원한 책임이었다. 그래서 닉슨은 첫 번째 취임 연설에서 "새로운 협상의 시대"를 선언했다.

외교와 연계

닉슨의 대외 정책은 적대 세력에 대한 이중 접근을 강조했다. 하나는 미국의 국력과 대서양 동맹을 비롯한 동맹을 강화하는 것이고, 다른 하나는 "협상의 시대"를 통해 소련과 중국 같은 적대 세력과 대화를 끊임없이 유지하는 것이었다. 닉슨은 미국이 마주한 국제 관계 문제들의 해결을 어렵게 하는 두 가지 장애를 극복하기 위해 지정학적 구상과 이념적 구상을 연계했다.

『외교(*Diplomacy*)』(1994)에서 나는 이 개념에 정신의학적 접근 대 신학적 접근이라는 이름을 붙였다. 정신의학적 접근은 협상 자체가 목적이라고 본다. 일단 적국끼리 마주하면 거의 개인 간 말다툼 같은 것이 펼쳐지며 이들의 논쟁이 곧 관리할 수 있고 잠재적으로는 해결할 수 있는 오해 같아진다는 것이다. 신학적 접근은 적국을 이교도나 배교자처럼 대하고, 이들과 협상한다는 사실 자체가 죄인 것처럼 생각한다.[12]

그런데 닉슨은 협상이 외교, 경제, 군사, 심리, 이념 등 관련 요소가 매끄럽게 엮인 종합적 전략의 일면이라고 보았다. 노련한 반공주의자인 닉슨이 공산주의 국가들과 이념이 다른 것을 외교관계의 장벽으로 보지 않았다. 오히려 그는 적대적인 계획을 무산시키고 적대 관계에서 참여를 이끌어 내거나 적국을 고립시키는 수단으로서 외교를 무엇보다 우선시했다. 그래서 중국과 수교한 바탕에는 중국의 안보에 대한 소련의 위협을 이용해 마오쩌둥의 강건한 공산주의를 차감할 수 있다는 확신이 있었다. 이와 마찬가지로 1973년 10월 아랍·이스라엘분쟁에서 닉슨은 중동의 모스크바 하수인들이 무력으로는 그들의 지역적 목적을 달성하지 못한다고 확신했으며 이를 바탕으로 소련의 영향력을 약화하고 미국을 평화 중재자라는 위치에 둘 전략적, 심리적 여지를 만들어 냈다.

닉슨은 외국의 지도자와 개인적 관계를 쌓으면 상충하는 국익을 초월할 수 있다는 자만에 빠진 적이 없었다. 1970년 UN 총회 연설에서 그가 "미국과 소련 사이에는 매우 깊고 근본적인 차이가 있음을 인식해야 한다"면서 그렇지 않다고 생각한다면 "양국 간 불화의 심각성을 경시하게 될 것"이라고 말했다. 또 "양국 관계가 진정으로 발전하려면 단순히 분위기 정도에 그치지 않고 구체적인 것이 필요하다. 진정한 데탕트는 눈에 보이는 분위기의 피상적 변화가 아니라 일련의 행동을 통해서만 구축할 수 있다"고 덧붙였다.[13] 그는 힘 있는 위치에서 이념적 적국과 협상하면 미국의 이익과 안보에 도움이 되는 질서를 만들어 낼 수 있다고 믿었다.

이런 원칙에 따라 닉슨은 미사일 방어에 대한 의회의 승인을 첫 번째 임기 초반에 받아 두었다. 미사일 방어가 모스크바에 대한 매파의 도발이라고 보는 사람들이 많았지만, 이 계획이 전략상 꼭 필요한 요소라는 점은 그 뒤 수십 년에 걸쳐 증명되었다. 이와 마찬가지로 닉슨은 1970년 소련의 지원과 장비에 힘입은 시리아군이 요르단을 침략했을 때 이 지역의 주의를 환기하고, 1973년 10월 욤키푸르전쟁 막바지에 소련 총리 브레즈네프가 개입하겠다고 위협하자 전 세계의 주의를 환기했다. 소련을 억제하겠다는 닉슨의 의지가 강했으나, 궁극적인 목표는 평화 체제를 구축하는 것이었다. 1970년 UN 총회에서 닉슨이 "힘은 국제사회의 사실"이라면서 "이 힘을 관리하고, 평화를 위협하지 않고 평화를 유지하는 데 쓴다는 것을 확실히 하기 위해 다른 국가들과 협력하는 것이 우리의 공동 의무"라는 자신의 견해를 밝혔다.[14]

그렇다면 평화를 어떻게 정의하고 달성하려 했을까? 국무 장관 애치슨, 덜레스와 2차세계대전 뒤 봉쇄 정책을 고안한 선구자 케넌은 역사가 결국 소련의 변화나 붕괴를 불러오리라고 자신했으며 소련이 무너지기를 기다리는 동안 미국의 힘을 기르려고 한 듯하다. 그러나 수소폭탄을 두고 20여 년간 교착상태의 긴장이 이어진 데다 베트남전의 트라우마까지 더해지면서 미국이 더 적극적인 전략을 추구해야 했다. 닉슨은 모스크바와 베이징이 국제 체제의 정당성을 받아들이고 미국의 안보 이익 및 가치와 공존할 수 있는 원칙에 따라 행동하게 하기 위해 외교를 통해 그들의 차이를 이용하는 정책을 구상했다.

닉슨은 자신이 솜씨 좋은 협상가라고 말했다. 상대를 전략적 대화로 끌어내기 위해 전체적인 상황을 논의할 때는 맞는 말이었다. 그러나 직접적인 대립을 싫어한 그는 외교술을 통해 상대와 균형을 맞추고 미세하게 조정하는 데 참여하기를 꺼렸다.

대통령은 어떤 경우에든 상세한 외교적 해결책을 두고 협상하는 기교를 부리지 말라는 조언을 듣는다. 엄청난 자신감 덕에 대통령이라는 걸출한 자리에 올랐을 테니, 그런 사람이 협상가로 나서면 너무 동조한다거나 너무 대립한다는 (또는 둘 다라는) 인상을 주기 쉽다. 대통령이 개인적 매력으로 남을 조종하는 능력에 기대면 전자에 해당하고, 국내에서 자신을 대통령으로 만들어 준 압력을 믿고 외교와 대결을 동일시하면 후자에 해당한다.

최고 지도자 간 외교에 교착상태가 벌어지면 양측 내부의 통치 체제에서 조정 자체가 어려워진다. 이것이 기술적인 전문 지식을 더 많이 알고 남의 의견에 동조해도 개인적 기반이 덜 흔들리는, 수반보다 낮은 지위의 관료들이 세부 사안을 다뤄야 하는 또 다른 이유다. 마지막 단계에 다뤄야 할 문제를 몇 가지만 남겨 두면, 지도자들이 상징적 조정과 떠들썩한 축하로 편안하게 실질적인 결과를 완성할 것이다.

정치인으로서 닉슨의 강점은 지정학적 전략의 두 가지 목표, 즉 철저한 분석에 따른 구상과 대담한 실행에서 드러났다. 그는 장기적 목표를 논하고 상대를 전략적 사업 언저리까지 끌어들이는 기량이 탁월했다. 1972년 모스크바 정상회담에서 브레즈네프와 마주 앉아 전략무기 제한에 관한 세부 사항을 놓고 쉼 없이 협상하는 한편 같은 해 베이징 정상회담에서는 저우언라이와 미국과 중국 간 지정학을 논하면서 세계적 패권을 향한 소련의 돌진을 저지할 미·중 평행 전략의 기반을 마련하기 위해 노력했다.

닉슨은 이런 협상 태도에 당시 대외 정책에서는 일반적이지 않던 연계라는 전략을 결합했다. 1969년 2월 4일, 그가 새 정부의 접근 방식을 강조하는 서한을 국무 장관 윌리엄 로저스(William Rogers)와 국방 장관 레어드에게 보냈다.[15] 골자는 그 전 정부가 보인 경향에서 크게 벗어날 것이며 서로 공통점이 없는 듯한 문제들을 구획으로 묶어 다루겠다는 것이었다.

전 정부는 소련과의 문제에서 상호 이익이 보이는 경우 합의를 추구하고 이를 다른 곳에서 벌어지는 분쟁의 부침과는 가능한 한 분리하려 한 것으로 알고 있습니다. 양측의 문화적 또는 과학적 교류와 같이 수많은 실용적 문제에 관해서라면 괜찮은 방식일 수 있습니다. 그러나 우리 시대의 중요한 문제에 관해서라면 적어도 우리가 정치적 문제와 군사적 문제가 서로 관련되어 있다고 생각한다는 걸 분명히 드러낼 만큼 폭넓은 전선에 나서야 한다고 생각합니다.[16]

이 문건은 기존 관점을 지지하며 잠재적 협력의 장이 망가지지 않도록 문제가 발생할 때마다 협상에 나서야 했던 이들 사이에서 좋게 말해 불안을 일으켰다. 그런 접근 방식은 정부 조직의 각 부처가 저마다 선호하는 '노력선'*에 대한 지지 기반을 확보하기 위해 활동하던 것을 그대로 보여 주었다. 닉슨은 이런 분열이 계속된다면 소련이 의제를 미리 정해 버리고 협상이라는 가면 뒤에서 제국적 목표를 추구하는 데 도움이 될 위험이 있다고 보았다.

결국 닉슨의 접근 방식이 소련의 계산법에 강력한 영향을 미쳤다. 닉슨이 1971년 7월 15일에 중국에 방문할 의지가 있다고 선언하고는 3주 뒤 모스크바에 정상회담을 제안했다. 또 닉슨이 북베트남에 폭격을 가하고 하이퐁 항에 기뢰를 부설하라고 명령한 지 고작 3주 만이자 베이징 정상회담 3개월 만인 1972년 5월에 모스크바에서 1주일 동안 미·소 정상회담이 진행되었

---

* 주로 군대에서 복합적인 임무를 수행하기 위해 그 목적을 확인하고 원인과 결과를 분석해서 전략을 세우는 노력을 가리키며 쓰는 말이다. ─ 옮긴이

다는 사실은 소련이 대미 관계를 얼마나 안정시키고 싶어 했는지 잘 보여 주었다. 이 정상회담에서 닉슨과 브레즈네프가 전략무기제한협정, 탄도탄 요격미사일(ABM)협정, 해양사고협정을 체결하면서 닉슨이 첫 취임 연설에서 밝힌 것처럼 "평화 체제" 강화에 몇 걸음 더 다가가게 되었다. 이 과정은 1974년 지하핵실험금지조약 및 그 뒤 포드 정부가 합의한 1975년 헬싱키선언으로 계속 이어졌다.

이 협정들은 닉슨의 대외 정책과 관련되고 논쟁을 불러일으킨 표현인 데 탕트를 뚜렷하게 보여 주었다. '느슨하게 하다'를 뜻하는 프랑스어 '데탕드르(détendre)'에서 비롯해 수수께끼 같던 이 말은 강대국 간 긴장 완화를 가리켰다. 주요 반대자들은 미국의 외교가 소비에트 체제를 비롯한 적대 세력을 약화하고 결국 파괴하는 데 초점을 맞춰야 한다고 했다. 하지만 닉슨과 나는 대량 파괴 무기와 기타 분야의 혁명적 기술이 발달한 이 시대에 체제 자체를 전복시키는 게 가장 큰 목표라고 선언해 버린다면 모든 논쟁이 궁극의 대립으로 이어질 위험을 감수해야 할 것이라고 주장했다. 그래서 닉슨과 나는 여러 선택 사항을 통해 미국의 전략적 이익을 지키는 외교와 강력한 군사적 기반을 결합하는 방식을 선호했다.

데탕트의 또 다른 목적은 미·소 관계의 주요 측면에서 소련에 지분을 제공하는 것이었다. 소련이 책임감 있게 행동하면 관계를 발전시키고, 압박이 심해지는 시기에는 관계를 축소하거나 변경하려고 했다. 힘을 이용하는 방식과 외교를 이용하는 방식을 동시에 논의하며 같은 전략의 일환으로 이용했다. 앞으로 살펴보겠지만, 미국은 1970년 요르단 위기와 1971년 남아시아 분쟁과 1973년 중동전쟁 등 위험성이 큰 문제에 강력하게 대응하는 한편 상대방이 행동을 자제할 만한 동기를 최대한 부여했다. 또한 적과 공존할 가능성을 언제나 열어 두었다.

유럽 방문

닉슨은 취임 한 달 뒤인 1969년 2월 23일부터 3월 2일까지 대통령으로서 첫 해외 방문에 나섰다. 베트남전과 중동 정책에 관한 의견 차이가 미국과 유럽 동맹국의 관계를 껄끄럽게 한 상황에서 "새로운 협력 정신을 회복"하겠다는 것이 명시적 목적이었다.

그러나 이 숭고한 방문 목적이 새로운 징체성을 추구하던 유럽의 복잡한 상황과 충돌했다. 유럽 대륙이 2차세계대전의 폐허를 딛고 상당한 경제 회복을 이루었으나, 공동 기구를 만드는 과정을 시작한 지 얼마 안 됐으며 공동의 지정학적 전략을 고안하겠다는 공공연한 목표에 이르기까지는 갈 길이 먼 상태였다. 그 전 4세기 동안 유럽인들은 군사적 역량과 정치철학을 통해 세계의 형성을 주도했다. 그러나 이때 유럽 국가들은 무엇보다 군사력에 기초한 소련의 압박을 두려워하고 있었다. 결국 동맹국들은 NATO를 통한 미국의 군사적 지원이 반드시 필요하다고 여겼으나 한편으로는 정치적 그리고 특히 경제적 미래를 구상하는 데 자주성을 회복할 방안을 모색하고 있었다.

닉슨은 1948년 마셜플랜의 전조인 1947년 허터 위원회에 의원으로 참여하며 대외 정책에 처음 뛰어들었다. 그해 가을 위원회의 유럽 방문을 계기로 닉슨은 미국과 유럽 대륙 간 유기적 연결 고리를 만들겠다고 결심했다. 이때까지만 해도 유럽은 대미 관계를 진전시키기 위해 애쓰고 있었다. 그러나 사반세기 뒤 닉슨이 대통령이 되었을 때 유럽 지도자들은 대륙 내부의 발전에 집중하고 있었으며 미국과 정치적 동반자 관계를 개선하는 데는 명목상으로만 참여했다.

게다가 닉슨이 방문하고 1년 새 유럽의 모든 주요 국가에서 내부적 이유로 정권이 바뀌어 상황이 더욱 복잡해졌다. 유럽연합의 전신인 유럽공동체에 영국이 가입하지 못하도록 두 번이나 거부권을 행사한 드골이 두 달 뒤 퇴임하면서 퐁피두가 그 뒤를 이었다. 기본적으로 아데나워의 행보를 따르던 독일 총리 키징거도 그해가 가기 전에 교체되고 그 자리는 동방정책의 비호하에 소련에 더 유연한 정책을 펼치던 브란트가 차지했다.* 영국에서는 해럴드 윌슨(Harold Wilson) 총리가 선거에서 패배하고, 미국과 영국의 오랜 관계를 공고히 하기보다는 통합 유럽에서 영국이 설 자리를 확보하는 데 훨씬 더 무게를 두고 런던과 워싱턴의 거리를 유지하려고 한 보수당 대표 에드워드 히스(Edward Heath)가 그를 대신했다. 그래서 닉슨이 국내 정치의 지평에 초점을 맞춘 일군의 지도자들에게 미국의 장기적 확신을 다시 심어 주는 여정에 오르게 되었다.

8일 방문에 숨은 아이러니는 이뿐이 아니었다. 닉슨이 방문한 국가의 정상들이 소련과 핵무기 통제에 관한 대화를 시작하고 베트남전쟁을 종식할 방안도 논의하는 게 좋겠다고 말했으나, 닉슨이 이들의 권고를 폭넓게 받아들이자 점차 불안이 고조되었다. 닉슨은 브뤼셀에 자리한 NATO 본부에서 "미국이 정당한 절차와 적절한 준비를 바탕으로 폭넓은 문제에 관해 소련과 협상할 것"이라고 선언하며 그 대화가 "유럽 동맹국에 영향을 미칠 것"을 인정하지만 대체로 미국이 독자적으로 협상에 나설 것이라고 밝혔다. 그리고 "협상의 성공 여부는 우리의 단결에 달렸다는 걸 잘 알기 때문에 동맹국과 전적으로 상의하고 협력해서 진행할 것"이라면서 협력과 단결의 유지가 중요하다고 강조했다.[17]

이 연설이 상반된 반응을 불러일으켰다. 유럽 동맹국들은 소련의 위협에 맞서기 위한 미국의 지원을 환영하면서도 실제로 미·소 협상에 따를 결과를 알 수 없어서 불안하다는 반응을 보였다. 얼어붙은 국제 정세에 외교적

---

* 1장 78~79쪽 참조.

유동성을 불어넣겠다는 닉슨의 의도가 알려지면서 찬동과 불안이 뒤섞였으며 "사전에 동맹국들과 진정성 있게 협의"해야 한다는 그의 주장은 오늘날까지 이어지는 동맹의 응집력에 의문을 제기했다.

닉슨 재임기에 미국과 유럽의 관계는 협력과 협의 수준에서 발전을 거듭했으며 그가 개인적으로 NATO에 헌신한다는 점도 잘 알려졌다. 그러나 더 구조적인 문제들이 수면 위로 드러난 채 해결되지 못하고 있었다. 중동이나 아시아처럼 NATO의 영역을 벗어난 곳에서는 어느 정도의 협력이 필요한가? 파편화되는 세계와 폭발하는 기술의 한가운데서 대서양 동맹에는 어느 정도의 단결이 필요한가? 동맹은 어느 정도의 다양성을 견딜 수 있는가?

이런 양가감정이 일어나는 데는 유럽 지도자들이 대부분 자국의 핵심적 안보 이익과는 관련이 없다고 여기던 베트남전쟁도 원인으로 작용했다. 전 세계적 위험을 미국과 유럽이 저마다 다르게 평가하면서 향후 소련에 대한 정치적 접근을 지지하는 독일의 동방정책을 비롯해 더 많은 문제가 생겼다.

닉슨의 임기 3년 차에는 경제적인 면에서 대서양 관계에 상당한 변화가 생겼다. 1944년 브레턴우즈 협정으로 달러와 외국 화폐 사이의 고정환율 제도가 확립되었으며 각 정부가 금을 1온스당 35달러로 교환할 수 있게 되었다. 이 체제가 20여 년간 잘 작동했으나 1960년대 말에 이르는 동안 부담이 커졌다.[18] 서유럽과 일본이 2차세계대전을 딛고 회복하면서 달러 보유량을 늘리기 시작해 1971년에 400억 달러에 이르렀으나 미국이 보유한 금의 가치를 달러로 환산하면 100억 달러 정도였다. 미국이 금 태환을 계속할 수 있을지 더는 자신할 수 없게 되자 프랑스를 비롯한 외국 정부들이 한층 더 많은 금을 달러로 바꿔 달라고 했다.[19]

닉슨은 특유의 성격대로 단호하게 대처했다. 그는 1971년 8월 캠프데이비드에서 사흘 넘게 경제 보좌관들과 의논했다. 연방준비제도 이사회 의장 아서 번스(Arthur Burns)는 브레턴우즈 체제를 유지하려고 한 반면, 재무장관 존 코널리(John Connally)와 예산국장 슐츠는 달러와 금의 연결 고리를 끊는 방식을 선호했다. 슐츠는 한발 더 나아가 새로운 변동환율제를 제안하기도 했다.[20] 슐츠와 코널리의 편에 선 닉슨은 금 태환을 유지할 수 없으며 이를 유지하려 했다가는 달러 투기가 일어날 것으로 판단했다. 8월 15일 일요일, 그가 금 태환의 일시 중단을 선언했다.*

동맹국들은 이런 결정을 일방적으로 내린 것에 대해 불안해했다. 먼저 프랑스가 일시 중단 조치를 강력하게 반대했다. 나중에 대통령이 되는 자유프랑스 장관 지스카르데스탱은 속박이 없다면 미국의 인플레이션이 전 세계 금융 체제에 확산할 수도 있다고 걱정했다.[21] 서독은 이렇게 갑작스럽고 일방적인 변화가 경제적 민족주의의 부활을 예고하는 게 아닌지 우려했다.[22] 이런 우려를 가라앉히고 새로운 장기 통화 체제의 뼈대를 만들기 위해 재무 차관 폴 볼커(Paul Volcker)가 유럽 각국의 관료들을 만나고 다녔다.

이런 노력 끝에 1971년 12월에는 스미스소니언협정을 통해 달러를 평가절하하고 새로운 환율을 확립하게 되었다. 그러나 금본위제 없이는 고정환율을 유지하기가 어렵다는 점이 밝혀지면서 스미스소니언체제는 1973년 2월에 무너지고, 이때부터 주요 국가들이 변동환율제를 채택했다.[23] 변동환율제가 초기에는 우려를 낳았으나 지금도 건재하다. 닉슨이 캠프데이비드에서 내린 극적인 결정이 전 세계 통화 질서를 더 유연하고 궁극적으로는 더 지속 가능한 평형으로 옮겨 주었다.

1973년, 닉슨은 통화 체제를 두고 이어지는 논란과 핵무기 및 베트남전이 일으킨 유럽인들의 불안을 해소하기 위해 '유럽의 해'를 제안했다. 여기에 곧 찾아올 베트남전쟁 종식 이후 유럽과 미국의 장기적 동반자 관계를

---

* 이날 나는 북베트남과 협상하기 위해 파리에 있었다. 3장 214~221쪽 참조.

선언하겠다는 내용이 있었다.

1973년 4월 뉴욕 연설에서 닉슨을 대신해 발언한 내가 미국과 유럽의 동반자 국가들이 1941년 8월 14일에 루스벨트와 처칠이 체결한 대서양헌장을 본떠 그해 말까지 정치적, 전략적 영역에서 공동 목표를 선언하는 방안을 제시했다. 기술 발전에 맞춰 공동의 안보력을 모으고 세계 각지에서 위기가 발생한다는 점을 고려해 공동의 정치적 목표를 정의하는 데 목적이 있었다. 그러나 이 제안은 시기상조였다. 동맹국들은 자국이 당면한 안보와 관련된 전략적 목표를 재정의하는 데는 호의적이었으나 범대서양 정치 통합이라는 세계적 정의에는 반대했다.

닉슨은 NATO 체제를 지지했으며 베를린의 자유를 적극적으로 수호했고, 베를린의 위상을 한층 높이는 데 성공하면서 10여 년간 이어진 위기와 베를린 접근권에 대한 위협에 마침표를 찍었다. 그는 또한 NATO와 유럽 주요국 지도자들 간 정치적 대화가 계속될 수 있게 했다. 닉슨의 임기가 끝난 뒤 미국이 아프가니스탄이나 이라크 등 NATO 지역 밖에서 펼친 작전이 유럽 국가들의 지지를 받았는데, 이는 세계 공통의 목적을 드러내기보다는 러시아에 맞서 유럽을 방어하겠다는 미국의 약속을 유지하려는 활동이었다. 따라서 전 지구적 문제를 해결하기 위해 유럽과 유기적인 관계를 형성한다는 닉슨의 궁극적인 목적은 오늘날에도 의미 있는 안건이다.

베트남전쟁과 그 결과

닉슨 취임 당시 미국은 이미 20년 가까이 베트남에 개입하고 있었다. 그가 취임한 1969년 1월까지 미군 병사 3만 명이 전투에서 목숨을 잃었고, 폭력 시위를 포함해 수많은 반전 시위가 전국 곳곳에서 일어났다. 대선 이후 내가 닉슨과 처음 만난 피에르호텔에서 그는 첫 번째 임기 중에 베트남전을 반드시 끝내겠다고 강조했다. 전사자 유족이 미국의 명예에 걸맞은 결말을 보게 할 것이라는 다짐도 했다. 그리고 소련과 연계 외교를 해서 이런 목표를 이루려고 했다. 중국과 수교한다는 생각도 한몫했다고 짐작할 수 있다. 그러나 닉슨이 원칙을 저버리지는 않을 터였다. 미국의 리더십을 회복하고 궁극적으로 일신하는 데 자유민의 안보와 세계의 평화 및 발전이 달려 있었다. 군사적, 정치적 작업도 계속해야 했다.

미국은 일찍이 트루먼 대통령 재임기부터 군사고문을 보내 공산주의자들의 반란에서 남베트남을 방어하는 데 개입하고 있었다. 아이젠하워는 미국의 원조를 확대하고, 사이공 주재 미국 대사관에 파견된 군사고문의 수를 35명에서 1956년까지 거의 700명으로 늘렸다.[24] 임기 막바지에는 남베트남과 국경을 맞대고 있는 약소 중립국인 라오스와 캄보디아에 북베트남인이 침입해서 만든 새 보급로들이 사이공의 안전에 위협이 되고 있기 때문에 이를 저지해야 한다고 결론지었다.

나중에 호찌민루트라고 불리는 이 보급망은 길이가 1000킬로미터 가까이 되는 남베트남의 서쪽 국경을 따라 험한 밀림에 있었기 때문에 발견하거나 표적으로 삼거나 가로채기가 쉽지 않았다. 호찌민루트는 남베트남 정부를 약화하고 궁극적으로 타도하려는 북베트남 전략의 핵심으로 자리 잡았다.

대통령이 바뀐 1960년에 아이젠하워가 후임인 케네디에게 이 지역에 미국의 전투 병력을 배치하고, 국경을 접한 중립국이 습격당하지 않도록 하라고 조언했다. 케네디는 이 조언을 곧바로 행동에 옮기는 대신 하노이와 협상해서 정치적 해결책을 찾으려고 했다. 그 결과, 1962년에 라오스 중립에 관한 협정을 맺을 수 있었다. 그러나 그 뒤 하노이가 약속을 어기고 침입을 확대해 나가자 케네디가 이에 대응해 미군 1만 5000명을 파견하며 남베트남 전투부대를 훈련하라고 명령했다. 그리고 남베트남의 독재자 응오딘지엠(Ngo Dinh Diem)에게 폭넓은 지지층이 없고 승리를 향한 정치적 의지도 약하다고 본 케네디 정부는 그를 축출하도록 남베트남 군부를 부추겼다. 그렇게 쿠데타가 일어나고 응오딘지엠이 1963년 11월 2일에 암살되면서 남베트남 정부는 말 그대로 정부가 가장 큰 전리품인 내전의 한복판에 포위된 채 공백 상태에 빠졌다. 북베트남은 이 기회를 이용해 정규군 전투부대를 편입시키면서 게릴라를 강화했다.

케네디가 암살당한 1963년 11월 22일 이후 존슨은 케네디 정부에서 꾸려진 국가 안보 참모진의 조언에 따라 베트남 관련 병력을 확충했다. 이에 반대한 사람은 국무 차관 조지 볼(George Ball)뿐이었다.* 그러나 얼마 안 가 존슨은 이 지역의 정치적 모호성 탓에 군사전략을 수립하기가 더 복잡하다는 걸 깨달았다.

엄청난 규모의 군대를 그토록 멀리 둔 미국은 전쟁을 빠르게 끝내야만 한다는 압박을 느끼게 되었다. 그러나 하노이는 분쟁을 질질 끌면서 미국을 심리적으로 지치게 하는 전략을 썼다. 기계화된 군대와 밀림에 기반을 둔 게릴라가 교전할 때는 유리한 게릴라가 이기기 마련이다. 북베트남은 1969년 1월까지 미군의 힘이 닿지 않는 라오스의 서부 3분의 1 정도와 캄보디아 일부 지역을 차지하고 이곳을 통해 물자 대부분을 남베트남으로 수

---

* 당시 일반적이던 관점에 따라 존슨은 아시아의 공산주의 문제가 1940년대와 1950년대 유럽의 공산주의 문제와 성격이 같기 때문에, 위협받는 대중이 자유를 추구하며 결집할 수 있도록 안전선을 긋는 것으로 저지할 수 있다고 생각했다. 그러나 불행하게도 둘 사이에는 중요한 차이가 있었다. 유럽 사회는 본질적으로 응집력이 있어서 안전만 확보되면 역사적 정체성을 재건할 수 있었다. 반면에, 인도차이나는 인종적으로 분열된 데다 내전이 안 벌어진 땅이 없었다. 그래서 이곳의 공격은 지리적 경계를 따라 일어나는 데 그치지 않고 시민사회 내부에서도 일어났다. 1965년에 마오쩌둥의 대리인 린뱌오(林彪)가 전 세계의 지방 사람들에게 모두 봉기해 도시를 무찌르자고 촉구하는 성명을 발표했다. 케네디 정부와 존슨 정부는 이를 두고 공산주의자들이 인도차이나를 첫 무대로 삼아 세계적 운동을 일으킨 셈이라고 해석했다.

송하면서 사이공을 포함해 남베트남 최남단 지역을 위협했다. 따라서 이 곳은 미국 내 인내심을 전략적으로 시험하는 병참 구실을 했고, 이 전략의 바탕에는 북베트남의 팜반동(Pham Van Dong) 총리가 《뉴욕타임스(New York Times)》 특파원 해리슨 솔즈베리(Harrison Salisbury)에게 말한 대로 미국인보다 북베트남인이 베트남에 더 헌신하며 본질적으로 베트남을 위해 목숨을 바칠 준비는 미국인보다 베트남인이 더 잘 되었다는 믿음이 있었다.[25]

전장에서 교착상태가 이어지고 사상자가 늘어나면서 미국 내 전선이 분열했다. 존슨 정부 시기에 목표와 실행 가능성을 두고 각 대학에서 벌어진 논쟁이 시발점이었다. 닉슨이 취임했을 때는 미국이 품은 가치와 미국이 쓰는 수단의 관계를 놓고 갈등이 폭발했다. 베트남전이 정당한가? 만약 정당하지 않다면, 참전 자체를 그만두는 편이 낫지 않은가? 후자가 처음에는 급진적 견해로 여겨졌으나 오래지 않아 다양한 부문의 미국 엘리트층 사이에서 일반적인 견해로 자리 잡았다.

미국 예외주의가 이때 정반대의 결과를 지향하고 있었다. 2차세계대전 뒤로 미국이 국제적 책임을 도맡을 수 있도록 고무하고 지탱하던 정의로운 이상주의가 베트남에 관해서는 미국의 세계적 구실을 전면 부인했다. 베트남이 쏘아 올린 신념의 위기가 베트남전을 넘어 미국의 목표 자체의 특성과 본질까지 뒤흔들었다.

대학의 성토대회가 대규모 시위에 흡수되면서 사태가 심각해지고, 대선이 열리는 1968년에 이르자 존슨 대통령이 군사기지 말고는 공개 석상에 얼굴을 내밀지 못하는 지경에 이르렀다. 그러나 베트남전에서 일방적으로 철수하는 방안에 대한 여론도 좋지 않았다. 민주당 대선 후보 휴버트 험프리(Hubert Humphrey)와 공화당 대선 후보 닉슨이 모두 일방적 철수를 반대하며 협상을 통해 전쟁을 끝낼 방법을 강구하겠다고 공약했다.

닉슨이 방법을 분명하게 특정하지는 않았으나 새로운 접근 방식이 될 것이라고 했고, 민주당의 '시위' 강령은 구체적인 사안 없이 철수를 이야기했다. 미국과 북베트남이 모두 남베트남에서 병력을 철수해야 한다고 촉구하는 강령 항목을 두고 민주당 내부에 분열이 발생했으며 8월 전당대회에서는 폭동이 일어났다. 상원의원 에드워드 '테드' 케네디(Edward 'Ted' Kennedy)를 비롯한 비둘기파 민주당 의원들이 구상한 미군 철수 계획에서 그 규모는 '상당수'로만 명시되었다.[26]

나와 처음 만난 이후 닉슨은 늘 미국이 세계에서 지도적인 구실을 하려면 베트남에서 명예롭게 마무리를 지어야 한다고 주장했다. 대선 후 과도기를 지나는 동안 우리는 자유를 위해 싸운 인도차이나 국민에게 스스로 운명을 결정할 기회를 주는 게 명예로운 마무리라고 정의하는 데 이르렀다. 당시 미국 내 시위에서는 일방적 철수를 외치고 있었으나 닉슨은 강경하게 반대했다. 그는 국익을 수호하려면 승리와 후퇴 사이에서 길을 찾아야 한다고 생각했다. 그가 보기에 무조건 철수는 정신적·지정학적 포기로 가는 길, 다시 말해 국제 질서에서 미국이 담당하는 중요성을 크게 해치는 길이었다.

취임 후 닉슨은 일방적 철수를 거부할 실질적인 이유를 찾았다. 합동참모본부 추산에 따르면 병력 50만 명과 장비의 철수를 준비하는 데 16개월이 걸릴 터였다. 합동참모본부가 이 방안 자체를 싫어했다는 점이 추산에 반영되었을 가능성을 감안해도, 2021년 아프가니스탄에서 미군 5000명을 철수할 때 벌어진 혼란을 보면 전쟁 상황에서 일방적 철수가 어떤 무질서를 낳는지 잘 알 수 있다. 1969년 베트남에서는 15만 명 이상의 미군이 적어도 80만 명 이상의 북베트남인과 대치하고 있었으며 이와 비슷한 수의 남베트남인도 미국에 배신감을 느끼고 적의를 품거나 공황에 빠질 수 있었다.

그래서 닉슨은 공약한 대로 소련과 연계 외교를 통해 상황을 타개하려고 했다. 닉슨이 취임한 지 3주도 안 돼 어떤 군사행동도 하지 않은 시점에 북베트남이 공세로 나서면서 임기 첫 6개월 동안 미군 6000명이 사망했으나[27] 닉슨은 이에 맞서 연계 외교 전략을 고수했다.

닉슨은 외교와 압력을 적절히 이용해서 모스크바가 하노이를 더는 지원하지 않게 하려고 했다. 우리 참모진은 미국이 북베트남에 허용할 준비가 된 사안을 가능하다면 모스크바를 통해 전달하는 예비 외교 계획안을 마련했다. 이와 동시에 '덕훅(Duck Hook)'이라는 암호명으로 봉쇄와 폭격 재개가 핵심인 군사 활동 확대안도 마련했다.* 만약 모스크바가 우리 제안을 거절할 경우 닉슨은 군사력을 동원해 강제하려고 했다. (돌이켜 보면 이로부터 3년 뒤 1972년 5월 하노이의 부활절 전면 공격에 대응해 군사 활동 확대안이 대부분 실현되었다.)

존슨 정부에서 북베트남과 협상을 맡던 사이러스 밴스(Cyrus Vance)는 우리 제안에 긍정적인 반응이 돌아올 때 특별 협상자로 임명한다면 이를 받아들일 준비가 된 듯했다. 닉슨의 승인을 받은 나는 이 계획을 세부 내용은 빼고 미국 주재 소련 대사 아나톨리 도브리닌(Anatoly Dobrynin)에게 전달했다. 모스크바에서 답이 오진 않았다. 그러나 내가 처음으로 북베트남인들과 마주한 1969년 8월 회담에서 외교 차관 쑤언투이(Xuan Thuy)는 그 제안에 대해 안다는 것을 은연중에 드러내며 하노이는 절대 제삼자를 통해 협상하지 않는다는 이유로 제안을 거절했다.

외교적 방안을 검토하고 있던 1969년 7월 25일, 닉슨이 동남아시아에 대한 포괄적 전략을 전 세계에 공개했다.[28] 그는 달 탐사에서 막 돌아온 미국인 우주인들을 만나 인사한 직후 세계 순방 일정으로 방문한 서태평양의 섬 괌이라는 뜻밖의 지역을 연설 장소로 택했다.

---

* 이런 이름이 붙은 이유에 관해서는 내게 기억이나 기록이 없다.

기자회견에서 즉흥적으로 한 말 같았지만 사실 백악관에서 공들여 준비하고 순방에 나선 뒤에도 가다듬은 이 연설에서 닉슨은 동남아시아 정책이 미국과 지역 동반자의 관계를 공고히 하는 방안이라고 설명했다. 공산주의자들의 중국, 북한, 북베트남이 제기하는 위험을 언급한 뒤 "아시아 국가들이 미국에 너무 의존하게 되는" 정책 때문에 미국이 "지금 베트남에서 치르고 있는 것과 같은 분쟁에 휘말렸다"면서 이런 정책을 피해야 한다고 주장했다. 순방 취재단이 자연스럽게 더 자세한 내용을 물었고, 닉슨은 이에 대한 답변도 준비해 두었다. 그가 이렇게 말했다.

우리와 모든 아시아 친선국의 관계에서 미국이 두 가지는 다소 단호한 태도를 보여야 할 때가 왔다고 생각합니다. 첫째, 우리는 모든 조약상의 책임을 앞으로도 다할 것이며 (……) 그러나 둘째, 국내 안보 문제에 관해서라면, 주요 강대국이 핵무기를 포함한 위협을 가하는 경우를 제외한 군사적 방어에 관해서라면 미국은 아시아 국가들이 점차 스스로 해결하고 그에 대한 책임을 지도록 격려할 것이며 이를 기대할 권리가 있습니다.[29]

닉슨 독트린으로 알려진 것에는 세 가지 주요 원칙이 있다.

· 미국은 앞으로도 모든 조약상의 책임을 다한다.
· 미국의 동맹국 또는 미국이 보기에 미국의 안보 및 지역 전반의 안보를 위해 반드시 생존해야 하는 국가의 자유를 핵무기가 위협할 때 이에 대한 방어책을 제공한다.
· 여타 공격, 즉 핵무기를 제외한 재래식 공격이 관련된 경우 미국은 요청에 따라 군사적·경제적 지원을 할 수 있다. 그러나 미국은 직접 위협받는 국가가 1차적 책임을 맡아 자국의 방어에 필요한 인력을 마련하리라고 기대한다.[30]

훗날 '베트남화'로 불리는 이 정책하에 미국은 앞에 제시한 세 번째 원칙에 따라 사이공이 자국을 직접 방어할 만큼 강해질 때까지 버틸 수 있도록 항공 지원뿐만 아니라 군사 장비와 훈련도 계속 제공할 터였다. 닉슨 독트린의 목적은 미국의 결의를 보이고 남베트남 국민이 직접 자국의 미래를 결정하는 정치적 결과에 하노이가 동의할 수 있도록 남베트남의 능력을 충분히 끌어내는 것이었다.

닉슨은 한국과 태국을 비롯한 동맹국에 관한 약속을 계속 이행할 뿐만 아니라 여타 아시아 국가들에 대해서도 암묵적으로 중국과 소련을 비롯한 핵 강국의 위협을 받는 경우 방어하겠다고 맹세했다. 전임 대통령들의 정책과 달라진 부분은 위협받는 국가의 자국 방어에 대한 책임을 미국의 원조 수준과 연결했다는 것이다. 여기에는 베트남전쟁을 끝내기 위해 협상한다고 해서 아시아에서 전략적으로 철수한다는 뜻은 아님을 미국의 역할에 대한 신뢰를 생존의 기반으로 삼은 국가들에게 다시 확인시킨다는 목적이 깔려 있었다.[*]

한편 북베트남과 진행하는 공식 협상은 존슨 대통령 임기에 시작되어 닉슨 임기까지 이어졌다. 하노이, 미국, 사이공 정부와 남베트남 민족해방전선의 대표단이 매주 파리 마제스틱호텔에 모여 협상을 벌였다. 하노이는 결코 이 협상을 외교 과정으로 여기지 않았으며 오히려 미국의 의지를 꺾고 이른바 "위법한" 남베트남 정부를 타도하기 위해 심리적 전략을 펼칠 무대라고 보았다.

1968년 선거운동의 마지막 며칠 동안 존슨 대통령이 그토록 큰 희망을 걸고 있다고 선언한 이 협상에서 하노이는 무엇보다 남베트남과 대면하는

---

[*] 닉슨이 세계 순방에 나서기 직전인 6월에 병력 3만 명을 철수한다는 계획이 발표되었다. 이 감축이 괌 선언의 기반을 마련하기 위해 고안된 장치였으나 전략상으로는 너무 일찍 공개된 듯하다.

것을 전면 거부했으며 나중에는 공산주의 계열 민족해방전선이 남베트남인을 대표하는 협상 상대라고 주장했다. 남베트남 대표를 자처하는 두 세력이 모두 공식 협상에 참여하기로 타협하자, 하노이는 실질적인 문제에 관한 논의를 전면 거부했다. 미국이 지치거나 국내 불화를 못 견디고 동맹국인 남베트남을 포기할 때까지 협상을 지연하려는 것이었다. 쑤언투이가 북베트남 측을 이끌던 이 마제스틱호텔의 공식 포럼은 4년간 협상이라는 자리에서 아무 진전도 이루지 못하고 공허한 형식적 선언만 남겼다는 이례적 위업을 이루었다.

1969년 여름, 닉슨이 우리가 구상한 명예로운 결과를 실현하기 위해 모스크바 채널을 고려했다. 그러나 그는 압박을 늘리는 방안을 채택하기에 앞서 마지막으로 협상에 다시 힘을 써 보기로 했다. 여기에 두 부분이 있었다. 세계 순방에서 파리로 파견된 내가 1969년 8월 4일에 쑤언투이를 만났다. 처음으로 비밀리에 열린 이 회의가 이듬해 4월에 나와 레둑토(Le Duc Tho)의 비밀 소통 경로로 발전했다.

이 회담은 NATO 회원국 가운데 유일하게 하노이와 외교 관계를 유지하고 있던 프랑스의 하노이 대사 장 생트니(Jean Sainteny)가 주선했다. 그의 아내가 나와 친구로 지냈는데, 내가 지도한 하버드대학교 여름학교의 국제 세미나에 3개월간 참석한 게 계기였다. 닉슨 백악관과 베트남 관료의 첫 번째 비밀 회담이 리볼리가에 자리한 생트니의 우아한 아파트에서 열렸다. 생트니는 가구를 부수지는 말라는 명령과 함께 우리를 베트남 관료들에게 소개했다.

이 자리에서 펼쳐진 논의는 그 뒤 3년의 교착상태를 미리 보여 주었다. 쑤언투이는 독립을 향한 베트남인들의 투쟁이 대서사시와 같다면서 하노이가 여기에 마침표를 찍기 위해 결단했다는 이야기를 들려주었다. 하노이의 전제 조건 제시로 끝나는 것을 그다음 몇 년 동안 수도 없이 들었다. 나는 우리가 공산주의자를 포함해 모든 집단이 참여할 수 있는 정치과정을 바탕으로 협상할 의지가 있다고 설명했다.

닉슨은 내게 이 기회를 이용해 과감한 조치를 취하라고 지시했다. 나는 만약 11월 1일까지 어떤 협상 경로에서도 우리의 제안에 의미 있는 답을 주지 않는다면 외교가 아닌 수단을 고려할 수밖에 없다고 전해야 했다. 군사 행동을 암시하는 말이었다. 이에 쑤언투이는 내가 만나 본 모든 베트남인 협상가들과 마찬가지로 흠잡을 데 없이 예의를 갖추면서 하노이의 선결 조건, 즉 모든 미군이 철수하고 사이공 정부를 타도하기 전까지는 유의미한 협상이 진행될 수 없다는 말만 반복했다.

이런 조건을 논의할 생각이 없던 닉슨은 10월 20일 백악관에서 소련 대사 도브리닌에게 다시 최후통첩을 전하기로 했다. 닉슨이 집무실 책상에 놓여 있던 노란색 노트를 집어 도브리닌에게 건네며 "메모하는 편이 좋을 것"이라고 말했다.[31] 도브리닌은 확인차 몇 가지를 묻고는 내용을 잘 모르겠다고 변명했다. 모스크바와 하노이에 최종 기일을 못 박으려는 닉슨은 베트남에 관한 연설을 11월 3일로 계획하며 최종 기일을 강조했다. 이 연설은 그가 남긴 가장 감명 깊은 연설이 되었다.

몇 주씩 워싱턴을 마비시킨 시위를 잠재우기 위해 닉슨이 미국의 "침묵하는 다수"에게 호소하면서 명예로운 평화를 위해 군건히 버텨 달라고 당부했다.

미국이 세계에서 가장 강력한 나라일 때 다른 곳에 힘을 쏟느라 수백만 명의 평화와 자유가 걸린 마지막 희망이 전체주의의 무력에 눌려 사라졌다고 역사가들이 기록하게 해서는 안 됩니다.

그래서 오늘 밤 저는 여러분, 침묵하는 다수의 우리 동료 미국인들에게 지지를 청합니다.[32]

그러나 닉슨은 내가 아는 한 유일무이하게 자신이 공표한 노선에서 한 발 물러났다. 11월의 최종 기일이 가까워졌는데도 하노이의 태도나 대통령의 결단이 모두 변하지 않았기 때문에, 나는 안보보좌관으로서 중대한 결정이 필요한 문제를 분석해서 대통령에게 올릴 의무를 진다는 원칙에 따라 두 가지 문건을 작성했다.

첫 번째 문건은 우리가 합의한 목적들을 정말 베트남화를 통해 이룰 수 있는지 묻는 것이었다. 하루 뒤에 올린 두 번째 문건에는 기존 전략의 외교적 해결 방안을 끌어낼 보상책에 관한 분석이 담겨 있었다.[33] 닉슨은 사실상 기존 노선을 유지하기로 했다.

앞서 자신이 위협적으로 내세웠으며 실제로 보좌관들이 준비하고 있던 군사행동 확대를 피하는 한편 하노이와 국내 시위대가 요구하는 일방적 철수도 피하려 한 닉슨은 기본적으로 앞서 괌 기자회견에서 설명한 베트남화 과정을 택했다.

11월 3일 연설에서 이 전략을 설명한 닉슨은 미군을 점진적으로 철수하는 한편 남베트남이 자국의 운명을 직접 결정한다는 정치적 결과가 수용될 만큼 사이공이 강해질 때까지 협상을 이어 가겠다고 했다. 국방 장관 레어드가 전개하고 닉슨이 공표한 이 베트남화 전략에는 미군이 점진적으로 철수한 자리를 남베트남군이 대신하는 절차가 담겨 있었다. 연설 시점에 이미 대략 10만 명의 미군 철수가 진행되고 있었다.

당시 나는 닉슨의 결정에 안심하지 못했다. 그러나 오랜 세월 다른 대안들로 미루어 생각해 본 뒤에는 그가 더 현명한 길을 택했다는 결론에 다다랐다. 만약 그가 첫 직감을 그대로 따랐다면 내각 위기가 발생하는 데 그치지 않고 주요 도시마다 항의 시위가 일어나면서 국가가 마비될 수도 있었다. 이때만 해도 중국 수교는 구상 단계였고, 베이징에서 첫 답변이 오지 않은 상태였다.* 중동과 베를린에서 여전히 힘을 과시하는 소련과 협상하는 것도 아직 탐사 단계에 있었다. 게다가 이 중대한 한 해가 시작될 무렵에는 유럽의 미국 동맹국들이 닉슨의 유럽 방문 중에 동남아시아 전쟁에 대한 염증을 드러내기도 했다.

그래서 내가 처음에는 의구심을 품었어도 그 뒤 몇 년 동안 닉슨의 결정을 실행에 옮기면서 확신을 품게 되었다. 닉슨과 나는 미국의 전략적 신뢰도가 신흥 국제 체제의 안정을 뒷받침해야 하며 특히 중국과 러시아에 관련해서 흔들리는 모습을 보이면 안 된다고 믿었다. 엘리트층의 비웃음 속에서도 닉슨은 베트남에서 굴욕적인 패배를 피하고 나라의 아들들을 끝이 보이지 않는 전투에 그만 내보내겠다고 미국의 침묵하는 다수에게 약속했으며 이를 지키기 위해 애썼다. 이런 목표들이 서로 양립할 수 있는지를 두고 닉슨의 참모진 내부에서 고찰할 뿐만 아니라 국가적 논쟁이 끊이지 않으면서 여러 제약이 생겨났다.

하노이가 그 전 수십 년 동안 프랑스 및 미국과 싸운 것은 정치적 과정이나 협상을 통한 타협을 위해서가 아니라 오직 완전한 정치적 승리를 위해서였다. 이때 닉슨이 모든 협상 경로를 살펴보기 위해 하노이와 정치적 비밀회의를 재개했다. 하노이는 정치국 일원인 레둑토를 최고 협상자로 파리에 파견했고, 내가 그와 3개월 동안 거의 매일 마주했다. 그러나 이런 비밀회의도 공식 협상과 비교할 때나 실질적이었으며 그마저도 중요한 내용은 다루지 못했다. 레둑토는 회의가 열릴 때마다 미국인이 베트남에 대해 저질렀다는 범죄를 열거한 성명문을 읽었다. 하노이의 최소 조건이자 최대 조건은 조금도 변하지 않았다. 평화를 사랑하는 사람들이 사이공 정부에 자리하고 모든 미군이 철수할 때까지 협상할 수 없다는 조건이었다. "평화를 사랑"한다는 게 어떤 뜻인지 말해 보니, 남베트남의 정계에 그 기준에 부합하

---

* 3장 232~234쪽 참조.

는 사람은 단 한 명도 없었다.

닉슨은 꿈쩍도 하지 않았다. 2년 뒤인 1972년 1월 25일, 그가 2년에 걸친 레둑토와 나의 비밀 협상 기록을 공개했다. 닉슨이 평화적인 방법을 경시한다고 오랫동안 비난하던 언론으로서는 깜짝 놀랄 일이었다. 그날 저녁 연설에서 닉슨은 1969년 11월 3일 연설 이후 소리 없이 채택된 전략대로 휴전과 남베트남 자치 정부 그리고 미군 철수를 언급했는데, 사실상 마지막 제안이나 다름없었다.[34]

이에 대해 하노이는 1972년 3월 30일 남베트남에 부활절 공격을 전개하는 것으로 답했다. 북베트남이 1개 사단을 제외하고 모든 전투 사단을 배치해 닉슨 취임 이후 처음으로 성도 꽝트리를 점령했다. 미국에 대선이 있는 해인 데다 군사 활동이 확대되는 가운데 5월로 예정된 모스크바와의 회담을 미국이 위험에 빠뜨리지는 않으리라고 계산한 게 분명했다.

그러나 이때 우리는 베트남화의 전략상 목표를 거의 달성하고 있었다. 미국은 1971년 말까지 모든 전투부대를 철수했다. 닉슨이 취임할 때 50만 명이 넘던 베트남 주재 미군이 1972년 말에는 2만 5000명 이하로 줄었다. 남베트남 지상군은 미군의 항공 지원을 통해 전투를 수행하면서 하노이의 최근 공격을 격퇴하고 있었다. 미군 전사자 수는 1968년에 1만 6899명이었다가 1971년에 2414명 그리고 파리평화협정에 따라 남은 부대를 철수한 1973년에는 68명으로 크게 줄었다.[35]

이런 시기에 부활절 공습이 벌어지면서 닉슨의 대응에 한층 더 관심이 집중되었다. 닉슨의 중국 방문은 냉전 속에서 변화를 일으킨 역사적 첫걸음이었으며 5월 말의 모스크바 정상회담도 기념할 만한 사건이었다. 워싱턴은 한목소리로 군사행동 억제를 지지했다. 그러나 예상대로 닉슨은 이런 접근을 거부했다.

1972년 5월 8일 아침 백악관에서 열린 NSC 회의에서 대통령이 군사행동을 확대해 보복할 경우 모스크바 정상회담과 이를 위해 몇 개월 간 준비한 것들이 위험에 빠질 수 있다는 점을 인정했다. 그러나 아무 조치도 취하지 않거나 베트남의 뜻대로 끌려다닌다면 모스크바와 협상하는 데 기권 기록을 들고 가는 꼴이었다.

닉슨은 이런 인식에 따라 대국민 연설로 미국의 계획을 설명했다. 기본적으로 앞서 1월에 제안한 평화안과 마찬가지로, 합의된 정치적 절차를 거쳐 구성된 사이공 정부를 하노이가 인정하는 대가로 휴전하고 미군을 철수한다는 것이었다. 닉슨이 이렇게 말했다.

이 전쟁에서 우리에게 남은 문제는 두 가지입니다. 첫째, 대규모 침공 앞에서 우리가 가만히 기다리면서 (민간인 직원을 포함한) 미국인 6만 명의 생명을 위험에 빠뜨리고 남베트남인들을 기나긴 공포의 밤에 내버려 두어야 합니까? 그런 일은 없을 겁니다. 우리는 미국인의 생명과 미국의 명예를 지키는 데 필요한 모든 행동에 나서야 합니다. 둘째, 협상 자리의 비타협을 앞에 두고 우리가 적의 편에 서서 남베트남에 공산주의 정권이 들어서도록 도와야 하겠습니까? 그런 일 또한 없을 겁니다. 우리는 관용과 배반을 가르는 선을 넘지 않을 겁니다.[36]

"반신반의하거나 망설이며 실행하든 확신을 품고 올바르게 실행하든 같은 대가를 치른다"는 말을 자주 하던 닉슨이 이 말을 따르려는 듯, 1969년부터 계획한 일련의 조치를 취하라고 명령했다. 북베트남의 항구에 기뢰를 설치하는 한편 위치를 불문하고 병참선을 폭격하는 조치가 더해지면서 1968년부터 발효된 폭격 중단 협약이 파기되었다.

모스크바가 이 문제를 무시하는 편을 택하면서 회담은 예정대로 열렸다. 소련이 봉쇄와 군사행동 확대를 비난했으나 이런 어조는 브레즈네프의 시골 저택에서 함께한 만찬에서만 드러났으며 그에 따른 협박도 없었고, 같은 날 저녁에 외무 장관 안드레이 그로미코(Andrei Gromyko)와 내가 전략무기 제한협정 논의를 재개하며 마무리되었다. 회담 직후에는 소련의 유명무실한 국가원수 니콜라이 포드고르니(Nikolai Podgorny)가 하노이를 방문했는데 보복성 행동은 없었다. 모스크바가 미국의 대중국 주도권을 약화하려는 노력을 그만둘 수 없다고 판단한 듯했다.

7월에는 미국의 동맹국 남베트남이 꽝트리를 다시 점령했다. 하노이는 점차 고립되고 있었다. 소련도 중국도 대중 시위 말고는 하노이에 도움의 손길을 내밀지 않았다. 같은 달, 레둑토와 협상을 다시 시작했다. 그의 공식적인 태도는 변하지 않았으나 말투는 한결 회유적으로 바뀌어 있었다. 그가 만약 돌파구가 마련된다면 얼마나 빨리 최종 협상에 이를 수 있는지 탐색하는 질문을 던졌다. 그러다 10월 8일 회의에서 갑작스레 공식 문서 하나를 소개했다. 레둑토는 이 문서에 "닉슨 대통령의 제안과 똑같이 휴전, 종전, 포로 석방, 군대 철수 등이 담겨 있다"면서 닉슨의 1월 최종 제안을 하노이가 받아들인다는 뜻이라고 설명했다.[37]

레둑토의 설명이 기본적으로는 정확했으나 그 뒤 협상 과정에 드러난 것처럼 여러 함정이 있었다. 그래도 이들이 사이공 정부를 받아들인다는 건 미국의 주요 목표 중 하나가 이루어진 셈이었다. 레둑토가 설명을 끝내자 내가 휴회를 요청했다. 그가 회의실을 나선 뒤 내가 친구이자 특별보좌관인 윈스턴 로드(Winston Lord)에게 "우리가 해낸 것 같다"고 말하며 악수를 나누었다.*

3년 가까이 협상을 늦춘 레둑토는 곧 있을 미국 대선 전에 협상을 마무

---

* 윈스턴은 1970년 캄보디아에 주둔한 하노이 측 기지를 미국이 습격한 데 항의하는 뜻으로 사임하려 했으나, 내가 그에게 백악관 앞에서 항의 플래카드를 드는 것과 작전을 모두 끝낼 때까지 자리를 지키는 것 중 하나를 택해야 한다고 말하자 사임 의사를 철회했다.

리하기 위해 전과 꽤 다른 태도를 보였다. 대선이 끝나면 압도적 과반수로 재선에 성공한 대통령을 마주해야 할지도 모른다는 두려움 때문이었다.

닉슨은 가뜩이나 전쟁 지원에 들어가는 자금을 줄이려 애쓰는 의회가 두 번째 임기에는 더욱 강경해질 가능성이 크다는 걸 알고 있었다. 양측의 전략적 계산이 잠시나마 맞아떨어졌다. 협상을 통한 해결을 주장하던 학자들이 "성숙"이라고 말한 마무리 단계에 드디어 다다른 것이다. 레둑토와 나는 사흘 밤낮을 매달려 최종 문건의 초안을 작성했다. 이 초안은 닉슨과 사이공 측 승인을 받을 터였다. 하노이에서는 작업을 바로 마무리하자며 우리를 압박했고, 평화가 감질날 만큼 가까이 있었다.

그러나 닉슨도 나도 우리 편에서 20년을 싸운 사람들에게 짐을 떠넘기며 전쟁을 끝낼 생각은 없었다. 평화조약만으로는 생존이 걸린 투쟁을 끝낼 수 없다는 것을 잘 안 사이공은 협상 기간을 늘려 세부 사안을 살펴봐야 한다고 주장했다. 북베트남만 인내력이 있지는 않다는 점을 보여 주는 대목이었다. 그러나 사이공이 결론을 늦춘 데는 사실 평화라는 단어에서 전술적인 의의밖에 찾지 못하는 결연한 적과 단둘이 남겨질지도 모른다는 두려움이 숨어 있었다.

닉슨의 첫 임기 동안 펼쳐진 상황과 거의 정반대 상황이 펼쳐지고 있었다. 하노이는 그 전 10년간 회피하던 합의를 마무리하고 앞서 논의한 약속을 지키라고 우리를 압박하면서 협상 중인 문건 전체를 공개했다. 1972년 10월 26일 기자회견에서 나는 협상 진행 상황을 설명하며 우리가 막판 협상에 최선을 다하고 있다고 강조했다. 이때 내가 닉슨의 승인을 받고 "평화가 손 뻗으면 닿을 데 있다"는 표현을 썼다. 그리고 긴박한 상황과 한계를 드러내려고 내가 이렇게 말하며 마무리했다.

우리는 합당한 조항이 마련될 때까지는 합의를 서두르지 않을 것입니다.

합당한 조항이 마련되었을 때는 합의를 외면하지 않을 것입니다. 이런 태도와 상대방의 협력이 있다면 미국이 곧 평화와 단결을 회복할 수 있으리라고 믿습니다.[38]

11월 7일 닉슨이 재선에 성공하자 시간이 자기편이라고 판단한 레둑토가 돌파구를 찾기 전의 지연 전술을 다시 꺼내어 들었다. 12월 초가 되자 닉슨은 하노이가 자신의 두 번째 임기까지 회담을 지연하려 한다고 결론짓고 군사적 표적에 대해 B-52 폭격기를 동원한 항공전을 명령했다. 언론과 국회 그리고 국제사회까지 폭넓게 닉슨의 결정을 비판했다. 그러나 2주 뒤 하노이가 다시 협상 자리로 돌아왔으며 사이공이 요청한 수정안을 받아들였다. 이로써 닉슨이 1년 전에 말한 주요 조건을 포함한 파리평화협정이 1973년 1월 27일에 체결되었다.

사이공, 하노이와 남베트남 공산주의 정부뿐만 아니라 아홉 나라가 파리평화협정을 공식적으로 지지하면서 닉슨표 베트남 정책이 정점에 이르렀다.[39] 3월까지 하노이는 평화협정을 정면으로 어기면서 다시 호찌민루트를 통해 남베트남에 대규모 군사 장비를 침투시켰다. 1973년 4월 초, 닉슨은 하노이의 보급로에 대한 공습을 재개하기로 했다.[40] 모든 미국인 포로가 북베트남에서 벗어나 귀환한 다음인 4월 초로 공습이 예정된 것이다.

그러나 4월 중순부터 백악관 고문 존 딘(John Dean)이 당시 수사 중이던 도청을 비롯한 여러 활동에 백악관이 가담했다는 의혹에 관해 연방검사와 협력하기 시작했다. 이것이 곧 오늘날 워터게이트로 알려진 추문이 되었다. 추문의 영향으로 의구심을 품은 국회는 인도차이나 내 군사행동을 전면 금지했다.

베트남 협정의 효과는 그것을 이행할 의지와 능력에 달려 있었다. 협정의 기반에는 사이공이 조약상 허용된 보급(즉 일대일 교환)을 받기만 한다면 북베트남의 군사력을 버텨낼 수 있다는 점을 앞서 1972년 북베트남의 공세 당시 증명했다는 가정 그리고 전면 공격이 펼쳐진다면 미국의 공군력이 개입한다는 가정이 있었다.*

그러나 워터게이트 조사가 한창인 상황에 지친 대중이 인도차이나 분쟁을 지지할 리는 없었다. 의회는 흉악한 크메르루주가 캄보디아를 지배한다고 비난하며 캄보디아에 대한 군사원조를 철저히 차단하고 남베트남에 대한 경제적, 군사적 원조를 반으로 줄이는 한편 "북베트남, 남베트남, 라오스 또는 캄보디아의 영토나 영공 또는 영해"[41]에서 벌어지는 군사행동을 전면 금지했다. 이런 상황에서는 베트남 협정에 따른 규제를 시행할 방법이 없었고, 하노이를 옥죄던 제약은 자취를 감췄다.

닉슨이 파리평화협정을 통해 명예와 지정학을 융합한 결과를 가져다주었으나 국내에서 벌어진 대실패에 압도되고 말았다. 1974년 8월, 닉슨이 대통령직에서 물러났다. 사이공은 이로부터 8개월 뒤 모든 전투부대를 포함한 북베트남의 공세에 함락되었다. 협정을 보증한 아홉 나라 중 미국을 제외한 어디서도 이에 대해 항의조차 하지 않았다.

베트남전이 촉발한 내분이 미국 사회를 찢어 놓았으며 그 상처가 지금까지도 남아 있다. 이 분쟁 때문에 실질적인 내용보다 정치적 동기와 정체성을 더 많이 다루는 공개 토론 방식이 생겼다. 논쟁에서는 대화가 사라진 자리를 분노가 채웠고, 의견의 불일치는 문화 충돌로 격화되었다. 그 과정에서 미국인들은 당파적 승리나 국내 정적의 파멸이나 서로를 상대로 한 승리 때문이 아니라 그저 공동의 목적과 화해 때문에 미국 사회가 위대해질 수 있었다는 사실을 망각할 위험에 빠졌다.

---

* 1953년 한국의 휴전협정도 이와 비슷한 가정에 기반했다.

강대국 외교와 군비 통제

정치인으로서 닉슨이 중요한 이유는 그가 근본부터 지정학적으로 접근한다는 점에 있었다. 1969년 초 유럽 방문을 마친 그가 동유럽의 소련 위성국에 대한 모스크바의 지배를 약화하기 위해 각 위성국을 미국 외교의 궤도에 끌어들이는 외교적 공세에 나섰다.

같은 해 8월, 루마니아의 독재자 니콜라에 차우셰스쿠(Nicolae Ceauşescu)에게 회담 제의를 받은 닉슨이 미국 대통령으로서는 처음으로 바르샤바조약기구 회원국을 방문했다. 미국 대통령의 방문이라는 상징적 사건을 갈망하던 차우셰스쿠는 닉슨이 제안한 날짜에 본래 계획되어 있던 공산당 대회를 미루고 이 대회에 방문할 예정이던 소련 지도자 브레즈네프의 방문을 취소시켰다. 브레즈네프의 루마니아 방문을 환영하는 플래카드도 모두 없애거나 덧칠을 했다.

루마니아 국민은 닉슨을 열광적인 환호로 맞이했다. 이는 소련의 궤도 내에서 자치권을 확보하려고 차우셰스쿠가 기울인 노력을 배가하기 위해 국가에서 준비한 장치였지만, 한편으로는 자유를 향한 루마니아 국민의 열망을 뚜렷하게 느낄 수 있었다. (닉슨 대통령 수행단의 일원으로 동행한 나는 공산주의 지도층이 누리는 호사 덕분에 실내 수영장이 딸린 거대한 호텔 방에서 머물렀다.) 닉슨은 축사와 공개 논평은 물론이고 차우셰스쿠와의 대담에서도 이런 긍정적인 감정을 독려했다. 닉슨은 또한 차우셰스쿠를 통해 중국과 대화할 길을 트기 위해 그에게 이런 계획에 관한 관심을 내비쳤다. 5개월 뒤 우리는 이 소식이 베이징에 전달된 것을 확인했으며 이때부터 이따금 루마니아를 워싱턴의 소통 경로로 이용했다.

닉슨의 전략적 목표는 소련이 다른 주요 목표에 투입할 자금이나 주의를 분산할 수밖에 없을 정도로 유럽 제국을 유지하는 데 큰 비용이 들어가게 하는 것이었다. 그는 1970년에 유고슬라비아를 방문하고 1972년에 폴란드를 방문하는 등 대통령 임기 전반에 걸쳐 모스크바를 벗어나 자치권을 획득하려는 동유럽 국가들을 방문했다. 브란트가 사회민주당 출신으로는 처음으로 서독 총리가 되자 백악관은 동독, 소련의 위성국 그리고 궁극적으로는 소련과 관계를 정상화하기 위해 브란트가 주도하는 동방정책 구상을 묵인했다. 닉슨은 그가 임기 초반에 아데나워의 정책에서 이탈하는 데 동조하는 한편 그가 연합국과 협의하는 절차를 계속 지키게 했다. 우리는 동방정책을 NATO의 목표와 양립할 수 있는 선에 맞추고 이를 지렛대 삼아 소련의 계획에 대한 영향력을 확보하려고 했다. 돌이켜 보면 미국과 독일연방공화국이 모두 나중에 이 전략의 효과를 보았다.

대통령 취임 후 맞은 첫 한 달의 끝자락에 유럽 방문을 준비하던 닉슨은 도브리닌 대사를 대통령 집무실로 초대해 소련 지도자와 직접 대면하겠다는 뜻을 전했다. 그리고 며칠 뒤 대통령이 여러 가지 민감한 문제에 관해 소련 대사와 소통할 주요 경로로 나를 지목했다.

이런 체제가 양식으로 굳어져 닉슨의 나머지 임기 동안 되풀이되었다. '채널'이라고 불린 키신저-도브리닌 도관이 닉슨과 소련 지도자를 연결했으며 이를 통해 모스크바와 직접 연락하는 관행이 확립되었다. 양측은 이 경로를 통해 양국의 막대한 핵무기 보유량이 세계 질서에 미치는 영향과 핵무기 선취나 갈등 심화 때문에 전 지구적 참사가 벌어지지 않도록 예방하는 방법 같은 문제를 주로 다루었다.

아이젠하워 정부의 부통령이던 닉슨은 핵무기 기술이 전략에 미치는 영향을 오랫동안 고찰했으며 핵무기 위협에 대처하는 방법과 그 무시무시한 무기를 쓰는 이론적 방법을 검토했다. 그는 감당할 수 없을 만큼 해를 끼치는 역량에 기반한 핵 억지력을 내세우는 대량보복 원칙을 이어받았다. 나중에 '상호확증파괴(MAD)'로 수정된 이 원칙은 상황을 마비시키는 딜레마를 완화하고 양측이 군비 증강의 위험성을 냉정하게 계산할 수 있도록 고안한 방법이다. 그러나 "감당할 수 있는" 파괴와 "감당할 수 없는" 파괴를 계산한다는 면에서 사실상 이 이론은 두 차례 세계대전에서 발생한 전체 사망자 수를 뛰어넘는 인명 피해를 고작 몇 시간 안에 일으킬 수 있다는 의미를 담고 있었다.

언젠가 닉슨이 한 언론인에게 핵 시대의 정부 지도자에게 필요한 자질이 여러 가지겠으나 국익을 위해서라면 비이성적으로 행동할 준비가 되어 있다는 점을 드러낼 의지가 꼭 필요하다고 말했다.[42] 닉슨이 이렇게 말한 목적은 국정에 관한 의지를 전한다기보다는 상대에게 깊은 인상을 주려는 데 있었으나, 이 때문에 그가 너무 무모하다는 비난이 거세게 일었다. 그러나 본질적으로 이 발언에는 핵무기 보유국들이 손에 쥔 파괴력에 관한 근본적이고 영속적인 진실이 담겨 있었다.

앞에서 본 것처럼 드골과 아데나워는 연합국이 손에 쥔 무기에 자국의 안보를 맡기는 방안을 경계했다. 그 무기가 가공할 만한 파괴를 일으키지 않고도 분쟁을 해결할 방안을 믿음직스럽게 제시하지 못했기 때문이다. 핵무기 사용에 관해 세 가지 의문점이 제기되었다. 첫째, 자국의 질서를 해칠 가능성이 큰 전쟁도 치를 의지를 적국이나 동맹국에 증명할 수 있는가? 둘째, 궁극적으로 비이성적인 행위를 이성적으로 계산해서 실행할 수 있는가? 셋째, 자멸과 외교 간 균형점을 찾아낼 수 있는가?

거의 80년 전 핵 시대의 동이 틀 때부터 생겨난 이 딜레마들은 아직도 해결되지 않았다. 나가사키 이후 핵무기가 작전에 쓰인 적은 없다. 핵보유국과 비핵 국가 사이에 분쟁이 벌어질 때도 핵보유국은 핵무기에 의지해 승리에 박차를 가하는 대신 재래식 전쟁의 사상자를 떠안는 편을 택했다. 아프가니스탄에서 소련 그리고 한국, 베트남, 이라크에서 미국이 이를 증명한다.

취임 당시 닉슨은 의회의 지출 승인 과정에 미국의 핵전력에 관한 논쟁이 점차 커진다는 점을 잘 알고 있었다. 그래서 그가 몇 년간 하원 세출위원회의 국방분과소위원회 위원장을 맡은 레어드를 국방 장관에 임명했다. 닉슨은 적국이 우수한 핵전력을 개발해 그럴듯한 전략적 위협을 장착하게 되는 상황을 막기로 단단히 마음먹었다. 그가 품은 미사일 방어에 관한 의지와 전략무기의 설계 및 역량을 더욱 다양화하겠다는 목적의식이 레어드가 의회를 헤쳐 나가는 데 도움이 되었다. 또한 레어드는 순항미사일과 이동식 지상 무기를 개발해 미국의 전략적 군사력을 한층 더 유연하고 튼튼하게 만들었다.

둘째, 닉슨은 군비 통제를 중시했다. 1963년에 케네디와 브레즈네프가 체결한 핵실험금지조약은 핵무기 군비 통제에 관한 최초의 공식 조치다. 케네디 대통령이 암살당하고 나흘 뒤, 존슨 대통령이 소련과 전략무기에 관한 협상을 재개하자고 제안했다.[43] 그러나 의제 설정을 위한 예비회담이 일상적인 논쟁에 발목을 잡히면서 양측은 닉슨 당선 직전인 1968년 여름에야 협상을 시작할 조건에 합의했다.[44] 그러나 개최 예정이던 이 회담이 1968년 8월에 소련이 체코슬로바키아를 침공하면서 무산되었다.

이에 따라 소련과 군비 통제 협상을 계속할지 여부는 당선 초기 닉슨이 결정할 일이 되었다. 이 결정은 닉슨 정부의 지향을 상징하게 되었다. 연계 전략을 펼친 닉슨은 베트남 전략이 확정된 뒤에야 소련과 전략무기제한협정을 개시하는 데 공식적으로 동의했다. 1969년 10월, 미국이 군비 통제 협상을 수락한다고 발표했다. 이를 위해서는 기존 행정기관을 조정할 필요가 있었다. 군비 통제가 국방부로서는 새로운 주제였다. 이때까지는 핵전력의 억제가 아니라 개발에 초점을 맞췄기 때문이다. 이 주제를 접한 지 얼마 안 된 군의 고위 관계자들이 군비 통제 협상에 참여하려면 그에 걸맞게 새로운 지휘 체계가 필요했다.

닉슨은 대통령 임기 초반부터 열두 지역에 미사일 방어 체계를 구축해 전국을 방어하는 방안을 제안했으나, 이 제안도 오직 상호확증파괴를 통해서만 전략적 평형을 이룰 수 있다는 기존의 지적 공감대에 부딪혔다. 반대자들은 방어 계획을 전개하면 상호 취약성이 파괴되고 억지력이 떨어진다고 지적했다. 이런 비판과 더불어 많은 의원들이 비용과 효과를 우려하면서 그 예산을 삭감하려고 했다.

냉전의 반대편에서 소련은 미국이 새로 마련한 탄도탄요격미사일의 역량을 다소 높게 추정하고 미국의 방어 체계가 소련의 공격력을 무력화할까봐 두려워했다. 그리고 만약 미국이 미사일 방어력을 갖춘 덕에 소련의 2차 타격 능력을 전보다 덜 두려워하게 된다면, 적국의 무장해제를 위해 선제적 기습 공격을 실행할 가능성이 커진다고 생각했다.

전략무기제한협정을 위한 협상은 시작부터 절차와 순서를 두고 교착상태에 빠졌다. 소련은 방어 무기에 관한 제약부터 협상한 다음에 공격 무기를 다루자고 주장했다. 닉슨은 공격력 제한 협상에 필요한 압력이 되고 미국의 민간인을 보호할 수 있는 방어 체계라는 선택 사항을 가지고 협상에 나서야 한다고 주장했다.

핵무기 제한 협상이 가까워지면서 국내에서는 일련의 새로운 논쟁이 벌어졌다. 진보 진영에서는 전략무기제한협정 협상부터 빨리 시작한 다음 긴장 완화를 위한 협상에 박차를 가하는 편을 지지했다. 그러나 군비 통제가 세계적 의제로 자리 잡으면서 진보주의자와 보수주의자 들이 점차 한목소리로 이런 협상이 공산주의 체제의 권위주의적인 면과 인권 침해라는 근본적인 문제가 아니라 표면적인 문제만을 다룬다고 비판하기 시작했다.

게다가 양측의 핵무기 체계가 상반된 양상을 보인다는 점도 무엇이 평형인지를 가늠하기 어렵게 했다. 소련의 전략 체계는 거대하고 부정확했으며 미국의 무기는 기동력이 좋고 정확했다. 만약 미국이 정확도를 유지한 채 탄두 중량을 더하거나 소련이 탄두 중량을 유지한 채 정확도를 높인다면 양측의 평형이 불안해질 터였다.

몇 달 동안 언쟁만 이어지자 닉슨이 직접 협상에 개입했다. 방어 위치 네 개를 초기 목표로 설정한 그는 1971년 3월 11일에 소련이 요구한 0개 방안을 거부한 뒤, 나에게 도브리닌과 따로 만나 방어 무기와 공격 무기의 관계에 대한 의제 교착상태를 타개하라고 요청했다.[45] 닉슨은 이 비밀회의의 존재를 공개하지 않았는데, 의회가 미사일 방어 체계를 심하게 훼손하고 그 협상 가치를 떨어뜨리지 못하게 한다는 생각이 어느 정도 작용했다.

닉슨이 직접 나서면서 협상은 한층 빠르게 진행되었다. 1971년 3월 말, 도브리닌이라는 소통 경로를 활성화한 내가 닉슨을 대신해 공격 관련 제한과 방어 관련 제한을 동시에 협의하자고 제안했다. 그 뒤 의견 교환을 통해 미국 측 제러드 스미스(Gerard Smith)와 러시아 측 블라디미르 세메노프(Vladimir Semenov)가 빈에서 협상을 벌이는 절차가 마련되었다.[46] 이 협상을 바탕으로 1972년 5월 모스크바에서 열린 닉슨과 브레즈네프의 회담에서 전략무기제한협정(SALT I)이 체결되었다.

닉슨은 협상 계획의 중심에 있었는데도 세부 사안에 그다지 주의를 기울이지 않았다. 협상 주기가 시작될 때마다 우리 보좌관실과 나는 잠재적 발전에 관한 계획을 포함하는 내부 논의를 요약해서 제출했다. 닉슨이 주로 일반적인 원칙에 관해서만 논평했는데, 이 또한 중요한 내용은 아니었다. 협상이 진행되고 있을 때는 내가 매일 저녁 그 내용을 요약해서 그에게 전달했다. 타결을 앞두고 있을 경우 닉슨은 대체로 견해를 내세우지 않았다. 그가 무기 균형에 관한 기술적 논의에는 거의 관심을 두지 않았고, 언제나 세 가지 목표를 분명하게 고수했다. 첫째, 적국이 1차 타격 능력을 확보하지 못하게 할 것. 둘째, 분쟁 발생 시 자동적으로 확대되지 않게 할 것. 셋째, 군비 확대 경쟁을 끝내거나 적어도 완화하겠다는 자신의 의지를 미국 대중에게 증명할 것.

모스크바 정상회담은 핵 시대 들어 처음으로 전략무기를 포괄적으로 제한하는 협정을 낳았다. 양측은 협정을 통해 탄도탄 방어 지역을 두 곳으로 한정하고(ABM협정) 공격적 전략무기 보유량을 당시 수준으로 제한하는 데 합의했으며(SALT I), 해상 사고와 핵 관련 사고를 해결할 방법도 정립했다. 이 회담의 부산물로 미국이 소련과 새로운 협상을 할 때 (프랑스, 영국과) 주도권을 잡았으며 이를 통해 1989년에 장벽이 무너질 때까지 베를린 접근권을 확보하게 된 새로운 협정을 이끌어 냈다.

닉슨은 죽을 때까지 군비 통제가 국제 질서의 기본 요소라고 여겼다. 이 주제에 관한 실질적인 협상은 그 이후 도널드 트럼프(Donald Trump)에 이르기까지 모든 대통령의 임기에 다양하게 진행되었다. 1975년에 포드 정부는 닉슨이 시작한 협정을 마무리하면서 헬싱키협정을 채택했다. 알바니아를 제외한 모든 유럽 국가와 소련과 미국이 안보, 경제 및 인권에 관한 공동 원칙에 합의한다는 내용이었다. 지미 카터(Jimmy Carter) 정부에서는 두 번째 전략무기제한협정을 체결했다. 이 협정은 끝내 상원의 비준을 받지 못했으나 본질적인 내용은 지켜졌다. 로널드 레이건(Ronald Reagan) 정부는 중거리 핵전력 조약을 통해 유일하게 특정 수준의 무기를 전량 폐기하는 군비 통제 협정을 소련과 체결했다. 마지막으로 조지 H. W. 부시(George H. W. Bush) 정부에서 협상한 전략무기감축협정(START I)은 워싱턴과 모스크바 양측이 1991년에 4만 8000개에 이르던 탄두를 2001년에 약 2만 개로 줄여 60퍼센트 가까운 전략무기 감축에 성공했다.[47] 닉슨이 참신하게 시작한 정책이 일반적인 것으로 자리 잡은 셈이다.

소련으로부터 이민

닉슨이 취임할 무렵만 해도 소련에서 미국으로 들어오는 유대인 이민자 수가 연간 수백 명에 그쳤다.[48] 닉슨의 승인에 따라 나는 이념이 아니라 실질적인 면에서 이 문제를 소련 대사 도브리닌에게 맡겼다. 우리가 소련의 이민 관행에 각별한 주의를 기울이고 있다고, 즉 소련이 우리의 우려를 존중한다면 미국이 소련을 최우선적으로 대하는 데 반영될 것이라고 그에게 말했다. 유대인 이민 조건을 개선한다면 미국과 협력을 확대할 수 있을 것이라는 뜻이었다.

도브리닌이 내게 공식적으로 답하지는 않았으나 특히 곤란한 문제를 함께 논의하는 데 동의했다. 닉슨의 첫 번째 임기가 마무리된 1972년까지 소련에서 미국으로 이민한 유대인 수가 연간 3만 명을 넘었다.[49] 닉슨은 선거 운동에서 이런 발전이 자기 공이라고 주장하지 않고 이민자 수가 증가한 것을 발표하지도 않았다. 한편 소련은 이것이 합의에 따른 결과라는 점을 절대 인정하지 않았다.

미국 국내 정치는 이런 전술적 구상을 약화했다. 국제 정세를 진지하게 관찰하는 사람이자 민주당원으로서 닉슨 정부가 적절한 국방 지출을 계속할 수 있도록 초당적 선의를 보이던 워싱턴의 상원의원 헨리 '스쿱' 잭슨(Henry 'Scoop' Jackson)이 유대인 이민 문제를 이념의 틀에 넣었다. 이민 장려 정책이 미국의 공식 외교 노선에 포함되어야 한다고 주장한 그가 소련이 이민과 관련해 어떤 성과를 보이느냐에 따라 미국과 동구권의 무역 관계가 달라지도록 1974년 무역법을 수정하는 방안을 추진했다. 이때부터 이민이 점차 감소세를 보여, 1973년에 3만 5000명 정도 되던 이민자 수가 1975년에는 1만 5000명 밑으로 줄어들었다.[50]

유대인 이민에 관한 닉슨의 목표는 전임 대통령들의 목표와 비슷했다. 그러나 닉슨은 이념 대립을 그때그때 필요에 따라 실용적인 합의에 종속시키는 더 폭넓고 섬세한 방식을 썼다.

중국 수교

1967년, 공직에서 물러나 있던 닉슨이 《포린어페어스(*Foreign Affairs*)》에 중국을 "언제까지나 국가 공동체 밖에" 둘 수는 없다며 새로운 가능성을 시사하는 획기적 글을 실었다.[51] 닉슨은 이런 방안을 거대한 전략의 일환으로 제시하면서, 중국이 전 세계의 반란 세력에 대한 지원을 줄이고 한발 더 나아가 서방과 외교 관계를 수립한다면 세계 평화에 큰 이익이 될 것이라고 강조했다. 그러나 닉슨이 이 글에서 언젠가 외교 관계의 포문을 열 방법을 구체적으로 명시하지는 않았다.

그리고 2년 뒤, 대통령이 된 닉슨에게 수교는 실질적인 문제가 되었다. 당시 중국은 문화혁명의 격통에 빠져 있었다. 대대적인 사상 정화를 계획한 마오쩌둥이 이집트를 제외한 모든 국가에서 중국 대사를 본국으로 불러들였다.* 중국에 대한 최초의 접근은 닉슨 자신이 시작했다. 앞서 본 것처럼 그가 1969년 8월 루마니아 방문 중 차우셰스쿠에게 중국과 수교할 의지를 밝혔고, 차우셰스쿠는 이 제안을 중국에 전하겠다는 뜻을 내비쳤다. 중국에서 돌아오는 답변이 없었는데, 아마 루마니아가 아무리 자주적이라고 해도 위성국인 만큼 소련이 간파하는 것을 중국이 걱정했기 때문일 것이다.[52]

프랑스가 베트남 식민지를 유지하려고 벌인 전쟁을 마무리하는 1954년 제네바회의에서 바르샤바 대사관이 워싱턴과 베이징의 연락 지점으로 지

---

* 다만 폴란드를 비롯해 몇몇 국가에서는 대사급 아래 외교관들이 남았다.

정되었다. 실제로 대사급 회의가 162회 진행되었는데, 매번 양측이 서로 상대편의 전제 조건에 반대하는 것으로 끝났다. 미국은 타이완을 중국에 무조건 반환하기 위한 논의를 거부했고, 베이징은 평화적 수단으로만 자국의 목표를 추구하겠다는 서약을 거부했다. 그 뒤 몇 년 동안은 형식적인 회의조차 열리지 않았다. 그런데 1970년 1월, 우리가 이 소통 경로를 다시 활성화하기로 했다. 내가 폴란드 대사 월터 스토셀(Walter Stoessel)에게 다음에 중국 외교관과 참석하는 행사가 있다면 우리의 대화 제안을 전하라고 지시했다. 스토셀은 이 지시를 내 개인적인 계획에 따른 것으로 생각하고 무시했다. 백악관과 국무부 간에 어떤 경쟁이 있었는지를 상징적으로 보여 주는 사례다. 닉슨이 스토셀을 대통령 집무실로 불러 직접 다시 지시했다. 그 뒤 스토셀이 유고슬라비아의 사교 행사에서 중국 외교관에게 우리 제안을 전달했다. 중국 외교관이 처음에는 못 들은 척 피하다 궁지에 몰리자 스토셀의 전언을 받아들였다.

그리고 2주 뒤 폴란드 주재 중국 대사가 예고 없이 미국 대사관에 찾아와 대화를 시작하기 위한 방침을 전했다. 이를 통해 회담이 네 차례 열렸다. 미국 측에서는 정부와 의회 내 관료주의의 형식적인 기밀 사항 취급 허가 체계 탓에 난항을 겪었고, 닉슨이 이를 두고 "아기가 태어나기도 전에 죽이려 한다"고 소리치기도 했다.

얼마 뒤 1970년 5월에 미국이 캄보디아를 침공하자 중국이 항의하는 뜻에서 바르샤바 경로를 차단해 버리는 일도 있었다. 그러나 이해 10월, UN 방문과 관련해 백악관을 찾은 파키스탄 대통령 야히야 칸(Yahya Khan)에게 닉슨이 중국과 직접 연락할 통로를 마련하고 싶다는 뜻을 다시 보였다.

이번에는 중국 총리 저우언라이가 마오쩌둥을 대신해 직접 닉슨에게 답신을 전했다. 1970년 12월 9일, 저우언라이가 "수반이 수반을 거쳐 수반에게"라는 수수께끼 같은 네 마디 글을 통해 미국이 처음으로 대통령 수준에

서 중국에 접근했다고 못 박으면서 닉슨과 칸의 대화를 공식적인 전언으로 격상했다.[53]

저우언라이는 중국이 타이완 귀속과 관련해 미국과 협상할 준비가 되어 있다고 전했다. 우리는 대화가 진전되려면 양측이 저마다 우려하는 사안을 자유롭게 제기할 수 있어야 한다는 모호한 내용을 답신으로 보냈다. 여러 차례 서한이 오갔으나, 노출될 위험과 모스크바의 반응을 최소화해야 했으며 국제사회에서 어떤 일이 일어날지 알 수 없었기에 공식적인 서한 형식이나 서명은 한 번도 쓰지 않았다. 먼 옛날의 외교 방식으로 회귀한 것처럼, 우리가 작성한 서한이 워싱턴에서 파키스탄의 수도 이슬라마바드를 거쳐 파키스탄 측의 손을 타고 베이징에 전달되면 중국 측에서도 같은 경로를 거슬러서 우리에게 회신을 보냈다.

양측 모두 상대방에게 조바심이라는 약점을 보이지 않으면서도 크렘린에 들키지 않도록 각별한 주의를 기울였기 때문에 의견 교환이 느리게 진행되었다. 닉슨과 마오쩌둥의 대화는 나와 저우언라이가 몇 주에 한 번 문장을 몇 줄씩 주고받는 식으로 계속되었다. 그런데 소련의 오판이 속도를 높이는 데 도움이 되었다. (파키스탄이 동서로 갈리고 동파키스탄이 방글라데시로 독립하는 과정에 파키스탄군이 동파키스탄 사람들을 학살했을 때 미국과 중국이 묵인한 반면 소련은 우려를 나타냈다.)

1971년 봄, 내가 중국을 방문하는 데 양측이 합의하면서 그간의 비밀 서신이 열매를 맺었다. 당시 미국은 중국과 소련 양측 모두와 정상회담에 대한 협상을 벌이고 있었다. 닉슨은 이 전술적 딜레마를 해결하기 위해 양측 모두에 제안하되 소련부터 시작하라고 지시했다. 만약 양측이 모두 제안을 수락한다면 답이 돌아온 순서대로 진행하면 될 터였다.

내가 1971년 6월 캠프데이비드에서 도브리닌에게 미국 측 정상회담 제안을 전달했다. 소련은 새로운 베를린 협정을 두고 소련과 독일연방공화국,

영국, 프랑스 사이에 벌어지는 협상에서 미국이 소련을 지지해 준다면 정상회담을 수락하겠다는 뜻을 전해 오면서 우리의 고민을 덜어 주었다. 한편 저우언라이는 내가 비밀리에 베이징을 방문한 1971년 7월에 아무 조건 없이 닉슨의 중국 방문을 제안했다. 내가 중국에서 돌아오고 사흘 만에 닉슨이 베이징의 초대를 받아들였다. 그리고 채 한 달도 지나지 않아 도브리닌도 닉슨을 모스크바에 무조건 초대한다는 뜻을 알렸다. 앞서 계획한 대로 우리는 당시 구상 중이던 베이징 정상회담을 먼저 치르고, 그로부터 3개월 뒤에 모스크바와 회담하기로 했다.

베이징 비밀 방문은 베트남, 타이, 인도, 파키스탄 순방과 함께 준비되었다. 이슬라마바드에 도착한 나는 몸이 안 좋아서 회복차 휴양지에 간다는 핑계를 대고 이틀간 자리를 비우며 마지막 장을 위한 시간을 마련했다. 1970년 10월 25일 닉슨과 칸의 대담부터[54] 1971년 7월 9일 내가 베이징에 도착할 때까지 무려 8개월이 걸렸고, 실제로 워싱턴에서 출발해 베이징에 도착하기까지는 8일이 걸렸다. 내가 베이징에 머무른 시간은 48시간밖에 안 된다.

이 짧은 시간을 가장 잘 활용하려면 어떻게 해야 했을까? 바르샤바에서 열린 대사급 회담을 통해 미국 정부는 의제를 낱낱이 마련해 두었다. 그중에는 타이완 문제를 비롯해 미국의 재산을 활용해서 발생한 자산의 회수, 포로, 동지나해 항행 등이 있었다. 그러나 닉슨과 나는 이런 의제는 물론이고 이와 비슷한 의제라도 꺼낸다면 논의가 샛길로 빠지거나 이념 차이에 따른 정체가 생기면서 관계 지속이라는 목표를 달성하는 데 방해가 될 수 있다고 결론지었다. 나는 타이완 문제를 다루되 베트남전 종식과 중·미 관계 전반에 관련된 경우로 제한한다는 뜻을 드러내라는 지시를 받았다.

이렇게 지정학을 강조한 닉슨이 내가 이동 중이던 1971년 7월 6일에 미주리주 캔자스시티에서 연설했다. 세계 질서가 강대국 간 평형을 바탕으로 한다는 자신의 견해를 설명한 닉슨이 타이완에 관해서는 전혀 언급하지 않고 이렇게 말했다.

미국을 그저 경제적 관점에서 세계 1위 국가이자 탁월한 세계적 강대국이라고 볼 것도 아니고, 초강대국 두 나라 중 하나로만 볼 것도 아닙니다. 경제적 조건과 잠재력을 생각한다면 (……) 5대 경제 대국을 손꼽을 수 있습니다. 미국, 서유럽, 소련, 중국 본토 그리고 물론 일본입니다.[55]

중국을 비밀리에 방문하는 동안 이루어진 합의는 닉슨을 중국에 초대한다는 것뿐이었다. 양측 모두 앞으로 열릴 많은 회담을 위해 저마다 상황을 개략적으로 설명하는 데 집중했다. 내가 닉슨의 연설 내용을 자세히 설명했고, 저우언라이는 "천하가 혼란하나 형세는 상서롭다(天下大亂形勢大好)"는 마오쩌둥의 말을 인용하며 대화를 시작했다.

3개월 뒤인 1971년 10월, 내가 두 번째로 중국에 갔을 때는 더 구체적인 대화가 있었다. 대화의 목적은 정상회담을 준비하고 회담 뒤에 발표할 공식 성명을 작성하는 것이었다. 내가 중국을 두 번째 방문하고 4개월이 지난 뒤에 닉슨이 정상회담을 한 데는 가뜩이나 국내 상황과 회담장 바깥에서 기다리는 언론 때문에 대화가 제한될 수밖에 없는 최초의 대면 회담에서 닉슨과 마오쩌둥 간 교착상태가 생길 위험을 무릅쓸 수는 없다는 우리의 신념이 반영되어 있었다.

나는 양측의 대략적 의도를 확언하되 구체적 내용은 빠진 평범한 공동선언문을 준비했다. 다음 날 아침, 저우언라이가 마오쩌둥 주석의 분명한 메시지를 전해 주었다. 긴 세월 동안 고위급 접촉을 피하던 양국이 전반적인 화합에 다가서고 있다는 듯 굴어서는 안 된다는 내용이었다. 마오쩌둥은 공동선언문에 합의 내용을 명시하되 각 사안에 관해 양측의 의견이 다른 지점도 온전히 명시하자고 제안했다. 이런 공동선언문은 틀에 박힌 친선 선언문보다 양측의 합의에 더 주의를 집중시킬 터였다. 타이완의 미래에 관한 공동선언은 향후 회담의 주요 의제로 남겨 두었으나, 저우언라이와 내가 아시아의 패권에 공동으로 반대한다는 뜻을 소련에 대한 경고 삼아 드러내기로 했다.

베이징이 갑자기 적극적으로 참여한 것은 의심할 여지 없이 소련이 둥베이와 신장의 중국 국경을 따라 40개 이상의 기갑사단을 배치하며 압력을 행사했기 때문이다. 미국과 중국이 전 지구적 평형을 확립하기 위해 고위급 협력을 시작한다는 사실이 대대적으로 발표되면 냉전의 본질이 변할 터였다.

이때 전무후무하게 회담에 앞서 초안이 만들어졌다. 양측은 앞서 결정한 대로 의견 대립이 있는 사안을 길게 나열하는 한편 합의한 부분도 얼마간 집어넣었다. 공식화는 양측이 저마다 책임지기로 했다. 양측 모두 상대측의 선언문에 대한 거부권을 요구하지 않았는데, 이런 접근 방식은 미국이 공동선언문을 통해 타이완에 대한 견해를 솔직하게 밝힐 기회가 되었다. 이렇게 작성된 초안은 닉슨과 마오쩌둥의 승인을 받을 터였다.

정상회담에서 마오쩌둥을 45분 동안만 볼 수 있었는데, 나중에 중국인 의사에게 들은 바로는 그 전 주에 일어난 심각한 의료 문제 때문이었다. 그래도 마오쩌둥은 타이완을 비롯한 여러 문제에 관한 미국의 견해가 온전히 담긴 10월 공동선언문 초안을 승인했다. 이를 통해 미루어 보면 그 뒤 마오쩌둥이 닉슨과 짧은 회담을 하며 한 말에 특별한 의의가 있었다. 그가 중국에서 당장 타이완을 원하는 건 아니라면서 타이완이 "반혁명주의자 집단"이기 때문이라고 했다. 그리고 "지금으로서는 그들이 없어도 되고, 100년 뒤에는 우리에게 올 것"이라고 말했다.[56]

오랫동안 양국의 협상에 걸림돌이던 문제가 정상회담을 통해 더는 긴급하지 않게 되면서 닉슨은 이때부터 50여 년간 미·중 관계의 기본 원칙으로 자리 잡을 선언을 발표할 수 있었다. "미국은 타이완해협 양쪽에 있는 모든 중국인이 오직 하나의 중국을 유지하고 있으며 타이완이 중국의 일부임을 인정한다. 미국 정부는 이에 대해 이의를 제기하지 않는다."[57]

정상회담에서 닉슨이 공식적으로 제안함에 따라 이런 표현이 중국 방문을 마무리하며 발표한 상하이공동성명에 추가되었다.

이 표현은 닉슨이나 내가 만든 것이 아니라, 아이젠하워 정부에서 결과적으로는 무산된 베이징 협상을 준비할 때 작성한 성명 초안에서 가져온 것이다. 이 선언의 장점은 타이베이와 베이징 양측이 밝힌 목표를 정확하게 기술했다는 데 있었다. 상하이공동성명은 '두 개의 중국' 해결안에 대한 미국의 지지를 철회하는 한편 어느 중국이 중화민족의 열망을 이룰지에 관해서는 모호하게 표현했다.

며칠 뒤 저우언라이가 우리 측 공식화를 받아들였다. 모호한 표현을 쓴 양측은 소련의 반대편에 무게를 두며 세계의 균형을 잡는 전략적 협력 정책을 이행할 수 있게 되었다. 이 성명은 가까운 미래에 타이완을 자치국으로 대한다는 것을 암시했다. 이로써 양측 모두 하나의 중국 원칙을 확인했으며, 미국은 두 개의 중국이라는 결론을 암시하는 성명이나 행동을 드러내지 않게 되었고, 양측 모두 원하는 바를 강요할 수는 없게 되었다. 미국이 평화적 해결 방안을 고수한다는 점은 공동성명의 미국 부분에 명시되었다. 그 뒤 카터 정부와 레이건 정부에서 합의한 두 가지 추가 성명은 이런 이해의 지평을 넓혔다. 이 성명은 오늘날에도 타이완해협 관계의 기초로 남아 있다. 어느 측에서든 이런 합의에 도전했다면 군사적 대립의 위험이 상당히 커졌을 것이다.

닉슨이 중국을 방문한 뒤 20여 년 동안 미국과 중국은 소련의 세력을 봉쇄하기 위해 폭넓은 협력 정책을 펼쳤다. 이 기간에 미·중 협력은 제한적이나마 학술 분야로도 확장되었다. 중국이 이 관계를 얼마나 중시하는지 증명하듯, 1973년 2월에 내가 다시 중국을 방문했을 때 마오쩌둥은 내가 중국에 들이는 시간만큼 일본에도 공을 들여야 한다고 촉구하면서 그러지 않으면 일본이 자국을 무시하는 줄 알고 소련에 대한 공동 방위에 덜 기여할 수 있다고 말했다. 마오쩌둥은 "일본과 소련의 관계가 더 긴밀해지는 편보다는 (……) 그들과 여러분의 관계가 개선되는 편이 더 낫다"고 했다.[58]

그다음 달에 싱가포르의 총리 리콴유는 펜실베이니아주 리하이대학교의 강연 자리를 기회 삼아 닉슨 정부 외교정책의 의의를 고찰했다.

우리는 동요하는 시대에 살고 있습니다. 지난 2년처럼 강대국들의 관계가 극적으로 변하는 모습을 세계가 목격한 경우는 한동안 없었습니다. 우리는 저울추가 움직이면서 세력균형이 변하는 모습을 보고 있습니다. 강대국들이 서로 평화롭게 살아가는 방법을 배우고 있으며 (……).

냉전이라는 고정된 옛 구분법이 유동적이고 모호한 것이 됐습니다. 워싱턴은 베이징과 모스크바 양측 모두에 대해 대립에서 협상으로 나아갔습니다. 저마다 이유는 다를지 몰라도, 두 공산주의 세력은 베트남전의 축소와 미국의 명예로운 철수를 바랐습니다. (……)

중국은 그 나름대로 공산주의 러시아보다 자본주의 미국과 일본에 더 친화적인 모습을 보이고 있습니다. (……)

이념에 따른 구분이 전보다 덜 중요해진 듯합니다. 당분간은 국익이 각 정부의 행동과 정책을 이끄는 가장 믿음직한 지침이 될 것으로 보입니다.[59]

이것은 닉슨의 정책에 관한 최고의 찬사였다.

마오쩌둥은 1976년에 세상을 떠났다. 그리고 2년 뒤에 덩샤오핑(鄧小平)이 두 번째 숙청을 딛고 돌아와 개혁 정책을 제도화했다. 이는 그가 첫 번째 숙청을 이겨 내고 돌아온 1974년에 시작한 정책이다. 미국은 이때 확립된 비당파적 원칙을 2017년에 트럼프 정부가 나타날 때까지 대중국 정책의 기본으로서 고수했다.

오늘날 중국은 경제적, 기술적 측면에서 미국의 만만찮은 경쟁자로 떠올랐다. 이런 상황이 자리 잡으면서, 어떤 사람들은 닉슨이 살아 있다면 중국과 수교한 것을 후회할지 궁금해한다. 그러나 닉슨은 이런 도전을 예견했다. 1971년 7월 캔자스시티 연설을 보면 중국이 국제 체제에 미칠 잠재적 영향에 대해 그가 기민하게 파악한 것을 알 수 있다.

중국 본토의 고립을 끝내려는 우리의 정책이 성공한다면 우리뿐만 아니라 나머지 세계 각국에 대한 중국의 경제적 도전이 엄청나게 커질 것이라는 뜻이기도 합니다. (……) 열린 세계를 마주한 중국인 8억 명은 그런 개방에 이어 필연적으로 발생할 모든 의사소통과 사상의 교류를 통해 막대한 잠재력이 있는 세계적 경제 세력으로 거듭날 것입니다.[60]

영국 총리 파머스턴의 명언대로 "우리에게는 영원한 동맹도 영원한 적도 없다. 우리의 국익은 영원하고 영속하며 그런 국익을 따르는 것이 우리의 의무"다. 소련에 대응하기 위해 중국과 협력을 구축하는 것이 냉전기 미국의 국익에 가장 부합하는 일이었다. 하지만 오늘날 미국의 대중국 정책은 중국이 미국에 필적할 만큼 거대한 경제력을 갖추고 군사력을 점차 확대하고 있으며 수천 년간 이어진 독특한 문화를 보존하기 위한 외교술을 선보인다는 점을 고려해서 수립해야 한다.

다른 모든 전략적 성공과 마찬가지로 중국 수교는 당대 문제에 대응하는 방식이었을 뿐만 아니라 미래의 문제를 마주하는 데 필요한 입장권이었다. 여러 문제 중에서 가장 뚜렷하게 떠오르는 문제가 있다. 즉 다양한 최첨단 무기가 출현하고 인공지능이 급격하게 발달하는 등 현대 기술이 발전하면서 핵전쟁의 파괴력이 배가되고 중국과 러시아와 미국이 저마다 무기고를 현대화하기 시작했다. 직접 표적을 찾고 경험을 통해 학습하는 무기와 발사 지점을 숨겨 빠른 판단을 방해하는 사이버 무기가 존재하는 이 시대에는 기술 발전과 나란히 영구적 대화의 장을 확립하는 것이 세계 질서의 안정을, 어쩌면 인류 문명의 존속을 보장하는 데 꼭 필요할 것이다.[*]

혼란 속 중동

대통령 임기가 시작될 때부터 닉슨은 오랜 세월 한데 엮여 있으면서도 양립할 수 없는 것처럼 보이는 문제 한 쌍을 직면해야 했다. (아랍인이 대부분인) 중동에서 서방의 지위를 유지하는 한편 이스라엘의 안보에 관한 미국의 약속을 지키려면 어떻게 해야 하는가? 전임 대통령들과 마찬가지로 닉슨은 두 가지 목표를 모두 받아들였고, 한발 더 나아가 새로운 전략적 관점에서 이를 추구하기 시작했다.

존슨 정부의 마지막 한 해 동안 명확해진 중동 위기가 닉슨에게 넘어왔다. 1967년에 이스라엘과 이집트, 시리아, 요르단 등 아랍계 인접국 사이에 벌어진 전쟁은 이집트의 시나이반도, 시리아의 골란고원, 요르단의 팔레스타인 서안 지구를 이스라엘이 점령하면서 끝났다. 이로써 양측의 교섭 위치가 달라졌다. 이스라엘이 1949년의 휴전선을 조정한 국경선을 확보하는 한편 존재의 정당성을 인정받는다는 무형의 전략적 목적에 이용할 유형의 영토라는 전리품을 손에 쥔 채로 평화 교섭을 시작하려 했으나 그 시작조차

---

[*] 더 자세한 논의는 결론 참조.

요원해 보였다.

UN은 안전보장이사회 결의 242호를 통해 이 과정에 대한 국제적 틀을 마련하려고 했다. 1967년에 채택된 이 결의에 '평화', '안보', '정치적 독립' 등 온갖 신성한 단어들이 있으나 양측이 저마다 입맛대로 해석할 수 있는 순서로 배치된 탓에 운용상 의의는 크지 않았다. 결의문은 이랬다.

안전보장이사회는 (······)

1. (UN) 헌장의 원칙을 이행하려면 중동에 정의롭고 지속적인 평화가 확립되어야 하며 다음 원칙이 적용되어야 함을 확언한다.

(1) 이스라엘군이 최근 분쟁을 통해 점령한 영토에서 철수할 것.

(2) 모든 교전 요구 또는 교전 상태를 끝내고 해당 지역 내 모든 국가의 주권, 영토 보전, 정치적 독립 그리고 안전하고 인정받은 국경 내에서 위협이나 무력 행위 없이 평화롭게 살 권리를 존중하고 받아들일 것.[61]

이 결의는 이스라엘이 철수해야 하는 영토가 어디부터 어디까지인지 또한 "정의롭고 지속적인 평화"가 어떤 뜻인지 밝히지 않았다. 주권국들이 모인 세계에서 이런 상태를 유지하기 어렵다는 건 이미 누구나 아는 사실이다. 따라서 각 측은 기존 신념에 따라 이 결의문을 해석했다.

1969년 3월, 이집트의 나세르 대통령이 이 과정에 박차를 가하려고 중포병을 동원해서 수에즈운하의 이스라엘군을 포격했다. 이에 이스라엘은 이집트 내륙을 깊숙이 파고들어 공습하며 응수했다. 닉슨은 곧바로 몇 가지 결정을 내렸다. 중동 협상 문제를 국무 장관 로저스에게 맡기는 한편 나에게는 베트남에 대한 외교적 노력이 마무리되기 전에 중동 문제가 곪아 터지지 않도록 상황을 정리하라고 했다. 국내에서 두 가지 문제에 관한 논쟁이 한꺼번에 벌어지는 사태를 막기 위해서였다.

로저스의 중재 노력 덕분에 수에즈운하를 두고 UN이 지원하는 휴전협정이 체결되면서 운하 양측에 50킬로미터 폭으로 비무장지대가 설정되었다. 휴전협정은 로저스가 1970년 6월 19일에 제안한 데 이어 8월 7일에 발표도 했다. 나세르와 소련은 즉시 소련이 지원하는 발전형 대공 미사일 포대 50개를 운하 서안의 비무장지대로 옮기며 협정을 위반했다.*

운하를 따라 곧 군사적 분쟁이 벌어질 듯했고, NSC의 어느 분과에서는 이스라엘이 개전할 가능성이 가장 크다고 보았다. 닉슨은 이런 평가에 동의하지 않았다. 그는 이스라엘이 자국의 국경과 그렇게 먼 곳에서 분쟁을 시작하는 방안에 찬성하지 않았으며 그런 행동이 소련과 대치하는 상황이나 더 폭넓은 분쟁을 촉발할 수 있다고 주장했다. 수에즈운하 분쟁은 미국의 안보 이익과도 관련된 문제라서, 필요하다면 미군이 개입해 소련에 대한 억지력을 최대한 끌어올려야 할 수도 있었다. 닉슨은 그런 행동 개시를 자신의 몫으로 두고, 자신이 승인하기 전에는 행동에 나서지 못하게 했다. 그 뒤 이 문제는 중동 위기의 무게중심이 수에즈운하에서 요르단의 미래로 옮겨지면서 몇 주 만에 일단락되었다.

이 기간 닉슨의 포괄적 접근 방식은 당시 급진주의적 아랍의 밑그림을 그리는 데 지대한 영향을 미친 소련의 군사원조가 더는 기능하지 못하도록 축소하는 데 초점을 맞췄다.[62] 닉슨의 백악관 집무실에서 매일 열리는 아침 회의 때 우리는 미그전투기와 중포 공급부터 지상군 고문 약 2만 명의 현장 파견에 이르는 소련의 원조를 미국이 저지할 준비에 나섰다는 사실을 알게 되면 이집트와 시리아가 압박을 거둘 것이라는 결론을 내렸다. 소련의 전략을 봉쇄하고 대공 부대의 활동을 저지하기 위해, 우리는 아랍 국가들이 이

---

* 이 때문에 이집트는 병력을 모아 3년 뒤 지대공미사일(SAM)의 비호하에 10월전쟁을 치를 환경을 만들 수 있었다.

스라엘과 직접 대면하려 한다는 전제하에 중동의 평화를 위해 진지한 협상을 계획했다.

이런 접근 방법에 큰 열정을 보인 닉슨이 내게 이를 공공연히 언급하라고 촉구했다. 그래서 내가 닉슨 정부 초기에 어느 언론인과 대화하던 중에 "우리는 소련 주둔군이 확실히 자리 잡기 전에 군사고문뿐만 아니라 전투기 조종사와 전투원 들까지 축출하기 위해 노력하고 있다"고 밝혔다.[63]

이 전략을 검증할 첫 기회가 1970년 9월에 왔다. 1964년 카이로에서 조직된 반이스라엘 테러리스트 집단 팔레스타인해방기구(PLO)가 서방 여객기 네 대를 납치하고 그중 세 대를 요르단에 착륙시켰다. (네 번째 여객기는 카이로에 착륙해 승객들이 풀려나자마자 폭파되었다.)[64] 이를 시작으로 아랍권에서 '검은 9월'로 불리는 일련의 사건이 벌어지면서 팔레스타인 테러리스트들이 주권국인 요르단을 작전기지로 만들기 직전까지 갔다.

요르단의 용맹한 국왕 후세인(Hussein)은 수십 년간 아랍계 이웃 나라들의 적의와 이스라엘이 제기하는 안보 우려를 외교술과 대담한 태도로 헤쳐 온 사람답게 이 사태에 강경하게 맞섰다. PLO 기지로 변한 요르단 땅의 팔레스타인 난민 캠프를 폐쇄하고 거주민 대부분을 레바논으로 쫓아낸 것이다.

긴장이 고조되는 가운데 시리아군과 이라크군은 요르단 국경 지대에 병력을 집중하기 시작했다. 우리 측에서는 워싱턴특별대응단(WSAG) 회의가 여러 차례 열렸다.* 우리는 후세인이 물러서지 않을 것이며 요르단 인접국이 요르단을 공격할 경우 이스라엘도 이를 용인하지 않을 것이라고 보았다. 이런 견해를 전달받은 닉슨은 수에즈 위기 때와 같은 지시를 내리면서,

---

* 워싱턴특별대응단은 위기관리를 위해 국가안보보좌관이 의장을 맡고 여러 기관이 탄력적으로 협업하는 부장관급 모임이었다.

요르단을 지켜야 하지만 이스라엘이 미국의 승인 없이는 이를 위한 행동에 나설 수 없으며 미군도 자신의 동의 없이는 군사행동을 시작하거나 구체적으로 위협할 수 없다고 힘주어 말했다.

9월 18일, 시리아 1개 기갑사단이 요르단 국경을 넘어 이르비드로 진격했다. 후세인 국왕은 이에 저항하며 미국의 지원을 요청했다.

이 위기가 직접적인 전략 문제가 되었다. 요르단이 붕괴하고 아랍군이 이스라엘의 동쪽 국경에 모습을 드러낸다면 여기서 벌어지는 전쟁은 이미 시리아군 및 이라크군과 협력 중인 소련의 군사고문들을 지원하기 위해 소련군이 이 지역에 입성하는 결과를 낳을 수 있었다. 이에 따라 이스라엘에서 군사적 대치 상황이 벌어질 경우, 미국은 외교적으로라도 반드시 이스라엘을 지원해야 했다.

위기관리는 때때로 부조화를 낳는다. 내가 시리아의 요르단 침공 소식을 전한 일요일 밤,[65] 닉슨이 그로서는 매우 드물게도 아이젠하워 행정동 지하에서 볼링을 치고 있었다. 요르단의 위기가 고조되지 않도록 하는 게 중요했지만, 시리아가 소련의 무기와 자문을 바탕으로 요르단의 전략적 요충지를 점령했다는 게 기정사실로 굳어지도록 둘 수도 없었다. 내가 이 문제를 제기하자 닉슨이 위기를 억제하고 시리아의 진격을 격퇴하기 위한 초기 조치를 승인했다. 나는 닉슨과 볼링장에 선 채로 당시 워싱턴 주재 이스라엘 대사 이츠하크 라빈(Yitzhak Rabin)에게 전화해서 미국이 시리아의 침공을 좌시하지 않을 것이라고 알렸다. 우리는 이스라엘이 병력을 동원해 시리아군의 측면을 위협하는 방안을 지지하기로 했으나, 군사행동에 나서려면 우리 측 논의부터 마무리해야 했다. 내가 국무 장관 로저스에게 전화해 대통령의 생각을 알렸다. 그는 군사행동이 불안하지만 외교적 조치와 조율할 수 있도록 국무 차관보 조 시스코(Joe Sisco)를 백악관 상황실로 보내겠다고 답했다. 닉슨이 볼링을 치던 차림으로 백악관에서 위기관리를 진두지휘할 사람은 아니었다. 옷을 갈아입기 위해 몇 분간 사라졌다가 정장 차림을 한 그가 시스코와 내가 기다리는 상황실로 왔다.

전통적인 외교 방식을 따랐다면 양측에 자제를 호소하고 중요한 문제를 해결하기 위해 회의를 열자고 제안했을 것이다. 그러나 당시 상황에서 그렇게 했다가는 침략자들에게 시간만 주고 위기를 부채질할 게 뻔했다. 시리아군이 철수하기 전에 국제회의를 소집한다면 그들이 저지른 납치와 침략에 값을 치러 주는 꼴이나 다름없었다. 또 시리아군이 요르단 영토에 깊숙이 파고들어 주둔하는 결과로 이어질 수도 있었다. 게다가 미국이 이런 행동에 나선다면 아랍 각국의 정부와 후원자 소련을 분리하려는 우리의 정책 구상과 반대로 모스크바에 대한 이들의 의존만 커질 게 분명했다.

회의 규모가 커질수록 합의에 이르기는 어려워지기 마련이다. 이스라엘 건국 때부터 아랍 국가들의 외교에는 이스라엘이 존재할 권리를 인정하지 않는다는 기조가 있었다. 한편 유럽 국가들은 대개 이스라엘의 합법성을 지지하면서도 휴전 전에 직접 협상하자는 이스라엘의 주장에는 반대했다. 더욱이 이런 전후 상황을 다 차치해도, 외교를 통하는 속도로는 요르단에 주둔한 시리아 군대와 소련 군사고문 들의 진격을 앞지를 수 없었을 것이다.

그래서 닉슨은 우선 시리아 침략군과 그들을 후원한 소련에 자제를 요청하기로 상황실에서 결정했다. 또 시리아군의 요르단 철수가 협상의 전제 조건이 되었다. 이 정책의 효과를 거두려면 미국이 얼마나 진심인지를 어느 정도 보여 주어야 했다. 닉슨이 유럽에 주둔한 미군의 경계 태세를 한 단계 높였다. 지중해에서 제6함대 소속 해군에게 함선 복귀를 명령하고, 미국에서는 제82공수사단에 교전 대비를 명령했다.[66] 거의 재래식 병력에 한정된 이 경보는 미국이 군사행동까지 고려하고 있다는 것을 소련과 시리아를 비롯한 관련국들에게 알리기 위해 고안되었다.

전략을 수립한 닉슨이 평소와 마찬가지로 실행은 부하들에게 맡겼다.

그는 나와 시스코 그리고 당시 국가안보부보좌관이던 알렉산더 헤이그(Alexander Haig) 장군을 남겨 두고 상황실에서 떠났다. 우리는 닉슨을 대신해 이스라엘 총리 골다 메이어(Golda Meir)에게 미국이 외부 세력(즉 소련)의 개입을 좌시하지 않을 것이라고 알리면서 미국의 전략이 자리 잡을 때까지 기존 동원 규모를 확대하지 말라고 촉구했다. 또 후세인 국왕에게 미국이 원상 복귀를 지지할 테니 믿어도 좋다는 내용을 알렸다. NATO 동맹국들에도 대비를 권하고 그 이유를 밝히는 전언이 있었다.

소련이 지원하는 시리아의 군사적 압박을 미국이 용인하지 않겠다는 시위에 직면한 모스크바가 이 위기에서 발을 뺐다. 다음 날인 9월 21일 오후, 어느 대사관에서 열린 외교 리셉션에서 도브리닌의 보좌관이 나를 조용한 곳으로 부르더니 소련의 군사고문들은 시리아군이 요르단에 침입했을 때 이미 떠난 상태였다고 일러 주었다. 소련의 지원이 크게 줄자 시리아군이 지체 없이 기지로 돌아갔고, 후세인 국왕은 다시 요르단의 지배권을 잡을 수 있었다.

요르단 위기를 관리할 때 닉슨이 펼친 전략도 그 뒤 양식으로 자리 잡았다. 일정 기간 숙고한 다음, 군사행동을 확대했다가는 감당하지 못할 위험에 처할 수 있다는 걸 적군이 확실히 느낄 만큼 폭넓은 조치를 갑작스럽게 취하는 식이었다. 두 가지 측면 모두에서 1970년 9월의 이 경험은 그보다 더 중대한 1973년 10월 중동 위기의 예고편과 같았다.

1973년 중동전쟁

소련이 미국과 공존하는 방안을 찾기 시작한 뒤에도 모스크바에서 아랍의 고객 국가로 계속 원조와 무기가 가면서 또 다른 대치가 벌어질 가능성이 대두되었다. 미국에서도 중대한 변화가 일어났다. 1972년 11월, 닉슨이 미국 역사상 두 번째로 큰 득표 차이로 재선에 성공했다. 대중동 외교의 속도가 느려진 데는 닉슨이 국무 장관 로저스를 다른 인물로 교체할 생각이었으나 후임자를 결정하지 못한 영향이 어느 정도 있었다. 그러나 기본적으로는 베트남과 중동에 관한 국내 논쟁이 동시에 벌어지는 상황을 닉슨이 어떻게든 피하려 하면서 대중동 외교를 대선 뒤로 미뤘기 때문이다. 닉슨은 1973년 8월에 나를 국무 장관으로 임명하고 9월 21일에 의회의 승인을 받았다.

그리고 2주 뒤인 10월 6일, 이집트와 시리아가 시나이반도와 골란고원을 침공하면서 중동전쟁이 시작되었다. 이와 동시에 백악관 고문 딘이 백악관의 부정행위와 그 안에서 자신이 한 일을 법무 장관에게 보고하면서 워터게이트 위기도 한층 빠르게 고조되었다.

중동에서는 요르단 위기가 터지는 한편 아랍의 대치 정책을 주도하던 이집트의 나세르가 1970년 9월에 사망하면서 균형이 흔들렸다. 나세르를 이어 취임한 사다트가 처음에는 전임 대통령의 전략을 따라 소련에 의존했으며 이스라엘군이 미국의 압력에 못 이겨 시나이반도에서 철수하는 상황을 만들려고 했다. 그러나 1972년 여름, 사다트가 갑자기 이집트에 주둔한 소련의 군사고문 2만 명 이상을 추방하고 그들의 설비와 중장비를 몰수하라는 명령을 내렸다.[*] 1973년 2월, 사다트가 국가안보보좌관 하페즈 이스마일(Hafiz Ismail)을 백악관에 보내 미국이 새로운 협상을 어떻게 대하는지 알아보려고 했다.

이스마일은 이스라엘이 1967년 국경으로 복귀하는 것이 승인과 직접 대화의 전제 조건이라고 규정했는데, 이것은 기본적으로 앞서 이스라엘과 교

---

[*]   자세한 내용은 4장 306~310쪽 참조.

착상태를 낳은 조건과 같았다. 한 가지 달라진 점이 있다면, 이집트가 다른 아랍 동맹국들과 별개로 국가 차원에서 이런 단계에 임할 것이라는 암시다. 백악관 대통령 집무실에서 이스마일을 만난 닉슨은 11월의 이스라엘 선거 뒤에 미국이 평화 교섭을 시작할 것이라고 말했다. 1972년에 닉슨이 메이어와 합의한 것을 이행하는 조치였다. 그 뒤를 이은 비밀회의에서 나는 닉슨이 확언한 바를 다시금 주장하면서, 이행할 수 있는 적용 방법을 큰 틀에서 제시했다. 사다트는 이 전망이 너무 불확실하다고 여겼는데, 이스라엘의 선거 뒤에 내각 구성을 협의하는 데 보통 몇 주부터 몇 개월까지 걸리기 때문이었다. 이를 받아들이지 않은 사다트가 유대교에서 가장 신성한 날이자 유대인 대부분이 시너고그에 모이는 10월 6일 욤키푸르*에 이스라엘과 미국, 양측에 큰 충격을 던졌다. 이집트군이 수에즈운하를 건너고 시리아군이 골란고원으로 진격한 것이다. 이스라엘과 미국과 세계가 알지도, 준비하지도 못한 채 이 갑작스러운 공격을 맞닥뜨렸다.

당시 닉슨은 워터게이트 사태 및 그 결과와 씨름하고 있었다. 전쟁이 시작된 10월 6일에는 앞서 메릴랜드주 주지사로 있을 때 저지른 부패로 기소된 부통령 스피로 애그뉴(Spiro Agnew)가 닉슨에게 사임 의사를 밝혔다. 언론에서 "토요일 밤의 대학살"이라고 부르는 10월 20일, 닉슨은 특별검사 아치볼드 콕스(Archibald Cox)를 면직하지 않는다는 이유로 법무 장관 엘리엇 리처드슨(Elliot Richardson)과 법무 부장관 윌리엄 럭켈스하우스(William Ruckelshaus)를 해임했다. 그 뒤를 이은 법무 장관대리 로버트 보크(Robert Bork)가 콕스를 면직하자 이를 계기로 하원에서 닉슨 대통령의 탄핵 절차가 시작되었다.

---

* 유대교에서 노동하지 않고 금식하며 속죄의 기도를 올리는 날로 이스라엘의 최대 명절이다. ─옮긴이

이렇게 국내에서 정치적 재앙이 잇따라 일어나는 와중에도 미국은 앞으로 수십 년간 유지될 중동의 휴전을 이끌어 내고 평화 교섭을 시작하는 데 핵심적인 구실을 맡았다. 아랍 국가들과 창의적인 외교를 계속하고, 이스라엘의 안보를 유지하고, 소련의 지위를 약화하며 지속 가능한 미국식 외교를 통해 전쟁을 딛고 평화를 추구한다는 전략적 핵심 목표들을 닉슨은 단 한 번도 놓치지 않았다. 이런 특징을 갖춘 외교를 이보다 3년 앞서 일어난 요르단 위기 때부터 볼 수 있었다. 그때부터 우리는 교착상태에 빠지거나 긴장이 고조되지 않도록 모든 당사자가 참여해 모든 문제를 다루는 버거운 회담만은 피하려 했고, 그 대신 진정으로 평화를 향해 나아갈 준비가 된 당사자들이 단계별로 참여하는 접근 방식을 추구했다. 이 접근 방식의 타당성은 당시 격렬하던 전쟁의 결과에 달려 있었다.

기습 공격을 받은 이스라엘의 국방 체제가 크게 흔들렸다. 미국 정보기관의 허점도 드러났다. 초기에 이집트와 시리아가 아니라 이스라엘이 기습 공격을 시작했으며 아랍군이 곧 참패할 것이라고 판단했기 때문이다. 그러나 실상은 이집트군이 수에즈운하를 건넜으며 이스라엘이 대대적 반격에 나섰으나 소련의 지대공미사일이 이스라엘 공군을 무력화하면서 이집트군이 시나이반도 안쪽으로 15킬로미터 가까이 들어가 진을 쳤다. 골란고원 일부를 점령한 시리아군은 이스라엘에 제대로 침투할 가능성까지 보였다.

그러나 나흘째 되던 10월 9일, 이스라엘이 예비군을 거의 다 동원하며 병력을 움직였다. 이날 아침 워싱턴은 이스라엘이 곧 승리할 것이라고 생각했다.

닉슨은 미국의 목표를 추구하기 위해 전쟁 이틀째부터 이스라엘의 상업용 공수 보급로를 통해 첨단 군사 장비를 수송했다. 이때 문제는 이스라엘이 잃은 대규모 전차와 비행기를 대체할 방법이었다. 이스라엘의 모르데하이 구르(Mordechai Gur) 장군이 10월 9일에 내게 전화로 긴급하게 도움을 요청했다. 그는 이스라엘의 피해가 생각보다 훨씬 막대하다면서 이스라엘 총리가 워싱턴에 직접 방문해서 사정을 호소할 수도 있다고 했다. 나는 구르에게 그런 방문은 절망적인 인상을 줄 수 있다고 말했다. 무엇보다 닉슨이 부통령 애그뉴의 사임을 앞두고 있었다. 이날 저녁 닉슨이 내게 미국이 전쟁 후 이스라엘의 손실을 모두 복원할 것이며 재보급이 준비되고 시행되는 동안에는 이스라엘이 자국의 보유고를 이용해야 한다면서 이스라엘 대사에게 이를 확실히 말해도 좋다고 했다.

그 뒤 기술적으로나 정치적으로 교착에 가까운 상태가 됐다. 평시 미국의 공수 능력은 국방부의 민간기 징발 권한 덕분에 향상된다. 그러나 민간 항공사가 전투 지역 운항을 꺼린 데다 기술적인 장애가 정치적 장애로 변하기도 했다. 미국에서 이스라엘로 갈 때 민간기는 연료를 채우기 위한 기착이 필요한데, 기착지로서 가장 좋은 포르투갈과 스페인이 아랍의 반발과 소련의 압박을 우려해 기착을 거부한 것이다.

이렇게 복잡한 상황이 전쟁 7일 차인 10월 12일까지 이어지자 닉슨이 그다운 결정을 내렸다. 연료를 보충하지 않아도 되는 군용 보급기로 물자를 수송하라고 명령한 것이다. 단순한 전술상의 결정이 아니었다. 이로써 이스라엘은 초반 열세를 극복할 수단을 얻고, 미국의 전쟁 개입이 한층 확대되었음을 상징적으로 알리게 되었다.

이 위기를 논의하기 위해 10월 12일에 열린 백악관 회의에서 닉슨이 군용기 사용을 제한하자는 제안을 거절하면서 "비행기 세 대를 보내든 300대를 보내든 같은 비난을 받을 것"이라고 말했다. 대통령은 결국 우리 전략이 정치적 결과에 따라 평가될 것이라면서 "진정한 합의를 끌어낼 외교 계획에서 건설적으로 작용할 위치를 확보해야 한다"고 설명했다. 내가 동의하며 "만약 지금과 같은 태도를 유지할 수 있다면 우리가 그 어떤 경우보다 더 좋은 위치에서 합의에 기여할 수 있을 것"이라고 덧붙였다.[67]

주요 목표는 우선 전장에서 그다음에는 외교의 서곡으로서 균형을 바로 잡는 것이었다. 닉슨은 이틀 뒤 나와 통화하며 이런 일반 원칙을 확인했다.

기본적으로 보급의 목적은 전쟁에 연료를 공급하는 게 아니라 균형을 유지하는 것이고 (······) 그 지역에 균형이 잡힐 때만 어느 한쪽으로 기울지 않는 공정한 해결책이 마련될 수 있기 때문 (······).[68]

휴전의 외교

워싱턴에서 공수작전을 논의하고 있을 때 이스라엘 대사 심카 디니츠 (Simcha Dinitz)가 예루살렘이 제안하는 새로운 계획을 나에게 전했다. 이스라엘의 국방 장관 모셰 다얀(Moshe Dayan)과 참모총장 다비드 엘라자르 (David Elazar)가 메이어에게 휴전을 요청하자고 제안했다는 소식이었다. 두 사람은 이스라엘이 소련의 대공미사일을 무력화할 방법을 찾지 못하는 한 수에즈운하를 따라 늘어선 이집트군이 만든 새로운 전선을 극복하기가 너무 어려울 것이라고 주장했다. 메이어는 이를 받아들일 준비가 되어 있으나 당시 골란고원에서 진행 중이던 이스라엘군의 반격이 다마스쿠스를 위협할 정도로 성과를 낸 뒤에야 휴전에 나서겠다고 했다. 나는 10월 13일 토요일로 예정된 안전보장이사회에서 영국이 이를 지지하는지 살펴보겠다고 말했다.

전장의 군사작전은 미국의 공수작전과 사다트의 착오 덕분에 한층 빠르게 마무리되었다. 이스라엘의 골란고원 공세가 다마스쿠스로 진격하자, 시리아 대통령 하페즈 알아사드(Hafez al-Assad)가 사다트에게 도움을 청했다. 수에즈운하를 건넌 이집트의 성과를 과대평가한 사다트는 동맹국 시리아에 대한 의리를 바탕으로 영국이 타진한 휴전 제안을 거부했다. 그러고는 중앙 고지대의 도로를 장악하겠다는 목표하에 기갑사단 둘을 동원해 시나이반도를 공격하라고 명령했다. 그러나 이 공격으로 이집트의 기갑부대는 운하를 따라 늘어선 지대공미사일 지역을 벗어나면서 이스라엘 공군의 전력에 그대로 노출되었다. 10월 14일 일요일, 이집트의 전차 250대가 파괴되었다. 그 덕에 이스라엘 기갑부대는, 3일 전만 해도 사령관들까지 완전히 얼어붙었다고 평가한 수에즈운하 지역의 교착상태를 타개하고 10월 16일에 운하를 건너 이집트에 들어설 수 있었다.*

10월 18일 목요일에는 사다트가 휴전을 언급했고, 워싱턴에서는 도브리닌이 휴전에 관한 의견을 알아보고 다녔다. 10월 19일 금요일, 소련이 내게 모스크바에서 브레즈네프와 휴전 절차를 마무리하자고 제안했다.

이집트의 군사적 상황 때문에 소련이 미국 내 곤경을 이용하지 못하도록 하기가 어려워졌다. 10월 21일 일요일, 닉슨의 승인과 함께 모스크바에서 휴전안이 완성되었으며 10월 22일 월요일 UN 안전보장이사회에서 이 안을 승인했다.[69] 승인되고 열두 시간 뒤부터 발효될 이 휴전안에는 당사국들이 정치적 합의에 이를 수 있도록 협상을 시작한다는 조항도 포함되었다.

이스라엘 지도부는 고작 사흘 전에 휴전을 제안하던 모습과 다르게 휴전안 받아들이기를 망설이면서 자국의 군대가 수에즈운하를 건넌 돌파 상황을 조금 더 이용해 보려고 했다. 결국 내가 모스크바에서 워싱턴으로 돌아오는 길에 이스라엘에 들렀고, 그러는 동안 이스라엘이 휴전을 받아들였다. 그러나 모스크바에서 출발해 같은 날 워싱턴에 도착한 나는 휴전의 선언보다 이행이 더 어렵다는 점을 다시금 깨달았다. 휴전은 거의 바로 깨졌다. 휴전 협상 중에 당사국들은 자국에 유리한 휴전선을 정하려고 여러모

---

* 자세한 내용은 4장 310~318쪽 참조.

로 애를 썼다. 그러나 이 휴전이 무산된 데는 전술이 아니라 전략적인 의도가 있었다. 그동안 수에즈시로 진격하던 이스라엘군이 이집트의 제3야전군을 운하 동쪽에 가두기 직전이었기 때문이다.

모스크바에서는 공동 휴전안을 만든 지 며칠 만에 상황이 이렇게 전개된 것을 직접적이고 의도적인 도발로 여겼다. 10월 24일 수요일 저녁까지 모스크바와 점점 더 위협적인 언사를 주고받다 저녁 9시 무렵 브레즈네프가 보낸 불길한 진언으로 끝났다. 그는 주말 협상 이후 벌어진 사건들을 소련 측에서 어떻게 보고 있는지 설명한 다음, 소련군과 미국군이 공동 행동에 나서 휴전을 강제하자고 제안했다. 그가 이렇게 경고했다.

솔직히 말해 만약 미국 측에서 이와 관련해 우리와 공동 행동에 나설 수 없다고 판단한다면, 우리는 적절한 단계를 일방적으로 밟아 가는 방안에 대해 긴급히 고려할 수밖에 없습니다. 이스라엘의 독단을 용납할 수 없습니다.[70]

이때 닉슨 대통령의 임기를 통틀어 가장 급작스러운 데다 인간적으로 힘들었다. 정보 당국은 소련의 공수부대가 전투준비에 나섰으며 소련의 첨단 무기를 실은 함선들이 지중해에 들어서고 있다는 소식을 전했다. (당시 국무 장관과 국가안보보좌관을 겸하고 있던) 내가 상황실에 워싱턴특별대응단을 소집했다. 주요 동맹국을 아예 등진 채 소련과 공동으로 중동에 군사를 배치하는 (그래서 정치적 균형이 급격히 바뀌는 사태를 막는) 한편 모스크바가 일방적 군사행동에 나서지 못하게 하는 것이 우리의 과제였다.

회의가 혼란한 분위기에서 진행되었다. 닉슨은 이미 몇 주째 개인적인 면에서건 국제 정세 면에서건 무리하며 지쳐 있었기 때문에 백악관 의료진은 브레즈네프의 전언이 오기 전에 그가 쉬러 가야 한다고 촉구할 수밖에 없었다. 그래서 이 회의에서는 평소와 다른 방식으로 결정을 내렸다. NSC는 소련의 무기로 군사작전을 수행하고 소련의 공중보급으로 물자를 받는 이집트와 미국의 동맹국인 이스라엘 사이에서 완충을 위해 병력을 배치한다는 건 미국이 고려할 사안이 아니라고 확신했다. 그러나 소련의 전투부대가 이 지역에서 일방적으로 전략적 구상을 실행에 옮기는 것도 미국으로서는 용납할 수 없었다. 이에 관해서는 만장일치로 동의했다.

NSC는 브레즈네프의 제안을 거절해야 한다는 합의에 이르렀다. 그러나 소련의 일방적 조치를 억지할 방법을 찾아내야 했다. 이때부터 회의는 대통령 없이 진행되었으며 (당시 홀드먼을 이어 참모총장이 된) 헤이그 장군이 닉슨의 연락관을 맡고 내가 외교 부문의 연락을 처리했다. 내가 회의장에서 도브리닌 대사에게 전화를 걸어 소련의 일방적 행동에 반대한다고 경고하는 한편 브레즈네프의 전언에 공식적으로 회신할 준비를 하고 있다고 알렸다. 요르단 위기 때 경험과 앞서 내린 결정을 바탕으로 NSC가 절차에 따라 소련의 즉각적인 행동을 저지하기 위해 핵 경보를 데프콘 3으로 격상하는 조치를 권했다. 핵전쟁에 대비하는 수준은 아니지만 심각한 위기를 뜻한다.

대통령 대신 브레즈네프에게 보내는 회신에서 우리는 이집트에 미·소 공동 병력을 배치하는 방안을 거부하는 한편 평화 교섭을 위해 외교 협의를 다할 의지가 있음을 다시금 알렸다. 우리는 경보 격상 소식이 전해지고 소련 내부와 동맹국 사이에서 협의가 이루어질 수 있도록 몇 시간을 기다린 뒤에야 이런 회신을 보냈다. 그동안 나는 NATO 대사들 및 이스라엘을 비롯한 동맹국들과 상황을 공유했다.

관련국들 간 소통이 이어지면서 나는 상황실에 계속 머물렀고, 헤이그 장군은 때때로 상황실을 나서 대통령에게 소식을 전했다. 훗날 폭로로든 회고로든 의문을 제기한 사람이 없을 만큼 만장일치로 신념을 공유한 NSC가 소련의 돌이킬 수 없는 행동을 저지하는 데 가장 중요한 순간을 이렇게 헤쳐 나가며 닉슨의 전략적 목표를 실행에 옮겼다.

동틀 무렵 대통령 집무실로 돌아온 닉슨이 NSC가 권장한 세부 사안에 찬성했다. 정오 무렵 브레즈네프가 그 전 뜻을 굽힌 회신을 닉슨에게 보내 왔다. 공동 군사개입을 요구하던 제안을 뒤엎고, 양국이 일정 수의 참관인 을 파견해 휴전 상황을 보고하도록 하자는 안을 제시한 것이다. 기자회견 에서 닉슨은 어떤 일이 있었는지 설명하면서 미국이 기존 분쟁에 소련군이 개입하는 상황을 반대했다는 점과 평화를 향한 여정에서 미국이 중요한 구 실을 할 의지가 있다는 점을 강조했다.

브레즈네프는 왜 뜻을 아예 굽혔을까? 그의 결정은 1973년의 위기 전반 에 걸쳐 소련이 보인 행동 양식과 궤를 같이했다. 당시 소련은 중동의 동반 자 국가들을 외교적으로 또 공수작전을 통해 물질적으로 조심스럽게 지원 하면서도 미국과 군사적으로 대치하며 데탕트를 망치는 행위는 피하려 했 다. 어쩌면 이것이 소련의 목표가 흔들릴 전조, 더 일반적으로는 소련이 경 제적으로 그리고 사회적으로 쇠락한 끝에 18년 뒤 소비에트 제국이 무너질 전조였을지도 모른다.

중동의 평화 교섭 과정

이 지역에서 어떤 평화 교섭이든 진전되려면 우선 전쟁 당사국들이 요 구하는, 절대 양립할 수 없을 듯한 전제 조건들 사이에 다리를 놓아 주어야 했다. 이스라엘은 교전을 끝내기 위한 전제 조건으로 자국을 외교적으로 승인하라고 요구했고, 이집트와 시리아는 이스라엘이 1967년의 국경 복원 에 동의해야 한다고 주장했다. 양측 모두 상대방이 내건 조건을 받아들이 지 않았으며 잠정 협정으로 논의를 시작하는 방안도 거부했다.

상황을 복잡하게 만드는 문제는 이것만이 아니었다. 만약 소련을 비롯해 모든 휴전 당사국이 평화 교섭에 참여한다면 가장 완고한 측이 회담에서 거부권을 갖게 될 테니, 소련이나 급진적인 아랍 국가에게 냉전에서 서방을 가로막고 자국의 목표를 추구할 기회를 주는 셈이었다. 그렇지만 우리는 모든 당사국이 참여하는 회의를 통한 협상을 인정하기로 했다. 다만 교착상태가 생기면 협상을 계속할 준비가 된 당사국들만 참여하는 단계별 계획안으로 절차를 바꿀 생각이었다.

당사국이 모두 참여하는 휴전회담을 1973년 12월 22일 제네바에서 열기로 했다. 알아사드는 참석을 거부했다. 소련의 거부권 행사를 꺼린 사다트는 외교적 주도권을 잡고 단계별 접근 방식을 촉구했다. 이스라엘은 상호 양보를 바탕으로 한 병행 조치를 주장했는데, 나중에 라빈 총리가 "땅 한 조각과 평화 한 조각"을 바꾸는 것이라고 설명했다. 이 단계에서 전반적인 합의가 이루어질 가능성은 없었고, 회담은 이번뿐이었다. 협상은 단계별 접근 방식으로 넘어갔다.

닉슨 대통령 재임기에 미국의 중재로 많은 중동 협정이 체결되었다. 1974년 1월에 이집트와 이스라엘이 철수 협정을 체결해 수에즈운하를 따라 완충지대를 만들고 병력을 분리하는 한편 각 지역의 군사행동과 무기고에 제한을 두기로 합의했다. 1974년 6월에는 시리아와 이스라엘이 사실상 군대 철수 협정을 체결했다. 이 협정은 양측 모두 상대방의 최전선에 중무기를 배치하지 않도록 하는 기술적 규칙을 담은 조항들에 기초했다. 이런 제약들은 철수 협정 체결 이후 반세기 동안 본질적인 상호 억제를 유지해 주었고, 2011년에 발발한 시리아 내전 중에도 이 협정은 깨지지 않았다.

이런 협정들은 관련국들이 모두 단계별 접근 방식을 받아들이고 중재자로서 미국을 신뢰했기 때문에 체결될 수 있었다. 이 여정에 모든 당사국이 희생을 치러야 했다. 이집트와 시리아는 협상을 시작하는 조건으로 자국의 영토라고 여기던 곳을 요구하다 결국 포기했고, 이스라엘은 말 그대로 뒤집힐 수도 있는 평화 서약을 위해 시나이반도의 땅과 시리아 내 진지를 포기했다.

1975년에는 이집트와 이스라엘 간 협정이 하나 더 체결되었다. 카이로가 수에즈운하를 개방하고 이스라엘의 통행을 허가하는 정치적 양보를 약속함에 따라 이스라엘군은 시나이의 산길까지 철수하기로 한 것이다. 이 협정의 이행은 시나이반도에 자리한 미국의 레이더 기지가 감독하기로 했다. 1976년 말까지 이집트와 이스라엘은 이스라엘군이 시나이반도 중앙의 고개에서 한발 더 물러나 라스무하마드에서 시작해 이집트·이스라엘 국경과 30킬로미터 정도 떨어진 엘아리쉬로 이어지는 선까지 추가 철수하는 조건으로 교전을 끝내는 협상을 계속했다.

이런 과정을 크렘린이 묵인했다는 사실은 소련의 영향력이 직전까지도 우세하던 전략적 요지에서 지정학적 변혁이 일어나는 데 한몫했다. 또한 연계와 닉슨의 협상 방식이 효과적이라는 것을 입증해 주었다. 워싱턴과 모스크바는 중동 위기를 겪는 동안 데탕트 외교 덕분에 지속적으로 소통하며 불필요한 충돌을 막을 수 있었다. 게다가 이런 외교적 접근 방식 덕분에 소련은 그간 함부로 위험에 빠뜨리지 않으려 애쓰던 다른 문제들, 예컨대 베를린의 지위와 관련된 협상이나 1975년 헬싱키협정을 위한 회담에서 한몫을 챙길 수 있었다.

1979년 백악관 잔디밭에서는 카터 대통령, 이스라엘의 메나헴 베긴 (Menachem Begin) 총리, 이집트의 사다트 대통령이 평화협정을 공식 체결하는 극적인 행사가 열렸다. 1974년에 닉슨의 사무실에서 열린 아침 회의 때 구상한 평화 교섭이 실현된 것이다.[*]

---

[*] 자세한 내용은 4장 346~355쪽 참조.

방글라데시와 맞물린 냉전

20세기 후반부에는 19세기 유럽의 평형에 기초한 국제 체제가 다시 변혁을 겪었다. 한 세기 전 일본이 산업화를 통해 부흥한 것처럼 인도와 중국을 비롯한 전통적인 아시아 문명이 강대국으로 거듭나 국제 체제에 입장하기 시작했다. 19세기 유럽의 나라들이 동맹에 의존해 우위를 다툰 것과 다르게 이 신흥 강대국들은 독자적으로 세계의 평형에 도전할 능력을 과시했다. 아시아와 아프리카의 식민지가 해방되면서 베스트팔렌체제가 처음으로 전 세계에 확대되었다면, 이때는 인도와 중국의 세력이 커지면서 옛 제국주의 강대국들의 힘이 상대적으로 한층 약해지고 있었다. 이때까지 서방 세력들의 관계로 정립되던 국제 질서가 세계 질서로 거듭나고 있었다.

중국을 소련이 주도하는 공산권의 일부가 아니라 균형추이자 진지하게 주목할 만한 주체로 대하고 협상을 통해 베스트팔렌체제에 편입시키기로 한 닉슨의 결정은 전례 없는 전략적 조합이 생겨날 기회를 열어 주었다. 주요 공산주의 강대국인 두 나라 사이에서 자라나는 적의를 이용한 이 결정은 세계 질서를 향한 여정을 진정한 다극적 모험으로 바꿨다.

1971년 3월, 새로운 현실이 뚜렷하게 모습을 드러냈다. 미국이 비밀리에 저우언라이와 교류하며 중국을 국제 체제로 이끌었는데 이와 거의 동시에 남아시아에서 파키스탄과 인도 간 분쟁이 미국과 중국, 러시아를 빠르게 끌어들이고 있었다. 이로써 동파키스탄에서 불거진 문제가 핵무장 강대국 3개국이 모두 평등한 주권국으로서 우열을 겨루는 위기로 번지는 전례 없는 사태가 벌어졌다.

이 위기의 근원은 20여 년 전에 벌어진 끔찍한 유혈 사태 속에서 인도반도가 분할된 데 있었다. 식민지 시기에 거대한 단위 하나로 통치되던 인도제국이 1947년 해방과 함께 인도와 파키스탄이라는 주권국으로 갈라졌다.

파키스탄은 다시 둘로 나뉘었는데, 두 지역 모두 파키스탄 주권하에 있었으나 인도 영토를 사이에 두고 2000킬로미터 가까이 떨어져 있었다.

한편 세속주의를 표방한 인도는 국민 대부분이 힌두교도인 가운데 이슬람교도의 수가 점차 늘어나고 있었다. 파키스탄은 명백한 이슬람 국가지만 다양한 종족과 언어가 뒤섞이고 지리적으로도 분리된 탓에 이슬람이라는 공동의 신앙만으로 정치적 단결은커녕 일체감을 갖기도 힘들었다.

이렇게 분열된 파키스탄의 정부는 서파키스탄의 이슬라마바드에 자리했으며 펀자브인이 군을 비롯한 주요 통치기관을 지배했다. 역사적으로 벵골인이 주를 이룬 동파키스탄은 다수의 분파로 분열되었고, 이슬라마바드의 중앙정부가 이 분파들의 싸움을 주기적으로 일으켰다. 그러다 1969년 1월 동파키스탄에서 대규모 시위가 일어나 1971년 3월 26일에 새로운 독립국 방글라데시의 건국을 선언하는 데 이르렀다.

인도를 제외한 국제사회의 주요국들이 위기가 시작되자마자 전략적으로 대응한 것은 아니다. 1970년 10월, 파키스탄 대통령 칸이 UN 총회와 관련해 닉슨을 만났다. 바로 이때 그가 중국과 수교하려는 닉슨 대통령의 뜻을 베이징에 전하기로 했다. 칸은 자신이 12월에 선거를 실시할 것이라면서 이 때문에 동파키스탄의 분열이 한층 더 심해지고 자신은 벵골인들의 분열을 계속 이용할 수 있다는 이야기를 들려주었다.

그러나 1970년 12월 선거가 칸의 기대와 반대되는 결과를 낳았다. 동파키스탄에서 방글라데시 자치를 주장하는 정당인 아와미연맹이 과반수를 확보한 것이다. 이듬해 3월에는 동파키스탄 체제가 무너지고 셰이크 무지부르 라만(Mujibur Rahman)이 앞장서서 (서파키스탄이 보기에는 탈퇴인) 독립을 선언했다.

조직적인 무력행사를 통해 동파키스탄에 대한 지배권을 되찾으려 한 칸은 이때 선거제도를 폐지하고 계엄령을 선포했다. 이 때문에 끔찍한 유혈 사태가 벌어지고 수많은 난민이 주로 인도 국경을 넘어 동파키스탄에서 탈출했다. 이슬라마바드에서 이 사태를 국내 문제로 규정하고 외세의 개입을 거부했으나, 인도는 이 위기를 이용해 파키스탄 포위 전략을 마무리하려고 했다. 인도가 자국으로 넘어오는 방글라데시 난민이 많아지면서 국가 재정에 무리가 간다고 주장하며 이들을 반파키스탄 게릴라로 조직하기 시작했다.

이 분쟁으로 처참한 인명 피해가 발생하고 있다는 소식이 미국에 알려지자, 미국이라는 세력의 성격과 베트남전으로 불거진 도덕적 문제를 두고 계속되던 기존 국내 논쟁에 머나먼 남아시아의 분쟁이 더해지면서 즉각적인 반응을 일으켰다. 닉슨 정부는 많은 이들의 바람과 달리 서파키스탄을 강하게 규탄하는 방식으로 대응하지 않는다는 점에서 격렬하게 지탄받았다. 주로 인권 운동가들이 동파키스탄의 상황에 대한 미국 내 담론을 이끌었는데, 이들 중 일부는 주요 신문을 통해 닉슨에게 주로 상징적인 제스처를 촉구했다.

UN 진상조사단과 적십자사를 동파키스탄에 파견하는 방안부터 서파키스탄에 대한 미국의 군사적, 경제적 원조를 전면 중단하는 방안에 이르는 여러 제안이 있었다.[7] 그러나 당시 미국 지도부로서는 이것이 상당히 까다로운 문제였다. 서파키스탄은 이미 충분히 무장한 상태라 참담하게도 무기 수출 금지 조치나 원조 중단만으로는 동파키스탄 국민에 대한 무력행사를 막을 수 없었다. 이런 조치를 이행할 경우 미국이 파키스탄의 폭력에 반대한다는 뜻은 확실히 전할 수 있겠지만, 한편으로는 미국의 영향력이 약해지는 동시에 파키스탄을 매개로 막 시작된 중국 수교가 위태로워질 수도 있었다.

그런데 비판자들은 닉슨 정부가 이 새로운 위기에 대응하는 방식이 앞서 베트남을 대한 방식과 똑같다고 비난하면서도 그 근거는 전혀 다른 것을 제시하는 모순을 보였다. 동파키스탄의 경우에는 미국이 머나먼 타국의 위기에 개입하지 않는다고 비판하면서 미국이 부정을 용인한다고 말했다. 그러나 앞서 베트남과 관련해서는 미국이 계속 개입한다는 이유로 비판했다.

워싱턴이 이 위기에 대한 공개적 개입을 꺼린 이유는 도덕적 무신경과 거의 상관없었다. (다만 도덕적으로 숭고하다고 보기 어려운 내부 논의가 종종 있었다.) 닉슨이 이끄는 백악관은 중국과 수교하는 데 집중하고 있었으며 동파키스탄에서 위기가 펼쳐지던 바로 그 시기에 내가 비밀리에 베이징을 방문할 날짜와 거기서 다룰 의제를 논의하는 중이었고, 이 위기 때문에 중국과 소통하는 것이 더 까다로워지기까지 했다. 게다가 파키스탄은 1954년에 국무장관 덜레스가 협상한 동남아시아조약기구(SEATO) 협정에 따라 미국의 조약상 동맹국이었다.

파키스탄 위기가 고조되는 상황에서 닉슨이 인도 총리 인디라 간디(Indira Gandhi)에게 반감을 품고 피상적인 정책을 추진한다는 비판이 쏟아졌으나 이는 결코 사실이 아니었다. 간디가 오래전부터 미국의 냉전정책과 베트남전 대응을 두고 소리 높여 비판한 점이 불편했으나 그뿐이었다. 어떤 경우든 실제 정책에는 훨씬 복잡한 사정이 있었다. 위기가 촉발된 3월 초부터 NSC 관계자들은 동파키스탄의 자치, 독립이 가장 유력하고 이상적인 결과라고 판단했다. 그러나 우리는 파키스탄과 직접 대치하거나 중국과 소통하는 경로를 망가뜨리지 않으면서 이런 목표에 이르기를 바랐다.

백악관은 동파키스탄 난민 구호를 위해 대규모 식량 원조를 승인했다. 또한 아와미연맹 대표단과 CIA 간 비밀 논의를 진행하면서 추후 공식 협상으로 이어질 수 있도록 연락 창구를 마련하려고 했다. 국무부도 아와미연맹과 인도 간 연락 창구 확립에 대한 승인을 받았다. 그러나 인도는 동파키스탄이 정치적 자치를 넘어 분리 독립으로 나아가기를 바라면서 미국의 노력을 거부했다. 이로써 대략 1971년 3월부터 7월까지 이어진 초기 국면에서 미국의 정책은 실질적으로 지역적 위기가 세계적 위기로 확대되지 않도록 하는 한편 중국과 수교해 냉전의 변화 가능성을 이어 나가는 데 집중했다.

이 두 가지 목표는 내가 비밀리에 중국을 방문하면서 한층 더 복잡해졌다. 1971년 7월, 내가 사이공·방콕·뉴델리·이슬라마바드를 거쳐 베이징으로 가는 길에 특히 마지막 두 수도에서 남아시아 위기에 대해 다양한 견해를 마주했다. 간디 총리를 비롯한 인도인들은 난민 문제보다 동파키스탄에 독립국가를 수립하는 데 더 집중하는 태도를 보였다. 인도에 머무는 동안 나는 미국이 식량 공급을 비롯해 여러 방법으로 난민을 지원하고 아와미연맹과 대화하게 하기 위해 노력하고 있다고 설명했다. 나와 대화한 인도 측 관계자들은 사려 깊고 정중했으나, 자국과 동쪽 국경을 맞댄 공공연한 적국의 절반을 중립적이거나 인도에 우호적일 수도 있는 신생국가로 탈바꿈시키는 데 주력했으며 결연한 의지까지 보였다. 나는 인도가 그동안 공공연하게 내비친 지정학적 견해를 행동에 옮기고 동파키스탄에 군사적으로 개입해서 위기를 해결하려 들 수 있으며 이렇게 공격적인 행동이 파키스탄의 오랜 동맹국인 중국의 대응을 부를 수도 있다고 닉슨에게 보고했다.[72]

그다음 방문지인 이슬라마바드에서 나는 칸 대통령과 외무 장관 술탄 칸(Sultan Khan)을 만났다. 바로 다음 날 아침에는 중국으로 떠나는 일정이었다. 내가 동파키스탄에 관한 논의를 이런 식으로 요약해서 닉슨에게 보고했다.

우리 측은 앞으로 몇 달 동안 (동파키스탄) 문제를 완화하는 게 중요하다고 강조했다. 또한 적어도 국제적 관점에서 난민 문제와 동파키스탄의 정치체제 재건 문제를 최대한 분리하려고 노력하는 것이 이를 위한 방법일 수 있다고 제안했다. 이를 시도한다면 파키스탄이 난민과 세계 공동체에 중대한 영향을 끼칠 계획 또는 이런 노력을 국제적으로 확대할 계획에 따라 일련의 주요 단계를 밟아 가는 것이 중요해 보인다.[73]

우리가 촉구하는 다양한 개혁 조치를 한 계획으로 묶어서 동파키스탄의 정치체제 재건을 지원하라고 권한 셈이다. 그 결과는 사실상 동파키스탄의 자치가 될 터였다.

1971년 7월, 미국과 중국의 수교와 이듬해 2월 닉슨의 베이징 방문 계획이 공표되었다. 이해 여름에 방글라데시 위기가 두 번째 국면을 맞았다. 동파키스탄에서 조직적 인권 유린 행위가 대체로 가라앉았다.* 간디는 미국과 중국의 수교로 국제 체제가 재편성될 가능성에 대처하기 위해 대놓고 동파키스탄의 분리 독립을 촉진하는 계획을 펼쳤다. 그에 따라 인도가 벵골 지역 게릴라에 대한 지원을 확대하고 8월에는 소련과 친선 및 군사원조협정을 체결하면서 최후의 대결에 한발 더 다가갔다.

소련의 남아시아 전략상 첫 번째 계획을 나타내는 이 협정에 따라 소련이 인도에 상당한 군사적 원조와 외교적 지지를 보냈다.[74] 이런 조치는 중국과 미국의 전략에 대한 직접적인 응답이었으며 방글라데시 분쟁을 지역적이고 인도주의적인 문제에서 전 지구적 전략 차원의 위기로 탈바꿈시켰다. 우리가 그토록 피하려고 애쓰던 사태였다. 만약 파키스탄이 중국과 미국의 수교를 도운 지 얼마 되지도 않아 소련과 인도의 압력을 못 이겨 붕괴한다면, 곧 베이징에서 열릴 정상회담이 위태로워질 뿐만 아니라 소련을 견제한다는 중국 전략의 대전제 자체가 흔들릴 수 있었다.

미국 내에서는 닉슨이 민주주의 국가로 널리 존경받는 인도의 편에 서야한다는 압력이 매우 강했다. 그러나 백악관으로서는 동파키스탄 내부의 체

---

* 다만 파키스탄 지배의 마지막 단계에, 앞서 일어난 잔혹 행위가 일부 재현되었다.

제가 아니라 적절한 국제적 평형을 유지하는 것이 중요했다. 나는 1971년 여름에 열린 일련의 회담에서 인도 대사 락슈미 자(Lakshmi Jha)에게 이 점을 강조했다. 8월 9일, 내가 닉슨에게 자와 나눈 대화에 대해 이렇게 보고했다.

미국은 독립국 인도가 강하고 자립적이기를 바라며 (……) 인도가 개입하지 않아도 동벵골은 자치권을 획득할 터다. 따라서 우리는 인도반도에서 강성하고 발전하는 인도와 독립적인 파키스탄을 보는 것 외에는 관심이 없다. 사실 미국이 인도를 대하는 방식과 파키스탄을 대하는 방식에는 차이가 있다. 인도는 세계적 강대국이 될 수 있고, 파키스탄은 지역 세력으로 남을 것이다. 이런 이유로, 구호 문제와 난민 문제를 분리하고 난민 문제와 정치적 협상을 분리하면 사태는 저절로 해결될 것이다. 이에 대해 대사는 구호와 난민을 분리하기는 전혀 어렵지 않으나 난민과 정치적 협상을 분리할 길은 보이지 않는다고 말했다.[75]

9월 11일, 긴장이 고조되는 가운데 내가 자 대사에게 미국의 견해를 다시 밝혔다.

우리는 동벵골을 파키스탄 영토로 유지하는 데 관심이 없다. 다만 전쟁 발발을 막고 이 문제가 국제적 갈등으로 격화되지 않게 하려는 것이다. 나머지에 관해서는 어떤 식으로든 적극적인 태도를 보이지 않을 것이다.[76]

위기가 고조되면서 점차 1차세계대전 발발 몇 주 전과 비슷한 양상이 곳곳에서 보이기 시작했다. 그때도 강대국들이 처음에는 자국에 아무런 영향을 미치지 않던 지역적 분쟁을 두고 두 갈래로 연합을 이루어 서로 대치했다. 미국은 워싱턴과 베이징 간 계획을 실현해 주고 얼마 되지 않은 파키스탄이 수모를 겪게 하는 것이 바람직하지 않다고 보았다. 닉슨이 중국을 방문하는 근본적 이유, 즉 전 세계적으로 소련의 압력을 줄이고 국제 질서의 균형을 조정한다는 전략적 구상을 지켜 내는 것도 중요했다. 만약 소련이 새로운 동맹국 인도를 통해 남아시아에 진출할 여지를 만들면 국제 질서의 균형을 조정한다는 우리의 목표가 흔들릴 수 있었다.

그러나 무엇보다 시급하고 중요한 목표는 인도반도에서 전쟁이 일어나지 않도록 하는 것이었다. 칸이 워싱턴을 다시 방문한 1971년 10월, 닉슨이 동파키스탄의 자치 문제를 꺼내 들었다. 파키스탄 곳곳에 배치된 병력과 국제사회의 불만에 흔들린 칸이 1972년 3월로 예정된 제헌국회 구성 이후 동파키스탄의 자치를 허용하겠다고 약속했다. 우리는 동파키스탄의 자치가 독립국 방글라데시의 조기 출현을 알리는 전조라고 해석했다.

1971년 11월 3일부터 6일까지는 칸에 이어 간디가 재앙처럼 워싱턴을 방문했다. 가뜩이나 해법을 찾기 어려운 문제에 두 정상의 냉담한 태도까지 더해졌다. 닉슨은 칸이 계엄령을 철회하고 방글라데시의 민정 실시와 자치를 인정하기로 했다고 알렸으나 간디는 관심을 보이지 않았다. 간디는 미국이 후원하는 자치구가 아니라 독립국 방글라데시를 추구했다. 탁월하고 냉철한 현실주의자였던 간디는 기존 세력균형을 이용하면 인도가 원하는 전략적 결과를 실현할 수 있다고 결론지었다.

이렇게 냉담하고 형식적이던 백악관 회담이 몇 차례 이어진 뒤 12월 4일, 인도가 동파키스탄을 침공해 분쟁의 형태가 달라졌다. 이 분쟁이 마지막으로 세 번째 국면에 접어들고 있었다. 2년 전 사다트와 마찬가지로 간디는 일방적 무력 행위가 최종 합의의 조건을 어떻게 바꿀지 잘 알고 있었다. 거침없이 자치를 향해 가던 동파키스탄이 압도적인 인도군의 영향력하에 독립할 가능성이 커 보였다. 닉슨은 인도가 국제적으로 인정된 국경을 존중하지 않은 점을 두고 UN에서 이 사태를 공개적으로 비난했다. 그러나 간디가 인도의 서쪽 국경을 따라 벌어진 영토 분쟁을 해결하려고 하자 닉슨도 더 적극적으로 행동하기 시작했다. 1947년 분할을 통해 역사적 중심지를 포함해 대부분을 인도가 차지한 히말라야산맥의 카슈미르에서 파키스탄이 점유한 지역을 노린 조치였다. 소련의 군사적, 외교적 원조 덕에 인도는 파키스탄을 지역별로 분할할 수 있었다. 만약 파키스탄이 인도·소련 동맹의 손에 해체 직전까지 몰린다면 중국이 직접적으로 이 싸움에 개입해 전 세계 질서를 깨 버릴 주요 전쟁으로 이어질 수 있었다. 어쨌든 사건이 이렇게 전개되면 전략적으로 중요한 지역이 미국과는 무관하다는 점이 드러날 터였다.

닉슨은 독립을 추구하던 동파키스탄 지도층에 내부 상황의 전개를 맡길 준비가 돼 있었다. 그러나 그가 서파키스탄의 존립을 위협하는 인도와 소련의 공모는 좌시하지 않겠다고 선을 그었다. 그답게도 미국의 견해를 명명백백하게 밝혔다. 미국이 남아시아의 전략적 균형에 몰두한다는 것을 알리기 위해, 닉슨은 USS 엔터프라이즈 항공모함이 이끄는 제7함대 특수부대를 벵골만으로 이동시켰다. 그가 내게는 남아시아 위기와 관련된 소련의 행보에 향후 모스크바 정상회담의 성패가 달려 있다는 것을 배경 브리핑에서 넌지시 밝혀도 좋다고 했다. 소련이 도발할 경우 바로 정상회담이 중지될 것이라는 암시였다. 닉슨은 이 상황을 공개적으로 확대하기 위해 모든 당사국에 즉시 휴전을 공식적으로 제안했다.

극적인 결정의 순간이 베이징 정상회담까지 두 달, 모스크바 정상회담까지는 다섯 달을 남겨 놓고 다가왔다. 1971년 12월 10일 금요일 밤, 내가 중국의 초대 UN 대사 황화(黃華)를 만났다. 중국의 요청으로 열린 이 회담에서 황화가 당시의 군사적 추세가 계속된다면 중국도 더는 가만히 있을 수 없다고 경고했다. 일요일 아침에 황화가 다시 회담을 요청하면서 긴장이 고조되었다. 중국의 군사행동을 예고하려고 회담을 요청했을지도 모른다는 우려가 제기되는 상황이었다. 회담 요청 소식을 접했을 때 닉슨과 나는 얼마 전 미국이 금본위제를 폐기한 것과 관련해 프랑스 대통령 퐁피두와 논의하기 위해 아소르스제도로 향하는 비행기를 타러 가려던 참이었다. 회담을 약속한 시간 직전에 취소해 버리면 금융공황을 부를 수밖에 없다고 생각한 닉슨이 내게 인도반도의 상황이 더 심각해지면 그때 합류할 것을 요청했다.

따라서 당시 내 부보죄관이던 헤이그가 미국을 대표해 황화와 두 번째 회담을 했다. 만약 중국이 군사행동을 선언한다면 뭐라고 답해야 했을까? 만약 소련이 대응한다면? 닉슨은 헤이그에게 1970년 시리아가 요르단을 침공했을 때 우리가 이스라엘에 적용한 공식을 따르라고 지시했다. 구체적인 언급을 피하되 미국이 소련의 군사행동에 무관심하지 않을 것이라고 말하라는 뜻이었다.

결과적으로 헤이그는 이 지시를 따를 필요가 없었다. 중국 측 전언이 이틀 전과 같은 내용의 경고를 담았으며 미국 측 휴전 제안에 힘입어 한층 누그러져 있었다. 1971년 12월 16일 목요일, 인도가 어느 정도는 닉슨의 호소에 응답해 서부 전역의 휴전을 선언했다.[77]

이 분쟁의 해결이 냉전의 전환점이 되었으나, 이를 알아보는 이가 당시 거의 없었으며 오늘날에도 많지 않다. 닉슨이 군사적 신호와 고위급 외교를 동원해서라도 전략적 평형을 다시 확립하고 위기를 완화하려 한 것이 인도가 휴전을 제안하는 데 부분적으로 영향을 미쳤다. 그의 행보는 베이징과 모스크바에서 열릴 예정이던 정상회담을 위험에 빠트리는 한편 지정학적 목적을 위해 기꺼이 미국의 힘을 이용하겠다는 의지를 증명했다. 이것은 미국의 전통적인 동맹국들에게 보내는 분명한 메시지이기도 했다.

방글라데시 위기가 종종 1960년대에 미국이 세계에서 어떤 도덕적 의무를 맡는지를 두고 벌어진 논란이라는 측면에서 해석된다. 이것을 역사상 처음으로 전 지구를 포괄하는 질서의 형성을 두고 벌어진 최초의 위기로 볼 수도 있다. 도덕적인 면에서든 전략적인 면에서든 동파키스탄 위기가 세계 질서와 인도주의적 가치에 부합하는 방식으로 1년도 안 돼 비교적 빠르게 마무리되었다는 점은 리비아, 예멘, 수단에서 벌어지고 있는 내전은 물론이고 2011년부터 10년 넘게 지속되고 있는 시리아 내전과도 날카롭게 대비된다.

방글라데시에서 미국은 신중하게 고려하고 정의한 국익에 기초해 움직였다. 미국이 초점을 맞춘 중요한 전략적 목표들은 전개되는 상황과 미국의 능력에 알맞게 조정되었다. 또한 미국은 인도주의적 측면을 신중하게 고려하고 이를 달성할 의미 있는 조치들을 취했다.

방글라데시 위기를 거치면서 냉전이 경직된 양극 체제에서 더 복잡한 세계적 평형으로 변했으며 아시아가 차지하는 비중도 한층 커졌다. 외교와 배짱과 규제를 적시에 활용한 덕에 방글라데시를 두고 벌어질 뻔한 세계 전쟁이 이제 상상도 할 수 없는 일이 되었다. 결국 이 위기에 관련된 나라들이 저마다 원하는 바를 충분히 얻고 파키스탄의 경우에는 손실을 충분히 줄였기 때문에 그 뒤 수십 년 동안 그 어떤 주요 국가도 이 체제를 깨려 들지 않았다.

위기로부터 두 달 만에 닉슨과 마오쩌둥의 회담이 예정대로 열렸고, 이를 통해 미국과 중국은 특정 세력이 아시아에서 패권을 확보하려는 시도에 반대한다는 상하이공동성명을 발표할 수 있었다. 방글라데시는 독립했다. 즉 미국이 휴전 이후 4개월도 안 돼 신생국가로서 방글라데시를 승인했다.[78] 미국이 인도 및 소련과 껄끄럽긴 했으나, 남아시아 위기 전에 정해진 대로 1972년 5월에 모스크바 정상회담이 열렸으며 이를 통해 평화로운 결과에 이를 수 있도록 냉전의 미래를 그리는 결론을 얻었다. 미국과 인도의 관계는 2년 안에 개선되기 시작한 이래 긍정적으로 유지되고 있다. 내가

1974년에 뉴델리를 방문했을 때 만든 미국·인도협력위원회는 양국 이해관계 일치의 제도적 기반이 되어 오늘날까지 이를 촉진하고 있다.[79]

닉슨과 미국의 위기

역사 속 사건은 때때로 그렇게 될 수밖에 없던 것처럼 기억돼, 당시 관계자들을 괴롭히고 압도하기도 한 의심과 위험과 우연성은 자취를 감춘다. 닉슨의 리더십은 불길한 운명의 예감을 극복하고, 불확실성이라는 고뇌 속에서 복잡한 지정학적 동향을 폭넓은 의미의 국익에 연결하고, 역경 앞에서도 이를 계속 추구하는 용기에 있었다. 그는 갈등과 긴장이 숙명인 듯한 세계에서 끊임없이 정치력을 발휘한 끝에 얻는 것이 깨지기 쉽고 위험할 만큼 덧없는 평화라는 소신에 따라 일했다. 정치인은 미래에 대한 고무적인 전망을 바탕으로 갈등을 해결하기 위해 노력해야 했다.

1994년 닉슨의 장례식에서 나는 그가 "퀘이커파로서 보낸 유년시절에 그린 평화의 비전을 발전시켰다"고 말했다. 이 말은 명백하고 직관적인 사실이다. 그는 미군을 베트남에서 집으로 보냈고, 중동과 남아시아의 전쟁이 끝나도록 도왔으며, 소련과 벌이는 강대국 경쟁에서 일방적 양보보다는 외교적 주도권을 활용해 자제를 장려했다. 또한 미국의 이익과 전반적인 안전성을 개선하는 한편 중국과 수교해 다극적 국제 체제로 세계 질서를 개편한 방식에서도 그가 어떤 평화를 그렸는지 알 수 있었다.

미국을 비틀거리는 지배자에서 창의적인 지도자로 바꾼 닉슨이 적어도 한동안은 성공을 거두었다. 그러나 1974년 8월 워터게이트 비극과 함께 닉슨 정부가 실각하고 그로부터 8개월 뒤 사이공 정부가 무너졌기 때문에, 그의 외교정책 접근법이 미국인의 사고에 큰 영향을 미칠 가치가 있는데도 그러지 못했다. 그 결과, 냉전에서 미국이 거둔 최종 승리와 소련 제국의 해체는 대개 지정학보다 이념에 기초해 해석되었으며 미국이 자신하던 세계의 진리가 증명된 사건으로 이해되었다.

냉전 이후 미국은 수많은 사안에서 이런 진리를 지침으로 삼았다. 이런 진리 중에는 적국이 적국 자체의 동학으로 무너지고 괴멸될 수 있다는 믿음, 국가 간 마찰은 각국이 유효하다고 여기는 이익이나 가치의 차이보다는 오해와 악의 때문에 생기는 경우가 더 많다는 믿음, 미국이 힘을 쓰기만 하면 변치 않는 인간 발전의 표현으로서 규칙에 기초한 세계 질서가 자연스레 발전하리라는 믿음이 있다.

닉슨이 사임하고 반세기가 지난 오늘날 이런 자극이 그가 미국을 물려받은 1960년대 말과 놀랄 만큼 닮은 상황으로 이끌었다. 넘치는 자신감이 지나친 확장을 부르고, 지나친 확장이 제 살을 깎아 먹는 자기 의심으로 발전하는 이야기가 다시 펼쳐지는 셈이다. 미국의 전략과 가치는 다시 전 세계 거의 모든 지역에서 난제에 부딪히고 있다. 오래도록 그려 온 보편적인 평화는 아직 찾아오지 않았다. 그 대신 재앙을 부를 또 다른 대립의 가능성이 있을 뿐이다.

게다가 무모한 승리주의와 고결한 퇴위 사이에서 다시금 갈팡질팡한다는 건 미국이 세계에서 차지하는 위치가 어떤 위기에 있는지를 알려 준다. 미국의 대외 정책에는 현실주의적이고 창의적이던 닉슨식 유연성이 필요하다. 국익을 중심으로 생각하고, 세계의 평형을 유지하고, 세력균형을 규정하고 유지할 만한 체제를 구축하기 위해 주요국들이 지속적으로 진지한 논의할 장을 마련하는 것. 닉슨이 대통령일 때와 오늘날 사이에 중요한 차이가 있지만, 그의 정치력으로 잘 알려진 이 세 원칙은 앞으로도 미국에 도움이 될 것이다.

닉슨의 리더십에서 드러난 몇몇 자질들은 이 원칙들을 실현하는 데 도움이 될 것이다. 국력의 여러 측면이 연결된 방식에 관한 이해, 세계 평형의 미묘한 변화를 알아차리고 그것에 대응하는 기민성, 대담한 전술을 펼칠 상상력, 지역적 분쟁의 관리와 세계적 전략을 연결하는 솜씨, 미국의 역사적 가치를 당대의 문제에 적용하는 전망 등이다.

미국이 세계 질서를 관리하려면 새롭고 때로는 모호한 사건을 기민하게 파악할 수 있어야 한다. 전략적 우선순위를 밝히는 능력도 필요하다. 미국은 자문해야 한다. 어떤 위험과 기회 앞에서 동맹이 필요한가? 필요하다면 단독으로 행동해야 할 만큼 미국의 국익과 안보에 핵심적인 상황인가? 다자의 참여는 어느 수준까지 힘이 되고, 언제부터 거부권만 늘리는가? 평화라는 목표를 이루려면 대립적인 경쟁에도 공동의 정당성을 마련할 여지가 있어야 한다. 세력균형과 합의를 바탕으로 한 정당성이 합쳐진다면 평화를 위해 가장 튼튼한 구조를 세울 수 있다.

첫 번째 임기가 끝날 무렵 닉슨이 그때까지 대외 정책을 통해 이룬 결과를 국회 양원 합동 회의에서 발표하며 그것이 국가적 성취이자 세계적 임무라고 말했다.

전대미문의 기회가 미국의 손에 들어왔습니다. 이보다 더 희망찬 적이 없고, 안주가 이보다 더 위험한 적도 없습니다. 시작은 좋았습니다. 시작했으니, 이제 우리에게는 끝까지 해내야 한다는 특별한 역사적 임무가 있습니다.[80]

닉슨 외교의 정수는 국내 논쟁에 잡아먹힐 뻔한 미국의 힘과 목표를 노련하게 적용했다는 데 있다. 닉슨 정부 첫 번째 임기의 외교 성과는 전략뿐만 아니라 사고방식까지 재조정하는 미국 대외 정책의 지속적인 '학파'로서 오래도록 기억될 가능성이 있었다. 만약 그랬다면 미국 예외주의의 바탕에는 건국 원칙을 증명하겠다는 결심 못지않게 고유한 힘을 능숙하고 신중하게 행사하겠다는 의지가 있다고 이해되었을 것이다.

그러나 닉슨이 이렇게 연설하고 겨우 2주 만에 워터게이트 침입 사건이 일어났다.

안와르 사다트, 1978년. ©Sahm Doherty/Getty Images.

안와르 사다트: 초월의 전략

사다트의 특별한 자질

이 책에서 만나는 리더 여섯 명은 저마다 사회의 새로운 목적을 지켜 내는 데 몰두했으며 그 목적을 의미 있는 전통과 관련지으려 했다는 점에서 서로 비슷하다. 이들의 유산을 두고 논쟁이 벌어지기도 하지만, 이 중 다섯 명은 후대의 기억과 국가의 역사 속에 그 이름을 아로새겼다.

그러나 1970년부터 1981년까지 이집트 대통령을 지낸 사다트는 그렇지 않다. 그의 업적들은 본질상 주로 관념적이었으며 제대로 실현되기도 전에 그가 암살당하면서 막을 내려야 했다. 몇 명 되지도 않던 사다트의 후계자들은 그가 남긴 전망 대신 실용적인 조치만을 받아들였으며 그가 물려주려 한 단결된 용기를 보여 주지 못했다. 그래서 이스라엘과 평화를 이룩한 사다트의 위대한 업적을 기억하는 사람이 많지 않으며 이스라엘과 팔레스타인의 오슬로협정, 이스라엘과 요르단 간 평화, 이스라엘과 아랍에미리트·바레인·수단·모로코의 국교 정상화 등이 실현되도록 기반을 닦은 그의 뜻깊은 도덕적 목표를 알아보는 사람도 거의 없다.

지역 분쟁과 외교적 교착이 풀리지 않을 것만 같던 시기에 사다트는 전례 없는 계획과 대담한 실행력으로 평화의 비전을 펼쳐 보였다. 그는 인상적일 것 없는 어린 시절과 혁명적인 청년기를 보냈고, 정부 고위직에 오르고도 부차적 인물로 그치는 듯 보였으며, 대통령이 되고도 중요한 인물로 대접받지는 못했다. 그러나 그는 평화를 위한 구상을 제시했고, 그 약속은 이루어져야 한다. 당대 중동의 다른 어떤 인물도 이에 비견할 만한 열망을 공언하거나 이런 열망을 실현할 능력을 보여 주지 못했다. 그래서 사다트의 짧은 이야기는 역사 속 놀라운 순간으로 남아 있다.

이집트 대통령으로서 사다트는 그와 같은 시대 같은 지역에 산 사람들, 예컨대 아랍 중동과 북아프리카를 하나의 기치 아래 통일하려고 헌신한 국가 지도자의 틀에 맞지 않았다. 카리스마 있던 전임 대통령 나세르, 과장된 몸짓의 리비아 지도자 무아마르 알 카다피(Muammar al Qaddafi) 또는 시리아의 완고한 군사 현실주의자 알아사드와는 다르게 사다트는 국제 체제에 대한 이들의 접근 방식을 탐색하다 갑자기 서방의 외교 방식으로 이동했다. 사다트의 전략은 당시 아랍·이슬람 세계를 휩쓴 범아랍 민족주의와 비동맹주의가 아닌 국권 및 미국과의 협력을 우선시했다. 그는 전략적 상상력에 용기, 공감, 대담성 그리고 실용적이며 신비로운 위엄이라는 비범한 인간적 특징을 더했다. 그의 정책은 그 자신의 숙고와 내적 변화에서 자연스럽게 나왔다.

이 장에서는 이런 변화를 되짚으며 그가 어떻게 당대의 통념을 받아들이지 않았는지 그리고 수십 년 동안 중동을 일그러뜨리고 이집트를 말려버린 이념을 어떻게 초월할 수 있었는지 살펴본다.

역사의 영향

이집트의 역사는 이례적일 정도의 연속성과 문명으로서 완전성을 품고 있다. 수천 년 동안 아스완 북쪽의 나일강 유역이 영토의 중심이었다. 이집트가 2300년 동안 프톨레마이오스부터 로마와 비잔틴을 거쳐 연이은 칼리파와 맘루크, 오스만 그리고 영국에 이르는 외세의 지배를 받았으나 대체로 표면적 통치자에게서 지역의 지배권을 빼앗을 수 있었다. 이집트는 알렉산드로스대왕(Alexandros the Great) 이후로 한 번도 완전한 독립국인 적이 없으나 완전한 식민지로 여겨지지도 않았다. 오히려 이집트는 파라오의 모습 속에 영원을 행하는 문명이었다. 이렇게 독특한 성격으로 이집트는 언제나 단순한 지역의 위상 위에 있었다. 이런 면에서 사다트는 대통령 임기 동안은 물론이고 그 전에도 지속적인 독립 확보라는 이집트 문명의 오랜 열망을 드러내는 것을 자신의 가장 큰 사명으로 삼았다.

유구한 역사가 있는데도 이집트는 몇 세기 동안 두 가지 문명의 정체성 사이에서 갈팡질팡했다. 하나는 이집트에 기반을 두고 그리스와 로마를 지향한 고대 지중해 왕국, 프톨레마이오스왕조다. 이 체제에서 이집트는 헬레니즘 시대와 로마제국 초기에 뚜렷한 지위를 차지했다. 알렉산드리아는 고대 세계 교역의 중심지였고, 비옥한 나일강 유역에서는 지중해 분지의 곡물이 많이 생산되었다.

좀 더 가까운 두 번째 정체성은 메카를 지향하는 이슬람 국가로, 아라비아와 레반트에 영향력을 행사하고 정복하려 한 오스만제국의 군사령관 무함마드 알리(Muhammad Ali)와 맘루크왕조의 알리 베이(Ali Bey) 같은 18세기와 19세기 초의 팽창주의자들이 부활시켰다. 나폴레옹이 이집트에 잠시 발을 들였다 간 뒤 1805년, 알리가 본질상 오스만제국의 총독인 초대 헤디브 자리에 스스로 오르며 이때부터 150년간 이집트를 통치할 왕조를 열었다. 그의 후임들도 헤디브로 알려지게 되었다. 이로써 근대 이집트가 전적으로는 아니지만 대체로 이슬람의 시각으로 세상을 보게 되었다.[1]

19세기 내내 이집트의 독립 정신은 서구의 이상과 뒤얽혔다. 이집트가 풍성한 자유주의적 아랍 사상의 풍요(이집트식 르네상스인 나흐다)를 경험했는데, 프랑스의 자유주의적·혁명적 저작들이 번역된 덕이 컸다.[2] 1870년대 말에는 16세기부터 이 나라를 지배한 오스만제국이 국민의 정치적 대표권을 지지하는 성문헌법을 일시적으로 도입해 의회 지배를 시범 운영했다.

이렇게 고무적인 순간에 이집트의 두 가지 정체성이 서로 겹치며 지적으로 융화되었다. 위대한 개혁 사상가 자말 알딘 알아프가니(Jamal al-Din al-Afghani)와 그의 제자 무함마드 압두(Muhammad Abduh)가 서방 정치체제의 원리와 양립할 수 있는 활기찬 이슬람을 연결한 것이다.[3] 그러나 이런 이상을 품은 이들이 통치권에서는 예외적 존재일 뿐이었다. 이집트에서 사상의 분열을 딛고 일어서는 또 다른 인물이 나타나기까지 사반세기를 세 번 더 기다려야 했다.

19세기 후반에 이르기까지 약해진 오스만제국의 통치에서 사실상 독립한 이집트 헤디브들은 국가에 막대한 채무를 떠안겨 1875년 수에즈운하에 대한 이집트의 지분을 영국에 팔고 운하 운영권을 포기하는 지경에 이르렀다. 이런 식으로 1876년부터는 파리와 런던이 이집트의 재정을 장악했다. 1882년에는 영국이 이집트를 점령하고는 보호하는 국가를 자임했다.[4] 이때부터 이집트의 민족주의가 자국에 민족주의라는 사상을 심어 준 저자들의 나라인 유럽 강대국들에 맞섰다. 아랍의 연대 의식과 합쳐진 새로운 민족주의가 영국의 지속적인 개입에 대한 분노로 타오르면서 20세기 전반 이집트 대부분의 사고방식을 특징지었다.

이런 상황에서 1918년 12월에 사다트가 태어났다.

초기 생애

사다트는 이집트로 끌려가 노예로 살던 수단계 남자의 딸인 어머니와 정부에서 군사 관련 업무를 보던 튀르키예계 아버지 사이에서 태어난 열세 자녀 중 하나다.[5] 나일강 삼각주의 시골인 미트아부알쿰에서 살던 가족이 사다트가 여섯 살일 때 카이로 교외로 이사했다.

카이로에서 이들은 어렵게 살았다. 사다트의 아버지가 다른 아내를 들이면서 사다트의 어머니와 그 자식들의 가족 내 지위가 하락했다. 먹여 살릴 식구가 많은데 빵조차 못 살 만큼 가난할 때도 있었다.[6] 이 시기를 공개적으로 언급한 경우가 거의 없는 사다트는, 어린 시절을 지극히 평범한 도시의 북적거리는 아파트보다는 목가적인 시골에서 보냈다고 회고하는 편을 선호했다.[7] 훗날 그가 공식 석상에서 자신을 나일강 유역에서 태어난 농부의 아들로 소개하곤 했다.[8]

어린 시절 사다트는 정치적 이론이나 이념을 알기 전부터 본능적으로 애국심을 드러냈다. 반식민주의의 상징인 마하트마 간디를 우상으로 여기던 어린 사다트는 옷 대신 하얀 천을 두르고 "음식을 먹고 싶지 않은 체" 했다.[9] 사다트는 영국의 지배가 계속된다는 점도 알고 있었는데, 아버지의 고용 형태가 달라졌기 때문이다. 예컨대 영국이 1924년 수단에서 이집트군을 강제로 철수시키자 아버지가 집으로 돌아왔다.

어린 사다트는 때때로 왕실 과수원의 살구를 서리해 간식으로 먹었다.[10] 여덟 살 때는 이집트의 친영 총리를 몰아내기 위한 가두시위에 참여했다. 청소년기에는 오토바이를 타고 사다트가 살던 카이로의 동네를 돌아다니던 영국인 경관들을 경멸했다.

사다트의 가족은 교육을 매우 중시했다. 그의 친할아버지는 당시 이집트의 시골 출신으로는 매우 드물게 글을 알았고, 아버지는 미트아부알쿰에서 처음으로 교육 자격증을 손에 넣었다.[11] 살림이 넉넉하지 않은 집이지만 안와르와 그의 형 한 명의 학비를 어떻게든 마련했다. 독실한 이슬람교도로 자란 사다트는 중간층 학교 두 곳에서 쿠란과 기독교의 전통을 모두 배웠다. 그는 폭넓은 분야의 글을 닥치는 대로 읽었다.

그는 당시 하층과 중간층 학생들을 막 받기 시작한 카이로 왕립사관학교의 입학 허가를 받으면서 사회계층의 특성을 한층 뚜렷하게 깨달았다.[12] 그는 국가의 위계에서 영향력을 미칠 만큼 높은 지위에 있는 머나먼 지인에게 수고스럽고 비굴하게 추천서를 부탁하고 나서야 입학 허가를 받을 수 있었다.

성인이 되자 그의 애국 본능이 정치철학과 자의식으로 거듭나기 시작했다. 카이로의 집 벽에 아타튀르크의 초상화를 걸어 두었고, 사관학교에 다닐 때는 튀르키예 영웅들의 전기를 읽었다.[13] 나중에는 서점을 자주 찾으면서 공부를 계속했다.

사다트는 어릴 때 가정에서든 학교에서든 열등감을 느꼈다. 그를 둘러싼 상황을 헤쳐 나오며 도둑질을 하거나 복종하는 척을 해서라도 생존하는 법을 배웠다. 이런 적응력이 그의 혁명가 시절과 대통령 임기 초반에 도움이 되었다.

젊은 사다트는 지적인 데다 어릴 때부터 숭고한 정신을 품었으나 성숙하려면 멀었고 훗날 발전시킬 구상은 시작조차 못 했다. 그러나 새로운 지식을 받아들일 준비가 되어 있었고 진심으로 알고 싶어 했다. 열린 자세를 타고난 그는 폭넓은 기회를 잡을 줄 알았다. 게다가 새로운 생각이 가리키는 방향을 따라갈 고집도 있었다.

사다트의 청소년기와 청년기에는 서로 모순되는 정치적 동향들이 뒤얽히고 있었다. 1882년부터 1914년까지, 오스만제국의 자치주였던 이집트는 사실상 영국의 지배를 받으면서 "가려진 보호령"이 되었다.[14] 1914년에

1차세계대전이 터지자 영국은 이집트가 영국의 보호를 받는 술탄국이라고 선언하고, 오스만제국의 잔재에 대항하는 아랍계의 반란을 독려했다.[15] 1922년, 영국이 이집트의 인기 정당인 와프드당*을 정치적으로 배제하며 몇 년간 불안을 조성한 끝에 오래전 약속한 공식 독립을 마지못해 선언하면서 이집트는 보호령 술탄국에서 왕국으로 변모했다. 알리 왕조의 9대 술탄 푸아드 1세(Fuad I)가 이때 국왕 푸아드 1세가 되었다. 처음에는 명목상 변화일 뿐이었다. 영국은 여전히 수에즈운하 운영권을 가졌고, 이집트에 대한 외국의 개입을 막았으며, 이집트의 안보와 외교와 국제적 소통을 '보호'했다.[16]

상징뿐이던 독립이 점차 실제 자치권 획득으로 이어졌다. 이집트 정부의 권한을 일부 늘리는 한편 주둔한 영국군을 줄이는 영국·이집트조약이 1936년에 체결되었다. 이를 두고 낙관론이 이는 듯했으나, 이내 대중의 실망감이 커졌다. 완전한 이집트 독립을 이루지 못하고, 수단에 대한 지배권도 영국으로부터 되찾지 못하는 등 와프드당의 실패 때문이었다.[17]

개혁을 바라던 국민의 좌절감과 영국에 대한 반감은, 1942년 2월에 영국군이 전차를 동원해 압딘 궁전을 포위하고 푸아드를 이은 국왕 파루크(Farouk)에게 영국이 선택한 정권을 승인하라고 강제하는 사건이 벌어지면서 정점을 찍었다.[18] 훗날 이집트 민족주의자들은 국왕에게 수치를 안긴 점이 그 뒤 10년간 이어진 혁명의 직접적인 원인이라고 지적했다.[19]

이집트의 혁명 단체들이 신봉한 원칙에 일찍이 사다트가 품은 종교적, 정치적 신념이 공명했다. 이집트가 이슬람 국가라고 믿던[20] 사다트는 무슬림형제단을 만든 셰이크 하산 알반나(Sheikh Hassan al-Banna)를 우상으로 여

---

* 와프드당은 이집트의 주요 정당이자 독립운동의 선봉이었다. 독특하게도 세속주의를 표방한 이들은 "종교는 신을 위한 것이고 국가는 모두를 위한 것"이라는 구호를 내세웠다.

기고 만났다.[21] 알반나는 실질적인 독립에 대해 단호한 태도를 보이기도 했다. 수단계의 피를 물려받은 사다트는 영국이 계속 수단을 지배한다는 사실을 개인적 치욕으로 여겼다. 그에게 영국인은 불법 침입자고, 처칠은 이집트에 수모를 안긴 "도둑"이자 "증오스러운 적"이었다.[22]

1939년, 사관학교를 갓 졸업한 19세의 중위 사다트가 젊은 장교 나세르를 만났다. 나세르는 이미 이집트군 내 지하 혁명 조직인 자유장교단을 조직했다. 무슬림형제단과 마찬가지로 자유장교단은 군사력을 동원해 독립을 쟁취한다는 계획을 세웠다. 사다트는 자유장교단과 함께하자는 나세르의 제안을 열정적으로 받아들였다.

불타는 반영 감정을 품고 있던 사다트가 폭력적 혁명의 길에 들어섰다. 1940년 6월, 커져만 가던 프랑스와 이탈리아의 확장 열망이 좌절되면서 북아프리카는 2차세계대전의 전장이 되어 버렸다. 명목상으로는 영국과 이집트가 같은 편이었지만, 영국군을 이집트에서 몰아내는 데 집착한 사다트는 1차세계대전 중 오스만제국에 맞서 아랍 반란을 일으킨 주요 지도자 아지즈 알마스리(Aziz al-Masri)에게서 영감을 얻었다. 알마스리는 아라비아반도에서 오스만제국을 몰아내기 위해 영국과 협력했다.[23]

사다트는 내 적의 적은 내 친구로 대하라는 알마스리의 선례를 따라 북아프리카에서 작전을 수행하고 있던 독일군과 연락을 주고받으며 그들을 지원하기 시작했다. 그는 영국군 병사들과 나란히 주둔한 채로 반란의 꿈을 키웠다. 훗날 회고록에서 그가 "1941년 여름에 (……) 혁명 계획을 처음 세웠다"고 회상했다.[24]

1942년 여름, 사다트가 당시 나치 독일군을 이끌고 리비아에서 이집트로 간 로멜 장군의 부관에게 전언하려 했다. 이런 시도를 그 혼자만 하지는 않았다. 1942년 2월 카이로에서는 군중이 로멜과 그의 부대를 지지한다고 외치기도 했다.[25] 그러나 사다트는 전언이 발각되면서 영국 당국에 체포되고 투옥당했다.

옥중 사색

사다트는 전쟁 중(1942~1944)에 그리고 전쟁 후(1946~1948)까지 6년을 감옥을 들락거리면서 보냈다. 처음 투옥되었을 때는 한 번 이상 탈옥해 도망자로서 살았으며 여전히 자유장교단의 일원이었다. 1946년 1월, 사다트가 친영 성향의 재무 장관 오스만 암살에 가담했다는 혐의로 기소되었다. 그는 재판을 받기까지 27개월을 옥중에서 기다리며 때때로 독방에 갇혔다. 결국 그가 석방되었으나 훗날 실제로 가담한 사실을 인정했다.

사다트가 투옥되어 기나긴 고립을 견디는 동안 자유장교단은 활동을 이어 갔다. 이들은 시작한 지 얼마 안 된 운동을 튼튼한 자금과 위계를 갖춘 조직으로 발전시켰다. 대부분은 비밀리에 혁명을 계획하면서 이집트군에서 평범한 복무 생활을 계속했다. 그런데 이들의 목표가 바뀔 만큼 충격적인 사건이 이들을 기다리고 있었다. 1948년 5월 14일, 이스라엘이 건국된 것이다.

다비드 벤구리온(David Ben-Gurion)이 텔아비브에서 신생국 이스라엘의 독립선언서를 읽고 미국 대통령 트루먼이 곧바로 이스라엘을 승인하자 이웃한 아랍 국가들 사이에 내전이 일어나 영국 위임통치령 팔레스타인의 아랍인과 유대인 들을 집어삼켰다. 이집트, 트란스요르단, 시리아, 이라크가 독립국 이스라엘의 형성을 저지하려고 10개월간 성과 없는 작전을 벌였으며 그 이후로도 25년간 간헐적인 교전이 벌어졌다.

이집트군은 1948년 10월까지 큰 피해를 보고 1949년 1월에는 공세에 밀려 가자 지구에 포위되어 2월에 휴전협정을 체결했다. 아랍권 참전국 중 처

음이었으나 마지막은 아니었다.[26]

아랍연맹에게는 이 패배가 서로 너무 다른 나라들의 병력을 조율하지 못해서 생긴 당혹스러운 결과였다. 나중에 이집트 대통령이 되는 나기브와 나세르를 포함해 1948~1949년 전쟁에 참가한 사람들은 참패의 원인이 아랍의 분열에 있다고 믿었다. 이것이 이스라엘과 대립하고 서방의 영향력에 맞서 싸우는 데 몰두하는 아랍 국가들의 군사동맹이라는 새로운 범아랍 계획을 촉발했다. 많은 이집트인이 이스라엘의 건국을 계기로 유럽이 이 지역에 더 많이 개입할 것이라고 여겼기 때문인지, 아랍의 대의를 지향하는 이집트의 정체성이 한층 더 짙어졌고 서방에 대한 적개심도 더 격해졌다.

감옥에서 나온 사다트는 자유장교단에 (지도부인 제헌위원회의 일원으로서) 다시 합류했으나 어떤 면에서는 계속 이들과 분리되어 있었다. 자유장교단의 다수가 1948년 전쟁에 참가했다. 그러나 사다트는 전쟁과 간접적으로 관련되었을 뿐이며 아랍의 단결을 향한 열정도 다소 식었다.

게다가 그는 감옥에서 중대한 심경의 변화를 맞이했다. 훗날 그는 고독한 옥중 생활에 괴로워하는 대신 "내면의 힘"을 길렀다고 회상했다. 어릴 때 시골에서 흘러가는 삶을 경험한 그가 감옥에서 더 거대한 평안을 찾았다고 고백했다. 그러나 이 평안은 미동도 없는 고요에 몸을 맡기는 것이 아니었다. 오히려 "변화할 (……) 능력"이었다.[27] 그가 회고록에서 이때 "그렇게 격리된 곳에서 삶과 인간의 본성을 사색한 끝에 나는 생각의 틀을 바꾸지 못하면 현실을 바꿀 수 없으며 어떤 발전도 결코 이룰 수 없다는 걸 깨달았다"[28]고 반추했다.

1948년 8월 마침내 석방된 사다트가 여전히 혁명적 대의에 헌신했으나, 더는 동포들의 사상을 비판 없이 옹호하지 않았다. 그에게는 젊은 날 품은 신념에 의문을 제기할 자신감이 있었다.

이집트 독립

이집트 왕가가 겪은 수모와 2차세계대전이 남긴 고통과 1948년의 수치스러운 패배가 이집트의 반영 정서를 키웠다. 1951년 10월, 이집트 의회가 이집트 주권에 유리한 것처럼 보이면서도 영국군이 수에즈운하 부근에 계속 주둔하는 기반이 되었던 1936년의 영국·이집트조약을 일방적으로 파기했다. 영국군이 철수를 거부하자 이집트군은 운하 부근에 남아 있던 영국군을 고립시켰다.

이 대치가 적극적인 교전으로 악화되었다. 1952년 1월 25일, 영국군의 전차가 이집트 이스마일리아의 경찰서를 폭파하면서 43명이 사망했다. 이틀 뒤, 분노한 카이로 주민 수천 명이 거리에 나섰다. 시위가 벌어지면서 카이로 시내 대부분이 연기에 휩싸여 훗날 '검은 토요일'로 알려지는 사태가 벌어졌다.²⁹ 그 뒤 몇 달 동안 세 정부가 만들어졌다 해체됐는데, 그 어떤 정부도 의회의 다수를 차지하지 못했다.

자유장교단은 상황이 중대한 시점에 다다랐다고 판단했다. 국민은 준비가 되고, 정부는 궁지에 몰려 있었다. 자유장교단은 사실상 영국의 동맹국인 미국을 설득해 "영국을 중립화"할 수 있기를 바라며 중대한 변화가 임박했다는 내용의 전언을 미국 대사관에 보냈다.³⁰ 1952년 7월 23일, 자유장교단이 쿠데타를 일으켜 파루크 1세를 폐위하고 그의 아들인 갓난아기 푸아드 2세(Fuad II)를 왕좌에 앉혔다.

사다트가 국왕의 폐위를 알리는 성명서를 작성하고 라디오에서 자유장교단의 승리를 선포했다. 그의 차분한 발표는 이집트 정부와 군대를 재편하고 외세를 축출하는 한편 동등한 지위에서 다른 나라와 외교 관계를 수립하겠다고 강조했다.³¹

아기가 국왕이 될 때 따르는 관행대로 섭정 회의가 개입해서 왕정을 관리했다. 그러나 실세는 나기브 장군이 수반인 혁명사령부였다. 혁명사령부는 과도기 3년 동안 통치를 맡겠다는 내용의 헌장을 선포했다. 1953년 여름, 혁명사령부가 왕정을 폐지하고 이집트공화국을 선포하면서 나기브를 대통령 겸 총리로 임명했다. 나세르는 부총리에 지명되었다.

곧이어 나세르와 나기브의 주도권 싸움이 벌어졌다. 나기브가 폭넓은 국민의 지지를 받지만 구세대인 것과 달리, 나세르의 카리스마는 자유장교단의 상상력에 계속 불을 불였다. 1954년 봄, 나세르가 나기브의 주요 지지층인 핵심 장교들에게 자신이 추구하는 다원론과 의회주의가 이집트를 무정부 상태에서 한층 멀어지게 했다고 설득하는 데 성공했다.[32]

군의 지지를 얻어 낸 나세르는 마음껏 야망을 펼쳤다. 1954년 10월, 나세르가 연단에서 말할 때 그를 향해 총알 여덟 발이 발사되었다. 기적적으로 한 발도 맞지 않은 나세르는 연설을 마치면서 즉흥적으로 말했다. "쏠 테면 쏘십시오. 모든 이집트 국민이 나세르가 될 테니 나세르를 죽일 수는 없습니다."[33]

총격이 연출되었다는 의혹까지 불거졌다. 사실이 어떻든 효과는 확실했다. 1954년 11월, 인기의 파도를 탄 나세르는 3년 과도기 헌장에 따라 대통령이 되었으며 나기브를 몰아내고 혁명사령부를 인수했다.[34]

나세르와 나기브의 경쟁은 이집트 민주주의의 미래가 달린 싸움이기도 했다.[35] 1954년, 혁명사령부의 나기브파가 의회에 상당한 권한을 실어 주는 헌법 초안을 작성했다. 그러나 나세르를 지지하는 이들이 나기브파를 압도했고, 1956년 6월에는 권력 분산에 대한 군부의 우려를 담아 행정부가 상대적으로 견제받지 않는 이집트 최초의 공화주의 헌법이 만들어졌다.[36] 이와 동시에 나세르는 다시 대통령이 되었다.

나세르는 기민한 술책과 비범한 자신감으로 주요 경쟁자를 제쳤다. 일찍이 혁명사령부는 산업화와 교육에 대한 투자, (귀족 사회를 약화하는) 토지개혁, (대부분 튀르크-체르케스계 엘리트층이 소유한) 작위 폐지처럼 인기 있는 정책으로 일반 국민의 호의를 얻고 있었다. 무슬림형제단이 폭력적으로 도발하자 혁명사령부는 1953년 겨울부터 정당을 불법으로 규정하기도 했다. 나세르와 그의 정치적 동맹은 이런 식으로 혁명을 독재 권력으로 바꾸는 데 성공했다.[37]

혁명의 대변자

나세르 대통령의 임기 중에 사다트는 이집트 국영 언론의 배후 세력으로서 1953년 12월에 '공화국'을 뜻하는 제호의 일간지 《알굼후리아(al-Gumhuriah)》를 창간하고 몇 년 동안 편집장 겸 칼럼니스트로 이름을 알렸다.[38] 《알굼후리아》는 사다트의 주도로 계속 제국주의를 비난했다.[39] 또한 이 시기에 이집트 혁명에 관한 책 세 권을 집필했는데, 그중 영문으로 쓴 『나일강의 혁명(Revolt on the Nile)』(1957)에는 나세르가 쓴 서문이 있다.

사다트는 1954년 9월부터 1956년 6월까지 나세르 내각에서 (장관직 없이) 국무 장관 구실을 했으며 법률 교육을 받지 않았는데도 혁명사령부의 사법부인 혁명재판소의 일원이 되었다. 혁명재판소가 처음에는 군주주의자와 친영파를 몰아내는 데 집중했으나 결국 무슬림형제단을 향해 칼을 뽑아 들었다.[40]

얼마 있다 사다트는 더 중한 직책을 맡았다. 1957년, 나세르가 권력을 공고히 하고 이집트 의회인 국민의회에 정당을 다시 도입하고 나서 사다트가 이집트에서 가장 유력한 정당인 국민연합의 사무총장과 국회의원이 되었다.[41] 1960년에는 국회의장이 되었다. 지위가 점차 높아졌지만 사다트는 여전히 대중의 주목을 끌지 않았다.

그 뒤 10여 년 동안, 심지어 1969년에 부통령이 되었을 때도 그는 주목받을 일을 피했다. 나중에 대통령이 된 그에게 한 언론인이 상대적으로 낮은 명성 덕분에 나세르와 좋은 관계를 유지할 수 있었는지를 물었다. 회고록에서 사다트는 이 언론인이 자신을 "아무 영향력도 없던" 사람이나 아주 "교활하게" 굴어서, 나세르와 폭넓게 협력하다 보면 생길 수밖에 없는 마찰을 피한 사람으로 본 것 같다고 했다. 사다트는 이렇게 답했다.

나는 나세르의 평생에 걸쳐 영향력 없던 적이 없고 내 평생에 걸쳐 겁을 먹거나 교활하게 군 적도 없다. 아주 단순한 사실이다. 나세르와 나는 열아홉 살에 친구가 되었다. 그리고 혁명이 찾아왔다. 그는 공화국의 대통령이 되었다. 나는 내가 신뢰하는 친구가 대통령이 되어 기쁘고, 행복했다.[42]

영향력 없던 적이 없다는 사다트의 말은 맞았다. 그가 유명세는 피했지만 나세르의 계획에서 중요한 일을 맡았고, 특히 대외 정책 가운데 나중에 대통령이 되어 추구할 것을 미리 보인 경우가 많다.[43]

나세르는 정치적 위협이 되는 무슬림형제단의 위상을 떨어트리고 수감하려고 하면서도 이집트 인구의 다수를 차지하는 이슬람교도의 지지를 유지하고 싶어 했다. 결국 그는 1954년에 국가와 저명한 이맘의 관계를 도모하기 위한 조직인 이슬람의회를 창설했다.[44] 그리고 사다트를 의장으로 지명했다.

신앙심이 깊은 데다 무슬림형제단의 주요 인사들과 연락하며 지낸 사다트는 그만이 할 수 있는 방식으로 나세르의 세속주의 정부를 이슬람교 지도자들뿐만 아니라 무슬림형제단과도 이어 주는 가교가 되었다. 경력 후반부에도 사다트는 다시 세속주의와 이집트 사회의 영성을 결합하려 했으나 두 번 모두 복합적인 결과만을 남겼다.

이슬람의회는 대외 정책 면에서도 중요한 구실을 했다. 영국이 후원한 (그리고 미국도 장려한) 반소련 방위 동맹인 바그다드조약기구에 맞선 이집트와 사우디아라비아 연합의 거점이 된 것이다.[45] 나세르는 바그다드조약기구가 아랍 세계를 마음대로 주무르고 이라크를 이집트의 대응책으로 키우려는 서방의 계책이라고 생각하고 1954년에 가입을 거부했다.[46] 같은 해, 사다트는 요르단의 일부 장관들에게 거래를 파기하라는 압력을 넣어 바그다드조약기구에 가입하려던 요르단의 계획을 무산시켰다. 서방의 한 관찰자는 "협상이 무산된 직접적인 이유 중 하나"로 사다트를 지목했다.[47] 사다트는 비슷한 방식으로 레바논에서도 이와 유사한 결과를 끌어냈다.

1950년대 말까지 사다트는 이집트 정부에 꼭 필요하면서도 상대적으로 주목을 덜 받는 인물로 자리 잡았다. 그는 국내 주요 선거구를 장악하고 다른 의원들과 동료로서 좋은 관계를 유지했다. 외교관으로서 유능함을 증명하기도 한 그는 특히 공감 능력이 뛰어났다.[48] 그는 나세르 대통령의 노선을 따르는 전문가이자 공인이었다.

그러나 이런 제약 속에서도 사다트는 이미 조국을 어디로 이끌어야 하는지에 관해 자신만의 구상을 하고 있었다.

나세르와 사다트

나세르는 이집트와 아랍 세계 대중의 상상력을 지배했다. 임기 중 처음에는 영국, 그다음에는 이스라엘과 대립하는 상황을 탁월하게 관리했으나 실질적인 행정에서는 다소 수완이 떨어졌다. 어느 중동 전문가가 1967년에 나세르에 대해 이렇게 썼다.

어떤 순간에 자신이 원하는 것과 도를 넘었을 때 태세를 바꾸고 적과 화해하는 방법을 파악하는 데 탁월한 재능이 (……) 그러나 최종적인 장기간의 합의를 분명히 싫어하는데, 어느 정도는 그의 성정 때문이지만 더 근본적으로는 이집트 혁명이 다른 아랍 혁명과 마찬가지로 아직도 분명한 명분을 찾아 헤매고 있기 때문이다.[49]

1950년대 중반에 나세르는 사다트가 혁명의 기본적인 맥락이라고 여긴 이집트의 특권을 지켜 나갔다. 1954년 10월, 나세르가 앞서 파기된 1936년의 영국·이집트조약을 공식적으로 대체할 새로운 협정에 대해 영국과 논의했다. 이에 따라 영국군 병사들이 2년 안에 철수한다면, 1882년 점령 이후 처음으로 이집트 땅에서 외국군을 모두 몰아내는 셈이었다.[50] 일찍이 나세르는 미국과 소련, 모두와 소통하는 경로를 열어 두고 있었다. 1955년 반둥회의가 열릴 즈음에는 그가 비동맹 운동의 우상으로 떠올랐다.

나세르는 이집트의 주권을 지키려면 경제적 자급력을 키워야 한다는 점을 알고 있었다. 따라서 그가 아스완하이댐 건설이라는 상징적인 계획을 시작했다. 이 계획이 완수되면 나일강의 유량을 조절하고, 홍수를 줄이고, 경작지를 늘리고, 수력발전을 가동할 수 있을 터였다. 1955년 12월에 미국, 영국과 세계은행이 댐 건설 자금을 지원하기로 했다.

그러나 곧 이집트에 채무 상환 능력이 없다는 게 분명해졌다. 혁명 이후 민간 투자와 개발이 둔화되었다. 게다가 나세르가 반미 선전, 콩고·리비아·알제리의 반서방 세력 지원, 체코슬로바키아를 상대로 한 무기 거래,[51] 중화인민공화국 인정[52] 등으로 서방을 계속 자극했기 때문에 미국과 영국은 그가 이미 소련 편에 섰다고 믿게 되었다. 워싱턴은 1956년 7월 19일에 아스완댐 투자 계획을 철회했다. 곧이어 영국과 세계은행도 약속을 취소했다.

게다가 미국이 이집트의 경제적 불평등 때문에 투자를 철회했다고 공개적으로 발표하면서 문제가 더욱 악화되었다. 세계은행 총재 유진 블랙(Eugene Black)은 "은행의 대출 거절을 반기는 사람은 없다"면서 특히나 "신용도가 좋지 않아 거절되었다는 걸 다음 날 신문 기사로 알게 되면 기분이 나쁠 것"이라고 덧붙였다.[53] 나세르와 사다트에게 이 문제는 단순히 신용도에 관한 것이 아니었다. 이집트 지도층은 서구 열강이 이집트를 점령한 70년 전처럼 채무를 이용해 이집트에 수치를 안겨 주며 방해 공작을 펼친다고 생각했다.

나세르가 며칠 만에 보복에 나섰다. 수에즈운하는 19세기 말부터 프랑스와 영국의 주주들이 대부분인 수에즈운하회사가 운영하고 있었다. 1956년 7월 26일, 나세르가 이 회사의 국유화를 선언하고 국가가 소유하는 수에즈운하청을 설립했다. 유럽에서 아시아로 가는 가장 빠르고 가장 많이 이용되는 항로의 막대한 통행료를 이집트를 식민 지배하는 나라가 아니라 이집트가 가져가게 된 것이다. 나세르는 이 새로운 수익이 아스완하이댐 건설에 쓰일 것이라고 발표했다.[54]

수에즈운하의 국유화는 영국이 중동에서 차지하는 지위 자체에 대한 도전이었다. 1956년 8월, 영국 총리 이든이 아이젠하워 대통령에게 "나세르를 축출하고 이집트에 서방에 덜 적대적인 정권을 세우는 것이 (……) 우리의 우선적 목표가 되어야 한다"는 글을 보냈다. 이든은 나세르가 영국을 "자기 마음대로 주무르려는" 야망을 품은 새로운 "무솔리니"라고 확신했다.[55]

이해 10월, 비밀리에 결탁한 영국과 프랑스와 이스라엘이 운하를 되찾기 위해 이집트를 침공했다. 미국의 외교적 개입을 통해 열린 UN 총회의 표결 결과는 미국의 동맹국인 영국과 프랑스에 대한 반대였다. 파운드화의 가치가 급락했고, 미국은 국제통화기금(IMF)이 파운드화를 지원하지 못하게 했다. 주요 동맹국에게 버림받은 데다 건강까지 나빠진 이든이 작전을 포기하고 1957년 1월에 사임했다.

미국의 구제가 서방에 대한 나세르의 반감을 바꾸지는 못했다. 오히려 나세르는 이를 기회로 삼아 판을 키웠다. 분쟁이 끝났는데 나세르가 운하의 폐쇄를 5개월 더 이어 갔고, 이 때문에 아시아에서 유럽으로 가는 물길이 막히면서 영국과 프랑스를 비롯한 유럽 각국의 경제가 손해를 보았다.

운하 폐쇄는 이스라엘인들에게도 문제였다. 이스라엘은 침공 때문에 군이 직접적인 손실을 보았는데 미국의 원조가 중단되고, 원유 공급이 차단되고, 자국 선박이 운하에서 추방되는 상황까지 맞닥트려야 했다.[56] 아이젠하워의 압력과 미국발 제재의 위협을 못 이긴 이스라엘은 시나이반도에서 철수했는데, 이것이 일부 이집트인에게 워싱턴이 이스라엘의 정책을 좌지우지할 수 있다는 인상을 주기에 충분했다. 이와 동시에 이집트 국내에서는 나세르 정부가 내린 일련의 징벌적 조치로 대대적인 몰수가 벌어지고 이집트 내 유대인 6만 명 중 4분의 3 정도가 어쩔 수 없이 이집트에서 나가야 했다.[57]

운하 폐쇄로 나세르의 인지도가 높아지고 이집트가 국제 무대에 진출했으나, 이는 반쪽짜리 승리일 뿐이었다. 수에즈운하 위기 이후 프랑스와 영국, 미국 등 각국이 보유한 이집트 정부의 자산이 동결되었다.[58] 수에즈운하는 침공으로 훼손돼 대대적인 수리가 필요했고, 그동안 새로운 이집트 운영사는 아무런 수익도 낼 수 없었다. 관광객이 줄어들고 기업이 이집트를 떠난 데다 11월에는 나세르가 영국·이집트석유회사, 은행, 보험사와 여타 유럽인이 소유한 기업들을 추방하면서 더욱 쓰라린 상처를 남겼다.[59] 외국 자본도 이집트를 빠져나갔다.

소련은 이를 기회로 삼아 이집트와 서방의 결렬을 한층 공고히 하는 새로운 국제 체제를 구축했다. 그 뒤 8년 동안 소련 총리 흐루쇼프는 아스완하이댐에 3억 2500만 달러, 그 뒤를 이어 다른 산업 시설 건설에 1억 7500만 달러 등 대규모 차관을 좋은 조건으로 제공하겠다고 약속했다.[60] 소련의 원조와 군사 장비 및 군사고문 수만 명이 이집트로 밀려들었다.[61]

아랍 세계에서는 수에즈운하 운영사를 국유화하고 유럽과 이스라엘의 군사작전을 막아 낸 나세르를 영웅으로 추대했다. 그는 이런 지도자 구실을 반기고 아랍의 단결이라는 구호로 기세를 키우려 했다. 그러나 그가 아랍인들의 지도자라는 왕관을 쓴 이상, 아랍인들은 그가 자신들을 이끌어 주기를 바랐다. 이집트는 식량을 미국의 원조에 기대고 무기는 소련에 기대고 있었기 때문에, 다른 나라들의 짐을 진다는 것은 달갑지도 않고 실현할 수도 없는 계획이었다.

그러나 시리아가 이집트에 접근해 연합을 요청했을 때는 나세르가 거절할 수 없었다. 거절하려면 아랍 세계에 대한 나세르의 헌신이 여러 한계에 부딪혀 있다는 점을 드러낼 수밖에 없었기 때문이다. 이렇게 아랍연합공화국이 탄생했다. 아랍의 단결을 실험한 이 불운한 계획은 1958년부터 1961년까지 고작 3년 동안 이어지는 데 그쳤다. 범아랍을 향한 열망이 커지면서 나세르는 이집트의 예멘 내전 참가를 결정했다. 훗날 '이집트의 베트남'이라고도 불린 이 지지부진하고 비생산적인 전쟁에 얽매인 이집트군은 1971년에야 예멘에서 완전히 철수할 수 있었다.

1967년, 이미 이집트의 대외 개입을 지나치게 확대한 나세르가 이스라엘에 대항하고 나섰다. 이스라엘이 곧 시리아를 공격한다는 정보가 (훗날 잘못된 것으로 밝혀졌지만) 소련을 통해 흘러들어 나세르가 티란해협을 봉쇄하고 이집트군을 시나이반도로 이동시켰다. 시나이반도는 수에즈운하 위기 이후 사실상 비무장지대로 있었다. 그 뒤 벌어진 전쟁에서 이스라엘 공군이 이집트 공군을 격파하고 이스라엘군이 요르단강 서안과 가자 지구, 골란고원, 동예루살렘과 시나이반도 전체를 점령했다. 1967년 6월에 벌어진 6일전쟁에서 아랍 측의 이집트·시리아·요르단이 연합군으로 참전하고 특정 전투 지역에서는 수단군 파견대와 팔레스타인 게릴라도 참전했으나, 결과적으로 이스라엘이 영토를 세 배 이상 늘리고 수에즈운하에 이스라엘군을 주둔시키면서 이웃한 아랍 국가들에 수치를 안겨 주는 것으로 마무리되었다.

나세르는 참패에 크게 당황하고 6월 9일에 대통령직에서 물러났다. 대중 시위에 힘입어 복귀한 그가 이스라엘을 상대로 소모전을 일으켜 자신의 권위를 다시 세우려고 했다. 그러나 예멘 내전과 6일전쟁 그리고 1970년까지 이어진 소모전이 이집트의 옛 영광을 되살리기는커녕 자원을 바닥내고 소련에 대한 의존도만 높였다.

1967년과 1968년에 이집트의 경제가 위축되었다.[62] 국내 개발은 지연되고 생산성도 계속 낮은 수준에 머물렀다. 수에즈운하의 두 번째 봉쇄가 8년간 이어지면서 이집트가 운하를 국유화한 동기였던 수입원을 빼앗기는 꼴이 되었다. 게다가 나세르가 추진한 산업화 계획으로 경작지를 제조업에 내준 결과 이집트가 수입 곡물에 의존하게 되었다.

나세르의 장엄한 국내 계획에 자금을 댄 소련의 목적이 동맹이 아니라 돈이었다는 것도 곧 밝혀졌다. 1964년에 흐루쇼프가 실각하면서 브레즈네프, 알렉세이 코시긴(Alexei Kosygin), 포드고르니 치하의 새로운 강경 노선을 재촉했다. 1966년에 이미 경제원조가 바닥을 드러냈으며[63] 소련의 협조도 마찬가지였다. 소련 지도부가 이집트의 긴축정책을 지지하기 시작했고, 1966년 5월에는 코시긴이 카이로의 채무 상환 연기 요청을 거절했다.[64] 소련이 무기를 공급하고 때때로 자금을 지원하면서 계속 영향력을 행사했으나 강대국으로서 이집트를 후원하지는 않았다.

1967년 6월, 미국의 이스라엘 군사원조로 이집트 지도부가 대미 관계를 단절했다. 1970년에는 소련이 원조와 차관, 부채 감면을 요청하는 나세르에게 아무런 답도 주지 않았다.[65] 범아랍주의를 추구하던 나세르가 이집트를 고립시켰다.

사다트의 관점

소련과 이집트의 우호 관계는 최고조였을 때도 차가울 정도로 형식적이었다. 소련이 이집트를 속국으로 여겼고, 사다트가 소련의 멸시를 직접 목격하기도 했다. 1961년 6월, 당시 이집트 국민의회 의장이던 사다트가 소련 총리 흐루쇼프의 초대로 모스크바를 방문했다. 전하는 바에 따르면 흐루쇼프가 만찬 자리에서 사다트에게 "나세르가 자국에 대한 통제력을 잃고 문제를 해결하지 못하고 있어서 우리가 그에 대해 확신할 수 없다"고 말했다. 사다트는 즉시 만찬 자리를 박차고 나와 흐루쇼프에게 인사하지 않고 모스크바를 떠났다.[66]

그 뒤 9년 동안 나세르가 소련에 의존하면서도 따돌림당하는 모습을 지켜본 사다트는 소련과 협력하는 것이 매우 해롭다고 확신하게 되었다. 모스크바에 마지막으로 더 많은 원조를 요청했으나 답을 받지 못한 채 3개월이 지난 1970년 9월 28일, 나세르가 심장마비로 세상을 떠났다. 회고록에서 사다트는 러시아인들이 나세르의 건강을 망쳤다는 중국 총리 저우언라이의 말을 인용했다. 사다트도 러시아인들의 모욕이 나세르의 마지막을 앞당겼다고 확신했다. "그가 의욕을 잃고 그렇게 갑작스럽게 말기 심장병과 당뇨를 얻은 중요한 이유 중 하나였다는 데는 의심할 여지가 없다. 인간이 언제 어떻게 죽을지는 물론 신께서 정하시지만, 저우언라이의 말이 옳았다."[67]

나세르는 이집트가 아랍과 이슬람과 아프리카라는 세 원이 겹친 곳에 놓여 있다고 생각했으며[68] 전반적으로는 아랍 세계와 "공동 운명"이라고 보았다.[69] 그는 식민주의의 속박에서 아랍 세계를 해방하는 것이 자기의 임무라고 보았다. 1948년에 이스라엘에게 패배했다는 사실이 아랍 국가의 단독 행동이 얼마나 위험한지를 증명했다면서 아랍의 단결을 가장 중요한 첫걸음으로 여겼고, 자기 자신이 아랍 국가들을 통일할 인물이자 카리스마 있는 지도자라고 생각했다.

그러나 1948년의 분쟁이 나세르를 만들었다면 1967년의 분쟁은 사다트를 만들었다. 사다트에게 6일전쟁은 국익보다 범아랍권의 단결을 우선시하는 것이 얼마나 위험한지를 보여 주는 사건이었다. 사다트 자신은 "지중해의 인력"을 느꼈으며 이집트가 완전히 "세계 체제에 가입하기를" 바랐다.[70] 아랍 세계에 대한 참여도를 높이는 것은 전술적 의무일 뿐 문명적 의무는 아니었다. 이집트의 기나긴 역사에서 아랍과의 관계는 많은 영향 중 하나였다. 그러므로 범아랍주의 제안은 직접적인 이익에 따라 판단할 수 있었다.

나세르는 세상을 떠나기 며칠 전까지도 요르단 국왕 후세인과 PLO 의장 야세르 아라파트(Yasir Arafat) 사이에서 벌어진 아랍의 분열을 숨기려고 애썼다. 아라파트는 1970년 9월에 민항기 네 대를 납치하고 후세인을 폐위하려 했고, 이에 후세인은 PLO를 내쫓았다.[71] 이에 따른 피로로 나세르가 죽었다고 말하지는 않았어도 사다트는 나세르가 이에 대해 매우 걱정한 것을 알고 있었다. 이집트는 대미 관계를 단절한 1967년 이후 오직 소련의 원조에 기대고 있었다. 사다트는 소련과 협력하는 것이 보상은 거의 없으면서 이집트를 궁지로 몬다고 생각하기 시작했다. 미국과 협력할 경우에는 어떻게든 이집트의 자치와 양립할 수 있는 방식이어야만 했다.

사다트는 나세르가 세상을 떠나기 전부터 자신의 본능대로 움직였다. 나세르가 소련 측에 기울었기 때문에 사다트는 냉정하게 국익에 관한 계산을 바탕으로 미국에 접근했다. 1959년, 사다트가 이집트 주재 미국 대사에게 아프리카에서 미국과 이집트의 견해는 양립할 수 있다고 보아야 한다고 말했다.[72] 그 뒤 통치자 이맘에 맞서 군부가 주도한 반란 편에서 이집트가 예멘을 공격한 1962년과 1963년, 사다트는 미국과 계속 연락하며 미국이 왕당파 측에 가담해 개입하면 안 된다고 설득했다. 미국과 이집트의 직접적인 분쟁을 막는 것이 사다트의 목표였다.[73] 그러나 1964년이 되자, 사다트의 노력에도 이집트와 미국은 콩고와 예멘 그리고 미국의 원조 정책에 대한 갈등으로 공공연한 적대 관계를 형성했다.[74] 그래도 1966년에는 사다트가 미국을 공식 방문했다. 혁명 후 미국을 방문한 이집트 인사 중 가장 고위직이었다. 이때 그는 이집트가 예멘을 두고 사우디아라비아와 벌이는 협상에서 미국이 중재자가 되어 주기를 바라고 있었다.[75]

이 모든 경우에서 사다트는 감정을 배제한 채 양측 이해관계를 합리적으로 고려해 호소했다. 이집트 최고위 인사인 사다트가 어떤 식으로든 평소와 다르게 우호적인 신호를 보냈다면 미국 측도 분명히 눈치챘을 것이다. 그러나 그가 정부 각료를 지낸 시기와 입법부 지도자를 맡은 10년을 통틀어 미국 측 인사들이 미국에 대한 그의 태도가 특별히 따뜻하다고 여긴 적은 없었다.

이때는 사다트가 평화를 향한 전망을 구상하기 전이다. 1970년 가을 무렵에는 그도 이스라엘과 몇 년씩 전쟁을 이어 간다는 게 실질적으로 무용하다고 깨달았을 가능성이 크다. 간헐적으로 벌어지는 전투에 큰돈이 들어갔고, 이집트의 국고는 바닥난 지 오래였다. 또 카이로가 공습 위협을 받으면서 이집트의 경제가 활력을 잃었다.[76] 이 분쟁으로 이집트가 서방과 등지는 바람에 폭넓은 국제 체제에서 활동할 길도 막혔다. 당시 나세르 정부의 장관이던 사다트는 제국주의 패권이나 지역적 단결보다는 국가 주권에 바탕을 둔 체제에 끌렸다. 그는 나세르가 보지 못한 중립국이라는 가능성도 이해하고 있었다. 그러나 사다트가 곧바로 이런 조각들을 모아 이집트가 장기적으로 나아갈 일관된 길을 그려 내지는 못했으며 자신을 키잡이로 생각하지도 못했다.

그가 훗날 평화를 주도하리라는 공개적 증거도 없었다. 오히려 그가 보내는 모든 신호가 반대 방향을 가리켰다. 미국과 계속 연락했으나 자주 맹렬하게 비판했으며 적어도 공개적으로는 대통령 임기 초까지도 이런 경향을 이어 나갔다. 1957년에 『나일강의 혁명』에서는 "국무부가 캅카스산맥부터 인도양에 이르는 이슬람 세계에 자신들의 권위를 강제할 꿈을 꿨기 때문"에 이스라엘이 존재하게 되었다고 주장했다.[77] 게다가 그는 이스라엘에 대한 승인 가능성을 딱 잘라 거부했다. "절대! 절대! 절대 안 된다! 이것은 누가 결정할 문제가 아니다. (……) 그렇게 하기로 하는 사람이 있다면 우리 국민이 그자를 짓밟을 것이다."[78] 그는 "이스라엘은 미국의 이익을 지키는 1차 방어선이며 (……) 미국이 이스라엘에 가자 지구를 공격해도 된다는 신호를 보냈다"면서 이스라엘을 미국 제국주의의 선봉으로 보았다.[79]

미국을 비판하는 입담에 극적인 효과를 좋아한 사다트의 취향이 드러났다. 그는 "이집트에서는 늘 정치적 계획보다 인격이 더 중요하다"고 믿었다.[80] 대통령에 취임하고 얼마 지나지 않았을 때 그가 소련의 고위 고문들을 모아 놓고 호되게 꾸짖었다. 이집트군 최고사령관 제복을 입고 그들에게 이렇게 경고했다. "나는 스탈린이지 (당시 소련의 허수아비 주석) 칼리닌(Mikhail Kalinin)이 아니다. 만약 당신들이 내 명령을 따르지 않으면 스탈린이 당신들을 대한 방식과 똑같이 대하겠다."[81] 그는 가끔 호들갑스러울 만큼 힘주어 말했으며 다른 사람과 대립하거나 과감하게 행동한 이야기를 들려주었으나 그 근거는 확실하지 않았다. 이 때문에 정치적 목적의식을 가진 인물이라기보다는 극적인 효과와 지위를 고려해 움직이는 웅변가처럼 보일 때도 있었다.

대통령이 되고 첫 2년 동안 사다트는 미국에 대한 반대를 중심으로 정책을 펼치는 듯했다. 그래서 그는 이집트가 소련과 협력하면 이익을 볼 수 있으나 서방은 "우리가 외화로 값을 치러도 권총 한 자루 주지 않을" 만큼 인색하며[82] "자신과 꿈 그리고 혁명 지도부에 대한 우리 국민의 확신을 뒤흔들 요량으로 우리를 도와주는 척하다 발뺌했다"는 점을 강조했다.[83] 1971년 초에는 당시 이스라엘 총리 메이어의 제안이 "승리 콤플렉스에 기초한 공상"이라고 말하기도 했다.[84] 사다트가 대통령이 되고 한동안 미국의 정책 입안자들은 그를 덜 극적인 나세르로 보았다.

교정 혁명

나세르 같은 카리스마형 지도자의 정치는 사람들에게 주문을 거는 데 기반을 둔다. 이들의 고무적인 언사와 태도는 일상 속 냉엄한 현실을 달래도록 설계되어 있다. 그러나 사람들을 현혹하는 비범한 인물이 사라지고 나면 만만찮은 현실이 주목받기 마련이다.

나세르가 세상을 떠난 뒤인 1970년 10월의 분위기도 그랬다. 부통령이던 사다트는 이집트 헌법에 따라 임시로 대통령직에 오르고 의회의 승인을 받게 되었다. 사다트의 취임은 나세르 장례식의 그림자에 가려졌다. 수백만 명의 시민이 나세르에게 경의를 표하려고 거리에 나왔다. 너무나 압도적인 행렬이 밀려들었기 때문에 사다트는 군중이 나세르의 시신을 가져가서 매장을 못 하는 상황까지 걱정했다.[85]

사다트가 20년 가까이 중앙 정계의 상층부에 있으면서도 각광받는 자리에 나서길 꺼렸다는 점은 곧 그가 이집트 국민은 물론이고 바깥 세계에는 더더욱 잘 알려지지 않았다는 뜻이었다.[86] 그가 정계의 사다리를 타고 오르는 동안 워싱턴에서는 한 번도 대단한 인물로 여기지 않았다. 1969년 12월, 사다트가 부통령에 임명되었을 때 언론뿐만 아니라 워싱턴과 카이로 주재 미국 대사관에서도 그는 영향력이 없고 나세르의 리더십을 위협할 만한 사람이 아니라는 것이 중론이었다.[87]

1970년 9월 말, 나세르가 사망하고 사다트가 대통령직을 자동 승계했다는 소식을 접했을 때 닉슨은 지중해의 미 해군 항공모함 새러토가에 있었다.[88] 이 자리에 함께한 사람들은 대개 정보 문건과 마찬가지로 사다트가 대통령직에 오래 있지는 않을 것으로 보았다. 사다트는 나세르의 공격적인 민족주의 이념이 지속된다는 것을 보여 줄 뿐이지 영향력이나 내실이 있는 사람 같지는 않았다.[89] 어느 선임 보좌관은 사다트가 "더 강한 경쟁자가 선택되지 않도록 할 가장 쉬운 방법"이라 선택됐다면서 그가 6주쯤 버틸 것으로 보았다.[90] 당시 CIA 보고서에서도 사다트를 "나세르 사망 시 중요한 주변 인물들" 중 하나로 꼽지 않았으며 그가 "그대로 눌러앉을 가능성이 가장 낮다"고 예상했다.[91]

사다트가 잘 알려지지 않은 데는 그의 성격이 크게 작용했다. 소련의 군사고문들을 몰아세우거나 미국에 비난을 퍼붓는 등 가끔 보인 단호한 모습은 핵심을 강조하려는 연출이었다. 실제로 그는 기이할 만큼 침착했다. 이런 성정 덕분에 그는 야망에 따르는 압박감이나 정계의 광란과 거리를 둘수 있었다. 공직 생활을 한 18년 내내 소용돌이의 중심에서 한발 물러나 있었다. 그는 혁명사령부 인사들 중 드물게 장관직을 처음부터 받지 않았다. 때로는 의도적으로 거리를 두었다. 그는 가식과 내분이 싫어서 적어도 한 차례 이상 혁명사령부를 일시적으로 그만두었다.[92]

차분한 성격으로 나세르와 우정을 쌓은 사다트는 다른 정치인들처럼 자신을 위해 정치적 기반을 다질 동기가 크지 않았다. 게다가 그는 절대 타고난 정치인이 아니었다. 그는 심사숙고하는 시간이 많았으며 연설보다는 기도를 택했다. 혼자 있기를 좋아하는 성향 덕분에 통찰력과 독립적인 사고를 쌓아 갈 수 있었으나 한편으로는 독불장군으로 불리기도 했다.

해외의 관찰자들과 마찬가지로 이집트 내부의 구경꾼들도 사다트가 임시 지도자일 뿐이라고 생각했다. 혁명사령부에서도 알리 사브리(Ali Sabri), 샤라위 굼아(Sharawi Gomaa), 새미 샤라프(Sami Sharaf), 무함마드 파우지(Mohamed Fawzi) 장군이 이끄는 유력 파벌이 사다트를 다루기 쉬운 인물로 보았다.[93] 특히 이집트 귀족 출신인 사브리는 나세르 정부의 부통령, 총리, 정보국장을 역임한 덕에 나세르의 완벽한 후계자로 여겨졌다. 굼아는 나세르 정부의 내무 장관이었고, 파우지는 국방 장관을 맡았으며 샤라프는 나세르 대통령의 최측근 보좌관이자 사실상 법률 고문을 맡던 사람이다. (사다트도 대통령이 된 직후에는 샤라프를 국무 장관으로 기용하는 등 이 세 사람의 자리를 그대로 두었다.)

사다트가 대통령직을 공식 승계하려면 이집트의 유일한 정당인 아랍사회주의연합의 집행위원회에서 대통령 후보 지명을 받아야 했다. 1970년 10월 7일, 아랍사회주의연합이 영향력 있는 내각의 지지를 바탕으로 사다트를 지명했다.[94] 이들이 사다트를 묵인한 것은 누가 나세르 구실을 맡을 수 있을지에 대해 의견을 모으지 못했으며 사다트가 자신들에게 도전하기에는 너무 약하다고 판단했기 때문이다. 이들이 자신들의 지배력을 공고히 하기 위해 지명 조건 다섯 가지를 걸었는데, 그중에는 사브리와 굼아의 동맹이 유력한 아랍사회주의연합 및 국민의회의 지도자들과 협력하며 국정에 임한다는 서약도 있었다. 사실상 대통령의 정책에 맞설 거부권을 확보하려는 조치였다. 사다트는 이에 동의하고 후보 지명을 거쳐 정식 선출되었다.

아랍의 단결이라는 함정에 빠지고 군인들을 부당하게 대우했으며 경제를 제대로 관리하지 못해 사적 부문과 공적 부문이 다 위축되었는데도, 사망한 전임 대통령 나세르는 여전히 이집트 국민에게 사랑받는 우상이었다. 그가 남긴 경제적, 정치적 상황에 실망한 이들은 비난을 쏟아부을 다른 대상을 찾아 헤맸다. 새 대통령인 사다트가 짊어질 몫이었다.

카리스마형 지도자의 후임은 아무리 좋은 상황에서도 피해야 한다. 정책은 물려받을 수 있지만, 카리스마는 형체가 없다. 여전히 나세르를 애도하는 국민의 상상력을 사다트가 사로잡을 리 없었다. 게다가 자기가 이끄는 정권의 행보를 통제할 수 없던 사다트는 자신이 꼭두각시가 되리라는 걸 알았다. 그는 무엇보다도 지위를 확립해야 했다.

당선하고 6개월도 안 지났을 때 사다트가 거부권을 행사하려는 이들이 반대할 만한 결정들을 독단적으로 내렸다. 법령으로 사유재산의 몰수와 가압류를 폐지하고, 이스라엘에 평화의 신호를 넌지시 내비치고, 시리아 및 리비아와 연방을 결성한다는 합의문을 발표했다.[95]

합의된 범위를 넘어서는 신임 대통령의 파격적인 행보에 충격받은 데다 국민의회 내 영향력이 떨어진 위기에 처한 사브리와 굽아는 쿠데타를 도모하기 시작했다.[96] 그러나 이 계획이 발각되어 사다트가 이들을 해임했다. 쿠데타 공모 세력이 헌정 위기를 바라며 집단적으로 사임했는데, 사다트가 1952년부터 그리고 의장을 지낸 기간에 의회에서 쌓은 관계에 힘입어 하룻밤 사이에 공석을 모두 다른 이들로 메우고 정권을 재건했다.

반대자들의 요구대로 굽히고 들어가리라는 예상과 달리 사다트가 반대자들을 한 방에 휩쓸어 버렸다. 이때 그가 내린 조치는 훗날 '교정 혁명'으로 불렸다. 사다트는 쿠데타 공모자 대부분을 24시간 안에 투옥했으며 결국 아흔한 명이 재판을 받았다. 사다트의 경력에서 볼 수 없던 이렇게 단호한 태도가 대통령이 된 그의 특징이 되었다. 그가 보여 준 예상 밖의 대담한 행동은 더 큰 전략적 목표를 추구하기 위해 치밀하게 계산된 것이었다. 당시 어느 고위 외교관이 한 말대로 "사다트가 유순하게 말을 들을 것이라고 생각한 사람들은 아예 잘못 짚은 셈이다. (⋯⋯) 그들은 사다트가 젊은 혁명가로서 주머니에 폭탄을 넣고 다닌 걸 잊어버린 듯했다."[97]

전략적 인내

사다트는 교정 혁명을 통해 권력을 공고히 하고 동료들의 통제에서 벗어날 수 있었다. 그러나 여전히 나세르의 유산과 이집트의 현실에 묶이고, 서로 대립하는 두 가지 책무로 가로막혀 있었다. 국민에게 정당성을 인정받으려면 나세르주의를 유지하고 나세르의 이미지와 자신이 연결된다는 점을 보여야 했지만, 이집트의 운명을 바꾸려면 나세르의 계획에서 버려야 할 요소가 많았다. 그래서 사다트는 나세르식 계획을 재천명하는 한편 눈에 띄지 않는 수준부터 조금씩 새로운 방향을 잡기 시작했다. 그는 실제 의도를 숨긴 채로 이미 정해진 것처럼 보이는 길을 따라갔다.

10월 7일에 대통령으로 지명된 직후, 사다트가 국민의회 연설에서 자신이 "어떤 경우든 어떤 자리에서든 나세르의 길을 계속 따르겠다"고 선언했다. 특히 이스라엘에 대한 나세르의 정책을 다시 확인한 그는 이스라엘이 점령한 아랍 영토를 해방하고, 아랍의 단결을 키우고, "팔레스타인 민족의 완전한 권리를 보호"하겠다고 단언했다.[98]

이집트의 역사적 지위를 복원하는 데 국내 정책이 가장 중요하게 작용하겠지만, 사다트는 이집트의 진정한 독립성을 되살리려면 대외 정책을 수단으로 삼아 자신의 능력을 펼쳐 보여야 한다고 확신했다. 그러나 대통령 취임 당시에는 대외 정책을 크게 바꿀 것이라는 기색조차 내비치지 않았다. 나세르의 후임이자 계승자인 사다트로서는 그렇게 극적인 단절을 마음속 가장 깊은 곳에서 고려한다는 사실조차 큰 위험이 될 수 있었다.

사다트는 1971년 5월에 소련과 우호조약부터 체결했다. 1956년에 나세르가 아스완댐 건설에 소련의 원조를 받기 위해 단행한, 사실상 경제적 조치를 넘어서는 정치적 행보였다. 같은 해 9월에는 리비아 및 시리아와 연방을 형성하는 절차를 마무리하면서 나세르가 남긴 범아랍주의를 받아들였다. 그동안 사다트는 나세르와 마찬가지로 이스라엘과 미국을 향해 계속 비난을 퍼부었다.

가장 중요한 당사자는 [이스라엘이 아니라 이스라엘의] 후견자, 미국입니다. 미국은 모든 부분에서 우리를 노골적으로 모멸하고 있습니다. 우리의 존재를 모멸하고, 우리의 긍지를 모멸하며, 우리의 독립과 의지 그리고 우리와 우리의 옛 세대가 7월 23일 혁명 이후 일궈 내려고 싸운 모든 가치를 모멸하고 있습니다.[99]

사다트의 여러 행보와 마찬가지로 이 마지막 조치에도 이중 목표가 있었다. 우선 친소련파인 사브리의 해임과 체포로 불안해하는 소련을 달래려는 것이었는데, 당시 이집트가 소련의 군사 장비를 공급받고 있었기 때문이다. 이 조치의 다른 목표는, 이집트가 소련과 동맹을 활용할 경우 이스라엘이 아랍의 요구에 기초한 중동 평화안을 받아들이도록 미국이 압력을 넣게 할 수 있는지 확인해 보는 것이었다.

1967년 하르툼 정상회담에서 아랍 지도자들은 결코 이스라엘을 국가로 승인하지 않고 평화조약을 맺지 않으며 협상하지도 않겠다고 맹세했다. 취임 초 국내에서 사다트는 하르툼에서 정한 규칙을 조금도 벗어날 수 없는 위치에 있었다. 그래서 나세르식으로 이스라엘과 미국을 계속 공격하며 오히려 더 깊은 적의를 드러냈다. 1972년 국민의회 연설에서 사다트는 "이스라엘에서 목격한 무장 식민주의가 한 민족을 그들의 땅에서 몰아내고 있으며 (……) 대량 학살과 빈곤을 수단으로 삼아 그들을 내쫓는다"고 단언했다. 또 미국이 "강력하고 대단하며 포악한" 한편 "무능"하다고 했다.[100] 어떤 야심을 품었든 사다트는 취임 첫해에 보인 대외 정책에서 전임자가 그려 둔 길을 벗어나지 않았다. UN 외교관들을 급파해 수에즈운하 지역의 임시 휴전을 두고 이스라엘과 협상하는 데 간접적으로 참여하게 한 것도 그중 하나다.

그러나 사다트는 이런 연속성의 가면을 쓴 채 점진적 '탈나세르화' 작업에 착수했다. 그는 조심스럽게 이집트가 자본주의 체제로 전환하는 데 박차를 가했다. 또한 새 헌법의 구성을 주도했다. 이 헌법은 1952년 혁명에서 주창한 강력한 대통령제를 유지하는 한편 민주적 권리를 더 강조했고 무슬림형제단을 비롯한 종교 집단에 관대했다. 사다트는 수많은 무슬림형제단 소속 인사를 석방하기도 했다.

대외 정책에 관해서라면, 나세르의 참모에 이어 부통령을 맡으면서 상황을 가까이에서 지켜볼 수 있었던 사다트는 전임 대통령의 말로를 자신의 한계에 대한 이해가 얼마나 중요한지를 알려 주는 교훈으로 해석했다. 수에즈운하가 봉쇄되고 이집트가 아랍 세계에 깊이 개입한 상황에서 나세르는 자신의 능력으로 감당할 수 없는 일을 떠맡았으며, 특히 이념적 목표를 추구할 때 점진주의의 중요성을 제대로 이해하지 못했다. 이 때문에 나세르는 명성과 경제, 군사 면에서 대가를 치러야 했으며 비현실적인 약속과 경직된 이념에 손발이 묶인 채 자신의 유연성을 희생해야 했다.

이런 통찰을 바탕으로 사다트가 일찍이 이스라엘과 평화를 타진하기 시작했으나, 그 과정이 너무 모호해서 극적인 결과로 이어지지는 않았다. 대통령직에 오르고 고작 5개월이 지난 1971년 2월, 사다트가 수에즈운하 인접 지역에서 이스라엘이 철수한다면 수에즈운하를 다시 개방하겠다고 제안했다.[10] 이는 이스라엘이 1967년 이전 국경으로 복귀해야 한다는 이집트와 아랍 세계의 요구에서 한발 물러난 조치로 볼 수 있었다.

이 제안을 접한 이스라엘은 자국이 수에즈운하의 동쪽 가장자리를 따라 구축한 방벽인 바레브 라인을 위협하는 술수라고 생각했다. 이스라엘은 사다트가 UN 사무총장이 임명하는 조정관을 비롯한 UN 직원들을 통해

---

* 이집트가 현금이 절실한 상황에서도 운하를 개방하지 않은 데는 두 가지 이유가 있다. 하나는 이집트가 운하 개방에 필요한 장비를 보유하지 못했기 때문이고, 다른 하나는 운하 개방이 이를 통해 값싸게 원유를 수송하던 이스라엘과 유럽에 크게 양보한다는 의미였기 때문이다.

간접적으로 협상에 참여하는 것도 싫어했다. 사다트는 이스라엘과 소통하는 경로를 유지하기 위해 수에즈운하 부근에서 임시 휴전하기로 합의하고, 합의가 깨졌을 때도 적대 관계를 되살릴 만한 명령은 삼갔다.[102]

이때부터 1년 넘게 지난 1972년 7월, 사다트가 점진주의에서 벗어나 2만 명 정도 되는 소련 군사고문을 축출하는 극적인 행동에 나섰다. 사다트는 이 행동 자체나 이것이 불러올 결과에 관해 모스크바에 경고하지 않았으며 미국을 비롯한 서방 국가와 사전에 상의하지도 않았다.[103] 이런 전략 변경은 그 영향이 완전히 나타날 때까지 어느 정도 시간이 걸렸어도 중동 외교의 전환점이 되었다.

돌이켜 보면 사다트가 2년이라는 여유를 두고 모스크바에 대한 나세르의 믿음이 실질적인 결과를 낳을지 지켜본 것 같다. 그래서 브레즈네프가 1971년 5월에 소련과 이집트 간 우호조약을 체결한 뒤 닉슨에게 중동에서 평화를 위한 노력에 박차를 가해 달라고 촉구하기 시작했다.

브레즈네프가 교섭을 제안했을 때 베트남전은 막바지를 향해 가고, 세계 외교 지도를 새로 그릴 1972년 베이징 정상회담(2월)과 모스크바 정상회담(5월)은 코앞에 와 있었다. 이를 염두에 둔 미국 측은 중동 당사국들에 답한 것처럼 미국이 향후 열릴 회담에서 궁극적 평화에 관한 원칙을 논의할 준비가 되었다는 뜻을 전했다. 공식적인 절차를 시작하려면 그 바탕에는 이런 회담의 진전이 있어야 했다.

닉슨 정부가 출범할 때부터 채택한 전략이 이집트가 미국 외교에 의지하는 쪽으로 돌아설 동기를 만들어 내고 있었다. 모스크바 정상회담에서 채택한 공동성명에는 중동의 안정을 유지하기 위해 함께 노력한다는 약속을 비롯해 여러 원칙이 담겼으나 당장 적극적인 협상을 시작하겠다는 말은 빠졌다. 자신이 적절하다고 생각한 수준의 무기 공급을 소련에 요청했다가 거부당하기까지 한 사다트는 이 공동성명을 통해 소련과 동반자 관계를 유지해도 실익이 없다는 판단을 굳힌 듯하다.

　드골 정도를 제외하고 내가 지금까지 만나 본 정치인들은 모두 여러 단계에 걸쳐 점진적으로 새로운 전략을 이행했으며 전략이 효과적이지 않다면 물러날 여지를 두었다. 그 반면 사다트가 일으킨 근본적인 이탈은 앞으로 나아가야만 유지될 수 있었다.

　이집트와 소련의 공직자들 사이에는 오래전부터 긴장이 자라나고 있었다.[104] 사다트는 어린 시절부터 이집트인에 대한 외국인의 멸시를 마음에 아로새겼다. 1972년에 소련 지도자 브레즈네프가 소련의 군사고문들이 쫓겨난 것에 대한 설명을 요구하자 사다트는 편지를 통해 "우리를 후진국으로 생각하시겠지만, 우리 장교들은 여러분의 학교에서 교육받았다"고 답했다.[105] 회고록에서 사다트는 "러시아인들에게 이집트의 의지가 완전히 이집트의 것이라고 말하고 싶었고, 온 세계에 우리의 주인은 언제나 우리라고 말하고 싶었다"고 밝혔다.[106]

　이집트는 그 뒤로도 소련의 경제원조를 받았으며 소련은 약간의 영향력 유지에 집착해서 원조를 계속 제공했다. 그러나 사다트는 이집트가 멀리 떨어진 강대국에 종속된 국가에 그치지 않으며 자주적으로 행동할 능력이 있음을 보이는 데 성공했다.

　소련 인사들을 이집트에서 추방한 것은 미국이 평화 교섭에 참여하는 데 가장 큰 걸림돌을 사다트가 제거했다는 뜻이었다. 소련의 영향력이 줄어들 때 미국을 통한 외교적 활로가 자연스럽게 앞으로 나아갈 수 있는 길로 보였다.

　그러나 대외 정책은 객관적 상황뿐만 아니라 막연한 것의 영향도 받는다. 워싱턴에서는 여전히 사다트의 인지도가 높지 않았다. 대통령 임기 초반의 사다트는 사적 제안과 모순되는 공적 행보를 보였으며, 그 사적 제안마저 너무 간접적이고 미묘해서 변혁적 대화로 이어질 가능성이 낮아 보였다. 사다트에 대한 내 개인적 평가도 그가 대통령이 되었을 때보다 크게 나아지지 않았다. 1973년 2월, 생각보다 빨리 움직인 사다트가 워싱턴에 보낸 이집트의 국가안보보좌관 이스마일이 대화에 진전이 있다면 나를 카이로에 초대하겠다고 했다. 나는 동료에게 필담을 휘갈겼다. "다음 상품이 뭔지 물어보면 결례일까?"

이 방문은 여러 수준에서 호소력이 별로 없었다. 사다트가 1971년과 1972년에 여러 차례 반미 발언을 쏟아 냈다는 점에서 카이로가 협상하기 좋은 곳으로 보이지는 않았다. 게다가 이스마일이 워싱턴을 방문한 시점은 파리 협정이 체결되고 베트남전이 끝난 지 채 한 달도 지나지 않았을 때다. 거의 같은 시기에 닉슨은 이스라엘 총리 메이어에게 10월 말로 예정된 이스라엘 총선 전에는 까다로운 문제를 들고 이스라엘과 협상하는 일이 없을 거라고 약속했다. 그러나 사다트는 아랍권이 계속 주장하던 조건을 바탕으로 중동의 새로운 합의를 만드는 데 미국을 끌어들이려는 게 분명했다. 이스라엘이 1967년 국경으로 무조건 철수해야 이스라엘을 국가로서 승인하는 문제에 관한 협상을 시작할 터였다. 소련은 나세르의 이집트에 이런 결과를 안겨 주지 못했고, 많은 아랍권 지도자들이 무력으로 이 목표를 이루려다 실패했으나 대화로 접근하는 방안은 거부했다.

아랍과 이스라엘의 평화 교섭에 자리 잡은 근본적인 문제는 바로 양측이 협상을 시작하는 조건으로 돌이킬 수 없는 양보를 서로에게 요구한다는 것이었다. 아랍 국가들은 이스라엘이 1967년 전쟁 전의 국경으로 돌아가는 데 합의해야 한다고 요구했고, 이스라엘은 직접 협상을 고집했으나 아랍 국가들은 그럴 경우 이스라엘을 국가로 승인하는 셈이라며 거부했다.

이런 난관이 있었는데도 닉슨은 이스마일과 예비회담을 해 보기로 했다. 1973년 2월 23일에 열린 회담에서 이스마일은 사다트가 소련 인사들을 추방한 것이 곧 이집트가 미국과 관계를 정상화할 준비가 되어 있다는 뜻이라고 명백하게 짚어 주었다. 닉슨은 신의를 가지고 가능성을 살펴보겠다는 뜻을 확실히 밝혔으며 중동의 평화 교섭이 "저항할 수 없는 힘이 흔들리지 않는 목적을 만난" 상황이라 어려운 줄 안다는 말로 마무리했다. 그리고 해결안은 이집트가 주장하는 주권과 이스라엘이 요구하는 안보를 모두 충족해야 한다는 점을 시사했다. 그러나 그는 "당사자들 사이의 깊은 골" 때문에, 포괄적인 해결책을 찾으려 하기보다는 단계별 접근 방식을 추구하며 임시적이고 부분적인 해결책을 찾아보는 편이 더 현명하다고 생각했다. 다만 포괄적 해결책을 단정적으로 배제하지는 않고 선택 사항으로 남겨 두려고 했다.[107]

닉슨은 당시 표준으로 자리 잡은 운영 절차에 따라 국가안보보좌관실에서 실제 교섭을 맡아야 한다고 강조하면서 이스마일과 내가 예비 단계를 바로 시작해야 한다고 촉구했다. 실제로 우리는 그다음 날부터 논의를 시작했다. 이 회담은 대화가 길어져도 불편이 없게 하고 비밀리에 비공식적으로 나누는 대화라는 점을 강조하기 위해 뉴욕 교외의 어느 사저에서 진행되었다. 이 대담에서 이스마일은 이집트가 "전쟁도 없고 평화도 없는" 상황에 지쳤고 사다트는 미국과 외교 관계를 재건할 준비가 되어 있다며 앞서 닉슨에게 한 말을 되풀이했다. 이스마일은, 이스라엘의 완전 철수를 바탕으로 단독강화를 고려할 수 있다는 암시만으로도 아랍권의 기존 조건에서 벗어난 평화 교섭에 미국이 더 적극적으로 참여하기를 바랐다. 나는 닉슨이 제시한 단계별 접근 방식에 따라 몇몇 세부 사항이 어떻게 진행될 수 있는지를 설명했다.

나는 이것이 중동 외교의 특징이던 수단과 크게 다르다는 점을 지적했다. 이때까지 중동의 평화 교섭은 대개 포괄적 접근 방식으로, 이스라엘과 그 이웃 나라 및 팔레스타인계 아랍인 사이에서 벌어지는 모든 국경 분쟁을 해결하려 했다. 또한 지역의 주요 주체와 팔레스타인 대표단 그리고 회의에 참여해 협상을 촉진하고 협정을 보증할 미국과 소련까지 아우르는 평화회의를 구상했다.

그 반면 단계별 접근 방식을 따른다면 이스라엘·팔레스타인 분쟁과 다른 문제들을 분리해, 특정 문제에서 진전을 볼 여지를 둘 수 있었다. (사법·행정의 조정과 관계 정상화 그리고 궁극적으로 상호 승인에 이르는) 주권에 관한 문제가 있고, (핵확산 방지 기구의 창설과 테러 조직에 대한 대응 및 에너지자원의 자유로운 흐름 보장 등) 안보에 관한 문제도 있었다. 심리, 역사와 관련된 중요한 문제와 이런 실질적 문제를 한데 묶어 궁극적으로 해결하려 하는 대신 여러 실질적인 문제에서 조금씩 진전을 이룬다면, 개별 문제의 해결을 가장 중시하는 지역의 주체들이 그 결과를 뒷받침하고 유지하면서 유기적 추진력이 생길 터였다.

이스마일과 한 회담에서 즉각적인 결정에 이르지는 않았는데, 대체로 1973년만 해도 아랍권 내부의 협정 때문에 단계별 접근이 거의 불가능했기 때문이다. 그래도 나는 이스마일에게 단계를 밟아 가는 방법을 설명하며 이집트와 이스라엘의 주권 인정 기준을 상호 안보에 관한 협상에서 분리하는 것을 예로 들었다. 이스마일이 그가 말한 목표를 아우르는 미국 측 계획을 받아들이지는 않았으나 미국이 제시한 상세하고 정확한 (결국 사다트도 받아들인) 대안은 받아들였다.

이때가 2월이었다. 이해 가을, 정확히 10월 6일에 사다트가 외교정책으로 돌아서기에 앞서 그에 대한 모든 국가의 인식이 바뀔 만한 충격을 주기로 결심했다.

1973년 전쟁

사다트는 1971년 7월에 이미 아랍사회주의연합 의회 회기 중에 "전쟁도 없고 평화도 없는 현 상황을 받아들이지" 않겠다고 선언했다.[108] 그는 이스라엘과 정체된 상태를 문제로 인식했으나 임기 초반이라 이를 해결하기 위해 어떤 결정을 내릴 것 같지는 않았다. 오히려 그는 협상에서 좋은 자리를 차지하기 위해 다양한 방법을 찾고 있었다.[109]

그러다 1972년의 어느 시점에 사다트가 이 전략을 바꾸기로 했으나 당시 아랍 세계에서 단계별 접근 방식을 추구하고 조금이나마 소련의 지지를 계속 받으려면 그의 진정성을 확실하게 보여 줄 만큼 극적인 행동에 나서야 했다.

사다트는 전쟁을 일으키기로 했다. 어쩌면 그가 일격에 목표를 다 이루고 싶었을 수도 있다. 그러나 그보다는 교전을 시작하면 그 대안인 외교적 선택이 정당해질 것이라고 기대했을 가능성이 더 크다. 그의 비범한 아내 지한 사다트(Jehan Sadat)의 회상에 따르면, 당시 그가 "동등한 위치에서 협상하고 승리하려면 전쟁이 한 번 더" 필요한 상황이라고 말했다.[110] 1973년 이스마일의 백악관 회담을 통해 사다트는 미국의 참여 의사뿐만 아니라 그 한계를 확인했다. 따라서 그는 이집트가 완전히 승리하지 못할 경우 단계별 접근을 통해 대안을 추구할 수 있다고 확신했다.

사다트는 "진정한 평화를 이룰" 힘을 모으기 위해 1년이 넘도록 준비에 공을 들였다.[111] 1972년 8월, 이집트의 언론인 무함마드 헤이칼(Mohammed Heykal)은 이 시기를 "이집트의 계속되는 출혈과 영웅답지 못한 죽음이 당장이라도 나라의 목을 조를 기세"라는 말로 설명했다.[112] 지한 사다트는 당시를 이렇게 기억했다.

이집트 군인과 자유 투사 들이 수에즈운하를 따라 산발적으로 벌어지는 전투 중에 계속 목숨을 잃고 있었다. 운하 지대에서는 공습 때 불빛이 보이지 않도록 모든 집의 창과 모든 차의 전조등에 짙푸른 색을 계속 칠했다. 카이로에서는 여전히 건물 앞에 모래주머니를 쌓아 두었고, 폭격의 피해를 최소화하기 위해 박물관과 상점의 창에는 테이프를 붙여 두었다. 역사가들이 '전쟁도 없고 평화도 없다'고 부르게 될 이 시기의 분위기는 매우 음울했다. 모두가 끔찍한 이 상황을 끝내고 싶어 했다. 안와르는 특히 그랬다.[113]

이 전쟁이 '마지막 전쟁'이 될 수 있도록 상황이 무르익을 때까지 기다리기로 한 사다트는 신중하게 준비했다.[114] 소련 군사고문들을 이미 추방한 1972년 중반, 사다트가 군사 계획을 세우라고 명령했다. 1972년 10월에 그가 진척 상황을 점검하려고 했으나, 장성들이 그의 전망을 믿지 못해서였는지 몰라도 임무를 시작하지도 못한 상태였다. 전쟁 장관을 해임한 사다트가 추가 자금을 마련하고 소련에서 더 많은 무기를 사들였다.[115] 또 시리아 대통령 알아사드와 비밀리에 협력해 공동 전쟁 계획을 세웠다.[116]

사다트는 이집트군의 태세를 가다듬으며 이스라엘군을 혼란에 빠뜨렸다. 그가 1973년 봄과 여름에 행동에 나설 것처럼 위협하면서 이스라엘이 대비 태세를 갖추도록 속였다. 이스라엘은 두 차례나 막대한 돈을 들여 방어 병력을 동원했으나, 두 차례 모두 가짜 위협이라는 걸 알게 되었다. 이집트는 실제 작전과 유사한 판에 박힌 군사 훈련을 여섯 번이나 했다. 실제 침공 전날에는 소련 외교관들이 자국 비행기를 타고 대피했는데, 이스라엘과 미국이 이것을 경보로 알아차리지 못하고 소련 측의 훈련이라고 오판했다.[117] 1973년 전쟁 뒤 당시 이스라엘 국방 장관 다얀이 왜 10월에 군사를 동원하지 않았느냐는 질문에 이렇게 답했다. "(사다트가) 나를 두 번이나 속였고, 그때마다 우리는 1000만 달러를 썼다. 그래서 세 번째에는 진짜라고 생각하지 않았다. 그러나 그가 나를 속였다."[118]

사다트는 곧 벌어질 전쟁을 위한 국제적 지형을 만들기 위해 1973년 가을까지 거의 18개월 동안 공을 들였다. 우선 그는 운하 항행에 대해 유연성을 발휘하며 국제적 평판을 쌓았다. 또 소련 인사를 추방해 외교적 선택 사항을 늘리는 한편 소련의 군사고문들이 자신의 계획을 막거나 뒤집을 수 없도록 했다. 백악관과 예비회담을 치른 것은 그가 워싱턴과 협력 관계를 맺은 채로 전쟁을 시작한다는 뜻이었다. 분명 그는 군사적으로 패배해도 미국이 그 결과를 제한하고 어쩌면 협상을 시작할 수 있다는 것까지 계산했다.

1973년 10월 6일, 이집트와 시리아가 이런 생각을 바탕으로 이스라엘에 대한 합동 공격을 시작했다. 사다트는 이미 1972년 1월에 이집트 국민에게 '대치'를 준비하고 인내의 윤리를 받아들이라고 말했다.

많은 역경과 고난이 우리를 기다리고 있습니다. 그러나 신께서 도우신다면 우리는 그 부담과 희생을 견뎌 낼 수 있을 겁니다. 이 전투에서 우리 국민은 역사와 오랜 문명과 인간성과 이상만큼 위대한 민족의 살아 있는 본보기가 될 것입니다. (……) 신이시여! 우리의 믿음을 키워 주시고 승리하는 순간까지 우리와 함께해 주소서.[119]

이 전쟁의 첫날, 사다트가 당시 국무 장관이던 나에게 연락해 자신의 목표가 정해져 있으며 교전이 끝난 뒤 평화 협상을 촉진하기 위해 노력할 생각이라고 알렸다. 전쟁 둘째 날, 내가 답을 보냈다. "이집트는 지금 소련의 무기로 전쟁을 벌이고 있습니다. 미국의 외교를 통해 평화를 조성해야 한다는 점을 명심하십시오."[120]

이집트군은 부교를 놓고 수에즈운하를 건너 바레브 라인을 넘으며 앞서 나세르가 이루지 못한 군사적 성공을 거뒀다. 시나이반도 내륙으로 15킬로미터 넘게 전진하면서 1967년에 이스라엘의 손에 들어간 땅을 되찾았다. 한편 시리아군은 골란고원에서 이스라엘의 진지를 꿰뚫었다. 아랍의 두 군대가 대체로 소련의 무기를 들고 전진하면서[121] 이스라엘은 병사와 장비를 엄청나게 잃었다.

어느 쪽도 예상하지 못한 이집트군과 시리아군의 빠른 승리에 전 세계가 충격에 빠졌다. 그러나 평화를 유지할 책임이 있는 UN 안전보장이사회는 전쟁이 완전히 전개되자 역설적으로 휴전 제안을 주저했다. 이사회에서 가장 강력한 두 나라 중 하나인 소련이 뻔히 보이는 아랍의 진격을 방해하지 않으려고 휴전 제안에 반대하고, 미국은 이스라엘의 반격 기회가 없어질까 봐 휴전 제안을 꺼렸다. 다른 이사국들도 공포와 불확실성 때문에 결정을 내리지 못했다. 결국 안전보장이사회는 전쟁이 터지고 2주 넘게 지난 10월 22일에 미국과 소련이 합의한 뒤에야 휴전을 표결에 부칠 수 있었다.

전쟁이 일어나고 몇 주 동안 미국에서는 닉슨의 위기가 정점에 이르렀다. 1973년 전쟁이 터진 날 부통령 애그뉴가 메릴랜드 주지사로 있던 시기(1967~1969)에 저지른 행동 때문에 사임 절차를 밟기 시작했다. 이 절차가 마무리된 10월 10일에는 녹음된 닉슨의 대화를 공개하는 문제로 워터게이트 청문회가 열렸다. 공개를 피하려고 애쓰던 닉슨은 중동전쟁이 일어난 지 2주가 된 (그리고 내가 모스크바에서 휴전 협상을 벌이던) 10월 20일에 법무 장관과 특별검사에게 사임을 요구하는 지경에 이르렀다. 그 결과로 일어난 소요는 결국 닉슨의 탄핵 절차로 이어졌다.

국내의 어려움 속에서도 닉슨은 외교 문제를 계속 관리했다. 전쟁 초기부터 그는 주요 목표 두 가지를 설정했다. 하나는 전쟁을 가능한 한 빨리 끝내는 것이고, 다른 하나는 내가 그를 대신해 발표한 것처럼 "(지난) 25년간 아랍 국가와 이스라엘 사이에 네 차례 전쟁을 낳은 환경을 없애는 데 주로 이바지할 수 있는 방식으로" 전쟁을 끝내는 것이었다.[122]

전장에서는 하루가 다르게 상황이 변했다. 전쟁 나흘 차이자 닉슨이 애그뉴의 사임을 공식 수리한 10월 9일 화요일, 이스라엘 대사 디니츠와 구르 장군이 백악관 공관의 지도실에 찾아와 수에즈운하 부근에서 벌어진 초기 교전으로 이스라엘이 전차 수백 대와 비행기 수십 대를 잃었다고 내게 알렸다. 이들은 즉각 재공급을 요청하며 메이어 총리가 워싱턴에 직접 방문해 설명한다고 말했다.

애그뉴의 사임 절차를 마무리한 닉슨은 급한 불을 끄기 위한 긴급 지원에 동의했다. 닉슨은 하루 석 대의 비행기를 즉시 재공급하고 미국의 민간 항공대를 동원할 수 있는지 검토하라고 명령했다. 또 이스라엘이 보유한 비축 무기를 쓸 수 있도록, 전쟁이 끝난 뒤 모든 손실을 복원해 주겠다고 약속했다.

10월 11일 목요일에 디니츠가 급작스러운 소식을 들고 다시 백악관에 찾아왔다. 참모총장 엘라자르와 국방 장관 다얀이 수에즈운하의 동쪽으로 24~32킬로미터 떨어진 땅을 공중엄호하려고 운하 서안의 지대공미사일 지대에 맞서 공격에 나선다면 이스라엘의 피해가 너무 크다고 총리를 설득했다는 소식이었다. 이스라엘이 휴전을 받아들일 각오로, 그 준비를 요청하고 있었다.[123] 이스라엘은 더 나은 위치에서 교섭할 수 있도록 비교적 취약한 시리아군을 공격해서 소련이 안전보장이사회에서 휴전 요청을 지지할 동기를 만들 터였다. 닉슨이 동의했고, 우리가 영국에 연락해 이런 해결책을 알렸다.

외무 장관 앨릭 더글러스흄(Alec Douglas-Home) 경이 대표하는 영국 정부도 이 계획에 동의했다. 그러나 10월 13일 토요일에 사다트에게 동의를 요청하자 놀랍게도 그가 1967년 6월 이전 국경으로 돌아간다고 이스라엘이 서약하지 않으면 이 제안을 받아들이지 않겠다며 거절했다. 호주를 통해 다시 그에게 접근했으나 같은 답이 돌아왔다.

10월 14일 일요일이 되자 사다트가 제안을 거부한 이유가 명백해졌다. 그가 2개 기갑사단을 시나이반도 내륙으로 더 깊이 침투시킨다는 결정을 내린 것이다. 운하를 건넌 뒤 생긴 군사력에 대한 과신, 동맹인 알아사드가 받는 압력을 덜어 주고 싶다는 바람 또는 잠시 균형감 상실에 따라 지대공 미사일의 사정거리 너머로 진격한 이집트군은 참패했다. 지대공미사일 지 대라는 제약에서 벗어난 이스라엘 공군과 기갑부대의 반격으로 이집트군 은 250여 대의 전차를 잃었다. 이스라엘 기갑부대는 이집트 제3군을 다시 운하까지 밀어냈다. 이스라엘군은 이틀간 격전을 치르고 운하를 건너, 소련 이 운하 서안에 설치한 지대공미사일 기지를 파괴하기 시작했다. 그사이 1만 명 이상으로 늘어난 이스라엘의 기갑부대가 제3군의 배후를 쳐서 제3군을 포위하고 카이로까지 위협할 기세였다.

이런 상황에서 이집트 야전사령관 사아드 엘샤즐리(Saad el-Shazly)는 이 집트 국민을 보호하기 위해 제3군을 운하 동안에서 서안으로 이동시킬 것 을 사다트에게 촉구했다. 이런 조치로 사다트의 큰 구상은 망가질 수밖에 없었다. 사다트는 그에게 "이 전쟁의 논리를 이해하지 못한다"고 날카롭게 대꾸하고는 꼼짝 말고 버티라고 명령했다. 사다트는 이집트가 외교적 상황 을 바꾸려면 "10센티미터"만이라도 시나이반도에 들어서 있어야 한다고 일 갈했다.[124]

10월 18일 목요일, 사다트가 이집트군 2개 부대를 시나이반도에서 철수 시키고 갑작스럽게 휴전을 요청했다. 전쟁이 그에게 불리한 쪽으로 흘러가 는 가운데 그나마 시나이반도에 발 딛고 있을 때 중지해야 했다.[125] 그는 휴 전을 요청하면서도 정신적 승리를 주장했다. "적국은 균형을 잃었으며 이 순간까지도 균형을 되찾지 못하고 있다. 상처 입은 민족은 영광을 되찾았 고, 중동의 정치적 지도가 달라졌다." 이 연설에서 그는 미국이 이집트와 손 잡고 평화를 위한 계획에 참여해야 한다고 주장했다.[126] 사다트가 비록 군사 적으로는 처참한 상황에 빠졌지만, 정책 선택 면에서는 정확하게 분석했다.

10월 17일에는 위기가 세계경제로 번졌다. 미국과 유럽 동맹국들이 이스라엘에 합의하라는 압박을 넣을 수밖에 없도록 석유수출국기구(OPEC)가 석유 수출 금지를 선언했기 때문이다. 배럴당 유가가 가파르게 상승하면서 위기 전 수준의 400퍼센트까지 갔다.[127]

다음 날, 도브리닌 대사와 내가 안전보장이사회에 공동 제출할 휴전 선언문에 대해 논의하기 시작했다. 10월 19일에는 브레즈네프가 내게 모스크바에서 휴전 협상을 마무리하자고 제안했으며, 이로부터 이틀 뒤 미국과 소련이 안전보장이사회에 공동 제출한 초안이 10월 22일에 만장일치로 채택되었다.

이렇게 종전을 향해 가던 상황은, 유혹을 참지 못한 이스라엘이 제3군의 보급로를 차단하기 위해 휴전을 깨고 수에즈시를 포위하면서 잠시 막막해졌다. 이때부터 48시간은 팽팽한 긴장 속에 흘러갔다. 소련은 겨우 며칠 전 우리가 모스크바에서 협상한 휴전을 이렇게 망친 데 항의하면서 미국과 소련이 나서서 상황을 재편해야 한다고 주장하며 휴전을 위해 단독 군사행동에 나설 수도 있다고 위협했다. 사다트가 자신의 목적을 위해 소련의 압박을 이용할 수도 있었으나 그러지 않았다. 미국이 강경하게 거절하자 소련은 비전투 참관인을 파견해 휴전을 감독하자고 제안했다. 결국 UN 안전보장이사회 비상임이사국에서 긴급 감시단을 파견한다는 내용의 UN 결의안 340호가 채택되었다.*

사다트는 이 기회에 갈등을 새로운 방식으로 다루겠다는 의지를 상징적 행동으로 보여 주었다. 1948~1949년 휴전 이래 이집트와 이스라엘의 장교는 대면 협상을 하지 않았다. 그런데 이때 놀랍게도 사다트가 결의안 340호의 세부 사항을 논의하고 포위당한 이집트 제3군에 물자를 보급할 방안을 마련하기 위해 카이로와 수에즈를 잇는 도로의 80킬로미터 지점에 장교를

---

* 이 위기를 마무리한 외교에 관해 자세한 내용은 3장 252~256쪽 참조.

보낸다고 알렸다. (여러 기술적인 이유로 실제 협상은 80킬로미터가 아니라 101킬로미터 지점에서 했다.) 이것은 공식적으로든 외교적으로든 이스라엘에 대한 승인이 아니며 오히려 이집트의 새로운 노선을 여는 사다트의 결단을 상징했다.

메이어와 사다트

전쟁이 끝나고 1973년 11월 1일에 메이어 총리가 워싱턴을 방문했다. 메이어는 내가 만나 본 이스라엘 지도자 중 가장 어렵고 가장 감동적인 사람이다.

메이어는 독보적이었다. 그녀의 주름진 얼굴은 그녀가 평생 낯설고 험악한 환경에서 새로운 사회를 개척하기 위해 겪은 파란을 여실히 보여 주었다. 이스라엘은 불안 속에 배척당하고 무자비할 만큼 적대적인 이웃 나라들의 위협을 받으면서 아주 작은 땅덩어리를 가지고 역사에서 아슬아슬하게 살아남았다. 메이어의 경계하는 눈초리는 언제나 예상치 못한 문제를 대비하는 것 같았는데, 충동적인 동맹국인 미국 앞에서는 더욱 그랬다. 그녀는 2000년 동안 디아스포라로서 불안한 삶을 견딘 이스라엘 민족이 간절한 희망을 품고 쌓아 온 모든 것을 보호하는 것이 자신의 사명이라고 생각했다. 나도 히틀러 치하 독일에서 어린 시절을 보낸 만큼 그녀의 불안을 이해할 수 있었다.

나는 메이어가 우리에게 보인 태도가 어느 정도 정당하다고 보았다. 그녀가 의존했지만 그녀의 트라우마를 제대로 이해하지 못한 듯한 동맹국 미국이 군사 공격의 피해자인 이스라엘 정부에 평화 교섭까지 요구하는 상황이었기 때문이다.

메이어는 유대인인 나를 아주 좋아하는 조카처럼 대했고, 내가 그녀의 의견에 동의하지 않으면 크게 실망하는 듯했다. 우리 사이가 각별했기 때문에 나는 습관적으로 그녀를 골다라고 불렀고 지금도 전처럼 그녀를 생각한다. 내 아내 낸시(Nancy Maginnes)는 이스라엘에 있는 골다의 집에서 저녁을 먹을 때 나와 골다가 벌인 논쟁이 아주 극적으로 연출된 공연 같았다고 말하곤 했다. 대개 그런 논쟁이 벌어지면 골다와 내가 부엌으로 가서 해결책을 찾았다.

메이어는 휴전 뒤에 기회가 생기자마자 워싱턴을 방문했다. 그녀는 아무리 비군사적 물품이라고 해도 미국이 이집트 제3군에 보급 재개를 고집한 점에 대해 무엇보다 불만스럽게 여겼다. 사실상 특정 정책이 아니라 전략적 현실의 변화 자체를 비판했다. 이스라엘의 약점이 그대로 드러난 데다 이집트가 미국의 협상 동반자로 올라선 게 명백하기 때문이었다. 게다가 그녀는 자신의 조국을 공격한 나라가 더 평화로운 방향으로 나아갈 수 있도록 자제해 달라고 촉구받고 있었다. 그녀는 설명이 필요하다고 생각했다.

메이어: 전쟁을 우리가 시작하지 않았습니다. 그런데……

키신저: 총리님, 우리는 너무 비극적인 상황을 직면하고 있습니다. 총리님이 전쟁을 시작하지 않았지만, 이스라엘의 존속을 위해 현명하게 판단해야 합니다. 지금 총리님 앞에 펼쳐진 상황이 그렇습니다. 제가 친구로서 솔직하게 드리는 말씀입니다.

메이어: 그러니까 우리에게 선택권이 없다는 말이네요.

키신저: 우리가 직면한 국제적 상황이 말씀드린 것과 같습니다.[128]

어떤 민족이 완전한 자주성을 가장한다는 것은 일종의 향수병이다. 현실에서는 가장 강력한 민족을 포함해 모든 민족이 이웃이나 경쟁 상대의 역량과 목적에 따라 행동을 조정할 수밖에 없다. 메이어가 결국 이에 따라 행동했다는 것은 그녀의 리더십에 찬사를 보낼 만한 일이다.

워싱턴에 방문한 메이어 총리는 꼭 필요한 동맹국과 합의를 이끌어 내는 한편 이스라엘 국민과도 합의하겠다는 두 가지 목표를 동시에 추구했다. 당시 상황의 변화를 직면한 이스라엘 국민은 대부분 충격에 빠져 있었으며 여전히 강경하게 호전성을 드러내는 이들도 많았다. UN이 재보급을 감시한다는 것은 전투원과 직접 협력하지 않고도 재보급을 이행할 수 있다는 뜻이었다. 이스라엘 대사관에서 열린 만찬 중에 메이어가 반공개적으로 미국 정부를 비난했는데, 아마 그 자리에 참석한 이스라엘 부관과 장관 및 보좌관 들을 위한 언사였을 것이다. 나는 이런 험담을 무시하고 영빈관 블레어하우스에 찾아가 메이어와 보좌관들만 참여하는 비밀회의를 진행했다. 메이어는 내가 구상한 여섯 가지 조건하에 재보급에 동의한다는 뜻을 내비쳤다. 이 중에는 철수에 관한 회담을 시작한다는 조건도 있었다.[*] 여섯 가지 항은 이스라엘이 크게 우려하던 전쟁 포로 교환을 가장 먼저 진행할 기반을 마련하기도 했다.

총선을 앞둔 이스라엘 내각은 메이어가 워싱턴에 머무르는 동안 이런 조건을 수락하지 못하도록 승인에 반대했다. 이때쯤에는 우리도 이스라엘 정치를 충분히 이해할 수 있었고, 만약 이 계획안이 승인될 가능성이 없다고 판단했다면 총리가 애초에 제시하지도 않았으리라는 걸 눈치챌 수 있었다.

---

[*] 여섯 가지 조건은 이랬다. 1. 이집트와 이스라엘은 UN 안전보장이사회가 요구한 휴전을 면밀히 감시하는 데 합의한다. 2. 양측 모두 UN의 보호하에 군사를 철수하고 분리하는 데 동의한다는 틀 안에서 10월 22일의 위치로 돌아가는 문제에 관한 논의를 곧바로 시작하는 데 합의한다. 3. 수에즈시에 매일 식량, 식수, 의약품을 공급한다. 수에즈시에서 다친 민간인을 모두 대피시킨다. 4. 비군사적 물자를 동안으로 옮길 때 아무런 방해가 없어야 한다. 5. 카이로와 수에즈 간 도로의 이스라엘 검문소를 UN 검문소로 대체한다. 수에즈 측 도로 끝의 운하 제방에서는 이스라엘 장교가 UN과 함께 비군사적 화물 여부를 감독하는 데 참여할 수 있다. 6. UN 검문소가 카이로·수에즈 도로에 설치되는 대로 부상자를 포함해 모든 포로를 교환한다. Kissinger, *Years of Upheaval*, 641.

그녀가 총리로 있는 동안은 이스라엘 내각이 총리의 결정을 뒤엎지 못할 터였다.

메이어가 참여하지 않는다면 사다트가 새로운 협상이라는 비전을 실현할 수 없었다. 그러나 메이어는 협상에 참여한다는 것만으로도 이스라엘 역사상 처음으로 영토를 포기할 가능성을 받아들이는 셈이었다. 그녀는 이집트 제3군에 비군사적 물자를 재보급하는 데 동의하면서 이스라엘이 군사적 압승을 거둘 가능성을 버렸다. 그러나 협상에서 돌파구를 찾을 전제 조건도 마련했다. 그녀가 본능을 억누르고 평화에 이를 수 있는 길을 택했다. 사다트도 메이어도 상대가 없었다면 이런 첫발을 내딛지 못했을 것이다.

타라 궁 회담

나는 메이어가 워싱턴을 방문한 지 겨우 나흘만인 1973년 11월 7일에 처음으로 사다트를 만났다. 이에 앞서 사다트는 휴전을 무색하게 하는 위기에서 소련의 군사행동을 배제하며 대미 외교를 발전시킬 바탕을 마련했다. 나중에야 알게 된 사실이지만, 이집트가 전쟁을 일으킨 데는 지속 가능한 평화를 일구기 위해 심리적인 면에서 상황을 뒤집는다는 전략적 목적이 있었다. 그 뒤 사다트가 협상에 열린 태도를 보여, 그에 대한 우리의 시각도 달라졌다. 우리가 보기에 그가 더는 극단주의자가 아니었다.

이때까지 사다트는 원칙적인 행동보다는 상징적인 행동을 많이 보였다. 우리가 정말 새로운 접근 방법을 마주했을까? 또는 우리가 그저 약간 다른 전술과 함께 만들어진 양식을 따랐을까? 이스라엘이 1967년 6월 이전 국경으로 즉시 돌아가야 한다는 아랍 측의 요구는 여전히 협상의 전제 조건이었다. 그 반면 이스라엘을 정당한 국가로 승인하는 문제에 관해서는 어떤 기미도 보이지 않았다. 회담은 단계적 절차로 넘어가야 할 듯했고, 만약 사다트가 포괄적 합의를 고집한다면 교착상태에 빠질 수도 있을 것 같았다.

이 회담에서는 굵직한 문제들을 해결해야 했다. 가장 긴급한 문제는 제3군에 대한 임시 재보급이었다. 두 번째는 지금까지 휴전을 요구하면서 한 번도 공식적으로 정의하지 않은 중동 평화 교섭의 목적을 밝혀야 했다. 세 번째는 1967년 전쟁 막바지에 나세르가 외교를 단절한 이후 그대로 멈춰 있는 이집트와 미국, 양국의 관계를 쌓아 갈 방법이었다.

이 회담은 한때 상류층이 살았으나 이제 외관을 유지하기도 힘겨운, 카이로 교외의 타라 궁에서 열렸다. 사다트의 실무진 상당수와 언론인들이 무리를 이루고 있어서 나는 급하게 베란다로 들어섰다. 어디에도 보안 대책은 없었다.

혼돈의 한가운데서 나지막하고 깊은 목소리가 말을 건넸다. "환영합니다, 환영합니다." 사다트가 공식 의전도 없이 회담장에 도착한 것이다. 그는 카키색 군복에 오버코트를 걸치고 있었다. (11월의 카이로는 상당히 춥다.) 그가 개회사도 없이 잠깐 사진기사들 앞에 멈춰 사진을 찍은 뒤 유리문 너머 광활한 잔디밭이 내려다보이는 거대한 방으로 나를 안내했다. 잔디밭에는 보좌관들을 위한 등의자가 있었다.

우리가 정원을 마주한 소파에 태연하게 앉았으나 이 회담의 결과에 따라 이집트와 미국의 관계는 물론이고 어쩌면 아랍과 미국의 관계까지 본질적으로 달라진다는 것을 잘 알고 있었다. 사다트는 아주 편해 보이는 모습으로 파이프에 담배를 채우고 불을 붙이더니 개인적인 만남을 오래도록 기다려 왔다면서 말문을 열었다. "당신을 위해 계획을 세워 뒀습니다. 키신저 플랜이지요."

그가 방 반대편에 놓인 이젤 쪽으로 갔다. 이젤 위에는 여러 가지 상황도가 있었는데, 그 앞에 선 사다트가 전에 이스마일과 내가 나눈 대화를 언급했다. 앞서 본 것처럼 이스마일은 이스라엘이 시나이반도 전역에서 철수해야 한다고 주장했고, 나는 최종 결정을 내리기 전에 평화 교섭에서 조정할 수 있도록 중간 단계를 거치면 좋겠다고 제안했다. 당시 이스마일은 우리의 단계적 제안을 거부했으나, 이번에는 사다트가 키신저 플랜이라는 이름으로 받아들였다. 그는 첫 단계로 이스라엘군이 이스라엘 국경에서 약 30킬로미터, 수에즈운하에서는 140킬로미터 정도 떨어진 도시 엘아리쉬에서 시나이반도 남단의 라스무하마드국립공원에 이르는 선까지 물러나고 시나이반도 3분의 2에서 철수하는 방안을 제시했다.[129]

까다롭고 오래 걸릴 거라고 생각한 협상이 놀랍도록 아름답게 막을 올렸다. 사다트가 비현실적으로 느껴질 만큼 유례없는 제안을 했기 때문이 아니라, 잠정적 철수 단계를 고려해 볼 수 있다고 말했기 때문이다. 이와 비슷한 상황에서 첫발부터 경기장을 양보해 준 타국의 수뇌부를 나는 만나본 적이 없다. 아랍권의 다른 지도자들은 모두 우리가 잠정적 해결책을 제시할 때마다 거절했다. 그러나 사다트는 우리가 카드를 꺼내기도 전에 수락했다.

그러나 사다트도 이집트가 일으킨 전쟁의 끝에서 이스라엘이 시나이반도 중앙의 전략적 통로를 포기하면서 그 멀리까지 철수할 수는 없다는 걸 알았을 터다. 사다트와 대화를 시작하자마자 교착상태에 빠지는 사태를 막기 위해, 나는 어떤 생각으로 지금 이런 상황에 왔는지 설명해 달라고 했다.

사다트가 처음에는 신중하게 말을 고르다 점점 더 열정적으로 자신의 목표를 설명했다. 그는 소련에 대한 환상에서 빠져나왔다고 했다. 소련은 이집트의 긍지에 걸맞은 중동의 평화를 가져오기 위해 미국과 협력할 능력과 의지가 없었다. 1972년 모스크바 정상회담을 마무리한 공동성명을 보면 소련이 무엇을 우선시하는지 의심할 여지 없이 알 수 있다. 소련이 이집트 때문에 미국과 갈등을 빚을 위험을 감수하지는 않을 터였다. 2만 명 가까이 되는 소련 군사고문을 추방한 것은 이집트의 긍지를 회복하기 위한 첫걸음이었고, 전쟁은 그다음 단계의 표현이었다. 그는 사전 경고 없이 고문들을 추방했으며 그 뒤 미국에 이에 대한 보상을 요구하지도 않았다.

사다트는 영어로 유창하게 말했다. 다소 딱딱하고 정확하며 격식을 차린 말투는, 아마 전쟁 중 영국 감옥에서 신문과 단편소설 및 책을 읽으며 혼자 영어를 익혔기 때문일 것이다.[130] 그는 마치 먼 지평선을 바라보는 듯 실눈을 뜬 채 단호하게 설명했다. 그가 미국의 장기적인 선의가 없다면 어떤 진전도 없을 것이라는 판단을 내렸다고 했다. 그래서 미국과 화해하고 중동의 항구적 평화를 추구하는 방안을 모색하게 되었다는 것이다. 그는 지도 위 국경선이 아니라 기본적인 마음가짐을 바꾸기 위한 여정에 올라 있었다.

사다트가 이렇게 키신저 플랜을 설명한 뒤, 내 계획은 무엇인지 물었다.

나는 우리 대화의 목적이 항구적 평화라고 말했다. 그러나 그 평화가 얼마나 지속될지는 각 당사국이 단계별로 서로 신뢰를 얻으며 절차에 대한 자신감을 쌓는 데 달렸다고 했다. 첫술에 배부를 수는 없을 터였다. 나는 사다트의 키신저 플랜이 당장은 너무 야심 차다고 말했다. 이스라엘군이 그가 제안한 선에 한참 못 미치는 미틀라 고개와 기디 고개의 서쪽 정도로 철수하는 방안이 더 현실적이었다. 아마 협상하는 데만 몇 달이 걸릴 터였다. 우리는 이런 단계가 계속된다는 관점에서 철수 절차를 마련해, 이를 바탕으로 평화 교섭을 벌일 수 있도록 최선을 다하기로 했다.

사다트는 대화 중 자주 말을 멈추고 생각에 빠졌다. 잠시 한숨을 돌린 그가 딱 두 마디로 내게 말했다. "그럼 이스라엘은요?" 내가 그에게 메이어 총리와 논의한 여섯 가지 조건을 넌지시 전했다.

사다트가 몇 분간 문서를 들여다본 뒤 아무 논의도 없이 그것을 수락했다. 그는 미국을 못살게 굴어 협력을 이끌어 내려고 한 나세르가 현명하지 못했다면서 제3군은 이집트와 미국 간 문제의 핵심이 아니라고 했다. 사다트의 목표는 미국과 신뢰할 수 있는 관계를 만들고 이스라엘과 평화를 수립하는 것이었다. 이를 상징적으로 보여 주려는 듯, 회담 뒤 사다트는 미국 측에서 요구하지 않았는데도 1967년부터 하던 미국에 대한 이집트의 외교적 보이콧을 끝내고 대사를 수장으로 하는 이집트 이익대표부를 워싱턴에 두겠다고 발표했다. 대사는 1973년 12월에 지명하기로 했다. (같은 해 초에 미국도 중국과 수교하면서 같은 절차를 밟았다.) 철수 협정이 마무리되면 완전한 외교 관계가 따를 터였다.

사다트는 이런 내용을 조건부 형식으로 말하지 않았고 호혜주의를 요구하지도 않았으며 오히려 바람직한 과정인 듯 설명했다. 나중에 알았지만, 그는 보좌관들이 거의 만장일치로 반대하는데도 3개월 안에 이집트와 이스라엘의 영토 협상이 크게 진전되도록 미국이 도울 것이라는 미국 국무 장관의 말에 운을 맡겨 보기로 했다. 그동안 제3군은 계속 포위된 채로 있을 터였다. 일이 잘못되기라도 하면 사다트가 실각하고 이집트가 수모를 겪을 수도 있는 상황이었다.

포위된 제3군에게 비군사적 물자 보급을 재개하는 문제가 겉보기에는 중요하지 않은 단계 같았지만 사실상 예비 협력의 기회이자 평화를 향해 가는 과정의 상징이었다. 메이어 총리가 워싱턴에서 만들고 이때 사다트가 받아들인 6개 항은 내가 카이로를 떠나기도 전에 국무 차관보 시스코와 이집트의 외무 장관 이스마일 파미(Ismail Fahmy)의 손을 거쳐 조약의 언어로 재탄생했다.

방문 막바지에 사다트가 대담한 도박의 초기 목적을 달성했다. 그는 미국의 보호하에 이스라엘과 협상할 가능성을 열기 위해 기존 상황을 깼다. 1967년 6월 전쟁 이후 이스라엘과 충돌하는 데 이집트의 에너지와 자신감이 바닥나는 상황을 끝내는 게 그의 궁극적인 목적이었다. 그는 이스라엘의 존재 자체는 이집트의 존재에 위협이 되지 않으나 이스라엘과 치르는 전쟁은 위협이 된다고 생각했다. 이 위협은 상대를 전멸하기보다는 상대와 평화 교섭을 추구하는 새로운 안보 개념을 통해 완화하고 결국에는 제거할 수 있을 터였다.

아무리 성공적인 협상도 때로는 협상가의 기억에 불편한 타협의 흔적을 남기고, 이것이 향후 활동에 그림자를 드리우기도 한다. 이 회담에 대한 사다트의 시각은 그의 회고록에서 볼 수 있다.

> 첫 번째 회담은 세 시간 동안 이어졌다. 처음 한 시간 동안 내가 완전히 새로운 사고방식과 새로운 정치 방식을 대하는 기분이 들었다. (……) 타라 궁에서 첫 한 시간을 보낸 뒤 우리 모습을 본 사람이라면 누구든 우리가 몇 년 동안 친구로 지냈다고 생각했을 것이다. 우리는 아무 문제 없이 서로 이해할 수 있었고, 그래서 여섯 가지 행동 계획에 합의했다. 여기에는 군이 철수하는 체제 안에서 10월 22일 당시 휴전선을 복원하겠다는 미국의 서약도 있었다.[13]

철수를 수락한 데다 6개 항을 받아들이겠다는 사다트의 의지는 협상에서 내세울 수 있는 특권을 일방적으로 포기한 드문 경우였다. 그에게는 당장 조금도 양보하지 않기보다는 신뢰와 친선을 도모하는 편이 결국 더 중요하다는 통찰이 있었다. 앞으로 그려 나갈 긴 여정에서 겨우 첫발을 뗀 당사국들로서는 이런 상호 신뢰가 얼마나 필수적인지를 더욱 잘 알게 될 터였다.

제네바에서 철수까지

일반적인 상황이라면 타라 궁 회담이 끝난 뒤 바로 단계별 접근 방식이 이어졌을 것이다. 그러나 사다트는 동맹 알아사드와 따로 합의하지 않겠다고 서약했기 때문에 이 선택 사항은 배제되었다. 미국도 앞서 열린 모스크바 휴전 협상에서 소련과 협력해 포괄적인 협상을 추진하기로 합의했다. 그 결과, 1973년 12월 제네바에서 중동평화회담이 열렸다.

이 회담의 목적은 후속 협상에 정당성을 부여할 장을 마련하는 데 있었다. 제네바에서 열린 첫 회담에는 지역 당사자들이 모두 초대되었고, 미국과 소련도 평화 교섭의 관리자로서 참여하기로 했다. 이집트는 의무에 가까운 수준으로 여기에 참여해야 한다는 정치적 압박을 받고 있었다. 이집트는 아랍 국가들이 이스라엘과 개별적으로 협상하지 않는다는 1967년 하르툼 선언에 동참했고, 사다트도 1973년 전쟁 전과 전쟁 중에 비슷한 내용을 직접 선포했다. 그러나 제네바 회담 쪽으로 쏠린 이집트와 동맹국들의 기세를 인지한 사다트는 일방적 선언 포기를 확실시하기로 했다.

아랍권 내부의 논쟁에 지친 데다 소련을 신뢰하지 않던 사다트는 거부권이 늘어날수록 합의에 방해가 되고 냉전의 경쟁 구도가 아랍 국가들보다 우선시될 수 있다는 두려움에 전면적인 접근 방식을 거부했다. 실제로 제네바에서 어떤 합의가 나올 것이라는 전망도 곧 사라졌다. 시리아의 알아사드는 참석을 거부했다. 서안을 지배하던 요르단의 참석 여부는 논쟁거리로 떠올랐다. 소련은 지역 협상보다는 데탕트의 전개에 더 신경을 썼다. 어쩌면 단계별 접근 방식이 실패할 것이라고 확신해서 이를 묵인했을 수도 있다. 따라서 미국, 소련, 이스라엘, 이집트, 요르단의 제네바 회담이 사다트와 미국이 구상한 대로 여러 문제를 개별적으로 살펴볼 자리가 되지 못했다.

결국 모든 것은 이집트와 이스라엘이 예비회담을 통해 실질적인 결과를 이끌어 낼지에 달려 있었다. 그럼 이스라엘이 어느 선까지 철수할지, 두 당사자 간 군사력 제한 지대를 어떻게 정의할지, 아랍권의 보이콧을 끝낼지, 향후 합의를 어떻게 통제하고 정당화할지에 관해 합의해야 했다.

이스라엘이 점령 지역에서 1차 철수를 단행할 의지가 있는지 여부가 결과를 좌우할 터였다. 그래서 다얀이 중요한 인물로 떠올랐다. 폭넓고 유연한 지성으로 유명하던 그가 겉보기에는 이스라엘의 새로운 평화 교섭을 인도할 것 같았다. 그러나 다얀은 이 기회 앞에서 우울해졌다. 그는 전쟁 발발에 충격받았으며 사다트의 속임수에 넘어갔고, 오판에 따른 군대 동원 때문에 정치적 대가를 치르게 될 것을 알고 있었다. 또한 1974년 6월에는 다얀과 메이어의 임기가 끝날 예정이었다.

그러나 다얀은 긍지를 가지고 자신의 임무를 수행했다. 그는 이스라엘이 1967년의 국경에서 1차 철수하는 데 얼마나 중대한 의의가 있는지 잘 이해했다. 그가 참여할 기회는 끝나 가지만 앞으로 더 추진력을 얻을 절차의 시발점에 서 있다는 것도 알았다.

1974년 1월 4일 워싱턴에서 협상을 시작하기 위해 다얀이 수에즈운하에서 20~30킬로미터 정도 떨어진 철수 선을 제안했다. 사다트의 '키신저 플랜'에 담긴 제안에 한참 못 미치는 범위였다. 그러나 다얀은 이것이 최대치 양보라고 주장했다. 이스라엘이 이보다 더 동쪽으로 철수한다면 고개 서쪽 시나이반도에서 유일한 남북 도로에 대한 지배력을 잃을 터였다. 다얀은 교섭을 목적으로 더 강경한 노선을 택한 체할 생각이 없었으며 정치적 술책도 피하려고 했다. 이틀에 걸쳐 장장 일곱 시간 동안 논의하며 그가 군비제한구역을 포함해 새로운 구분선이 그려진 상세한 지도로 자신의 제안을 펼쳤다.[132]

그다음 주에 내가 다얀의 꼼꼼한 지도를 사다트에게 전달했다. 세부 내용에 관한 회담은 카이로에서 남쪽으로 700킬로미터 가까이 떨어진 사막 도시로, 사다트가 겨울을 보내고 있던 아스완에서 열렸다. 첫 회담일인 1월 11일에 사다트가 두 가지 놀라운 제안을 했다. 먼저 내가 이 지역에 남아 이집트와 이스라엘을 오가며 결과를 재촉해 준다면 이스라엘이 제안한 철수선을 받아들이겠다고 했다. 그러고는 사다트 자신과 미국 측에 기한을 제시했다. 다음 주말인 1월 18일에는 10월전쟁 중 OPEC가 미국을 겨냥해 내린 수출 금지 조치에 대해 논의하기 위해 사다트가 아랍 형제들을 만날 예정이었다. 만약 사다트가 바라는 대로 이보다 앞서 철수 협정이 마무리될 경우 OPEC 회의에서 수출 금지 조치의 해제를 촉구하겠다고 했다. 그는 이스라엘의 주권에 관해 용인할 수 없는 타협이 이스라엘의 일부 제안에 포함되었으나 추후 협상에서 다룰 수 있는 문제라고 보았다.

셔틀외교가 전례 없는 방식으로 협상의 속도를 높여 주었다. 1월 11일부터 1월 18일까지 일곱 차례 셔틀외교가 진행되었고,[133] 그중 1월 12일부터 13일까지 해당하는 셔틀외교 중에는 다얀이 철수 구역 내 비무장화 방안에 관해 복잡한 개요를 제시하기도 했다.

1월 14일에는 사다트가 내가 알기로는 유일하게 양자 회담 방식에서 벗어나 여러 사람이 참여하는 콘퍼런스를 열었다. 미국 측의 헤르만 아일츠(Hermann Eilts) 대사와 시스코가 이집트의 외무 장관 파미와 국방 장관 무함마드 압델 가니 엘가마시(Mohamed Abdel Ghani el-Gamasy)를 마주 보고 앉은 이 협상에는 고통스러운 결정에 대한 책임을 나누려는 뜻이 있었던 것 같다.

이 경우에는 사다트가 동료들과 극심한 갈등을 빚게 되었다. 철수 선은 별 논쟁 없이 재승인되었지만, 이스라엘군이 퇴거한 지역에 군비제한구역을 설정하자는 다얀의 제안이 격렬한 반대를 불러일으켰다. 앞서 사다트는 다른 나라, 그것도 이집트와 전쟁 중인 나라가 이집트 땅에서 이집트를 지키는 이집트군의 배치를 지시하는 일이 일어나면 안 된다는 확고한 신념을 내게 드러내기도 했다. 이때 파미와 엘가마시도 비슷한 이유에서 특히 수에즈운하 건너편의 이집트 전차를 30대로 제한하려 한다는 점에서 이 제안에 반대했다. 논쟁을 마무리하면서 엘가마시는 "자존심 있는 이집트 장교라면 그런 조항이 포함된 협정을 체결하지 않는다"고 일갈했다.

사다트는 한동안 말없이 앉아 있었다. 골똘히 생각에 잠겨 있던 그가 침묵을 깨고 나에게 이상한 질문을 했다. "양측의 실무위원회를 구성해도 되겠습니까?" 나와 그를 제외하고 협상 자리에 앉은 다른 이들을 가리키는 말이었다. 내가 동의하자 그는 실무위원회가 군비제한에 관해 논의하고 전차 문제는 우리 두 사람에게 맡겨 달라고 제안했다. 그리고 그가 가까이에 있는 다른 방으로 나를 데려갔다.

둘만 있는 자리에서 그가 수에즈운하 건너편 전차의 제한에 관해 내게 물었다. "그녀(메이어 총리)의 뜻입니까?"

나는 이렇게 답했다. "그녀가 흥정하고 있습니다. 그런데 이 문제를 얼마나 오래 끌지 결정하셔야 합니다."

사다트는 어떤 결정을 내렸는지 알려 주지 않은 채 "다른 사람들과 함께 하자"고 말했다. 그가 회의 자리로 가서 논쟁을 끝냈다. "(운하 건너편의 이집트 탱크 수 제한으로) 30대를 받아들이겠습니다. 키신저 박사가 더 늘려 주시고, 엘가마시가 서명할 겁니다."

이렇게 사다트는 어렴풋이 떠오르던 교착상태를 피했다. 실무위원회는 주요 범주의 무기에 대한 제한에 합의했다. 이 합의안은 전쟁이 끝날 무렵 협상 내용을 이행하기 위해 조직한 킬로미터 101 기술단이 이어받았다. 메이어는 운하 동안에 주둔하는 이집트 전차 허용치를 100대로 늘렸다.

셔틀외교 절차는 결정의 속도를 높였을 뿐만 아니라 사다트가 더 깊고 진전된 대화를 할 수 있도록 돕기도 했다. 사다트는 운하 건너편에 주둔하는 전차 부대의 규모에 상징적인 의의가 있다는 점을 메이어 총리가 이해할 것이라고 말했다.

공격하려고 마음먹으면 전차 1000대도 하룻밤 새 운하 반대편으로 보낼 수 있습니다. 그러니 제가 평화에 전념한다는 신호로 운하 건너편에 전차를 배치하지 않겠다고 장담한 것을 [메이어에게] 전하셔도 좋습니다. 그렇지만 합의의 미래는 전적으로 심리적 요소에 달렸다는 걸 총리가 이해해 주기를 바랍니다. 이스라엘이 우리의 요구를 억누르면서 이집트 군대의 긍지를 건드리면 안 될 겁니다. 총리에게 제가 이 노정에 매진하고 있다고 말해도 됩니다.[134]

1월 16일에 진행된 다음 셔틀외교에서 사다트는 시나이반도의 이집트군과 이스라엘군 사이에 놓일 군비제한구역 제안이 담긴 지도를 요청했다. 그리고 즉석에서 많은 구역을 삭제했다. 그 대신 선을 하나 그어 군비제한구역을 이스라엘 구역과 이집트 구역으로 나누었다. 그는 국방력이 아니라 운하에 이르는 거리로 제한을 규정해야 한다고 말했다.

그는 누가 누구에게 양보하는지에 관한 논쟁을 피하기 위해 독창적인 제안도 했다. 이에 따라 이스라엘과 이집트가 저마다 서로에 대해 어떤 의무를 지는지 나열하기보다는 미국 대통령에게 공동 서약을 전하는 식으로 협정을 구성했다. 워싱턴이 간접적으로 협정을 보증하게 된 것이다. 사다트는 미국의 감시 기능을 강조하기 위해 수에즈운하를 따라 미국의 기술과 인력을 이용하는 두 차례의 UN 기술 사찰을 제안했다.* 셔틀외교를 겨우 두 번

---

* 공식적인 언어로 기술하는 과정에서 협정은 한층 더 복잡해졌다. 이것은 사다트와 내가 실무위원회에 타결 내용을 전하는 방식에서도 드러났다. 사다트는 내게 그를 대신해서 말해 달라고 청했다.

사다트: "말씀해 주시죠. 저보다 훨씬 유능하시니까요."

키신저: "대통령님만큼 현명하지는 않습니다. 대통령님과 저는 기술적인 조항뿐만 아니라, 제네바에서 느리게 움직이는 편과 빠르게 움직이는 편의 장단점도 이야기했습니다. 기술적인 조항은 제네바에서 다루는 편이 더 좋고, 빠르게 움직이는 편의 장점이 더 크겠다고 판단했습니다."

사다트: "그게 우리 판단입니다."

키신저: "이집트 방어선은 이집트를 방어하지만, 이스라엘의 방어선은 이스라엘을 방어하지 않는다. 그러므로 이집트의 방어선을 이집트 영토로 돌려놓는 방안은 이집트 측에서 정치적으로 받아들일 수 없다. 저는 이것이 상당히 설득력 있는 반론이라고 생각합니다. 그러므로 저는 모든 구역 간 경계선을 폐기한다는, 지금까지 들어 본 적 없는 방안을 들고 이스라엘에 가 보겠습니다. 이스라엘군은 이 선까지 돌아갈 테고, 이집트군은 이 선까지 돌아가며, 이집트 측의

더 진행한 끝에 첫 철수 협정이 최종 형태를 갖추었다.

몇 달 동안 전쟁과 전술적 기동이 이어지는 상황에서 사다트가 겨우 1주일 만에 양측 모두가 감히 평화라는 단어를 입에 담을 수 있는 순간을 만들어 냈다. 사다트는 실무위원회가 작성한 최종 문서를 이스라엘에 전해도 좋다고 승인한 다음 메이어 총리를 향해 자신이 진정한 평화를 위해 전념하고 있다는 전언을 덧붙였다. 며칠 전 나와 전차 제한을 두고 논의할 때 한 말과 비슷한 내용이었다.

제 말을 진지하게 받아 주셔야 합니다. 1971년에 이 계획을 세울 때 저는 진심이었습니다. 전쟁으로 위협했을 때도 저는 진심이었습니다. 평화를 이야기하는 지금도 저는 진심입니다. 우리가 지금까지 연락을 주고받아 본 적이 없으나, 이제 우리에게는 키신저 박사의 도움이 있습니다. 그를 이용하고 그를 통해 서로 대화합시다.[135]

직접적인 대화보다는 여전히 한발 모자랐다. 감기에 걸려 앓아누운 채로 나를 맞이한 이스라엘 총리 메이어가 간결하게 말했다. "좋은 일이네요. 그가 왜 그러는 겁니까?" 이튿날, 메이어가 공식 답신을 보내기로 했다. 나는 최종 협정문과 메이어가 보내는 답신을 들고 사다트에게 갔다. 이것이 사다트와 이스라엘 정부 수반 간 최초의 공식적인 직접 소통이다. 메이어가 보낸 비공개 편지의 일부는 이렇다.

선을 이 지점에 둘 테니 이집트군이 철수할 필요는 없습니다. 이렇게 우리는 철수뿐만 아니라 이집트의 선과 운하와 이스라엘의 선 사이 거리에도 제한을 둘 겁니다. 사다트 대통령님께서 말씀하신 두 번째 사안은 이집트가 자국 영토의 군사력을 제한하는 문서에 서명하기는 매우 어렵다는 것입니다."
사다트: "맞는 말씀입니다."
Kissinger, *Years of Upheaval*, 826.

저는 이스라엘의 총리가 이집트 대통령에게 전언을 받았다는 데 어떤 의의가 있는지 잘 압니다. 실제로 저는 대단히 만족스럽고, 키신저 박사를 통한 우리의 연락이 계속 이어지며 우리 관계의 중요한 전환점이 되기를 진심으로 바랍니다.

저도 우리가 서로 신뢰와 이해를 쌓을 수 있도록 제 편에서 최선을 다하겠습니다.

우리 양국의 국민은 평화가 필요하고, 평화를 누릴 자격이 있습니다. 저는 우리가 평화라는 목표를 위해 모든 힘을 쏟아부어야 한다고 굳게 믿습니다.

대통령께서 보내 주신 전언의 한 구절을 빌려 말씀드리자면, "우리 사이의 항구적 평화를 이야기하는 이때, 저는 진심입니다."[136]

사다트가 편지를 다 읽고 반으로 접었을 때 보좌관 한 명이 들어와서 그에게 귀엣말을 했다. 사다트가 내게 걸어와 두 뺨에 입을 맞췄다. "킬로미터 101에서 방금 철수 협정을 체결했다고 합니다. 오늘 저는 군복을 벗습니다. 의례가 아니라면 다시는 입을 일이 없으면 좋겠습니다."

사다트는 이날 바로 출발해 아랍 국가들의 수도를 순방하며 협상 내용을 설명하겠다고 말했다. 나는 이날 저녁 다마스쿠스로 가서 알아사드와 단계적 절차를 진행하기로 했다. 알아사드는 사다트의 전쟁 동맹이자, 이스라엘과 절대로 평화를 교섭하지 않겠다는 1967년 아랍 국가들의 합의에 함께한 동반자다. 시리아를 위해 어떤 진전을 이루는 것이 아랍 세계에서 사다트의 위상에 중요한 일이었다.

사다트가 이런 외교에 동의하면서 한 가지 제안을 했다. "룩소르에 하루 머무르면서 역사가 얼마나 위대한지 경험해 보면 좋을 겁니다." 그리고 잠시 말을 멈추었다 덧붙였다. "그것이 얼마나 약한지도요."

시리아의 관점

시대와 맥락을 고려할 때 사다트는 이 책에서 만나는 인물 가운데 철학적으로든 도덕적으로든 가장 획기적인 비전을 품은 사람이다. 그 반면 시리아 대통령 알아사드는 순수하게 실리를 추구했다. 무자비하고 매우 똑똑했던 알아사드는 아랍 세계의 지도자가 되기를 꿈꿨으나 자신이 그렇게 될 수 없디 는 것도 잘 알았다.

시리아는 이집트와 다르게 자치의 역사가 비교적 짧았다. 몇 세기 동안 정복과 분열을 거듭하며 성취와 파국을 번갈아 겪은 시리아는 주체적으로 행동하는 데 꼭 필요한 규모와 자신감을 잃어버렸다. 사다트처럼 자국의 내적 능력을 신뢰하지는 않지만, 알아사드는 집요함과 의지력과 교묘한 술수로 국제 환경에 맞서며 시리아를 지탱했다.

다마스쿠스는 현대 아랍민족주의의 원천인 동시에 그런 민족주의가 외국인의 손에 좌절된 전형적인 사례였다. 언젠가 알아사드가 나에게 시리아는 1차세계대전 전에 튀르키예에 배신당한 데 이어 영국과 프랑스에 배신당했으며 2차세계대전 뒤에는 이스라엘을 후원하는 미국에게 배신당했다고 말했다. 그래서 알아사드는 미국과 협력을 도모할 이유가 없고, 서방이 건네는 평화 제의와 시리아를 연결할 이유도 없었다. 사다트가 개별적 교섭에 나선 데 격분한 그는 철수 협정 뒤 이집트 대통령의 다마스쿠스 방문을 거부하고 사다트의 첫 번째 셔틀외교 보고서를 공항에서 받았다.

그러나 알아사드도 시리아의 이익을 추구할 생각이 있었다. 특히 그는 10월전쟁의 마지막 교전에서 이스라엘이 점령한 영토이자 다마스쿠스로 이어지는 길을 수복하려 했으며 1967년 이래 이스라엘이 점령한 골란고원에도 시나이 협정의 군사적 철수를 적용하고 싶어 했다.

따라서 우리의 회담은 아주 상세한 군사협정 논의가 되었다. 절차에 박차를 가할 만큼 고상한 언어는 등장하지 않았다. 실리적인 과정이었지만 때때로 알아사드가 일으키는 파국에서 회담을 구해 내야 했다. 언젠가 내가 알아사드의 협상 전술을 두고 마치 낭떠러지를 향해 가는 것 같고, 때로는 그 밑에 있는 나무에 걸린 덕에 추락을 모면해서 다시 기어오른다고 장담하며 낭떠러지에서 뛰어내리는 것 같다고 표현했다.

군사력을 분리한다는 점에서 시나이 협정의 원칙을 본보기로 삼으면서도 이를 촉진한 사다트의 도덕적 전망이 없는 알아사드 때문에 시리아에서 진행한 셔틀외교는 35일에 걸쳐 조금씩 진전되었다. 다마스쿠스에서 열린 회담은 모두 알아사드가 주재했으며 세 단계로 구성되었다. 우선 알아사드와 나 그리고 우리 측 통역관만 참석해 광범위한 논의를 진행하고, 알아사드의 군사고문들과 회의했으며, 비군사 부문 장관들이 참석하는 회의가 이어졌다. 알아사드는 내가 예루살렘에서 받아오는 내용을 부하들에게 어디까지 알릴지 통제하기 위해 첫 번째 회담에서 자기 측 통역관조차 쓰지 않았다. 알아사드는 이렇게 복잡한 방식으로 다른 사람에게 넘겨줄 정보를 통제했다. 이런 식으로 회담이 길어지는 영문을 모르는 이스라엘 지도부는 초조해졌다.

34일째 저녁, 알아사드가 결렬이 불가피해 보이는 수준으로 상황을 몰고 갔다. 이미 우리가 협상의 종결을 선언하는 공동성명 초안을 작성한 데다 내가 말 그대로 마지막인 줄 알았던 회담을 끝내고 자리를 벗어나려는 순간 그가 협상을 재개할 구실을 찾아냈다. 결국 우리는 다섯 시간 동안 협상에 관한 협상을 하며 늦은 시간까지 입씨름을 벌였다.

마침내 시리아 측이 마른 수건의 물 한 방울까지 짜내는 데 성공했다. 휴전선은 대체로 중립적인 방향으로 수백 미터 정도 조정되었다. 궁극적으로 이스라엘은 다마스쿠스에서 남쪽으로 16킬로미터 떨어진 땅과 도시 쿠네이트라에서 철수하게 되었다. 군대와 무기는 상대방과 50킬로미터 정도 되는 거리를 유지해야 하기 때문에 중무기로도 상대방의 최전선을 공격할 수는 없었다.* 이집트 측 협정과 마찬가지로 당사국들이 미국 대통령에게 이행을 약속하는 문서를 보냈다.

두말할 나위 없이 시리아와 진행한 셔틀외교는 이집트 셔틀외교에서 느낄 수 있던 것과 같이 고상한 감정으로 끝나지는 않았다. 시리아와 이스라엘의 협정은 적대국 간 상대적 위치만 조정한 가차 없는 교섭이었다. 알아사드는 사다트의 실용적 해결책을 따르면서도 그의 도덕적 틀은 거부했다. 비록 평화의 본질에 관한 언급은 없었어도, 알아사드가 전쟁 개시를 훨씬 어렵게 만드는 구체적인 사안에 기꺼이 합의했다. 감정에 치우치지 않은 이 현실적인 조항들은 실용적이고 눈여겨볼 만했다.

결국 골란 협정으로 불리는 것의 조항들이 살아남았다. 어느 정도는 알아사드가 결렬시킬 수 있었는데도 그렇게 하지 않은 덕이었다. 자긍심이 대단하고 약삭빠른 알아사드가 마침내 이스라엘을 간접적, 암묵적으로 사실상 승인했다. 그와 같은 급진파 인사에게 그런 가능성을 마주한다는 것은 분명히 혹독한 과정이었다. 그가 사다트보다 한층 강렬하게 이스라엘에 적의를 품은 만큼 힘든 여정을 지났으며 진전의 폭도 짧았다. 그러나 망원경 맞은편의 메이어처럼 알아사드도 분쟁의 종식이라는 가치를 언뜻 보고 그곳으로 향했다.

사다트의 계획이 없었다면 알아사드는 자신의 외적 목표는 물론이고 내

---

* 이것이 얼마나 복잡한 목표였는지는 후반 단계에서 미국이 내놓은 다음 안으로 엿볼 수 있다. "쿠네이트라 전역은 시리아 정부가 관할한다. 선은 쿠네이트라 서쪽 200미터 지점에 두며 거리는 서쪽 도로 서쪽 측면의 건물 선에서부터 측정한다. 이 선은 물리적 장벽으로 표시된다. 이 선의 서쪽 영역은 무장을 해제한다. 그 준수 여부는 UN이 확인한다. 이 지역에서 이스라엘 민간인의 경작을 허용한다. 이스라엘 국방선은 주요 고개 두 곳의 동쪽 기지에 두되, 쿠네이트라를 향해 곧장 발사할 수 있는 무기는 고개 정상에 설치할 수 없다. 이에 대한 보증을 닉슨 대통령이 알아사드 대통령에게 보내는 문서에 포함한다. 쿠네이트라가 이스라엘 주둔지로 둘러싸이지 않도록 쿠네이트라 남쪽과 북쪽의 선을 바로잡는다." Kissinger, *Years of Upheaval*, 1087.

적 변화도 이루지 못했을 것이다. 그러나 더 세속적인 목표를 추구하는 과정이긴 했어도 알아사드가 지역 분쟁을 단계별로 해결하는 데 크게 이바지했다. 게다가 역설적으로, 이상주의를 말려 버리는 그의 협상 능력이 정치적인 면에서 사다트가 자신의 이상을 계속 실현해 나갈 수 있게 해 주었다.

평화를 향한 또 다른 걸음: 시나이 협정 II

사다트는, 시리아와 철수 협정을 마무리하고 나면 이스라엘과 평화 교섭을 다시 진행할 것이라고 생각했다. 논리적으로 단계를 밟았다면 아마 1967년 6월 전쟁에서 이스라엘이 점령한 요르단강 서안 지구에 관한 협정을 추진했을 것이다. 그러나 이 길은 아랍권 내부의 정치가 가로막고 있었다.[137] 서안 지구는 사실상 요르단이 지배했으나 요르단에 속한 땅이 아니고 그 자체에 주권이 있지도 않았다. 게다가 시리아 협정이 체결되고 얼마 지나지 않은 1974년 10월 28일, 아랍연맹이 PLO를 팔레스타인 민족의 유일한 적법 대리자로 지정했다. 그러니 이스라엘이 서안에서 철수하기 위해 요르단의 후세인 국왕과 협상을 시도하기만 해도 즉각 아랍 세계의 내란을 불러일으킬 수밖에 없었다. 게다가 이스라엘은 자국을 파멸시키겠다고 맹세한 PLO를 상대할 준비가 되어 있지 않았다.

이런 이유로 서안 지구는 단계별 외교에서 배제되었다. 시나이반도에서 이스라엘의 추가 철수를 놓고 또다시 이집트와 이스라엘 간 협상을 벌이는 방안만이 앞으로 나아갈 수 있는 길인 듯했다.

그러나 이 방안은 1974년 8월 닉슨 사임의 파장이 가라앉기를 기다려야 했다. 포드 대통령에게는 보고를 받고 참모진을 꾸릴 시간이 필요했다. 첫 공식 발표에서 그는 연속성을 보장하기 위해 나를 국무 장관에 임명했다.

사실 연속성을 가장 확실하게 보장하는 것은 바로 신임 대통령의 인품이었다. 미시간주에서 나고 자란 포드는 애국심, 확실한 동료애, 미국의 목표에 관한 신념, 비범한 상식 등 미국 중부의 가장 훌륭한 자질을 갖췄다. 무엇보다 그는 전임자의 임기 중에 형성된 중동의 평화 원칙을 따르며 미국 내부의 분열을 극복하는 데 헌신했다.

이스라엘 정상도 교체되었다. 메이어 총리가 12월 선거에서 살아남았으나, 1973년 선생의 서막에 실책을 저질렀다는 공공연한 비판을 못 이기고 자리에서 물러났다. 그녀의 후임은 사브라, 즉 이스라엘 토박이로서 처음 총리가 된 라빈이다. 그는 이스라엘군 사령관으로서 1967년 전쟁에 참여해 승리를 이끌면서 영웅으로 떠올랐다. 그는 사다트와 마찬가지로 자신의 열망을 승화시켜 전쟁을 초월하려고 한 군인이었다. 총리가 된 그가 어느 통렬한 연설에서 이렇게 말했다.

군인이던 저는 (……) 과거 그 순간의 고요를 영원히 기억할 겁니다. 시곗바늘이 앞으로 빙글빙글 돌아가는 듯 보이던 그때, 지옥이 펼쳐질 시간이 한 시간 또 한 시간, 1분 또 1분 다가오던 그때의 정적.
방아쇠를 당기기 직전 팽팽한 긴장의 순간, 도화선에 불을 붙이기 직전 끔찍한 고요의 순간에 홀로 생각하고 또 생각하는 시간이 있었습니다. 정말 해야 할 행동인가? 다른 선택은 없는가? 다른 길은 없는가?[138]

라빈은 상상할 수 있는 거의 모든 면에서 메이어와 달랐다. 메이어는 이스라엘에 등장한 선구자였다. 그녀에게 이스라엘 영토는 피를 흘리며 한 뼘 한 뼘 획득한 신성한 땅이었다. 그래서 영토와 평화의 교환은 절대적인 것을 덧없다고 할 만한 것과 맞바꾼다는 뜻이었다. 그 반면 이스라엘에서 태어난 라빈에게는 이스라엘의 존재에 관한 의문보다는 그 생존의 필요가 더 분명하게 다가왔다. 수천 년에 걸친 유대인의 역사가 이스라엘 민족과 이웃 아랍 민족들을 연결해야만 이스라엘의 역사적 불안정을 극복할 수 있다는 견해를 라빈에게 심어 주었다. 아주 지성적이고 교양 있는 라빈은 협상 과정을 분석적으로 지켜보았다. 그리고 단계별 접근 방식을 "땅 한 조각과 평화 한 조각을" 맞바꾸는 것이라고 표현하며 선호했다.

단계별 접근 방식에 관한 라빈의 지적인 전망은 그와 사다트가 미국의 중재로 시나이 모델에 관해 임시 협상을 시작하던 1975년 초까지만 해도 완전히 드러나지 않았다.[*] 초기에는 순조롭게 진행되었다. 평화 구상에 몰두한 두 사람이 다양한 단계를 거치며 점진적으로 접근하는 데 동의했다. 그다음 단계에는 두 사람 모두 이스라엘이 추가 철수하는 방향으로 이끌리듯 움직였다. 사다트로서는 평화를 추구하는 이집트의 독자적 여정을 계속하기 위해서였고, 라빈으로서는 성마른 이스라엘 내각에 국제사회의 현실을 똑똑히 보여 주기 위해서였다.

1975년 3월, 라빈이 나를 통해 사다트에게 편지를 보냈다. 1974년 1월에 메이어가 쓴 것과 비슷한 신념을 그 나름대로 표현한 것이다.

저는 언제나 이집트가 문화유산과 국력, 규모, 영향력에 따라 우리 지역에 평화를 만드는 노력에 관해 주도적인 목소리를 낸다고 굳게 믿었습니다. 대통령님의 공식 발표는 물론이고 키신저 박사를 통해 전달받은 것에서도 저는 합의에 이르기 위해 끊임없이 노력하겠다는 대통령님의 결심을 분명히 느낍니다.

저도 우리 사이의 평화를 도모하기 위해 최선을 다할 것이며 이런 정신에

---

[*] 이것은 서안과 가자 지구에서 철수하는 3단계 방안이 포함된 1993년 이스라엘·팔레스타인 오슬로협정으로 완성되었다.

따라 우리가 우리 두 민족을 영예롭게 할 합의에 이르는 데 성공하기를 간절히 바란다고 말씀드리고 싶습니다.[139]

내가 편지를 전하자 사다트가 누구의 생각이냐고 물었다. 내가 권했다고 답했더니 그가 다시 물었다. "그가 직접 썼습니까? 이게 더 중요합니다." 나는 라빈이 직접 썼다고 사실대로 말했다. 다음 날, 사다트가 나를 따로 불러 구두로 이런 답을 주었다.

　저는 우리 두 민족의 관계에 힘이 더는 어떤 구실도 못 할 것으로 봅니다. 라빈이 이스라엘 민족을 통솔한다면 저도 아랍 민족을 통솔하는 데 힘쓰겠습니다. 저는 오직 평화적인 수단만으로 합의된 선까지 최종 철수를 실현하려고 굳게 마음먹었습니다. 이 협정이 체결된 뒤 제네바 회담이 열려도 저는 이 협정을 바꾸지 않을 겁니다. 제 측에서는 이 일을 제네바에서 해결할 생각이 없다는 것으로 라빈을 안심시켜 주십시오. 어떤 문제가 생겨도 저는 무력을 쓰지 않을 겁니다. 이집트 영토에 대한 이스라엘의 점령이 끝난다면 저는 언제든 라빈과 만날 수 있습니다.[140]

이때 협상 자리에는 이스라엘이 시나이반도 중앙의 고개를 넘는 추가 철수가 올라왔다. 라빈은 그 대가로 이집트가 비교전 상태를 확실히 선언해 주기를 바랐다. 그런데 "땅 한 조각과 평화 한 조각"에는 평화가 땅처럼 정확하게 나눌 수 있는 개념이 아니라는 문제가 있었다. 사다트는 교전의 전면적 종식을 선언할 준비가 안 되었으나, 교전 행위를 자제하기로 합의할 의지는 있었다. 이스라엘을 고개 너머로 철수시키기 위해 이집트가 제안한 평화를 향한 단계들은 이스라엘에서 논쟁을 일으켰으며 감성적인 표현만으로 이를 극복할 수는 없었다. 사다트가 미국의 중재를 통해 라빈과 소통한 방법은 이스라엘의 악몽을 잠재우기 위해 언어로 할 수 있는 최선의 방법이었다. 그러나 유대인의 역사가 이런 식으로는 비극이 일어나지 않는다고 장담할 수 없다는 걸 가르쳐 주었다. 인간의 계획은 너무나 쉽게 깨질 수 있기 때문에 효력을 보장하려면 법 또는 헌법의 규정이 필요했다.

모든 합의가 이스라엘 내각과 의회의 승인을 받아야 했다. 의회에서 라빈은 120석 중 65석을 얻어 전임자들과 마찬가지로 과반수를 겨우 확보한 상태였다.[41] 나중에는 이스라엘에서 평화를 전도하지만 당시 강경파였던 국방 장관 시몬 페레스(Shimon Peres)를 비롯한 내각의 분열도 평화 교섭 계획을 위태롭게 만들 수 있었다.

1975년 3월까지 조약 초안이 마련되었다. 그러나 교전 상태에 관한 대목을 포함해 애매한 요소 몇 가지를 해결해야 했다. 3월 18일, 라빈이 이의를 제기하자 사다트와 파미가 평화 교섭 과정이 불안정해져도 이집트는 무력을 쓰지 않는다고 맹세했다. 사다트는 이스라엘도 같은 방식으로 이집트에 같은 내용을 맹세해 준다면 이스라엘을 공격하지 않겠다고 약속하고 미국 대통령에게도 문서를 보내 이를 서약했다. 또한 사다트는 이스라엘이 철수할 시나이반도의 고개를 이집트 대신 UN군이 통제하는 방안을 명시적으로 수락했다.

1973년 전쟁 전이었다면 이스라엘 측이 원하던 것을 이루었다고 여겼겠지만, 이때 이스라엘 내각은 이를 받아들일 준비가 되어 있지 않았다. 외무 장관 이갈 알론(Yigal Alon)은 이집트와 협상하는 것 자체에 반대하면서 서안 지구를 두고 요르단과 논의하는 편을 선호했다. 라빈 평생의 숙적인 국방 장관 페레스는, 이집트가 비교전 상태를 명시적으로 서약하지 않는 상황에서 이스라엘이 시나이반도 고개에 대한 통제권을 포기하는 방안을 단호하게 거부하며 강경 노선을 고수했다.

사다트는 이집트가 아랍 세계와 연을 끊지 않고서는 교전 종식을 공식적으로 맹세할 수 없다고 생각했기 때문에, 이스라엘 협상가들이 우발적 사건의 목록을 늘리는 방안을 추진했다. 이를 통해 사다트는 평화라는 말을 쓰지 않고 항목별로 실질적인 평화를 보장할 수 있었다.

그러나 이런 평화 조각이 땅 조각에 비해 모자랐다. 미묘한 차이를 두고 비틀거리던 협상이 결국 1975년 3월 말에 결렬되었다. 셔틀외교도 중단되었다. 라빈이 내게 한 말을 빌리면 그야말로 "그리스 비극"이었다.[142]

포드 대통령은 중동 외교에 참여해 본 적이 없지만 하원 군사위원회 소속이었기 때문에 군사적 요소를 아주 잘 알았다. 그가 라빈과 사다트를 모두 만났다. 사다트와 하는 회담에는 징크스가 있는 것 같았다. 즉 미국 지도자가 아랍권 지도자와 만날 때면 국내 문제가 불거져 중동 질서에 관한 문제를 압도해 버린다. 사다트가 처음 닉슨과 만났을 때는 워터게이트 사건이 정점에 있었고, 닉슨이 6주 뒤 사임했다. 포드 대통령은 사다트와 만난 주말에 1976년 대통령 선거를 준비하기 위해 국방 장관 제임스 슐레진저(James Schlesinger)와 CIA 국장 윌리엄 콜비(William Colby)를 해임해야 할 상황에 맞닥뜨렸다. 포드 정부의 지속성을 대통령 차원에서 사다트에게 확신시키는 데 상당한 시간 동안 공을 들여야 했다.

포드는 셔틀외교 중단을 심각하게 받아들였다. 그가 불안을 조금도 숨기지 않았고 나도 그런 불안을 공유했는데, 포드가 라빈에게 이스라엘 내부의 논쟁을 마무리할 시간을 주기로 했다. UN의 사찰을 시나이반도 중앙부로 옮기면서 상황이 개선되자 페레스가 다음 단계를 지지하는 쪽으로 마음을 바꾼 것이 영향을 미쳤다. 사다트는 또 다른 유인책을 제안했다. 그가 시나이반도에 미국인이 운영하는 감시초소를 두는 방안을 내놓으면서 이집트 외무 장관에게 "아주 중요한 제안이다. 미국인이 증인이 되는 것이다. 이스라엘인에게 완벽한 보장이 될 것"이라고 했다.[143]

1975년 9월 1일에는 합의가 나왔다. 1차 철수 협정만큼 들뜬 분위기를 자아내지는 않았으나 실질적으로는 이 협정이 더 중요했다. 이집트와 이스라엘은 군사적 필요와 정치적 조건 사이 균형을 찾고 있었다. 양측 모두 특정 문제에 대해 무력을 쓰지 않겠다고 선언했다. 이스라엘은 시나이반도 고개를 포기했다.* 이집트가 다양한 상황에서 이스라엘을 상대로 무력을 쓰지 않기로 했는데, 심지어 시리아가 이스라엘을 공격할 경우에도 이를 지지하지 않겠다고 맹세했다. 이스라엘과 이집트는 이런 조치를 바탕으로 서로에 대한 시각을 정립했다. 사다트와 라빈은 지역 전체가 아니라 본질상 양국 간의 포괄적 해결책을 도모하고 있었다.

양측 모두 각자의 성취 때문에 선택의 폭이 좁아졌다. 사다트는 이집트 국민이 이해하거나 견딜 수 있는 범위의 한계에 점점 가까워졌고, 라빈은 땅 한 조각의 문제가 아니라 평화를 새로 정의하는 쪽으로 조금씩 움직이고 있었기 때문이다.

예루살렘 방문

이스라엘과 이집트가 모두 시나이반도를 두고 또 다른 임시 협정을 마련할 여유가 없다는 걸 알고 있었다. 그러나 미국 대선을 코앞에 둔 1976년 말, 양측이 이스라엘 국경과 30킬로미터 정도밖에 떨어지지 않은 엘아리쉬에서 라스무하마드까지 이어지는 선을 그리는 또 다른 단계를 탐색하기 시작했다. 사실상 3년 전 사다트가 나와 처음 만났을 때 제시한 '키신저 라인'과 같은 선이었다. 포드가 대선에서 승리했다면 취임 후 첫 대외 정책이 교

---

* 고개의 범위를 규정하는 문제를 두고 논쟁이 벌어졌으나 UN 고문과 이스라엘 및 미국 대표단이 직접 시찰하면서 문제를 해결했다.

전 상태를 끝내는 대가로 엘아리쉬-라스무하마드 선을 인정하는 것이 되었을 터다.

사다트는 포드 정부의 마지막 한 해와 카터 대통령의 첫 한 해에 걸쳐 미국이 폭넓은 평화 전망에 계속 참여하도록 애를 썼다. 1976년 8월, 사다트가 아일츠 대사에게 미국 측에서 곧 새로운 제안이 나오기를 바란다면서 만약 그러지 않으면 이스라엘에 "모든 패를 꺼내라고" 촉구하겠다는 말을 했다.[144]

1976년 선거운동에서 카터 측은 팔레스타인의 미래를 주요 의제로 모든 당사자가 참여하는 회담을 성사시켜 이스라엘과 모든 아랍권 이웃 나라 간 포괄적 협정을 이끌어 내겠다고 공약했다. 1977년 1월에 카터 대통령이 취임하면서 미국이 더는 단계적 절차를 전략으로 택하지 않게 되었다.

1977년 4월 3일, "미국이 이 판에서 99퍼센트의 패를 쥐고 있다"고 생각한 사다트가 새 대통령 카터에게 평화 계획안을 보여 주었다.[145] 팔레스타인 국가가 수립되어야 하며 이스라엘이 1967년 국경으로 돌아가야 한다고 다시금 강조한 사다트는 자신이 이스라엘을 공식 승인할 준비가 되어 있으며 향후 팔레스타인 국가에 미국이 원조를 보내거나 그들을 보증해도 반대하지 않겠다고 했다.[146]

포괄적 해결은 물론이고 중동의 다자 회담도 사다트와 이스라엘이 생각하던 것에서 너무 멀리 떨어져 있었다. 무엇보다 그런 회담에서는 1947년 이전 국경으로 돌아가자는 제안이 나올 수밖에 없었다. 적어도 서안에 관해서는 이스라엘의 어떤 정당도 이를 받아들이지 않을 터였다. 1947년 팔레스타인 분할 계획에서 제안한 국경선은 이스라엘의 주요 도시인 텔아비브와 하이파를 잇는 도로에서 겨우 15킬로미터 정도 떨어져 있으며 이스라엘의 유일한 국제 허브 벤구리온공항과는 더 가까웠다. 게다가 다자 회담에서는 이스라엘이 외면하던 PLO의 존재에 관한 문제와 소련의 참여에 관한 복잡한 문제들이 되살아날 터였다. 사다트는 포괄적 회담이 중동에 소련의 영향력을 다시 불러들이고, 이집트의 대외 정책에 대한 거부권을 시리아에 주며, 점진적 평화 정착 방안을 위협한다는 이유로 계속 반대했다.

그러나 카터 대통령은 사다트가 4월에 제시한 안에 설득되지 않았고, 포괄적 접근 방법에 대한 이집트의 저항을 불안해했다. 사다트의 반대를 극복하기 위해, 카터가 1977년 10월 21일에 회담을 지지해 달라고 사다트에게 직접 호소했다.[147] 카터 대통령에게 떠밀려 적대적인 소련과 의심쩍은 아랍 동맹국들에게 가로막힐 수도 있는 외교 상황에 빠질까 봐 우려한 사다트는 곧바로 최종 목표를 향해 도약했다. 이집트와 이스라엘의 관계를 항구적으로 재정립하려면 체제에 다시 신선한 충격을 줄 필요가 있었다. 훗날 사다트는 카터의 평화 지지가 "처음으로 내가 이끌어 가야 할 계획을 생각하게 해 주었다"고 말했다.[148]

카터의 편지에 대한 답으로 사다트가 1977년 11월 9일에 새로운 이집트 국회 개회식에서 한 연설은 평화를 위해 "지구 끝까지 가겠다"는 익숙한 신호로 들렸다.[149] 그러나 이 연설에 그가 이스라엘 방문을 가정해서 한 말이 있다. "평화를 논의하기 위해 그들의 집, 크네세트에 방문하는 것을 제가 마다하지 않으면 이스라엘이 놀랄 겁니다."[150]

사다트가 감히 거절할 수 없던 카터의 제네바 회담에 대해 긍정적으로 이야기하다 크네세트를 살짝 언급했을 뿐이다.[151] PLO 지도자 아라파트가 당시 현장에서 연설을 듣고 있었기 때문에 사다트는 그런 회담이 열리려면 협상 당사자에 팔레스타인 대표단이 포함되어야 한다고 주장했다. 이스라엘이 수락하지 않을 요구라는 건 사다트도 알고 있었다. 평화를 향한 그의 헌신이 얼마나 진지한지 잘 드러났는데도[152] 그가 정말 이스라엘 방문 계획을 품고 있으며 제네바에 갈 생각이 전혀 없다는 것을 거의 아무도 눈치채지 못했다.

그러나 이스라엘 총리 베긴은 사다트가 보낸 신호를 알아차렸다. 그는 1977년 5월에 라빈에 이어 총리가 되었다. 폴란드에서 1942년에 이주했으며 무장 지하조직 이르군의 수장을 지낸 뒤 30년을 야권에 있던 베긴은 협상에 대해 완고하고 법리적인 태도를 보였다. 그러나 1967년 이전 국경으로 돌아간다는 조건만 포함되지 않는다면 이집트와 "구속력 있는 평화"를 마련하는 방안도 배제하지 않았다.[153] 11월 15일, 선의에 따른 것인지 또는 사다트에게 불리한 국제적 여론을 조성하기 위해서였는지는 몰라도 베긴이 주도권을 잡고 이집트 대통령을 예루살렘에 공식 초청했다.[154]

11월 19일 토요일에 안식일을 기리는 어둠이 깔린 직후, 사다트가 탄 비행기가 이스라엘에 착륙하며 전 세계를 놀라게 했다. 나는 그 전날 사다트와 통화하며 이 대담한 평화 계획에 오른 걸 축하했다. 그는 여유롭고 마음의 안정을 찾은 듯했다. 그는 자기가 이스라엘 지도부 중 어떤 인물에게 가장 깊은 인상을 받을 것 같은지 물었다. 그가 생각하기에는 젊은 시절 이르군에 참여했다가 이스라엘의 공군 사령관을 지내고 베긴 정부의 국방 장관이 된 에제르 바이츠만(Ezer Weizman)이 가장 인상적일 것 같다고 했다. 나는 다얀일 수도 있다고 답했다. 그러나 우리 둘 다 틀렸다. 정답은 이스라엘 지도부와 공항 영접 줄에 서 있던 '늙은이' 메이어였다.[155]

사다트가 방문할 당시 분위기는 긴장감이 있었다. 이스라엘 측은 매복을 고려하고, 사다트 측 경호원들은 그의 안전을 우려했다. 양측의 극단주의자들이 얼마든지 이 극적인 순간을 활용해 그의 노력을 무산시키려 들 수 있었다. 그러나 어떤 사건들은 평범한 계산을 초월한다. 한기를 걷어 내듯 팡파르가 울리는 가운데 이스라엘인들은 감히 누구도 상상하지 못한 이집트 대통령의 방문을 격렬한 환호로 맞이했다.

도착 다음 날인 일요일 아침, 사다트가 알아크사 모스크에서 기도를 올린 뒤 성묘교회와 이스라엘의 홀로코스트 추모관이자 박물관인 야드바셈을 방문했다. 그 뒤 그가 첫 공식 일정으로 크네세트의 연단에 올랐다. 이때 그의 모습은 아랍의 역사적인 지위에 극단적으로 도전하는 듯했다. 전통적인 고전 아랍어로 한 연설에서도 뿌리 깊은 적의를 되새기는 상투적 수사는 없었다. 이 연설은 지난 수십 년간 비난에 비난으로 맞서던 전술이 아니라 상대방의 영혼에서 평화를 모색할 수 있다고 말했다.

솔직하기 위해 제가 여러분께 이렇게 말씀드립니다.

첫째, 저는 이집트와 이스라엘 간 협정을 위해 여기 오지 않았으며 (……) 팔레스타인 문제에 관해 정당한 해결책이 없는 상황에서 전 세계가 요구하는 지속적이고 정당한 평화는 있을 수 없습니다. 둘째, 저는 국부적 평화를 모색하기 위해 온 것도 아닙니다. 즉 지금 이 단계에서 교전 상태를 끝내고 문제 전체를 다음 단계로 미루기 위해 오지 않았습니다. (……) 이와 마찬가지로 저는 시나이반도나 골란고원 또는 서안 지구에 대한 세 번째 철수 협정을 맺으려고 오지도 않았습니다. 그런 협정은 그저 도화선에 불붙일 시간을 늦추는 데 그치기 때문입니다.

저는 양측 모두가 피 한 방울 흘리지 않고 정의에 기초해 함께 도모하는 항구적 평화를 위해 이곳에 왔습니다. 제가 지구 끝까지 갈 준비가 되어 있다고 선언한 이유도 마찬가지입니다.[156]

사다트는 미봉책으로 합의한다면 "우리가 정의에 기초한 항구적 평화의 부담과 책임을 짊어질 수 없을 만큼 약하다"는 뜻이라고 말했다.[157] 그러나 그는 양측 모두 그런 평화를 이룰 수 있을 만큼 강하다고 생각했다. 감정이 최고조에 이르렀을 때 그가 물었다. "우리가 신의와 성실을 향해 손을 뻗는다면 이 장벽을 함께 무너뜨릴 수 있지 않겠습니까?"[158]

사다트는 평화란 완성된 상태가 아니라 무엇보다도 취약한 상태이기 때문에 분쟁의 재발을 막기 위해 가능한 한 집요하게 수정하고 방어해야 한다고 생각했다. 그가 이렇게 선포했다. "평화란 글로 쓴 내용을 단순히 보증하는 데서 끝나지 않습니다. 오히려 평화는 역사를 다시 쓰는 행위입니다. (……) 평화란 모든 야심과 변덕에 맞서는 거대한 싸움입니다."[159]

베긴은 평소의 법리적 태도에서 벗어나 이에 화답하는 연설에서 분쟁의 관성을 극복하고 다양한 외교적 선택을 받아들이겠다고 말했다.

> 사다트 대통령은 우리와 우리 이웃 나라 간 영구적 국경선에 관해 우리의 시각이 서로 다르다는 걸 알고 있으며 예루살렘에 도착하기 전에도 이미 알고 있었습니다. 그러나 이집트는 물론이고 우리의 모든 이웃 나라에 청합니다. 어떤 주제에 관해서건 협상을 배제하지 말아 주시기를 바랍니다. 모든 것에 대해 협상할 수 있다는 점을 의회에서 압도적 과반수의 이름으로 말씀드립니다. (……) 그 어느 쪽도 반대하지 않아야 합니다. 그 어느 쪽도 사전 조건을 제시하면 안 됩니다. 우리는 존중을 바탕으로 협상을 진행할 것입니다.[160]

사다트의 예루살렘 방문은 어떤 사건이 일어났다는 사실만으로 역사가 중단되고 일어날 수 있는 일의 범위가 달라진 드문 경우다. 그의 리더십에서 이 사건은 1952년 7월의 쿠데타, 1971년 4월의 교정 혁명, 1972년 7월의 소련 인사 축출, 1973년 10월전쟁과 그다음 조치보다 한층 더 중요하고 진실한 궁극적 혁명이었다. 이 방문은 평화를 내적 해방의 형식으로 표현하는 사다트 특유의 민족주의가 실현된 사건이다.

평화로 가는 가시밭길

10월전쟁으로 이집트는 1만 명 이상의 목숨을 잃었다. 이 중에는 전투기 조종사로 이스라엘 군사 공항 공습에 참여한 사다트의 막냇동생도 있다. 이스라엘 측은 사망자가 2600여 명, 부상자가 7000여 명이었다.[161] 셔틀외교 중 이집트 군사 병원에서 나와 만난 사다트가 이 전쟁으로 조국이 너무나 큰 고통을 떠안았다며 더는 순교자를 낳을 필요가 없다고 말했다.[162]

그 뒤 4년이 흐르는 동안 사다트가 양측 모두에게 첫 장애물을 너무 높게 설정했다는 점이 여실히 드러났다. 첫 번째 역습이 아랍 세계에서 날아들었다. 사다트가 예루살렘을 방문하기 전에 아랍권 국가원수와 시온주의자나 이스라엘 지도자가 만난 경우는 1919년 1월 이라크의 파이살 1세 (Faisal I)와 하임 바이츠만(Chaim Weizmann)의 만남이 마지막이다.[163] 그 뒤 전쟁이 네 차례 벌어졌고, 사다트는 그 원인이 된 원칙들을 버릴 준비가 되었다고 선언한 것이다.

아랍권 지도자들은 직접적인 이해관계를 차치해도 사다트가 자신들과 상의하지 않은 것을 개인적인 배신으로 여겼다. 또 실질적인 면에서는 사다트가 예루살렘에 있다는 점이 협상 자리에서 이스라엘 측에 힘을 실어 줄까 봐 우려했다.[164] 시리아의 알아사드는 경멸을 노골적으로 드러냈다. 1975년에 내가 대안이 있는지 묻자 그가 냉담하게 대답했다. "(미국이) 베트남을 버렸고 타이완을 버릴 예정이죠. 이스라엘에 피로를 느낄 때쯤 우리가 여기 있을 겁니다."[165]

사다트 정부에서도 반대 의견이 상당히 거셌다. 1977년 11월 15일, 외무장관 파미가 예루살렘 방문 결정에 항의하며 사임했다.[166] 이스라엘에 대한 미국의 압박도 강해졌다. 11월 19일, 사다트가 예루살렘에 도착한 것을 알리기 위해 베긴이 카터에게 전화하자 카터가 베긴에게 말했다. "파미가 사임했다는 걸 명심해야 합니다. 사다트에게는 고국에 들고 돌아갈 확실한 업적이 필요합니다. 그는 지금 엄청난 위험을 무릅쓰고 있습니다."[167] 이런 역사를 보면, 예루살렘 방문 뒤 사다트가 예루살렘을 거쳐 워싱턴에 가려 했다고 종종 비난받은 게 이상하다. 사실 그는 정반대의 길을 추구했다.

1977년 7월, 사다트가 경멸해 마지않던 카다피가 이끄는 리비아가 이집트를 상대로 짧은 전쟁을 일으켰다. 사다트가 고집스럽게 이스라엘과 평화를 추구하는 데다, 리비아와 손잡자는 카다피의 제안을 거부했기 때문이었다. 훗날 그는 사다트의 행보를 두고 "아랍 민족에 대한 배신"이라고 말했다.[168] 시리아와 PLO도 공동성명을 통해 이와 비슷한 분노를 드러냈다.

> [사다트의 방문은] 사다트·베긴 계획에 따라 아랍 민족에게 기정사실을 강요하고, 점령당한 아랍의 땅에서 완전히 철수시키는 데 바탕을 둔 진정한 노력을 모조리 무효로 만든다는 목적밖에 없다.[169]

이때 '사다트·베긴 계획'이란 공상에 지나지 않았다. 그러나 1977년 12월 트리폴리 회담에서 시리아, 알제리, 남예멘, 리비아와 PLO가 사다트의 행보를 '고도의 반역'이라고 표현했다.[170] 여기서 이들은 이스라엘과 거래하는 모든 이집트 업체에 징벌적 반이스라엘 불매법을 적용하기로 했다.[171] 얼마 지나지 않아 이집트는 아랍권 5개국 및 PLO와 관계를 단절했다.

사다트는 예루살렘 방문이 이스라엘과 미국 간 배타적 관계를 보완하고 평화 교섭의 새로운 국면을 여는 충격이 되어 더 굳건하고 항구적인 합의를 이끌어 내기를 바랐다.[172] 그는 또한 분열된 아랍 전선이 이스라엘에 새로운 협상 기회를 줄 것으로 예상했다.[173] 하지만 그다음 한 해 동안 평화를 향한 베긴과 사다트의 발걸음은 비틀대기만 했다. 1977년 12월, 베긴이 사다트의 예루살렘 방문에 보답하듯 이집트의 이스마일리아를 방문했으나 성과는 양측 군사 및 정치 전문가들의 회담 개최를 합의하는 데 그쳤으며 이마저도 곧 무산되었다.

베긴은 사다트처럼 혁명가로 출발했다. 사다트와 다르게 이웃 나라들이 존재를 거부하는 국가의 정부 수반이던 그는 상징 및 언어에 관한 문제와 끈질기게 싸웠다. 1975년, 이스라엘이 이웃한 아랍 국가들의 승인을 받으려면 영토를 포기해야 한다는 주장에 맞서 이스라엘 민족에게는 "정당성이 필요하지 않다. (……) 우리는 존재한다. 고로 정당하다"고 쏘아붙였다.[174] 베긴에게는 승인보다 더 신경 쓰이는 문제가 있었다. 그는 이스라엘의 존재를 보증하는 미국과의 관계에 사다트가 해가 될 수도 있다는 점을 전임자들보다 더 걱정했다.[175]

1978년 3월, 사다트가 베긴에게 "안보가 영토나 주권의 대가가 되어서는 안 된다"며 1973년 2월에 닉슨이 이스마일에게 요청한 공식을 떠올리게 하는 편지를 보냈다. 사다트는 이집트에서 이스라엘에 관해 이런 원칙이 이미 자리 잡았다며 아랍 세계와 국제 공동체에도 이를 설득하기 위해 자신의 몫을 다하겠다고 썼다. 그런데 이스라엘도 같은 원칙에 따라 행동해야 한다고 했다. 아랍계 팔레스타인의 경우 이스라엘이 "영토와 주권을 문제 삼으면" 안 되고, 이집트에도 평화를 대가로 "영토와 주권"의 희생을 요구하면 안 된다는 뜻이었다. 사다트는 안정적 평형, 즉 합의에 기초한 균형으로서 안보를 확보하고 호혜의 기대와 평화의 비전 공유에 뿌리를 둔 정의의 개념에 관한 타성과 통념을 극복함으로써 안보를 유지할 수 있음을 암시했다.

양측은 1978년 봄에 미국이 새롭게 개입하기 시작한 뒤에도 합의에 이르는 데 실패했다. 사다트는 동료들에게 평화 계획을 지나치게 중시한다는 평가를 받으면서 그들과 점차 멀어지고 있었기 때문에 좌절감을 느끼게 되었다.

분노한 사다트가 카터에게 협상 자리에 함께해 달라고 했다. 이에 카터 대통령이 1978년 9월에 사다트와 베긴을 캠프데이비드 회담에 초청했다. 9월 5일부터 17일까지 이어진 이 회담을 시작할 때는 양측 간 협상이 막다른 길에 다다른 상태였기 때문에 카터와 국무 장관 밴스가 중재에 나서야 했다.

사다트는 이집트 대표단과도 갈등을 겪었다. 그가 어느 외무부 공직자에게 이렇게 말했다.

외무부 여러분은 스스로 정치를 이해한다고 생각합니다. 그러나 실제로 여러분은 아무것도 모릅니다. 그러니 이제부터는 여러분의 말이나 글에 주의를 기울이지 않겠습니다. 나는 여러분이 볼 수도, 이해할 수도 없는 더 큰 전략에 따라 움직이는 사람입니다.[176]

놀랍지도 않지만, 파미에 이어 외무 장관이 된 무함마드 이브라힘 카멜 (Mohamed Ibrahim Kamel)도 캠프데이비드협정이 마무리되자마자 사임했다.[177] 예루살렘에 발을 들인 순간부터 사다트는 돌이킬 수 없는 수준으로 이집트와 이스라엘 간 평화에 몰입했다. 12일 넘게 이어진 협상에서 그는 기존 아랍식 계획을 크게 수정했다.

1973년 10월전쟁이 일어나기 3개월 전, 수에즈운하를 갑작스럽게 개방하자는 미국의 제안에 사다트가 반대했다.

부분적인 해결책은 안 되고, 이집트만의 해결책도 안 되며, 어떤 경우에도 협상할 문제가 아닙니다. (……) (수에즈운하 개방에 관한) 내 계획은 절대로 부분적이거나 단계적인 해결책의 일환이 될 수 없으며 그 자체가 목적이 아니었습니다. 제가 이렇게 말했습니다. 이스라엘이 진정 완전히 철수할 의지가 있는지 확신하기 위해 이에 관한 당신네 의도를 알아보고 싶습니다. (……) 최종

철수일이 확정되면 그때 나도 운하를 트겠습니다. 그러나 지금은 안 됩니다.[178]

그리고 5년 뒤 캠프데이비드에서, 사다트가 도덕성에 관한 성취는 미래의 과제로 남겨 두고 즉시 밟아야 할 세부 단계와 앞으로 이룰 것들을 포함한 합의안에 동의했다. 의견 차이가 남아 있지만, 그 전 4년 동안 서로 조금씩 쌓은 신뢰를 바탕으로 한 합의였다. 양측 모두 무력 사용을 단념하고, 관계를 정상화하고, 상호 평화조약을 체결하고, 수에즈운하 주변 UN군의 지속적 주둔을 허용한다는 데 합의했다. 이스라엘은 시나이반도 전역에서 철수하기로 했다.

포괄적 접근 방식을 지지하는 이들이 대규모 회담으로 단번에 이루겠다고 설정한 거의 모든 목표를 단계별 접근 방식으로 이룰 수 있었다. 이와 동시에 사다트의 전략에 따라 이집트의 국가적 목표를 이루는 데 그치지 않고 지역의 평화와 평형을 위한 원칙을 정의했다. 한편 이스라엘은 건국 이래 수십 년에 걸쳐 이웃의 모든 나라와 이루려고 애쓰던 구속력 있고 항구적인 합의를 이웃의 한 나라와 이루었다. 또한 이스라엘은 서안과 가자 지구의 최종 상태에 관한 협상을 별도로 하는 것뿐만 아니라 요르단과 평화협정을 위한 협상 가능성을 타진한다는 데 합의했다. 즉 아랍의 실체적 조건과 이스라엘의 절차적 조건을 모두 충족하는 방식으로 팔레스타인 자치정부의 수립을 받아들이고, 팔레스타인의 미래에 관한 협상에 팔레스타인 사람들을 참여시키기로 한 것이다.

캠프데이비드협정으로 사다트와 베긴이 함께 1978년 노벨평화상을 받았다. 1978년 12월 10일 수상 연설에서 사다트는 평화에 대한 자신의 비전을 다시 설명하면서 이 승리도 "이 지역에 사는 모든 민족의 (……) 안보 (……) 자유, 긍지를 추구하는" 훨씬 더 큰 과정의 잠정적 "목표"일 뿐이라고 말했다. 미처 이루지 못한 궁극의 항구적 평화는 "나눌 수 없으며" "포괄적"

일 터였다. 그가 바라는 평화는 "파괴적 무기가 초래한 죽음에서 인간을 구하는" 데 그치지 않고 인류가 품은 "결핍과 고통의 폐해"를 없애는 것이었다.[179] 그가 이렇게 결론지었다.

평화는 모두가 새 벽돌을 하나씩 더하며 기여해야 하는 역동적인 건설입니다. 평화는 공식 협정이나 조약보다 훨씬 멀리 가고, 언어의 차이를 초월합니다. 그래서 꿈꾸고 상상하길 즐기고, 현재를 넘어 미래를 보는 성지인이 필요합니다.[180]

캠프데이비드협정이 마무리되고 평화조약이 체결되기까지 6개월이 걸렸다. 이 기간에도 협상이 계속되었고, 사다트가 이스라엘을 안심시키기 위해 추가 조치에 나섰다. 이집트가 더는 가자 지구에서 "특별한 구실"을 주장하지 않는다는 조건과 이스라엘이 시나이반도의 작은 유전에서 생기는 석유 손실에 대해 미국의 보증을 받는 데 반대하지 않는다는 조건을 받아들인 것이다.[181] 마침내 1979년 3월 26일, 이스라엘 크네세트와 이집트 국민의회의 승인을 받은 평화조약이 백악관 잔디밭에서 체결되었다.

두 달 뒤, 베긴과 사다트가 엘아리쉬에서 만나 이 도시의 통제권이 이스라엘에서 이집트로 넘어갔다. 두 사람은 이집트와 이스라엘 병사들이 서로 끌어안는 모습을 지켜보고 평화를 약속했다. 베긴은 사다트에게 보내는 편지에서 당시 장면을 이렇게 회상했다.

우리는 조약을 평화와 우정과 협력이 살아 있는 현실로 바꾸는 법을 배웠습니다. 이렇게 말하자니 아주 깊은 감정을 느끼며 엘아리쉬에서 우리가 지켜본 만남이 떠오릅니다. 이집트와 이스라엘의 병사와 백의용사 들이 서로에게 그리고 우리에게 "이제 전쟁은 없다"고 말했지요. 얼마나 특별하고 감동적인

장면이었습니까.[182]

좌초

'이스마일과 이삭의 우애'라는 고대의 협력 관계를 추구한 사다트가 이를 성취하는 데 꼭 필요한 양측 인사들의 상상력을 자극하는 데는 실패했다. 이집트와 이스라엘이 캠프데이비드 체제에 합의한 직후 그리고 두 나라의 외교 정상화에 관한 조약을 체결하기 전에 이스라엘이 서안과 가자 지구에서 3개월이라는 건축 유예 기간이 끝나는 대로 정착촌 건설을 재개하리라는 게 분명해졌다.[183] 사다트가 1978년 11월 말 베긴에게 편지를 보내 "서안과 가자 지구의 주민들"에게 권한을 이양한다는 계획의 일정표를 요청했다.[184] 이에 베긴은 이집트가 이행하지 못한 약속의 목록을 작성해서 보냈다.

베긴은 평화조약에 이스라엘 방위군이 서안 또는 가자 지구에서 철수해야 한다는 요구가 없으며 팔레스타인은 정치적 실체가 아니라 행정 협의회의 지위를 부여받았다고 보았다.[185] 1980년 7월 30일, 크네세트가 다시 예루살렘을 이스라엘의 수도로 선포했다. 사다트는 이에 항의하며 예루살렘에 단일 정부를 두는 대신 주권을 분할하는 방안을 제시했다. 베긴은 도시를 가를 수 없다고 답했다.[186] 베긴이 1980년 8월 15일에 받은 편지에서 사다트는 이런 상황에서 협상을 재개할 수는 없다고 말했다.[187]

이스라엘이 특정 조항들을 문제 삼는 동안 아랍권에서는 캠프데이비드 협정의 의제 자체에 반기를 들었다. 아랍 국가들은 이 평화조약이 회원국과 이스라엘 간 개별적 평화를 금지한 1950년 아랍연맹의 공동 방위 및 경제 협력에 관한 협정에 어긋난다고 보았다.[188] 아랍의 주요 지도자들은 캠프데이비드협정이 서안과 가자 지구의 최종 지위에 관한 합의에 이르지 못했으며 협상에 PLO가 배제되었다고 비난했다.[189] 요르단의 후세인 국왕은 이 협정을 맹렬히 비난하고 사다트의 행동 탓에 자신은 "아예 박살 났다"고 표현했다.[190] 1979년 3월 31일, 아랍연맹이 이집트의 회원국 지위를 정지하고 본부를 카이로에서 튀니스로 옮기는 데 뜻을 모았다. 1979년 12월 UN 총회에서는 102 대 37로 이 협정과 그 밖의 '부분적 합의'들이 팔레스타인의 권리를 무시했다는 이유로 규탄하는 데 찬성했다. 아랍연맹 회원국 중 이집트와 외교 관계를 유지하던 나라들 대부분이 곧바로 관계를 단절했다.

외부 아랍 세계의 반대가 사다트에 대한 이집트 내부의 기존 반감을 부채질했다. 그는 수에즈운하 건너편을 친 덕에 1973년 전쟁 뒤 나세르의 유산을 버리는 데 정치적 정당성을 얻었다. 1974년 봄, 사다트가 그의 대표적인 국내 정책 '인피타', 즉 이집트 경제를 자유화하는 '개방' 정책을 도입했다. 인피타의 목표는 해외 원조와 투자를 촉진하고 경제를 활성화하는 것이었다.

실제로 원조가 있었다. 1973년부터 1975년까지 아랍 국가들이 이집트에 40억 달러 이상을 공여했다. 미국의 경제 지원도 크게 늘어, 1977년에는 연간 10억 달러에 다다랐다.[191] 이 수치는 미국이 이스라엘에 보낸 원조와 양적으로 거의 같은 수준이고, 미국이 라틴아메리카 전역과 아프리카의 다른 국가들에 보내는 원조를 다 합친 것보다 더 컸다.[192] 그러나 1974년에 1.5퍼센트던 이집트의 국내총생산(GDP) 성장률이 1981년에 7.4퍼센트로 높아졌는데도[193] 기대하던 투자와 생산성의 붐은 따르지 않았다. 이집트는 토착 자본을 키우는 데도 실패했다.[194] 단기 대출에 최고 20퍼센트의 금리가 적용되었고, 공공사업에 쓰는 자금의 90퍼센트를 이집트 외부에서 조달했다.[195] 1977년 1월, 사다트가 빵 같은 주식에 대한 보조금을 삭감하려 하자 전국에서 폭동이 일어나 카이로만 해도 3만 명이 시위에 참여했다.[196]

게다가 사다트의 경제정책으로 부유한 외국인 계급이 눈에 띄게 형성되었다. 대부분 중간층이나 하층으로 구성된 이슬람 무장 집단들이 노골적인 저항과 반대에 나섰다.[197] 사다트의 가장 완고한 적 중에는 감옥에서 사다트에 대한 적의를 품었는데 사다트가 이를 모르고 석방한 무슬림형제단 일원도 있었다.[198]

당시 서방의 영향력과 시온주의에 맞서 싸우는 데 전념하던 가장 강력한 이슬람 무장 집단 '회개와 거룩한 비행(al-Takfir w'al-Hijra)' 및 '이슬람해방기구(Munazzamat al-Tahrir al-Islami)'가 모두 평화를 향한 사다트의 노력에 반대했으며,[199] 1977년 11월 크네세트 연설 중 그가 이스라엘을 "기정사실"이라고 말한 게 이스라엘을 국가로 인정한 것과 같아 이슬람 교리에 어긋난다고 보았다.[200] 시나이산에 교회와 모스크, 시너고그를 하나씩 짓자는 사다트의 제안이 1978년 여름에 공개되었을 때도[201] 신성모독이라는 비난이 있었다. 근본주의자들은 사다트가 입법을 통해 여성의 권리를 증진하려는 것도 격렬하게 반대했다. 사다트의 젊은 영국 혼혈 아내가 피임과 관대한 이혼법을 지지해서 그녀의 이름을 따 '지한의 법'으로 불린 법안이 그런 경우다.

반대는 폭력이 되었다. 1977년 7월, 어느 근본주의자 집단이 사다트 정부의 장관이던 사람을 납치해 처형하는 사건이 벌어졌다.[202] 이에 대응해 사다트는 무장 지하조직에 소속된 모든 이에게 사형을 선고하는 법안을 통과시켰다.[203] 당시 석사과정에 있던 지한 사다트는 남편의 안전이 위협받는다고 생각했다. 그녀가 회고록에서 당시 상황을 이렇게 떠올렸다.

나는 그들이 얼마나 마음 깊이 반대하는지를 안와르가 아는지 궁금했다. 남편에게 보좌관과 정보 보고가 있었지만, 나는 사람들을 그보다 더 많이 만났다. (……) 안와르가 종종 대학에 방문했지만, 나는 매일 내 두 눈으로 근본주의자들을 보았다. 게다가 몇몇 보좌관들과 달리 나는 그에게 호의적이지 않은 보고를 전하는 게 두렵지 않았다. "근본주의가 자라나고 있어요, 안와르." 내가 1979년 가을에 그에게 경고했다. "빨리 행동하지 않으면 그들이 당신이 지지하는 모든 것을 뒤집을 정치적 힘을 기를 수도 있어요."[204]

평화 교섭이 공식적으로 마무리된 뒤에는 이집트 내부의 긴장이 더욱 악화되었다. 1979년에는 아랍연맹이 이집트에 대한 민간 은행 대출과 석유 수출뿐만 아니라 경제원조까지 중단한다고 선언했다.[205] 이란혁명이 일어나자 사다트는 아야톨라 호메이니(Ayatollah Khomeini)의 부상(浮上)에 환호하는 이슬람교도와 맞서야 했다. 사다트가 부통령이던 시절부터 개인적 친분을 쌓은 이란 왕, 샤(무함마드 리자 팔레비Muhammad Rizā Pahlevī)는 1973년 전쟁 뒤 재정 지원을 확대하고 1974년 석유파동 중에도 석유 공급을 늘렸다.[206] 샤는 사다트가 예루살렘을 방문한 뒤에도 계속 그를 지지했다.[207] 1980년에는 이란인들이 샤의 강제송환을 요구하며 파나마에 자리한 그의 피난처를 위협하자 사다트가 샤의 이집트 망명을 두 팔 벌려 맞이했다.[208]

이때까지 군대의 특권과 대중의 열정을 불러일으키는 나세르의 능력을 바탕으로 지배하던 1952년의 혁명가들 사이에 불안이 자라면서 사다트가 마주한 국내 문제가 악화되었다. 사다트가 1976년에 일당 체제를 명목상 다당제 선거로 바꾸고 국민투표를 이용해 국민의회를 회피하는 등 몇 가지 정치적 개혁을 단행했으나, 권위주의적 통치의 추억을 품은 자유장교단 정부 조직을 근본적으로 바꾸지는 못했으며 그 자신도 엘리트 군인의 지배적 지위를 유지했다. 반대파의 성장을 감지한 사다트는 궁지에 몰린 채 평소 전술대로 적과 정면 대치하는 방식을 택했다. 그는 언론의 자유를 제한하고 학생 연합을 해산했으며 종교적 극단주의의 진로를 막았다.[209]

그러나 이 과정에 사다트 주변의 집단도 축소되면서 그가 고전적인 딜레마에 빠졌다. 이념적 다수와 그의 갈등이 깊어질수록 그에 대한 지지가 얄아지고 그가 처한 상황도 한층 불안해졌다. 1981년 9월에는 여름 동안 이슬람교도 및 콥트교도와 충돌한 사다트가 1500명 이상의 활동가들을 투옥하며 대규모 숙청을 단행했다.[210] 심지어는 콥트교 교황과 무슬림형제단의 최고 지도자까지 구금했다.[211]

종교적 극단주의의 꾸준한 성장은 사다트의 국내 계획이 낳은 가장 중요한 역설이었다. 당대의 어느 관찰자가 말했듯, "[사다트는] 꿈을 이루기 위해 자유주의와 민주주의에 더 다가갈수록 이슬람 전통으로 돌아가려는 대중의 요구를 더 주의 깊게 살피고 빨리 대응해야" 했다.[212] 그가 화해라는 꿈을 추구한 것이 순교를 위한 선택이 되었다.

암살

어린 시절 사다트는 독립을 위해 싸우는 이집트 애국자들을 동경했다. 특히 영국이 교수형을 선고한 젊은 이집트인 자흐란(Zahran)의 이야기를 마음에 새겼다. 다른 이들이 운명을 순순히 따를 때 자흐란은 고개를 빳빳이 들고 교수대로 걸어가 반항적으로 외쳤다. "나는 이집트의 해방을 위해 죽는다." 사다트의 딸 카멜리아(Camelia)는 사다트가 평생 자흐란을 본보기로 삼아 살았다고 썼다.[213]

1981년 10월 6일, 이집트가 10월전쟁 8주년을 맞는 날이었다. 사다트가 열병식을 지켜보려고 사열대에 앉아 있을 때, 트럭 한 대가 갑자기 속도를 늦추고 멈췄다. 그러고는 한 무리의 병사들이 그를 향해 발포하기 시작했다. 앞서 벌어진 숙청에서 체포를 면한 이슬람 지하드 단원들을 포함한 이집트군 내 급진주의자들이었다. 이들은 대통령과 열 명의 목숨을 앗아 갔다.

사다트는 이집트가 우선 독립을 통해 그리고 역사적 화해를 통해 자유를 성취하리라고 믿었다. 그는 유대인과 아랍인의 역사가 서로 얽힐 수밖에 없다는 믿음을 바탕으로 두 민족이 고대에 나눈 대화를 부활시키려고 했다. 서로 다른 종교적 신념을 바탕으로 형성된 두 사회가 공존할 수 있다는 그의 믿음이야말로 반대자들이 가장 견딜 수 없는 부분이었다.

사건 직후 베긴 총리는 사다트가 예루살렘을 방문했다는 사실에 경의를 표하며 그가 "평화의 적에게 살해당했다"고 선언했다.

예루살렘에 오기로 한 그의 결정과 이스라엘의 국민, 크네세트, 정부가 그에게 보낸 환영은 우리 시대의 가장 위대한 사건으로 기억될 것입니다. 사다트 대통령은 악습과 적의를 개의치 않았으며 이스라엘과 벌이는 교전을 끝내고 우리 민족과 화해하기 위해 노력해 나갔습니다. 그는 참으로 어려운 길을 걸었습니다.[214]

10월 10일에 사다트의 장례식이 열렸다. 레이건 대통령은 암살 시도를 겪은 직후라 참석하지 못했다. 그 대신 그가 미국 측의 경의를 표하기 위해 닉슨, 포드, 카터 대통령과 국무 장관 헤이그, 국방 장관 캐스퍼 와인버거(Caspar Weinberger), UN 대사 진 커크패트릭(Jeane Kirkpatrick)을 보냈다. 또 당시 공직에서 물러나 있던 나를 특별한 예우 차원에서 대표단과 함께 보냈다.

장례식은 묘하게 진행되었다. 충격이 가시지 않은 분위기에서 보안군이 치밀하게 상황을 관리했다. 길거리는 조용했다. 나세르의 장례식에서처럼 슬픔을 쏟아 내는 대중은 볼 수 없었다. 그를 살해한 책임이 있는 집단이 확실히 밝혀지진 않았어도 군 고위급이 공모한 것만큼은 분명했다.[215] 그래서 미국 대통령 세 명과 베긴, 리콴유, 영국 황태자, 전 영국 총리 제임스 캘러헌(James Callaghan), 영국 외무 장관 피터 캐링턴(Peter Carrington) 경, 당시 프랑스 대통령 미테랑과 전 대통령 지스카르데스탱, 독일 총리 슈미트와 외무 장관 한스 디트리히 겐셔(Hans Dietrich Genscher), 유럽의회 의장 시몬 베유(Simone Weil)[216] 등 장례 행렬에 참여한 주요 귀빈들을 잠재적 표적처럼 보호해야 했다.

이틀 전만 해도 폭도가 카이로 남쪽의 지역 치안본부에 대한 탈취를 시도했다. 사다트 대통령의 사망 소식에 기뻐하던 리비아 정부는 이집트에 더 많은 폭력 사태가 일어나고 있다는 잘못된 소식을 퍼트렸다. 조문객 수백여 명이 행렬에 합류하려 하자 보안군이 이들을 쫓으려고 공중에 총을 쐈다.

사다트가 살해당한 열병식장 천막에 귀빈들이 100명 가까이 모였다. 우리는 한 시간 넘게 기다린 끝에 사다트의 시신을 따라 나흘 전 열병대가 행진한 길을 걸었으며 그가 암살당한 곳을 지나 매장지로 향했다.

장례식의 섬뜩한 분위기는 중동의 불길한 전망과 맥을 같이했다. 생전 사다트의 행보에는 상대방도 그가 걷는 길을 택하리라는 자신감이 반영되어 있었고, 그의 죽음은 상대방이 치러야 할 불이익을 상징적으로 보여 주었다. 스코틀랜드부터 베를린까지 곳곳의 테러를 후원하며 정치적 폭력을 휘두르는 카다피 정권이 잘 보여 주듯 극단주의 정권이 아랍 세계의 일부 지역을 압도했으며 온건파를 지지하던 사람들은 위험에 빠졌다. 사다트가 사망하던 날 밤에 내가 말했듯 "사다트는 수많은 불확실성이라는 까다로운 짐을 우리 어깨에서 내려 주었다."[217] 그리고 이제 다른 이들이 그 짐을 짊어져야 할 것이다.*

사다트의 비문에는 쿠란 구절이 있다. "알라를 위해 목숨을 잃은 이들이

---

* 한 예로 교수이자 외교관이던 찰스 힐(Charles Hill)이 생전에 내게 이런 글을 보냈다. "사다트가 살해되면서 이집트는 팔레스타인을 대신해 이스라엘을 상대하는 협상국 지위에서 떨어져 나갔다."

죽었다 생각지 말고 살아서 전능자의 편에 서는 축복을 받았다고 여기라." 그 밑에는 이렇게 새겨졌다. "전쟁과 평화의 영웅. 그는 평화를 위해 살았으며 그의 원칙을 위해 순교했다."[218]

1983년 4월에 이집트를 방문한 내가 사다트의 묘를 찾아 경의를 표했다. 애도하러 온 사람은 나뿐이었다.

에필로그: 실현되지 않은 유산

사다트는 이집트와 이스라엘의 평화조약을 이끌어 낸 것으로 가장 잘 알려졌다. 평화조약도 위대한 업적이지만, 그의 궁극적인 계획은 평화조약이 아니라 이집트가 역사적으로 존재한 방식을 바꾸고 중동에 새로운 질서를 수립해 세계 평화에 이바지하는 것이었다.

어린 시절부터 그는 역사적 산물로서 이집트가 지배받는 땅이 되는 것만큼이나 아랍 세계 이념의 지도자가 되기에도 적합하지 않다는 걸 알고 있었다. 이집트의 힘은 불멸의 정체성을 향한 열망에서 나온다.

아랍 세계와 지중해 사이에 자리한 이집트의 지리적 위치는 잠재적 자산이자 부채였다. 사다트는 이집트가 숙적을 지배하거나 숙적에게 지배당하지 않고 협력할 수 있을 만큼 강력하고 **평화로운** 이슬람 국가로 거듭나기를 바랐다. 그는 외부의 힘이 아니라 유기적 진화와 상호 이익에 대한 인식을 통해서만 정당한 평화를 이룰 수 있다고 이해했다. 이 과정의 끝에 닿으려면 이런 원칙이 보편적으로 인정받아야 했다.

전반적으로 사다트의 전망은 그의 동료 및 동시대 사람들과 너무 동떨어져서 유지되기가 어려웠다. 그에게 살아남은 건 그가 일시적이라고 여긴 실용적 요소들이었다.

오늘날 중동에서도 중대한 다툼이 계속되고 있다. 종교나 이념의 다원론적 질서를 지지하는 이들, 즉 개인과 공동체의 신념이 국가 기반 체제와 양립할 수 있다고 여기는 이들과 사다트를 거부하던 이들, 즉 삶의 모든 영역에서 포괄적 신학 또는 이념을 연결하느라 바쁜 이들의 경합이다. 제국주의적 야망이 여러 국가를 통째로 집어삼키려 들고 국내에서는 분열이 일어나는 상황에서, 주권국가들이 도덕적인 면에서 정의된 국익을 바탕으로 국제 질서를 수립한다는 사다트의 비전은 불행을 막을 보루가 될 수 있었다.

1979년 5월, 사다트가 명예 학위를 받은 벤구리온대학교에서 연설하며 중세 이슬람 황금기에 있던 상대적 관용의 정신을 되살리자고 했다.

우리 앞에 놓인 문제는 어디에서 몇 점을 따는지에 관한 것이 아닙니다. 오히려 실현할 수 있는 평화 체제를 우리와 다음 세대를 위해 구축하는 방법에 관한 문제입니다. 광신과 독선은 오늘날의 복잡한 문제를 해결할 수 없습니다. 관용과 연민, 아량이 답입니다.

우리가 얼마나 어려운 위치에 섰는지가 아니라 우리가 어떤 상처를 치유하고, 어떤 영혼을 구하고, 어떤 고통을 없앴는지가 우리를 평가할 겁니다.[219]

사다트의 주요 목표 중 하나는 이집트의 필연적인 독립성을 증명해 보이는 것이었다. 나와 사다트의 공식적인 관계가 마무리된 뒤 만든 사적인 저녁 식사 자리에서 내가, 그와 함께 일한 미국인들이 실제보다 더 좋은 사람처럼 보이게 해 준 것에 대해 그에게 감사의 빚을 졌다고 말했다. 이에 사다트는 자기 자신이나 다른 사람의 평판을 높이기 위해 일한 적은 없다고 힘주어 답했다. 그는 이집트 국민의 긍지와 희망을 되살리고 세계 평화의 기준을 확립하기 위해 자신의 임무에 착수했다. 1979년 3월, 사다트가 이집트·이스라엘평화조약 체결 기념식에서 이렇게 말했다.

아랍인과 이스라엘인 사이에 더는 전쟁과 유혈 사태가 없어야 합니다. 더는 고통도, 권리의 부인도 없어야 합니다. 더는 절망하는 일도, 신념을 잃어버리는 일도 없어야 합니다. 더는 아이를 잃고 비통해하는 어머니도 없어야 합니다. 더는 젊은이가 아무에게도 도움이 되지 않는 분쟁으로 목숨을 잃는 일도 없어야 합니다. 칼을 두드려 쟁기로 만들고 창을 낫으로 만드는 날이 올 때까지 우리가 함께 노력해야 합니다. 신은 우리를 평화의 거처로 부르고 계십니다. 그분은 그분을 기쁘게 하는 자들을 그분의 길로 인도하십니다.[220]

사다트는 자신의 문명을 '표현'하는 데 그치지 않고 수정하고 드높였다. 그는 장엄한 과거를 숭상하는 만큼 이집트의 최근 역사에서 드러난 양식을 초월하는 데도 특출했다. 그는 감옥에 갇혔을 때도 같은 방식으로 도덕적, 철학적 변화를 받아들이며 속박을 초월했다. 그가 회고록에서 그때를 떠올렸다.

54호 감방에서 내 물질적 욕구가 점차 줄고, 나를 자연계에 묶어 두던 매듭이 하나씩 끊어지기 시작했다. 내 영혼은 속세의 짐을 내려놓고 해방되어 창공으로 날아오르는 새처럼 가장 먼 존재의 영역으로, 무한대를 향해 솟아올랐다. (……) 내 좁은 자아는 사라졌고, 알아볼 수 있는 실체는 더 높고 초월적인 현실을 열망하는 완전한 존재뿐이었다.[221]

훗날 그가 이런 정신으로 이집트인과 이스라엘인의 서로 다른 인식과 협상 초기에 존재하던 비교조차 못 할 만큼 다른 관점을 이어 주는 다리를 놓았다. 그는 제로섬식 사고방식이 평화라는 대의는 물론이고 이집트의 국익과도 어긋나는 당시 상황을 그대로 얼려 버릴 뿐이라는 걸 잘 알고 있었다. 그래서 그는 혁명을 실현할 비범한 용기를 냈다.

이 과정에서 사다트에게는 이스라엘 측의 주요 동반자들이 있었다. 지리적으로 이스라엘은 영웅적 몸짓을 보이기에는 적합하지 않은 자리에 있었다. 그러나 메이어, 라빈, 베긴에 이르기까지 사다트와 협력한 이스라엘 지도자들은 평화를 향한 사다트의 비전에 감동했다.[222] 특히 라빈은 사다트의 평화 비전과 닮은 평화 노선을 선언하기까지 했다. 1994년에 요르단과 평화조약을 체결하며 라빈이 미국 국회에 이렇게 말했다.

책 중의 책, 성서는 다양한 표현으로 평화를 237회 말합니다. 우리가 가치를 찾고 힘을 얻는 성서, 예레미야서에는 가모 라헬을 위한 애가가 나옵니다. "네 울음소리와 눈물을 그쳐라, 네가 한 일에 보상이 따를 것이다. 여호와가 말씀하셨다."

저는 세상을 떠난 이들을 위한 울음을 그치지는 않을 겁니다. 그러나 고국에서 머나면 워싱턴의 이 여름날, 우리는 예언자가 말한 대로 우리가 하는 일에 보상이 따를 것임을 느낄 수 있습니다.[223]

라빈과 사다트가 모두 평화가 가져올 변화를 적대시한 암살자의 손에 목숨을 잃었다.

사다트가 암살당하고 얼마 안 돼 나는 그가 "돌이킬 수 없는 역사의 움직임을 촉발"했는지 또는 "인류가 일신론을 받아들이기 1000년 전 수많은 이집트 신들이 펼쳐 보인 장관 속에서 일신론을 꿈꾼" 고대 파라오 이크나톤의 운명을 따라갈지 판단하기에는 너무 이르다는 글을 썼다.[224] 그리고 40년이 지난 지금 오래도록 유지된 이집트·이스라엘평화조약, 그것과 닮은 이스라엘·요르단평화조약, 심지어는 시리아 철수 협정과 가장 가까운 2020년 여름과 가을에 이스라엘과 아랍 국가들이 일련의 외교 정상화를 위해 체결한 아브라함협정까지 사다트가 옳았음을 보여 준다. 게다가 아직 공식 협정이 체결되지 않은 지역에서도 시간은 환상의 모래를 걷어 내고 사다트가 추구하던 진실이라는 단단한 바위를 보여 주고 있다.

사다트를 알고 얼마 안 됐을 때 나는 가끔 그가 그에게 주어진 시간보다 오래 걸릴 싸움을 벌이고 있지 않나 하는 생각을 했다. 시급한 목적을 이룬 뒤에는 그 전에 품은 신념을 따르지 않을까? 또는 다른, 어쩌면 더 압도적인 통찰에 닿을까?

나는 내가 아는 사다트의 모습에 대해서만 자신 있게 말할 수 있다. 앞서 말한 대로 우리는 다양한 협상에서 몇 시간씩 함께 시간을 보냈으며 그 뒤에도 친구로서 더 추상적이고 정신을 고양하는 대화를 나누며 여러 날의 저녁을 보냈다. 내가 아는 사다트는 전략적인 비전에서 예언자의 비전으로 옮겨 갔다. 이집트 국민은 그가 전쟁 전의 국경을 되찾아 주기만을 바랐다. 그러나 그는 크네세트의 연설에서부터 보편적 평화의 비전을 제시했다. 나는 이 전망이야말로 그의 결정적 현현(顯現)이자 신념의 극치라고 본다.

1981년 8월, 사다트가 레이건 대통령을 처음 만난 뒤 워싱턴에서 뉴욕으로 가는 비행기 안에서 우리가 마지막 대화를 나눴다. 사다트는 그 전 7년 동안 조금씩 다른 계획을 품은 미국 대통령 네 명을 만났다. 그는 눈에 띄게 피곤해 보였다. 그런데 그가 갑자기 내게 소중히 여기던 상징적인 계획을 말해 주었다. "내년 3월이면 시나이반도가 우리에게 돌아올 겁니다. 성대한 축하가 이어지겠죠. 첫발을 뗄 수 있도록 도와주셨으니, 와서 같이 축하합시다." 그러고는 잠시 생각에 잠겼다가 기쁨이 가라앉고 공감이 커진 듯 말했다. "아, 그러면 안 되겠군요." 그리고 이렇게 덧붙였다.

이스라엘로서는 영토를 포기하기가 대단히 고통스러울 겁니다. 당신이 카이로에서 우리와 축하하는 모습을 보면 유대 민족에게 큰 상처가 되겠지요. 한 달 뒤에 오십시오. 그때 우리 둘이서 시나이산에 가 봅시다. 제가 그곳에

시너고그와 모스크와 교회를 지을 생각입니다. 이편이 더 좋은 기념이 되겠군요.[225]

사다트는 자신이 첫발을 디디며 중동을 바꾼 역사적 사건을 기념하는 열병식에서 암살당했다. 그는 자신이 실현한 이스라엘의 시나이반도 반환을 살아서 지켜보지 못했다. 그가 시나이산에 지으려던 예배당들은 아직 보이지 않는다. 그가 그리던 평화의 전망도 아직 실현되기를 기다리는 중이다. 그러나 사다트는 인내심 있고 차분한 사람이었다. 마치 그는 이상이 영겁에 걸쳐 실현된다고 여긴 고대 이집트인처럼 세상을 보았다.

리콴유, 1968년. ©Hulton-Deutsch Collection/Corbis via Getty Images.

5

리콴유: 우월의 전략

하버드 방문

1968년 11월 13일, 45세의 싱가포르 총리 리콴유가 한 달간 '안식월'을 보내기 위해 하버드대학교에 도착했다.[1] 싱가포르는 겨우 3년 전에 독립했으나 리콴유는 이 도시가 자치권을 획득한 1959년, 즉 영국 점령의 황혼기부터 싱가포르의 총리였다.

리콴유는 학생신문 《하버드크림슨(Harvard Crimson)》을 통해 자신의 목표가 "새로운 아이디어를 얻고, 자극을 주는 사람들을 만나고, 신선한 열정으로 내가 하는 일에 대해 다시 푹 빠지는 것"이라면서 자기를 낮추려는 듯 "지난 10년간 제대로 된 지도를 못 받고 하던 모든 일에 대해 공부해 볼 생각"이라고 덧붙였다.[2]

얼마 있다 그는 정부, 경제, 발전 등을 가르치는 교수들로 구성된 하버드 리타우어센터(오늘날의 케네디행정대학원) 교수진과 만났다. 당시 미국인들은 리콴유와 그가 이끄는 작은 신생국가를 잘 알지 못했다. 교수진은 이 손님이 준사회주의 정당과 탈식민 국가를 이끌고 있다고 이해했다. 그 자리에 모인 내 동료들은 대개 자유주의자였으나 관심사가 같은 사람으로서 커다란 타원형 탁자 앞에 앉는 리콴유를 따뜻하게 환영했다.

옹골차고 기운을 뿜어내는 듯한 리콴유는 안부를 묻는다거나 서론을 늘어놓는 데 잠시도 허비하지 않았다. 그 대신 베트남전에 대한 교수진의 생각을 물었다.[3] 이 전쟁과 미국의 참전에 격렬하게 반대하는 목소리를 내고 있던 내 동료들 사이에서는 주로 존슨 대통령이 '전쟁범죄자'인지, 그저 '사이코패스'인지를 두고 의견이 나뉘었다. 몇몇 교수가 말한 뒤 리타우어센터 학장이 리콴유의 의견을 물으면서 마치 동의할 걸 안다는 듯 웃음을 보였다.

리콴유는 첫마디부터 단도직입적으로 말했다. "불쾌하군요." 그러고는 환심을 사려는 생각은 전혀 없이, 세계의 소란스러운 지역에 자리한 작은 나라 싱가포르가 전 세계의 안보를 책임진다는 사명을 확신하고 공산주의 게릴라 활동을 반격할 만큼 강한 미국에 기대어 생존하고 있다고 설명했다. 게릴라들은 당시 중국의 지원을 받아 동남아시아 신생국가들의 기반을 흔들 길을 모색하고 있었다.

리콴유는 도움을 탄원하거나 미덕에 호소하지 않고 냉철하게 지역의 지정학적 현실을 분석했다. 그는 자신이 생각하는 싱가포르의 국익이란 경제적 생존력과 안보를 확보하는 것이라고 말했다. 그리고 싱가포르가 이 두

---

* 리콴유가 이렇게 썼다. "나는 취임 초부터 다른 정부가 마주하거나 해결한 적 없는 문제를 맞닥뜨렸다. 그래서 우리가 마주한 문제를 누가 마주한 적이 있는지, 그들이 어떻게 문제를 해결했는지, 그들이 얼마나 성공했는지 알아보는 습관이 생겼다." Lee Kuan Yew, *From Third World to First*(New York: HarperCollins, 2000), 687.

가지를 추구하기 위해 할 수 있는 일을 다할 것이며 만약 미국이 도움을 준다면 그건 미국을 위해 내린 결정이라는 것을 안다고 분명하게 말했다. 그는 대담자들에게 공동 이념보다는 필요한 것을 찾는 과정을 함께하자고 권했다.

깜짝 놀란 하버드 교수진에게 리콴유는 반미주의적 적의나 탈제국주의적 원한은 찾아볼 수 없는 세계관을 분명하게 설명했다. 그는 싱가포르가 마주한 문제를 미국의 탓으로 돌리지 않았으며 미국이 그 문제들을 해결해 주리라고 기대하지도 않았다. 오히려 그는 원유를 비롯한 천연자원이 부족한 싱가포르가 그가 생각하기에 싱가포르의 주요 자원인 국민의 자질을 함양하며 성장할 수 있도록 미국의 선의를 구하고 있었다. 싱가포르 국민은 공산주의 폭동이나 주변국의 침략이나 중국의 패권에 떠밀리지 않아야 잠재력을 기를 수 있었다. 이해 초에는 영국 총리 윌슨이 '수에즈 동쪽'의 모든 군대를 철수한다고 발표했고, 이에 따라 당시 싱가포르 경제와 안보의 기둥이던 대규모 영국 해군기지가 폐쇄될 수밖에 없었다. 그래서 리콴유는 다가올 고난에 대비하기 위해 미국에 도움의 손길을 구했다. 그는 당시 일반적이던 방식과 달리 냉전이라는 도덕적 범주에서 이 문제를 설명하지 않았으며, 지역적 질서를 건설하는 문제이자 미국이 국익 면에서 더 신경 써야 하는 유지의 문제라고 설명했다.

정치인의 중요한 자질 중 하나는 순간적인 분위기에 휩쓸리지 않고 버티는 능력이다. 오래전 하버드대학교 세미나에서 리콴유가 보여 준 모습은 미국과 싱가포르가 세계에서 차지하는 위치를 명확하게 분석했다는 점에서뿐만 아니라 대세를 거스르는 용기가 있다는 점에서도 본받을 만했다. 그는 이런 자질을 경력 전반에 걸쳐 수없이 보였다.

소인국에서 온 거인

리콴유의 업적은 이 책에서 다루는 나머지 지도자들과는 확연히 다르다. 나머지 지도자들은 몇백 또는 몇천 년 동안 형성된 문화에 기반을 둔 주요 국가들의 수장이었다. 이들이 사회를 이끌고 익숙한 과거에서 벗어나 새로운 미래로 나아가려 애쓸 때, 이들의 성공은 사회가 잠재력을 발휘할 수 있도록 역사적 경험과 가치가 나아갈 방향을 제시하는 데 달렸다.

리콴유의 정치력은 뿌리부터 좀 달랐다. 1965년 8월, 독립 싱가포르의 지도자가 된 그가 책임져야 하는 국가는 이때까지 존재하지 않았으며 그래서 제국의 식민지라는 것 말고는 사실상 정치적 과거가 없었다. 이때부터 리콴유는 국가의 경험을 극복하고, 다민족 사회에서 역동적인 미래를 불러내 고유한 정체성을 확립하고, 가난에 찌든 도시를 세계적인 경제 강국으로 변모시킬 터였다. 이 과정에서 리콴유는 세계적 정치가이자 강대국들이 찾는 인기 많은 조언자가 되었다. 닉슨은 리콴유가 "시간과 과거의 적의를 딛고 일어서는 한편 다가올 새로운 세계의 본질을 생각하는 능력"을 보여 주었다고 했다.[4] 그리고 대처는 "20세기 국가의 행정가들 가운데 가장 성공한 경우"로 리콴유를 평가했다.[5]

리콴유는 상당히 불리한 조건에서 이 모든 것을 일구어 냈다. 싱가포르의 영토는 '간조 시 약 580제곱킬로미터'로, 리콴유는 이를 두고 시카고보다 작다고 버릇처럼 말했다.[6] 싱가포르는 식수를 포함해 가장 기본적인 천연자원이 부족했다. 독립 당시 싱가포르의 주요 식수 공급원이던 열대지방의 비도 선물이라고 하기에는 애매했는데, 토양의 영양분을 씻어 내려 생산적인 농업을 불가능하게 했기 때문이다.[7] 싱가포르의 인구는 세계적 차원에서 볼 때 너무나 적은 190만 명밖에 안 됐으며 이마저도 중국계와 말레이계, 인도계로 갈라져 긴장을 낳고 있었다. 싱가포르 주변에서는 말레이시아와 인도네시아를 비롯해 훨씬 더 크고 강한 국가들이 포진한 채 싱가포르의 심해항과 해상무역로를 따라 자리한 전략적 위치를 탐냈다.

이렇게 불길하게 시작한 리콴유는 장대한 리더십을 발휘해 싱가포르를 세계에서 가장 성공한 국가의 반열에 올려놓았다. 말레이반도 최남단의 말라리아가 들끓던 섬이 한 세대 만에 1인당 소득을 기준으로 아시아에서 가장 부유한 나라이자 명실상부한 동남아시아의 상업 중심지로 거듭났다. 오늘날 인간의 안녕을 따지는 거의 모든 척도에서 싱가포르는 세계적으로 최상위권에 있다.

격동의 역사를 지나면서도 국가가 계속 존재한다는 것만큼은 당연하게 여겨지는 나라들과 다르게, 싱가포르는 극상의 성과를 못 냈다면 살아남지 못했을 것이다. 리콴유는 동료들에게 늘 이 점을 끈질기게 경고했다. 회고록에서 그가 말했듯, 싱가포르는 "자연스럽게 생긴 나라가 아니라 인간이 만든 나라"다.[8] 국가로서 겪은 과거가 없기 때문에 미래가 있을지도 확신할 수 없었다. 그래서 싱가포르에 허용되는 오차 범위는 언제나 0에 가까웠다. 훗날 리콴유는 "싱가포르인들이 싱가포르를 정상 국가라고 생각하는 게 걱정된다"는 말을 몇 번이나 했다.[9] "우리에게 이웃들과는 뚜렷이 구별되는 정부와 국민이 없다면 (……) 싱가포르가 더는 존재하지 못할 것이다."[10]

자아를 확립하고 국가로서 살아남기 위해 싸우는 싱가포르는 국내 정책과 대외 정책을 밀접하게 연결해야 했다. 싱가포르는 인구를 부양할 수 있는 경제성장, 장기 정책을 시행하기에 충분한 내부 단결, 러시아와 중국을 비롯한 국제적 거인과 말레이시아와 인도네시아같이 탐욕스러운 이웃 나라 사이에서 살아남을 수 있을 만큼 기민한 대외 정책 등 세 가지가 필요했다.

리콴유에게는 진정한 리더십에 필요한 역사의식이 있었다. 1998년에 그는 "도시국가가 생존한 사례가 많지 않다"고 지적했다.[11] "싱가포르섬은 사라지지 않겠지만, 이곳에서 앞길을 밝히고 세계에서 일정한 구실을 담당할 만한 이 주권국가는 사라질 수 있다."[12] 그는 싱가포르가 끝이 보이지 않을 만큼 가파른 상승 곡선을 그려야 한다고 생각했다. 그러지 않으면 싱가포르가 그 배후지에 포위되거나 엄혹한 경제적, 사회적 문제에 부딪혀 침몰할 위험이 있기 때문이었다. 그는 사회가 엔트로피를 피하기 위해 끊임없이 노력해야 한다는 일종의 전 지구적 물리학을 가르쳐 주었다. 싱가포르가 막 성장하기 시작한 1979년 5월, 세계 지도자들이 사적으로 모이는 자리에서 리콴유는 지도자들이 비관론에 미혹되기 쉽지만 "이를 헤치고 나아갈 길을 찾아 싸워야 한다. 여러분이 믿을 수 있고 그럴듯한 길을 보여 줘야 우리가 겨우 숨을 쉬며 살아갈 수 있다"고 말했다.[13]

리콴유는 절멸할 위험을 비장하게 경고하면서도 한편으로는 그만큼 생생하게 조국의 잠재력을 상상했다. 모든 위대한 업적이 실현되기 전까지는 꿈일 뿐이라지만, 그의 꿈은 숨이 턱 막힐 만큼 대담무쌍했다. 그는 그저 생존하는 국가가 아니라 우수성을 고집하며 번영하는 국가를 그렸다. 리콴유가 보기에는 단순히 개인의 성취가 우수한 데 그치지 않고 우수성을 추구하는 태도가 사회 전체에 스며들어야 했다. 행정 서비스와 사업, 의료, 교육을 비롯한 모든 부문에서 평범하거나 부패한 행위는 용납할 수 없었다. 범죄를 저지른다면 기회는 다시 없고, 실패한다면 관용을 기대하기 어려웠다. 이런 식으로 싱가포르는 집합적으로 탁월한 성취를 뽐낸다는 전 세계적 명성을 얻었다. 공동의 종교나 민족성, 문화가 없는 상황에서도 리콴유는 성취감을 공유하면 사회를 하나로 엮는 데 도움이 되리라고 생각했다.

싱가포르의 다민족 국민에게 리콴유가 안겨 준 궁극의 선물은 그가 국민이 나라의 가장 큰 자원이며 국민에게는 그들 자신마저 인식하지 못한 잠재력이 있다고 굳게 믿었다는 점이다. 그는 또한 해외의 친구와 지인 들에게도 이에 비견할 만한 자신감을 불어넣으려고 노력했다. 그가 설득력 있던 것은 그가 동남아시아 지역 정세를 민감하게 관찰한 덕이기도 했지만, 한편으로는 중국계 유산이 있는 데다 케임브리지대학교에서 수학한 덕에 역사의 가장 중요한 버팀목이라고 할 수 있는 동서양의 상호작용이 일으키는 역학을 누구보다도 잘 통찰한 덕이기도 했다.

리콴유는 일생 자신이 한 일은 그저 사회가 이미 품고 있던 능력을 펼칠 수 있도록 한 게 다라고 말하곤 했다. 그는 성공하려면 그가 추구하는 여정이 어느 한 사람의 역작에 그치지 않고 지속적인 양식이 되어야 한다는 걸 잘 알았다. 언젠가 그가 "스스로 정치가라고 생각하는 사람들은 모두 정신과를 가 봐야 한다"고 말하기도 했다.[14]

리콴유가 이끄는 싱가포르의 성공은 중국까지 움직였다. 당시 중국에서 그의 접근 방식을 연구하고 그의 계획을 모방했다. 1978년, 덩샤오핑이 낙후된 지역을 예상하고 싱가포르를 방문했다가 중국계 싱가포르인 군중의 환호를 마주했다. 이에 앞서 그는 1920년에 파리로 가던 길에 싱가포르에서 이틀간 머물렀을 뿐이고, 그동안 싱가포르에 대한 정보는 대개 그에게 아첨하려는 참모진이 싱가포르 지도부를 "미국 제국주의의 추종자"로 묘사하며 전달한 게 전부였다.[15] 그러나 싱가포르에서 덩샤오핑을 맞이한 중국계 싱가포르인들은 이 신생국가에 군건히 충성하고 있었다. 반짝이는 마천루와 흠 없는 대로를 보고 자극받은 덩샤오핑은 중국의 마오쩌둥 다음 시대 개혁의 청사진을 그리게 되었다.

제국주의 속 유년기

리콴유는 1923년 9월에 태어났다. 영국령 수마트라섬의 부총독 스탬퍼드 래플스(Stamford Raffles) 경이 믈라카해협 부근 작은 섬에 교역소를 설치한 지 한 세기가 겨우 지났을 무렵이다. 현지인들은 이 섬을 '싱가푸라'라고 불렀는데, 산스크리트어로 '사자의 도시'를 뜻했다. 1819년에 래플스가 건설한 싱가포르가 엄밀히 말하면 '확장된 인도'에 속해 콜카타의 지배를 받았으나, 당시 통신 기술의 한계 때문에 지역의 식민지 관리자들에게 상당한 재량권이 있었다. 런던에서 자유항으로 선포한 데다 말레이반도 본토에서 나오는 천연자원을 수출하면서 부유해진 이 신흥 식민지는 빠르게 성장하면서 동남아시아와 그 너머에서 돈 벌 기회를 찾는 이들과 무역상들을 불러 모았다. 1867년에는 영국 직할 식민지가 되어 런던의 식민부가 싱가포르를 직접 관할하기 시작했다.[16]

특히 중국계 사람들이 싱가포르로 모여들면서 오래지 않아 다수가 되었다. 가까운 말라야나 인도네시아 군도에서 온 이들도 있었고, 위기에 빠진 19세기 중국의 소요와 가난을 벗어나기 위해 이곳을 찾아온 이들도 있었다. 그 가운데 1863년 중국 남부 광둥성에서 싱가포르로 옮겨 간, 리콴유의 증조할아버지가 있었다. 말레이인, 인도인, 아랍인, 아르메니아인, 유대인 들도 자유분방한 이 중계무역항에 정착하면서 도시에 다국적 색채를 선사했다. 1920년대에 이르자 말라야에서 전 세계 고무 생산량의 절반, 전 세계 주석 생산량의 3분의 1 정도를 생산했으며 이를 싱가포르 항구를 통해 수출했다.[17]

리콴유가 태어날 무렵 싱가포르는 영국의 아시아 군사전략에서 주춧돌 구실을 했다. 1902년부터 일본의 동맹국이던 영국은 1915년에 싱가포르에서 인도계 군인들이 폭동을 일으키자 이들을 진압하기 위해 일본 해군에 도움을 요청하기까지 했다.[18] 그러나 일본의 세력이 커지는 것을 불안하게 여기던 영국 해군성이 1921년에는 싱가포르를 '동양의 지브롤터'로 변모시키겠다며 대규모 해군기지를 건설하기로 했다.[19] 일본이 성장하고 있었지만, 리콴유가 어린 시절을 보낸 세계에서 영국제국은 무찌를 수 없고 무너지지도 않을 것처럼 보였다. 그가 수십 년 뒤 회고했다. "분노할 여지도 없었다. 정부와 사회에서 영국인이 더 높은 지위를 차지하는 게 그저 일상이었다."[20]

리콴유의 가족들은 1920년대에 부유하게 살았다. 특히 친영파였던 할아버지의 영향을 받은 리콴유의 부모가 당시로서는 흔치 않게 아들들에게 중국어 이름과 영어 이름을 같이 지어 주었다. 리콴유의 영어 이름은 해리(Harry)였다. 그는 여섯 살 때부터 영어로 수업하는 학교를 다녔다.[21]

이렇게 영국의 영향을 받았어도 리콴유는 전통 중국식 가정교육을 받으면서 자랐다. 그의 사촌 일곱 명을 포함한 대가족이 외할아버지 집에서 살았는데, 이 집의 방 한 칸에 리콴유의 부모님이 다섯 자녀와 함께 지냈다. 어린 시절의 이런 경험과 유교 문화의 영향이 리콴유에게 효심과 검약, 조화와 안정을 중시하는 마음을 심어 주었다.

리콴유의 부모님은 교육받은 전문직 종사자가 아니었고, 1929년에 대공황이 닥치면서 힘든 시기를 보냈다. 회고록에서 리콴유는 석유 회사 셸의 점주였던 아버지가 "블랙잭에서 돈을 잃고 불쾌한 기분으로 집에 돌아와 (……) 전당포에 맡기고 다시 운을 시험할 요량으로 어머니에게 귀금속을 요구하곤 했다"고 회상했다.[22] 리콴유의 어머니는 언제나 이런 요구를 거절하면서 아이들을 교육했고, 아이들은 언제나 어머니를 사랑하며 그녀의 높은 기대를 채워야 한다는 의무감을 평생 느꼈다.[23]

영리한 반항아였던 열두 살의 리콴유는 최우등으로 초등학교를 졸업한 덕에 싱가포르와 말라야 전역에서 민족과 계층은 상관없이 자질만 평가해 뽑은 최고의 학생 150명과 함께 래플스인스티튜션에 입학할 수 있었다. 입학 동기 중에는 유일한 여학생으로 콰걱추(柯玉芝)가 있었다.[24] 래플스인스티튜션은 그때나 지금이나 싱가포르에서 가장 엄격한 영어 중등학교로, 싱가포르의 미래 엘리트들이 공부하는 훈련장이다. 식민지의 가장 뛰어난 학생들에게 영국 대학교 입학을 준비시키는 것이 학교의 목적이었다. 훗날 리콴유가 세계 각지의 영연방 지도자들과 만날 때면 언제나 "그들도 같은 교과서로 공부하고 같은 연습 문제를 풀었으며 셰익스피어 작품의 같은 단락을 인용할 줄 안다는 걸 깨달았다."[25] 이들은 모두 "영국의 식민지 교육체계가 양성한 (……) 동창 모임"에 속했다.[26]

리콴유의 부모는 자신들이 더 좋은 경력을 쌓지 못해 후회하던 차에 아들이 학문 쪽으로 유망하다는 걸 잘 알고 그에게 의학이나 법학을 배우라고 설득했다. 그는 런던에서 법학을 공부할 계획을 세우고 케임브리지대학교 상급 시험에서 싱가포르와 말라야를 통틀어 수석을 차지했다.[27] 그러나 1940년 유럽에서 또다시 세계대전이 터지자 리콴유는 싱가포르에 남아 래플스칼리지(오늘날의 싱가포르국립대학교)에서 공부하는 편이 낫겠다고 판단하고 전액 장학금을 받으며 입학했다.[28]

리콴유는 신입생 시절 뛰어난 학업 성취도를 보였으며 여러 과목에서 콰걱추와 수석 자리를 두고 경쟁했다. 영국에서 법학을 공부하겠다는 꿈을 되살린 그는 여왕의 장학금을 받아 영국 대학교 학비로 쓴다는 목표를 세웠다. 말라카, 페낭, 싱가포르를 포함한 해협 식민지에서는 해마다 두 명만을 뽑아 여왕의 장학금을 주기 때문에 리콴유는 언제나 콰걱추와 다른 학교의 최우등 학생이 그 두 자리를 차지하고 자기만 싱가포르에 남을까 봐 불안해했다.[29]

그러나 더 불안한 일이 다가오고 있었다. 1941년 12월에 일본이 하와이 진주만의 미국 태평양함대를 폭격하는 한편 영국령 말라야와 홍콩, 싱가포르를 공격했다. 1942년 2월에는 싱가포르가 일본에 점령당했다. 처칠은 이를 두고 "영국 역사상 최악의 참사이자 가장 큰 항복"이라고 했다. 당시 열여덟 살이던 리콴유는 훗날 이때가 "인생의 첫 번째 전환점"이었다며 충격에 빠져 싱가포르를 떠나는 부르주아 영국인들과 식민지 사람들 그리고 일본군의 포로가 된 영국인, 호주인, 인도인 병사 8만 명의 고통을 대조적으로 묘사했다. 리콴유를 비롯해 수많은 싱가포르인에게 "영국이 우리를 속박하던 압도적 우위의 후광이 사라져 다시는 복원되지 않았다".[30]

그 뒤에는 잔혹한 점령기가 펼쳐졌다. 전쟁이 무역에 의존하던 싱가포르의 경제를 옥죄었고, 사람들은 거의 굶주린 채로 살면서 사기를 잃었다. 일본 당국은 거리와 공공건물의 이름을 바꾸고 엠프레스플레이스에 세워진 래플스의 동상을 철거하는 한편 일본 제국주의 역법(曆法)을 강요했다.[31] 리콴유가 중국계 남성을 대대적으로 잡아들이는 일본군에 임의로 소집되었다가 간신히 죽음을 면한 일도 있다. 일본군은 특히 손이 부드럽거나 안경을 쓴 이들이 영국에 충성하는 '지식인'일 수 있다는 이유로 억류했으며 그중 대부분을 바로 처형했다. 학살 피해자가 수만 명이다.[32] 목숨을 구한 리콴유는 석 달 동안 일본어 수업을 듣고 직장을 구했다. 처음에는 일본 기업에 사무원으로 취업했고, 그다음에는 일본 선전부에 영어 번역자로 취업했고, 마지막으로는 암시장의 귀금속 중개인이 되었다.[33] 그는 전시를 지나면서 "생존의 핵심이 임기응변"이라는 것을 배웠고, 이 교훈이 훗날 그가 실용적이고 실험적인 방식으로 싱가포르를 이끌어 가는 데 지대한 영향을 미쳤다.[34]

전쟁이 끝난 뒤 리콴유는 마침내 여왕의 장학금을 받아 케임브리지대학교에서 법학을 공부했으며 최고의 성적으로 졸업했다. 전쟁 중 그와 사귀기 시작한 콰걱추도 같은 길을 걸었다. 두 사람은 1947년 12월 스트랫퍼드어폰에이번에서 조용히 결혼했다.[35] 리콴유가 '추'라고 부른 콰걱추는 탁월한 지성과 감성을 갖춘 비범한 여성이었다. 콰걱추는 리콴유에게 없어서는 안 될 존재였으며 일상뿐만 아니라 모든 공적 활동에서도 감정적으로나 지적으로 그의 버팀목이었다. 래플스칼리지에서 문학을 전공한 콰걱추가 "제인 오스틴(Jane Austen)부터 J. R. R. 톨킨(J. R. R. Tolkien)까지, 투키디데스(Thucydides)의 『펠로폰네소스전쟁사(Ιστορία του Πελοποννησιακού Πολέμου)』부터 베르길리우스(Publius Vergilius Maro)의 『아이네이아스(Aeneas)』까지" 읽었다고 리콴유가 회고했다.[36] 케임브리지에서 성공한 두 사람은 싱가포르로 돌아가 법률 회사 리앤드리(Lee & Lee)를 공동 설립했다.

케임브리지에서 지내는 동안 리콴유는 확고한 사회주의자이자 반식민주의자로서 관점을 길렀으며 반영적(反英的) 면모를 보이기도 했는데, 어느 정도 개인적인 이유가 있었다. 그가 종종 피부색 때문에 잉글랜드의 여러 호텔에서 문전박대를 당한 것이다.[37] 사실 훗날 그의 표현으로는 "소요의 분위기" 탓이 컸다. 인도와 미얀마를 비롯한 여러 식민지가 독립 투쟁에 나서자 리콴유는 "당시 싱가포르가 포함된 말라야는 왜 그렇게 하지 않는지" 자문하게 되었다.[38] "가장 문명화된 형태의 사회는 복지국가"라고 확신한 리콴유는 영국 총리 애틀리가 이끄는 노동당 정권이 전쟁 뒤에 단행한 개혁과 인도 총리 네루의 국가주의적 경제정책을 선망했다.[39]

리콴유가 처음 대중의 눈에 띈 건 영국에서 노동당 소속으로 총선에 출마한 친구의 선거운동을 도울 때였다. 데번주의 작은 마을 토트네스에서 트럭 앞에 선 리콴유가 난생처음 대중을 상대로 영국 국민이라는 정체성을 이용해 말라야의 자치를 지지하는 연설을 했다. 그가 훗날의 면모를 미리 보여 주듯 이념적이기보다는 실질적인 주장을 펼치면서, 독립운동가들과 모국이 협력해서 점진적으로 독립한다면 가장 큰 성공을 거둘 수 있을 거라고 했다. 그리고 연설을 마무리하며 영국의 대의와 국익에 호소했다.

식민지 사람들을 위한 공정이나 사회정의에 전혀 관심이 없다고 해도 여러분의 국익과 경제적 안녕을 위해, 여러분이 말라야를 비롯한 여러 식민지에서 벌어들이는 달러화를 위해, 식민지 사람들에게 신뢰받는 정부를 돌려주십시오. 그럼 그들이 영연방과 제국 안에서 기꺼이 협력하고 성장할 것입니다.[40]

국가의 형성

　리콴유가 영국에서 공부할 때 싱가포르는 전쟁이 남긴 끔찍한 혼란 속에 허덕이고 있었다. 1947년 봄까지도 식량 배급제가 이어졌으며 결핵이 유행했다. 여기에 말라야 사회주의 정당과 거기 소속된 노동조합연맹이 파업을 조직하면서 경제에 더 큰 타격이 되었다.[41]

　리콴유가 싱가포르로 돌아갔을 때쯤인 1950년 8월에는 주거와 부패라는 심각한 문제가 만연해 있었다. 싱가포르인들 중 3분의 1만 적당한 집에 살았으며 주택 건설 속도가 수요를 따라잡지 못하고 있었다. 날이 저물고 상점이 문을 닫으면 직원들이 상점 바닥에서 잠을 청하는 경우가 허다했다.[42] 또 영국이 지배할 때도 다스리지 못한 부패가 전쟁을 거치면서 한층 악화되었다.[43] 인플레이션이 일어나 공무원 봉급의 구매력이 떨어지면서 부정 이익을 취하고 싶은 유혹은 더욱 커져만 갔다.[44]

　리콴유는 변호사 생활을 하려고 싱가포르에 돌아갔으나 곧 정계에 들어섰다. 그의 재능은 곧바로 빛을 냈다. 1954년, 서른한 살이던 리콴유가 인민행동당(PAP)을 만들었다. 그의 무시무시한 힘을 등에 업은 인민행동당이 5년 만에 싱가포르 정계를 장악했다. 싱가포르 말라야대학교에서 역사를 가르친 시릴 노스코트 파킨슨(Cyril Northcote Parkinson) 교수는 당시 리콴유의 정치적 태도가 "가능한 한 극도로 좌파다운 좌파였으며 공산주의까지는 아니고 행동보다 말이 더 좌파다웠다"고 설명했다.[45] 사회민주주의 메시지를 강력하게 외친 인민행동당은 식민 당국이 제대로 된 공공서비스를 제공하거나 청렴하고 효율적인 정부를 세우지 못했다고 강조했다. 인민행동당 후보들은 넥타이를 매지 않고 흰색 반소매 셔츠 차림으로 선거운동을 했는데, 싱가포르의 열대기후에 어울리게 허례허식을 없앤 모습을 보이면서 정직한 국정 운영을 상징하려는 뜻이 있었다.[*46] 1959년 5월, 런던이 싱가포르에 대외 정책과 국방을 제외한 모든 면에서 자치권을 부여했다. 이달 열린 총선에서 인민행동당이 의회의 과반을 확보하면서 리콴유가 총리에 임명되었다. 이때부터 그가 1990년 11월에 물러날 때까지 30년 넘게 총리 직에 있었다.[47]

자치를 획득한 직후부터 싱가포르의 헌법상 형태가 몇 년 간격으로 세 번 변했다. 1959년부터 1963년까지는 영국의 직할 식민지였고, 1963년부터 1965년까지는 말레이시아라는 이름의 새로운 연방에 속했으며, 1965년부터는 주권국가로 독립했다. 식민 지배의 막바지인 이 시기에 현대 국가 싱가포르의 기틀이 마련되었다. 리콴유는 경제학자 고켕스위(吳慶瑞)를 재무 장관으로 임명하고 언론인 S. 라자라트남(S. Rajaratnam)을 문화 장관에 임명하는 등 인상적인 내각을 꾸렸으며, 이 내각에서 싱가포르의 사회적 환경에 대한 개선 계획을 세웠다.[**]

곧이어 새로운 주택개발청이 주거용 고층 건물을 건설하는 대규모 사업에 착수했다. 모든 싱가포르인이 기본적으로 같은 유형의 주택을 저렴한 가격에 이용할 수 있도록 하는 것이 이들의 목표였다. 주민들은 일정한 가격에 아파트를 매입할 권리를 가졌다. 리콴유는 주택개발청 수장으로 유능하고 역동적인 사업가 림킴산(林金山)을 임명했다. 림킴산이 이끄는 주택개발청은 불과 3년 만에 영국이 그 전 32년 동안 지은 주택보다 더 많은 주택을 지었다.[48] 이렇게 싱가포르는 모든 가정이 싱가포르의 미래에 대한 지분을

---

*   싱가포르의 사회학자 추아벵홧(蔡明發)의 말에 따르면, 이들의 목표가 "극좌파의 금욕주의 및 자기희생적 태도에 견주어 낮거나 같아지기라도 하는 데" 있었다. Beng Huat Chua, *Liberalism Disavowed: Communitarianism and State Capitalism in Singapore*(Ithaca, NY: Cornell University Press, 2017), 3 참조.

** 훗날 리콴유가 고켕스위, 라자라트남과 다른 두 명의 신뢰하는 보좌관에 대해 이렇게 썼다. "이들은 모두 나보다 나이가 많았으며 자기 생각을 나에게 말하는 데 거리낌이 없었다. 내가 틀렸을 때는 특히 그랬다. 이들은 내가 객관적이고 균형 잡힌 시각을 유지할 수 있도록 도와주었다." Lee, *From Third World to First*, 686.

재산이라는 형태로 가진 자택 소유주들의 도시 사회로 완전히 성장했다.[49] 리콴유가 회고록에서 지적했듯, 개인의 경제적 번영과 국가의 안녕을 밀접하게 관련짓자 "정치적 안정도 확보"할 수 있었고, 그 덕에 경제성장도 재촉할 수 있었다.[50] 이와 동시에 싱가포르의 주거 구역에 인종과 소득에 따른 할당 제도를 마련해서 민족 차별에 일단 제동을 건 뒤 점진적으로 제한을 없앴다. 민족과 종교가 다른 싱가포르인들이 같이 살고 같이 일하면서 국민의식을 만들어 가기 시작했다.

리콴유는 부패의 뿌리를 뽑는 조치도 빠르게 단행했다. 그가 취임한 해에 부패방지법이 통과되어 정부 조직의 모든 층위에서 부패가 생길 경우 막대한 불이익을 부과하는 한편 뇌물 수수 혐의가 있는 이들은 정당한 사법절차를 제한했다. 리콴유의 리더십은 부패를 빠르게 가차 없이 진압했다.[51] 그는 모든 해외투자를 강도 높게 조사했으며 자신이 이끄는 정부를 대상으로 단호한 실사를 몇 차례 직접 수행하기도 했다. 법을 엄격하게 적용한 덕에 싱가포르가 정직하고 사업하기에 안전한 곳이라는 명성도 높아졌다.

리콴유는 목표를 달성하기 위해 공무원의 봉급을 올리고 독려하기보다는 실패했을 때 불이익을 주는 방식을 택했다. 실제로 리콴유 정부 초기에는 공무원 봉급을 대폭 줄였다.[52] 싱가포르가 한층 부유해진 1984년에야 공무원의 봉급을 조정했는데, 사적 부문에서 해당 업무를 하며 받을 수 있는 금액의 80퍼센트로 고정하며 리콴유 정부를 대표하는 정책이 되었다.[53] 결국 싱가포르 공무원은 전 세계에서 가장 높은 수준의 봉급을 받게 되었다. 싱가포르의 저명한 학자가 지켜본 것처럼 부패 없는 성공은 지금도 "(인민행동당) 규칙의 도덕적 기반"이다.[54]

싱가포르에서 부패는 개인의 도덕적 실패일 뿐만 아니라 능력주의적 우수성, 공정한 경쟁, 영예로운 행동을 강조하는 공동체의 윤리 규범을 위반하는 행위로 여겨진다.[55] 싱가포르는 리콴유가 구상한 국가적 목표를 이루면서 세계적으로 부패가 적은 나라로 계속 꼽혔다.*[56] 훗날 그가 이렇게 말했다. "우리는 좋은 품성과 좋은 마음가짐, 강한 신념이 있는 사람을 원한다. 이것이 없다면 싱가포르는 성공하지 못한다."[57]

부패를 척결한 뒤에는 싱가포르 국민의 삶을 크게 개선하고 균등한 기회를 바탕으로 공정한 경쟁의 장을 마련하는 정부 계획에 투자할 수 있었다. 1960년부터 1963년까지 싱가포르의 교육비 지출이 일곱 배 가까이 상승했으며 학교에 다니는 인구도 50퍼센트까지 늘었다.[58] 인민행동당이 실권을 잡고 처음 9년 동안 리콴유가 싱가포르 예산에서 거의 3분의 1을 교육에 배정했는데, 이웃 국가들은 물론이고 사실상 전 세계 어느 나라와 비교해도 놀랄 만한 수준이었다.[59]

삶의 질을 강조하는 방식은 싱가포르의 특징이 되었다. 싱가포르는 공중위생을 우선순위의 앞에 두고 1960년에 결핵을 없애기 위한 엑스레이 운동을 벌였다.[60] 조지 슐츠(George P. Shultz)와 비달 조건슨(Vidar Jorgensen)이 말한 것처럼 "이 도시국가는 GDP의 5퍼센트만 의료 서비스에 쓰면서도 GDP의 18퍼센트를 보건에 쓰는 미국보다 건강 면에서 훨씬 더 나은 결과를 보인다. 싱가포르의 기대수명은 85.2세인데 미국은 78.7세"다.[61] 싱가포르는 한 세대 만에 질병이 들끓는 슬럼가에서 제1세계의 중심지로 거듭났으며 이렇게 발전하는 중에 정부의 비용 부담을 꾸준히 줄였다.[62]

이렇게 국정 운영의 혁명을 지휘한 리콴유는 국가와 시민을 잇는 장치를 확립했는데, 그의 말로는 "준정치조직"의 네트워크다. 지역문화센터, 시민자문위원회, 주민협의회 및 나중에는 마을협의회까지 여가 활동을 제공하고,

---

* 독일 베를린에 본부가 있는 비영리단체 국제투명성기구가 발표한 2020년 부패인식지수에서 싱가포르는 핀란드, 스위스, 스웨덴과 공동 3위에 있으며 공동 1위는 뉴질랜드와 덴마크다. 'Corruption Perceptions Index' 2020, Transparency International website, https://www.transparency.org/en/cpi/2020/index/sgp 참조.

사소한 다툼을 해결하고, 유치원 구실을 하고, 정부 정책에 관한 정보를 전달했다.[63] 인민행동당이 이런 기관들에서 주요 기능을 맡아 정당, 국가와 국민 간 경계를 지워 나갔다.[64] 예를 들면, 리콴유가 인민행동당 당원만 채용하는 유치원을 거의 400곳에 두었다.[65]

인민행동당은 공공서비스를 결합하고 리콴유가 "길거리 싸움"으로 표현한 정치적 활동을 노련하게 하면서 1959년, 1963년 총선에서 꾸준히 자리를 잡아 갔다.[66] 1968년에는 그가 경쟁자들을 크게 이겼다. 반대파가 선거를 보이콧한 가운데 인민행동당이 87퍼센트에 가까운 득표율로 58개 의석을 모두 차지했다. 이때부터 인민행동당은 확고한 지위를 유지했다. 이렇게 계속 힘을 얻을 수 있었던 이유 중 하나가 싱가포르의 단순다수대표제인데, 영국이 남긴 이 제도는 소수 득표자의 몫이 없다. 즉 정당 투표 선거구일 경우 최다 득표 정당이 해당 선거구의 의석을 다 차지해 버린다. 또 다른 이유는 리콴유가 사법제도를 이용해 정적들을 고립시키는 한편 비판적인 언론사를 단속한 것이다.[67] 그는 반대파 인사들과 벌인 싸움을 "승자 독식 경쟁에서 무기 없이 벌이는 전면전"으로 묘사했다.[68]

리콴유는 공공질서에도 각별한 주의를 기울였다. 그가 처음 실권을 잡았을 때는 아직 서양에서 반문화와 도덕적 해이가 널리 나타나기 전이었지만, 훗날 그는 자유가 미쳐 날뛰었다고 회상했다. 그가 1994년에 파리드 자카리아(Fareed Zakaria)에게 "완전한 체제로서, 이런 것들의 일부는 전혀 용납할 수 없다"고 말했다.

원하는 대로 행동하거나 비행을 저지를 개인의 권리가 질서 있는 사회를 대가로 해 확대되었다. 동양에서는 모두가 자신의 자유를 최대한으로 누릴 수 있도록 질서 정연한 사회를 구축하는 게 주된 목표다. 이 자유는 투쟁과 무정부의 자연상태가 아니라 질서 있는 상태에서만 존재할 수 있다.[69]

싱가포르를 건설하는 동안 리콴유는 도시국가가 혼자서 살아남을 수 있다고 생각하지 않았다. 그래서 영국으로부터 싱가포르의 독립이 가까워지자 보호 조치 삼아 말라야연방에 가입했다. "지리, 경제, 친족 관계"를 바탕으로 두 영토 사이에 자연스러운 통일성이 자라나리라고 믿은 리콴유는 1962년 9월 합병안을 빠른 국민투표에 부쳤다.[70] 그러고는 싱가포르 대중을 설득하기 위해 열두 가지 대본을 만들고 만다린어, 말레이어, 영어 등 세 가지 언어로 녹음한 라디오방송을 한 달 동안 36회에 걸쳐 내보냈다.[71] 타고난 웅변가였던 그는 국민투표에서 압도적 지지를 이끌어 냈다. 1년 뒤, 그의 마흔 번째 생일인 1963년 9월 16일에 싱가포르와 말라야가 합쳐져 말레이시아연방이 되었다.

그러나 연방이 곧바로 국내외에서 문제에 부딪혔다. 한층 커진 말레이시아의 잠재력을 탐내면서 모든 말레이인을 단일국가로 통합한다는 꿈을 꾸고 모스크바와 베이징의 지원까지 받고 있던 인도네시아 대통령 수카르노(Sukarno)가 꼰프론따시*를 일으켰다. 정글 전투와 테러가 포함된 선전포고 없는 전쟁으로 양측 모두 수백 명의 목숨을 잃었다. 이 충돌 중 싱가포르에서 가장 급작스러운 사건은 1965년 3월 10일, 동남아시아 최초로 에어컨을 갖춘 공관인 맥도널드하우스를 인도네시아 해병대가 폭격해서 세 명이 사망하고 서른 명이 넘게 부상한 것이다.

인민행동당이 싱가포르 내 집단 간 긴장을 줄이고 말레이어를 국어로 격상하는 등 여러 노력을 기울였으나, 말레이시아에서 수많은 말레이 정치인들이 리콴유를 신뢰하지 않았다.[72] 이들은 리콴유의 역동적인 성격과 탁월한 정치력에 자신들이 가려지거나 새로운 연방에서 중국계가 우위에 설까 봐 두려워했다.

---

* 영어(confrontation)에서 온 인도네시아어로 대치, 대결을 뜻한다. ─옮긴이

리콴유에게 반대하는 다수의 지도자가 불을 지핀 민족 폭동이 1964년 7월과 9월에 한 차례씩 벌어지면서 수십 명이 죽고 수백 명이 다쳤다. 표면 상으로는 말레이 마을(캄퐁)을 해체하고 공공 주택을 건설한다는 계획이 폭동을 촉발한 것처럼 보였으나, 기회를 노리는 폐쇄적 민족주의자와 공산주의자 들의 영향이 분명히 있었다.[73]

결국 싱가포르와 말레이시아가 합병한 지 2년도 안 돼 강한 당파성과 민족 간 긴장 때문에 다시 분리되었다. 1965년 8월 싱가포르의 독립은 조국 해방 투쟁이 낳은 결과가 아니라 말레이시아가 남쪽의 작은 이웃 나라를 퉁명스럽게 잘라 내기로 한 데 따른 결과다.

연방에서 퇴출당하면서 싱가포르섬은 완전히 홀로 서게 되었다. 리콴유가 기대하지도 추구하지도 않은 결과다. 그는 합병 실패를 선언하다가 눈물을 보일 뻔했다. "이 순간을 돌아볼 때마다 (……) 분노의 순간이 될 것입니다." 그가 기자회견에서 그답지 않게 평정을 지키기 어려운 것처럼 말했다. 눈앞에 닥친 거대한 과제에 압도된 듯한 모습이었다. 그가 회고록에서 이때 분리된 싱가포르가 "몸 없는 심장"이 되었다고 말했다. "우리는 말레이 바다에 놓인 중국계 섬이었다. 이렇게 적대적인 환경에서 어떻게 우리가 살아남을 수 있었겠는가?"[74] 이 밑바닥의 기억은 그 뒤 리콴유의 삶에 싱가포르가 생존과 파멸 사이에서 영원한 줄타기를 하고 있으니 어떤 면에서든 기대 이상으로 잘 해내야 한다는 인식을 심어 주었다.

국민의 형성

싱가포르가 독립하고 5년이 지난 1970년, 역사학자 아널드 토인비(Arnold Toynbee)가 전반적으로 도시국가가 "실질적인 일을 하기에는 이제 너무 작은 정치 단위가 되었다"면서 특히 싱가포르가 주권국가로 계속 살아남을 가능성이 거의 없다고 예견하는 글을 썼다.[75] 리콴유가 토인비를 상당히 존경했으나 그의 운명론에 공감하지는 않았다.[76] 그는 토인비의 우려에 답하듯, 역사의 조류를 타고 싱가포르 해안에 퇴적된 서로 다른 여러 민족을 모아 하나의 국민을 탄생시켰다.

리콴유는 "긴밀하게 결합하고 강인하며 적응력이 뛰어난 국민",[77] 즉 국민감정으로 단결한 국민만이 독립에 따르는 수많은 시련을 견디고 내부 소요와 외세의 침범이라는 끔찍한 악몽에 맞설 수 있다고 생각했다. 그가 맡은 과제는 기본적으로 기술 관료적 작업이 아니었다. 무력으로 희생을 강요할 수도 있겠지만, 희생이 지속되려면 한배를 탔다는 소속감과 운명 공동체라는 의식이 필요하다.

리콴유가 훗날 회상했다. "우리에게는 국민을 이루는 재료와 기본적인 요소 들이 없었다. 동질적인 인구, 공동 언어, 공동 문화, 공동 운명이 없었다."[78] 그는 싱가포르인이라는 국민을 탄생시키기 위해서 마치 그런 개념이 이미 존재한 듯 행동했으며 정책으로 보강했다. 독립을 선언한 1965년 8월 9일 기자회견에서 그가 국민에게 숭고한 계획을 펼쳐 보였다.

걱정할 이유가 없습니다. (……) 평소처럼 이어질 것들이 많습니다. 다만 굳건하고 침착해야 합니다.

싱가포르에는 다인종 국민이 함께 살게 됩니다. 우리가 선례가 되는 겁니다. 싱가포르 국민은 말레이계 국민도, 중국계 국민도, 인도계 국민도 아닙니다. 모두에게 한 자리씩 돌아갈 것입니다. (……)

마지막으로 우리 싱가포르인, 더는 말레이시아인이 아닌 진정한 싱가포르인이여, (……) 인종과 언어, 종교, 문화에 관계없이 단결합시다.[79]

리콴유가 마주한 가장 시급한 문제는 인도네시아의 침략을 억지할 만큼 강한 군사력을 구축하는 일이었다.[80] 말레이시아에서 분리된 싱가포르는 자국에 충성을 다하는 군대 하나 없었으며 밑바닥부터 군사력을 구축할 줄 아는 지도자도 없었다. 당시 국방 장관이던 고켕스위가 유능했지만 군 경력은 1942년 영국군이 일본군에 항복할 때 싱가포르 의용군의 상등병이었던 것뿐이었다.[81] (1965년 12월, 리콴유가 싱가포르의 첫 의회 개회식에 갈 때는 말레이시아 군부대가 의회까지 그를 '호위'했다.)[82] 게다가 싱가포르섬의 다수 집단인 중국계는 군에 복무하는 전통이 없어서 문제가 더 복잡해졌다. 역사적으로 싱가포르에서는 말레이인들이 주로 군에 복무했기 때문에 국방 문제가 인종 간 화약고로 변할 수도 있었다.

독립 직후 리콴유가 이집트 대통령 나세르와 인도 총리 랄 바하두르 샤스트리(Lal Bahadur Shastri)에게 군사훈련병을 보내 달라고 호소했다. 그러나 인도네시아와 말레이시아의 반감을 사고 싶지 않던 두 사람이 모두 거절했다. 이에 대해 리콴유는 이스라엘의 지원 제의를 받아들이는 대담한 행보를 보였다. 싱가포르와 해당 지역의 수많은 이슬람교도가 반발할 위험이 있는 결정이었다. 이 위험을 피하기 위해 리콴유는 이스라엘이라는 존재를 발표하지 않는 편을 택했다. 싱가포르의 새 군사고문이 누구인지 물어보는 사람에게는 '멕시코인'이라고 답했다.[83]

이스라엘과 손잡은 것은 직관적인 선택이었다. 싱가포르의 안보 딜레마가 이스라엘의 상황을 닮았기 때문이었다. 양국 모두 전략적 깊이*가 없으며 자원이 부족하고, 영토 회복이라는 유혹을 느끼는 큰 나라들에 둘러싸여 있었다. 리콴유는 이스라엘처럼 규모는 작지만 고도로 전문적인 상비군을 마련하는 한편 사회 전체를 빨리 동원할 수 있는 예비군으로 만들어 보

---

* 국경 또는 전방과 도심, 상업 중심지, 기간산업 단지 사이 거리를 가리킨다. — 옮긴이

강했다. 젊은 싱가포르인 남성은 출신 배경에 상관없이 모두 일정 기간 군에 복무해야 하고, 그 뒤에는 예비군으로서 정기적으로 진중 훈련에 참여해야 했다. 리콴유는 병역이 민족적 분열을 가로지르는 국민의 단결 의식과 사회적 평등 의식에 도움이 되는 "정치적, 사회적 이익"이 있다고 보았다.[84]

1966년, 싱가포르가 꼰프론따시에 맞서 강한 회복력을 보여 주자 인도네시아가 싱가포르에 대한 외교적 승인을 확대했다.[85] 1971년까지 싱가포르는 국민복무(NS) 17개 대대와 추가 예비군 14개 대대를 구축했다. 예산의 부담이 엄청났으나 리콴유는 자금을 마련해서 싱가포르가 이웃 나라의 공격을 확실하게 억지하는 데 필요한 공군력과 해군력을 빠르게 확보했다. 그리고 최신 기술과 엄격한 훈련이야말로 싱가포르섬의 한정된 공간과 인력을 보완할 "전력 승수"라고 강조했다. 싱가포르 군대는 불과 한 세기 만에 동남아시아에서 가장 유능한 군대로 거듭나면서 미국 국방부를 비롯한 외국의 감탄뿐만 아니라 국민의 자긍심과 통합을 불러일으켰다.

리콴유는 많은 탈식민지 지도자들과 달리 자신의 지위를 공고히 하려고 국내의 다양한 공동체 간 싸움을 부추기지는 않았다. 오히려 그는 싱가포르에서 상충하는 민족 집단들이 국가적 일체감을 만들 수 있다고 믿었다. 독립 전 민족 간 분쟁이 심각했으나, 그는 싱가포르의 인구구성에 내재한 원심력을 거부하고 응집된 정체성을 만들어 갔다. 1967년에 그가 이렇게 말했다.

> 민족, 문화, 언어 같은 차이에 따라 구별하지 않고 이 위대한 인류 공동체에 소속될 기회를 제시하는 것만이 발전과 수준 높은 생활을 향해 평화롭게 갈 길을 제시하는 것이다.[86]

리콴유는 싱가포르의 다양성을 억압하거나 무시하기보다는 오히려 흐

름을 유도하고 관리했다. 그는 다른 방식으로는 국정을 운영할 수 없었을 거라고 확신했다.[87]

리콴유의 계획 중 가장 혁신적인 것은 언어정책이다. 인구의 75퍼센트가 갖가지 중국어 방언을 쓰고 14퍼센트는 말레이어, 8퍼센트는 타밀어를 쓰는 도시국가를 어떻게 운영해야 할까? 말레이시아와 합병하는 데 실패한 뒤 리콴유가 말레이어를 국어로 삼는 데 찬성하지 않았다. 그러나 만다린어를 공용어로 삼는다는 건 "고려할 가치도 없다"고 보았다. "중국계가 아닌 25퍼센트의 인구가 반발할 것"이기 때문이었다.[88] 싱가포르 정부는 오래전부터 영어로 업무를 보고 있었으나 리콴유처럼 모국어가 영어인 싱가포르인은 거의 없었다.[*][89] 리콴유는 이중 언어 교육을 해결책으로 선택했다. 영어로 수업하는 학교에서 만다린어, 말레이어, 타밀어를 가르치게 하는 한편 다른 모든 학교의 영어 수업을 의무화한 것이다. 싱가포르 헌법은 말레이어, 만다린어, 타밀어, 영어 등 네 가지 공식어로 쓰였다.[90] 1994년에 리콴유가 이렇게 말했다.

만약 내가 싱가포르 국민에게 영어를 억지로 떠안기려 했다면 사방에서 반란이 일어났을 것이다. (……) 그러나 나는 모든 부모에게 어떤 순서로든 영어와 그들의 모국어를 택할 기회를 주었다. 이들의 자유로운 선택에 지난 30년 동안 시장의 보상이 더해지면서 싱가포르는 결국 영어를 제1언어로 하고 모국어를 제2언어로 삼게 되었다. 설립 당시 중국어를 썼다가 이제 영어를 쓰는

---

* 리콴유는 어릴 때부터 말레이어와 영어를 썼다. 청소년기에는 만다린어를 배우는 데 어려움을 겪었으나 20대 후반에 다시 배웠고, 여든이 넘어서도 여전히 교사에게 만다린어를 배웠다. 30대 후반부터는 정치 기반을 확대하기 위해 민난어를 배우고, 민난어로 연설도 했다. Perry, *Singapore*, 192; Lee, *My Lifelong Challenge: Singapore's Bilingual Journey*, 32~41; Lee Kuan Yew, 'Clean, Clear Prose', speech to senior civil servants at the Regional Language Centre, February 27, 1979, in *Lee Kuan Yew: The Man and His Ideas*, 327 참조.

대학도 있다. 만약 자유로운 선택 없이 30년이 아니라 5년 또는 10년 안에 이런 변화를 일으키려 했다면 재앙이 펼쳐졌을 것이다.[91]

영어를 쓰는 나라가 되자 경제적 이익이 따라왔다. 친영 경향이 뚜렷하던 싱가포르가 1960년대에 개발도상국들 간 경쟁에서 두각을 드러냈다. 한편 리콴유는 싱가포르 과거의 비당파적 인물을 통합적인 국가의 상징으로 내세우기 위해 래플스 동상을 그냥 두기로 했다.[92] 이를 통해 전 세계가 싱가포르는 보복이 아니라 사업에 열려 있다는 점을 알게 되었다.[93]

"판단은 역사의 몫으로"

말레이시아연방에서 탈퇴한 뒤 리콴유는 실질적인 핵심에 대한 사회주의적 접근 방법을 다시 조정해야 했다. 싱가포르가 국가로서 살아남으려면 경제가 성장해야 했다. 또 싱가포르 국민이 살아남으려면 출신 민족과 상관없이 공평하게 성장의 열매를 나눠 가질 수 있어야 했다. 또한 싱가포르가 세계에서 살아남으려면 미국과 중국을 비롯한 강대국 사이에서 영향력을 키워야 했다.

"집 짓는 법, 엔진 고치는 법, 책 쓰는 법을 알려 주는 책들은 많다." 긴 세월이 지난 뒤 리콴유가 회고했다.

그러나 중국, 영국령 인도, 네덜란드령 동인도에서 온 이질적인 이민자들을 모아 국가를 만드는 방법이나 중계무역항이라는 과거의 기능을 잃어버린 나라의 국민이 생계를 유지할 방법에 대해 알려 주는 책은 본 적이 없다.[94]

2차세계대전, 싱가포르의 정치권력을 향한 경쟁, 말레이시아연방 탈퇴 등을 경험한 리콴유는 국가를 적절하게 통치하는 방법에 관해 어떤 수업에서도 배울 수 없는 확신을 얻었다. 해외를 방문하며 외국 지도자들과 나눈 대화도 그에게 지대한 영향을 미쳤다. 그는 1965년까지 50여 개국을 방문하고 각국이 이룬 다양한 성공의 이유에 관해 확고한 견해가 생겼다.[95] "국가를 위대하게 만드는 건 그 크기뿐만이 아니다." 리콴유가 1963년에 한 말이다. "국가를 역사 속 영예로운 자리에 올려 주는 것은 그 국가의 의지, 단결, 활력, 국민의 기강과 지도자의 자질이다."[96]

바로 이런 이유에서 리콴유는 "판단은 역사의 몫"이라는 말을 국정 운영의 금언으로 삼았다. 그가 공산주의를 거부한 데는 그것이 잘 작동하는 기존 제도를 해체한다는 이유가 있었다. 이와 마찬가지로 그는 성장률이 더 높다는 것 때문에 시장경제를 선호했다.[97] 한번은 우리 집에서 저녁 식사를 함께 하던 중에 어느 미국인 손님이 리콴유에게 싱가포르의 발전이 페미니즘의 원칙을 아울렀다며 칭찬했다. 그러나 리콴유는 이에 동의하지 않고, 실질적인 이유로 여성을 노동인구에 포함했다고 말했다. 이들 없이는 싱가포르가 발전 목표를 이룰 수 없기 때문이었다. 재능 있는 외국인을 싱가포르에 정착시키려고 한 이민정책도 이와 같은 이유에서 추진했다고 그가 덧붙였다. 다문화주의의 이점에 관한 이론적 개념을 존중해서가 아니라 싱가포르의 성장을 도모하고 인구통계적인 문제를 완화하기 위한 선택이었다.

리콴유의 사고방식은 공리주의적 색채가 짙다. 1981년 노동절 연설에서 그가 이렇게 말했다.

합리적인 정부라면 최대 다수의 시민이 최대한의 행복과 발전을 누리기를 바란다. 이를 실현하기 위해 각국이 저마다 다른 체제나 수단, 원칙이나 이념에 기초해 정책을 펼친다. 2세기 전 산업혁명 이후 여러 정부 체제 사이에서 일종의 다원주의가 작동하고 있다. 최대 다수의 국민에게 최대 이익을 제공할 수 있는지를 기준으로 이념, 종교, 정치, 사회, 경제, 군사 면에서 더 나은 체제를 가려내는 것이다.[98]

경제의 형성

싱가포르의 적응력이 처음 시험대에 오른 건 1968년 1월, 영국이 파운드화 평가절하와 중동 분쟁에 시달리다 못해 더는 수에즈 동쪽에 군대를 두지 않겠다고 결정한 때다. 이보다 한 해 전 영국 하원 토론회에서 윌슨 총리가 러디어드 키플링(Rudyard Kipling)의 「퇴장 성가(Recessional)」를 인용해 싱가포르에 영국군 기지가 필요하다고 설득하려 했으나 실패했다. 지금 읽어 보면 이 시는 마치 영국제국의 쇠퇴를 예견한 듯하다.

> 멀리 부름받은 우리 해군이 무너지고
> 모래언덕과 곶에 불덩이를 가라앉힌다.
> 보라, 영화로운 우리의 지난날이
> 니느웨와 티레* 같지 않은가!^[99]

계획대로 1971년에 해군기지가 폐쇄되고 영국군이 철수한다면 싱가포르 국민총생산(GNP)의 5분의 1이 줄어드는 결과를 낳을 수도 있었다.[100]

외부에 조언을 구하고 싶던 리콴유가 1960년에 고켕스위의 초청으로 유

---

* 니느웨는 고대 아시리아의 수도로서 번성했고, 티레는 고대 페니키아 문화의 중심지였다. 하지만 두 도시 모두 멸망해, 과거의 영화를 보여 주는 흔적만 남았다. ― 옮긴이

엔개발계획(UNDP)의 일원으로 싱가포르를 방문했던 네덜란드 경제학자 알베르트 빈세미우스(Albert Winsemius) 박사를 찾았다.[101] 서방 국가들에 비해 싱가포르는 빈곤했다. 그러나 1960년대 싱가포르의 임금은 아시아에서 가장 높은 수준이었다.[102] 빈세미우스는 싱가포르를 산업화하려면 임금을 낮추고 기술과 숙련된 노동자를 받아들여 제조업의 효율을 높여야 한다고 조언했다. 그는 우선 섬유 제조업을 키우고 간단한 전자제품과 선박 수리를 발판 삼아 조선업을 개발하라고 권했다. 리콴유는 (1967년부터 1970년까지 또한 차례 재무 장관을 지낸) 고켕스위와 이 조언을 따랐다.[103] 빈세미우스는 영국이 떠나는 상황에서 싱가포르가 완전한 자립을 꿈꿔서는 안 되고 지역적 유대에 기대어도 안 된다고 경고했다. 1963년부터 1965년까지는 말레이시아와 함께한 공동시장에 의존할 수 있었지만 이때는 그럴 수 없기 때문에 더 넓은 범위에서 움직여야 했다.

리콴유와 고켕스위, 빈세미우스는 몇 년 동안 협력하며 싱가포르 경제를 재조정하는 데 매달렸다. 다른 신생 독립국의 지도자들이 다국적기업을 거부한 것과 달리 리콴유는 이들을 불러들였다. 훗날 이런 외국인 투자가 "자본가의 이용"으로 이어지지 않았느냐는 질문에 그가 냉정하게 답했다. "우리가 가진 건 노동력뿐이었습니다. (……) 그러니 우리의 노동력을 이용하고 싶다면 그렇게 하는 게 좋지 않겠습니까? 얼마든지 그래도 됩니다."[104] 싱가포르는 외국인 투자를 유치하기 위해 노동인구의 실력을 개선하는 한편 1류 도시의 외관과 시설을 마련하는 사업에 착수했다. 1978년에 리콴유가 내게 말한 것처럼 "그들은 질 조직에 투자하지 않을 테니 이길 조직처럼 보여야만" 했다.[105]

곧 도시의 녹색화가 주요 과제로 떠오르면서 이들은 대기오염을 줄이고, 나무를 심고, 자연광이 드는 기반 시설을 설계하는 데 매진하기 시작했다. 리콴유는 싱가포르를 방문하는 관광객과 투자자 들이 수준 높은 서비스를 이용할 수 있는지도 확인했다. 정부가 국민 계몽운동을 벌여 적절한 옷차림과 태도, 위생 수칙을 홍보했다. 싱가포르인은 (그리고 외국인도) 무단 횡단을 하거나 화장실의 물을 내리지 않거나 쓰레기를 아무 데나 버리면 벌금을 물 수 있다. 리콴유는 심지어 창이공항의 화장실 청결 상태를 매주 보고받았는데, 수많은 여행객이 여기서 싱가포르에 대한 첫인상을 받을 수 있기 때문이었다.[106]

이 전략이 유효했다. 수십 년 뒤 리콴유의 회고에 따르면, 그가 휴렛패커드를 설득해서 1970년 4월에 싱가포르 지사를 여는 데 성공하자 세계적 기업들이 그 뒤를 따랐다.[*][107]

1971년까지 싱가포르 경제는 해마다 8퍼센트가 넘는 성장률을 기록했다.[108] 1972년에는 다국적기업들이 싱가포르 노동력의 절반 이상을 고용하고 산업 생산량의 70퍼센트를 차지하게 되었다.[109] 1973년, 싱가포르가 세계에서 세 번째로 큰 정유 허브로 자리 잡았다.[110] 독립한 지 10년 만에 제조업에 대한 외국인 투자가 1억 5700만 달러에서 37억 달러 이상으로 늘었다.[111]

1968년 초 싱가포르 의회에 우울과 공포가 내려앉았다. 영국군이 철수해도 이 섬이 살아남을 수 있다고 믿는 사람은 없었다. 훗날 리콴유는 1965년부터 철수가 예정된 1971년까지가 총리 임기 중 가장 괴로운 시기였다고 털어놓았다.[112] 그러나 영국군이 철수할 때까지 싱가포르는 경제적 충격을 감당할 수 있었고 실업률은 높아지지 않았다.[113] 변화에 적응해야 한다는 리콴유의 결단은 모두의 예상과 통념에서 벗어나 싱가포르를 놀라운

---

* 휴렛패커드는 사업장 위치를 옮기는 데 도움을 주는 싱가포르 경제개발청의 '원스톱 서비스'에 특히 깊은 인상을 받았다. 경영진 중 한 사람은 "그들에게 뭔가를 요청하면 다음 날 책상 위에 준비되어 있었다"고 회고했다. Edgar H. Schein, *Strategic Pragmatism:The Culture of Singapore's Economic Development Board*(Cambridge, MA: MIT Press, 1996), 20에서 재인용.

궤도에 올려놓았다.

투자를 계속 유치하려면 싱가포르의 생산성도 계속 높아져야 했다. 우선 리콴유는 노동자들에게 장기적 성장을 위해 일시적 임금 하락을 받아들여 달라고 청했다.[114] 그리고 교육을 가장 시급한 과제로 꼽았다. 그는 국민의 산업적, 사회적 목표를 자주 상향 조정했다. 1981년 노동절을 맞아 그가 이렇게 말했다.

> 싱가포르 노동운동의 가장 큰 성취는 1950년대 반식민주의 시기 혁명의 열망을 (즉 해외 고용주를 향한 적의를) 1980년대의 생산성 의식(싱가포르인 및 외국인 경영진과의 협력)으로 바꾼 것입니다.[115]

리콴유는 30년 넘는 세월 동안 싱가포르를 생존에서 제조업으로 그리고 제조업에서 금융 서비스와 관광, 첨단 기술 혁신으로 전례 없이 발전시켰다.[116] 그가 총리직에서 물러난 1990년에 싱가포르는 경제적인 면에서 다른 나라가 부러워할 만한 지위에 있었다. 1992년, 지난날을 돌아보던 그가 내게 한 말이 있다. 만약 이미 상당한 외국인 투자를 유치한 1975년에 내가 싱가포르의 미래에 관해 물어보았어도 자신은 이 정도까지 성공할 줄 몰랐을 것이라는 말이다.

리콴유와 미국

리콴유는 1968년 하버드대학교에서 미국의 인도차이나 개입을 지지하며 내 동료들을 놀라게 했다. 만약 내 동료들이 동남아시아의 정치적 변화에 더 일찍 관심을 기울였다면 그가 오래전부터 그렇게 말했다는 사실을 알았을 것이다. 사실 리콴유는 아시아의 미래에 관해 워싱턴이 아주 중요한 구실을 할 것이라고 확신했으며, 이 때문에 몇 년 새 두 번의 중요한 미국 방문이 있었다.

리콴유가 국빈으로서 워싱턴을 처음 방문한 1967년 10월, 존슨 대통령이 백악관 만찬 때 리콴유를 "애국자, 탁월한 정치 지도자, 새로운 아시아의 정치인"이라고 소개했다.[117] 리콴유는 고위급 회담 자리를 기회로 삼아 주최자들에게 지금의 베트남 사태 앞에는 15년 전 미국의 결정이 있다고 여느 때처럼 덤덤하게 말했다. 그가 험프리 부통령에게 베트남 위기를 장거리 버스 여행에 빗대어 말하며, 미국은 이미 하차할 수 있는 정거장을 다 지나쳤으니 종착지에 도착할 때까지 자리를 지킬 수밖에 없다고 했다.[118]

그 뒤 수십 년 동안 전 세계의 대통령과 총리 들이 리콴유의 솔직한 면모와 지성에 찬사를 보냈다. 예민하고 정확하게 상황을 분석하고 신뢰할 수 있는 방식으로 행동하던 리콴유는 자기 자신이 의지하기도 하는 많은 인사들의 조언자로 자리 잡았다. 작고 약한 도시국가의 지도자가 어떻게 그 많은 해외 지도자들에게 막대한 영향을 미칠 수 있었을까? 그는 위기의 순간에 어떤 관점을 어떻게 적용했을까?

리콴유가 세계 질서를 향한 끝이 없는 여정에 나섰다고 볼 수도 있다. 그는 세계의 세력균형을 만들어 내는 것은 특정할 수 없는 세력뿐만 아니라 현존하는 국가들이기도 하며 저마다 고유한 역사와 문화로 충만한 이 국가들이 스스로 기회를 알아차려야 한다고 이해했다. 무역 국가로서 싱가포르가 번성하려면 평형이 유지되어야 했고, 이를 위해서는 주요 국가들 간 균형을 이루는 데서 그치지 않고 각 국가의 다양한 정체성과 그에 따른 시각을 어느 정도 이해해야만 했다. 예컨대 리콴유가 1994년에 이런 말을 했다.

천년의 역사를 더듬어 사회를 지켜보면 기본적 양식이 드러난다. 필그림

파더스가 시작한 미국 문명은 낙관주의와 질서 있는 정부의 성장이 만들었다. 중국의 역사는 왕조의 흥망과 사회의 성쇠로 점철되었다. 그리고 그 모든 격동 속에서 가족, 대가족, 씨족이 사람들에게 일종의 구명 뗏목이 되었다. 문명이 무너지고 왕조가 정복자들의 손에 무너져도 이 구명 뗏목 덕분에 [중국] 문명은 다음 단계로 나아갈 수 있었다.[119]

싱가포르보다 훨씬 강한 나라를 이끄는 지도자들이 리콴유를 유달리 존경한 것은 그가 통찰력을 발휘해 그들 자신의 본질적인 문제를 이해할 수 있게 도와주었기 때문이다. 리콴유는 싱가포르 내부에 필요한 것을 분석할 때와 마찬가지로 객관적 현실에 기초해 국제 정세를 읽었다. 문제의 핵심을 찌르는 그의 평가에는 주관적 선호가 개입될 틈이 없었다. 어떤 지도자들은 상대방에게 깊은 인상을 남기려고 지나치게 상세한 이야기까지 늘어놓는다. 리콴유는 사실에 기초한 지식이 상당했는데 그보다 더 중요한 능력, 즉 어떤 대상을 정제해 본질만 남기는 귀한 자질이 있었다.

싱가포르가 탄생할 때 장애로 작용한 것들이 리콴유의 정계 경험을 규정했기 때문에, 그는 남은 임기 동안 다른 나라가 세계 질서에 얼마나 관련이 있는지를 평가할 때 그 나라 내부의 발전을 특히 주의 깊게 살폈다. 그는 미국과 중국이라는 두 나라를 중심으로 싱가포르의 생존과 세계 속 위치를 평가했다. 그가 1973년 4월 백악관 만찬에서 닉슨 대통령을 향해 잔을 들어 올리며 솔직하게 말했다.

우리나라는 아시아 최남단이라는 전략적 요충지에 자리한 매우 작은 나라입니다. 우리 같은 생쥐가 코끼리의 습성을 모르면 코끼리들이 날뛸 때 매우 고통스러운 상황이 닥칠 수 있습니다.[120]

1981년 5월 연설에서도 그가 소비에트 체계에 관한 선견지명과 명료한 이해를 드러냈다.

> 2차세계대전이 끝나고 36년이 지난 지금, 우리는 서방의 자유기업 또는 자유시장 민주주의 대 공산주의 계획경제 또는 분배 통제의 경합에서 공산주의 체제가 패배하고 있다는 걸 압니다. 공산주의 체제는 제구실을 할 수 없으며 (……).
>
> 이 경합이 핵무기를 동원한 상호 파괴로 끝나지 않는 한, 결국 그 구성원들을 더 안전하게 하고 경제적으로나 정신적으로 더 행복하게 할 수 있는 체제가 살아남을 것입니다. 만약 서구에서 소련이 군사적 우위를 통해 쉽게 전리품을 획득하지 못하게 할 수 있다면, 개인의 계획과 동기가 이끄는 자유시장 체제가 중앙에서 계획하고 통제하는 시장 체제보다 더 우월하다는 점이 분명해질 것입니다.[12]

10년 후 소련이 붕괴했을 때 그의 견해는 많은 이들의 통념이 되어 있었다. 그러나 당시만 해도 소련의 쇠퇴가 임박한 것을 알아차린 사람이 거의 없었다.

리콴유는 미국인에게서 유교의 수행 요소를 떠올리게 하는 비범한 관용과 개방적인 정신을 보았다. 그는 2차세계대전 직후에 미국이 핵을 독점한 지위를 남용하지 않았다고 보았다.

> 오래되고 안정된 국가라면 당연히 가능한 한 오랫동안 자국의 패권을 확보하려고 했을 것이다. 그러나 미국은 패배한 적들이 스스로 악의 세력인 소련을 몰아내게 했으며, 유럽과 일본에 관대하고 자유롭게 기술을 이전해 기술혁신을 불러일으킨 결과 그들이 30년도 안 지나 경쟁국이 될 수 있게 했다.

(……) 공산주의에 대한 두려움과 그것을 불러일으킨 미국식 이상주의가 낳은 어떤 위대한 정신이 있었다.[122]

덩샤오핑의 개혁 이후 리콴유가 마오쩌둥식 전복의 위협보다 더 복잡하고 거대한 중국, 소련, 미국 간 전략적 상호작용에 지정학적 관심을 두고 나중에는 경제적, 정치적으로 거대한 세력이 된 중국의 운영에도 계속 주의를 기울인 결과 국제 정세에 대한 그의 평가가 달라졌다. 그러나 동남아시아를 비롯한 세계의 안보와 발전에 미국이 필수 불가결한 구실을 한다는 생각은 한 번도 바뀌지 않았다.

그가 '친미' 정서를 품었다는 말은 아니다. 애초에 그는 정서적인 사람이 아니다. 그는 미국이 정치와 지정학에 접근하는 방식을 얼마든지 비판할 수 있었다. 그는 자신이 본래 미국을 '복합적'으로 보았다고 기록했다.

나는 그들의 의욕 넘치는 접근 방식에 감탄했으나, 미국인들은 명랑하고 성급해서 자신들의 막대한 부를 잘못 쓴다는 영국 기득권층의 견해에 동감했다. 문제에 영향을 미칠 만큼 자원을 들이기만 하면 문제를 해결할 수 있다는 말은 현실에 맞지 않았다. (……) 의도는 좋았으나 서툴렀으며 역사의식이 부족했다.[123]

그러나 베트남전을 거치면서 리콴유의 생각이 달라졌다. 미국의 힘을 지지하며 미국의 목표를 이해하고 격려해야 하는 것도 중요하지만, 더 나아가 아시아의 안정을 유지하는 데 미국을 반드시 끌어들여야 했다. 영국이 떠난 아시아에서 지역의 평형을 해치는 복잡하고 폭력적인 세력들 간 균형을 유지하는 데 미국이 꼭 필요한 존재가 되었다. 케임브리지에서 수학했으며 영국 외무 장관 조지 브라운(George Brown)에게 "수에즈 동쪽에서 제일 지랄 같은 영국인"[124]이라는 말을 듣기도 한 리콴유는 미국과 "특별한 관계"를 추구하는 점에서 처칠과 비슷한 태도를 보이기 시작했다. 리콴유는 동남아시아 문제에 관한 미국의 의사 결정 과정에 가능한 한 영향력을 행사하려고 했다. 그러나 그는, 아시아의 작은 탈식민지 도시국가를 이끄는 지도자로서 이런 관계를 직접 만들어 가야만 했다.

리콴유가 보기에 아량과 이상주의라는 미국의 위대한 자질이 그 자체만으로는 충분하지 않았다. 즉 미국이 제구실을 하려면 지정학적 통찰로 보완해야 한다고 보았다. 무엇보다 국가적 이상과 전략적 현실 사이 긴장을 민감하게 포착하는 능력이 필요했다. 리콴유는 대외 정책상 도덕주의적 경향이 있는 미국이 세계정세에 실망하고 신고립주의로 돌아설지도 모른다는 점을 걱정했다. 또 민주주의의 열망을 지나치게 강조하다 보면 이념보다 경제성장을 우선시할 수밖에 없는 저개발국의 사정을 제대로 이해하지 못할 수 있었다.

이런 견해를 한층 발전시킨 리콴유는 그만의 방식을 만들어 냈다. 즉 당대 현안에 맞게 갈고닦은 역사·문화·지리를 아우르는 지식, 대화 상대의 관심에 대한 인식, 잡담이나 본질에서 벗어난 문제나 부탁하는 기색이 없는 웅변 등이다. 1994년에 그가 현실주의의 바탕에는 선과 악을 분명히 가르는 도덕적 기준이 필요하다고 힘주어 말했다.

> 인간의 본성에는 변하지 않는 기본적인 요소들이 있다. 인간에게는 옳고 그름에 대한 도덕적 감각이 필요하다. 인간에게는 악(惡)이라는 게 있는데, 사회의 피해자라서 저지르게 된 것이 아니다. 그저 악한 사람이고, 악한 일을 저지르는 경향이 있다. 악행을 저지르지 못하게 해야 한다.[125]

리콴유는 문화적 맥락에서 국정을 운영하는 한편 지역의 발전을 더 넓은 세계와 관련지을 수 있는 리더십을 전 세계에 보였다. 분석하고 처방을 내리는 습관이 있던 그는 인맥과 폭넓은 여행을 통해 얻은 통찰을 이용해 다양한 문제에 답하고 조언했다. 그가 이렇게 썼다. "여행할 때면 사회와 정부가 어떻게 작동하는지를 살펴본다. 이들은 왜 잘 될까?"[126]

1990년에 총리직에서 물러난 뒤로 그가 미국에 그 책임을 상기시키는 데 몰두했다. 그는 냉전기에 러시아의 위협에 맞서 전 세계의 평형을 유지하는 데 중요한 미국의 기능을 기본적으로 중시했다. 소련이 무너진 뒤 그의 관심이 아시아의 평형을 정의하고 유지하는 데 결정적인 미국의 중요성에 집중되었다. 냉전 뒤 미국의 승리주의가 정점에 있던 1992년 하버드대학교에서 그는 미국이 내부 문제로 주의를 돌리고 탈냉전기의 '평화 배당금'을 현금화하는 한편 국제적 책임을 줄인다면 지정학적 균형이 크게 손상될 것이라고 경고했다.

> 지난 전쟁의 공포와 고통을 겪고 이 전쟁의 폐허에서 일본과 신흥공업국과 아세안이 불사조처럼 날아올라 번영하는 데 미국이 담당한 구실을 기억하는 우리 세대의 아시아인들은 새로운 균형에서 미국이 덜 핵심적인 구실을 해서 세계가 크게 달라진다는 점에 강한 유감을 느낄 것입니다.[127]

2002년, 리콴유는 미국이 전 세계의 "급한 불을 끄는 것"과 자국의 상당한 영향력을 이해하고 이를 이용해 세계의 지속적인 안정을 도모하는 건 다르다고 지적했다.[128] 전략적 구상이라는 측면에서 대외 정책을 본 리콴유는 강대국 간 균형이 국제 질서는 물론이고 무엇보다 싱가포르의 안보와 번영에 중요한 열쇠라고 규정했다. 그가 2011년에 이렇게 말했다. "우리는 우리가 우리일 수 있는 최대한의 공간을 원한다. 이를 이루는 가장 좋은 방법은 큰 '나무들'이 그들 사이에 우리가 차지할 공간을 내주는 것이다. (만약)

거대한 나무 하나가 우리를 덮으면 우리의 공간은 없어진다."[129]

리콴유는 미국을 선망했으며 미국의 동요에 불안해했다. 또한 그는 일관되게 목표를 추구하는 중국을 존중하고 두려워했다. 그는 역사적으로 중국과 가깝고 미국과 우호 관계가 꼭 필요한 상황에서 싱가포르의 안보와 미래를 만들어 냈다.

리콴유와 중국

리콴유는 중국이 아시아의 패권국이 될 가능성을 예견했다. 그는 중국이 경제 후진국으로 인식되던 1973년에 이미 "중국은 성공할 것이며 이는 시간문제일 뿐"이라고 말했다.[130] 그러나 1979년까지만 해도 그는 중국이 중기적으로는 약한 지위에 머무를 것이라고 예상했다.

> 세계는 중국이 거인인 줄 안다. 그러나 중국은 축 늘어진 해파리에 더 가깝다. 이들이 공산주의 체제와 훈련 및 노하우의 부족이라는 두 가지 약점을 안은 상태에서 그들의 자원으로 무엇을 만들 수 있을지는 지켜봐야 알 것이다. 지금 나는 그들이 우리 바람과 다르게, 러시아와 균형을 이룰 만큼 강하지 않을까 봐 걱정된다. 나는 강한 중국이 두렵지 않다. 중국이 너무 약할지도 모른다는 점이 두렵다. 우리가 발전하는 가운데 자유롭게 동반자를 선택하려면 균형이 필요하다. 그렇게 되기까지 15~20년, 30~40년이 걸릴 것이다.[131]

당시 싱가포르는 중국이 공산주의 베트남을 위협할 만큼 강해져야 하지만 (리콴유는 이렇게 되면 "안심"할 수 있다고 보았다.) 타이완에 싸움을 걸 만큼 강해지면 안 된다는 "상반된 목표"를 추구했기 때문에 중국의 부상에 대한 리콴유의 태도가 양면적이었다.[132] 그러나 중국이 상대적으로 약했을 때도 그는 중국의 투지와 그것이 불러올 수 있는 격변을 주의해야 한다고 경고했다. "[중국] 지도부가 성공한다면 찾아올 변화의 본질을 그들이 완전히 이해하고 있는지는 잘 모르겠다. 그러나 이들이 성공을 원한다는 점은 확실하다."[133] 리콴유의 예언은 그 전 세대의 위대한 전략가인 나폴레옹이 중국을 보고 한 말과 일맥상통했다. "잠자는 중국을 건드리지 말라. 중국이 일어나면 세계를 흔들 것이다."[134]

그럼 언제? 1993년에 리콴유의 생각이 달라졌다. 중국의 부상이 더는 먼 미래의 사건이 아니라 당대의 가장 중요한 문제가 되어 있었다. 그는 "중국이 일으키는 세계 균형의 변화가 너무 거대해서 세계가 30~40년 안에 새로운 균형을 찾아야 한다"고 말했다. 그러면서 "중국이 그저 또 다른 거대한 주체라는 듯 보고 넘길 수는 없다. 이 나라는 인류 역사상 가장 큰 주체"라고 덧붙였다.[135] 몇 년 뒤에는 이 견해를 조금 더 자세히 설명했다.

중국이 다시 수많은 봉토로 쪼개지거나 혼돈에 빠질 만큼 엄청난 재앙이 예기치 못하게 닥치지 않는 한, 중국인들이 현대 과학기술을 충분히 이용할 정도로 조직과 교육을 정비하고 훈련하는 건 시간문제일 뿐이다.[136]

리콴유는 미국을 분석할 때와 마찬가지로 중국을 분석할 때 감상을 덜어 내고 접근했다. 그가 보기에 미국이 심사숙고가 결여된 이상주의와 발작처럼 자기 의심에 빠지는 습관 사이를 오가는 게 문제라면, 중국은 전통적인 제국주의 행동 양식을 부활시킬 수도 있다는 게 문제였다. 자국을 세계의 중심, '중화(中華)'로 여기고 주변 국가를 모두 속국으로 여긴 천년이 중국인들의 사고에 유산을 주고 패권을 추구하는 경향을 부추길 수밖에 없었다. 그는 2011년 인터뷰에서 "지금으로서는 미국식 결과가 우리에게 가장 좋다고 생각한다"고 말했다.

　나는 중국이 미국만큼 친절한 세력은 아니라고 본다. 중국은 패권을 부르
짖지 않겠다(不稱覇)고 말한다. 패권국이 될 준비가 되지 않았다면 왜 구태여
온 세상에 패권국이 되지 않겠다고 말하겠는가?[137]

　마오쩌둥 시대에 안정을 흔드는 중국의 정책에 맞서겠다고, 그 뒤에는
중국계가 다수인 싱가포르가 자연스럽게 모국과 손잡아야 한다는 인식을
떨쳐 버리겠다고 결심한 리콴유는 싱가포르가 아세안 국가 중 마지막으로
베이징과 외교 관계를 수립해야 한다고 오래전부터 주장했다. (싱가포르는 섬
유와 플라스틱을 비롯한 여러 산업 분야의 발전을 타이완의 투자와 노하우에 기대고 있었
다.)[138] 1970년대 서방과 중국의 수교가 시작된 뒤에도 그는 자신이 한 말을
지켰다. 그는 싱가포르가 이웃 나라는 물론이고 초강대국 앞에서도 자주적
인 나라임을 보였다. 1975년에는 중국에 방문해 달라는 저우언라이의 초청
을 거부해, 그 뒤에도 그가 병든 저우언라이를 만날 일은 없어졌다. 싱가포
르는 1990년에야 중화인민공화국을 공식적으로 승인했다.
　그러나 1978년 11월, 싱가포르에 간 중국의 최고 지도자 덩샤오핑을 리
콴유가 반갑게 맞아 정성껏 대접했다. 이 사건이 현대 싱가포르와 중국 관
계의 출발점이다. 리콴유가 이 방문을 얼마나 중요하게 여겼는지 상징적으
로 보여 주는 것은, 싱가포르에 금연법이 (그리고 그에게는 심각한 담배 연기 알레
르기가) 있는데도 애연가인 덩샤오핑을 위해 그의 앞에 재떨이와 타구를 두
었다는 사실이다.
　이 방문에서 덩샤오핑의 의제는 동남아시아 국가들 사이에 소련과 통일
된 베트남에 반대하는 세력을 구축하는 것이었고, 리콴유는 싱가포르와
관련된 중국의 정책에서 드러나는 지배적인 경향을 완화하는 데 관심이 있

었다. 리콴유가 덩샤오핑에게 동남아시아 내 중국계 디아스포라에게 급진주의를 심으려는 중국의 라디오방송 때문에 싱가포르가 베이징과 협력하기 어려웠다면서 이런 선전을 멈춰 달라고 요청했다. 그 뒤 2년에 걸쳐 점진적으로 이런 선전이 사라졌다.[139] 몇 년 뒤 리콴유는 자신이 가장 존경하는 세계 지도자 세 명 중 덩샤오핑이 있다고 밝혔다. (다른 두 명은 드골과 처칠이다.) 리콴유가 보기에 덩샤오핑은 "심각한 손상을 입고 소련처럼 내부에서부터 무너질 수도 있던 나라를 오늘날 세계 최대의 경제국이 될 나라로 바꾼 위대한 인물"이었다.[140]

저명한 중국학자이자 덩샤오핑의 전기를 쓴 에즈라 보걸(Ezra Vogel)은 경제정책에 관해 마음을 정하지 못하고 있던 덩샤오핑에게 싱가포르 방문은 "근본적인 개혁이 필요하다는 신념을 강화하는 데 도움이 되었다"고 보았다.[141] 그다음 달, 덩샤오핑이 개방정책을 선언하고 중국 해안 지역에 외국인 직접투자를 환영하는 특별 경제 구역을 지정했다. 보걸의 말대로 "덩샤오핑은 질서 정연한 싱가포르가 매력적인 개혁의 모범"이라고 보았으며 "도시계획, 공공서비스 관리, 부패 방지 등을 배우기 위해" 싱가포르에 사절단을 보냈다.[142]

덩샤오핑이 실권을 장악하고 있을 때 리콴유는 아직 완전히 승인하지도 않은 중국을 해마다 방문해 그곳의 도시 개발과 농업 개혁을 살펴보고 주요 관리들과 연락할 창구를 마련했다. 리콴유는 중국 총리이자 훗날 중국 공산당 서기장이 되는 자오쯔양(趙紫陽)에게 "유교적 가치"를 희생하지 않고도 경제성장에 필요한 개방을 할 수 있다고 조언했다. 훗날 자오쯔양은 덩샤오핑이 자주 되뇌던 "돌다리도 두들겨 보고 강을 건넌다"는 말로 서두를 열고는 리콴유가 "우리를 위해 강폭을 좁혀 주었다"고 썼다.[143]

리콴유의 조언은 상하이와 가깝고 아름다운 중국식 전통 정원이 많기로 유명한 고대 도시 쑤저우에 싱가포르형 공업단지를 탄생시켰다. 1994년에 문을 연 이 공업단지는 싱가포르형 경영 기법과 지역의 노동력을 결합해 산업화를 촉진하고 외국인 투자를 유치하기 위해 설계되었다. 그리고 싱가포르의 국부펀드 테마섹과 싱가포르투자청이 중국의 주요 투자자가 되었다.

1989년, 대부분의 서방 국가와 마찬가지로 리콴유가 톈안먼 광장에서 학생 시위를 탄압한 중국 지도부를 규탄했다. 그는 진압 수단이 잔혹했다고 비난하면서 용납할 수 없는 인명 피해가 발생했다고 말했다.[144] 그러나 한편으로 그는 중국 내부의 정치적 파열이 세계에 끔찍한 위험이 될 것이라고 확신했다. 어떤 위험이 있는지는 오래지 않아 소련의 해체가 보여 주었다. 훗날 그가 두 사례를 비교하며 이렇게 말했다.

> 덩샤오핑은 중국에서 유일하게 마오쩌둥의 정책을 뒤집을 수 있는 정치적 지위와 세력을 갖춘 지도자였다. (……) 전쟁과 혁명에 참여한 그는 톈안먼의 학생 시위대가 중국을 다시 소란과 혼돈에 밀어 넣고 다가올 100년 동안 몸을 가누지 못하게 할 위협이라고 보았다. 혁명의 시기를 살아 본 그는 톈안먼사건에서 초기 신호를 눈치챘다. 덩샤오핑과 다르게 혁명을 글로만 접해 본 고르바초프(Mikhail Gorbachev)는 소련의 붕괴가 다가왔다는 위험신호를 알아차리지 못했다.[145]

톈안먼사건 이후 흔들리는 모습을 보인 중국의 경제개혁은, 명목상 은퇴한 87세의 덩샤오핑이 1992년에 한 달 넘게 남부의 여러 도시를 방문하며 경제 자유화에 대해 설득력 있는 말로 큰 영향을 준 '남순강화(南巡講話)'를 한 뒤에야 되살아났다.

미국과 중국 사이에서

미국으로서는 중국에 관한 리콴유의 냉엄한 전언이 깊은 의미에서 달갑지 않았다. 미국은 서태평양, 어쩌면 그보다 더 넓은 세계에서 차지하고 있던 우월한 지위를 이 새로운 초강대국과 나누게 될 터였다. 2011년, 리콴유가 미국이 "더 큰 중국과 함께 살아야 한다"고 말했다. "미국으로서는 완전히 새로운 경험일 텐데, 이때까지는 그 어느 국가도 미국의 자리를 위협할 만큼 크지 않았기 때문이다. 중국은 20~30년 안에 해낼 것이다."[146]

미국의 예외주의 같은 관념이 있는 사회에서는 이런 변화가 매우 고통스러울 수 있다고 리콴유가 경고했다. 그러나 미국도 "지정학적 행운, 풍부한 자원과 이민자들의 활기, 유럽에서 들어오는 넉넉한 자본과 기술, 나머지 세계의 분쟁이 미국의 해안에 닿지 않게 해 준 두 대양" 같은 예외적 요소 덕에 번영을 일굴 수 있었다.[147] 다가오는 세계에서 중국이 최첨단 기술로 막강한 군사 대국이 된다면, 지형이 더는 미국을 지켜 주지 못할 터였다.

리콴유는 임박한 변화가 기존 질서에 도전하면서 중견국들의 지위가 위태로워질 것이라고 예상했다. 한번은 탄자니아의 전 총리 줄리어스 니에레레(Julius Nyerere)가 리콴유에게 "코끼리들이 싸우면 풀밭이 짓밟힌다"고 경고했다. 앞에서 본 것처럼 코끼리 비유를 좋아한 리콴유는 이에 대해 "코끼리가 사랑을 나눌 때도 풀밭은 짓밟힌다"고 답했다.*[148] 리콴유는 두 초강대국이 따뜻하면서도 냉정한 관계를 쌓아 간다면 싱가포르가 안정과 성장이라는 목표를 이루기에 가장 좋을 것이라고 믿었다. 그러나 그가 직접 워싱

---

* 1973년에 리콴유가 미국과 소련 간 데탕트에 관해 이렇게 말했다. "중소 국가들은 초강대국들 간 문제 해결에 따른 대가를 치르게 될 수 있기 때문에, 자신들의 이해관계가 걸린 초강대국들의 직접 외교가 품은 위험을 우려하는 것이 당연하다." Lee, 'Southeast Asian View of the New World Power Balance in the Making', 8.

턴이나 베이징과 소통할 때는 싱가포르의 변호인이 아니라 두 거인에게 조언하는 철학자처럼 굴었다.

중국 지도자들과 회담할 때 리콴유는 그들의 역사적 트라우마에 초점을 맞춰 논쟁을 정리하는 경향이 있었으며 그로서는 드물게 감정을 드러냈다. 2009년에는 그가 앞선 세대의 궁핍과 격변을 겪어 보지 못했으면서도 세계 속 중국의 지위에 대해 마음 깊이 분노를 품은 중국의 신흥 지도층에게 경고했다.

이 (옛) 세대는 지옥을 지나왔습니다. 대약진 운동, 기근, 기아를 겪었고 러시아와 충돌할 뻔했으며 (……) 문화혁명은 광기였고 (……) 이 세대가 화평굴기(和平崛起)를 바랐다는 데는 의심할 여지가 없습니다. 그러나 이들의 손주는? 그들은 이미 자신이 성공했으며 힘을 과시하기 시작하면 완전히 다른 중국을 만들 것이라고 생각합니다. (……) 손주는 할아버지의 말을 듣지 않는 법입니다.

더 심각한 문제도 있습니다. 만약 여러분이 처음부터 세상은 언제나 나에게 불친절했다, 세상이 나를 착취한다, 제국주의자들이 우리를 파괴하고 베이징을 약탈했다, 이 모든 걸 내가 당했다고 생각하면 (……) 좋을 리 없습니다. (……) 중국이 세계 유일의 세력인 줄 알았던 옛 중국으로 돌아갈 수는 없습니다. (……) 이제 중국은 여러 세력 중 하나고, 그 주변에는 그보다 더 혁신적이고 창의적이며 회복력이 좋은 이들이 있습니다.[149]

이 조언과 짝을 이루듯, 리콴유는 미국인들에게 "중국을 처음부터 적으로 대하지는 말라"면서 만약 그렇게 하면 "아시아 태평양에서 미국을 무너뜨릴 대응 전략이 생겨날 수 있다"고 조언했다. 그는 사실상 중국이 이미 그런 시나리오를 구상 중일 수 있으나 불가피하게 "서태평양의 패권을 두고 양국이 벌이는 경쟁이 (……) 분쟁으로 이어질 필요는 없다"고 경고했다.[150] 그래서 리콴유는 베이징을 국제사회에 편입시키고 "회의실의 자리"를 내주며 "중국을 크고 강력한 신흥 국가"로 받아들여야 한다고 워싱턴에 조언했다. 미국이 중국의 눈에 적으로 보이는 대신 중국을 "강대국으로 인정하고, 존경받는 지위에 돌아오고 과거의 영광을 회복한 데 박수를 보내는 한편 협력을 위한 구체적인 방안을 제시"해야 한다고 했다.[151]

리콴유는 닉슨 정부가 이런 접근 방식을 실행했다고 보고 닉슨 대통령을 "실용적 전략가"로 묘사했다. 다가올 세계에서 미국은 "중국을 억누르는 게 아니라 중국과 협상하는" 자세를 취하되 "중국이 선량한 세계시민의 규칙에 따라 행동하지 않을 경우를 대비해 조용히 후방 진지를 구축하는" 식이어야 한다. 따라서 이 지역의 나라들이 어느 한 편에 서야 할 때가 온다면 "체스판에서 미국 편에는 일본, 한국, 아세안, 인도, 호주, 뉴질랜드, 러시아 연방이 포함되어야 한다"고 했다.[152]

나는 태평양의 양측 모두에서 리콴유의 발표에 참석해 보았다. 그와 대담한 미국인들은 그의 지정학적 분석을 대체로 받아들이면서도 북한의 핵 프로그램이나 아시아 국가들의 경제 상황 같은 현안에 관해서는 의문을 품는 경향이 있었다. 이들은 또한 중국이 결국 미국과 비슷하게 정치적 원칙과 제도를 갖출 것이라는 기대에 차 있었다. 한편 그의 중국인 대담자들은 중국을 강대국으로 대해야 하며 장기적인 면에서도 양국의 차이가 꼭 분쟁으로 번질 필요는 없다는 그의 주장을 환영했다. 그러나 부드럽고 예의 바른 태도 밑에는 중국이 어떻게 행동해야 할지를 화교가 가르치려 한다는 것에 대한 불쾌감이 있었다.

리콴유는 미국과 중국 사이에 전쟁이 일어나는 종말론적 시나리오를 상상했다. 대량 살상 무기는 세계에 끔찍한 파괴를 불러오기 때문에 이것을 쓰면 특히 "승리"의 성격을 비롯해 전쟁의 모든 목표가 무의미해질 수 있었다. 그러므로 생의 막바지에 리콴유가 자기 세대의 혼란은 당연히 겪어 본 적이 없고 기술이나 국력을 과신할 수도 있는 현세대에게 끊임없이 호소한 것이 결코 우연은 아니다.

중국이 성장하는 평화로운 시기만 살았으며 중국의 과거 소란을 겪어 보지 않은 젊은 세대의 중국인들은 지난날 중국이 이념적 오만과 과잉에 따라 저지른 과오를 반드시 알아야 한다. 이들은 겸손과 책임감을 갖추고 미래를 맞이할 수 있도록 올바른 가치와 태도를 함양해야 한다.[153]

리콴유는 세계화는 (아마도 특히) 그 체계를 만들고 규칙을 만든 나라를 포함해 모든 나라가 하나의 경쟁적인 세계에서 사는 법을 배워야 한다는 것을 뜻한다고 대담자들에게 몇 번이고 말했다.[154] 세계화는 그의 생전에 소련이 붕괴하고 중국이 부상한 뒤에야 겨우 궁극의 형태로 발전했다. 이런 세계에서 거대한 욕망과 밀접하게 관련된 거대한 번영은 불붙기 쉬운 열정을 낳을 수 있다.[155] 리콴유는 1979년에 "지역주의가 더는 궁극적 해결책이 못 된다"면서 "상호 의존이 현실이고, 세계는 이제 하나"라고 말했다.[156] 그는 전 지구적 상호 연관성을 현명하게 다루면 모두에게 이익이라고 믿었다.

결국 그가 2002년에 내게 말했듯이, 싱가포르가 중국보다 앞설 수 있었던 주요 이유 중 하나는 싱가포르가 세계에 참여했다는 것이다.[157] 그는 냉전이 끝나면서 상반되는 두 가지 현상이 생겼다고 보았는데, 하나는 세계화고 다른 하나는 끔찍한 전쟁으로 이어질 위험이 있는 미·중 간의 잠재적 전략 경쟁이었다. 많은 이들이 위험을 알아차리는 데 그칠 때 그는 상호 억제가 꼭 필요하다고 주장했다. 상호 억제는 미국과 중국 모두가 성공적인 결과를 이끌어 낼 수 있다고 믿으며 희망을 걸고 행동하기 위해 반드시 지켜야 할 의무였다.

리콴유는 중국의 발전이 중국과 미국에 안겨 줄 딜레마를 일찍이 예견한 몇 안 되는 사람 중 하나다. 두 나라는 서로 부딪힐 수밖에 없다. 그렇다면 이 새로운 관계에서 더 큰 대립을 낳을 것인가, 아니면 적대적 행위를 거두고 평화롭게 공존하는 데 무엇이 필요한지를 함께 분석할 것인가?

워싱턴과 베이징은 수십 년 동안 후자를 추구한다고 선언해 왔다. 그러나 21세기가 시작되고 20년 넘게 지난 지금은 양국 모두 공존이라는 개념을 국정에서 구체화하려는 노력을 그만두고 치열하게 경쟁하는 쪽으로 돌아선 듯하다. 유럽이 무심코 만들어 버린 외교적 종말 병기가 뒤이은 모든 위기의 해결을 점차 어렵게 하다 결국 깨닫고 보니 문명을 파괴하는 지경에 이른 1차세계대전처럼 세계가 분쟁에 휘말릴 것인가? 또는 두 거물이 저마다 위대하다고 여기는 것과 핵심적 이익이라는 측면에서 의미 있는 공존의 정의를 다시 찾을 것인가? 현대 세계의 운명은 그 해답에 달려 있다.

리콴유는 태평양 양측 모두에서 통찰과 성취로 존경받은 보기 드문 지도자였다. 아주 작은 섬과 그 이웃에게 질서라는 개념을 만들어 주며 경력을 시작한 그는 지구적 재앙을 일으킬 수 있는 국가들에게 지혜와 자제를 호소하며 말년을 보냈다. 그가 스스로 말한 적은 없지만, 이 노련한 현실주의자는 세계의 양심으로서 그 구실을 다했다.

리콴유의 유산

1990년 11월, 리콴유가 오랫동안 있던 총리직에서 물러났다. 그는 안정적인 권력 이양을 위해 점진적으로 일상의 국정에서 손을 뗐다. 처음에는 선임장관, 그다음에는 고문장관이라는 직함으로 영향력을 유지하면서 조금씩 두 명의 후임 총리 뒤로 자신의 모습을 숨겼다.[*]

리콴유의 유산을 평가하려면 우선 싱가포르의 1인당 GDP가 1965년 517달러에서 1990년 1만 1900달러로, 2020년 6만 달러까지 비약적으로 성장했다는 데서 시작해야 한다.[158] 연간 GDP 성장률은 1990년대까지 평균 8퍼센트 대를 기록했다.[159] 이는 현대의 가장 놀라운 경제성장 사례라고 할 수 있다.

1960년대 말까지만 해도 탈식민지 지도자라면 세계시장의 힘으로부터 자국의 경제를 보호하고 국가가 강력하게 개입해서 지역 산업을 자립시켜야 한다는 통념이 있었다. 새로 얻은 자유를 드러내기 위해 그리고 민족주의와 포퓰리즘의 충동에 따라, 식민지 시기에 자국에 살던 외국인 주민을 괴롭혀야 한다고 생각하는 이들이 더러 있었다. 닉슨의 글을 보면 그 결과는 이렇다.

우리는 지도자들이 정책의 성공보다는 단호한 발언과 정치적 보호색으로 평가받는 시대에 살고 있다. 특히 개발도상국에는 말만 잔뜩 들고 배를 주린 채 잠자리에 드는 사람이 너무나 많다.[160]

리콴유는 자유무역과 자본주의를 받아들이고 사업 계약의 이행을 강력히 요구해 다국적기업을 끌어들이면서 정반대 방향으로 싱가포르를 이끌었다. 다양한 민족성을 특별한 자산으로 여기고 높이 샀으며, 외부 세력이 국내 논쟁에 개입하지 못하도록 주도면밀하게 노력했다. 이는 싱가포르의 독립성을 유지하는 데도 도움이 되었다. 냉전기 동료 지도자들이 대부분 비동맹을 내세우면서 사실상 소련의 구상을 묵인할 때, 리콴유는 미국과 그 동맹국들을 믿고 자국의 지정학적 미래를 걸었다.

---

* 리콴유의 아들이 두 번째 후임 총리가 되면서 은퇴의 상징성이 다소 약해졌다.

리콴유는 싱가포르라는 새로운 사회가 나아갈 길을 제시하며 문화라는 구심에 큰 의의를 부여했다. 소련이 이끄는 공산권은 물론이고 서방의 자유민주주의 사회에서도 정치적 이념이 사회의 발전을 규정하는 데 가장 중요한 구실을 하며 모든 사회가 같은 방식으로 현대화될 것이라고 여겼으나, 그는 이런 믿음을 거부하며 이렇게 말했다. "서방은 세계가 〔서방의〕 역사적 발전을 반드시 따른다고 믿는다. 〔그러나〕 나머지 세계에서 민주주의와 개인의 권리는 이질적인 개념이다."[16] 그로서는 자유주의가 보편적으로 자리 잡는다는 것이 언젠가 미국이 공자(孔子)를 따른다는 것만큼이나 상상할 수 없는 개념이었다.

그러나 리콴유는 이런 문명의 차이가 중요하지 않다고 믿지도 않았다. 문화는 여럿이 공존하며 서로 받아들여야 한다. 오늘날 싱가포르가 독재국가지만 독재 자체가 그의 목적은 아니었다. 오히려 독재는 목적을 위한 수단이었다. 가족 독재도 마찬가지였다. 1990년 11월부터 2004년 8월까지 (고 켕스위와 관련 없는) 고촉통(吳作棟)이 총리를 지냈다. 그 뒤 의심할 여지 없이 능력을 갖춘 리셴룽(李顯龍), 즉 리콴유의 아들이 총리직을 물려받았으며 지금은 다음 선거에서 정해질 후계자를 기다리며 총리직에서 물러날 준비를 하고 있다. 이들은 리콴유가 정한 길을 따라 싱가포르를 한층 더 앞으로 이끌었다.

싱가포르의 선거가 민주적이지는 않아도 아예 의미가 없지는 않다. 민주국가에서는 변화를 부를 수 있는 선거를 통해 사람들이 불만을 드러내지만, 싱가포르에서는 리콴유와 그의 후계자들이 투표를 실적 평가처럼 활용했다. 권력자들에게 그들의 활동이 얼마나 효과적인지 알려 주고, 이를 통해 그들이 국익에 관한 자신의 판단에 따라 정책을 조정할 기회를 주는 것이다.

이보다 더 좋은 대안이 있었을까? 더 민주적이고 다원적인 접근 방식으로도 성공할 수 있었을까? 리콴유는 그렇게 생각하지 않았다. 초기에, 즉 싱가포르가 독립하려던 시기에 그는 싱가포르가 다른 수많은 탈식민지 국가와 마찬가지로 당파 세력 때문에 분열할 위험에 빠져 있다고 믿었다. 그가 보기에 민족 간 분열이 심한 민주주의 국가는 당파를 강조하기 쉬운 정체성 정치에 굴복할 위험이 있었다.* 민주주의 체제는 (다양하게 정의할 수 있는) 다수가 선거를 통해 정부를 구성하고, 정치적 견해가 바뀌면 다른 정부를 구성하는 방식으로 기능한다. 그러나 유동적인 정책 차이보다는 정체성이라는 불변의 정의에 따라 정치적 견해와 분열이 결정된다면, 그런 결과가 나올 전망은 분열의 정도에 반비례한다. 다수는 영원히 자리를 굳히는 경향이 있고, 소수는 폭력을 동원해 예속에서 벗어나려고 한다. 리콴유는 가까운 동료들이 이념에 얽매이지 않고 기술적, 행정적 능력을 중시하며 가차없이 우수성을 추구하는 실용적인 집단을 이룰 때 가장 효과적으로 국정을 운영할 수 있다고 보았다. 그는 공공서비스 의식을 시금석으로 여겼다.

정치에는 한 사람의 몫을 넘어 국민과 이상에 대한 헌신이 필요하다. 정치인은 단순한 직업인이 아니다. 이것은 사명이고, 사제직과 다르지 않다. 정치인은 국민과 공감해야 하고, 사회를 바꾸고 더 살기 좋게 하고 싶어 해야 한다.[162]

그렇다면 미래는 어떨까? 싱가포르의 미래는 경제와 기술의 지속적인 진보가 사회를 민주주의와 인본주의 쪽으로 이끌 것인가에 달려 있다. 싱

---

* 리콴유는 특히 스리랑카를 보며 교훈을 얻었다. "미국이나 영국의 자유주의자들이 으레 말한 대로라면 이 나라는 번영했어야 합니다. 그러나 그러지 못했습니다. 1인 1표 방식 때문에 다수인 싱할라족이 소수의 타밀족을 지배해 (……)." Lee, 'How Much is a Good Minister Worth?', speech before parliament, November 1, 1994, in *Lee Kuan Yew: The Man and His Ideas*, 338.

가포르의 실적이 불안해져서 유권자들이 민족적 정체성을 보호막으로 삼으려 하게 된다면, 선거제도가 일당 민족 지배를 확인하는 쪽으로 치달을 위험이 있다.

구조의 시험이 이상주의자에게는 변하지 않는 기준에 관한 문제고, 정치인에게는 역사적 상황에 대한 적응 문제다. 후자를 기준으로 삼은 리콴유의 유산이 지금까지는 성공했다. 그러나 정치인을 평가할 때는 그 사람이 정립한 방식이 어떻게 진화하는지도 살펴봐야 한다. 대중의 변화 가능성이 조만간 지속 가능성의 본질적 요소가 될 것이다. 대중민주주의와 수정된 엘리트주의 사이에서 더 나은 균형을 찾아낼 수 있는가? 이 물음이 싱가포르의 궁극적 과제가 될 것이다.

싱가포르가 만들어진 1960년대 중반과 마찬가지로 오늘날 세계는 성공적인 사회를 만드는 데 어떤 이념이 가장 효과적인지를 확실히 알 수 없는 시기에 있다. 소련 붕괴 이후 가장 효과적인 체제를 자임한 자유시장 민주주의는 외부의 대안 모형과 내부의 자신감 하락을 동시에 마주하고 있다. 다른 사회체제들이 저마다 경제성장을 촉진하고 사회를 조화롭게 하기에 더 적합하다고 주장하고 있다. 리콴유가 이끈 싱가포르는 이런 싸움을 피해 가며 변해 왔다. 그는 경직된 교리를 '시시한 이론'이라고 비난하며 피했다. 그의 주장에 따르면, 그가 만들고 고수한 노선은 싱가포르 예외주의다.[163]

리콴유는 행정 이론가가 아니라 거침없는 융통의 대가였다. 그는 제대로 작동할 가능성이 보이는 정책을 채택하고 그렇지 않은 정책은 수정했다. 그는 다른 나라의 구상을 빌리고 그들의 실수에서 배우며 끊임없이 실험했다. 그러면서도 외국 사례에 절대로 매혹되지 않으려 했고, 오히려 싱가포르가 독특한 지리 때문에 떠안았으며 특별한 인구구성 때문에 실현할 수 있는 목표를 추구하고 있는지 끊임없이 자문해야 한다고 했다. 그가 한 말과 같았다. "나는 어떤 이론에도 속박된 적이 없다. 나를 이끈 건 이성과 현실이다. 나는 제대로 작동할 것인가를 기준으로 모든 이론이나 과학을 엄밀히 검증했다."[164] 어쩌면 콰걱추가 그에게 알렉산더 포프(Alexander Pope)의 이 금언을 알려 주었을 수도 있겠다. "정부 형태에 관해서 바보들끼리 싸우게 두라. 가장 잘 운영되는 것이 가장 좋은 것이다."[165]

리콴유는 국가를 세우고 정부의 양식을 규정했다. 서론에서 말한 범주에 따르면, 그는 예언자이자 정치인이었다. 그는 국가를 구상하고, 변화하는 미래에도 그의 정부가 비범한 성취를 통해 발전할 동기를 만들기 위해 애썼다. 그는 창조적인 과정을 제도화하는 데 성공했다. 이 제도가 인간의 존엄이라는 진화하는 개념에 어울리는 것일까?

스페인의 철학자 호세 오르테가 이 가세트(José Ortega y Gasset)는 인간에게는 "본성이 없으며 다만 역사가 있다"고 했다.[166] 역사가 없는 나라에서 리콴유는 미래에 대한 비전을 바탕으로 싱가포르의 본성을 만들어 내고 자신의 발자취로 싱가포르의 역사를 썼다. 이 과정에 그는 "알려지지 않은 목적지를 향해 표지판 없는 길을 따라" 여행하며 판단하고, 그 판단을 적용하는 것이 정치인의 궁극적 시험이라는 자신의 신념이 옳았음을 직접 보여 주었다.[167]

인간 리콴유

"상황이 저를 만들었습니다." 리콴유가 세상을 떠나기 3년 전 어느 인터뷰에서 한 말이다.[168] 그는 특히 전통적인 중국 가정에서 자란 점이 자신의 성격을 설명하며 자신을 "무의식적 유학자"로 만들었다고 말했다.[169]

사회가 잘 작동하려면 민중의 이익을 취해야 한다는 것, 개인의 이익보다 사회가 우선한다는 것이 근본 철학입니다. 이 점이 바로 개인의 기본권을 강조하는 미국의 원칙과 가장 다릅니다.[170]

리콴유는 "부모에게 효도하고, 아이들을 잘 키우고, 아내에게 신의를 지키고, 친구를 바르게 대하고" 무엇보다 "황제에게 충성을 다하는 선량한" 군자가 되는 것이 유교의 이상이라고 보았다.[171]

그는 사교적인 잡담을 단호하게 거부했다. 그는 자신이 싱가포르 사회의 진보, 가능한 한 넓은 세상의 진보를 이루기 위해 태어났다고 믿었다. 그래서 시간을 낭비하지 않으려고 했다. 코네티컷에 있는 우리 주말 별장에 네 번 방문한 그는 언제나 아내와 동행했으며 대개는 딸도 같이 왔다. 나는 미리 의논해서 우리 둘과 사적으로 친한 사람은 물론이고 그에게 중요한 문제를 다루는 지도자 및 사상가도 함께하는 식사 자리를 마련했다. 리콴유는 이런 자리를 통해 미국의 정세를 파악했다. 내가 그의 요청에 따라 두 번 그를 지역의 정치 행사에 데려갔는데, 어느 의원 후보의 모금 행사와 타운홀 미팅이었다. 그의 부탁대로 나는 그를 싱가포르에서 온 친구라고만 소개했다.

내가 리콴유를 찾아갈 때면 그가 고위급 동료뿐만 아니라 주변국 지도자들까지 초대해 일련의 세미나를 열었다. 그와 단둘이 식사하고 토론할 때도 있었으며 회담 시간은 그때 우리 마음에 와닿은 주제에 따라 달라지기는 해도 절대 짧지 않았다. 회담은 싱가포르의 중심에 있는 웅장한 공관, 이스타나 궁에서 열렸다. 내가 싱가포르를 여러 차례 방문했는데, 그는 한 번도 나를 사저로 초대하지 않았으며 그에게 초대받았다는 사람을 만나거나 그런 말을 들어 본 적도 없다. 콜롱베 사저에 방문한 아데나워가 유일한 예외였던 드골과 비슷한 태도다.

국무 장관 조지 슐츠와 1974년부터 1982년까지 독일 총리를 지낸 슈미트도 우리와 우정을 나누었다.* 우리는 모임을 만들고 (종종 슐츠나 슈미트의 일정이 맞지 않을 때는 세 사람만) 1978년 이란에서 처음 만난 뒤 1979년 싱가포르에서, 1980년 본에서 그리고 1982년 슐츠가 국무 장관이 된 직후에는 팔로알토에 자리한 그의 집 베란다에서 모였다.[172] 우리 네 사람이 샌프란시스코 북부 레드우드 숲에서 휴가를 보내기도 했다. 우연히도 리콴유처럼 잡담을 싫어한 슈미트는 슐츠의 손님이었고, 리콴유는 내 손님이었다. 특정 정책에 관한 우리 견해가 언제나 일치하지는 않았으나, 슈미트가 어느 독일 기자에게 한 말처럼 "우리는 언제나 서로에게 진실만 말한다"는 약속을 지켰다.[173] 리콴유와 대화를 나눈다는 건 그의 신뢰를 얻었다는 표시였다. 즉 이런 대화는 다른 경우라면 수도승처럼 집중하는 삶을 사는 그에게 대담자가 의미 있는 사람이라는 증거였다.

2008년 5월, 리콴유가 사랑하는 아내이자 60년을 함께한 콰걱추가 뇌졸중으로 쓰러진 뒤 소통 능력을 잃고 거동을 못 하게 되었다. 이 시련은 2년 넘게 이어졌다. 그가 싱가포르에 있을 때면 저녁마다 그녀의 침대 옆에서 소리 내어 책을 읽어 주었고, 때로는 아내가 좋아하던 셰익스피어의 소네트를 비롯한 시를 읽어 주었다.[174] 겉으로 보이는 증거가 없어도 리콴유는 콰걱추가 자신의 말을 알아듣는다고 믿었다. 어느 인터뷰에서 그는 자기가 있을 때면 아내가 잠들지 않는다고 말했다.[175]

콰걱추가 세상을 떠난 2010년 10월 이후 몇 달 동안 리콴유가 전에 없이 나에게 몇 차례 전화를 걸어 자신의 깊은 슬픔과 아내를 잃고 느껴지는 삶의 공허를 토로했다. 나는 그가 느끼는 고독을 자녀들과 이야기해 본 적이 있냐고 물었다. "없습니다." 그가 답했다. "가장으로서 제 의무는 아이들

---

* 1장 79~80쪽 참조.

을 지원하는 것이지 아이들에게 기대는 게 아닙니다." 콰걱추가 세상을 떠난 뒤 리콴유는 활기를 잃었다. 지성은 그대로였으나, 그의 의욕적인 성격은 사실상 자취를 감췄다. 그가 자신의 의무라고 여긴 것을 끝까지 수행했으나, 궁극적인 영감을 잃은 그의 삶에 더는 기쁨이 없었다.

나는 거의 반세기 동안 리콴유를 친구로 여겼으나, 그는 개인적인 유대감의 표현을 삼갔다. 가장 큰 표현이라면 2009년에 그가 콰걱추와 찍은 사진에 청하지 않았는데도 적어 준 글이 있다. "헨리, 우리가 우연히 1968년 11월 하버드에서 처음 만난 이래 당신의 우정과 지지가 내 삶에 큰 변화를 일으켰습니다. 해리 드림." 정치에서처럼 친구 관계에서 그는 의미가 스스로 빛을 내게 두었다. 구태여 말로 설명하면 그 위대함이 사그라질 뿐이다.

2015년 3월, 리콴유가 세상을 떠나자 그가 총리직에서 물러난 지 25년이 지났는데도 전 세계의 고위 인사들이 마지막 경의를 표하려고 싱가포르에 모여들었다. 한국 대통령과 일본, 인도, 베트남, 인도네시아의 총리를 비롯해 수많은 아시아 국가의 정부 수반이 참석했다. 중국은 부주석 리위안차오(李源潮), 미국은 전 대통령 빌 클린턴(Bill Clinton), 전 국가안보보좌관 톰 도닐런(Tom Donilon)과 내가 대표로 참석했다. 우리 모두 정치 생활 중 중대한 문제를 두고 리콴유와 자주 만났다.

장례식에서 이때까지 싱가포르의 국민과 건국자가 쌓은 유대감을 여실히 볼 수 있었다는 것이 가장 감동적이었다. 리콴유의 시신을 일반 공개하는 사흘 동안 수십만 명이 쏟아지는 빗속에 줄을 서 가며 경의를 표했다. TV 뉴스 채널은 화면 하단에 속보로 조문객들이 예를 표하기 위해 얼마나 기다려야 하는지를 공지했고, 그 시간이 세 시간 아래로 내려간 적이 없었다. 리콴유는 여러 인종, 종교, 민족, 문화가 뒤섞인 것에서 그 자신의 삶을 초월한 사회를 만들었다.

그는 진보를 억누르는 게 아니라 북돋울 유산을 만들려고 했다. 자신이 세상을 떠난 뒤 옥슬리로드에 있는 집이 추모의 성지가 되지 않도록 집을 허물라고 한 것도 이런 이유에서다.[176] 싱가포르가 미래의 문제를 해결할 지도자와 제도를 길러 내고 과거에 대한 숭상보다는 미래에 집중하게 하는 것이 그의 목표였다. 그가 어느 인터뷰에서 "제가 할 수 있는 일은, 제가 떠날 때 선하고 튼튼하며 청렴하고 효율적인 제도하에서 뭘 해야 하는지 아는 정부가 제자리를 지키게 하는 것뿐"이라고 말했다.[177]

리콴유는 자신의 유산에 관해서도, 늘 그랬듯이 냉철하고 분석적이었다. 그도 후회가 있었고, 그 대상에 국가 지도자로서 한 일이 포함되었다. "저의 모든 행동이 옳았다는 말은 아닙니다." 그가 《뉴욕타임스》에 한 말이다. "그러나 저의 모든 행동에는 명예로운 목적이 있었습니다. 저는 더러운 일도 해야 했고, 동료를 재판 없이 구금한 적도 있습니다."[178] 그는 관 뚜껑을 덮기 전에는 사람을 판단할 수 없다는 중국 속담을 인용해 "관을 닫은 뒤에 결정해 달라"고 말했다.[179]

오늘날 리콴유라는 이름은 서방에서 망각에 묻히고 있다. 그러나 역사는 동시대 전기보다 길고, 그의 경험이 남긴 교훈은 지금도 시급하다.

오늘날 세계 질서가 양방향에서 동시에 위협받고 있다. 한편에서는 당파적 열성이 전통적 구조를 압도해 버리면서 지역 전체가 해체되고, 다른 한편에서는 서로 다른 정당성을 내세우는 강대국들 사이에서 적대감이 깊어지고 있다. 전자는 거대한 혼돈의 장을 열 위험이 있고, 후자는 참혹한 유혈을 부를 위험이 있다.

리콴유의 정치력은 양측 상황 모두와 관련이 있다. 그의 평생 업적은 가망이 전혀 없는 듯한 환경에서도 지속 가능한 질서와 발전을 이룰 수 있다고 분명히 보여 준 것이다. 그가 싱가포르와 세계 무대에서 보인 행보는 다양한 견해와 배경 속에서 이해와 공존을 끌어내는 방법을 알려 주는 지침이다.

무엇보다 그의 정치력은 사회의 운명을 결정하는 가장 중요한 요소가 물질적 풍요나 전통적 의미의 국력이 아니라 국민의 자질과 지도자의 비전이라는 점을 실제로 증명했다. 그의 말처럼 "현실적이기만 한 이들은 진부하고 시시해져서 실패할 것이다. 그래서 현실보다 높이 날아올라 '이것도 가능하다'고 말할 수 있어야 한다."[180]

마거릿 대처, 1987년.

6

마거릿 대처: 신념의 전략

가장 뜻밖의 리더

국정을 운영하는 동안 그 시대를 정의하는 지도자는 거의 없다. 그러나 대처는 1979년부터 1990년까지 이 비범한 일을 해냈다. 영국 총리로서 대처는 전임자들을 옥죄던 족쇄, 특히 잃어버린 제국의 영광과 국가의 쇠락이 낳은 끝없는 후회를 벗어 던지기 위해 노력했다. 그녀의 리더십이 이끈 영국이 세계의 눈에는 자신감을 되찾은 나라였고 미국의 눈에는 냉전 후기의 소중한 동반자였다.

그러나 취임 당시만 해도 그녀의 성공이 보장되어 있다고 할 순 없었다. 실제로 오래지 않아 실권하리라는 예상도 많았다. 그녀의 존재를 어쩔 수 없이 견디고 있던 배타적 남성 집단으로부터 보수당의 지휘권을 빼앗은 그녀의 정치적 자본은 너무 빈약했다. 정계에서 일한 경력이 그저 그렇고, 전국적으로 지지자가 많지도 않았으며, 국제 관계에 관한 경험은 없다고 할 만했다. 그녀는 영국의 첫 여성 총리였을 뿐만 아니라, 당시 보수당 지도자로서는 드물게도 중산층 출신이었다. 거의 모든 방면에서 그녀는 철저하게 외부인이었다.

이렇게 불길한 상황에서 대처의 가장 큰 자원은 리더십을 향한 그녀만의 접근 방식이었다. 그녀가 거둔 성공의 중심에는 불굴의 용기가 있었다. 1982년부터 1983년까지 다우닝가 10번지 정책실을 이끈 퍼디낸드 마운트(Ferdinand Mount)가 그녀의 개혁을 간결하게 설명했다. "[이 개혁이] 놀라운 것은 독창성이 아니라 이행 때문이다. 정치적 용기는 이를 실행하는 데 있는 게 아니라 실행하기에 좋은 **환경을 조성**하는 데 있다."[1]

나는 대처의 임기 동안 정부에서 직책을 맡지 않았지만, 운 좋게도 거의 40여 년간 이어진 우정을 통해 그녀의 접근 방식을 목격할 수 있었다.

대처와 영국의 체제

대처의 부상과 재임기, 실각을 제대로 평가하려면 영국의 정치체제부터 이해하는 편이 좋다. 미국인들은 대통령제를 지도자의 연쇄로 경험하는 경향이 있다. 최근 미국의 당파적 차이가 심해졌으나 적어도 그 전까지는 유권자들이 대체로 정당이 대중의 선호를 체화해서 표현한다고 보았다. 대통령은 대중의 선호를 이해하고, 받아들이고, 미래를 향해 펼쳐 보이면서 그 자리에 올랐다. 이와 달리 영국의 정당은 엄격하게 제도화되어 있다. 선거에서 승리한 정당이 의회에서 힘을 얻고, 그 결과로 새 총리를 선임하게 되는 식이다. 1968년 보수당 내 강연에서 대처가 말했듯, "영국 입헌제도의 본질적 특징은 정당 지도자의 모습으로 대체 인물이 존재하는 게 아니라 아예 대체 정책과 대체 정부가 들어설 준비가 되어 있다는 점"이다.[2] 게다가 보통 이 대체 정책이, 그 자체가 영국 선거운동의 주요 요소이기도 한 정당 강령에 마련된다.

그래서 총리의 자리는 소속 정당 내에, 어떤 면에서는 정당보다 낮은 곳에 있다. 법적인 의사 결정 권력이 위에서 아래로 가는 미국 대통령제와 다르게, 영국의 내각제에서는 정당의 최고위층에 해당하는 장관들의 중요성이 커지고 권력이 총리와 내각 사이를 오간다. 장관은, 총리가 전원 임명하지만 관료제의 관리자이자 (명실상부하게) 총리의 지지자고 때로는 스스로 야심 찬 지도자가 된다. 내각에서 영향력 있는 파벌이 반대 의견을 내거나 흡인력 있는 인물이 음모를 꾸미면 총리가 원하는 정책 목표를 추구하는 데 제동이 걸릴 수 있다. 특별한 상황에서는 각료의 사임으로 총리가 사퇴 압박을 받을 수도 있다.

총리의 권위는 형식상 군주에게서 나오지만 실제로는 주로 정당의 기강 유지, 즉 지도자가 평당원들의 자신감과 다수 의석을 유지하는 능력에 달려 있다. 권력분립에 따라 미국에서는 행정부가 입법부의 직접적인 압력을 받지 않지만, 영국에서는 행정부와 입법부가 대체로 한데 섞여 있다. 영국 총리는 총선 중에 취약해진 경우뿐만 아니라 의회의 불신임 투표나 정당의 반란을 통해서도 자리에서 물러날 수 있다. 불신임 투표가 진행되는 경우는 드물지만, 총리가 불신임 투표에서 패배하면 총선을 다시 치러야 하고, 이때 국회의원들은 자기 의석을 지켜야 한다. 정당 지도부에서 항의하는 경우가 불신임 투표보다는 흔하다. 만약 의원들이 당내 지도자의 인기가 떨어지고 있으며 그것이 다음 총선에서 그들의 자리를 위태롭게 한다고 판단한다면 새로운 인물을 당수로 내세우려 할 것이다.

정당과 총리의 의견이 같고 확실한 다수 의석을 확보한 상태라면, 이 체제가 원활하게 작동한다. 총리가 통설에서 벗어나거나 의회에서 또는 여론상 약한 모습을 보일 때는 내각과 당에 계속 지지해 달라고 부탁해야 한다. 미국에서는 정부의 연한이 4년으로 정해져서 지지도가 낮은 지도자도 살아남을 수 있지만, 영국에서는 지도자가 용기와 신념과 장악력과 설득력을 충분히 발휘해야 정부의 지위를 유지할 수 있다. 총리의 정책이 동료들의 지지를 얻지 못하면 파국을 맞을 수 있기 때문에, 총리는 영민하게 움직여야 한다. 정책의 폐기는 곧 총리 정치생명의 끝을 알리는 전조다.

1974년 11월, 대처가 보수당 대표 자리를 두고 히스에게 도전했다. 히스는 이해 2월 총선에서 패배해 총리직을 잃은 상태였다. 대개 선거에서 패배하면 총리직뿐만 아니라 당 대표직에서도 물러나지만, 그는 1974년 10월 총선*마저 패배하고도 당수 자리를 지키고 있었다. 10년 넘게 당을 이끌면서 쌓은 관계가 심각한 위험을 마치 성채처럼 막아 주리라고 생각했기 때문이다. 그래서 대처가 나섰을 때 사람들은 형식적 경합을 통해 히스의 당내 권위만 다시 확인될 것으로 보았다. 그러나 그녀의 도전이 성공적이었다.

선거에서 히스의 호소력이 약했고, 보수 우파는 당의 진로를 재설정할 기회를 감지했다. 보수당의 신성(新星) 키스 조지프(Keith Joseph)와 에드워드 두 캔(Edward du Cann)은 경선을 포기했는데, 이들 중 조지프가 친구이자 지적 동맹인 대처를 지지했다. 이로써 우파는 자동으로 대처를 선택하게 되었고, 중도파는 상대적으로 대처가 낫다고 생각했다. 첫 번째 투표에서 히스를 열한 표 차이로 이긴 대처가 2차전에서 중도파 윌리엄 화이틀로(William Whitelaw)를 큰 폭으로 따돌리면서 유럽 주요 정당 최초의 여성 대표가 되었다.

당권을 손에 넣자마자 대처가 어느 기자에게 질문을 받았다. "토리당을

---

* 2월 총선 결과 과반을 차지한 정당이 없었고 정당 간 논의를 통해 연립정부를 구성하지도 못했기 때문에 같은 해에 총선을 두 번 치렀다. —옮긴이

이끌면서 어떤 자질이 드러나길 바라십니까?" 그러자 대처가 답했다. "승리, 승리하는 자질이요." 기자가 밀어붙였다. "철학적 자질은요?" 대처가 곧바로 말했다. "추구하는 목표가 있어야 승리할 수 있습니다. 권력이 정부에 집중되지 않고 시민들에게 골고루 분배되는 자유로운 사회를 추구할 겁니다. 그리고 정부의 수중에 있지 않고 시민과 국민에게 폭넓게 분배된 사유재산이 이 권력을 뒷받침할 겁니다."³ 대처는 1979년부터 1990년까지 총리로서 이 근본적인 신념을 정책으로 풀어 내며 유명해졌다.

눈앞에 펼쳐진 과제: 1970년대 영국

1979년 5월 대처가 취임했을 때 영국의 운은 사그라져 있었다. 그녀가 회고록에 쓴 것처럼 당시 영국은 "알맹이가 빠져 있었다".⁴ 경제성장 면에서 마주한 문제만큼이나 심리적인 위축이 심각했다. 나라의 전성기가 끝났다는 믿음이 널리 퍼져 있었다.

1945년, 영국이 6년간 이어진 전면전에서 승리했으나 진이 다 빠지고 국고가 바닥났다. 전후 대외 관계도 잇따라 실망을 주었다. 전쟁 중에는 미국과 연대했으나, 그 뒤 영국의 세계적 우위를 워싱턴이 대신 차지하려는 모습을 불안해하며 지켜보게 되었다. 연합국이 승리하고 몇 주 만에 영국은 미국의 관대한 무기 대여 계획이 취소되고 그것이 감당할 수 없는 조건의 상업 대출로 바뀌는 모욕을 당했다.

미국의 힘이 부상하고 영국이 지위를 상실하면서 지정학적 상황이 달라졌다. 처칠은 1946년 미주리주 풀턴에서 역사적인 연설을 통해 유럽 전역에 "철의 장막"이 드리워졌다고 선언하며 영국과 미국의 "특별한 관계"를 제안했다. 그는 영국이 그 자체의 힘을 넘어 세계에 영향력을 행사할 수 있도록, 즉 미국과 긴밀하게 협의해 미국의 힘을 빌릴 수 있도록 양국의 동반자 관계를 공고히 하려고 했다. 영국과 미국이 소련의 위협을 똑같이 평가했다는 점은 대서양 연안 국가들 간의 동맹을 새로운 토대에 올리는 데 도움이 되었으나, 전후 동반자 관계에서 양국의 지위가 동등하지 않다는 사실은 이미 고통스러울 만큼 분명했다.

전후 이미 영국을 실망시킨 새로운 세력균형이 1956년에는 당혹스러울 만큼 뚜렷해졌다. 이해 7월, 이집트 대통령 나세르가 수에즈운하를 국유화했다. 3개월 뒤 영국이 프랑스와 손잡고 운하를 다시 찾기 위해 이집트를 침공했지만, 새로운 초강대국 미국의 힘에 맞닥트려 뜻을 접었다. 아이젠하워 대통령은 영국이 제국주의적 특권을 되살리려 하는 것을 참을 수 없었고, 전략적 요충지를 사전 협의도 없이 침공했다는 사실에 대해서는 말할 것도 없었다. 그는 곧 재정적 압박으로 영국과 프랑스의 모험을 빨리 끝내고 세계를 향한 두 나라의 야망에 엄청난 타격을 가했다. 한풀 꺾인 영국은 군대를 철수하고 국제적 기능을 축소했다. 영국의 지도층에서 많은 이들이 앞으로 미국의 뜻을 거스르면 안 된다는 교훈을 얻었다.

해외에서 일어나는 탈식민지화에 따른 부담과 국내 경제의 불안이 영국의 지위를 한층 더 떨어뜨렸다. 1967년에 윌슨의 노동당 정부가 파운드화의 평가절하를 받아들일 수밖에 없었는데, 1년 뒤 영국이 반복되는 재정 위기에 빠진 상황에서 윌슨이 수에즈 동쪽의 영국군을 모두 철수한다고 발표했다. 한때 세계 무대에 서던 배우가 지역 무대로 떠밀렸다. 필립 라킨(Philip Larkin)의 시 「정부에 보내는 경의(Homage to a Government)」(1969) 마지막 연에 당시 영국의 음울한 분위기가 잘 담겨 있다.

내년에 우리가 살 나라는
돈이 모자라 병사들을 집으로 불러들였다.

조각상들이 서 있을 똑같은

나무로 둘러싸인 광장, 거의 똑같이 보인다.

우리 아이들은 다른 나라라는 것을 모를 것이다.

이제는 그들에게 돈이라도 남겨 줄 수 있기를 바랄 뿐이다.[5]

영국의 국제적 영향력이 줄어들 무렵 대서양주의 체제의 끊임없는 유혹에 맞서 영국이 유럽 대륙과 긴밀한 관계를 맺을 수 있다는 가능성이 대두되었다. 이 시기 영국은 더 넓은 범위의 정체성에 대해 갈팡질팡하는 모습을 보였으며 때로 조현병의 경계에 선 것 같았다. 수에즈 위기가 일어나기 전까지만 해도 이든 총리는 오늘날 유럽연합의 전신을 만든 1957년 로마조약에 참여하지 않겠다고 선언했다. 그러나 이듬해 그의 뒤를 이어 총리가 된 맥밀런은 미국과 긴밀한 방위 관계를 유지하려고 하면서 영국을 이끌고 친유럽 행로에 나서기로 결정했다.[6] 영국이 1963년과 1967년 두 차례에 걸쳐 뒤늦게나마 유럽경제공동체에 가입하려 했으나 프랑스 대통령 드골의 거부권에 막혀 실패했다. 1962년에는 영국이 "제국을 잃었으나 아직 마땅한 구실을 찾지 못했다"[7]는 전 국무 장관 애치슨의 주장이 유명해지면서 영국의 자존심에 상처를 입혔는데, 너무 정곡을 찔렀기 때문이다.

1970년에 총리가 된 히스는 맥밀런이 처음 닦은 친유럽 행로를 영국 대외 정책의 원칙으로 확립하려 했다. 1973년 영국의 유럽경제공동체 가입은 히스에게 최고의 업적이 되었다. 그러나 이것이 한편으로는 영·미 관계에 골치 아픈 부담이 되었다.

닉슨 대통령은 윌슨이 소속된 노동당을 미국의 민주당과 동일시했기 때문에, 선거에서 히스가 승리하자 기뻐했다. 사실 노동당은 윌슨과 그의 후임 캘러헌이 이끄는 동안 특히 NATO와 동서 관계 면에서 미국과 맺은 "특별한 관계"를 확실히 존중했으며 영국의 독자적인 핵 억지력을 믿었다. 그러나 노동당 최초의 외무 장관 마이클 스튜어트(Michael Stewart)는 백악관 대통령 집무실에서 미국의 베트남전 개입을 두고 닉슨에게 맞서면서 안 좋은 인상을 깊이 남겼다.[8]

닉슨은 공직에서 물러나 있던 시기에 히스와 알게 됐으며 보수당이 다시 집권할 때도 개인적 친분이 이어지기를 바랐다. 닉슨은 1973년 2월까지도 히스가 "우리에게 하나 남은 진정한 (……) 유럽 친구"라고 따뜻하게 말했다.[9] 그러나 안타깝게도 이런 감정이 두 사람 모두의 것은 아니었다. 드골이 영국의 유럽공동체 가입을 막으려고 거부권을 다시 행사하자, 히스는 영국 총리가 "좋은 유럽인"이 돼야 한다는 교훈을 얻었다. 그리고 미국과 맺은 특별한 관계가 이 목표를 이루는 데 방해가 된다고 생각한 그는 한 세대가 넘도록 닦은 양국의 관계를 적어도 공개적인 면에서는 축소하려고 노력했다. 1974년 2월, 히스가 선거에서 패배하고 노동당 정부가 들어선 뒤에야 양국의 동반자 관계가 회복되기 시작했다. 그러므로 보수당이 다시 집권했을 때 히스가 마지막에 보인 거리감을 되살릴지 또는 역사적인 대서양주의의 기반으로 돌아올지는 두고 볼 일이었다.

가뜩이나 불안하던 영국의 대외 정책은 미국 내부의 위기, 즉 워터게이트 사건이 닉슨의 사임으로 이어지면서 한층 더 불안해졌다. 위기의 여파로 미 의회가 정부의 권한을 제한하면서 연합국의 냉전 전략을 실현하기가 더 복잡해졌다. 기회를 감지한 소련은 새로운 모험에 착수했다. 1975년, 모스크바가 쿠바를 내세워 앙골라에 군사적으로 개입했다. 소련은 사실상 서방의 대응을 끌어내지 않으면서 남예멘과 아프가니스탄에서도 세력을 떨쳤다.

1976년, 소련이 바르샤바조약기구의 여러 회원국에 SS-20 중거리 핵미사일을 배치하기 시작하면서 한 세대 만에 NATO의 방위 원칙을 크게 위협했다. 지상 기반 중거리 미사일이 포함된 NATO의 무기 체계는 아직 개발 단계에 있었고, 유럽 회원국들은 핵무기 배치를 위해 대중의 지지를 모으는 데 어려움을 겪었다. 그래서 유럽의 방위 원칙이 대체로 미국의 '핵우산' 실행력에 의존하게 되었다. 달리 말해, 소련의 군사 계획자들은 유럽 무대에서 재래식 군사 분쟁이 일어날 경우 미국의 정책 입안자들이 장거리 대륙간 미사일 무기고를 끌어들여 대응할 수 있다는 점을 가정해야 했다. 앞서 아데나워에 관한 장(76~77쪽)과 드골에 관한 장(155~159쪽)에서 살펴본 것처럼 이런 식의 군사력 증강은 소련이 유럽뿐만 아니라 미국 본토에 대한 핵 보복을 고려하는 데까지 자연스럽게 이어지면서, 확장된 억지력의 신뢰도를 심각하게 떨어트릴 수 있었다.

게다가 1970년 말이 되자 반핵운동에 끌리는 유럽인들이 점차 많아지면서 유럽의 지도자들이 핵 억지력을 안보 정책의 바탕으로 삼기가 더 어려워졌다. 미국의 중거리탄도미사일을 유럽 땅에 두는 게 가장 의미 있는 대응이었으나, 핵무기 철폐 운동은 이를 절대 반대했다.[10] 시위 참가자들은 소련과 화해를 추구하며 동서 갈등에서 중립을 향해 가는 방법을 가장 선호했다.

그러나 1970년대 영국이 마주한 가장 큰 문제는 바로 경제 침체였다. 낮은 생산성과 부담스러운 세금에 짓눌린 영국 경제는 거의 1970년대 내내 경쟁국들보다 뒤처져 있었다. 당시 높은 인플레이션이 경영자와 노동조합 사이 갈등을 낳았다. 물가가 치솟으면서 임금의 가치가 떨어지자 노동자들이 임금을 올리라고 압박하면서 인플레이션 악순환이 심각해졌다. 정부와 전국광산노조 간 다툼이 거세지자 히스가 1974년 1월 1일부터 주 3일 노동을 선언했다. 정부는 광부들이 파업하는 동안 석탄을 아끼기 위해 TV 방송을 밤 10시 반에 중단하고 상업용 전기 사용을 주 3일로 제한했다. 3월 초에 이르자 노동당 정부가 새로 선출되었다. 윌슨 총리는 광부의 임금을 35퍼센트 인상하는 데 즉각 합의했다.[11]

그러나 경제 위기는 이때 시작 단계였다. 1976년, 영국이 치욕스럽게도 IMF에 39억 달러(2020년 기준으로 거의 180억 달러)나 되는 긴급 차관을 요청할 수밖에 없었다. 소비자물가가 1967년까지만 해도 2.5퍼센트의 안정적인 상승률을 유지하고 있었으나 1975년에 이르자 영국 현대 경제사상 가장 높은 24.2퍼센트까지 상승했다. 이듬해 영국 경제가 안정을 찾는 듯 했으나 유예는 오래가지 않았다. 이렇게 야당의 새 대표 대처가 등장할 역사적 기회가 마련되었다.

1978년 말, 인플레이션이 앙갚음하듯 돌아왔다. 11월, 포드자동차의 영국 지사가 당시 캘러헌이 이끄는 노동당 정부에서 5퍼센트로 제시한 임금 상승률 한도를 어기고 파업 노동자들에게 17퍼센트의 임금 인상을 약속했다. 임금과 물가를 통제해 인플레이션에 맞서려던 정부의 전략이 혼란에 빠졌다.

이듬해 1월은 영국 전역의 평균기온이 영하로 떨어지면서 20세기를 통틀어 세 번째로 추운 겨울로 기록되었다. 포드의 17퍼센트 임금 인상에 힘입은 트럭 기사들이 1979년 1월 3일에 살쾡이 파업*을 시작했다. 이들은 출근을 거부했을 뿐만 아니라 차량을 이용해 도로와 항구, 정유 시설을 가로막았다. 생필품 부족을 걱정한 소비자들은 가게의 선반이 텅 빌 정도로 물건을 사면서 스스로 예언을 실현했다.

철도 운행은 멈추고 버스 운행은 뜸해지는 등 파업이 공적 부문으로 번지면서 상황이 더 심각해졌다. 런던 극장가의 중심인 레스터스퀘어는 임시 쓰레기장이 되고 말았다. 구급 신고에 대응하지 못하는 사례가 속출했고, 한 곳 이상의 지역에서 시신을 제대로 매장하지 못하는 지경에 이르렀다.[12]

이것이 쇠락기에 대한 질서 있는 관리를 주요 과제로 삼은 영국 지도부

---

* 노조 지도부가 주도하지 않는 파업을 가리킨다. ― 옮긴이

세대의 비참한 말로였다. 유감스러운 상황에서 벗어나기 위해 이 나라는 곧 아주 다른 지도자 쪽으로 돌아선다.

그랜섬에서 부상하다

1948년, 옥스퍼드대학교 화학과를 갓 졸업한 마거릿 로버츠(Margaret Roberts)가 화학 회사 ICI의 연구직에 지원했다가 탈락했다. 지원자에 대한 평가에 "이 여성은 완고하고 고집이 세며 위험할 만큼 자기주장이 강하다"고 기록되었다.[13] 30년 뒤에는 바로 이런 자질에 이끌린 영국 국민이 '이 여성'을 자국이 마주한 문제를 타개할 인물로 선택했다.

1925년에 장이 서는 도시 그랜섬에서 태어난 마거릿은 근면과 청렴, 성서의 가르침을 중시하는 엄격한 감리교도 집안에서 자랐다. 일요일은 온전히 교회에서 보냈다. 마거릿과 언니 뮤리엘(Muriel)이 아침 미사와 교회학교에 참석했다가 오후나 이른 저녁에 교회로 돌아와 또 다른 수업을 듣고 기도를 올렸다. 아버지 앨프리드 로버츠(Alfred Roberts)는 평신도 목회자였다. 가족은 앨프리드가 운영하는 식료품점 위층의 방 몇 개에서 온수나 실내 화장실도 없이 검소하게 살았다.

마거릿은 열한 번째 생일 직후 선발제 중등학교인 케스티븐앤드그랜섬 여학교에 장학생으로 들어가 좋은 성적을 거뒀다. 훗날 귀족 작위를 받을 때도 그녀는 자신을 키워 준 학교에 경의를 표하려고 '그랜섬'이 아닌 '케스티븐의 대처 남작'이라는 이름을 택했다. 그녀가 인격을 형성하던 시기, 정확히는 1939년 4월에 뮤리엘과 펜팔 친구인 빈 출신 17세의 유대인 소녀 이디스 뮬바우어(Edith Mühlbauer)가 로버츠 가족 품에 들어왔다. 나치가 오스트리아를 점령한 직후 이디스의 부모님이 앨프리드에게 딸을 위해 비자를 마련해 줄 수 있는지 묻는 편지를 썼고, 결국 이디스가 로버츠 가족과 잠시 살다 나중에는 생활하기 좀 더 편한 그랜섬의 다른 가정에서 지냈다. 이디스의 부모님은 나중에 오스트리아를 탈출해 브라질에 정착했다. 이 사건과 더불어 어머니가 매주 빵을 구워 도움이 필요한 가정에 조심스럽게 주던 모습 등 어린 시절의 기억들이 "이웃을 네 자신처럼 사랑하라"[14]는 성서의 율법을 바탕으로 한 가정교육이 마거릿에게 오래도록 영향을 미치는 데 한 몫했다.

고등학교에서 뛰어난 성적을 거둔 마거릿은 옥스퍼드대학교에 입학해 옥스퍼드대학교 보수협회장이 되었다. 그 뒤 잠깐 화학 연구자로 일한 다음 시험을 통해 법정변호사가 되었다. 그랜섬의 부모님 집과 먼 곳에서 도전하며 살면서도 규율, 절약, 공감, 실질적 지원 등 집에서 배운 가치와 신념을 언제나 마음속에 간직했다.

1950년대 영국의 정계는 여성을 반기지 않기로 악명 높았다. 그녀를 평생 지지한 사업가 드니스 대처(Denis Thatcher)와 1951년에 결혼한 마거릿 대처는 엄청난 고집과 결단력과 건전한 매력으로 당선이 확실한 보수당 의원 후보로 임명되고, 1959년에 북런던 선거구 하원의원으로 당선했다.

1960년, 서른네 살의 대처가 하원 앞에서 첫 연설을 했다. 이 연설은 두 가지 목표가 있었다. 우선 자신이 발의한 법안을 주창하고, 그다음에 자기 자신을 동료들과 국가에 알리는 것이다. 대처는 소개말이나 미사여구를 생략하며 두 번째 목표를 단번에 달성했다. "처음 하는 연설입니다. 그러나 제가 영광스럽게도 대표하는 핀칠리 유권자 여러분은 제가 하원 앞에서 단도직입적으로 문제를 다루기만 바라시리라는 걸 압니다."[15]

대처는 자신이 심각하게 여기는 문제에 대해 메모조차 보지 않고 설명했다. 당시 지방의 선출직 공직자들이 절차상 조치로 일반 국민이 지방정부 회의에 참석하지 못하게 하는 경우가 흔했다. 지금처럼 그때도 지방의회는 학교, 도서관, 공공 주택, 폐기물 처리 등 일상생활에 꼭 필요한 공공서비스를 감독하는 책임을 맡고 있었다. 대처는 국민이 직접 접근할 수 없어서 오직 언론에 의존해서 정보를 얻는데, 언론마저 참석하지 못하는 상황에 주목했다. 그녀가 보기에 국민의 접근권은 기본 원칙의 문제였다.

잉글랜드와 웨일스에서 지방정부가 연간 14억 파운드를 쓰고, 스코틀랜드는 2억 파운드 이상을 씁니다. 이를 모두 합하면 국가 예산 면에서도 적지 않은 금액입니다. (……) 언론의 출입을 허용하는 첫 번째 목적은 그 돈이 어떻게 쓰이는지 우리가 알게 되는 것입니다. 프랭크스위원회 보고서를 인용해서 말하면, 두 번째 목적은 "공개가 모든 전횡을 막기에 가장 탁월하고 효과적인 방법"이라는 데 있습니다.[16]

이 법안은 통과되었으며 지금도 영국 전역에서 시행되고 있다. 대처는 그 뒤 공직 생활 전반에 걸쳐 재정 관리라는 주제를 반복적으로 제시했다.

대처는 이렇게 의회의 사다리를 타고 오르기 시작해 각 단계마다 실력과 헌신으로 분명한 인상을 남겼다. 이와 동시에 우파 정치인으로서 입지를 다지며 때로 보수파 지도층의 중도 노선과 대립했다. 그녀가 "신념의 정치인"을 자처한 건 이보다 나중 일이지만, 드물게 올곧은 태도는 이때부터 뚜렷하게 드러났다. 1968년, 그녀가 유권자와 정치인의 관계에 대해 이렇게 말했다.

유권자들은 그저 표를 얻으려고 공약을 내놓는 듯한 정치인을 싫어합니다. 그러나 공약을 내세우지 않으면 유권자가 정치인을 거부할 겁니다. 저는 정당과 선거가 온갖 공약 목록을 두고 경쟁하는 것을 넘어서는 무언가와 관련 있다고 믿습니다. 만약 그렇지 않다면 민주주의는 보호할 가치가 거의 없을

것입니다.[17]

1970년에 히스가 이끄는 보수당이 다시 집권하자 대처가 교육과학부 장관으로서 내각에 처음 들어갔다. 그리고 어느 정도는 거침없는 행보 때문에 곧바로 논란을 불러일으켰다. 더 유망한 교육적 투자에 돈이 쓰이도록 여러 가지 거대 예산을 삭감했는데, 그중 그녀가 "우유 도둑"이라는 오명을 얻게 된 초등학생들의 무상 우유 급식 예산 삭감이 있다. 그녀는 또한 중등학교의 폐쇄를 명령하려는 노동당의 시도를 막았으며 과학 연구를 더 경쟁적으로 만드는 자유시장 법안의 통과를 도왔다.

그러나 히스가 국가주의적 합의에 결정을 맡기겠다는 의지를 보이자 대처는 환멸을 느꼈다. 당시 경제 상황을 그대로 두면 안 된다고 확신한 그녀가 자유시장 싱크탱크인 경제문제연구소(IEA)의 친구들과 더 가까워지면서 프레데리크 바스티아(Frédéric Bastiat), 프리드리히 하이에크(Friedrich Hayek), 밀턴 프리드먼(Milton Friedman) 등의 사상을 알게 되었다. 경제학을 이만큼 독학했다면 인상 깊은 지적 성과고, 이미 자리 잡은 중년 정치인이라면 더더욱 그렇다. 한편 대외 정책에 관한 대처의 직감은, 미국과 긴밀한 관계를 만들기보다 유럽을 우선시하는 히스의 생각과 정면으로 부딪쳤다.*자신이 히스와 근본적으로 다르다는 점을 인식한 대처는 1974년 10월 총선에서 그가 질 때까지 기다렸다가 당권을 두고 그에게 도전장을 내밀었다.

패배가 거의 확실하다는 전망 속에서 나섰다는 건 대처의 엄청난 용기와 신념이 드러난 대목이다. 오랫동안 귀족 남성이 지배한 보수당이 1975년 2월에 그녀를 당수로 선출하면서 그들 자신은 물론이고 서구 세계의 대부

---

* 이때 대처는 친미적 견해를 보이는 한편 유럽에 대해서도 훗날의 그녀보다 더 의욕적이었다. 예컨대 1975년 국민투표에서 영국이 공동시장에 남는 편을 지지했다.

분을 놀라게 했다. 처칠, 이든, 맥밀런의 당을 식료품점 주인의 딸이 이끌게 된 것이다.

대처의 당선이 참신했지만 그녀가 자리를 오래 지키지 못할 것이라는 전망이 널리 퍼져 있었다. 당시 포드 대통령의 국가안보보좌관이던 나도 이런 통념에 물들어 있었다. 1975년 5월, 나는 처칠의 사위 크리스토퍼 솜스(Christopher Soames)가 '대형 보수당 대표'가 될 가능성이 크다고 생각해 그의 자격을 강조했다. 당시 대표에 관해서는 그보다 덜 긍정적으로 진단했다. "제 생각에는 대처가 자리를 지킬 것 같지 않습니다."[18]

대처의 미래에 관한 내 판단은 통찰력이 부족했으나, 그녀의 성격에 관한 내 평가는 오랫동안 유지되었다. 나는 대처가 교육 장관으로 있던 1973년에 그녀를 처음 만났다. 이 만남은 내 아내가 되기 전 낸시가 재촉한 덕에 성사되었다. 뉴욕주 주지사 록펠러를 위해 교육 관련 연구를 하면서 대처와 이야기해 보고 깊은 인상을 받은 낸시가 내게 그녀를 직접 만나야 한다고 했다.

당시 영국과 미국 간 거리를 늘리려고 한창 애쓰던 히스는 내 요청을 강하게 거절했다. 그래도 한 친구의 도움으로 내가 대처와 비공식적으로 만날 수 있었다. 그 뒤 우리는 1973년 말 그리고 1975년 2월, 그녀가 히스를 압도하며 당권을 잡고 며칠 만에 다시 만났다.

첫 만남부터 대처가 보여 준 활력과 헌신은 리더십에 관한 그녀의 생각을 내 머릿속에 확실히 심어 주었다. 그때는 거의 모든 정치인이 선거에서 이기려면 중심지를 차지해야 한다고 주장했다. 그러나 대처는 달랐다. 그녀는 이런 접근 방식이 민주주의를 망친다고 주장했다. 중심지를 찾아가는 여정은 공허할 뿐이라면서, 그 대신 유권자들의 진정한 선택을 불러일으킬 수 있도록 상이한 논의들이 부딪쳐야 한다고 했다.

1977년 9월에 대처가 워싱턴을 방문하면서 우리 관계가 한층 돈독해졌다. 카터 대통령이 보수당과 보수주의자를 대한 태도는 마치 닉슨이 노동당을 대한 태도 같았다. 그래서 카터는 미국을 찾은 보수당 당수를 정당하지만 냉담하게 대했다. 국가안보보좌관 즈비그뉴 브레진스키(Zbigniew Brzezinski)가 "일정이 너무 바쁘다고 호소"하며 대처를 만나지 말라고 조언했고, 카터가 이를 따랐다.[19] 미국에 우호적인 감정을 품고 있던 대처는 이렇게 자신의 기대에 못 미치는 대접을 받았다.

낸시와 나는 어느 날 저녁 식사에 대처를 초대했다. 공화당이나 민주당에 소속된 워싱턴의 주요 인사들과 함께한 이 비공식적인 저녁 식사 자리가 그 뒤 우리 만남의 분위기를 결정했다. 총리가 된 뒤 대처는 이미 공직에서 물러난 나와 함께하는 사적인 자리를 마련해 국제 정세에 관해 의견을 나누거나 영국 외무부의 일반적인 견해를 검토해 보기도 했다. 동석하는 사람이 있을 때는 대개 가까운 보좌관 한 명이었고, 각료가 초대되는 경우는 드물었다. 1984년 이후 우리가 만날 때 함께한 주요 인물 중에는 영국을 빛낸 탁월한 공직자로서 대처의 대외정책보좌관이던 찰스 파월(Charles Powell, 베이스워터의 파월 경)이 있다.[20] 탁월한 지성과 겸손한 태도를 겸비하고 허세가 없던 애국자 파월은 헬싱키, 워싱턴, 본, 브뤼셀을 거치며 출중한 외교 경력을 쌓은 뒤 외무부에서 자리를 옮겨 보좌관이 되었다. 그는 대처와 평생 친구가 되어, 험난한 은퇴의 길을 걷는 그녀를 도왔다.

대처가 보수당 대표가 되고 얼마 있다 런던 클라리지스호텔에서 나와 영국 전통식 아침 식사를 하며 계획의 윤곽을 그려 보였다. 표현이 명료하고 생각이 깊던 그녀가 자신의 야망은 바로 조국의 변화라고 못을 박았다. 이를 위해 다소 막연한 중도층을 따르기보다는 그들이 자신처럼 상황을 볼 수 있도록 계획을 분명하게 제시할 생각이라고 했다. 그녀의 말과 정책은 영국을 장기적 경제 침체에 빠트린 고루한 통념과 전혀 다를 터였다. 그 다음 선거에서 승리한다면 근본적인 개혁으로 통념과 무사안일을 극복할 뿐만 아니라 인플레이션의 맹위와 노조의 권력 또는 국영기업의 비효율성에 대해 만연한 수동적인 태도를 떨쳐 버릴 것이라고 했다.

그녀에게는 건드려서는 안 될 신성이 없었고, 넘지 못할 장애물은 말할 것도 없었다. 모든 정책이 엄밀한 검토의 대상이었다. 그녀는 보수당이 사회주의의 거친 가장자리를 갈아 내는 것만으로는 부족하다면서 영국 경제가 재앙처럼 무너지기 전 상태로 돌아가야 한다고 주장했다. 그리고 고유하고 상세한 구상을 마련하지 못한 자신은 국제 정세 영역에서 경험이 부족하다고 털어놓았다. 그래도 미국과 형성한 "특별한 관계"를 열렬히 믿는다고 분명하게 말했다.

대처는 생각을 가능한 한 분명하고 힘 있게 밝혀서 정치적 무게중심을 자기 쪽으로 옮기려 했다. 그리고 영국 국민이 굳건한 원칙과 일시적 유행의 차이를 알아볼 것이라고 자신했다. 그녀가 1983년 인터뷰 중 한 말처럼 "견해를 확립한 이들이 바깥에 나가 '형제들이여, 저를 따르십시오. 저는 합의를 믿습니다.' 하고 소리쳤다면 세상에 위대한 예언자나 사상가가 없고 따를 만한 위대한 지침도 없었을 것"이다.[21]

우리는 대처가 공직에서 물러난 뒤에도 그녀의 여생 동안 계속 만남을 이어 갔다. 내가 우리 관계를 이렇게 설명하는 이유가 있다. 미국 대통령과 다르게 영국 총리는 내각의 의견을 무시하고는 정권을 유지할 수가 없다. 대처는 이 한계를 잘 알고 있었다. 이를 보완하기 위해 그녀는 영국과 전 세계의 친구들에게 조심스럽게 요청해 자신의 비전과 선택에 대해 논의하려고 했다.

리더십 체제

대외 정책에 관한 대처의 견해는 시간이 갈수록 단단하게 중심을 잡았다. 밤늦게까지 보고서를 읽고 주석을 다는 등 이례적일 만큼 부지런하게 공부하고 주말이면 대학교수를 비롯한 지식인들과 장기적 동향에 관한 세미나를 연 덕이 컸다. 그녀의 전략적 신념 중에서도 국민국가의 주권 불가침성과 같은 것들은 우리가 만나기 시작했을 때부터 분명하게 드러났다. 자결권을 대쪽처럼 옹호한 대처는 시민이 정부 형태를 선택할 권리가 있고 국가가 자국의 이익을 위해 주권을 행사할 책임이 있다고 믿었다.

대처에게 영국의 주권은 자국의 독특한 역사, 지리적 완결성, 맹렬하게 지킨 자주성과 떼려야 뗄 수 없는 관계에 있었다. 추상적으로 말하는 법이 거의 없는 그녀가 실제로 각국의 주권이 국가 간 안정에 주요하게 작용한 1648년 베스트팔렌체제까지 거슬러 올라가는 등 더 넓은 개념을 이야기하기도 했다. 위법한 간섭 없이 법을 바탕으로 국정을 운영하고 자국의 이익에 따라 행동할 권리가 모든 국가에 있다고 믿은 그녀가 회고록에 이렇게 썼다. "나는 국제법을 확실히 믿지만 UN에 지나치게 의지하는 것은 좋아하지 않았다. 왜냐하면 그렇게 하는 주권국가는 자국의 이익을 위해 행동할 도덕적 권위가 부족하다는 뜻이기 때문이다."[22]

대처는 이런 신념에 따라 강한 국방력을 절대적으로 신뢰했다. 믿을 만한 억지력만이 진정으로 평화를 보장하고 베스트팔렌체제의 주권을 수호하는 방법이라고 생각한 것이다. 사실상 소련과 생산적으로 협상하려면 서방의 군사력부터 회복해야 한다는 뜻이었다.

대처의 또 다른 동기는 완고한 반공산주의 신념이었는데, 그 바탕에는 소련의 팽창주의가 서방에 실존적 위협이 된다는 믿음이 어느 정도 있었다. 대처는 공산주의가 개인을 예속시킨다는 점에서 본질적으로 부도덕하다는 생각을 거침없이 드러냈다. 그리고 정치 경력 전반에 걸쳐 자유민주주의가 본래 도덕적 우위에 있다는 점을 적극적으로 주장하면서 자유 투사로 떠올랐다.

대처의 이상주의는 몇 가지 중요한 한계에 부딪혔는데, 특히 핵무기로 무장한 소련의 존재가 걸림돌이 되었다. 당시 영국은 2차세계대전 전에 비해 세계에서 독자적으로 행동할 능력이 크게 떨어진 상태였으며 주권을 수호하려면 미국과 긴밀하게 협력하는 수밖에 없었다. 처칠이 고안한 미국과의 특별한 관계라는 개념에는 현실주의적인 요소가 상당 부분 있었다. 영국은 자국의 정책을 미국의 정책과 긴밀하게 조정해서 자국의 영향력을 증폭할 수 있었다. 이런 관계에 공식적으로 정해진 틀은 없었으나 그 대신 일련의 행동 양식이 있었다. 미국과 영국은 2차세계대전 때 정보 면에서 긴밀한 협력 관계를 구축했으며 냉전기에도 이를 이어 가면서 호주, 캐나다, 뉴질랜드를 영입해 파이브 아이즈(Five Eyes)라는 정보 동맹을 결성했다. 중요한 결정을 앞두고 있을 때는 미국과 영국의 지도자가 비공개로 강도 높게 협의했으며 공개적으로는 역사적 우호 관계를 존중하는 모습을 보였다. 영국 외교관들은 미국의 의사 결정 과정에 이례적일 만큼 능수능란하게 관여하면서 영국의 조언을 따르지 않는 미국의 정책 입안자들에게 죄책감까지 불어넣었다.

영국 총리 가운데 이런 대서양 방침에 대처보다 더 전념한 인물은 없었다. 야당 지도자로서 대처는 히스의 임기 중에 생긴 실망감에 따라 미국과 관계를 재건하는 험난한 길에 나섰다. 그녀는 영국과 세계의 행복을 위해 미국의 리더십이 꼭 필요하다고 믿었다. 언젠가 대처가 말한 것처럼 "미국을 약하게 만드는 것은 무엇이든 자유세계도 약하게 만들었다".[23] 이런 실용적인 판단이 아니라도 대처는 미국을 진심으로 찬미했다. 그녀는 다양한 가치와 오랜 역사를 공유하는 미국과 영국이 서방 동맹을 되살리는 계획에 함께 참여해야 한다고 믿었다. 그녀가 이끈 영국은 수혜국이 아니라 공동 계획을 함께 이행하는 동반자로서 자리 잡을 수 있었다.

대처는 원칙에 따라 국정을 운영하는 데 추상적인 개념에 압도된 채로 결정하는 법은 없었다. 그녀의 강점은 불굴의 의지에서 비롯했으며 상당한 매력을 통해 한층 효과적으로 발휘되었다. 지도자로서 대처의 천재적인 면모 중에는 더 큰 이상을 포기하지 않고도 현실에 적응할 줄 알았다는 점도 있었다. 변화를 일으키겠다는 굳은 결심에 따라, 당장은 좋지 않은 결과를 더 긴 과정에서 거쳐 가는 단계일 뿐이라고 보고 수용할 줄 알았다. 파월이 지켜본 대로 대처는 "마치 분별 있는 해군 장교처럼 언제 연기를 피우고 물러나야 패배를 피할 수 있는지 알았으며 언제나 궁극의 목표를 흔들림 없이 바라보며 그것을 달성하기 위해 싸웠다".[24] 대처는 아무것도 하지 않기보다는 불완전하게나마 하는 편이 언제나 더 낫다고 생각했다.

경제개혁가

영국 밖에서는 대처가 국제 무대의 위풍당당한 인물로 기억되지만, 영국인들은 애초에 국내 개혁가로서 그녀를 뽑았다. 1978년 가을에 시작되어 결국 노동당 정부를 무너뜨린 극적인 사건은 예측할 수 없었고, 그래서 그녀가 거둔 승리도 예견되지 않았다. 그녀는 경제학을 독학한 덕에 지적으로 새로운 정치적 기회를 활용할 준비가 되어 있었다. 영국인들이 겪는 고통의 근원을 잘 알고 설득력 있는 해결책을 제시했기 때문에 1979년 5월 총선에서 지지를 끌어모았다.

하이에크 이론의 엄밀한 기준에 따르면 대처의 경제계획은 너무 느린 반쪽짜리 계획이라고 할 만했다. 그러나 선거 정치의 맥락에서 그녀의 접근 방법은 단호하고, 이례적일 만큼 실험적이었으며, 결국 역사를 썼다. 그녀가 이끈 새 정부는 인플레이션을 잡기 위해 금리를 17퍼센트까지 올렸다. 침체를 유발할 수 있으며 사상 가장 높은 수준이었다.

불황이 닥쳤다. 1980년 영국의 GNP가 2퍼센트 줄었다. 수십만 명에 이르는 실직자가 실업수당을 받았다. 보수당 내부뿐만 아니라 내각에서도 정치적 정서와 견해가 점점 개혁 회의론으로 돌아섰지만, 대처는 흔들리지 않고 냉철하게 결의를 고수했다. 그녀가 처음부터 사적인 자리에서도 공개 석상에서만큼 한결같지는 않았으나, 갈수록 그녀의 정치적 결의가 승리를 거뒀다. 그녀가 재무 장관 제프리 하우(Geoffrey Howe)의 개혁안을 지지하면서 고용 장관 짐 프라이어(Jim Prior)처럼 합의를 중시하는 정치인들을 좌절시켰다. 다른 길을 택해야 한다는 여론의 압박이 거센 가운데 그녀가 1980년 10월 보수당의 연례 전당대회에서 "이 여자는 돌아서지 않는다"는 말을 남겼다. 이 문제에 관한 하이에크의 사상을 따르면서 도덕성과 애국심을 똑같이 선명하게 더한 대처는 인플레이션이 국익을 위협한다고 보았다. "인플레이션은 침략군처럼 국가와 사회를 파괴합니다. 인플레이션은 실업을 낳습니다. 저축하는 사람들에게 보이지 않는 강도입니다."[25] 대처가 보수당원들에게 한 말이다.

대처는 좋지 않은 예비 결과가 나왔을 때조차 통화정책을 뒤집지 않았다. 게다가 독립적인 중앙은행이 금리를 정하는 미국과 달리 영국에서는 1997년까지 재무부가 금리 결정의 최종 책임을 맡았기 때문에 결국 총리의 책임이었다는 점에서 그녀의 끈기는 더욱 놀라웠다.[*]

1982년, 영국 경제가 성장세로 돌아섰다. 그러나 실업률은 1984년까지 계속 증가했다. 이해 일어난 또 다른 국내 위기 앞에서 대처가 정치적 기량과 통찰력과 침착성을 모두 발휘해야 했다.

1984년 3월, 전국광산노조 위원장 아서 스카길(Arthur Scargill)이 영국 국

---

[*] 영국중앙은행이 1997년에 통화정책 통제권을 획득하면서 자율적으로 금리를 설정하고 양적 완화를 실행할 수 있게 되었으며 토니 블레어(Tony Blair) 총리의 재임기인 1998년에 공식적으로 독립했다.

영 광산의 경영을 맡은 국립석탄국을 상대로 파업을 선언했다. 대처가 지휘하는 석탄국은 생산성이 가장 낮은 탄갱을 폐쇄했고, 스카길은 조합원들에게 파업 지지 의사를 묻는 투표를 한 번도 실시하지 않은 채 파업을 1년 동안 이어 갔다. 이 과정에서 파업 광부들이 파업에 참여하지 않은 광부들이 일터에 들어가지 못하게 하려고 조직한 이동 시위대, 이른바 '날아다니는 피켓'과 경찰이 폭력적으로 대치하면서 1000명 넘는 경찰관이 다쳤다.

광부들에게 공감하는 여론이 널리 퍼지기도 했지만, 한편으로는 파업에 따른 폭력과 스카길이 투표 없이 파업을 시작했다는 점에 반대하는 여론도 있었다. 10여 년 전 히스가 빠진 함정에 다시 빠지지는 않겠다고 결심한 대처는 석탄 비축 정책을 시작하면서 한 걸음도 물러서지 않았다. 결국 광부들의 그 전 파업 때와 달리 영국은 정전 사태를 피할 수 있었고, 몇 개월이 지나자 광부들이 조금씩 일터로 돌아가기 시작했다.

파업이 진행 중이던 어느 날, 내가 영국의 전통적인 보수파이자 출판 가문의 후손인 전 총리 맥밀런과 아침 식사를 했다. 그가 광산노조 파업에 대해 대처가 보여 준 용기를 인정하면서 그녀에게 다른 선택이 없다고 덧붙였다. 하지만 그가 자신은 "그렇게 못 했을 것"이라면서, 1차세계대전 때 젊은 장교였던 자신은 프랑스 참호에서 광부들의 "아버지와 할아버지 들을 적진으로 보낸" 기억이 있기 때문이라고 설명했다.[26] 맥밀런에게는 대처처럼 지구력 싸움을 벌일 용기가 없었을 것이다.

1985년 3월, 2600만 일이라는 근로손실일수를 기록하고 파업이 끝났다. 낭만주의 시인 새뮤얼 테일러 콜리지(Samuel Taylor Coleridge)가 정치를 업으로 삼은 이들을 위한 '평신도 설교'인 『정치인 교본(The Statesman's Manual)』에서 "위인을 안다고 존경받는 이들이 국가적 사건을 두고 그것의 진정한 주요 원인인 지배적 여론의 상태보다 (……) 특정 인물을 탓하는 기벽을 가진 경우가 드물지 않다"고 했다.[27] 그러나 대처는 대개 사건을 진전시키고 결국

민심을 자기편으로 만들기 위해 여론에 맞설 준비가 되어 있었다.

대처의 개혁에 따라 영국은 돌이킬 수 없을 정도로 변했다. 그녀가 총리 직에 있는 동안 보수당은 외환 통제를 중단하고 고정 거래 수수료를 없앴으며 영국의 주식시장을 외국 투자자들에게 개방했다. 1980년대 말 '빅뱅'으로 알려진 이 사건으로 영국은 국제 금융의 중심지가 되었다. 보수파는 공공 지출을 제한하는 정책도 펼쳤으나 바로 지출을 줄이는 데는 실패했다. 소득세와 투자세가 낮아지고 소비세는 올라갔다. 브리티시 텔레컴(British Telecom), 영국항공(British Airways), 브리티시 스틸(British Steel), 브리티시 가스(British Gas)가 모두 민영화되었다. 주식을 보유한 영국인도 네 배 가까이 늘어났다.[28]

대처는 공공 주택에도 똑같이 민영화 논리를 적용하려고 했다. 그녀가 시행한 '구매권' 계획을 통해 100만 명이 넘는 공영주택 세입자가 유리한 조건으로 자택을 소유할 수 있게 되었다. 대처는 "재산을 소유하는 민주주의"라는 표어를 실질적인 정책으로 풀어내면서 노동계급 국민이 재산을 형성할 수 있게 도왔다. 집을 새로 갖게 된 이들 중 적지 않은 수가 보수파 유권자가 되면서 좋은 정책으로 새로운 정치적 후원자를 구축할 수 있다는 그녀의 좌우명을 증명했다. 빅토리아시대의 가치를 전파한다고 비난받자 그녀가 화살을 이렇게 비판자들에게 돌렸다.

〔처칠〕의 말이 옳았습니다. 여러분은 누구나 배경에 상관없이 올라갈 수 있는 사다리를 원하지만, 〔한편으로는〕 아무도 떨어지지 않을 근본적인 안전망을 원합니다. 이것이 영국인의 특성이며 (……).

공감은 여러분이 아침에 일어나 시장으로 가서 정부가 해야 할 일에 대해 연설하는 데 달려 있지 않습니다. 공감은 여러분이 여러분의 삶을 살아갈 준비가 얼마나 되었는지 그리고 여러분이 가진 것을 다른 사람과 얼마나 나눌

준비가 되었는지에 달려 있습니다.[29]

대처는 자신이 공언한 원칙에 따라 살았다. 자유시장을 전폭적으로 지지한 그녀가 한편으로는 자신이 이끄는 정부가 사회적 서비스의 질을 개선했다는 점에 대해 자랑스럽게 여겼다. 특히 이는 애틀리 총리의 노동당 정부가 단행한 전후 개혁의 핵심인 국민건강보험(NHS)에 대한 그녀의 접근 방식에서 가장 선명하게 드러났다. 그녀가 시장에 기초한 해결책을 강력하게 선호했지만 국민건강보험의 민영화는 한 번도 진지하게 고려하지 않았다. 그 대신 다른 부문의 지출을 줄이고 국민건강보험 기금을 늘렸다. 그녀는 이것이 족쇄를 벗어 던진 사기업들이 창출한 부 덕분에 가능했다고 망설임 없이 단언했다.

국민건강보험은 안전합니다. (……) 우리에게 필요한 부를 창출하는 효율적이고 경쟁적인 산업 없이는 사회적 서비스에서 이런 성과를 절대로 볼 수 없었을 겁니다. 효율성은 공감의 적이 아니라 동맹입니다.[30]

대처는 국가가 몇 년간 뚜렷한 쇠퇴기에 있을 때 총리가 되었다. 인플레이션이 1980년에 18퍼센트였으나 대처가 물러난 1990년에는 8퍼센트까지 낮아졌다. 1993년부터 2020년까지는 대체로 2퍼센트 선을 유지했다. 실업률도 1984년의 12퍼센트 가까운 최고치에서 1990년의 7퍼센트로 떨어졌고, 같은 시기 1인당 소득은 2020년 달러 기준으로 7805달러에서 1만 9095달러로 두 배 이상 늘었다. 1983년에는 10만 명 정도 되는 노동자가 영국을 떠났으나 1990년에는 연간 20만 명 넘게 유입되었다.[31] 노동쟁의로 발생한 근로손실일수는 1979년 2950만 일에서 1990년 190만 일로 급감했다.[32] 영국이 다시 작동하기 시작했을 뿐만 아니라, 대처와 그녀의 유능한 보좌관들이 설계한 경제 전환이 세계 속 영국의 지위를 찾아 주었다.

대처는 경제개혁 성공을 통해 강력한 정치권력을 손에 넣었으며, 이로써 더 많은 자원과 유동성을 이용해 대외 정책 목표를 달성하고 국방 지출을 늘릴 수 있었다. 경제가 개선되는 동안 보수당을 이끌고 선거에서 세 차례 잇따라 승리했다. 하지만 경제개혁이 성과를 내기 시작한 뒤에도 이에 대해 호의적인 합의가 폭넓게 형성된 적은 없었다. 그녀가 수많은 사람의 존경을 받았으며 일부는 그녀를 흠모하기까지 했으나, 개혁 시기에 단행한 조치로 노동계급 대부분과 좌파 지식인의 원망을 샀다. 1988년에는 대처가 지방 정부의 세수 증대를 위해 인두세인 '지역 주민세'를 포용하면서 냉혈한 이미지가 되살아났고, 이에 반대하는 시위가 폭넓게 일어나면서 결국 그녀의 정치적 몰락으로 이어졌다.

이와 대조적으로, 대처는 중도파 유권자와 정치 엘리트층의 경제적 견해에 오래도록 영향을 미쳤다. 대처가 사임하고 7년이 지난 1997년, 블레어의 '신노동당' 정부가 선출되었을 때 내가 대처에게 정부가 좌파와 크게 멀어질 토대를 마련했다는 점에서 축하하는 편지를 보냈다.

제가 영국 선거에서 노동당이 승리한 일을 두고 축하를 드리게 될 줄은 몰랐습니다. 그러나 블레어의 계획만큼 귀하가 일으킨 혁명을 확실하게 할 정책은 또 없다고 생각합니다. 제가 보기에는 귀하의 정부 전에 있던 보수당 정권보다 더 우파에 가까운 듯합니다.[33]

자신이 강제로 물러난 상황을 여전히 고통스럽게 여기던 대처가 이 일로 기분을 바꿀 수 있었다. 나에게 이런 답장을 보냈다. "귀하의 분석이 옳다고 생각합니다. 정적의 당선을 도운 다음 당선할 전략을 마음에 두지는 않았는데요!"[34]

블레어는 취임 2주 뒤 대처를 다우닝가 10번지에 초대해 차 마시는 시간을 가지면서 좌익 동료들에게 당혹감을 안겨 주었다.[35] 표면상 이 만남의 목적은 곧 다가올 유럽연합 정상회의에 관해 그녀의 조언을 구한다는 것이었으나 분명 개인적 존경의 표시도 있었다.[36] 이와 마찬가지로 10년 뒤 블레어의 후임인 고든 브라운(Gordon Brown)도 취임 3개월 만에 비슷한 방식으로 그녀를 초대했다. 이때는 대처가 꽃다발을 손에 들고 총리 관저에서 나서는 모습이 목격되었다.[37] 비참하던 1970년대에 새로운 중심을 만들겠다고 결심한 그녀의 목표가 이루어졌음을 증명한 대목이다.

주권 수호를 위해: 포클랜드 분쟁

대처는 전 세계 어디에서든 영국의 이익을 지키고 대서양 동맹을 유지할 영국의 역량을 보호하는 것을 의무로 여겼다. 그래서 이런 주제에 관해 영국의 관점을 설득력 있게 표현했으며 가차 없이 영국의 해외 사업 기회를 추구하고 단호하게 영국 국민을 보호했다. 1982년 4월, 이런 믿음에 따라 행동하겠다는 그녀의 의지가 시험대에 올랐다. 아르헨티나가 1833년 이래 영국령이던 포클랜드제도를 침공한 것이다. 영토 내 최고권인 주권이 그 의미를 유지하려면 그녀가 행동에 나서야 했다. 훗날 그녀가 회고했듯, 아르헨티나의 침공은 "영국의 명예에 닥친 위기"였다.[38]

UN 창립 문서가 베스트팔렌체제의 국권 평등을 규정하고 있지만, UN 내부에서는 주권을 방어하려는 대처의 행동을 두고 논쟁이 벌어졌다. 식민주의에 맞서 독립을 쟁취한 뒤 UN에 가입한 신규 회원국 다수가 아르헨티나의 포클랜드 탈취를 식민지가 뒤늦게 해방되는 사건으로 보았다. 따라서 인구가 많지 않은 남대서양의 섬에서 발생한 문제에 관해서는 베스트팔렌

체제의 회원국들도 대처를 지지하지 않을 듯했다. 게다가 미국 정부는 레이건이 대처를 높이 평가하고 영국이 오래도록 관계를 쌓았는데도 양면적 태도를 취했으며 NATO의 반응도 미지근했다. 그 반면 프랑스 대통령 미테랑은 대처의 주장에 설득력이 있다고 보고 그녀에게 "다른 이들도 여러분만큼이나 이런 공격에 반대한다는 점을 알아 달라"고 확언했다.[39]

비판자들은 포클랜드 위기에 대처가 보인 행보가 너무 완고하고, 타협을 위한 노력에는 귀를 기울이지 않으며, 자신의 의지를 실현하려는 결심이 살벌하다고 평가했다. 실제로 이 분쟁에서 그녀의 행동은 원칙을 굳게 지키겠다는 결의에 바탕을 두었다. 그러나 한편으로는 특히 워싱턴과 형성한 관계에서 유연한 외교적 조치가 필요한 순간이 언제인지에 관한 기민한 이해도 반영되어 있었다.

포클랜드제도는 아르헨티나 본토에서 480킬로미터 정도 떨어져 있다. 아메리카 대륙의 최남단인 케이프 혼과 가깝고 대서양과 태평양을 연결하는 역사적 통로인 마젤란해협을 따라 자리하고 있어서 전략적으로 중요하다. 18세기에는 프랑스, 영국, 스페인이 이 섬의 통치권을 두고 논쟁했으며 갖가지 유럽 전쟁의 결과에 따라 식민지의 주인이 자주 바뀌었다. 1830년대 초에는 신생 독립국 아르헨티나의 수도인 부에노스아이레스에서 이 섬을 지배했다. 영국은 1833년 1월에 이 섬을 점령한 이후 계속 소유권을 유지했다. 아르헨티나가 이 섬에 대한 주권을 주장했으나, 국제법에 따르면 포클랜드 주민들이 1980년대 초까지 거의 150년간 영국 왕실의 국민으로 살았다.

1981년 12월, 경제적 혼돈과 내전에 가까운 상당한 폭력 속에서 아르헨티나의 대통령이 된 레오폴도 갈티에리(Leopoldo Galtieri) 장군이 아르헨티나가 오랫동안 주장하던 포클랜드에 대한 소유권을 깔끔하게 입증해 국민의 지지도를 높이려고 했다. 1982년 4월 2일, 포클랜드를 침공한 아르헨티나가 방어에 취약한 섬을 빠르게 장악했다.

침공 소식은 영국 정부에 충격을 주었다. 대처는 훗날 "믿을 수 없었다"고 회고하면서 "그들은 우리 국민이고, 우리의 섬이었다"고 주장했다.[40] 그녀는 행동에 나서야 한다고 직감했으나 조언자들은 거의 지지하지 않았다. 외무부는 외교 경로를 찾지 못했고, 국방 장관 존 놋(John Nott)은 1만 1000킬로미터 넘게 떨어진 섬을 탈환하려고 군사행동을 벌일 수는 없다고 조언했다.

리더십의 궁극적 기능은 동료들이 가능하다고 생각하는 범위에서 한발 더 나아가도록 고무하는 것이다. 대처가 특유의 자신감으로 정부를 밀고 나갔다. "그들을 되찾아와야 할 겁니다." 대처가 놋에게 말했다. 그가 불가능하다고 주장하자 대처는 그저 한 번 더 말했다. "해내야 할 겁니다."[41]

안 된다는 답은 듣지 않겠다는 대처에게 앞으로 나아갈 방향을 제시한 사람은 해군 제1군사위원 헨리 리치(Henry Leach) 경이다. 그가 위험부담이 상당하지만 이 작전을 수행할 수 있는 해군력을 모아야 한다고 조언했다. 대처는 필요한 준비에 착수하라고 정식으로 지시했다. 이런 결정을 내렸다고 해서 그녀가 반드시 군사적 해법을 쓰려 한 것은 결코 아니고, 회의적인 각료들과 동맹국 미국이 제시한 외교적 선택이 다 없어지는 경우를 대비해 또 다른 가능성을 열어 둔다는 뜻이었다.

전략을 세운 대처는 조금도 지체하지 않고 실행에 들어갔다. 공개적으로 원칙을 설명하고 이를 지키겠다고 엄숙하게 맹세했다. 침공 다음 날인 토요일에는 하원에서 긴급회의가 열렸다. 대처가 분명하게 자기 생각을 설명했다. "몇 년 만에 외국 세력이 영국의 영토를 침공했습니다. (……) 포클랜드제도와 그 부속은 계속 영국의 영토라는 점을 하원 여러분께 말씀드립니다." 간단히 말해, 이것은 식민지 문제가 아니라 영국의 자존심과 주권에 관한 문제였다. 그녀가 도전적으로 마무리했다. "그 어떤 공격도 이 단순한 사실을 바꿀 수는 없습니다. 이 섬이 가능한 한 빨리 점령에서 해방되어 영국 품

으로 돌아오는 모습을 보는 것이 정부의 목표입니다."⁴²

대처는 스스로 물러날 가능성을 차단하며 결의를 명료하게 전달했다.

대처는 영국의 가장 강력하고 중요한 동맹국인 미국의 반응이 긍정적이기를 바랐다. 그러나 워싱턴의 견해는 이와 반대였다는 점이 알려졌다.

레이건 대통령의 1980년 선거에 힘입어 영미 관계가 1982년 초까지 좋은 상태를 유지했다. 레이건과 대처는 대처가 당수가 된 직후이자 레이건이 1976년 공화당 대통령 후보 경선을 준비하던 시기인 1975년에 처음 만났다. 이 만남이 아주 성공적이었다. 이념적으로 비슷한 길을 걸은 야심 찬 두 지도자는 다양한 정책 문제에서 의견이 일치했다. 이들은 개인적으로도 접점이 있었다. 얼마 지나지 않아 레이건이 대처에게 편지를 통해 말했다. "이곳 '식민지'에 열성 지지자가 한 명 있다는 걸 알아 주십시오."⁴³

레이건이 취임한 뒤에는 대서양 관계가 더 강해졌다. 1981년 2월, 대처가 유럽 동맹국 정상 중 처음으로 레이건이 이끄는 워싱턴을 방문해 백악관의 화려한 국빈 만찬에 참석했다. 그리고 이례적인 외교 의례로 다음 날 저녁 영국 대사관에서 레이건을 위한 답례 만찬을 마련했다. 레이건은 일지에 이 날 저녁을 "진심으로 따뜻하고 아름답던 시간"이라고 기록하면서 "총리와 그녀의 가족과 우리 사이에 진정한 우정이 있다고 믿는다. 우리는 확실히 느낄 수 있었고 그들도 그럴 것으로 확신한다"고 덧붙였다.⁴⁴ 재임 초기 레이건이 대처의 경제개혁을 지지했고, 두 사람이 나란히 동서 관계에 대해 확신을 가지고 접근했다.

워싱턴과 런던의 우호 관계에 생기가 돈 건 사실이지만 미국은 아르헨티나와도 중요한 관계에 있었다. 레이건 임기 중에 아르헨티나의 군사정권 훈타와 미국의 관계가 한층 강화되었고, 부에노스아이레스는 소련이 후원하는 니카라과의 산디니스타 정권에 맞서는 반공산주의 반군 조직 콘트라를 워싱턴과 공공연하게 그리고 나중에는 비밀리에 지원했다. 미국 지도부 중 일부는 포클랜드 분쟁에서 영국을 지지하는 기색만 보여도 아르헨티나와 함께 하는 일에 해가 될 수 있으며 저개발 제3세계에서 미국의 입지가 좁아질 수 있다고 걱정했다. 게다가 만약 갈티에리 정권이 군사적으로 패배한다면, 그 뒤를 이어 "소련과 군사적 관계를 구축할 매우 민족주의적인 군사 정권"이 들어설 가능성이 크다는 CIA의 경고까지 더해지면서 그림이 한층 복잡해졌다.[45]

상충하는 압박을 마주한 미국 정부는 분열되고 때로는 모순적이기까지 한 행보를 보였다. 헌신적인 보수주의자 와인버거가 지휘하는 국방부는 분쟁이 시작되었을 때부터 당장 필요한 군수품을 폭넓게 공급했다. 이 원조는 대부분 비밀리에 진행되었는데, 무엇보다 헤이그 장관이 이끄는 국무부가 영국에 대한 공개적인 지원을 반대했기 때문이다. 아르헨티나와 불화를 피하려고 헤이그는 중재를 시도했다. 레이건은 내심 영국에 공감하면서도 런던과 부에노스아이레스를 오가는 헤이그의 셔틀외교를 묵인했다.

중동에서 셔틀외교를 진행한 나는 헤이그가 내게 자신의 계획을 설명했을 때 심각한 의문이 든다고 말했다. 내가 한 셔틀외교는 몇백 킬로미터 떨어진 두 수도를 오가는 것이었지만, 남대서양 위기에서 두 수도는 1만 1000킬로미터 넘게 떨어져 있었다. 중동에서는 우발적인 상황에서 조정되기도 하며 하룻밤 새 결정이 내려질 수 있었을 뿐만 아니라, 양측 지도자가 모두 진전을 이루기 위해 노력했다. 그 반면 포클랜드 위기에서 대처와 훈타는 저마다 확고한 태도로 처음부터 타협을 배제했다. 대처가 중재에 동의한 데는 십중팔구 미국의 바람을 들어주는 한편 영국 함대가 포클랜드 해역에 도착할 때까지 시간을 번다는 이유가 있었을 것이다. 대처는 영국의 주권에 관한 견해를 위협받는 순간 바로 중재를 거부할 터였다.

대처는 미국이 당연히 영국 편에 설 줄 알았다. 그래서 헤이그의 분투가 달갑지 않은 충격을 주었다. 여전히 포클랜드에 대한 영국의 주권을 회복할 가치가 있다고 확신한 그녀가 어쩔 수 없이 타협안을 고려해야만 했다. 미국이 제안하는 중재 결과에 귀를 기울이고 공개 석상에서는 군사적 해법밖에 없다고 주장하지 않는 데 합의했다. 그러나 외교 계획을 추진하고 있던 4월 5일에 영국 해군 기동부대를 파병했다는 점은 아르헨티나에 대한 압박이 점차 거세지리라는 걸 보여 주었다. 국내에서 폭넓은 지지와 유연한 모습을 유지해야 한다는 점은 두말할 것도 없거니와 미국의 여론까지 민감하게 파악한 대처는 포클랜드를 UN 신탁통치 지역으로 만드는 것을 비롯해 다양한 선택 사항을 살폈다.

4월 말에는 아르헨티나의 타협 거부로 셔틀외교가 실패했다. 군사적 분쟁이 일어날 가능성이 커지면서 협상을 통해 해결책을 찾아야 한다는 압박도 거세졌다. 5월 초 런던을 방문한 내가 대처의 외교적 유연성에 한계가 있다는 것을 알았다.

포클랜드 위기가 일어나기 몇 달 전, 내가 외무 장관 캐링턴 경에게 영국 외무부 설립 200주년 기념식에서 연설해 달라는 초청을 받았다. 그러나 정해진 날짜가 되었을 때 그는 이미 자리에서 물러나고 없었다. 외무부가 포클랜드 침공을 예견하거나 방지하지 못했다는 사실이 보수당 의원들을 향한 거센 분노를 자아냈다. 오래됐지만 결코 누구나 지키지는 않는 관행에 따라, 캐링턴이 총리와 내각을 지키기 위해 자신이 정부의 실패에 대한 책임을 지고 사임하는 편을 택했다. 명예의 정수였던 그는 잘못이 없었다. 그러나 그가 생각하는 의무에 따르면 사임만이 올바른 행동이었다.*

사실 캐링턴은 위기 직전에 포클랜드 해역에서 쇄빙선 HMS 인듀어런스호를 예정대로 철수하는 방안을 단호하게 반대했다. 국방 장관 놋이 연

---

* 몇 개월 뒤 내가 그에게 왜 친구들에게도 이렇게 긴장된 상황을 털어놓지 않았는지를 물었다. 그는 "나중에라도 친구들에게 그때 사실 내겐 책임이 없었다고 말해 버리면 애초에 책임을 지는 의미가 없다"고 답했다.

간 약 250만 달러의 비용을 아끼려고 제안한 이 결정이 결과적으로 아르헨티나의 공격을 불렀다. 캐링턴은 아르헨티나가 이 결정을 "포클랜드제도에 대한 지원을 줄이려는 영국의 의도적 정책 중 한 단계"라고 해석할 것이라고 주장했다.[46] 1982년 2월 9일 하원에서 HMS 인듀어런스호를 두고 논쟁이 벌어졌을 때, 대처는 현명하지 못하게 캐링턴이 아닌 놋의 견해를 지지했다. 그런데 남대서양에서 억지력을 없애 버린 대가가 생각보다 컸다. 포클랜드 전쟁에 들어간 비용이 70억 달러를 넘었기 때문이다. 역사학자 앤드루 로버츠(Andrew Roberts)는 이 결정을 두고 "전투에는 언제나 억지보다 많은 돈이 들어가기 때문에 국방 지출을 크게 하는 편이 더 효율적이라는 진실이 이보다 더 적나라하게 드러난 적은 거의 없다"고 말했다.[47]

캐링턴이 물러나면서 영국 외무부의 200주년 기념식은 새로운 외무 장관 프랜시스 핌(Francis Pym)이 주관했다. 당시 공직에서 물러난 지 5년이 된 내가 개인 자격으로 참석했는데, 영국 측이 공식적인 의전을 갖춰 주었으며 핌을 비롯한 고위 공직자들과 오찬을 함께 한 데 이어 오후에 대처와 티타임도 준비되었다.

오찬 때는 주로 헤이그의 셔틀외교에서 드러난 타협 가능성을 논의했다. 세부적으로 합의된 것이 아직 없었지만, 타협 말고 대안이 있다는 기색도 없었다. 그 뒤 다우닝가 10번지에서 대처와 차를 마실 때 내가 새로운 접근법 중 어느 편을 더 선호하느냐고 물었다. "저는 타협하지 않을 겁니다!" 대처가 벼락처럼 소리쳤다. "오랜 친구가 어떻게 이럴 수 있습니까? 어떻게 그런 말을 합니까?" 그녀가 너무 격노해서 나는 차마 그게 내 생각이 아니라 영국 최고 외교관의 생각이라는 말을 못 했다.

대처는 자신이 원칙과 전략에 기초한 태도를 지키고 있다고 설명했다. 그래서 영국 영토가 이유 없이 공격당한 상황에 가장 가까운 동맹이 중재를 제안한다는 게 실망스럽다고 했다. 그날 저녁 나는 "동반자 관계에 관한 고찰"이라는 연설을 통해 포클랜드 위기를 관리하는 대처의 태도를 지지했다. 미국이 1956년 수에즈 위기 때처럼 다시 가까운 우방을 버릴 수는 없었다.

가까운 동맹이 자국의 핵심 사안이라고 생각하는 문제에 관해서라면 그 전략적 견해와 자신감을 해칠 수 없습니다. 오늘날 이런 원칙을 보여 주는 사례가 적지 않습니다. 이런 의미에서 포클랜드 위기는 결국 서방의 응집력을 강화할 겁니다.[48]

그러나 대처는 처음에 거부한 구상을 나중에 어느 정도 수용하는 모습을 보일 때가 종종 있었다. 포클랜드에 관해서도 그랬다. 아르헨티나는 어리석게도 협상에 응할 기색조차 보이지 않았으나, 대처는 협상에 대비해 의견을 조금씩 정리하기 시작했다. 5월 17일에 UN 사무총장 하비에르 페레스 데케야르(Javier Pérez de Cuéllar)를 통해 이른바 영국의 최종 제안[49]을 전달할 즈음 대처는 아르헨티나가 철수하는 대가로 UN이 이 제도를 관리하는 방안에 동의했다. 포클랜드의 주권 자체는 추후 협상 주제로 남겨 놓기로 했다. 대체로 미국의 지지를 계속 얻기 위해 구상한 이 양보안은 그 전 상태를 복원하겠다는 대처의 초기 주장과 상당한 거리가 있었다.

대처가 제시한 '최종' 제안의 바탕에는 냉철하고 이성적인 분석이 있었을까? 또는 대처의 선택에 권모술수가 담겼을까? 그녀가 협상 내내 아르헨티나의 비타협적 태도를 지켜보고 갈티에리가 자신의 제안을 받아들일 가능성이 희박하다고 결론지었을 수도 있다. 만약 당시 포클랜드로 접근하고 있던 함대가 용납할 수 없는 피해를 본다면 오히려 이 제안이 철회될 수도 있었다. 이렇게 불확실한 상황에서 UN이 중재하는 해결책으로 우위를 점하려고 한 대처는 상당한 위험부담을 지고 있었다.

부에노스아이레스에서 대처의 제안을 받아들였다면, 대처는 영국 하원이 합의를 받아들이도록 설득하거나 분쟁이 해결된 뒤 UN이 행정 권한을 영국에 넘겨주도록 설득해야 하는 초인적인 싸움에 부딪힐 터였다. 나는 만약 이렇게 되었다면 대처가 협상을 통해 영국 기동부대가 그녀의 본래 목적대로 영국 주권을 회복시킬 바탕을 마련했으리라고 믿는다. 그러나 대처로서는 다행히도 도박이 효과를 발휘했다. 5월 18일, 아르헨티나가 영국의 제안을 단칼에 거절했다. 영국군은 이로부터 사흘 뒤 공격을 개시했다.

전투가 시작된 뒤에도 영국의 승리를 장담할 수는 없었다. 병참선이 이례적으로 긴 데다 전투 지역의 자원이 한정된 탓에 영국 기동부대가 상당히 취약했다. 게다가 아르헨티나가 프랑스에서 많이 확보한 엑조세미사일을 이용해 영국 함선에 심각한 타격을 입혔다. 만약 항공모함 HMS 허미즈 또는 HMS 인빈시블 중 하나라도 먹잇감이 되었다면 영국이 난처해질 터였다.

대처는 이런 위험과 사상자가 발생할 가능성을 아주 잘 알고 있었다. 그녀가 공개적으로는 언제나 꺾이지 않는 강인한 모습을 보였으나, 사적으로는 한 명 한 명의 피해를 통렬하게 절감했다. 대처의 공식 전기 작가의 기록에 따르면, 아르헨티나의 공격 소식이 있을 때마다 드니스는 아내가 침대에 걸터앉아 "안 돼, 안 돼! 또 다른 함선이, 우리 젊은이들이!" 하고 흐느끼는 모습을 보았다고 했다.[50] 전쟁이 끝날 때까지 대처는 전사한 영국 병사들의 유족에게 255통의 편지를 직접 써서 보냈다.[51]

전시 지도자로서 대처는 매개변수를 확립한 뒤 해군 장관들의 판단에 전황을 맡기는 한편 정치적으로 확고한 지지를 보냈다. 그녀가 확립한 매개변수 중 하나로 4월 30일에 영국 정부가 포클랜드 주변 200해리를 배타적 수역으로 선포했다는 점이 있다. 이 수역을 침범하는 아르헨티나 선박은 사전 경고 없이 공격받을 수 있었다. 이 규칙은 곧 시험대에 올랐다. 5월 1일, 아르헨티나의 순양함 헤네랄 벨그라노가 배타적 수역의 가장자리를 스치는 모습이 포착되었다. 결정이 필요한 순간이 온 것이다. 다음 날, 헤네랄 벨그라노는 배타적 수역에서 60킬로미터 넘게 떨어져 항행하고 있었는데도 대처가 이 배를 침몰시키라고 명령했다.[52] 아르헨티나 선원 300명 이상이 목숨을 잃었다. 이 결정은 수많은 논란의 대상이 되었으나, 헤네랄 벨그라노의 처지는 포클랜드로 향하는 영국 기동부대의 잠재적 위협을 상징적으로 보여 주었다.

육지전이 시작된 5월 21일 하루에 영국군 5000명이 포클랜드제도에 상륙했다. 국제적인 휴전 압박이 더 강해졌는데도 이때부터 대처가 더 강경해졌다. 바다에서는 물론이고 땅에서도 영국군이 피를 흘리는 상황에서 대처는 완전한 주권 회복에 미치지 못하는 대안을 모두 거부했다.

워싱턴은 대처의 태도를 달갑지 않게 여겼다. 전쟁을 끝내라는 라틴아메리카 동맹국들의 압력이 거세졌기 때문이다. 주권을 향한 영국의 요구가 미국의 이익에 관한 범위를 침범하는 듯한 순간도 있었다. 5월 31일, 영국군이 포틀랜드제도의 수도 포트스탠리로 진격하자 레이건 대통령이 설득에 못 이기고 대처에게 전화해서 아량을 호소했다. 대처는 흔들리지 않았다. "지금 섬을 넘겨주지는 않을 겁니다. 아르헨티나의 철수 없이 조용히 휴전하고 물러나려고 영국의 가장 훌륭한 함선과 가장 훌륭한 생명을 희생한 게 아닙니다."[53] 대처가 일제사격 같은 말을 쏟아붓자 레이건은 논쟁의 본질에 반대하지 않기로 했다. 미국이 더는 영국의 진격을 늦추려고 애쓰지 않았다. 미·영 관계의 근본적인 내구력을 보여 준 다른 사례도 있다. 미군 해군부 장관이던 존 리먼(John Lehman)이 나중에 밝힌 바에 따르면, 레이건은 영국 해군이 항공모함을 잃을 경우 영국군의 수직이륙 전투기 씨해리어를 수용할 수 있는 강습상륙함 (또는 헬리콥터 항공모함) USS 이오지마를 대여하기로 했다. 레이건이 "매기(Maggie)에게 필요한 모든 것을 지원"하라고 국방 장관 와인버거에게 지시했다.[54]

격렬한 전투 끝에 6월 14일, 아르헨티나 점령군이 항복했다. 영국은 완전히 승리했으며 헤아릴 수 없을 정도로 상징적인 가치를 얻었다. 포클랜드 전쟁의 승리는 대처가 국내에서 펼친 경제개혁과 더불어 세계 무대에서 영국의 지위를 효과적으로 바꿔 주었다. 이를 두고 그녀가 이렇게 말했다.

우리는 이제 후퇴하는 국가가 아닙니다. 그 대신 우리에게는 국내의 경제적 전투에서 태어나 1만 2000킬로미터 떨어진 곳에서 검증받고 증명된 새로운 자신감이 있습니다. (……) 기쁘게도 영국은 과거 몇 세대에 걸쳐 타오르던 정신에 다시 불을 붙였고, 오늘날 그 정신이 예전만큼 밝게 타오르기 시작했습니다.[55]

미국의 반응은 양가적이었다. 레이건이 대처의 정책을 묵인했다는 이유로 아르헨티나와 관계가 틀어지면서 양국의 협력이 갑작스럽게 중단되었다. 그러나 다른 국가들은 넓은 의미에서 이 상황을 더 호의적으로 받아들였다. 전장에서 능력을 증명한 대처는 냉전기 서방에 한층 힘을 실어 주었다. 그녀의 정책은 식민지 문제와 전략적 도전을 분명히 구분했으며 포클랜드는 확실히 후자에 속했다.

홍콩 협상

포클랜드 전쟁 직후 대처는 과거 영국의 노골적인 식민주의가 낳은 또 다른 문제를 직면해야 했다. 이번에는 홍콩의 미래가 달려 있었다.

홍콩섬은 1842년 이래 영국의 영토였으나, 홍콩섬 주변 신제는 영국이 중국으로부터 99년 동안 임대받아 통치하고 있었으며 그 연한이 1997년까지였다. 영국은 이와 관련해 역사적 점유권을 주장했으나 베이징이 이를 거부하면서 두 영토 모두 중국공산당이 장제스(蔣介石)와 민족주의 세력에 대한 승리 50주년을 기념하기 2년 전인 1997년까지 본래대로 중국의 통치하에 돌려놓아야 한다고 강조했다.

중국은 영국이 홍콩과 신제를 통치했다는 사실을 역사적 탈선으로 여겼다. 영국의 지위는 중국이 홍콩을 영구 할양한 난징조약(1842), 중국이 이웃한 반도도 할양한 카오룽협정(1860),* 영국이 신제를 99년간 조차한 홍콩 영토의 확장에 관한 협정(1898)** 등에 기반을 두었다. 그래서 대처는 영국의 점유권 주장이 국제법에 따라 근거 있는 주장이라고 믿었다. 그러나 중국은 이런 조약이 강제 체결되었으며 영국의 점유권은 애초에 무력으로 이 섬들을 점령한 것만큼이나 부당하다고 보았다.

나는 이에 관한 중국의 의견을 중국의 최고 외교관이자 1949년부터 1975년까지 마오쩌둥 치하에서 유명무실한 정부 수반이던 저우언라이와 대화하며 알 수 있었고, 1978년부터 1989년까지 중국의 최고 지도자였던 덩샤오핑과 대화할 때도 한층 폭넓게 들었다. 그러나 홍콩에 관해서는, 주로 미·중 관계를 논의할 때 곁가지로만 거론되었다. 덩샤오핑은 중국이 참을성 있게 협상에 나서겠지만 주권 문제에 대해서는 타협하지 않을 것이며 이를 중국 영토의 불가침성과 동일시한다고 설명했다. 그러나 만약 타이완과 재통일을 촉진할 수 있다면 홍콩 자치를 어느 정도 인정한다고도 했다.

신제의 조차 기한인 1997년이 가까워진 1982년, 중국이 협상 범위를 확장해 홍콩섬을 포함하겠다는 뜻을 공개적으로 밝혔다. 포클랜드 전쟁에서 거둔 승리로 상기된 대처는 홍콩 본토를 비롯한 모든 곳에 대해 영국의 주

---

* 1차 베이징조약이다. — 옮긴이
** 2차 베이징조약이다. — 옮긴이

권을 절대 포기하지 않겠다는 굳건한 태도를 보였다.

또한 대처는 영국 시민을 공산당 치하로 하락하게 둘 수 없다고 단호하게 주장했다. 중국이나 소련을 비롯한 모든 공산주의 체제가 개인의 자유를 전복했다고 믿은 대처는 베이징에 홍콩 시민의 권리를 믿고 맡길 수는 없다고 여겼다. 언젠가 대처가 내게 덩샤오핑이 얼마나 잔인하게 행동할 수 있는지를 두고 불평했으며,[56] 홍콩에서 (도청을 피하려고 전용기에서) 다시 만났을 때는 중국 지도부 전반에 대한 부정적 견해를 적나라하게 드러냈다.

그러나 대처에게 정치적 선택 사항이 많지 않았다. 우선 포클랜드 위기 때와 다르게 군사적 해결책을 강구할 수 없었다. 중국 인민해방군을 상대한다면 홍콩은 단번에 무너질 터였다. 따라서 협상을 통해 해결책을 찾아야 했다. 그러나 그 배경에는 양 당사국이 교착상태에 빠졌을 때 일방적으로 문제를 해결해 버릴지도 모를 중국의 힘이 도사리고 있었다.

대처는 유연성을 남겨 두는 전술을 택했다. 초기 대화에서 대처는 주권 문제를 논의하는 대신 영국이 계속 홍콩을 관리해도 좋다는 약속을 받아내려고 했다. 그래서 이것이 당시는 물론이고 1997년 이후에도 홍콩의 번영을 이끈 국제 비즈니스계에 계속 확신을 불어넣을 유일한 방법이라고 주장했다.

1982년 9월, 대처가 이런 정서를 전하기 위해 베이징에 갔다. 그러나 긴장감 속에서 덩샤오핑과 자오쯔양 총리를 만난 대처는 중국의 현실에 대한 교훈을 얻을 수 있었다. 그들은 공개적으로든 사적으로든 주권과 관련된 문제는 협상의 대상이 아닐뿐더러 영국이 계속 지배할 방안은 논의할 가치도 없다는 뜻을 밝혔다. 베이징은 중국의 비호를 받는다는 조건하에 홍콩의 자본주의 체제를 그대로 둘 것이라고 했다. 훗날 영국 측의 한 공직자가 중국인들에게는 "경기 침체가 닥쳐도 번영보다는 주권이 우선이었다"고 전했다.[57]

대처로서는 붙잡을 지푸라기가 거의 남지 않은 상황이었다. 그녀가 덩샤오핑과 회담을 마치고 나오는 길에 인민대회당 계단에서 넘어졌다. 중국 측은 이것을 불길한 징조라고 보았다. 이로부터 열흘 뒤에는 홍콩 주식시장이 25퍼센트 가까이 폭락했다.

대처는 일단 이 문제를 더 깊이 파고들려고 했다. 11월에 다우닝가 10번지 만찬에서 내가 보기에는 그랬다. 이 만찬의 목적은 영국이 "홍콩의 미래에 관해 중국과 협상할 때 둘 수 있는 최고의 수"에 관해 내 의견을 묻는 것이었다.[58]

그러나 내가 기억하기에 실제 논의한 내용이 목적과 다소 달랐다. 영국 측 공직자들은 홍콩의 주권을 양도해야 한다고 생각했으며 이를 분명히 대처에게 미리 알렸을 것이다. 그러나 대처에게서는 이를 알고 있다는 기색을 찾아볼 수 없었다. 대처는 단번에 주권을 양도하는 것은 생각할 수 없다고 선을 그었으며 절대로 홍콩을 포기하지 않겠다고 단언했다. 그녀의 모든 직감이 독특한 영·중식 생활양식이 있는 홍콩을 내주면 안 된다고 외치고 있었다. 그녀가 처음으로 태도를 바꾼 대목은 그때까지 영국이 자유보유권을 행사하던 홍콩과 달리 기한이 얼마 남지 않은 조차권만을 행사하던 신제에 관해 협상하겠다는 점이었다.

이때 만찬에는 외무부의 장관 핌, 사무차관 앤터니 오클랜드(Antony Acland) 경, 홍콩 총독 에드워드 유드(Edward Youde) 경이 함께했다. 외교관들은 대처의 주장에 반대했다. 나는 이들이 만찬 자리 너머로 쇄도하는 총리의 격노를 버티는 척하는 데 감탄하지 않을 수 없었다. 외무부 대표단은 물론이고 유드도 눈도 깜짝 안 했다. 내가 영국 내부 논쟁에 끼어들지는 않았으나, 대처가 자치 가능성에 관해 물었을 때는 대답했다. 덩샤오핑과 나눈 논의를 떠올린 나는, 중국이 타이완의 미래에 관해 일국양제(一國兩制) 원칙의 신뢰를 확보하기 위해 홍콩에 어느 정도 자치를 보장하는 데 관심을 보일 수 있다고 했다. 그러나 덩샤오핑이 주권 원칙을 양보하지는 않을 듯하다는 말도 덧붙였다.

이렇게 저녁 시간이 대부분 흘러갔을 때 총리가 물러서는 기색을 조금씩 보이기 시작했다. 식사가 끝날 무렵 영 안 내킨다는 듯 모든 문제를 한꺼번에 논의 대상에 올려야겠다고 했다. 홍콩섬과 카오룽의 미래를 신제의 미래와 함께 협상하겠다는 뜻이었다.

나는 이때 만찬이 홍콩 협상에서 대처가 겪은 변화의 정수라고 생각한다. 포클랜드 위기와 마찬가지로 대처는 전혀 양보하지 않으려고 하다 결국 선택 사항을 살펴보는 데 동의했다. 다만 이때는 양보가 솜씨 없는 적군을 상대로 펼치는 전술적 행동에 그치지는 않는다는 점, 영국 함대가 홍콩 문제를 해결해 주지는 못한다는 점이었다.

1983년 3월, 대처가 결단했다. 자오쯔양에게 비공개 편지를 보내, 만약 영국과 중국이 미래의 행정제도에 관해 합의할 수 있다면 자신이 홍콩 전체의 주권을 중국에 반환하는 방안을 영국 의회에 권고할 준비가 되었다고 알린 것이다. 이 편지가 연 길을 따라 공식 회담이 열리고 격렬한 논의가 이어진 끝에 영국이 1997년에 영국 정부와 홍콩의 관계를 깨끗이 단절하라는 중국 측의 조건을 받아들이는 등 여러 이권을 양보했다.

대처가 이 협상의 팽팽한 긴장이 잘 드러난, 덩샤오핑과 나눈 대화에 대해 회고록에 기록했다.

그는 중국이 마음먹으면 내일 느지막이 걸어 들어가 홍콩을 되찾아올 수 있다고 했다. 나는 충분히 그럴 수 있겠다, 그렇게 한대도 막을 수는 없겠다고 대꾸했다. 그러나 그렇게 한다면 홍콩의 붕괴를 부를 터였다. 그렇다면 홍콩이 영국 치하에서 중국 치하로 넘어갔을 때 어떤 일이 일어나는지를 세계가 지켜보게 되겠다고 말했다. (……) 그가 처음으로 당황한 기색을 보였다.[59]

1984년 12월, 대처와 자오쯔양이 1997년 6월 30일에 주권을 이양한다는 조건으로 중·영공동선언을 채택했다. 이 조약은 주권에 관해 확정된 조건을 규정할 뿐만 아니라, 독특하게도 50년에 걸쳐 영국의 속령에서 벗어나 중국에 속하되 원칙상 자치권이 있는 지역이 된다는 내용을 담았다. 또 이양이 끝난 후 홍콩에 대한 중국의 주권은 50년 동안 '자치'라는 불확정적이고 주관적인 조건과 공존한다고 규정했다. 그러나 권리가 충돌하는 경우 중국의 주권이 우선한다고 명시했다. 따라서 50년에 걸친 홍콩 협정의 기능상 성공은 당사국들이 이런 조건을 실행에 옮긴다는 인식에 달렸다.

그러나 양 당사국의 인식은 협약의 초안을 작성할 때부터 차이를 보였으며, 시간이 갈수록 이 차이가 굳어지기만 했다. 50년이라는 자치 기간이 끝날 때 최종 전환이 원활하게 진행되려면 그때까지 중국이 영국의 유산과 조화를 이룰 만한 수준까지 변할 수 있어야 한다. 중국으로서는 식민주의의 잔재와 같은 정치제도를 갖춘 홍콩의 최종 반환을 받아들일 가능성이 크지 않았다.

홍콩의 제도를 임시 보존한다면 주민들이 어느 정도 민주적으로 참여하며 부의 기반인 금융 중심지의 자신감을 되살릴 수 있을 터였다. 이 협정이 대처의 바람과는 달랐으나, 그녀가 상황을 합리적으로 판단했다. 강경 노선을 고집했다가는 영국인들을 부적절한 상황에 몰아넣을 위험이 있었고, 더 순응했다가는 자치를 향한 홍콩의 희망을 해칠 가능성이 컸다.

비타협적이기로 유명한 대처의 평판이 영국 측 협상가들로서는 상당한 자산이었다. 경험 많은 협상가라면 같은 편에서 모든 거래가 만족스러울 때까지 비합리적일 만큼 고집을 부리는 제삼자를 환영하지 않을 수 없다. 대처가 이 구실을 능란하게 해낸 덕에 영국 측 협상가들은 중국 측에 특정 사안에 관해 원하는 합의안을 제시하면서 해당 주제에 관해 어떤 신념을 가졌는지 잘 알려진 무시무시한 총리의 뜻을 거스른다는 게 얼마나 공포스러운지 이야기할 수 있었다.

공공연하게 비타협적 태도를 보여 동료 협상가들에게 힘을 실어 주는 한편 사적 대화를 통해 양 당사자 모두에게 번영하는 홍콩이라는 공동의 이익이 있음을 확인시킨 대처의 접근 방식 덕분에 영국은 어려운 상황에서도 상당한 영향력을 유지할 수 있었다. 또한 그녀의 태도는 영국의 패가 훨씬 나쁜 경우에도 어느 선 이상으로는 밀리지 않겠다는 점을 분명히 보여 주었다. 총리직에서 물러난 뒤 영국의 통치가 거의 끝날 무렵에도 홍콩을 자주 방문한 대처는, 식민지 반환에 앞서 이곳에 대의제도와 그 절차를 더 많이 심으려고 애쓰는 영국령 홍콩의 마지막 총독 크리스 패튼(Chris Patten)을 강력하게 지지했다.

외교 협약은 대개 그 기한을 보장함으로써 완성된다. 홍콩의 자치는 영국의 기대를 채울 만큼 발전하지 못했다. 대처와 영국의 수석 협상가들은 노련한 솜씨와 대처식 결단력을 발휘해 영국식 제도와 개념, 법적 절차 등을 보존하기 위해 헌신했다. 이들은 자치라는 개념을 도입하는 데 성공했고, 이 자치가 규정된 50년 중 22년 동안 지속되었다. 자치 협정이 막을 내린 것은 중국 내 상황이 덩샤오핑이 일국양제라는 개념을 내세웠을 때의 일반적인 기대에서 점점 더 벗어나는 방향으로 전개되었기 때문이다. 게다가 식민지 영토가 이양되는 경우, 이양받는 나라는 식민국이 남긴 유산보다는 자국의 궤적에 초점을 맞추기 마련이다.

주권과 자치권이 부딪친 이 분쟁에서 자치권이 심각하게 박탈당했다. 오늘날 홍콩의 미래에 드리운 불확실성은 대처가 덩샤오핑에게 전한 경고를 떠올리게 한다. 자유가 위협받는 곳에서 경제적 역동성이 오래도록 살아남을 수 있겠는가? 다른 냉혹한 의문들도 잇달아 떠오른다. 합의가 때 이른 파국을 맞은 상황에 전략적 신뢰가 이어질 수 있겠는가? 홍콩의 발전이 앞으로도 중국과 서방 민주주의 국가들 간 긴장을 고조할 것인가? 또는 홍콩이 세계 질서와 정치적 공존에 관한 대화에서 자기 자리를 찾을 방법을 발견할 수 있겠는가?

물려받은 폭력과 대치: 북아일랜드

아일랜드가 분할된 1921년 이후에도 영국 소속으로 남은 북아일랜드 6개 주의 분쟁만큼 대처에게 직접 영향을 미친 일이 없다. 그러나 역설적으로 대처의 임기 중에 이 사건만큼 자기 의심을 많이 불러일으킨 문제도 없다.

대처는 아일랜드공화국군(IRA)의 협박식 전술에 굴복하지 않았으며 북아일랜드가 26개 주로 구성된 아일랜드공화국에 흡수되어야 한다는 이들의 요구를 좌절시켰다. 그녀는 정상 외교를 통해 영국과 아일랜드공화국의 관계를 크게 개선했다. 1985년에 그녀가 북아일랜드에서 개신교 연합주의 분파와 가톨릭 민족주의 분파 사이에 수십 년간 이어진 폭력적 분쟁, 이른바 '골칫거리'를 협력을 통해 끝내기 위해 역사적인 영국·아일랜드협정을 맺었다.

대처가 북아일랜드 장관으로 임명하려던 에어리 니브(Airey Neave)가 1979년 5월 대처의 취임으로부터 겨우 몇 주 전에 IRA 분파의 손에 암살당했다는 점을 고려하면 그녀의 행보가 더욱 놀라웠다. 개인적으로 가까운 친구이자 2차세계대전의 영웅인 니브가 살해당하자, 그녀는 북아일랜드 문제에 접근하는 데 보안을 강화하는 한편 아일랜드공화국이 테러에 맞서 싸우도록 압력을 가해야 한다는 직관을 확고히 했다. 그녀는 테러리스트들이 전략적 논리에 따라 움직인다는 걸 잘 알았다. 훗날 그녀가 당시 상황을 회고하면서 자신이 이해한 바에 따르면 그들은 "정치적 목적을 위해 계산적으로 폭력과 폭력의 위협을 이용"했으며 "IRA의 목적이란 영국 소속으로 남고 싶다는 의사를 표명한 북아일랜드 주민 대다수를 아일랜드 단일국가로 강제 편입하려는 것"이었다고 콕 짚어 말했다.[60]

어디에서나 그렇듯, 북아일랜드에서도 테러는 약자들의 수단이었다. IRA 지지자들은 소수 중에서도 소수였으며 극적인 폭력으로 영국 정부를 자극해 양보를 이끌어 내거나 잔혹한 과민 반응을 일으켜 북아일랜드의 가톨릭 소수파를 민족주의 진영으로 더 깊이 밀어 넣으려 했다. 니브의 암살도 흔들지 못한 대처는 북아일랜드의 다수인 개신교 및 연합주의 분파를 굳건하게 지지했으며 아일랜드공화국이 2차세계대전에서 중립을 선언한 데 깊은 원한을 품고 있었기 때문에 이런 견해가 한층 더 확고해졌다.[61]

1979년 8월 27일, IRA가 새 총리를 두 차례 시험에 들게 했다. 첫 번째는 북아일랜드의 워런포인트 교외에서 영국군 병사 열여덟 명을 죽인 일이고, 두 번째는 여왕의 친척이자 전 국방참모총장인 마운트배튼(Louis Mountbatten) 경을 죽인 일이다. 마운트배튼 경이 공격받았을 때는 그의 열네 살 된 손자, 열다섯 살 된 선원과 영국계 아일랜드 귀부인 브라본(Baroness Brabourne Doreen Geraldine Knatchbull)도 함께 목숨을 잃었다. 대처가 이들의 죽음을 애도했으나 자극받지는 않았다. 그 대신 정부가 아일랜드 정부와 정규 회담을 계속 하며 평화적인 결과를 이끌어 내게 했다.

1년 뒤 IRA는 이렇게 이어지던 협상에 다시 어깃장을 놓았다. 1980년 10월 27일, 북아일랜드 메이즈교도소의 IRA 소속 수감자들이 단식투쟁에 들어갔다. 당시 이들은 두 해 전 히스가 부여한 "특별 범주의 지위"를 노동당 정부가 박탈한 1976년 이후 갖가지 저항을 이어 가고 있었다. 수감자들은 대처가 보수당 전임자의 선례를 따르기를 바랐겠지만, 그녀는 진짜 문제를 곧바로 알아차렸다. 수감자들의 바람대로 '정치범'으로 대접해 주면 자칫 이들의 대의에 정당성을 부여하는 한편 교도소의 통제가 한층 더 어

려워질 수 있었다.[62]

1980년 12월 초, 비밀리에 IRA와 접선을 재개한 영국의 대외정보부 (MI6)에서 IRA의 일부 지도자들이 단식투쟁을 끝내고 싶어 한다는 사실을 알게 되었다. 이 정보를 전달받은 대처는 IRA와 직접 대화할 생각이 없었으나, 단식투쟁이 끝날 경우 IRA 소속 여부와 상관없이 북아일랜드의 모든 수감자에게 주말에는 서로 어울리고 주중에는 '민간인 복장'을 할 자유를 주는 등 '인도주의적' 양보는 할 수 있었다.[63] 수감자들이 12월 18일에 단식투쟁의 종료를 알렸고, 영국 정부는 곧바로 새로운 조치를 도입했다. 단식투쟁으로 목숨을 잃은 수감자는 없었으며, 압박받는 상황에서도 뜻을 굽히지 않은 대처의 명성은 드높아졌다.

그러나 평온이 오래가지는 않았다. 1981년 3월 1일, 메이즈교도소 내 IRA 수감자들을 이끈 26세의 보비 샌즈(Bobby Sands)가 또다시 단식투쟁을 선언했다. 그 전처럼 IRA 수감자들을 정치범으로 대우하라는 투쟁이었다. 놀라지도 않은 대처가 3월 5일 벨파스트 연설에서 이렇게 말했다. "정치적 살인, 정치적 폭격, 정치적 폭력 같은 건 없습니다. 오직 범죄로서 살인, 범죄로서 폭격, 범죄로서 폭력이 있을 뿐입니다. 이에 관해서는 타협의 여지가 없습니다. 정치적 지위는 없을 겁니다."[64] 전선이 그어졌다.

이때 IRA에 벼락같은 행운이 찾아왔다. 북아일랜드에서도 민족주의 성향이 강한 선거구 의석이 빈 것이다. 샌즈가 민족주의 정당 신페인 소속으로 출마해, 신페인 소속으로는 1955년 이래 처음으로 당선하며 영국 의회에 입성했다. 그런데 그가 두 번째 단식투쟁으로 5월 5일에 숨을 거두자 북아일랜드 전역에서 폭동이 일어나고 대처 정부를 향한 압력도 거세졌다. 벨파스트에서 열린 샌즈의 장례식에 수만 명이 참석했다.

이해 여름 내내 다른 수감자들도 단식투쟁을 이어 나갔다. 가톨릭교회와 미국 하원 의장 팁 오닐(Tip O'Neill)이 압박했으나 대처는 뜻을 굽히지 않고 영국 대중에게 폭넓은 지지를 받았다. 하원에서 누군가 샌즈의 사망에 관한 책임을 묻자, 대처가 매섭게 대답했다. "샌즈 씨는 유죄를 선고받은 범죄자였습니다. 그가 스스로 목숨을 내려놓는 길을 택했습니다. 그의 조직이 낳은 수많은 피해자들은 그런 선택조차 할 수 없었습니다."[65] 수감자 열 명이 사망하고 남은 이들은 10월 3일에 투쟁을 포기했다. 대처는 연민을 내려놓고 굳건하게 의무를 지켰다.

1981년부터 1982년까지 UN 안전보장이사회의 비상임이사국이던 아일랜드는 UN에서 포클랜드 전쟁을 집요하게 비난하며 영국과의 관계를 악화시켰다. 그러나 대처는 고위 공직자들에게 신뢰 조성을 위한 협상을 추진해도 좋다고 했다. 아일랜드의 더멋 널리(Dermot Nally) 장관과 영국의 로버트 암스트롱(Robert Armstrong) 장관이 대처와 아일랜드 정부 수반이 1981년에 만든 영국·아일랜드정부간협의회의 운영위원회를 이끌었다. 널리와 암스트롱의 고집과 헌신이 험난한 시기에도 양국이 관계를 이어 가는 데 이바지했다. 처음에는 별 성과가 없었으나, 1983년 6월 총선으로 보수당이 의회에서 확실히 다수를 차지한 뒤에는 대처와 아일랜드 티셔흐(총리) 개럿 피츠제럴드(Garret FitzGerald)가 정기적으로 소통했다. 그 덕에 9월에 메이즈교도소에서 수감자 서른여덟 명이 탈옥했을 때나 12월에 IRA가 런던 중심부에서 벌인 해롯백화점 폭탄 테러로 경찰관 세 명을 포함해 여섯 명이 숨지고 아흔 명이 다쳤을 때처럼 문제가 생겨도 극복할 수 있었다.

1984년 10월 12일 새벽 브라이턴의 그랜드호텔에서 또 IRA가 설치한 폭탄이 터졌을 때, 대처는 호텔 방에서 다음 날 있을 보수당 전당대회의 연설 원고 편집을 막 끝낸 참이었다. 다치지는 않았으나 먼지를 뒤집어쓴 대처가 해군복으로 갈아입고 새벽 4시쯤 카메라 앞에서 국민에게 고했다. "전당대회는 평상시와 똑같이 진행될 겁니다."[66] 다음 날 오후, 연단에 선 대처의 모습은 테러가 실패했음을 여실히 증명했다.

이것은 우리 전당대회를 방해하고 무너뜨리려는 시도였을 뿐만 아니라, 민주적으로 선출된 영국 정부를 마비시키려는 시도였습니다. 우리 모두 이에 대해 분노를 느끼고 있습니다. 우리가 놀랐지만 침착하고 단호하게 여기 모였다는 사실은 이 공격이 실패했으며 앞으로도 테러로 민주주의를 무너뜨리려는 모든 시도가 실패할 것이라는 신호입니다.[67]

이어, 대처는 현장에 달려와 준 구조대원들에게 고마움을 전하고 피해자들을 위로한 다음 특유의 간단명료한 말투로 이 연설에서 "평소와 같이 국제 정세 한두 가지"와 "특별히 고려해야 할" 경제 문제 두 가지, 즉 "실업과 광산노조 파업"에 대해 말하겠다고 선언했다.[68] 그리고 연설 직후에는 폭발로 다쳐 입원한 이들의 병실을 찾아갔다.

IRA는 이 공격을 자신들이 했다고 밝히는 선언문에서 이렇게 말했다. "오늘은 우리가 운이 나빴다. 그러나 기억하라. 우리는 딱 한 번만 운이 좋으면 된다. 당신들은 언제나 운이 좋아야 할 것이다."[69] 이 공격으로 하원의원 한 명을 포함해 다섯 명이 숨지고 서른 명이 다쳤으며 그중에는 중상자도 있었다. 폭파범이 대처의 위치에 관해 더 정확한 정보를 입수했다면 총리도 이들 중 한 명이었을 것이다.

대처는 IRA가 자신의 목숨을 노린다고 해서 아일랜드공화국과 진행하는 협상을 위태롭게 하지는 않겠다고 결단했다. 정상회담은 잠시 중단되었다가 재개되었다. 1985년 7월 25일, 영국 내각이 영국·아일랜드협정 초안을 승인했다. 골자는 더블린이 북아일랜드를 되찾으려는 야심(1937년 아일랜드 헌법 2조와 3조에 명시되었다.)을 누그러뜨리는 데 합의하는 대가로 영국이 북아일랜드와 관련된 문제를 아일랜드와 공식적으로 협의한다는 것이었다.

피츠제럴드와 대처는 협정을 체결하며 현실을 인정했다. 아일랜드는 "북아일랜드인의 과반수가 동의하는 경우에만 북아일랜드의 지위를 변경한다"는 조건을 공식적으로 받아들이며 당시 그 과반수가 영국에 남는 편을 선호한다는 점도 인정했다.[70] 영국은 이 지역의 가톨릭 소수파를 고려해서 아일랜드공화국이 북아일랜드에 상당한 영향력을 행사할 기회를 가진다는 데 동의했다. 이 협정의 의의는 아일랜드가 새로운 정부 간 협의회를 비롯해 영국의 주권을 훼손하지 않는 정당한 경로로 영향력을 행사하게 되었다는 데 있었다.

하원이 473 대 47로 이 협정을 승인했다. 북아일랜드 연합주의자가 이것을 반대하는 만큼 영국은 이것을 지지했다는 것을 보여 준 대목이다. 1985년 11월 15일, 대처와 피츠제럴드가 북아일랜드 힐스버러 성에서 협정에 공식 서명했다. 개신교도가 다수인 얼스터주에서는 이때부터 몇 달 동안 시위가 일어났으며 대처를 철천지원수로 여기게 되었다.* 영국 의회 내 북아일랜드 연합주의자들은 항의 표시로 집단 사임했다. 한편 워싱턴의 더블린 지지자들은 북아일랜드 문제에 관해 아일랜드공화국에 공식 협상자 구실을 부여한 영국의 양보에 환호했다. 훗날 대처가 피츠제럴드에게 "영광은 총리님이 가져가시고, 저는 문제를 가져간다"고 털어놓은 데는 그럴 만한 이유가 있었다.[71]

이 협정이 영국과 아일랜드의 관계를 영구적으로 한층 더 우호적인 단계에 올려 주었으나 IRA의 폭력을 가라앉히는 데는 실패했다. 이들의 폭력은 1980년대 말에 더 심해졌으며 1990년대 초까지도 그 기세가 누그러지지 않았다. 대처는 회고록에서 아일랜드 문제에 관해 자신의 접근 방식이 "실망스러웠다"고 평가했다. "우리의 양보는 연합주의자를 따돌리면서도 우

---

* 얼스터 민주연합당의 당수 이언 페이즐리(Ian Paisley)가 공공연하게 대처를 "이스라엘을 하루 만에 파괴하려 드는 이세벨"에 빗대어 기도했다. "신이시여, 이 사악하고 배반하고 거짓말하는 여자에게 분노의 복수를 가해 주소서!" 포클랜드 위기 때 대처의 태도에 큰 찬사를 보냈으며 그녀에게 영향력 있는 조언을 하던 이넉 파월(Enoch Powell)도 대처에게 "배반에 대한 형벌은 공개적인 모욕"이라는 것을 아느냐고 물었다. Moore, *Margaret Thatcher: At Her Zenith*, 333~338 참조.

리가 마땅히 기대할 수 있던 수준의 안보 협력을 확보하지 못했다." 1993년에 대처가 이렇게 말하면서 "이 경험에 비춰 보면 이제 확실히 다른 방법을 써야 할 때가 되었다"고 결론지었다.[72]

1998년에 성금요일협정*이 체결된 뒤에야 이 지역에 평화가 찾아왔다. 대처가 체결한 영국·아일랜드협정의 후속 협정 격인 이 협정은 훨씬 더 야심 찼으나 연합주의자의 분노를 덜 자극했으며 주요 연합주의 정당 넷 중 셋이 동의했다.** 이 협정으로 북아일랜드에 입법부와 공동 권한을 갖는 정부를 설립해 민족주의자와 연합주의자가 모두 지방정부에서 대표성을 확보할 수 있게 했다. 그리고 아일랜드공화국은 이 협정으로 합의한 바에 따라 자국의 헌법에서 북아일랜드 영토에 대한 권리를 주장하는 내용을 삭제했다.

대처의 유산 중 아일랜드에 관한 것은 모순이 가득하다. 그녀는 북아일랜드에 대해 자신만의 뚜렷한 비전을 가진 적이 없고, 이 임무를 암스트롱 장관에게 위임하며 협상을 주도하게 했다. 그러나 영국·아일랜드협정은 주요한 외교적 성과였다. 그녀가 연합주의 지도자들에게 협상 내용을 숨기지 못했다면 이 협정은 체결될 수 없었다. 만약 내용이 알려졌다면 개신교 노동자들의 파업으로 이어져 지역이 마비되었을 가능성이 크다.[73]

결국 대처가 추구하던 평화는 북아일랜드의 여러 당파가 직접 대화를 나눈 끝에 이룰 수 있었으며 이런 대화에 필요한 환경을 조성하는 데 대처의 노고가 한몫했다. 그러므로 아일랜드해와 관련해 정부의 대처가 아쉬웠다는 그녀의 표현은 부당해 보인다. 종교적 노선에 따라 너무나 깊이 분열

---

* 벨파스트협정이라고도 한다. — 옮긴이
** 나머지 하나인 페이즐리의 민주연합당은 성금요일협정에 공식적으로 반대했으나 계속 선거에 참여했으며 지금까지 북아일랜드 선거에서 가장 큰 성공을 거두고 있다. 신페인을 포함한 민족주의 정당 두 곳도 이 협정에 서명했다.

되고 폭력이라는 쓰라린 유산이 지울 수 없는 낙인을 남긴 이 지역에서 그녀의 비전은 가능성의 한계에 접근했다. 극복할 수 없을 듯한 문제 앞에서도 대처는 향후 한 세대 동안 북아일랜드에 상대적 평화가 내려앉을 기반을 마련했다.

근본적 진실: "특별한 관계"와 냉전

대처 시대에 동서 관계에 관한 논쟁은 주로 절대적인 측면에서 벌어졌다. 현실주의자들은 NATO 동맹에 분열과 패배를 안겨 주려고 아무리 애써도 소용없다는 걸 소련 지도자들이 깨달아야 냉전을 끝낼 수 있다고 생각했다. 이상주의자들은 냉전을 이념의 문제로 여기며 공산주의 철학의 지적 결핍과 정치적 무용(無用)이 밝혀질 때 공산주의가 패배하리라고 생각했다.

대처는 상충하는 현실주의자의 진리와 이상주의자의 진리를 한데 섞어 냉전의 결과에 지대한 영향을 미쳤다. 그녀는 국방과 핵 억지력 및 동맹의 결집력이 무엇보다 중요하다고 주장했으며 단 한 번도 이 원칙을 저버린 적이 없지만, 한편으로는 점차 사고의 지평을 넓히면서 평화를 보존하고 서구의 가치를 증명하는 가장 좋은 방법은 소련과 공존하는 길을 찾는 것이라고 확신하게 되었다. 뮌헨에서 교훈을 얻은 세대의 자녀로서 유화정책의 유혹에 절대 넘어가지 않았으며 강력한 국방력과 건설적인 협상을 결합하려고 했다.* 한발 더 나아가 공공 외교의 중요성을 잘 이해한 그녀는 헝가

---

* 1938년에 영국, 프랑스, 독일, 이탈리아 정상들이 뮌헨에 모여 히틀러에게 체코슬로바키아의 땅을 주며 야욕을 가라앉히려고 했다. 이 시도가 실패했다는 것은 역사가 말해 주며 이 때문에 뮌헨협정은 어설픈 유화정책의 대명사가 되었다. ─옮긴이

리와 폴란드를 비롯한 동구권 국가를 공식 방문하며 대중의 열렬한 환영을 받았다.

대처 시대의 가장 중요한 대외 정책 문제인 동서 관계를 관리하려면 그녀의 리더십이 주로 영국의 이익을 보호하는 데 초점을 맞춘 포클랜드나 홍콩 문제 때보다 더 폭넓은 방식으로 접근해야 했다. 보수당 당수 시절 초기에 그녀는 서방에 대한 소련의 위협이 점차 커지고 있다는 전제를 바탕으로 국정을 운영했다. 총리가 되기 3년 전인 1976년 초, 그녀가 사람들이 놀랄 만큼 소련을 질책했다. "소련은 세계를 지배하기로 작정했으며 세계가 지금까지 못 본 가장 강력한 제국주의 국가가 되는 데 필요한 수단을 빠르게 확보하고 있다"고 주장한 것이다. 그리고 모스크바가 긴장 완화를 추구하는 대신 군비 증강에 몰두하며 "우리 생활양식을 통째로 위협하는" 방식으로 전 세계에 영향력을 확대하고 있다고 강조했다. 그리고 소련의 "진전은 돌이킬 수 없기 때문에 우리가 필요한 조치를 당장 취해야 한다"고 경고했다.[74]

대처는 이렇게 무장해야 한다는 목소리를 높이면서 냉전에 관한 성명을 냈다. 여기에는 소련 지도부에 대한 신랄한 평가가 포함되었다.

> 소련 정치국 사람들은 여론의 부침에 대해 신경 쓸 필요가 없습니다. 그들이 경제보다 군사를 우선시할 때 우리는 다른 모든 사안을 군사보다 우선시하고 있습니다. 그들은 자신들이 오직 군사적 측면에서만 초강대국이라는 걸 잘 압니다. 인도적, 경제적 측면에서 그들은 실패했습니다.[75]

소련 국방부의 관보 《붉은 별(Krasnaya Zvezda)》은 대처를 "철의 여인"이라고 부르며 응수했다. 대처와 비스마르크를 노골적으로 비교하려고 붙인 별명인데, 이것이 역효과를 낳았다. 선전의 역사가 실로 요란하고 오래도록 이어지지만 그 역사만큼 목표를 이루는 경우는 거의 없다. 대처가 자신에 대한 비방을 훈장으로 받아들였으며 철의 여인은 그녀를 정의하는 별명이 되었다. 대처가 총리가 되기 3년 전, 소련이 뜻밖에 그녀를 잘 알려지지 않은 야당 당수에서 세계적으로 중요한 인물로 격상한 셈이다.

대처가 소련을 적대시한 것은 영국이 소련의 공격을 두려워했기 때문이지만, 더 깊은 차원에서는 공산주의 체제에 내재한 국가의 통제와 인간 존엄성에 대한 부정을 도덕적으로 단호하게 반대했기 때문이다. 어린 시절 대처는 철의 장막이 들어선 상황의 영향을 크게 받았다. 소련이라는 태양을 중심으로 도는 위성국가들이 형성되자, 동서 관계가 압제와 자유의 싸움이라는 대처의 시각이 강화되었다. 소련 공산당 서기장 브레즈네프가 1968년에 공개적으로 명시한 원칙은 동유럽의 전체주의 지배자들을 비롯해 싸울 준비가 된 세계 곳곳의 공산당을 그곳의 국민으로부터 지켜 낼 소련의 권리를 주장했다.[76] 대처가 청중에게 입버릇처럼 말했듯이 브레즈네프가 잔인할 만큼 솔직하게 의견을 밝히면서 "사회주의는 전 세계에서 반드시 완전한 승리를 거둘 것"이라고 주장했다.[77] 대처는 이 거들먹거리는 야심에 조금도 망설이지 않고 서방의 전력(前歷)으로 맞섰다.

우리는 세계 어디에서도 지배나 패권을 추구하지 않습니다. (⋯⋯) 물론 우리는 모든 힘을 동원해 이상(理想)의 전투에 나설 준비가 되어 있으나, 우리의 체제를 다른 이들에게 강요하지는 않을 것입니다.[78]

대처는 말만으로 냉전을 끝내거나 서방의 단결을 유지할 수 없다는 점을 잘 알았다. 동서 관계는 재구축할 필요가 있었고, 이것은 미국의 지지와 리더십이 없다면 상상조차 할 수 없는 과제였다. 아마 이것이 그녀가 대서양 관계의 소생을 대외 정책의 핵심으로 삼고 헌신한 여러 이유 가운데 가장 중요했을 것이다.

1975년 9월, 당수가 된 직후 대처가 미국을 방문했다. 미국 땅에서 그녀는 양국의 관계에 관한 자신의 전망이 개인의 자유권을 비롯한 양국 공동의 이상을 바탕으로 한다고 힘주어 말했다. 워싱턴 내셔널프레스클럽 연설에서는 자유세계를 무력하게 하는 비관론을 떨쳐 내기 위해 도덕성과 능률에 기반을 둔 메시지로 기운을 북돋웠다.

제가 영국과 미국의 미래를 믿는 진짜 이유는 우리 헌법의 본질인 법 아래의 자유가 인간의 존엄성을 지키면서 국민에게 더 큰 풍요, 즉 개인의 선택에 따른 풍요를 이룰 경제적 기회를 준다는 데 있습니다. 한마디로 이것은 다른 어떤 체제와도 비교할 수 없을 만큼 잘 작동합니다.[79]

물론 그녀가 말한 "다른" 체제는 공산주의다. 그래서 냉전에 대한 그녀의 견해는 미국의 힘이 가장 우월하다는 이해와 영국이 때로 흔들리는 미국 대외 정책을 40여 년간 안정적으로 잡아 준 만큼 앞으로도 국제 정세에서 필수적인 구실을 할 수 있다는 확신이 결합되어 있었다.

오래전부터 영국의 국제적 태도는 적나라한 인간성에 대한 명민한 판단과 자국의 역사적 공헌에 대한 존중으로 규정되었다.[80]

영국의 정치적 전통에서 세력균형이라는 개념이 공리로 여겨졌다. 영국의 영향력이 정점에 있던 19세기와 20세기 초 영국 지도자들은 적어도 유럽 대륙 일부와 동맹을 유지하고 나머지 세계 곳곳에 기지를 두는 게 얼마나 중요한지 잘 알고 있었다. 이들은 자신들이 구상한 다극적 국제 질서를 증명하는 데 필요하다고 판단한 곳에 망설이지 않고 개입했다.[81] 여기에 압도적인 해군력이 더해지면서 영국 시민들은 세계적 시각을 그리고 영국 정치인들은 영속적으로 국외 문제에 개입한다는 기풍을 갖게 되었다.[82] 그 반면 미국에서는 2차세계대전이 끝날 때까지 대외 정책의 성과란 개별적이고 현실적인 '해결책'일 뿐이며 미래를 결정하는 가치는 없다고 여겼다. 이런 믿음이 영속적 책임을 피하고 대외적 약속을 주저하는 기조를 낳았다.

대처는 총리직에 오를 때부터 2차세계대전 중 영국과 미국의 연대를 비롯한 양국의 동반자 관계를 다시 확립하기로 마음먹었다. 냉전에서 미국의 외교적 노력을 지지할 준비가 되어 있던 그녀가 한편으로는 미국 정책의 방향에 영국 정부가 영향을 미칠 수 있어야 한다고 주장했다. 이를 위해 대처는 1979년 12월, 소련이 아프가니스탄을 침공했을 때 카터 대통령의 대응을 지지했다. 그러나 양국의 진정한 동반자 관계는 레이건 대통령의 임기에야 발달하고 번영했다.

소련에 대한 레이건의 접근 방식은 간단명료 자체였다. "우리가 승리하고, 그들이 패배한다."[83] 대처는 이보다 미묘한 시각을 견지했으나 레이건이 이 싸움에 단호한 태도와 활력, 낙관주의를 불어넣었다는 점을 높이 평가했다. 두 사람은 무엇보다 민주주의의 가치에 헌신했다. 대처는 최선을 다해 레이건을 독려했고, 레이건도 신뢰할 수 있으며 이념적인 면에서 공존할 수 있는 외부자 조언의 가치를 잘 알았다.

공산주의 교리는 소련의 정책을 계속 지배했으며, 1979년 12월 소련의 아프가니스탄 침공은 이들의 모험주의가 이어지고 있다는 것을 다시금 알려 주었다. 대처는 한결같이 강력한 국방력을 중시하고 NATO의 단결력을 강화하는 데 집중했다. 또한 NATO의 신뢰성을 강화하려는 레이건의 노력을 지지했다.

1982년, 대처가 영국의 독자적 핵 억지력을 미래에도 보장할 수 있기를 바라며 레이건에게 신형 트라이던트 II 잠수함 발사 탄도미사일을 금전적으로 좋은 조건에 공급해 달라고 설득했다. 같은 신념을 바탕으로 대처는, 소련이 유럽을 겨냥해 SS-20 중거리 미사일을 배치하면서 대응 전력으로 미국의 퍼싱 탄도미사일과 순항미사일을 받아들이는 문제를 두고 동맹 간 논쟁이 벌어졌을 때 NATO가 나아갈 방향을 제시하는 데 이바지했다. 1983년 11월 14일에 미국의 중거리 순항미사일이 영국에 도착했으며 같은 달 말에는 서독에도 같은 무기가 전달되었다. 소련의 미사일 배치에 맞서 효과적인 대응 전력을 갖춰야 한다는 그녀의 주장이 열매를 맺은 것이다.

반핵운동가들이 전술적으로 패배했으나 레이건 대통령이라는 전혀 예상 못 한 동조자를 만났다. 레이건 대통령은 한때 "아예 비합리적이고 비인간적인 데다 살상 말고는 아무 쓸모도 없다"며 핵무기에 대해 확고한 거부감을 품었다. 그는 대통령으로서 자신이 맡은 가장 큰 임무가 핵무기 없는 세계를 만드는 것이라고 여겼다. 1983년 3월, 레이건이 우주 기반 무기로 소련의 대륙간탄도미사일을 요격하고 무력화할 방어 체계를 구축하는 계획인 전략방위구상(SDI)을 발표해 세계를 놀라게 했다. 그는 전략방위구상의 도움으로 세계가 "전략핵미사일의 위협 제거라는 궁극적 목적을 이루기 시작"할 수 있다고 설명했다.[84]

대처는 전략방위구상 체계가 기술적으로 실현 가능한지 또는 레이건 대통령이 말한 위대한 잠재력을 실제로 발휘할 수 있을지 의문스러워했다. 레이건의 계획이 합리적인 범위를 넘어서고 있다고 우려한 그녀가 유럽의 방위를 보장해 준다고 판단한 더 실질적인 일들에 집중하기 시작했다. 불완전한 전략방위구상 체계가 영국이 독자적 핵 억지력을 보유할 이유를 약화할까 봐 두려워한 것이다.

레이건의 약속과 자신의 의구심 사이에서 길을 찾던 대처가 전처럼 모호한 태도를 취하기로 했다. 공개 석상에서는 일부러 전략방위구상을 칭찬했으나 원칙적으로는 엄밀히 연구 측면만 지지했다. 더 논쟁적 문제인 전략방위구상의 실제 배치는 가까운 미래에 결국 대서양 동맹 내부에서 그리고 동맹과 소련 사이에서 협상할 문제라고 보았다.

1984년 12월, 대처가 캠프데이비드에서 레이건과 솔직한 대화를 나누며 자신의 우려를 분명히 했다. 레이건은 기본적인 견해를 고수하면서도 중요한 부분 하나를 양보했다. 회담 결과를 발표하는 기자회견에서 대처가 "전략방위구상과 관련된 시험 및 배치는 조약상 의무로서 협상의 대상이 되어야 한다"는 데 레이건이 동의했다고 밝혔다.[85] 레이건 정부가 앞서 협의한 모든 것을 벗어나는 이 서약에 미국 국방부가 격렬히 반발했다. 그러나 이 조치가 불안해하던 NATO 회원국들을 어느 정도 안심시켰을 뿐만 아니라 미·영 관계가 계속 긴밀하다는 사실을 증명했다. 유럽의 다른 어떤 지도자보다 대처는 대서양 양측의 동맹국 간 소통을 자신의 임무로 보았으며 국내에서는 국방비 증강을 계속 지지했다.

전략방위구상에 대한 대처의 태도에는 유럽 동맹국들의 양가감정과 영국의 특별한 상황이 반영되었다. 모든 NATO 회원국이 핵전쟁으로 자국의 영토가 쑥대밭이 될까 두려워하며 미국의 핵 보장에 기댔다. 따라서 새로운 무기 체계가 등장하면 미국이 보장을 이행하는 데 한계가 생기거나 핵 방정식에 영향이 갈까 봐 불안해했다. 영국의 독자적 핵 억지력을 보호하는 데 헌신한 대처는 이에 관한 문제에 각별한 주의를 기울였다. 미국의 핵무기 개발이 2차세계대전 당시 영국의 과학계와 협력하며 진행되었기 때문에, 영국은 독자적 핵무기를 개발하거나 미국의 핵무기를 확보하려고 할 때 미국에 도움을 요청할 도덕적 근거가 있었다. 1944년 9월, 루스벨트와 처칠이 뉴욕 하이드파크에서 비밀 협정을 맺어 종전 이후에도 핵 관련 협력을 이어 나가기로 했다. 종전 직후 얼마간 양국의 관계가 난항을 겪었으나 1958년에는 국가 간 핵무기 협력의 금본위로 자리 잡을 미·영 상호방위조약을 체결했다. 미국은 영국의 핵 억지력이 상당한 규모를 갖출 때까지 영국 공군에 핵무기를 공급하고, 핵잠수함 기술 면에서 영국과 협력하고, 농축 우라늄과 플루토늄의 이전을 허가하기로 합의했다. 이 조약은 현재도 유효하다.

영국은 어느 당이 집권하든 내각에서 한결같이 핵 역할을 고수하는 데 헌신했다. 그 덕에 1956년 수에즈 위기 중 소련이 핵 위협을 암시했을 때처럼 핵과 관련된 협박 앞에서 버틸 수 있었으며 군비 통제 논의에서도 자신 있게 협상할 수 있었다. 미국은 핵 확산을 우려했기 때문에 영국과 항상 같은 태도를 고수하지는 않았다. 그래도 우리 중 소수는 영국의 핵전력이 미국의 장기적 이익에 부합한다고 믿었는데, 공동 목표를 추구한 역사가 있는 대서양 반대편의 동반자 국가를 강화했기 때문이다. 또한 이 때문에 잠재적 위기 상황에서 소련이 NATO의 반응을 읽거나 예측하기가 더 어려워질 터였다.

그레나다 문제

대처가 긴밀한 영·미 관계를 원했다고 해도 영국의 이익 수호를 포기하지는 않았다. 자신이 높이 평가하던 레이건과 맞서야 할 때도 그랬다. 이를 보여 주는 극적인 예가 1983년 10월, 미국이 카리브해의 섬나라 그레나다를 침공했을 때 벌어졌다. 영연방의 일원이던 이 섬에서 강경 마르크스주의자들이 권력을 장악하자 레이건 정부가 군사적으로 개입해 쿠데타를 뒤집으려고 했다. 초기 조사를 통해 영국이 반대할 것을 예상한 백악관은 대처를 협의에서 배제하기로 했다. 대처는 미국이 계획을 실행하기 몇 시간 전에야 소식을 들었다.

그레나다는 1974년에 독립을 선택하며 영국 식민지의 지위에서 벗어났다. 그러나 영연방에 속했기 때문에 국가원수는 계속 영국 여왕이었으며 영국 정부는 이 섬의 주권에 대해 어느 정도 책임감을 느끼고 있었다. 가장 가까운 동맹국이 아무런 협의도 없이 영연방국을 상대로 행동에 나선다는 사실을 뒤늦게 알게 된 대처가 느낀 굴욕은 더욱 심각한 문제였다. 게다가 미국이 침공을 개시한 날은 미국 중거리 핵미사일의 영국 배치가 예정된 날로부터 겨우 며칠 전이었다. 미국이 카리브해의 작은 섬을 침공할 때조차 영국과 미리 협의하지 않을 만큼 신뢰할 수 없는 모습을 보인다면, 어떻게 영국 땅에서 미사일을 사용하는 문제를 믿고 협의할 수 있단 말인가?

레이건의 사과를 거부한 대처는 공개적으로 불만을 드러냈다. "우리 서방 국가, 서방 민주주의는 생활양식을 지키려고 힘을 쓰지 (……) 다른 이들의 국가에 들어가려고 힘을 쓰지는 않습니다." 대처가 BBC에서 분노를 그대로 드러내며 설명했다. "공산주의가 집권한 곳이라면 어디든 (……) 미국이 개입해야 한다는 새로운 법을 선포할 생각이라면, 세계에 매우 끔찍한 전쟁들이 벌어질 것입니다."[86] 미국 국가안보보좌관 로버트 '버드' 맥팔레인(Robert 'Bud' McFarlane)은 즉시 영국 각료에게 대처의 성명이 "전에 없이 거칠었다"는 비난을 전하면서 미국 정부가 "깊이 유감스럽게" 여긴다고 강조했다.[87]

한편 그레나다에서는 상황이 빠르게 진행되었다. 미국이 그레나다를 장악한 훈타를 10월 25일 침공 이후 나흘 만에 몰아내고 12월까지 섬에서 완전히 철수했다. 혁명 전 헌법이 복원되었으며 민주주의 선거가 열릴 예정이었다.

영국을 당연하게 여기지 말라는 뜻을 미국 행정부에 보인 대처가 그레나다 문제로 생긴 혼란이 오래가도록 두진 않았다. 영국 영토 내 중거리 미사일 배치가 속행되었다.

전략적 변화: 동서 교류

1983년 12월, 크리스마스를 나흘 앞둔 날 대처가 다우닝가 10번지 만찬에 나를 초대했다. 우리가 얼마 전 카리브해에서 일어난 사건을 곱씹지는 않았다. 하지만 나는 대처가 당시 동서 관계의 상황에 낙심한 것을 느낄 수 있었다. 대처는 모스크바가 "키를 잃은" 듯하다며 "불확실한 요소는 너무 많고 연락은 너무 적던" 때가 까마득할 정도라고 말했다.[88]

이해 9월, 소련이 자국 영공에 의도치 않게 들어선 한국 민항기 대한항공 007편을 격추했다. 이 비극에 모스크바가 냉담한 반응을 보이면서 긴장이 더욱 팽팽해졌고, 서방은 건강이 나쁘다고 알려진 소련 서기장 유리 안드로포프(Yurii Andropov)와 대화를 계속해도 얻을 게 거의 없다고 확신했다. 미국 중거리 미사일이 유럽 땅에 들어가기 시작한 11월에는 소련이 제네바 군비 통제 협상에서 스스로 나갔다. 이로써 소련은 비타협적인 태도만큼 철저히 고립되었다.

대처의 초대로 참석한 만찬 때 내가 그녀에게 새로운 동서 대화를 시작할 뜻이 있는지, 만약 있다면 어떻게 시작하는 게 좋을지 물었다. 알고 보니 대처의 마음은 이미 그쪽으로 기울고 있었다.

브레즈네프 시대의 끝자락, 소련의 장로 정치가 가장 완고하던 시기에 대처는 교류를 의식적으로 피했다. 1983년 6월 선거에서 두 번째 승리를 거둔 뒤에야 공식적으로 동서 관계를 재평가하며 교류를 향해 나아가기 시작했다.

9월 8일 주말, 대처가 총리의 공식 별장인 체커즈에 소련 학자들을 초청해 세미나를 열었다. 이 회의는 "향후 몇 년간의 뚜렷한 목표를 확립한다는 관점에서 국제 정세에 관한 정부 전략을 검토"하겠다는 야심 찬 목적을 표방했다.[89] 본래 외무부는 외무부에 소속된 경험 많은 이들을 보내려 했으나 대처는 이들을 모두 사양했다. 그녀가 외무부에서 제안한 참석자 명단에 대해 "러시아, 러시아의 사고방식을 실제로 연구한 이들과 그곳에서 살아 본 이들을 만나고 싶다. 목록에 있는 사람 중 절반 이상이 내가 아는 것만큼도 모르는 이들"이라고 회신했다.[90] 결국 소련 전문가 여덟 명이 초대되었다. 한 명만 빼고 모두 대학교수였다. 참석자 중 옥스퍼드대학교에서 소련의 제도를 가르치던 아치 브라운(Archie Brown)은 대처에게 고르바초프처럼 소련 지도부 중에서도 젊은 세대의 유망한 지도자와 접촉하는 게 좋겠다고 제안하면서 특히 고르바초프가 "정치국에서 가장 교육을 잘 받고 아마도 가장 열린 사고방식을 가졌을" 것이라고 추천했다.[91] 대처가 이 조언을 새겨들었다. 세미나의 공식 기록에 따르면 이들이 "다음 몇 년에 걸쳐 천천히 연락처를 구축하는 것을 목표로 삼아야 한다"는 데 의견을 모았다.[92]

이달 말 워싱턴을 방문해 레이건을 만난 대처는 자신의 생각을 레이건에게 알렸다. "소련의 특성에 현혹되면 안 되겠지만, 우리는 소련과 같은 세계에서 계속 살아가야 합니다. 그래서 우리 관계가 앞으로 어떻게 될지가 가장 중요한 문제입니다." 대처는 "정상적인 관계"를 확립하는 편을 가장 선호했다. 레이건이 동의한다고 답했다.[93]

레이건은 대처처럼 소련에 맞서겠다고 결심한 채로 대통령이 되었다. 그러나 다수의 지지자 및 일부 보좌관들과 다르게 핵무기를 싫어하는 성향때문에 군비 통제 협상에 호의적인 태도를 보였다. 그가 암살 시도에서 살아남은 직후인 1981년 3월 병상에서 브레즈네프에게 대화를 시작하자고 제안하는 편지를 보냈다.

1982년 7월에 국무 장관이 된 조지 슐츠가 양국 관계를 독려했다. 이듬해 2월, 슐츠의 촉구에 힘입은 레이건이 국가안보보좌관과 국방 장관의 맹렬한 반대에 맞서 가며 소련 대사 도브리닌을 만나기로 했다. "일부 NSC 참모들이 너무 강경하며 소련에 어떤 식으로든 접근해서는 안 된다고 생각한다." 레이건이 이해 4월 일지에 쓴 글이다. "나는 내가 강경 노선에 있다고 생각하며 절대로 굴하지 않을 것이다. 그러나 나는 시도해 보고 싶고, 그들이 자유세계와 나란히 지내고 싶다는 걸 행동으로 보여 준다면 더 나은 세계가 있다는 걸 보여 주고 싶다."[94]

이런 정서에 전적으로 공감한 대처는 레이건 정부와 이를 발전시킬 방법을 모색했다. 그러나 소련과 더 건설적인 관계를 구축하려면 뜻있는 모스크바 측 상대가 필요했다. 1984년 2월에 안드로포프가 사망하면서 콘스탄틴 체르넨코(Konstantin Chernenko)가 지도자 자리에 올랐으나, 폐기종과 심장질환을 앓던 이 72세의 공산당 기관원은 대처에게 당장 관계가 개선될 수 있다는 희망을 품을 이유를 주지 못했다.

대처는 결정적인 통찰력을 발휘해 체르넨코와 그 세대를 배제하고 이들의 후임이 될 가능성이 큰 구성원들을 살펴보기로 했다. 그녀의 지시에 따라 영국 외무부에서 소련 정치국의 젊은 세대 그리고리 로마노프(Grigory Romanov), 빅토르 그리신(Viktor Grishin), 고르바초프를 후보자로 간추렸다. 앞서 말한 고르바초프는 당시 소련 입법부의 외교위원회 위원장이기도 했기 때문에 그를 초청하는 편이 가장 합리적으로 보였다.[95] 소련의 국가원수는 여전히 체르넨코라서 우선 외교 의전을 갖춰야 했다. 대처가 고르바초프를 단장으로 한 소련 의회 대표단을 영국에 초청했으며 이 무난한 제안을 통해 그를 직접 만나 가늠해 보려고 했다.

제안을 받아들인 고르바초프가 1984년 12월에 아내 라이사(Raisa)와 영국에 도착했다. 체커즈에서 오찬을 함께 한 두 사람은 자본주의 체제와 공산주의 체제의 상대적 이점을 두고 격렬하게 토론했다. 두 사람이 나눈 비공개 대화록에 따르면, 대처가 "사람들에게 어디에서 일하고 무엇을 받으라고 지시할 권력을 갖고 싶지 않다"고 했으며 고르바초프는 "영국의 체제를 이해하지만 소련의 체제가 더 우월하다"고 답했다.[96] 그 뒤로도 같은 식으로 논의가 이어졌으며 두 사람 중 아무도 물러서지 않았다. 회담이 끝날 때까지 새로운 계획이나 합의는 나오지 않았다. 막다른 난국처럼 보일 수 있었으나, 훗날 이 오찬은 대처 총리의 임기를 통틀어 가장 중대한 회담으로 꼽히게 되었다.

훗날 대처가 쓴 글에 따르면, 그녀는 고르바초프가 일반적인 마르크스주의 교리를 되뇌는 중에도 "그라는 인물 자체는 평균적인 소련 기관원의 모습을 한 복화술 인형과 다르지 않았음을" 알아보았다. 이날 대처는 시간이 갈수록 고르바초프의 "마르크스식 미사여구가 아니라 스타일이 저변에 감춰진 그라는 사람의 본질을 말해 준다는 것을 이해"하게 되었다.[97] 대처는 고르바초프가 본질부터 그의 전임자들보다 유연하다는 것을 알아차렸다. 대처는 언제나 그랬듯 망설임 없이 자신의 생각을 밝혔다. "저는 조심스럽게 낙관합니다." 다음 날 대처가 BBC 방송에서 말하며 유명한 한마디를 덧붙였다. "저는 고르바초프 씨가 좋습니다. 우리는 함께 일할 수 있을 겁니다."[98]

그러나 이해 12월 레이건과 캠프데이비드에서 만났을 때 대처는 더 신중하게 말했다. 백악관 회담 기록에 따르면, 고르바초프가 매력적이었으며 "논쟁과 토론에 열린 태도를 보였다"고 말한 대처가 "적은 매력적일수록 위험한 법"이라고 읊조리기도 했다.[99] 그러나 이런 우려에도 그녀의 핵심 결론은 흔들리지 않았다. 훗날 레이건이 말했듯 "대처는 위대한 개막의 기회가 있을 것으로 본다고 말했다. 물론 그 말이 정확했다".[100]

1985년 3월에 체르넨코가 사망한 뒤 고르바초프가 서기장이 되면서 새로운 소련 지도자에 대한 대처의 긍정적인 평가도 큰 지지를 받게 되었다. 한편 레이건이 고르바초프와 빨리 정상회담을 열어야 한다는 압력도 거세졌다. 레이건 정부의 강경파는 이 노선을 강력히 반대했다. 이들은 소련의 체제를 끈질기게 압박하면 언젠가 무너진다면서, 대화를 택할 경우 동맹의 결집력이 크게 약해질 수 있다고 주장했다. 이들의 반대편에 선 슐츠는 소련의 새 지도자와 만나 보겠다는 레이건의 직감에 힘을 실어 주려고 했다.

대처에게 말한 것처럼 나는 레이건이 첫 번째 임기 중에 미국의 힘을 키우고 소련의 존중을 구하면 두 번째 임기에 더 강한 협상 지위를 확보할 수 있다고 보았다.[101] 초여름에 결정을 내린 레이건이 이해 11월 제네바에서 고르바초프와 정상회담을 열겠다는 계획을 발표했다. 이것이 중대한 전환점이 되었다. 대처는 "특별한 관계"라는 최고의 전통에 따라 믿음직한 파트너이자 조언자로서 독립적이고 정보에 입각한 판단을 레이건 정부에 전해 주었다. 레이건이 제네바에서 택한 협상 방식은 대체로 대처가 고르바초프를 대하는 방법에 관한 조언을 청탁도 없이 이례적일 만큼 상세하게 적어 준 1985년 9월 12일 자 편지를 바탕으로 했다.[102] 대처가 이런 식으로 사실상 레이건과 고르바초프 사이에서 자신의 국제적 영향력을 극대화했다.

1980년대 말, 고르바초프가 대대적 국내 개혁을 시작하자 대처는 그와 대화하겠다는 열정을 한층 키웠다. 고르바초프가 말한 개혁 개방 정책인 글라스노스트와 페레스트로이카는 유럽 좌파에게 소련의 지속적인 위협이라는 대처 정책의 전제를 약화하는 데 충분한 구실이 되어 주었다. 반핵 운동가들도 완전한 군비 철폐를 주장할 새로운 대의의 재료를 발견했다. 외교적 유연성을 발휘하면서도 강력한 국방력을 갖추고 소련의 지속적인 위협을 의식할 필요가 있다고 유럽의 동료 지도자들에게 지치지도 않고 끊임없이 설파한 대처로서는 저주와 다름없는 상황이었다.

이런 배경에서 대서양 관계에 중대한 위기가 닥쳤다. 1986년 10월, 아이슬란드 레이캬비크에서 만난 레이건과 고르바초프가 미국 대통령의 이상이던 핵 없는 세계를 추구하기로 합의했다. 나중에 워싱턴에서 열릴 더 완전한 정상회담을 준비하기 위해 추진된 이 비공식 회담이 갑자기 국제 무대에서 즉흥은커녕 계획상으로도 거의 성사된 적 없는 규모의 교환으로 발전한 것이다.

레이캬비크에 도착할 때부터 고르바초프는 소련의 핵 무기고를 극적으로 감축하는 데 동의할 준비가 되어 있었으며 레이건 대통령에게 선례를 따라 달라고 설득할 뿐만 아니라 전략방위구상의 폐기를 논의하려고 했다. 두 지도자는 밀실에서 이보다 더 폭넓은 감축을 논의했고, 마침내 레이건의 제안에 따라 핵무기를 단계적으로 완전 철폐하는 데 합의했다. "가능합니다." 고르바초프가 확언했다. "우리가 그것들을 없앨 수 있습니다."[103] 양측의 대화는 이런 결과를 담은 양해각서 초안을 준비하는 데 이르렀다.

그런데 전략방위구상 문제를 두고 대화가 틀어졌다. 고르바초프가 전략방위구상이 향후 10년은 실험 단계에 머물러야 한다고 주장했다. 그러나 레이건은 핵 없는 세계에서도 방지책으로서 전략방위구상이 필요하다고 확신하며 반드시 우주 공간에서 시험해야 한다고 생각했기 때문에 이를 거부했다. 레이건이 갑자기 회담 자리를 박차고 나가면서 이미 초안 작성 단계에 있던 핵무기 전면 철폐에 관한 임시 협정은 물거품이 되었다.

이로부터 10여 년 뒤 내가 도브리닌에게 레이캬비크 때 고르바초프의 대외 정책 고문이 누구였으며 왜 주요 합의안을 받아들이지 않았는지 물었다. 우선 핵무기 수를 동결한 다음 양측이 함께 극단적으로 감축하는 방안을 받아들이고, 우주 공간 시험에 관한 문제는 제네바를 비롯한 기술적인 후속 회담에서 논의할 수 있었기 때문이다. 도브리닌은 "그곳에 있던 사람들 중 아무도 핵전략을 그렇게 잘 알지 못했고, 레이건이 회담장을 박차고 나갈 줄은 생각도 못 했기 때문"이라고 답했다.*

대처는 심하게 불안해했다. 레이건에게 고르바초프와 논의해 보라고 촉

---

* 당시 이 자리에 있던 소련 측 인사는 고르바초프와 외무 장관 예두아르트 셰바르드나제 (Eduard Shevardnadze)고, 미국 측에는 레이건과 슐츠가 있었다.

구할 때까지만 해도 이 교류가 미국과 영국의 기존 방위 정책을 아예 뒤엎는 방향으로 나아갈 줄은 몰랐기 때문이다. 레이캬비크 회담이 열리고 두 달 뒤 그녀를 만난 나는 그녀가 일련의 사건에 크게 동요한 것을 알 수 있었다. 그녀가 이 정상회담을 두고 미국과 유럽 동맹국의 관계를 개선하기 위해 "레이건 정부가 한 모든 좋은 일을" 망가뜨릴 "지진"이었다고 표현했다. 핵무기의 기능에 관해 NATO가 오랫동안 지킨 합의를 훼손하려 한 레이건이 대서양 동맹의 기둥을 거의 유명무실하게 만든 셈이다.

이때 대처는 대통령이 더 확실한 근거를 바탕으로 의견을 정리할 수 있도록 돕는 게 자신의 임무라고 생각했다. 내게 말한 바에 따르면 그녀가 "레이캬비크를 무시하기로 결심"했다.[104] 그리고 가장 따뜻한 칭찬에 자신의 뜻을 숨겨서 전하려고 했다. 정상회담 다음 날 백악관의 레이건에게 전화를 건 대처가 속내와 다르게 레이건에게 "레이캬비크에서 탁월한 행보를 보였다"는 말부터 했다. 그녀가 보기에는 정상회담이 "소련이 파 놓은 함정 같다"면서 "교착상태의 책임을 고르바초프에게 돌리는 게" 중요하다고 말했다. 그러고는 한층 공격적으로 레이건에게 핵무기의 전면 철폐를 옹호한다는 건 "항복과 같아서 아주, 아주 신중해야 한다"고 경고했다.

대처가 이렇게 탄원했지만 레이건은 꿈쩍도 안 했다. 대처가 다시 "소련은 재래식 전력에서 우위에 있기 때문에 유럽을 단숨에 쓸어버릴 수도" 있다는 우려를 표명하자 레이건은 "우리가 소련을 물리칠 전략을 세울 수 있을 것으로 확신한다"고 답했다. 여기에는 재래식 군사적 수단으로 소기의 목적을 이룰 수 있다는 암시가 담겼다.[105]

이 중 대처가 듣고 싶던 말은 없었다. 대처는 레이건이 핵무기 철폐처럼 마음 깊이 못 박아 둔 목표에 관해서라면 적어도 직접적으로는 절대 물러나지 않으리라는 걸 깨달았다. 그래서 전술을 바꿨다. 그녀가 레이캬비크 회담으로부터 한 달 뒤, 1986년 11월에 예정된 캠프데이비드 방문을 새로운 설득 수단으로 삼았다. 오랫동안 함께 일한 보좌관 파월의 권유에 따라 레이캬비크에서 합의된 사안들을 거부해 달라고 레이건에게 부탁하지는 않기로 했다. 그 대신 "레이캬비크 합의안에서 받아들일 수 있는 것들을 골라, 그것들이 우선시되어야 한다고 주장하기로" 했다는 설명을 당시 그녀에게 들었다. "그 밖의 모든 요소는 명백하게 포기하지는 않아도 고려 대상에서는 빼야 한다는 뜻을 함축적으로 전하겠다"는 말이었다.[106]

레이건이 이를 받아들이면서 대처는 안심할 수 있었다. 두 사람은 전략 공격 무기의 50퍼센트 감축안과 화학무기 금지안을 포함한 중거리핵전력 (INF) 조약을 우선시해야 한다는 데 합의했다. 레이캬비크 합의안에 포함된 더 포괄적인 요소들은 언급되지 않았으며 그 뒤에도 적극적인 고려 대상에서 자연스럽게 빠졌다.

이런 접근 방식에도 대가는 있었다. 유럽에서 핵무기를 전면 제거하려는 레이건의 최종 목표는 대처가 선호하는 결과와 거리가 멀었으나, 대처가 INF 조약을 지지한다면 이를 축복하는 것처럼 보일 터였다. 그러나 대처는 "핵 억지력을 보존하고, 미국이 전략적 핵무기 철폐를 협상하지 않도록 하고, (미사일) 트라이던트를 확보하기 위해 핵전력을 전량 폐기하는 INF 조약보다는 덜 나쁜 것을 받아들였다"고 내게 설명했다.[107]

대처는 깊이 간직한 믿음을 고수해야 할 때와 새로운 현실을 받아들여야 할 때를 구분할 줄 알았으며 그녀의 말로는 "어떤 상황이든 의연하게" 이겨 냈다.[108] 캠프데이비드 방문을 마무리하며 대처와 레이건이 내놓은 공동 성명도 NATO가 효과적인 핵 억지력에 의존하고 레이건이 영국의 트라이던트 체계를 계속 지지한다는 점을 다시 확인했다. 핵 억지력에 관한 공개적 태도만 놓고 볼 때 이 성명은 사실상 레이캬비크 이전 관행으로 돌아간다는 뜻을 담고 있었다. 당시 내가 대처에게 말한 것처럼 대처는 "미국 밖에 있는 사람들 중 (미국) 대통령이 귀를 기울이는 유일한 사람"이었다.[109] 호의적이면서도 결코 언제나 동의하지는 않는 대처가 계속 레이건에게 조언한다는 건 여전히 중요한 사실이었다.

대처의 주장은 이란-콘트라 사건이 터지면서 레이건 정부가 약해진 덕을 보기도 했다. 이 사건은 미국 공직자들이 승인 없이 미국 무기를 이란에 판매하고 그 수익으로 니카라과의 마르크스레닌주의 산디니스타에 맞선 콘트라의 반란을 지원하다 발각된 일이다. 레이건의 친구이자 군건한 지지자였던 대처는 그가 상황을 타개할 수 있도록 도와야 한다고 생각했다. 그녀가 NATO의 방위 원칙을 구성하는 근본 요소들을 다시 확인하면서 서방에 큰 도움을 주었다. 그러나 레이캬비크 일화는 긴밀한 영·미 관계를 증명하는 한편 그 한계도 드러냈다. 동맹국 간 힘의 불균형이 주요하게 작용하는 문제나 대통령이 특히 강하게 확신하는 문제에 대해서는 감정과 역사가 맺어 준 양국의 연결 고리가 쉽게 끊어질 수 있었으며 미국은 고집을 꺾지 않고 원하는 바를 단독으로 추구할 수 있었다.

쿠웨이트의 주권 수호: 걸프 위기

대처가 이끈 영국은 NATO와 냉전뿐만 아니라 전 세계 각지의 분쟁에 관해 영향력을 행사했다. 1990년 8월, 사담 후세인(Saddam Hussein)이 이끄는 이라크가 이웃 나라 쿠웨이트를 침공하고 점령했을 때만 해도 영국이 여기에서 특별한 구실을 하게 된다는 사실이 뚜렷하게 드러나지는 않았다. 1961년에도 이와 비슷하게 이라크 군주정을 전복하고 실권을 장악한 육군 준장 압둘카림 카심(Abd al-Karim Qasim)이 신흥 독립국 쿠웨이트의 영토주권을 위협한 일이 있다. 당시 영국은 성공적으로 군사와 전함을 배치해 카심을 저지하며 옛 식민지의 안보에 대한 합의를 지켰다. 그러나 이때 영국의 작전 운용 능력은 뚜렷하게 떨어진 상태였다.

대처는 후세인이 아르헨티나의 갈티에리 장군을 본뜬 듯하고 무모한 독재자라고 생각했으며, 그를 갈티에리처럼 회유하려 했다가는 오히려 더 대담하게 굴 것으로 예상했다. 그의 공격성을 아무도 견제하지 않는다면 국제 체제를 보전하는 데 심각한 문제가 될 터였다. 대처는 영국 역사에서 공격자를 회유한 사례를 탐탁지 않게 여겼다. 2차세계대전을 재촉하는 데 일조한 1938년 뮌헨협정을 상기시키면서 "영국의 대외 정책은 주데텐란트와 체코슬로바키아에서처럼 다른 이들의 영토를 내줄 때가 최악"이라고 평했다.[110] 포클랜드 때와 마찬가지로, 대처는 쿠웨이트 분쟁이 시작될 때부터 그 전 상황을 회복하는 게 가장 명예로운 길이라고 결심했다. 이 위기 중에 대처가 보인 명료한 도덕성은 결국 미국 정부의 의사 결정에 지대한 영향을 미쳤다.

조지 H. W. 부시 대통령은 처음에 이 위기를 조심스럽게 대했다. 8월 2일 아침 백악관 기자회견에서 신중한 태도로 이 지역에 군대를 파견하는 방안은 "고려하지 않고 있다"면서 "우리가 군사적 선택 사항을 논의하지는 않을 것"이라고 다시 말했다.[111] 이 발언 직후 NSC가 소집되었고, 그 자리에서 침공을 기정사실로 받아들이자는 쪽으로 의견이 쏠렸다.[112]

다행히도 대처는 위기가 터지기 한참 전에 부시 대통령의 초청을 받아 8월 2일 오후 콜로라도 애스펀에서 회동이 예정되어 있었다. 애스펀에서 두 사람이 함께 보낸 시간이 중동과 미·영 관계 및 세계 질서의 원칙에 상당히 중대한 영향을 미쳤다. 대처와 부시의 관계는 대처와 레이건의 관계만큼 따뜻하지 않았으나, 부시가 이 관계의 가치를 잘 알고 있었다. 대처의 애스펀 방문을 수행한 파월은 두 지도자가 쿠웨이트에 관해 "매우 긴밀하게 합의"했으나 군사적 대응을 서둘러야 한다는 생각은 부시보다 대처가 더 강했던 것 같다고 전했다.[113]

이날 오후 공동 기자회견에서 부시가 먼저 마이크를 잡았다. 인상을 찌푸리고 목소리를 고르며 양복 주머니에 손을 깊이 찔러 넣은 미국 대통령의 모습에서 신중함이 보였다. 그는 중동 지도자들과 통화했으며 이라크의 공격에 관해 자신의 "우려"를 표명하고 "평화로운 해결책"을 촉구했다고 말했다.[114] 이어, 마이크를 받은 대처가 콜로라도에서 자신을 맞이해 준 것에 대해 부시에게 고마움을 전한 뒤 마치 30년 전 의회에서 첫 연설을 할 때처럼 단도직입적으로 '본론'에 들어갔다.

이라크는 UN 회원국의 영토를 침략하고 점령했습니다. 이것은 결코 용납할 수 없는 일입니다. 만약 이를 좌시한다면 다른 많은 소국들이 자국도 안전하지 않다고 느낄 겁니다.[115]

대처가 단어를 신중하게 골랐으나 연설의 내용보다 그것을 전하는 방식이 곧바로 강렬한 인상을 남겼다. 짧고 날카롭게 터트리듯 강하게 말하는데 완전한 확신이 담겨 있었다. 그야말로 지도자로서 진가를 발휘하는 모습이었다.

8월 5일, 백악관에 돌아온 부시가 전보다 강경해진 견해를 드러냈다. "이 공격을 뒤집을 결단을 상당히 진지하게 고려하고 있습니다." 부시가 이렇게 말하며 "좌시하지 않겠다"고 선언했다.[116] 1주일 뒤 나는 파월과 대화하며 대처가 대통령의 태도 변화에 상당한 영향을 미쳤다고 말했다. "애스펀으로 갈 때 백악관 사람들은 해야 할 일이 많지 않다는 쪽으로 기울어 있었는데, 돌아올 때는 마음을 다잡고 결단한 상태였다."[117]

경험에 비춰 볼 때 나는 부시가 애스펀에 도착하기 전에도 강력하게 대응한다는 생각을 키우고 있었다고 생각하지만, 어쨌든 애스펀에서 대처와 나눈 대화가 그의 결심을 굳혔다. 이달 말, 이라크 제재를 위반하려는 유조선을 제지하는 데 무력을 써도 좋다는 UN 결의안이 통과되자 대처가 다시 부시를 독려했다. "망설일 시간이 없습니다." 그녀의 도움으로 분쟁 초기부터 강경한 태도를 보인 것이 결국 쿠웨이트의 해방에 중요한 구실을 했다.

대처가 쿠웨이트의 주권을 수호하기 위해 발 빠르게 나서면서도 쿠웨이트 해방에서 UN이 주요한 구실을 하는 것은 달가워하지 않았다. 쿠웨이트 침공 다음 날 UN이 이라크의 공격을 비난하고 즉각 철수를 촉구하는 UN 안전보장이사회 결의안 660호를 통과시켰을 때는 대처도 반겼다. 그러나 UN이 더 깊이 개입하는 것은 매우 회의적으로 보았다. 순수한 외교적 수단으로는 이라크를 철수시킬 수 없다는 사실이 명백해지자 안전보장이사회에서 무력 사용을 승인하는 또 다른 결의안을 통과시키려는 움직임이 있었는데, 대처가 이에 반대했다. 대처는 만약 모든 군사행동에 안전보장이사회의 위임이 필요하다는 식으로 나선다면 국가 주권 원칙에 담긴 자위권을 훼손하는 선례가 될 것이라고 주장했다.

또한 실질적인 이유에서 대처는 쿠웨이트를 해방하는 방식에 관해 행동의 자유를 최대한 보장하려고 했다. 처음에 부시 대통령도 대처의 의견에 동의했다. "대처는 무력 사용 문제를 가지고 UN에 돌아가기를 꺼렸고, 나도 그랬다." 부시가 9월 초 일지에 적은 글이다.[118]

그러나 결국 대처의 의도가 미국 내부 상황의 희생양이 되었다. 부시는 UN의 지원 없이 군사행동에 나서면 의회와 여론이 반대할 것을 잘 알고 있었다. 영국에서 이런 제약을 마주하지 않은 대처는 비밀리에 추가 UN 결의안을 강력히 반대했다. 그러나 이때는 미국 정계의 요구가 우선시되었다. 1990년 11월 초, 대처가 논의를 포기했다. 그리고 몇 주 만에 이 일과 전혀 관계없는 이유로 자리에서 물러나야 했다.

리더십의 한계: 유럽의 미래와 독일

위대한 정치인은 일반적으로 가능하다고 생각되는 범위의 가장 바깥쪽 경계에서 일한다. 이들은 당대의 정설을 앵무새처럼 따라 하는 대신 그 경계를 시험한다. 대처는 정치 경력 전반에 걸쳐 통념이 가리키는 방향에 의문을 제기하며 논의의 조건 자체를 바꾸는 리더십을 보여 주었다.

그러나 때로는 불가능해 보이는 일도 해낼 수 있다는 자신감이 그 자리를 잘못 찾았다. 1989년 11월 9일에 베를린장벽이 무너진 뒤 대처는 자신을 그때까지 이끌어 준 신중함과 유연성에서 벗어났다. 독일을 통일시키고 통일 독일이 NATO에 닻을 내리는 방향으로 서방을 이끄는 대신, 점차 대서양 동맹과 마찰을 빚었다.

대처에게도 베를린장벽의 붕괴는 실로 축하할 일이었다. 동유럽 각지의 공산주의 정권이 잇달아 무너진 것도 대처가 임기 전체에 걸쳐 이루려고 애쓴 소련 위성 궤도의 해체가 드디어 완성되었다는 뜻이었다. 그러나 철의 장막 붕괴에 따른 논리적 귀결로서 2차세계대전 이래 인위적으로 분단되어 있던 동독과 서독이 통일해야 한다는 점을 대처는 매우 곤란하게 여겼다.

독일의 재통일을 우려하는 대처의 견해에는 정당한 근거가 있었다. 새로 통일한 독일이 마지막으로 국제 체제에 들어왔던 1871년, 영국의 정치인 디즈레일리는 이것이 프랑스대혁명보다 "더 큰 정치적 사건"이라고 보았다.[119] 그의 예견을 증명하듯, 1890년에 비스마르크가 은퇴한 이래 일련의 위기가 생기고 결국 1914년 8월에 1차세계대전이 터졌다. 이때도 통일 독일이 다시 유럽의 세력균형을 바꿀 수밖에 없었다. 이런 변화가 불러올 결과를 신중하게 고려해 봐야 한다고 생각하는 사람이 대처만은 아니었다.

어린 시절 2차세계대전을 몸소 겪은 대처는 독일의 독단적인 확장주의 행보가 히틀러라는 인물과 함께 깨끗하게 사라지지는 않을 거라고 보았다.

대처는 독일에 변치 않는 국민성이 있으며 이를 믿을 수 없다고 여겼다. 비관에 빠질 때는 독일의 과거가 남긴 악령이 아직 퇴치되지 않았다며 두려워하기도 했다. 나폴레옹이 했다는 말처럼 "어떤 사람을 이해하려면 그 사람이 스무 살일 때 세계를 봐야 한다". 대처는 1945년에 스무 살이 되었다.

대처는 회의적인 감정을 가감 없이 드러내곤 했다. 1988년 6월 토론토 G7 정상회담의 만찬에 우리 둘 다 참석했는데,[120] 이 자리에서 내가 대처와 건배하며 비스마르크의 말을 인용해 신의 옷자락을 잡고 몇 걸음 함께 걷는 것이 정치인이 할 수 있는 최고의 일이라고 했다. 건성으로 듣던 그녀가 누구의 옷자락을 잡자는 거냐고 물었다. 비스마르크의 말을 인용했다고 주관자가 알려 주자 그녀가 다시 물었다. "비스마르크, 독일인이요?" 주관자가 긍정하자 그녀가 이렇게 말했다. "집에 갈 시간이군요."

신속한 통일을 추진하는 중에도 대처는 단호하게 반대했다. 다른 지도자들이 문제 제기를 망설일 때도 반대를 고수했다. 통일을 시도하는 대신 동독에 진정한 민주주의가 자리 잡게 하는 데 집중해야 한다면서 민주주의 독일 두 나라가 기한 없이 계속 나란히 존재할 수도 있다고 주장했다. 그리고 통일 독일이 다시 유럽을 점령하려는 야심을 드러낼 수도 있다는 우려를 강조하기 위해 또 다른 논의를 꺼냈다. 독일 통일이 모스크바의 강경파에게 힘을 실어 주는 바람에 고르바초프의 역사적인 개혁 실험이 틀어지고 결국 그가 자리를 잃을 수도 있다는 주장이었다.

그러나 대처의 동맹들조차 이런 주장을 호의적으로 받아 주지 않았다. 부시 정부는 독일의 재통일이 냉전에서 서방이 승리를 거두면서 자연스럽게 생긴 결과라고 보았다. 베를린장벽이 무너지기 겨우 며칠 전에 부시가 《뉴욕타임스》에 의심할 여지 없이 분명하게 견해를 밝혔다. "저는 일부 유럽 국가들이 독일 재통일에 관해 품은 우려에 동의하지 않습니다. 저는 독일이 동맹의 중요성을 인식하고 헌신하는 데 흔들림이 없다고 믿습니다."[121]

원래 대처와 마찬가지로 의구심을 품었던 프랑스 대통령 미테랑을 비롯한 일부 유럽 지도자들은 재통일을 받아들이면서 재통일의 조건을 마련하는 쪽으로 조금씩 움직였다. 1월 10일 런던에서 대처를 만난 내가 바로 이런 노선을 택하라고 촉구했다. 그러나 그녀를 설득하지 못했다. 당시 우리의 대화록을 보면 그녀의 한결같은 태도를 알 수 있다. "총리가 국제 관계에서는 그 무엇도 불가피한 일로 여기면 안 된다고 했다. 그녀는 영국의 이익에 도움이 될 것을 확립한 다음 그것을 실현하려고 했다."[122]

칭찬할 만한 태도지만 1990년 1월에는 유럽의 새로운 현실에 단단히 묶인 정책을 대체할 만한 것이 없었다. 창의적인 기민성과 확고한 현실 판단이 특징이던 대처의 리더십이 아짐을 보이고 있었다. 숱한 위기에서 길을 찾아내던 실리적 직감이 어디로 갔는지, 그녀가 헛된 반대만 부를 정책을 끝까지 고수했다. 재통일 이후 동독의 안정을 위해 소련군 일부를 남겨 두자는 그녀의 제안은 재고할 가치도 없었다.[123] 동독과 서독은 미국의 지원과 프랑스의 묵인에 따라 앞으로 나아갔다. 이때 함께하지 못한 탓에 그녀의 권위가 상당히 위축되었다.

독일 재통일은 유럽 통합이라는 큰 계획과도 얽혀 있었다. 유럽 대륙에서는 대체로 통일 독일을 관리하는 가장 좋은 방법이 곧 유럽공동체와 긴밀하게 엮는 것이라고 여겼다. 콜 총리는 이 견해를 지지하며 이런 계획을 위해 희생할 준비를 하고 있었다. 또 독일의 외무 장관 겐셔는 소설가 만을 인용해 "독일의 유럽이 아니라 유럽의 독일을 건설해야" 한다고 호소했다.[124]

대처는 이 전략에 근본적으로 반대했다. 독일은 거대한 인구와 경제적 잠재력이 있기 때문에 유럽 통합의 어떤 구조에서든 그 안에서 상당한 비중을 차지할 터였다. 법이나 제도만으로 독일의 실제적 권력을 거세하지 못한다는 걸 잘 알고 있던 대처는, 독일을 유럽에 들이면 그 권력을 억제하기보다는 오히려 공고하게 만들어 주리라는 예감을 강하게 느꼈다. 결과적으로 그녀의 주장은 어느 정도 옳았다. 독일이 경제성장을 통해 유럽연합에서 다른 어떤 회원국보다 큰 영향력을 가질 수 있었기 때문이다. 그러나 독일의 특성과 정치에 관한 근본적인 질문에서는 대처가 틀렸다. 아데나워와 그의 유산 덕분에 독일은 변했으며 1990년 10월 통일 이래 서방 동맹의 완전한 일원으로 남아 있다.

유럽이라는 영원한 난제

대처의 세계관과 충돌한 것은 독일의 재통일뿐만이 아니라 유럽 통합이라는 의제 자체였다. 의회주권을 옹호한 대처는 국민국가의 권력을 비선출 관료들이 운영하는 유럽의 초국가적 제도에 이양한다면 민주주의와 주권을 무효화하는 것이라고 생각했다.

이때까지 대처는 유럽의 정치적 통합을 재촉하지 않으면서 경제적 자유화를 독려하는 전략을 펼쳤다. 이 균형을 유지하는 것이 대처의 대외 정책상 궁극적 딜레마로 자리 잡았다. 1984년, 브뤼셀을 상대로 몇 년 동안 협상에 공을 들인 끝에 대처는 영국이 해마다 '리베이트'를 받으며 유럽연합 예산에 대한 기여도를 3분의 2로 낮추게 하는 엄청난 정치적 승리를 거머쥐었다. 1986년에는 단일 시장을 구축하기 위해 단일유럽법을 받아들였다. 사실상 영국이 주도해서 이 법을 만들었다. 그러나 대처는 이 법이 유럽연합 정상회의의 '가중다수결' 제도를 확장하는 데 쓰여 결과적으로 각국 중앙정부의 권력을 더 많이 앗아 가게 될 줄은 몰랐다. 훗날 대처가 회고록에서 이렇게 말했다.

내 두 번째 총리 임기 중에 유럽공동체가 개방 무역, 규제 완화, 주권국가들의 자유로운 협력을 추구하는 곳에서 국가 통제와 중앙집권을 추구하는 곳으로 미묘하지만 확실하게 노선을 바꿨다는 걸 이제는 알 수 있다.[125]

런던과 브뤼셀의 갈등 그리고 보수당 내부의 갈등이 한 세대 이상 이어질 무대가 이렇게 마련되었다.

영국과 유럽의 관계를 다루는 방법은 언제든 도마에 올라 있으며 특히 보수당 당수들에게는 위험한 문제다. 1990년 11월 대처부터 2019년 7월 테리사 메이(Theresa May)까지 보수당 총리 네 명이 유럽과의 관계라는 모래톱에서 무너졌다.[126]

유럽을 두고 의견이 나뉜 보수당을 대처가 통제하기 어려워질 것이라는 첫 번째 신호가 1986년 1월 국방 장관 마이클 헤슬타인(Michael Heseltine)의 사임과 함께 찾아왔다. 명목상으로는 영국에서 유일한 헬리콥터 제조업체인 웨스트랜드와 관련된 논쟁이었으나, 본질상으로는 헤슬타인이 대처를 몰아내고 총리가 되려는 야심을 품어서 생긴 일이다. 미국의 헬리콥터 제조업체 시코르스키가 수익성이 좋지 않은 웨스트랜드를 자본으로 소생시키기 위해 이 업체의 소액주주가 되고 싶다는 뜻을 보였다. 자유시장과 대서양주의를 추구한 대처가 끌릴 만했다.

그런데 헤슬타인은 국가 통제와 유럽 내 해결책을 선호했다. 어려움에 빠진 웨스트랜드는 헤슬타인의 계획에 따라 영국, 프랑스, 독일, 이탈리아 방위산업체와 컨소시엄을 이루기로 했다. 이를 두고 한바탕 소란이 벌어지면서 다우닝가는 헤슬타인에 대한 불신임 투표를 추진하려 했고, 이 때문에 잠시 대처의 보수당 통제권을 위협하는 듯한 동요가 일기도 했다. 결국 헤슬타인이 사임하고, 시코르스키는 웨스트랜드에 자금을 지원했다.

그러나 카리스마 있고 재산도 넉넉하며 맹렬한 야심을 자랑하던 헤슬타인이 대처의 자리를 차지할 친유럽파로 자신을 내세웠다. 그의 노골적인 모반이 몇 년 동안 평의원석에서 연기를 피우다가 1990년 11월에 갑작스레 폭발해 대화재를 일으켰다.

폭발이 일어나기 전까지 부싯깃이 많이 쌓이기도 했다. 수많은 보수당 거물들이 유럽에 대한 태도 때문에 부상했으며 그 때문에 실각했다. 영국은 히스의 지휘하에 1973년 유럽경제공동체에 가입했다. 그러나 1979년에 갓 생긴 유럽환율조정장치(ERM)에는 함께하지 않겠다고 선언했다. 유로화로 가는 느슨한 선행 단계인 이 장치에서 회원국은 경제 규모에 따라 각 통화의 비중을 고려해서 결정하는 유럽통화단위(ECU) 가치를 기준으로 환율을 일정 범위 안에서 유지해야 했다.

유럽경제공동체를 비롯해 ERM과 ECU를 두고 오래도록 힘겨운 싸움을 벌이면서 영국의 내각은 분열되고 대처의 리더십도 꾸준히 약해졌다. 대처가 1985년에 영국이 ERM에 가입할 가능성이 없다고 못 박았는데, 1987년 초 재무 장관 나이절 로슨(Nigel Lawson)이 파운드화가 서독의 마르크화를 일정 비율로 따라가게 하는 차선책을 대처의 승인도 없이 마련했다. 그러나 이해 11월에 이 암묵적 합의를 안 대처가 1988년 초에 이 정책을 폐기했다.[127]

이렇게 유럽 통합을 향한 야심 찬 계획이 펼쳐지는 한편 보수당이 돌이킬 수 없을 만큼 분열되어 가던 중에 대처가 벨기에 브루게에 있는 유럽대학교에서 유럽 대륙의 미래에 관해 연설해 달라는 초청을 수락했다. 유로스켑틱(Euroskeptic)* 을 대표하는 자신의 연설을 야심 찬 유로크래트(Eurocrat)** 청중이 듣는다는 게 자연스러운 상황은 아니라는 걸 잘 안 그녀가 활짝 웃으며 농담으로 연설을 시작했다. "유럽에 관한 제 견해를 다룬 몇몇 말이

---

* 유럽 통합에 회의적인 사람을 가리킨다. — 옮긴이
** 유럽연합의 각종 기관에서 일하는 사람을 가리킨다. — 옮긴이

나 글을 믿으시는 분이라면, 마치 평화로운 공존의 미덕을 논하는 자리에 칭기즈칸(Chingiz Khan)을 연사로 초청한 상황처럼 느껴질 수도 있을 겁니다."[128] 그렇지만 대처는 칭기즈칸처럼 정복자로서 이곳에 온 게 맞았다. 농담은 그저 점잔을 빼는 말이었을 뿐이다.

대처는 유럽이라는 관념을 찬미하는 대신 곧바로 그 한계를 지적했다. '브루게 연설'은 사실상 내각의 비판자들에게서 벗어나겠다는 독립선언으로 볼 수 있었다. 대처는 유럽공동체가 "독립 주권국 간 자발적이고 적극적인 협력"에 의존할 것, "현존하는 문제를 실리적인 방식으로 해결할 것", "기업을 독려할 것", "보호무역주의자가 되지 않을 것", "NATO를 통해 확실한 방위를 유지할 것" 등 다섯 가지 '기본 원칙'을 따라야 한다고 보았다.[129]

이때 대처가 말한 "실리적인" 방식은 곧 합리적이고 정치적 책임을 질 수 있으며 시장 지향적인 유럽 관료제를 통해 장대한 계획보다는 급박한 문제에 초점을 맞춰 가볍게 규제하는 방식을 뜻했다. 이런 맥락에서 유럽에 관한 대처의 전망은 뚜렷한 국민국가를 유지하는 데 그 바탕을 두었다.

국민성을 억압하고 권력을 중앙에 집중하려는 시도는 우리가 추구하는 목표를 크게 훼손하고 위험에 빠뜨릴 것입니다. 프랑스가 프랑스일 때, 스페인이 스페인일 때, 영국이 영국일 때, 각국이 각국의 관습과 전통과 정체성을 간직할 때 유럽은 더 강해질 것입니다. 이들을 몽타주처럼 유럽이라는 모종의 인격체에 맞춰 넣으려 한다면 어리석은 일입니다.[130]

드골이 구구절절 지지했을 말이다.

브루게 연설에서 뚜렷하게 드러난 대처의 중앙집권 회의론은 총리가 되기 전 하이에크를 공부하면서 시작되었다. 브루게에서 연설할 때까지 그녀는 산업과 공공 주택을 민영화하는 등 대체로 국가의 권력을 민간 기업에 주면서 성공한 개혁을 영국에 도입하는 경험을 쌓았다. 그녀가 보기에 유럽의 계획을 지지하는 이들은 이 시대가 남긴 주요한 경제적 교훈을 무시하는 것만 같았다. 연설에서 이들을 직접 겨냥해 말하기도 했다.

성공은 중앙의 권력과 의사 결정권을 분산하는 데 달려 있다는 점을 모든 것을 중앙에서 운영하려고 한 소련을 비롯한 국가들이 깨닫기 시작하는 이때 이와 반대 방향으로 움직이려는 분들이 공동체에 있다는 것이 실로 아이러니합니다. 우리가 브뤼셀에서 새로운 지배력을 행사하는 유럽이라는 조국가가 유럽 수준에서 다시 국경을 세우는 모습을 지켜보려고 영국의 국경을 지금과 같이 제한하진 않았습니다.[131]

이 발언은 충격을 주려고 한 것이며 소기의 목적을 달성했다. 이보다 석 달 전에 유럽연합 집행위원회 위원장 자크 들로르(Jacques Delors)가 한 연설을 정면으로 거부하는 말이었다. 프랑스의 사회주의자 들로르는 이 연설에서 10년 안에 각국의 입법부가 경제 관련 의사 결정을 최대 80퍼센트까지 유럽의회에 위임하게 될 것임을 시사했다.[132] 이를 들은 대처는 그 어느 때보다 격노했다.

브루게 연설에는 유럽 문명의 의미와 그 안에서 영국이 차지하는 위치에 관해 현명하지만 자주 언급되지 않는 숙고도 담겨 있다. 여기에서 대처의 두 가지 신념, 즉 동유럽에서 자유를 위해 싸우는 이들에 대한 연민과 미국을 향한 깊은 존경이 언급되었다. 대처는 유럽공동체가 "유럽 정체성의 표현"이지만 "유일한" 표현은 아니라고 보았다. 그녀가 사심 없는 분석에서 열정적인 권고로 말투를 바꾸며 연설을 이어 나갔다.

철의 장막 동쪽, 한때 유럽의 문화와 자유와 정체성을 온전히 누렸으나 이제는 그들의 뿌리와 단절된 사람들을 결코 잊으면 안 됩니다. 우리는 바르샤바와 프라하와 부다페스트를 언제나 위대한 유럽의 도시로 봐야 합니다. 그리고 미국이 지금과 같이 용맹한 자유의 수호자가 되는 데 유럽의 가치가 일조했다는 점도 잊으면 안 됩니다.[133]

대처의 말은 예언이 되었다. 바르샤바, 프라하, 부다페스트, 동독이 곧 유럽의 품으로 돌아왔으며 유럽 문명의 위대한 확장이 낳은 미국은 그때나 지금이나 유럽 대륙의 번영을 지지하는 안보를 제공하고 있다.

대처의 브루게 연설이 훗날 영국의 명연설 중 하나로 꼽힌 이유가 있다. 그녀 자신의 생애에서 중추적인 위치에 있을 뿐만 아니라, 영국의 정체성과 유럽 통합 사이에서 긴장이 계속되리라는 걸 예견하고 분명하게 표현해 냈기 때문이다.

실각

그러나 브루게 연설은 당시 대처와 내각 동료들 사이를 더욱 벌리는 효과를 낳았다. 이것은 스쳐 지나가는 사건이 아니었으며 대외 정책 및 국방 정책을 두고 벌어진 일들만큼 경제정책에서도 불길한 의견 차이가 굳어지리라는 암시를 남겼다. 앞서 살펴본 것처럼 영국의 체제에서는 내각 각료들이 정당의 최고위직에 오른다. 이는 곧 권력이 총리와 내각 사이에서 양방향으로 움직인다는 뜻이기도 하다. 그러므로 국정을 효과적으로 운영하려면 양측 간 선의가 반드시 있어야 한다.

1989년 6월, 대처가 유럽공동체의 마드리드 회담에서 연설하기 몇 시간 전인 일요일 아침에 재무 장관 로슨과 외무 장관 하우가 다우닝가 10번지를 찾았다. 그리고 영국 정부에서 보기 어려운 광경이 펼쳐졌다. 대처 정부에서 가장 힘 있는 장관 두 명이 총리에게 영국의 독자적 통화정책을 포기하고 ERM에 정식으로 합류할 기한을 제시하라고 요구하면서 만약 이를 거부하면 사임하겠다고 위협한 것이다. 대처는 이들의 요구를 주의 깊게 기록하며 이 주제에 관한 견해를 수정해 보겠다는 의지를 보였으나 기한 공개는 거부했다.

마드리드에서 돌아온 직후, 대처가 하우를 하원 여당 원내대표로 격하하는 한편 이 충격을 완화하기 위해 부총리라는 애매한 직함을 수었다. 로손에게는 한결 자비를 베풀어 자리를 지킬 수 있게 했다. 그러나 로손은 환율 정책과 더불어 그의 권위를 해친다는 수석 경제보좌관 앨런 월터스(Alan Walters)를 대처가 해임하지 않는 데 반발해 곧 사임했다.

그러나 1990년 10월에 이르자 대처는 신임 재무 장관 존 메이저(John Major) 때문에 영국이 ERM에 합류하는 걸 묵인할 수밖에 없었다. 10월 30일 하원 연설에서 그녀가 이 선택을 지지하면서도 경제 통화 동맹은 "유럽합중국의 뒷구멍"이라며 "전적으로 철저하게" 반대한다고 못 박았다. 각료들에게 격노한 한편 자신의 정책과 관련해 다른 문제가 발생하지 않도록 하는 데 집중한 대처는 욥기의 "네가 여기까지는 와도 더는 오지 못한다"는 하나님의 경고를 자신의 수사학적 신호로 받아들인 듯했다. 그녀가 들로르와 자신을 대비하며 말했다. "그는 유럽의회가 공동체의 민주적 기구가 되기를 바랐고, 위원회가 정부가 되기를 바랐으며, 각료 협의회가 상원이 되기를 바랐습니다." 그러고는 이에 대해 간단명료하게 답했다. "안 됩니다, 안 됩니다, 안 됩니다!"[134]

조용하지만 단호하게 내뱉은 "안 됩니다, 안 됩니다, 안 됩니다!"도 대처가 남긴 불멸의 구절이 되었다. 그러나 명언으로 기억되기에 앞서 여론이 나쁜 '지역 주민세'(지방정부 인두세)를 옹호할 때부터 이미 피를 흘리고 있던 대처 정부를 무너뜨리는 데 일조했다.

이틀 뒤 하우가 사임하며 11월 13일 하원 앞에서 "본질은 물론이고 형식상의 문제로" 사임한다고 밝혔다. 그는 사임 연설에서 경제 통화 동맹에 관한 대처의 정책 때문에 "대처 자신을 비롯해 사람들이 길을 잃을 위험이 커지고 있다"고 했다. 찬사를 가득 담은 하우의 연설은 그야말로 명문이었다. 대처의 "용기와 리더십"에 경의를 표한 하우는 넋을 잃은 하원 앞에서 맥밀런의 말을 인용해 대처의 방식을 정면으로 저격했다.

유럽공동체에서 자리를 찾고 그 자리에 머물러야 한다고 했습니다. 그는 지금과 마찬가지로 당시에도 권력의 현실에서 스스로 고립되지 않는 것, 과거의 감상에 빠져 틀에 박힌 방식으로 물러나지 않는 것, 그래서 우리의 미래에 대한 통제권을 놓치지 않는 것이 가장 중요하다고 보았습니다.[135]

하우는 더 격양된 말투로 유럽에 관해 대처가 하는 말들이 "비극적"이며 "혼란을 가중"한다고 했다. 그러고는 분노보다 슬픔에 잠긴 말투로 이어 나갔다.

저라는 개인에게, 우리 당에게, 우리 국민 전체에게 그리고 제 친구이자 제가 존경하는 대상인 그녀 자신에게도 비극적인 일은 유럽에 대해 총리가 보이는 태도가 우리나라의 미래에 점점 더 심각한 위험을 제기하고 있다는 것입니다. 이는 우리의 영향력을 최소화하는 한편 우리가 다시 차단될 가능성을 최대화하고 있습니다. 지난날 우리는 늦게 시작한 대가를 톡톡히 치렀으며 유럽의 수많은 기회를 놓쳐 버렸습니다. 감히 그런 일이 다시 일어나게 하면 안 될 것입니다. 만약 우리가 정당으로서든 국가로서든 유럽의 합의점과 동떨어진다면 헤아리기 어렵고 바로잡기도 매우 어려운 결과가 닥칠 것입니다.[136]

하우의 결론에서 대처의 리더십을 따른다면 건설적인 미래를 기대할 수 없다는 생각이 분명하게 드러났다. 그는 친구인 총리에 대한 충성심과 "내가 이 나라의 진정한 이익이라고 생각하는 것"에 대한 신념 사이에서 갈등을 느꼈다며 더는 정부에서 일할 수 없다고 결론지었다. 그는 이런 결정을 내리기까지 오랫동안 "씨름했다"면서 보수당의 다른 이들에게 "저마다 대응을 고려하고" 자신처럼 "우리 당과 우리 조국을 위해 옳은 일"을 해 달라고 촉구했다.[137] 보수당의 "다른 이들"에게 대처 정부에 대한 충성을 재고해 달라고 요청한 하우의 말은 암묵적으로 대처의 실각에 축복을 내렸다. 다음 날 아침, 헤슬타인이 당수 자리를 두고 대처에게 도전하겠다고 선언했다.

대처로서는 매우 불편한 시기였다. 그녀가 보수당 당수 유세를 펼칠 수 있는 마지막 시기에 11월 16일 북아일랜드 방문에 이어 11월 19일부터 21일까지 사흘간 유럽안보협력회의(CSCE) 회담 참석이 예정되어 있었다. 당수 자리에 대한 도전이 있는데도 그녀는 방문 일정을 지키는 편을 택했다.

외부인에게는 놀라운 이 리더십 경쟁을 멀찍이서 지켜보던 나는 대처의 결정에 크게 당황했다. 언제나 대외 정책에 관한 판단으로 제한하던 기존 경계를 넘어서는 일이었을지 몰라도, 내가 이제 친한 친구가 된 파월에게 전화를 해 전투가 한창인 때 대처가 왜 전장을 비우려 하느냐고 물었다. 사실 이때 예정된 회담이 냉전 이후 위대한 약속의 순간을 상징하기는 했다. 부시와 고르바초프가 유럽의 지도자들과 한자리에 모여 유럽 대륙의 미래를 그릴 터였다. 그러나 대처로서는 영국에 남아 흔들리는 지지자들에게 변론하는 편이 분명 더 신중한 방법이었을 것이다.

그러나 내 제안에 대한 답은 부정적이었다. 대처는 자신의 임무가 국제 무대에 있다고 믿었다. 보수당의 분쟁을 처리하려고 회담에 불참했다가는 자신감이 없다는 신호로 보일 수 있다고 생각한 것이다. 그녀의 성격을 그대로 보여 준 이 결정은 처참한 결과로 이어졌다.

대처가 반쯤만 헌신하는 미숙한 민병대라고밖에 표현할 수 없는 이들에게 유세 운영을 맡기고 떠났다. 11월 20일 저녁, 보좌관들이 파리의 영국 대사관에 있던 대처에게 1차 투표 결과가 "우리 바람만큼 좋지는 않고 충분할 만큼 좋지도 않다"는 소식을 전했다.[138] 대처가 204표를 받고 헤슬타인이 152표를 받았으며 기권이 16표였다. 그러나 대처가 얻은 표가 이해하기 힘든 보수당의 규칙이 요구하는 압도적 다수에는 모자랐다. 만약 헤슬타인의 지지자 중 두 명만 대처를 지지했어도 그녀가 승리했을 터였다. 결국 2차 투표를 해야 했다. 늠름한 얼굴로 카메라 앞에 선 대처는 기자들에게 이 투표를 두고 최선을 다하겠다고 말했다.

이때부터 48시간 동안 벌어진 불리한 사건들에는 셰익스피어의 비극 같은 분위기가 있었다. 그 전 몇 년간 내각과 쌓은 선의가 바닥을 보이고 있었다. 앞서 대처에게 동맹을 만들어 주었던 신념과 투지와 매력이 이제 고집과 뒤섞여 친구와 지지자 들이 떠나는 이유로 자리매김했다. 헤슬타인에게 언론의 관심이 집중되자 대처에게 충성을 바치던 이들 중 일부도 흔들리며 달아나기 시작했다. 내각은 "헤슬타인을 멈출" 후보로 메이저나 외무 장관 더글러스 허드(Douglas Hurd)를 내세울 궁리를 했다.

밤이 지나고 다음 날이 밝는 동안 대처는 행운이 썰물처럼 빠져나가는 모습을 지켜볼 수밖에 없었다. 대처는 각료들을 한 명씩 따로 만나 대화했고, 각료들은 모두 개인적으로는 그녀를 지지하지만 안타깝게도 2차 투표에서 그녀가 이길 수는 없다고 말했다. 11월 21일 자정까지 바쁘게 움직이던 그녀가 결국 사임을 결정했다. 다음 날 아침 9시, 그녀가 이 결정을 내각에 공식 선언했다. 당시 내가 파월에게 말했듯, 대처의 사임은 "가족의 죽음보다 더 나쁘게" 느껴졌다.[139]

미국의 관찰자들은 대부분 대처의 실각 소식에 당황했다. 대처가 세계 무대에서 이룩한 업적의 규모와 미국에서 보여 준 엄청난 자신감을 생각하면 왜 보수당원들이 그녀를 내쳤는지 이해하기 어려웠다. 부시 대통령은 이라크군을 쿠웨이트에서 격퇴하기 위해 결집하는 연합군을 만나려고 사우디아라비아로 가던 중에 이 소식을 듣고 의기소침해졌다. 노먼 슈워츠코프(Norman Schwarzkopf) 장군은 수많은 영국의 친우를 대변하듯 "도대체 나라가 어떻기에 전쟁 한가운데서 총리를 해임하느냐"고 물었다.[140]

관찰자들은 대처가 개인적인 슬픔과 관계없이 공개 석상에서 품위를 지킨다는 데 또다시 놀랐다. 이날 아침 대처가 사임 의사를 밝혔고, 오후에는 의회에서 불신임 투표에 직면해야 했다. 노동당이 보수당의 혼란을 이용하기 위해 투표를 요청했기 때문이다. 자유민주당을 이끈 패디 애시다운(Paddy Ashdown)의 말을 빌리면 이날 오후 대처의 연설이 "화려한 공연"이었다. 대처는 자신이 이끈 정부의 정책을 열렬하게 변호하며 그 연장선상에서 자신의 리더십도 변호하고 "〔노동당의〕 바람 든 수사학을 걷어 냈을 때 하원에 투표를 건의한 진짜 이유가 무엇일지"를 물었다. 그리고 스스로 단호하게 답했다.

세계 속 영국의 위치가 불만일 리는 없습니다. 영국은 마땅히 누려야 할 높은 지위에 있습니다. 특히 우리는 냉전을 끝내고 동유럽과 소련에 민주주의를 전파하는 데 공헌했으며 제가 어제 다녀온 역사적인 파리 회담에서도 이 성과를 기렸습니다.

국가의 재정일 리도 없습니다. 우리는 채무를 상환하고 있습니다. 이 중에는 노동당이 진 채무도 포함되어 있습니다. (……)

진정 생각해 볼 문제가 있다면 (……) 1980년대의 성과를 발판으로 삼을 방법, 보수당의 정책을 1990년대까지 계속 밀고 나갈 방법, 세 차례의 총선에 이어 네 번째 총선에서도 마땅히 승리할 방법입니다.[141]

이번에도 대처의 말은 예언이 되었다. 그 뒤 당수 경선에서 메이저가 헤슬타인을 누르고 1992년 총선에서 보수당의 네 번째 승리를 이끌었다.

그다음 주, 대처가 마지막으로 의회에서 질의응답 시간을 가졌다. 이 자리에서 보수당 소속이 아닌 정치인들이 대처에게 건넨 칭찬 세례는 다시 봐도 놀랍다. 예컨대 북아일랜드연합주의 정치인 제임스 몰리노(James Molyneaux)는 이 기회에 영국·아일랜드협정을 두고 설전을 벌인 과거를 다소 참회하듯 회고했다.

총리님은 우리의 관계가 다소 긴장되어 있던 1985년 11월에 벌인 중요한 논쟁을 기억하십니까? 그때 제가 "이 나라 전역에서 우리 동료 영국 시민 수백만 명이 총리가 오래도록 남을 공헌으로 우리나라의 운명을 개척해 주었다고 생각한다"고 말한 것을 기억하십니까? 총리님은 이제 그 사람들 중 대다수가 그 공헌이 계속되기를 바란다는 걸 알고 계십니까?[142]

대처가 정적을 비난할 기회를 흘려보내며 정중하게 답했다. "의원님께서 실로 너그러우십니다."

다음 날인 1990년 11월 28일, 대처 부부가 다우닝가 10번지를 떠났다. 대처가 총리로서 마지막으로 한 말은 그녀답게도 거처를 돌봐 준 직원들에게 전한 감사 인사다.

에필로그

대처는 경제와 정신, 양면에서 동시에 영국을 다시 일으켰다. 그녀가 총리가 될 때 영국의 쇠락은 경제적 침체에 한정되지 않았다. 쇠락은 꼬리에

꼬리를 물고 자기 자신을 갉아먹는 집단적 믿음이었다. 높은 인플레이션과 낮은 성장률, 심각한 노동쟁의가 두드러졌다. 1970년대 영국의 정치적 중심은 제대로 작동하지 않았다. 대처는 맥 빠진 합의를 거부하고 야당 당수로서 미래를 향한 긍정적 전망을 그렸다. 총리가 되고는 영국 사회를 한 번도 닿은 적 없던 곳까지 데리고 갔다. 이를 위해서는 용기와 기개가 필요했다. 당대의 통념에서 극적으로 벗어날 용기 그리고 입에 쓴 약이 환자의 날카로운 불만을 부를 때 한결같이 방향을 유지하는 기개였다.

대처는 몇 번이고 침착한 태도와 신념을 향해 굴하지 않는 헌신을 보여주었다. 상황이 분명하지 않거나, 불리한 위험이 어렴풋이 드러나거나, 대중의 지지가 기우는 듯 보일 때도 흔들리지 않았다. 인플레이션을 잡기 위해 임기 초 통화 공급량을 긴축한 전략은 한 번도 방향을 뒤집지 않았다. 포클랜드제도가 공격당했을 때는 강경하게 대응했다. 광부들이 파업할 때는 영국의 전력 공급이 끊이지 않도록 관리했고, 여론이 등을 돌릴 것처럼 보일 때도 같은 정책을 유지했다.

물론 끈기만으로 성공에 이르는 경우는 드물다. 대처는 영국의 부흥을 위한 자신의 전략을 유지하기 위해 보수당 내에서 지지자들을 결집해야 했다. 특히 국내 개혁은 외부의 적에 맞서 전시체제를 갖추는 것보다 더 많은 의견 대립을 낳을 수밖에 없어서 결집이 더욱 필요했다. 대처가 언사를 통해 지지자들에게 미친 영향은 2차세계대전 때 국민을 일깨운 처칠의 언사를 두고 벌린이 한 말을 연상시킨다.

그의 말에는 최면 같은 힘이 있었고 그의 신념은 너무나 강력했기에, 그는 웅변의 강렬함 자체만으로 사람들에게 주문을 걸어 마치 자기가 하는 말이 이미 그들의 가슴속과 머릿속에 품고 있던 생각처럼 들리게 했다. 물론 실제로 품고 있던 생각이지만, 대개는 그가 일깨워 줄 때까지 그 안에 잠들어 있

었다.[143]

그때처럼 대처의 시대에도 영국의 기능장애에 대한 낙담이 이미 널리 퍼져 있었다. 대처는 이 낙담을 국내 개혁의 명분으로 유용하는 업적을 이루었다. 그녀의 언사는 보수당 내에서 야심 찬 의제를 밀고 나가는 데 필요한 지지를 충분히 끌어내면서 수십 년 동안 정치적 중심을 재조정했다. 대처는 사회에서 정부의 강력한 존재감과 경제에서 개인의 자유를 어우러지게 했다. 어쩌면 당대 보수주의자 대부분이 지지하는 계획은 아니었을지 몰라도, 보수당이 그 역사의 초기에 따르던 이상인 것만큼은 분명했다.[144] 이 과정에서 대처는 원래 보수당에 투표하지 않던 유권자들과 새로 손잡으며 세 차례의 총선에서 잇달아 승리했으며 자리에서 물러난 뒤에도 당이 네 번째 승리를 거둘 기반을 마련했다. 대처는 미래를 보았고, 그 미래를 실현했다.

물론 대처에게는 적이 많았다. 때로는 보수당원도 대처가 보수당의 기본 원칙을 배신했다고 비난했다. 여성 과학자이자 식료품상의 딸로서 중산층 출신이던 대처는 당연히 외부인이었다. 그러나 대처의 행동이 분명 파괴적이었다고 해도 보수당을 위한 헌신이 담겨 있었다. 보수당의 원칙을 배신하기는커녕 오히려 원칙을 회복하기 위해 견실하게 일했다.

대처의 이상은 디즈레일리를 비롯해 보수당의 위대한 지도자들의 이상과 호응했다. 즉 영국을 보호하고, 민주주의 원칙을 바탕으로 국제적 교류에 나서고, 안정적인 의료 서비스와 복지국가가 필요하다는 전후 영국의 합의를 인정하고 보완된 개인의 만족에 기초해 국정을 운영하는 것이다.

국제 문제에서 대처가 비록 처음에는 소련에 외교적으로 접근하는 것이 아무 가치도 없다고 여겼으나, 고르바초프를 만난 뒤 노선을 바꿔 시대를 올바르게 판단하고 진전을 이루었다. 확고하게 장기 전망을 하던 대처는 중요한 문제에 관해 고르바초프와 의견을 나누었으며 이런 대화의 시작이 결국 민주주의 서방의 입지를 강화할 것이라고 믿었다.

대처는 또한 자신이 주장한 자유시장의 원리와 환경을 관리하는 의무가 상충하지 않는다고 보았다. 국제조약으로서는 드물게 보편적으로 높이 평가받고 큰 효과를 발휘하는 몬트리올의정서 체결에 지대한 구실을 한 대처는 최근 수십 년간 오존층이 눈에 띄게 복구된 데 일정 부분 공헌한 것을 인정받아 마땅하다. 총리 임기 후반부에는 전 세계 지도자들 가운데 선도적으로 기후 위기를 역설했다. 1988년 영국왕립학회 연설에서 대처는 산업혁명이 가져다준 이점이 많지만 인류가 "이 행성의 체계 자체를 가지고 막대한 실험을 무심코 시작"한 것이 사실이라고 말했다.[145] 점점 커져만 가는 이 엄청난 문제의 해결은 젊은 세대의 과제로 남았으나, 앞으로 나아갈 방향이라도 찾으려 했다.

대처의 대외 정책은 대서양 동맹 내 영국과 미국의 동반자 관계가 얼마나 중요한지를 입증했다. "특별한 관계"의 부활은 국제 무대에서 대처가 영향력을 지키는 데 도움이 되었다. 1980년대 영국은 천연자원이나 경제적 성과나 군사적 기량을 비롯한 어떤 부문에서도 초강대국의 지위에 미치지 못했다. 그러나 대처는 강인한 성정, 적기(適期)의 능숙한 지지, 꼭 필요했던 레이건 대통령과의 관계를 통해 마치 영국이 미국과 동등한 듯 행동했다. 레이건 정부도 대개는 기꺼이 이에 대한 의문을 제기하지 않았다.

어떤 리더들은 정계 은퇴 이후 생활에 비교적 쉽고 품위 있게 적응한다. 심지어는 인생의 또 다른 장을 새롭게 매력적으로 써 나가며 한층 더 성장하기도 한다. 대처는 그렇지 않았다. 그녀는 자신의 비전을 위해 살았으며 자리에서 물러난 뒤에는 다우닝가 10번지에서 살며 마주한 문제들만큼 의미 있는 것은 없다고 생각했다.

나는 런던에 갈 때마다 그녀에게 연락했고, 병환이 그녀의 머릿속에 구름을 드리웠을 때도 마찬가지였다. 대개 논쟁에서 원칙을 고수한 모습 때문에 그녀의 무시무시한 명성이 생겼지만, 내게 그녀는 언제나 친절한 사람이었다. 마지막으로 만났을 때도 변함없이 친절하고 사려 깊으며 품위 있었다.

말년에도, 30년이 넘는 세월을 함께한 내 소중한 친구를 앞에 두고 보노라면 용기와 품위로 인생의 시험에 맞서는 지도자가 있었다. 정계에서는 그저 관찰자의 자리로 물러났지만, 수백만 명의 국민과 셀 수 없이 많은 해외의 숭배자들에게 언제나 위대한 역사적 인물이자 오랫동안 영향력을 남긴 경제개혁가, 영국의 주권이 위협받을 때 과감한 결의로 대처한 총리, 서구 세계의 철의 여인으로 남았다. 대처를 만나 본 사람이라면 누구나 외면의 강인함을 알아보고, 그녀가 리더십에 따르는 시련을 헤쳐 나간 이유인 내면의 힘을 느낄 수 있었다. 그녀가 있는 자리에서 그녀의 매력과 온기에 빠지지 않을 사람은 거의 없었다.

대처를 비판하는 이들은 종종 그녀의 강인함에 가려진 인간적인 자질을 보지 못한다. 그녀의 비범하리만치 강직한 태도에는 늘 조국을 향한 사랑이 함께했고, 그 사랑은 그녀가 펼친 리더십의 핵심이었다. 이례적일 만큼 강인한 신념과 대단한 추진력은 그녀가 권력을 획득하는 데 큰 몫을 했으며 규율과 계산은 권력을 유지하는 데 도움을 주었다. 그러나 그녀가 권력을 행사한 방법과 그것을 통해 일군 성취는 오직 조국과 국민을 향한 사랑으로만 설명할 수 있다. 처칠을 제외한 다른 모든 총리의 장례식에 한 번도 참석하지 않던 여왕 엘리자베스 2세(Elizabeth II)가 장례식에 참석하기로 했다는 사실은 대처 여사의 역사적 영향력을 증명한다.

2013년 4월 17일 세인트폴대성당에서 열린 대처의 장례식에서 마지막으로 울려 퍼진 찬가가 그녀의 견해를 잘 말해 주었다.

조국이여, 나 그대에게 맹세하노니, 이 세상 모든 것 가운데

가장 완전하고 완벽한 내 사랑의 봉사를,

무엇도 묻지 않는 사랑으로, 시험도 견뎌 내는 사랑으로,

가장 경애하는 가장 훌륭한 것을 제단에 바치노라.[146]

리더십의 진화

귀족주의부터 능력주의까지

지금까지 여섯 리더가 역사적 상황에 미친 영향과 그 상황이 각 리더가 한 일에 미친 영향을 더듬어 보았다. 아데나워, 드골, 닉슨, 사다트, 리콴유, 대처는 저마다 사회를 변혁했으며 새로운 세계 질서의 출현에 기여했다.

이 여섯 리더는 유럽이 400여 년간 전 세계의 상당 부분을 지배하고 그 범위를 넓혀 가며 역사가 전개되는 양상을 좌지우지한 끝에 사실상 유럽의 내전이나 다름없던 두 차례의 세계대전으로 대부분의 본질을 소모해 버린 반세기의 격동에 크게 영향받았다. 경제 재편과 국내 체제의 재확립, 국제 관계 질서의 재정의가 필요했던 전쟁의 여파 속에서 이들은 저마다 상황을 이끌어 나갔다. 또한 이들은 오늘날까지 영향을 남긴 냉전과 탈식민지 및 세계화가 불러온 분열이라는 문제에 맞서야 했다.

여섯 리더가 성장한 시기는 문화적 격변기였다. 서방의 정치적, 사회적 구조 면에서 리더십 모델의 바탕이 세습과 귀족주의에서 중산층과 능력주의로 돌이킬 수 없게 바뀌고 있었다. 이들이 성인이 되었을 때는 미처 사라지지 않은 귀족정의 잔재와 능력이라는 새로운 패러다임이 한데 섞여 사회적 창조성의 기반을 넓히는 한편 그 범위를 확장하고 있었다.

오늘날에는 능력주의의 원칙과 제도가 우리의 언어와 사고를 지배할 만큼 익숙해졌다. 족벌주의라는 말을 생각해 보자. 족벌주의란 특히 책임자를 등용할 때 친척이나 지인을 선호하는 경향이다. 능력주의 전의 세계에서는 족벌주의를 어디에서든 볼 수 있었으며 사실상 관습에 가까운 삶의 방식이었다. 부당한 이익이라는 암시는 담기지 않았으며 오히려 혈연이 정당성의 연원이었다.

고대 그리스의 철학자들이 처음 구상한 귀족주의는 본래 "가장 훌륭한 이들이 지배하는" 방식을 뜻했다. 결단코 세습을 뜻하지 않던 이 통치 방식의 도덕적 정당성은 재능의 자연스러운 차이를 받아들이고 인간이 타고나는 것으로 여겨지는 요소를 활용해 공공선을 추구한다는 데 있었다. 플라톤(Plato)의 '철(鐵)의 신화'에 등장하는 귀족주의 정치 질서의 바탕에는 오늘날의 '사회적 이동성'에 해당하는 요소가 있었다. 이 이야기에서는 여성을 포함한 젊은이들이 영혼에 '금'을 가지고 있다면 '동'이나 '은'을 가진 부모를 두었어도 타고난 재능에 따라 올라갈 수 있었다.'

그러나 지난 수 세기 동안 유럽의 역사를 만든 사회체제로서 귀족주의는 세습 계급이 지도자에게 권력과 지위를 준다는 전혀 다른 뜻을 갖게 되었다. 이렇게 세습적인 의미의 귀족주의에는 부패나 비효율에 빠질 위험을 비롯한 결함이 있으며 오늘날에도 귀족주의에 대해 말할 때면 이런 결함부터 떠오른다. 반면에 그 미덕은 거의 잊히고 있다.

귀족들은 자신이 개인의 노력으로 지위를 획득했다고 여기지 않았다. 지위는 획득하는 게 아니라 세습되는 것이었다. 부랑아와 무능력자도 존재했으나, 이런 이유에서 귀족주의의 창조적 측면은 말 그대로 "많은 것을 받은 자에게 많은 것이 기대된다"는 노블레스 오블리주의 윤리와 묶여 있었다. 귀족들이 그 지위를 획득한 것이 아니기 때문에 그중 탁월한 이들은 공직이나 사회 개선에 참여할 의무를 느꼈다.

국제 관계 영역에서 각국의 지도자들은 이런 사회적 계급에 속했으며 국경을 초월한 감각을 공유했다. 그러므로 이들은 대개 무엇이 정당한 국제 질서를 구성하는가에 관해 의견을 모을 수 있었다. 이것만으로 분쟁을 막을 수는 없었으나, 분쟁의 심각성을 제한하고 해결책을 찾는 데는 도움이 되었다. 베스트팔렌체제의 특징이던 국가의 주권, 평형, 법적 평등과 세력균형이라는 개념이 귀족주의 관습의 세계에서 발달했다.

귀족주의 대외 정책의 단점은 직관에 대한 과신과 침체를 부르는 자존심이었다. 그렇지만 지위가 생득권처럼 느껴지는 협상에서는 경쟁 상대 또는 적과의 상호 존중을 (언제나 보장할 수 있지는 않아도) 예상할 수 있었고, 얼마나 단기적인 문제이든 상관없이 영구적 성공을 추구한다는 전제하에서 제약 없는 유연성을 펼칠 수 있었다. 정책은 일시적 반발을 피하려는 충동보다는 미래에 관한 공동의 구상이라는 측면에서 평가할 수 있었다.

이로써 가장 좋은 형태의 귀족주의는 종종 대중민주주의를 괴롭히는 민중 선동가의 유혹과 정반대인 탁월함을 유지할 수 있었다. 귀족주의가 자기 절제와 사심 없는 공공서비스라는 가치에 걸맞은 모습을 유지하는 한, 그 지도자들은 임의의 개인적인 지배를 거부하고 그 대신 지위와 도덕적 권고를 바탕으로 지배하는 경향을 보였다.

19세기와 20세기 초에는 종교의 영향이 축소되는 한편 프랑스대혁명과 함께 더 나은 정치적 평등을 추구하는 운동들이 촉발되었고, 시장경제의 태동으로 부와 지위가 이동하면서 지난날 세습 귀족주의를 뒷받침하던 전제들이 조금씩 꾸준히 사라졌다. 그러다 예상 못 한 1차세계대전이 갑자기 터지면서 기울어 가는 귀족주의의 정치적 가치와 떠오르는 과학기술의 현실 사이 부조화가 드러났다. 전자가 자제와 평화적 전개의 중요성을 강조했어도 후자가 전쟁의 파괴력을 증폭했다. 떠오르는 민족주의적 열광이 그 전의 안전장치들을 휩쓸어 가면서 1914년에 이 체제를 무너뜨렸으며, 기술은 분쟁을 끊임없이 부추길 수단을 공급했다. 이로써 기존 제도를 훼손하는 소모전이 4년 넘게 이어졌다.

처칠은 『폭풍 전야』에서 1차세계대전이 "정부가 아니라 민족" 간 분쟁이었으며 여기서 유럽은 생명력을 "분노와 살육에 쏟아부었다"고 했다.[2] 전쟁의 끝자락에 그가 이렇게 썼다.

> 귀족주의 정치가와 외교관 들이 승전국과 패전국을 가리지 않고 만나, 민주주의의 소란과 다툼이 없이 예의와 품격을 갖추고 논쟁을 벌이면서 모두가 합의한 근본에 따라 체계를 재구성할 수 있었던 위트레흐트조약과 빈조약의 시대는 갔다. 민중은 한때 영감을 주던 대중적 가르침과 그들이 겪은 고통에 떠밀려 수백만 명과 우두커니 서서 최대한 벌해야 한다고 외쳤다.[3]

1차세계대전 당시 유럽의 지도자들이 다가오는 재앙을 미리 막지 못하고 발발 이후 억제하지도 못하자 정치 엘리트층에 대한 신뢰가 무너지고 리더십이 약해지면서 주요 국가에서 전체주의 지도자가 체제를 전복할 여지가 생겼다. 이와 동시에 1918년의 강화조약은 널리 확립된 가치와 충분히 조화를 이루지 못해 새로운 질서를 향한 헌신을 끌어내지 못했고, 패전국을 무력화할 만큼 전략적으로 견실하지도 못해 그들이 복수할 힘을 빼앗지 못했다. 이것이 많은 결과를 낳았고, 그중 가장 중대한 결과가 물론 2차세계대전이다.

두 차례의 세계대전에서 국민의 활력이 사령부 휘하에 놓이고 각 국민 간의 상호 반감이 이용당한 국민 총동원 체제는 중산층의 주도가 낳은 가장 빠르고 가장 냉혹한 결과였다. 그러나 2차 30년전쟁(1914~1945)의 소요가 지나가자 사회적 변혁이 일어났으며 이런 변혁이 국제적 안정 및 정치력과 양립할 수 있음을 증명했다. 정치 및 문화 권력 대부분을 중산층이 행사하는 자신감 있는 국민국가들의 세계에서는 책임 있고 창조적인 정책을 실행할 지도자들이 태어날 수 있었다.

사회를 움직이는 두 가지 힘인 능력주의와 민주화는 중산층 지도자가 생길 수 있는 동력과 제도를 마련했다. 프랑스대혁명에서 외친 구호 중 하나는 "재능 있는 자에게 직업을 달라!"였다. 19세기 중반부터 서구 사회에서 입학시험이나 선별력 있는 중등학교와 대학교, 전문성을 기준으로 하는 고용 및 진급 정책 등 능력주의 원칙과 제도를 채택하면서 중산층 출신의 재능 있는 사람들이 정계에 발을 들일 기회가 생겼다. 이와 동시에 참정권이 확대되면서 사회적, 정치적 무게중심이 중산층을 향해 옮겨 가기도 했다.

이 책에서 살펴본 리더 여섯 명 중 누구도 상류층 출신이 아니었다. 아데나워의 아버지는 프로이센군의 비임관 부사관이었다가 나중에 사무원으로 일했고, 그의 아들은 독일제국의 표준 교육과정을 따랐다. 드골의 조부모는 모두 학식과 재산이 있었으나 그의 아버지는 교사였고 가족 중 정부 고위직에 오른 사람은 아들인 그가 처음이었다. 닉슨은 서던 캘리포니아 중하층 가정에서 자랐다. 사다트는 사무원의 아들로 태어났으며 이집트 사관학교에 입학 신청서를 낼 때 신원보증인을 찾느라 고생했다. 가세가 기울어 가는 중국계 싱가포르인 부모를 둔 리콴유는 싱가포르와 영국에서 장학금에 의존해 학업을 이어 나갔다. 대처는 식료품상의 딸이었고 영국 보수당 당수로서는 히스 이후 두 번째로 중산층 출신이자 최초의 여성이었다. 출발선에서부터 훗날 걸출한 인물이 되리라는 걸 예견할 수 있었던 사람은 없다.

변변찮은 배경 때문에 이들은 '내부자'와 '외부자'라는 정계의 인습적 범주에 도전할 수 있었다. 사다트와 드골은 모두 국가의 위기를 지나며 권력을 얻은 장교였다. 닉슨과 아데나워는 경험 많고 저명한 정치인이었으나 정치적 황야에서 몇 년을 보냈다. 여섯 사람 가운데 대처와 리콴유가 가장 정통적인 방식으로 정당정치와 의회 체제를 통해 지도자 자리에 올랐으나, 두 사람 모두 통설에 계속 의문을 제기했다. 19세기 귀족주의 선임자 대다수와 비슷하면서 20세기 동시대인 대다수와는 다른 이 리더들의 주요 관심사는 단기적, 전술적 이익이 아니었다. 오히려 이들은 권력에서 멀리 떨어져 있던 출신 배경과 경험 덕분에 무엇이 국가의 이익인지 뚜렷하게 알아보고 당대의 통념을 초월하는 관점을 가질 수 있었다.

이들이 이른 나이에 재능을 펼쳐 보일 수 있게 해준 능력주의 제도는 귀족주의의 그림자 속에서 대개는 전쟁의 영향으로 생겨났다. 독일에는 참모 제도와 족벌주의를 없앤 효율적 관료제에 앞서 프로이센의 개혁이 있었는데, 나폴레옹전쟁의 여러 전장에서 충격적으로 패배한 뒤 단행한 개혁이었다. 드골은 나폴레옹이 1802년에 전문 장교단을 양성하기 위해 설립한 생시르사관학교에 다녔다. 또 다른 그랑제콜인 선별적 엘리트 학교 파리정치대학(시앙스포)은 프랑스 정치 및 행정 지도부의 부족한 역량이 드러난 프로이센·프랑스전쟁(1870~1871) 이후 그 결함을 극복하기 위해 재능 있는 차세대 인사를 양성하려고 설립되었다.

또 산업혁명으로 교육이 점차 강조되기 시작하면서 경제역사학자 데이비드 랜디스(David Landes)의 말대로 "자원, 부, 권력을 비롯해 모든 옛 이익의 가치가 낮아졌으며 물질보다 정신이 중요해졌다. 이제부터는 인격, 기량, 지력을 가진 이들에게 미래가 열리게 되었다".[4] 생득권보다는 지성과 노력이 점차 성공의 이유로 자리매김하면서 교육이 출세를 위한 길이 되었다.

이런 변화 덕분에 여섯 리더는 엄격한 중등학교에 다닐 수 있었다. 이들이 다닌 학교 중 몇몇 곳은 선별력이 있었고 몇몇은 정부가 운영했으며 여섯 곳 모두 공공심을 가르쳤다. 시험에서 높은 점수를 얻거나 장학금을 타기 위해 벌이는 경쟁은 삶의 중요한 요소였다. 이들은 고등학교 때부터 다양한 과목을 배웠고 몇몇은 대학교에서도 계속 배움을 이어 나갔으며 마치 역사의식과 비극에 대응하는 능력이 필요한 지도자의 과제를 준비하듯 인문학을 배웠다. 무엇보다 이들은 타인과 자신의 심리와 세계를 이해하는 데 도움이 되는 교육을 받았다.

능력주의 혁명이 삶의 거의 모든 측면에 영향을 미치면서 성과를 중시하게 되었고 직업을 향한 포부는 가족의 출신을 초월하게 되었다.[5] 일찍이 귀족주의 시대부터 간직한 우수성이라는 이상은 이제 한층 새롭고 더 강하게, 더욱 개인적으로 강조되고 있다. 대처가 1975년에 말했듯이 "동등하지 않을 권리와 다를 자유가 없다면 기회는 무의미하다."[6] 대학과 직업이 완벽하진 않아도 여성, 민족과 인종상 소수자 그리고 엘리트 출신이 아닌 이들에게 점차 문을 열어 주었으며 이로써 생겨난 지적 다양성과 다채로운 면모의 지도자에 대한 포용성이 사회에 도움이 되었다.

이 책에서 살펴본 리더들은 이런 요소를 바탕으로 귀족주의적 자질과 능력주의적 야심을 한데 섞었다. 두 가지가 합쳐지면서 공직은 애쓸 가치가 있는 일이라는 인식이 생겨났고, 그 덕분에 이들은 리더십을 향한 열망을 키울 수 있었다. 이들을 성장시킨 교육체계와 그보다 더 넓은 사회는 학업적 성취를 높이 평가하면서도 인격을 특히 더 강조했다. 그에 따라 여섯 리더는 성적과 시험 점수보다 더 높은 가치를 추구했으며, 이런 가치를 중요하게 여기면서도 그 자체를 목표로 삼지는 않았다. 그래서 리콴유는 군자의 자세를 계속 언급했고, 드골은 '인격자'가 되려고 노력했다. 교육은 그저 어린 시절에 획득하고 치워 버리는 자격이 아니라 지성과 도덕이라는 차원에서 끝없이 계속되는 노력이었다.

어린 시절부터 여섯 리더의 몸에 배어 있던 중산층의 가치로는 개인의 규율과 자기 수양, 자애, 애국심, 자신감 등이 있었다. 이들은 사회에 대한 믿음, 과거에 대한 사의(謝意)와 미래를 향한 확신을 당연한 것처럼 품었다. 법 앞의 평등도 확고한 기대로 자리를 잡고 있었다.

여섯 리더에게는 귀족주의 선조들과는 다르게 국가 정체성이라는 뿌리 깊은 감각이 있었고, 이 감각이 국가적 리더십을 통해 동료 시민들을 위해 일하는 게 가장 숭고한 야망이라는 신념을 이들에게 불어넣었다. 이들은 자신을 '세계시민'으로 내세우지 않았다. 리콴유는 영국에서 대학을 다녔고 닉슨은 대통령이 되기 전에 세계를 돌아다녔다는 점을 자랑스럽게 여겼을지 몰라도 두 사람 모두 세계인이라는 정체성을 품지는 않았다. 이들은 시민권이라는 특권이 조국의 덕목을 증명해 보여야 한다는 책임을 함축한다고 생각했다. 국민을 위해 일하고 사회의 위대한 전통을 구체화하는 것은 이들에게 아주 영예로운 일이었다. 이런 가치 체계의 긍정적인 효과가 적어도 미국적인 맥락에서 역사학자이자 사회 비평가인 크리스토퍼 래시(Christopher Lasch)의 글에 잘 묘사되었다.

결점이야 있겠으나, 어쨌든 중산층의 민족주의는 공동 기초, 공동 기준, 공동 틀을 제시했다. 이것이 없다면 사회는 해체되어 파벌 싸움으로 전락할 것이며 미국 건국의 아버지들이 잘 알았듯이 만인의 만인에 대한 전쟁 상태에 그칠 것이다.[7]

리콴유를 제외하면 이 리더들이 종교적으로 독실한 가정에서 자라났다는 공통점도 있다. 아데나워와 드골은 가톨릭, 닉슨은 퀘이커, 사다트는 수니파 이슬람, 대처는 감리교를 믿는 집안에서 자랐다. 이 신앙들이 많은 부분에서 서로 다르지만, 세속적인 면에서는 하나같이 극기를 배우고, 잘못을 돌아보고, 미래를 지향한다는 목적을 추구했다.[*] 이런 종교적 습관은 이들이 보여 준 정치력의 근본 요소인 자기를 다스리고 장기적 관점을 선호하는 태도를 기르는 데 도움이 되었다.

냉엄한 현실

이 여섯 인물의 능력주의 리더십에는 어떤 공통점이 있는가? 이들의 경험에서 어떤 교훈을 얻을 수 있는가?

이들은 모두 직접적이기로 유명했으며 냉엄한 현실을 직시하라고 자주 촉구했다. 이들은 투표에 유리하거나 초점집단의 마음에 들 수사에 조국의 운명을 맡기지 않았다. "전쟁에서 진 게 누구라고 생각하십니까?" 아데나워는 전후 연합국이 점령한 독일에 지운 조건을 두고 불평하는 동료 의원들에게 단호하게 물었다. 현대 마케팅 기술을 처음 정치에 접목한 닉슨은 자신이 국제 정세에 대한 탁월한 이해를 바탕으로 메모 없이 직접적으로 쉽게 말한다는 점을 자랑스러워했다. 정치적으로 모호한 태도를 능수능란하게 고수한 사다트와 드골도 궁극적인 목적을 위해 국민의 마음을 움직여야 할 때면 대처가 그랬듯이 비범하리만치 분명하고 생생하게 말했다.

여섯 리더 모두에게 상황을 꿰뚫어 보는 현실감각과 강력한 전망이 있었다. 평범한 지도자는 사안의 중요도를 구별하지 못하며 가혹한 역사에

---

[*] 알렉시 드 토크빌(Alexis de Tocqueville)의 말대로, 독실한 신자들은 "오랜 세월에 걸쳐 부동의 대상을 향해 나아가고 그 대상에 골몰하는 데 익숙하며 천 가지 작고 덧없는 욕망을 억누르는 부지불식간의 과정을 통해 배운다. 독실한 사람들이 자주 영속적인 성과를 내는 이유가 바로 이것이다. 그들은 다른 세계에 몰두함으로써 이 세계에서 성공할 위대한 비밀을 마주한다". Alexis de Tocqueville, *Democracy in America*, trans. Harvey C. Mansfield and Delba Winthrop (Chicago: The University of Chicago Press, 2000), 522 참조.

압도당하는 경향이 있다. 위대한 지도자는 시대와 상관없는 국정의 필수 요소를 직관적으로 깨치며 현실 속 많은 요소 중에서 관리가 필요하거나 극단적인 경우에는 그저 인내해야 하는 요소를 제치고 그보다 더 증진해야 하는 요소와 더 드높은 미래를 가져다줄 요소를 밝혀낼 줄 알았다. 그래서 전임자들로부터 고통스러운 전쟁을 물려받은 사다트와 닉슨은 뿌리 깊은 국제적 경쟁 관계를 극복하고 창조적 외교 관계를 시작하려 했다. 대처와 아데나워는 미국과 형성한 강력한 동맹이 조국에 가장 유리하다는 걸 알았고, 리콴유와 드골은 상황의 변화에 따라 조정할 수 있노록 비교적 낮은 수준의 연계를 택했다.

여섯 리더가 모두 대담하게 행동할 줄 알았다. 가장 중요한 국가적 의의가 걸린 일이라면 대내외적 상황이 명백하게 불리해 보일 때도 결단력 있게 행동했다. 대처는 영국이 지독한 경제 위기에 빠져 있었는데도 파병의 실현 가능성을 의심하는 수많은 전문가의 반대를 딛고 아르헨티나로부터 포클랜드제도를 되찾기 위해 해군 기동부대를 파견했다. 닉슨은 베트남에서 철수가 끝나기도 전에 통념을 딛고 중국과 수교했으며 소련과 군비 통제 협상에 돌입했다. 드골은 그의 전기 작가 잭슨이 전한 말처럼 "언제나 만약의 경우", 즉 프랑스가 실제보다 더 크고 더 단결하며 더 자신감 있는 경우를 가정하고 그에 따라 행동했다.[8]

이들은 고독의 중요성을 잘 알았다.[9] 사다트는 옥중에서, 아데나워는 국내 망명 도중 수도원에서 사색하는 습관을 길렀다. 대처는 종종 이른 아침에 홀로 문서를 검토하면서 가장 중요한 결정을 내렸다. 외딴 마을 콜롱베레되제글리즈에 자리한 드골의 사저는 그의 인생에서 본질적인 부분이 되었다. 닉슨은 종종 백악관을 떠나 아이젠하워 행정동 건물, 캠프데이비드 또는 샌클레멘테에서 시간을 보냈다. 이들은 특히 중요한 결정을 앞두고는 조명과 카메라 그리고 지휘권자로서 마주하는 일상 과제에서 물러나 고요와 사색의 도움을 받았다.

여섯 리더 사이에서 두드러지는 공통점이자 역설이 있다면 바로 이들 모두 불화를 초래했다는 점이다. 이들은 자신이 이끄는 대로 국민이 따라 주기를 바랐으나 모두의 합의를 구하려고 애쓰거나 그런 합의를 기대하지는 않았다. 이들이 추구하는 변혁은 논쟁을 일으킬 수밖에 없었다. 드골이 대통령일 때 생긴 일 중 하나가 이를 잘 보여 준다. 1960년 1월 알제리에서 '바리케이드 주간'으로 알려진 폭동이 일어났을 때 나는 프랑스 국방 조직의 구성원들을 만나기 위해 파리에 가 있었다. 이 자리에서 어느 장교가 드골이 상황을 다루는 방식을 두고 내게 이렇게 말했다. "드골은 나타날 때마다 나라를 분열시킵니다." 그러나 2차세계대전에서 굴욕적인 항복을 딛고 프랑스 국민을 되살려 냈을 때처럼 이때도 드골은 결국 알제리 위기를 극복하고 국가목적에 관한 공통의 견해를 회복했다.

이와 마찬가지로 리더라면 기존 이해관계를 해치고 중요한 유권자들을 소외하지 않고서는 대처처럼 근본적인 경제개혁을 단행할 수 없고, 사다트처럼 오랜 적국과 평화를 도모할 수 없고, 리콴유처럼 백지에서부터 다민족 사회를 구축하는 데 성공할 수도 없다. 아데나워는 전후 점령과 함께 독일에 가해진 여러 제약을 받아들이며 정치적 반대자들의 혹평을 받았다. 드골은 수없이 많은 대립을 일으키고 거기에서 살아남았으나, 그가 마지막으로 선보인 위대한 공적 활동은 1968년 5월 프랑스를 혁명 직전까지 몰고 간 학생들과 노조의 시위 수위를 낮췄다. 사다트가 순국한 것은 그가 이집트 민족과 이스라엘 민족 사이에 평화를 가져다주었을 뿐만 아니라 그 당위성을 어떤 이들의 눈에는 이단으로 보일 원칙에서 찾았기 때문이다. 이들이 정부를 이끌 때는 물론이고 그 이후에도 모든 사람이 이 여섯 리더를 존경하거나 이들의 정책에 동의하지는 않았다. 이들은 저마다 명예로운 이유를 내세우는 저항, 때로는 저명한 반대파 인사가 이끄는 저항에 직면했다.

그것이 역사를 만드는 대가다.

흔들리는 능력주의

오늘날 적어도 서구에서는 이 책에서 소개한 여섯 리더를 배출하는 데 도움이 되던 조건들이 그 자체의 진화적 붕괴에 직면했다는 징후가 드러나고 있다. 한때 공직에 위신을 실어 주던 시민적 애국주의는 이세 정체성에 기반한 파벌주의와 경쟁적 세계시민주의에 자리를 내주려는 듯하다. 미국에서는 점점 더 많은 대졸자가 세계를 돌아다니는 기업 임원이나 전문 활동가가 되려고 하며, 정치나 공공 부문에서 지역 또는 국가 수준의 지도자가 되기를 꿈꾸는 이들은 뚜렷하게 줄었다. 지도부와 대다수 대중의 관계를 쌍방의 적의와 의심으로 정의할 수 있다면 뭔가 잘못되었다는 뜻이다.

서구의 중등학교와 대학이 활동가와 기술자를 길러 내는 솜씨는 여전히 아주 좋지만, 정치인이 될 이들을 비롯해 시민을 형성한다는 본연의 임무에서는 헤매고 있다. 활동가와 기술자가 모두 사회에서 중요한 구실을 하며 사회의 결점을 조명하고 그 결점을 고칠 다양한 수단을 찾아내지만, 전 세대의 지도자들을 만든 폭넓고 엄격한 인본주의 교육은 이제 유행이 지난 듯하다. 기술자를 양성하는 교육은 직업을 준비하는 양적 교육에 치우치는 경향이 있고, 활동가를 양성하는 교육은 지나친 특수성과 정치색을 띠는 경향이 있다. 정치인의 상상력이 샘솟던 전통적 원천인 역사나 철학은 어느 쪽에서도 충분히 가르치지 않는다.

오늘날의 흔들리는 능력주의를 날카롭게 관찰하는 정치사상가 유벌 레빈(Yuval Levin)의 말에 따르면, 우수한 시험 점수와 훌륭한 이력서를 가진 현대의 엘리트층은 "자신이 자기 힘으로 권력을 일궜다고 믿으며 그 권력이 특권이 아니라 당연한 권한인 듯 가지려 한다."* 또 우리는 "가치를 가늠할 때 점차 인격이라는 따뜻하고 활기찬 이해 대신 지성이라는 냉엄하고 메마른 개념을" 쓰고 있다.[10] 그는 그중에서도 가장 심각한 문제가 엘리트의 행동이라는 영역에 있다고 보았다.

미국인들이 엘리트들이 주장하는 정당성에 점차 회의를 느끼는 것은 미국 사회의 상류층에 진입하기가 너무 어려워서가 아니라 (실제로 그렇다고 하더라도) 그런 계층의 사람이라면 무엇이든 원하는 대로 행동해도 되는 듯 보이기 때문이다. (……) 달리 말해, 문제는 진입 기준보다는 진입 후의 기준이 없다는 점이다. 우리의 엘리트들은 자신을 귀족이라 여기지 않기 때문에 표준이나 제약도 필요하지 않다고 생각한다.[11]

19세기 귀족들이 자신에게 많은 기대가 걸린 것을 잘 알았고 20세기 능력자들이 봉사의 가치를 추구했다면, 오늘날의 엘리트들은 의무를 논하기보다는 자기표현이나 자신의 발전을 이야기하느라 바쁘다. 게다가 이들이 형성된 배경인 기술적 환경은 지난날 지도자와 국민을 한데 묶어 주던 바로 그 인격과 지성이라는 자질에 문제를 제기하고 있다.

---

* 최근에는 현재 드러나는 능력주의의 장단점을 두고 폭넓은 논쟁이 펼쳐지고 있다. 마이클 샌델(Michael Sandel)의 『공정하다는 착각(*The Tyranny of Merit*)』과 대니얼 마코비츠(Daniel Markovits)의 『엘리트 세습(*The Meritocracy Trap*)』은 능력주의가 본질부터든 발전 과정에서든 비인간적이고 배타적이라고 주장한다. 에이드리언 울드리지(Adrian Wooldridge)의 『재능 귀족(*The Aristocracy of Talent*)』은 능력주의가 여전히 사회를 구성하는 훌륭하고 변혁적인 힘이지만 현재 딱딱하게 굳어졌으며 다시 활기를 되찾을 필요가 있다고 응수한다. 제임스 핸킨스(James Hankins)의 『미덕의 정치(*Virtue Politics*)』와 로스 다우타트(Ross Douthat), 헬렌 앤드루스(Helen Andrews)의 여러 에세이는 모두 인격, 가치, 행동 규범이 엘리트의 성과를 만드는 데 중요하다고 역설한다.

심층 문해력과 시각 문화

현대 세계는 알아차리기 어려울 정도로 조용히 인간의 의식을 바꾸고 있다. 세계에 관한 우리의 경험과 정보 습득을 매개하는 신기술의 주도로 이런 변화가 진행되는 동안 우리는 그 변화가 리더십에 미치는 영향을 비롯해 장기적으로 어떤 효과를 내는지에 대해 제대로 이해하지 못했다. 이런 상황에서 복잡한 책을 꼼꼼하게 읽는다는 일은 마치 인쇄 기반 시대 초기에 서사시를 외우는 것만큼이나 반문화적인 행동이 되었다.

인터넷과 그것이 일으킨 여러 혁신이 기술 면에서 경탄할 일이라는 데는 의심할 여지가 없지만, 신기술이 조장하는 건설적 사고방식과 소모성 사고방식 사이 균형을 잡는 데 각별한 주의를 기울일 필요가 있다.[12] 한때 구전 문화가 성문 문화로 전환되면서 읽고 쓰는 행위의 여러 장점이 생겨나는 한편 구어 시와 구전 이야기의 예술이 축소되었듯, 인쇄 문화가 시각 문화로 전환되는 현대에도 득과 실이 모두 있다.

이미지가 지배하는 시대에는 무엇을 잃을 위험이 있는가? 학식, 조예, 진지하고 독립적인 사고 등 여러 이름으로 설명할 수 있겠지만 가장 알맞은 단어는 '심층 문해력(deep literacy)'이다. 평론가 애덤 가핑클(Adam Garfinkle)은 이를 "장문의 글에 저자의 방향성과 의미를 예상하는 방식으로" 뛰어드는 것이라고 정의했다.[13] 이 책에서 다룬 여섯 리더가 살던 시대에는 심층 문해력이 '배경복사'처럼 눈에 보이지 않으면서도 어디에나 있고 무엇이든 꿰뚫었다.

정치와 관련된 이들에게 심층 문해력은 막스 베버(Max Weber)가 말한 "목측능력(Augenmaß)", 즉 "나에게 영향을 미치는 현실을 받아들이면서도 내면의 침착함과 평정을 유지하는 능력"을 주었다.[14] 강도 높은 독서는 리더들이 외부의 자극으로부터 마음의 거리를 두는 한편 목측능력을 뒷받침하는 인격을 기를 수 있도록 돕는다. 여기에 사색과 기억력 훈련까지 더해진 다면 리더들은 미립자같이 상세한 지식의 보고를 축적하고 이를 통해 유추 적 사고를 할 수 있다. 무엇보다도 책은 우리에게 합리성, 인과관계, 질서가 확립된 현실을 선사하며 우리는 사색과 계획을 통해 그 현실을 다스리거 나 적어도 관리할 수 있다.[15] 더 나아가 지도자에게 가장 중요한 점이 있다 면, 독서가 "세대 간 대화의 실타래"를 만들고 우리가 혜안을 통해 배울 수 있도록 해 준다.[16] 게다가 독서는 영감의 원천이다.* 책은 한때 위대하리만치 대담했던 지도자들의 행동과 위험하리만치 대담했던 이들의 행동을 기록 하고 경고한다.

그러나 인쇄물은 20세기가 끝나기 전부터 예전의 권위를 상실했다. 2000년에 리콴유는 이것이 여러 이유 중에서도 특히 "예전과 달리 자신과 자기 계획을 세련된 방식으로 보여 줄 수 있는 사람이 지도자로 선출되기" 시작한 데서 비롯했다고 보았다. 그가 이렇게 덧붙였다.

> 저는 위성 TV 덕분에 미국의 대선을 지켜볼 수 있었습니다. 저는 미디어 전문가들이 후보에게 새로운 이미지를 주고 그를 적어도 표면상으로는 다른 인격으로 만드는 방식에 놀라지 않을 수 없습니다. 선거에서 승리를 거둔다 는 게 이제 상당 부분 포장과 광고의 경쟁이 되었습니다.[17]

---

* 미국의 베테랑 외교관이자 국무 장관의 보좌관이던 힐은 책 한 권을 통째로 들여 국정에 관한 문학의 의의를 다루었다. "수없이 많거나 정교한 세부 사항을 탐험하고, 상상 속 인물들의 생 각을 그려 내고, 거대한 주제를 극화해 얽히고설킨 줄거리를 만들어 내는 문학의 자유는 '이 세 계의 작동 방법' 면에서 현실에 가장 가까이 다가간다. 소설의 이런 측면은 직업 특성상 준비가 되었든 되지 않았든 결정을 내려야 하는 시점에 사실, 생각, 잠재적 영향 등을 모두 알지는 못할 수밖에 없는 전략가들에게 아주 긴요하다." Charles Hill, *Grand Strategies: Literature, Statecraft, and World Order*(New Haven: Yale University Press, 2010), 6 참조.

인쇄 시대의 편익과 비용은 불가분의 관계에 놓여 있었고, 이는 시각의 시대에도 마찬가지다. 모든 가정에 스크린이 있어서 오락은 어디에서나 볼 수 있지만 권태는 찾아보기 어려워졌다. 더 실질적인 면에서는 화면으로 보는 불의가 글로 읽는 불의보다 더 적나라하게 느껴진다. TV는 미국 민권운동에서 중대한 구실을 맡았다. 그러나 TV 때문에 우리가 치르는 비용도 상당하다. 자제보다는 감정 표현을 특별하게 여기기 시작하면서 공적 생활에서 전과는 다른 유형의 사람과 논의가 진지하게 주목받기 시작했다.

인쇄 문화에서 시각 문화로의 전환은 인터넷 및 소셜 미디어의 동시대적 정착과 함께 계속되고 있으며 이 때문에 즉시성(immediacy), 강도(intensity), 극성(polarity), 동조(conformity) 등 네 가지 편향이 생겨나면서 리더들이 인쇄 시대에 비해 자신의 능력을 키우기가 더 어려워지고 있다.

인터넷 덕분에 우리는 뉴스와 데이터를 그 어느 때보다도 즉시 접할 수 있지만, 정보의 범람 속에서 개인이 더 현명해지기는커녕 더 많은 것을 알게 되었다고 하기도 어렵다. 인터넷이 발달하면서 정보에 접근하는 '비용'이 무시할 수 있을 정도로 낮아지자 그 정보를 기억해야 할 유인도 약해진 듯하다. 특정 사실을 잊어버리는 건 큰 문제가 되지 않을 수 있지만, 정보를 내재화하는 체계가 무너진다면 인식이 바뀌고 분석력이 떨어진다. 사실이 자명하게 드러나는 경우는 드물고, 그 의의와 해석은 맥락과 관련성에 달려 있다. 어떤 정보가 지혜에 가까운 무언가로 탈바꿈하려면 더 폭넓은 역사와 경험이라는 맥락 속에서 자신의 자리를 찾을 수 있어야 한다.

일반적으로 이미지는 언어보다 더 감정적인 강도의 사용역에서 이야기를 전한다. TV와 소셜 미디어는 열정에 불을 붙이는 이미지에 의존하며, 개인과 대중의 감정을 결합해 지도층의 리더십을 압도하려 든다. 특히 소셜 미디어는 사용자들을 이미지에 민감한 스핀 닥터*로 만들고 있다. 이 모든 것은 인쇄 시대의 더 분석적인 출력물은 물론이고 TV 시대의 세련된 사운

드바이트보다도 더 진짜처럼 들리는 발언을 선전하는 인기영합주의적 정치를 낳았다.

인터넷의 설계자들은 이 발명품이 세상을 연결할 독창적인 수단이라고 생각했으나 사실 인터넷은 인류를 여러 부족으로 분열시켜 싸움을 붙이는 새로운 방법을 낳기도 했다. 극성과 동조는 서로 의존하는 동시에 서로를 강화한다. 개인은 집단에 몸을 맡기고, 집단의 정책은 개인의 사고에 주입된다. 여러 현대 소셜 미디어 플랫폼에서 사용자들이 '팔로워'와 '인플루언서'로 나뉘는 것도 놀라운 일은 아니다. 이곳에는 '리더'가 없다.

이것이 리더십에 미치는 영향은 무엇일까? 현재 상황으로는 시각 미디어의 효과에 관한 리콴유의 음울한 평가가 가장 옳은 말처럼 보인다. "이 과정에서 또 다른 처칠, 또 다른 루스벨트, 또 다른 드골이 탄생할 것 같지는 않습니다."[18] 통신기술이 변화했다고 해서 고무적인 리더십이나 세계 질서에 대한 깊이 있는 사고가 불가능해졌다는 뜻은 아니지만, TV와 인터넷이 지배하는 시대에서는 사려 깊은 지도자들이 그 물결에 맞서 싸워야 한다.

근본 가치

오늘날 능력은 노력으로 일군 지성이라는 좁은 의미로 이해되는 경향이 있다. 그러나 일찍이 토머스 제퍼슨(Thomas Jefferson)이 말한 "자연적 귀족주의"라는 개념은 아마도 더 지속 가능할 '미덕과 재능'의 융합을 바탕으로 삼았다.[19] 정치 엘리트가 의미 있는 공공서비스를 제공하려면 교육과 인격이 모두 필요하다.

---

* 정치인 옆에서 여론을 관리하는 홍보 전문가 또는 언론 대변인이다. ―옮긴이

앞서 살펴보았듯, 세계와 역사에 영향을 미치는 리더들은 엄격한 인본주의 교육의 덕을 보았다. 이런 교육은 공식적인 자리에서 시작된 뒤 독서와 토론을 통해 평생 이어진다. 그러나 오늘날에는 이 첫 단계를 밟는 이들이 드물고, 명시적으로든 암묵적으로든 국정을 가르치는 대학이 거의 없다. 게다가 기술 변화가 심층 문해력을 떨어뜨리면서 평생에 걸쳐 노력하기가 더 어려워졌다. 그러므로 능력주의를 되살리려면 인본주의 교육을 다시 중시하고 철학, 정치학, 인문지리학, 현대 언어, 역사, 경제사상, 문학, 그리고 어쩌면 오랫동안 정치인을 길러 낸 고전 문화까지 여러 과목을 아우를 필요가 있다.

그리고 인격은 없어서는 안 될 요소이므로, 더 깊이 있는 능력주의 리더십을 위해서는 정치과학자 제임스 Q. 윌슨(James Q. Wilson)이 정의한 대로 "행동을 절제하는 습관, 더 구체적으로는 충동을 적절하게 억누르고, 타인의 권리를 적절하게 고려하고, 향후의 결과를 합리적으로 고려하는 행동"의 미덕도 받아들여야 할 것이다.[20] 유년부터 노년까지 다른 무엇보다도 우리의 핵심을 이루는 데 가장 필수적인 자질인 인격의 함양은 리더에게든 리더십을 배우려는 학생에게든 끝없는 도전이다. 훌륭한 인격을 갖춘다고 해서 반드시 세속적으로 성공하거나 정치에서 승리하는 건 아니다. 그러나 훌륭한 인격은 승리할 튼튼한 바탕과 실패했을 때의 위안을 가져다준다.

여섯 리더는 그들을 수식하고 그들이 남긴 영향을 정의하는 여러 자질로 기억될 것이다. 아데나워는 도덕성과 끈기, 드골은 결의와 역사적 통찰력, 닉슨은 복합적인 국제 정세에 관한 이해와 결단력, 사다트는 평화를 이룩하려는 정신적 고양, 리콴유는 새로운 다민족 사회를 건설하겠다는 상상력, 대처는 원칙을 따르는 리더십과 고집을 드러냈으며 이들 모두가 비범한 용기를 보여 주었다. 한 사람이 이 모든 덕목을 한꺼번에 가질 순 없다. 여섯 리더는 여러 자질을 각기 다른 비중으로 결합했다. 이들이 선보인 리더십은 그 업적뿐만 아니라 이런 자질과도 동일시되고 있다.

리더십과 세계 질서

이 책에서 2차 30년전쟁(1914~1945)이라고 한 시기가 지난 뒤 동시 통신이 발달하고 기술혁명이 일어나면서 리더가 마주하는 두 가지 중요한 질문이 새로운 의의와 시급성을 갖게 되었다. 첫째, 국가 안보에 절대적으로 필요한 요소는 무엇인가? 둘째, 평화로운 국제적 공존을 위해서는 무엇이 필요한가?

이 질문들은 역사 속에서 여러 가지 답변을 찾아왔다. 수많은 제국이 존재했으나 세계 질서를 향한 제국의 열망은 지리와 기술에 가로막혀 특정 지역에 한정되었다. 광범위한 사회와 문화를 포괄하던 로마제국과 중화제국도 마찬가지였다. 이들은 세계 질서를 표방하는 지역 질서였다.

16세기부터 기술, 의학, 경제 및 정치 조직이 폭발적으로 발전하면서 서구가 그 권력과 통치체제를 전 세계에 제시할 능력이 확대되었다.[21] 17세기 중반에 시작된 베스트팔렌체제는 유럽 내에서 발달한 국제법과 주권에 대한 존중을 바탕으로 했다. 식민지 시대가 끝난 이후 이 체제가 전 세계에 정착되면서 새로운 국가들이 부상해 서구의 우세를 탈피하고 기정 세계 질서의 규칙을 정의하는 데 영향을 미치며 기존 질서에 도전할 수 있게 되었다.

3세기 전 철학자 이마누엘 칸트(Immanuel Kant)가 『영구 평화론(*Zum ewign Frieden*)』에서 인류는 인간의 통찰을 통해서든 대안을 남기지 않을 만큼 파괴적인 규모의 분쟁을 통해서든 보편적 평화를 이룩할 운명이라고 논했다. 그러나 이 전망은 너무 절대적으로 서술되었다. 국제 질서 문제는 어느 한쪽 수단을 택해 종결할 수 있는 명제가 아니다. 근래 우리의 기억으로 미루어 보자면 인류는 리더들이 구축하고 해석하는 상대적 안보와 정당성의 균형 속에서 살아왔다.

오늘날 이 균형을 잘못 이해했다가는 역사상 어느 시대보다도 더 위험하고 비극적인 결과가 벌어질 수 있다. 현대는 문명 자체를 파멸로 몰아넣을 수 있는 파괴력을 인류에게 안겨 주었다. 이는 그 약어와 개념으로 잘 알려진 '상호확증파괴'라는 이 시대의 거대 전략에 잘 반영되어 있다. 상호확증파괴는 전통적 의미의 승리를 추구하기보다는 전쟁을 방지하기 위해 추진되었고, 잠재적 자살로 여겨지는 만큼 표면성으로는 분쟁보다 억지를 위해 설계되었다. 히로시마와 나가사키의 기억이 오래되기도 전에 핵무기 투하의 위험은 헤아릴 수 없을 정도로 막대해졌고, 지켜야 할 이익과 파괴될 결과의 등식은 단절되었다.

70년이 넘는 지난 세월 동안 첨단 무기의 위력과 복잡성, 정확도가 계속 높아졌으나 그 어떤 국가도 실제로 이런 무기를 사용할 당위를 찾지는 못했다. 핵보유국과 비보유국의 분쟁에서도 마찬가지였다. 앞서 살펴보았듯이 소련과 미국은 모두 가장 치명적인 무기에 의존하지 않고 비보유국 국가에 대한 패배를 인정했다. 이와 같은 핵전략의 딜레마는 늘 존재했으며, 더 많은 국가가 첨단 무기를 개발하는 한편 본질상 양극적이던 냉전 시대의 파괴력 분포도가 더 복잡하고 잠재적으로 덜 안정적일 첨단 기술 방안들의 만화경으로 대체되면서 딜레마 또한 돌연변이를 일으키고 있다.

사이버 무기와 (자율 무기 시스템 등) AI 응용 프로그램은 기존 위험 범위를 한층 악화시킨다. 핵무기와 다르게 사이버 무기와 인공지능은 편재성이 강하고 개발 비용이 상대적으로 낮으며 사용하기도 쉽다. 사이버 무기는 대규모 피해를 남기는 동시에 공격의 책임 소재를 불분명하게 할 수 있다. 인공지능은 인간 조작자의 필요조차 극복할 수 있으며 자체적인 계산과 거의 절대적인 식별력으로 표적을 선택하는 능력에 따라 직접 공격을 개시할 수 있다. 이런 무기는 사용 역치가 너무 낮으면서도 너무 강한 파괴력이 있기 때문에 이것에 의존하거나 이것을 사용하겠다고 위협하기만 해도 위기가 전쟁으로 거듭나거나 제한적 전쟁이 의도치 않은 또는 제어하지 못한 확전을 거쳐 핵전쟁으로 이어질 수도 있다. 혁신 기술의 영향으로 이런 무기를 전면적으로 사용했다가는 재앙이 벌어질 테고, 제한적으로 사용하기도 주체할 수 없을 만큼 어려워진다. 이런 무기를 사용하겠다는 명백한 위협에 대응해 먼저 이를 사용하지 않고 상황을 타개할 외교술은 아직까지 고안되지 못했다. 이렇게 거대한 영향력 앞에서 군사력 제한 논의는 왜소해 보일 뿐이다.

첨단 기술 시대의 역설이 있다면 실제 군사작전은 재래식 무기를 쓰거나 드론 공격부터 사이버 공격에 이르는 소규모 첨단 무기를 전술상 전개하는 데 그친다는 점이다. 게다가 첨단 무기는 상호확증파괴로 억제된다는 전제가 있다. 장기적 미래를 맡기기에는 너무 불안정한 패턴이다.

역사는 우리에게 끊임없이 과제를 준다. 기술혁명은 정치적 변혁을 불러왔다. 이 글을 쓰는 시점에 세계는 대국 간 경쟁이 놀라운 기술의 발전과 확산으로 한층 크게 되살아나는 모습을 목격하고 있다. 1970년대 초 국제 체제에 재진입하는 첫걸음을 뗄 때만 해도 중국은 막대한 인적, 경제적 잠재력을 품고 있었으나 기술과 실제 국력은 비교적 낮은 수준이었다. 중국이 경제적으로 부상하고 전략적 능력을 키우는 동안 미국은 역사상 처음으로 자국에 비견할 잠재적 자원을 가진 지정학적 경쟁 상대를 맞게 되었다. 이는 워싱턴은 물론이고 역사적으로 외국 민족을 중국의 권력과 문화의 속국으로 여기던 베이징에도 익숙지 않은 일이었다.

양측 모두 자국이 예외적이라고 생각하나 그 이유는 다르다. 미국은 자국의 가치를 세계에 보편적으로 적용할 수 있으며 결국에는 모든 곳이 이를 채택하리라는 전제하에 행동한다. 중국은 타국이 중국 문명의 고유성과 놀라운 경제 성과에 감화되어 중국의 우위를 존중하리라고 생각한다. 미국의 전도 욕구와 중국의 문화적 우월감이 모두 어느 한쪽이 다른 한쪽에 종속된다는 암시를 담고 있다. 경제 및 첨단 기술 면에서 양국은 그 특성상 지금까지 상대가 핵심 이익으로 여겨 온 요소들을 두고 어느 정도는 타성으로, 그러나 무엇보다도 고의로 충돌하고 있다.

21세기의 중국은 자국이 지난 수천 년에 걸쳐 이룩한 것에 걸맞다고 생각하는 국제적 구실을 맡으려는 듯하다. 미국은 전후 미국의 경험에 뿌리를 둔 세계적 평형을 유지하기 위해 전 세계에 권력, 목적, 외교를 투사하는 방식으로 행동하며 그 질서가 마주한 유·무형의 문제에 대응하고 있다. 양측의 리더들에게 안보를 갖춰야 할 필요는 자명한 듯하다. 각국의 여론도 이를 지지하고 있다. 그러나 안보는 등식의 일부에 지나지 않는다. 세계의 미래에 가장 중요한 문제는 이 두 거물이 피할 수 없는 전략적 경쟁 관계에 공존이라는 개념과 실천을 결합하는 방법을 찾을 수 있느냐는 것이다.

러시아는 중국에 비해 시장 지배력과 인구통계학적 무게, 다각화된 산업 기반이 눈에 띄게 부족하다. 영토가 열한 시간대에 걸쳐 있는 데다 자연 방어선이 거의 없는 러시아는 자국의 지리와 역사가 내리는 명령에 따라 행동하고 있다. 러시아는 신비주의적 애국심을 제국주의적 특권으로 변모시키려는 대외 정책을 펼치는데, 여기에는 본질상 동유럽 평원을 가로질러 침략당할 수 있는 자국의 오랜 취약성에 기인한 영속적인 불안감이 함께한다. 러시아의 권위주의적 지도자들은 수 세기 동안 러시아의 광활한 영토를 보호하기 위해 그 흩어진 국경을 따라 안보 벨트를 구축하려 했으며, 오늘날 우크라이나를 또다시 공격하는 모습에서도 같은 목적이 드러나고 있다.

이 사회들은 지난 역사에 걸쳐 전략적인 측면에서 상대를 평가해 왔으며 이를 바탕으로 상대에게 영향을 미치고 있다. 이 점은 우크라이나 분쟁에서 잘 드러난다. 동유럽의 소련 위성국가들이 해체되고 저마다 독립국가로 거듭나자 중부 유럽의 확립된 안보 경계선부터 러시아 국경선에 이르는 영토 전체가 새로운 전략적 설계의 장이 되었다. 안정은 이 신흥 체제가 러시아의 지배에 대한 유럽의 역사적 두려움을 가라앉히는 한편 서방의 공격에 대한 러시아의 전통적 우려에 상응할 수 있을지에 달렸다.

전략상 우크라이나의 위치는 이 모든 우려를 전형적으로 담고 있다. 만약 우크라이나가 NATO에 가입한다면 러시아와 유럽 사이 안보 경계선은 모스크바로부터 고작 480킬로미터 떨어진 곳에 자리하게 된다. 프랑스와 독일이 잇달아 두 세기 동안 러시아를 점령하려 했을 때 러시아를 지켜 준 역사적 완충지대가 사실상 사라지는 것이다. 만약 안보 경계선이 우크라이나 서쪽에 확립된다면 러시아군은 부다페스트와 바르샤바의 타격 도달 범위에 주둔할 수 있다. 그래서 2022년 2월에 러시아가 국제법을 무참하게 위반하며 저지른 우크라이나 침공은 대체로 전략적 대화의 실패 또는 부적절한 실행의 부산물이라고 볼 수 있다. 핵무기를 보유한 두 나라가 군사적으로 대치한다는 경험은 양국이 궁극의 무기에 의존하지 않는다고 해도 그 바탕에 얼마나 시급한 문제가 놓여 있는지를 역설한다.

결국 미국, 중국, 러시아의 삼각관계가 재개될 것이며 러시아는 우크라이나에서 군사적 한계를 드러내는 한편 자국의 행위에 대한 폭넓은 반발과 광범위하고 강도 높은 제재에 부딪혀 약해질 것이다. 그러나 러시아는 앞으로도 '최후의 날' 시나리오를 위해 핵무기와 사이버 무기를 보유할 것이다.

미·중 관계에서 난제는 국가적 위상에 관해 서로 다른 두 개념이 나란히 평화롭게 공존할 방법을 찾을 수 있는가 그리고 어떻게 찾을 것인가다. 러시아에 관해서는 러시아가 자국에 관한 견해와 자국이 오랫동안 가까운 외국으로 여기던 지역 (대체로 중앙아시아와 동유럽) 국가들의 자결권과 안보를 조화할 수 있을지 그리고 지배가 아니라 국제 체제를 수단으로 이를 이행할 수 있을지가 문제다.

이제는 자유주의적, 보편적 규칙 기반의 질서가 얼마나 가치 있는 개념인지와는 별개로 실질적인 면에서는 적어도 부분적으로 분단된 세계로 무기한 대체될 가능성이 있어 보인다. 이런 분열이 일어난다면 그 가장자리에서는 영향권 획득 싸움이 일어날 것이다. 만약 그렇다면 세계적 행동 규칙에 동의하지 않는 국가들은 어떻게 해야 모두의 합의에 따라 평형을 이루는 구상 안에서 행동할 수 있을까? 지배를 갈구하는 모험이 공존의 분석을 압도하게 될까?

인류 문명을 드높이거나 해체할 수 있는 기술이 점차 가공할 정도로 발달하는 이 세계에서 완전한 해결책은 군사적 차원은 물론이고 강대국 간 경쟁에서도 없다. 모두가 상대방이 악의를 품고 있다고 확신하고 대외 정책을 이념화하며 이를 근거로 제약 없는 기술 경쟁을 펼친다면 1차세계대전을 촉발한 상호 의심의 비극적인 악순환을 그때와는 비교할 수도 없을 만큼 거대한 결과와 함께 일으킬 위험이 있다.

그러므로 모든 당사자가 이제는 국제 행동에 관한 자국의 제1원칙을 재검토하고 이를 공존 가능성과 연계해야만 한다. 특히 첨단 기술 사회를 이끄는 리더들은 기술의 영향력과 군사적 응용을 제한할 방법에 관해 자국 내에서는 물론이고 잠재적 적국과도 끝없이 토의를 이어 나가야 할 도덕적, 전략적 책무가 있다. 위기가 닥칠 때까지 모르는 척하기에는 너무나 중요한 주제들이다. 군사력 통제 담화가 핵 시대를 억제하는 데 공헌했듯, 신흥 기술의 영향력을 고위층에서 탐구한다면 반성과 상호적, 전략적 자기통제의 습관을 기를 수 있을 것이다.

현대 세계의 아이러니 중 하나는 폭발적 기술혁명이라는 영광이 너무나 빠르게 떠오르면서 낙관론이 위험성에 관한 고찰을 앞질렀을 뿐만 아니라 이를 통해 무엇을 실현할 수 있는지 이해하기 위해 부적절한 노력을 체계적으로 기울였다는 데 있다. 기술자들은 놀라운 장비들을 개발했으나 역사라는 틀 안에서 상대적 영향력을 알아보고 평가할 기회는 거의 없었다. 정치 지도자들은 너무나 많은 경우 자신이 쓸 수 있는 기구와 알고리즘의 전략적, 철학적 영향력을 제대로 이해하지 못하고 있다. 이와 동시에 기술혁명은 인간의 의식과 현실의 본질에 관한 인식까지 침범하고 있다. 이에 필적할 만한 마지막 변혁이던 계몽운동은 신앙의 시대를 반복적인 실험과 논리적 추론의 시대로 바꿔 놓았다. 이제는 이와는 반대 방향으로 작용하며 설명이 필요한 결과를 제시하는 알고리즘에 대한 의존이 그 자리를 대신하고 있다. 이 새로운 미개척지를 탐험하려면 기술의 세계, 정치의 세계, 역사와 철학의 세계 사이에 존재하는 간극을 좁히거나 이상적으로는 완전히 메우려는 지도자들의 헌신적인 노력이 필요할 것이다.

이 책의 서두에서 리더십은 분석력, 전략, 용기, 인격 면에서 검증받는다고 했다. 여기서 살펴본 리더들이 마주하던 문제들은 오늘날의 문제만큼 광범위하지는 않아도 그에 필적할 만큼 복잡다단했다. 이상과 헌신으로 상황을 초월하는 사람인가? 역사 속 지도자를 판단하는 이 기준은 지금도 변함없이 적용할 수 있다.

현대 강대국의 지도자들이 여기에서 설명한 딜레마를 해결할 방안을 지금 당장 상세하게 마련할 필요는 없다. 그러나 이들은 반드시 무엇을 피해야 하고 무엇을 용납할 수 없는지를 분명히 해야 한다. 현명한 지도자라면 문제가 위기가 되어 모습을 드러내기 전에 그 문제를 다스려야 한다.

현시대는 도덕적, 전략적 전망의 부재 속에서 닻 내릴 곳을 못 찾고 있다. 점차 거세지기만 하는 혼란스럽고 드높은 물마루와 깊은 물골, 위험한 모래톱에서 우리에게는 아직 알려지지 않았으나 더 희망찬 목적지를 향해 창조력과 불굴의 의지로 사회를 이끌어 줄 항해자가 필요하다.

리더십의 미래

아데나워가 세상을 떠나기 3개월 전인 1967년 나와 마지막으로 만난 자리에서 내게 던진 두 가지 질문이 이제 새로운 의미를 얻는다. 진정 원대한 정책을 펼칠 지도자가 하나라도 남아 있는가? 지금도 진정한 리더십이 가능한가?

여섯 명의 중대한 20세기 인물과 그들이 업적을 이룰 수 있었던 조건을 살펴본 지금, 리더십을 배우려는 이라면 자연스레 이들과 평행한 성과를 다시 이룰 수 있을지가 궁금할 것이다. 세계 질서가 직면한 문제를 해결하는 데 필요한 인격과 지성, 강인한 태도를 가진 리더가 나타날 수 있을까?

이 질문은 전에도 있었으나 리더들은 난국을 헤치고 등장해 수완을 발휘했다. 아데나워가 이 질문을 했을 때 사다트, 리콴유, 대처는 거의 알려지지 않은 사람들이었다. 이와 마찬가지로 1940년 프랑스의 몰락을 지켜본 사람들 중에 드골이 30년에 걸친 경력을 통해 프랑스를 재건하리라고 상상했을 사람은 거의 없다. 닉슨이 중국과 대화를 시작했을 때 그것이 어떤 결과를 만들어 낼지 알아챈 동시대인은 거의 없었다.

니콜로 마키아벨리(Niccolò Machiavelli)는 『로마사 논고(Dicorsi sopra la prima deca di Tito Livio)』에서 리더십이 쇠퇴하는 이유를 오랜 기간의 평온이 부르는 사회적 권태에서 찾았다. 사회가 평화로운 시간이라는 축복 속에서 천천히 규범의 부패에 빠진다면 국민은 "공동의 자기기만을 기준으로 좋은 사람이라 판단되는 자 또는 공공선보다는 특별한 이익을 추구할 가능성이 더 큰 사람들이 내세우는 자"를 따를 수 있다.[22] 그러나 현실을 일깨우는 "역경의 시대"가 찾아오면 그 충격으로 "자기기만이 드러나고, 필연적으로 국민은 평온한 시기에는 거의 잊혀 있던 사람들에게 의지하게 된다".[23]

여기서 묘사한 엄중한 사태들은 결국 더 의미 있는 리더십을 추구할 동기를 사회에 줄 수밖에 없다. 19세기 말 프리드리히 엥겔스(Friedrich Engels)는 "인간의 통치"가 "사물의 행정"으로 대체될 것이라고 예견했다.[24] 그러나 역사가 위대한 이유는 광대한 비인간적 힘에 자리 내주기를 거부하는 데 있다. 역사를 정의하는 요소들은 인간이 만들어 왔으며 앞으로도 계속 그래야 할 것이다. 베버는 변혁을 부를 리더십에 필요한 자질에 대해 이렇게 썼다.

> 정치가 '소명'인 사람은 그의 관점으로 보았을 때 자기가 제시하려는 바를 받아들이기에는 세계가 너무 어리석거나 상스러워 보일 때에도 기개를 잃지 않을 자신이 있는 사람 그리고 그 모든 억지에 부딪혀도 모든 것을 딛고 "그렇지만!"이라고 외칠 확신이 있는 사람뿐이다.[25]

여기서 살펴본 여섯 리더는 저마다 아주 다른 사회를 이끌었는데도 몇 가지 공통 자질이 있었다. 자기 사회를 둘러싼 상황을 이해하는 능력, 현재를 관리하고 미래를 만들어 갈 전략을 고안하는 수완, 숭고한 목표를 위해 사회를 움직이는 솜씨, 결점을 신속히 보완하는 태도 등이다. 미래를 향한 믿음은 이들에게 없어서는 안 될 요소였다. 지금도 마찬가지다. 스스로 믿음을 잃어버리거나 자국에 대한 인식을 구조적으로 비난하는 사회는 계속 위대할 수 없다. 그래서 무엇보다도 관심사의 영역을 자기 자신에서 사회 전반으로 넓히려는 의지 그리고 희생과 봉사를 고무하는 너그러운 공공 정신을 환기할 의지가 필요하다.

위대한 리더십은 만질 수 없는 것과 만져 나갈 수 있는 것, 주어진 일과 해낸 일이 충돌하며 탄생한다. 그 범위는 역사적 이해를 심화하고 전략을 갈고닦으며 인격을 수양하는 개인의 노력에 달려 있다. 스토아학파의 철학자 에픽테토스(Epiktētos)가 오래전에 한 말처럼 "우리는 외부 상황을 선택할 수는 없어도 언제나 그 상황에 어떻게 대응할지 선택할 수는 있다".[26] 이 선택을 안내하고 국민에게 그 실행을 고무하는 것이 리더가 할 일이다.

감사의 말

이 책이 세상에 나오기까지 영국 펭귄출판사의 출판 책임자이자 비범한 편집자인 스튜어트 프로피트(Stuart Proffitt)의 도움이 가장 컸다. 사려 깊은 편집자는 보기 어려운 문제를 짚어 주며 작가가 아주 깊이 생각할 수 있도록 고무하는데, 스튜어트가 침착하고 끈질기며 지혜롭게 이를 해냈다. 상당히 미묘하고 폭넓은 지식을 다루는 내 생각에 대해 문제를 제기하는 이들은커녕 이해하는 이도 많지 않다. 스튜어트는 2년 넘는 시간 동안 줌 앱으로 수십 차례 대화를 나누면서 이 책을 기획하고 펴내는 데 없어서는 안 될 동반자가 되었다.

탁월한 편집으로 스튜어트에게 힘을 보탠 훌륭한 협력자가 또 있다. 닐 코조도이(Neal Kozodoy)가 모든 장을 검토해 주었다. 고르디우스의 매듭을 자르듯 엉켜 버린 글을 풀어내는 실력자이자 탁월한 아마추어 역사학자인 코조도이는 이 책의 관점을 넓히고 글의 수준을 높여 주었다.

전작과 마찬가지로 나는 방대한 1차 자료를 헌신적으로 찾아 준 동료들의 도움을 받았다. 매슈 테일러 킹(Matthew Taylor King)은 문체와 내용에 대해 현명한 조언을 했다. 그는 비범한 헌신과 통찰력으로 이 책의 후반 작업을 이끌면서 모든 장에 흔적을 남겼다.

열정과 효율성, 엄청난 지성을 겸비한 엘리너 런드(Eleanor Runde)는 이 책의 첫 단계에 중요한 조사를 도맡아 준 뒤 비상근으로 사다트 장 전체에 속속들이 이바지했다. 밴스 서척(Vance Serchuk)은 닉슨 장을 발전시키고 분석하도록 기민하게 도왔다. 아이다 로스차일드(Ida Rothschild)는 글을 효과적으로 편집하고 구성에 대해 사려 깊게 논평했다.

메러디스 포터(Meredith Potter), 벤 다우스(Ben Daus), 에런 매클레인(Aaron MacLean)은 초기에 치국책 연구를 도왔다. 조지프 키어넌(Joseph Kiernan)과 존 넬슨(John Nelson)은 시작 단계에 유용한 배경지식 연구를 도맡았고, 오스틴 코피(Austin Coffey)는 출판을 위해 주요 장의 배열을 점검해 주었다.

주요 장의 주제에 관해서는 내가 존경하는 저명한 작가에게 검토를 부탁했다. 대처를 연구하는 대니얼 콜링스(Daniel Collings)는 찰스 파월, 찰스 무어(Charles Moore)와 대처 장 전체를 검토했다. 잭슨 교수는 드골 장을, 크리스토퍼 클라크(Christopher Clark) 교수는 아데나워 장을 예리하게 검토했다. 외교관이자 학자인 인딕은 사다트 장에 대해 통찰력 있는 논평을 했다. 나는 이들 모두의 도움을 받았다.

반세기에 걸쳐 나와 협력한 친구인 베테랑 외교관 힐은 신랄한 조언을 아끼지 않았으며 특히 닉슨 부분에서 큰 도움을 주었다. 눈부신 경력을 쌓아 온 힐은 국무부와 예일대학교는 물론이고 우리 사회 전체에 크게 이바지했다.

레이 달리오(Ray Dalio), 서맨사 파워(Samantha Power), 조엘 클라인(Joel Klein), 로저 헐톡(Roger Hertog), 일라이 제이컵스(Eli Jacobs), 밥 블랙윌(Bob

Blackwill)을 포함해 많은 이들이 특정 문제에 관해 통렬한 견해를 제시해 주었다.

최근에는 에릭 슈미트(Eric Schmidt)가 첨단 기술과 인공지능의 세계를 알려 주며 내 시야를 넓혔다. 우리가 댄 허튼로커(Dan Huttenlocher)와 함께 쓴 『AI 시대(*The Age of AI*)』는 이 책의 전략적 논의에도 영향을 미쳤다.

이 책을 준비하면서 나와 일곱 번째 협업한 테리사 치미노 아만티아(Theresa Cimino Amantea)는 자신이 없어서는 안 될 사람임을 또다시 증명해 보였다. 책이 모양을 갖춰 나가는 동안 아만티아는 특유의 성실함과 매의 눈 같은 예리함으로 내 필체를 해독하고, 거듭되는 수정 중에 글을 다시 입력했다. 또한 펭귄출판사, 와일리에이전시, 외부 검토자, 편집자 들과 연락을 도맡았다.

수십 년 동안 내가 신뢰한 또 다른 동료이자 지칠 줄 모르는 조디 아이옵스트 윌리엄스(Jody Iobst Williams)는 중대한 시기에 문서 작성을 도와주었고, 제시 르포린(Jessee LePorin)과 코트니 글리크(Courtney Glick)는 처음부터 끝까지 내 일정을 훌륭하게 관리해 주었다. 내 비서 크리스 넬슨(Chris Nelson), 데니스 오셰이(Dennis O'Shea), 마튼 우스터반(Maarten Oosterbaan)은 팬데믹에 따른 오랜 은둔과 수많은 행정 문제에 관해 귀한 도움을 주었다.

펭귄출판사의 회장이자 편집자인 앤 고도프(Ann Godoff)는 특유의 전문성을 발휘하며 미국에서 출판에 관련된 중요한 문제를 직접 관리해 주었다. 영국에서는 리처드 두구드(Richard Duguid), 앨리스 스키너(Alice Skinner), 데이비드 왓슨(David Watson)이 시간의 압박과 싸워 가며 원고 구성과 교열을 솜씨 있게 해냈다.

오랜 세월 내 출판 대리인을 맡아 준 앤드루 와일리(Andrew Wylie)와 그의 영국 대리인 제임스 풀런(James Pullen)은 끈기 있는 헌신과 능력으로 세계 각지에서 나를 대리해 주었다.

이 책을 거의 반세기 동안 나와 함께해 준 아내 낸시에게 바친다. 낸시는 내 삶을 채우고 의미를 부여한다. 내가 쓴 다른 책들처럼 이 책도 낸시가 모든 장을 읽고 수준을 높여 주었다.

말할 필요도 없지만, 이 책의 부족한 점은 모두 내 탓이다.

서론

1 Winston S. Churchill, *The Gathering Storm*(Winston S. Churchill, *The Second World War Book 1*) (Boston: Houghton Mifflin, 1948), 284.

2 Andrew Roberts, *Leadership in War*(New York: Viking, 2019), 221에서 재인용.

3 Oswald Spengler, *The Decline of the West*, trans. Charles Francis Atkinson(Oxford: Oxford University Press, 1932), 383.

4 Charles de Gaulle, *The Edge of the Sword*, trans. Gerard Hopkins(New York: Criterion Books, 1960), 20−21. 전문은 이렇다. "전투를 계획하는 군사령관의 마음속에 펼쳐지는 일과 작품을 구상하는 예술가의 마음속에 펼쳐지는 일은 상당히 유사하다. 예술가는 자신의 지성을 이용하는 데 단념하는 법이 없다. 예술가는 지성으로 교훈, 수단, 지식을 찾아낸다. 그러나 창작의 힘은 여기에 더해 우리가 영감이라 부르는 직관적 재능이 예술가에게 있을 때만 발휘되며, 이것만으로도 자연과 직접 맞닿아 생명의 불꽃을 일으킬 수 있다. 그러므로 용병술은 프랜시스 베이컨(Francis Bacon)이 말한 다른 예술과 마찬가지로 '자연에 더해진 인간의 산물'이다."

5 Karl Joachim Weintraub, 1984 Ryerson Lecture, 'With a Long Sense of Time . . . ', *University of Chicago Magazine 96*, no. 5(June 2004), https://magazine.uchicago.edu/0406/features/weintraub.shtml에서 재인용. 하위징아의 말은 Johan Huizinga, *Het Aesthetishche Bestanddeel van Geschiedkundige Voorstellingen*(Haarlem: H. D. Tjeenk Willink & Zoon, 1905), 31−32 참조.

6 Isaiah Berlin, 'The Sense of Reality', in *The Sense of Reality: Studies in Ideas and Their History*, ed. Henry Hardy(Princeton: Princeton University Press, 2019), 29−30.

7 Thomas Mann, *The Magic Mountain*(trans. 1927), Charles Hill, *Grand Strategies: Literature, Statecraft, and World Order*(New Haven: Yale University Press, 2010), 211에서 재인용.

8 Norman Angell, *The Great Illusion: A Study of the Relation of Military Power to National Advantage* (New York: G. P. Putnam's Sons, 1910), 186. 구텐베르크 프로젝트를 통해 https://www.gutenberg.org/files/38535/38535-h/38535-h.htm에서 볼 수 있다.

9 Ibid., 314.

10 Nadege Mougel, 'World War I Casualties', trans. Julie Gratz, 2011, Centre Europeen Robert Schuman, http://www.centre-robert-schuman.org/userfiles/files/REPERES%20%E2%80%93%20module%201-1-1%20-%20explanatory%20notes%20%E2%80%93%20

World%20War%20I%20casualties%20%E2%80%93%20EN.pdf.

11 Francois Heran, 'Lost Generations: the Demographic Impact of the Great War', *Population & Societies* 2014/4(No 510), 1-4.

12 W. H. Auden, 'September 1, 1939', https://poets.org/poem/ september-1-1939.

13 National World War II Museum—New Orleans, 'Research Starters: Worldwide Deaths in World War II', https://www.nationalww2museum.org/students-teachers/student-resources/research-starters/research-starters-worldwide-deaths-world-war.

14 Roberts, *Leadership in War*, xii.

15 1966년 《다이달로스(*Daedalus*)》에 실린 논평에서 이 구분법을 처음 다루었으며 일부 문장은 여기에 그대로 쓰였다. Henry A. Kissinger, 'Domestic Structure and Foreign Policy', *Daedalus 95*, no. 2(spring 1966), 503-529 참조.

16 Thucydides, *The Peloponnesian War*, I, 138. 저자가 강조 표시.

17 Fernand Braudel. Oswyn Murray, 'Introduction', in Fernand Braudel, *The Mediterranean in the Ancient World*(London: Penguin, 2001)에서 재인용.

1장 | 콘라트 아데나워

1 Eugene Davidson, *The Death and Life of Germany*(Columbia: University of Missouri Press, 1999), 85. Richard Dominic Wiggers, 'The United States and the Refusal to Feed German Civilians after World War II', in Bela Vardy and T. Hunt Tooley, eds., *Ethnic Cleansing in Twentieth-Century Europe*(New York: Columbia University Press, 2003), 286.

2 Konrad Adenauer, *Memoirs 1945–53*, trans. Beate Ruhm von Oppen(Chicago: Henry Regnery Company, 1965), 56.

3 Charles Williams, *Adenauer: The Father of the New Germany*(New York: Wiley, 2000), 1-13, 16-17.

4 Ibid., 29.

5 Ibid., 220-223.

6 Ibid., 222-224.

7 Ibid., 237.

8 Ibid., 238, 232-235.

9 Ibid., 250.

10 Joseph Shattan, *Architects of Victory: Six Heroes of the Cold War*(Washington, DC: The Heritage Foundation, 1999), 95.

11 Williams, *Adenauer*, 284-290.

12 Ibid., 304-306.

13 Ibid., 314. 또한 Jeffrey Herf, *Divided Memory: The Nazi Past in the Two Germanys* (Cambridge, MA:

Harvard University Press, 1997), 213 참조.

14 Williams, *Adenauer*, 312–313.

15 The Zonal Committee(Zonenausschuß) of the CDU in the British Zone, 'Aufruf!', January 3, 1946, Konrad Adenauer Foundation, https://www.konrad-adenauer.de/download_file/view_inline/831.

16 Henry A. Kissinger, Memorandum for the President, 'Subject: Visit of Chancellor Adenauer – Some Psychological Factors', April 6, 1961, 2, https://www.jfklibrary.org/asset-viewer/archives/JFKPOF/117a/JFKPOF-117a-008.

17 *Volkszählungsergebnisse von 1816 bis 1970*, Beitrage zur Statistik des Rhein-Sieg-Kreises(Siegburg: Archivbibliothek, 1980), Band 17. [라인-지크 지역 통계청 게시 1816~1970년 인구조사 결과 17호]

18 Williams, *Adenauer*, 326–330.

19 'Text of Occupation Statute Promulgated on 12th May 1949 by the Military Governors and Commanders in Chief of the Western Zones', *Official Gazette of the Allied High Commission for Germany*. 23.09.1949, no. 1(Bonn-Petersberg: Allied High Commission for Germany), 13–15.

20 Williams, *Adenauer*, 332–333. 또한 Amos Yoder, 'The Ruhr Authority and the German Problem', *The Review of Politics 17*, no. 3, (July 1955), 352 참조.

21 Beata Ruhm von Oppen, ed., *Documents on Germany under Occupation, 1945–1954*(London and New York: Oxford University Press, 1955), 417–419에 재발행된 'Speech by Konrad Adenauer, Chancellor of the Federal Republic, at a Reception Given by the Allied High Commissioners(September 21, 1949)', in *United States Department of State, Germany 1947–1949: The Story in Documents*(Washington, DC: US Government Printing Office, 1950), 321; http://germanhistorydocs.ghi-dc.org/docpage.cfm?docpage_id=3194.

22 Dean Acheson, *Present at the Creation: My Years in the State Department*(New York: Norton, 1969), 341.

23 George C. Marshall, 'Harvard Commencement Speech', June 5, 1947. https://www.marshallfoundation.org/marshall/the-marshall-plan/marshall-plan-speech/.

24 Adenauer, *Memoirs 1945–53*, 147. 1949년 3월 23일 베른에서 한 연설이다.

25 Thomas Horber, *The Foundations of Europe: European Integration Ideas in France, Germany and Britain in the 1950s*(Heidelberg: VS Verlag fur Sozialwissenschaften, 2006), 141.

26 Ronald J. Granieri, *The Ambivalent Alliance*(New York: Berghahn Books, 2004), 34에 인용된 Herbert Blankenhorn, *Verstandnis und Verstandigung: Blatter eines politischen Tagebuchs*(Frankfurt: Propylaen Verlag, 1980), entry for November 15, 1949, 40.

27 Hans-Peter Schwarz, *Konrad Adenauer*, vol. 1, trans. Louise Willmot(New York: Berghahn Books, 1995), 450에서 재인용.

28 아데나워가 쉬망에게 보낸 1949년 7월 26일 자 편지. Centre virtuel de la connaissance sur l'Europe, University of Luxembourg(hereafter CVCE), https://www.cvce.eu/obj/letter_

from_konrad_adenauer_to_robert_schuman_26_july_1949-en-a03f485c-0eeb-4401-8c54-8816008a7579.html.

29 Ernst Friedlaender, 'Interview des Bundeskanzlers mit dem Korrespondenten der Wochenzeitung', *Die Zeit*, November 3, 1949, https://www.cvce.eu/content/publication/1999/1/1/63e25bb4-c980-432c-af1c-53c79b77b410/publishable_en.pdf.

30 *New York Times*, December 5, 1949.

31 'Deutscher Bundestag –18. Sitzung. Bonn, den 24. und 25. November 1949', Konrad Adenauer Stiftung, https://www. konrad-adenauer.de/seite/24-november-1949/.

32 Adenauer, *Memoirs 1945–53*, 256.

33 Robert Schuman, Declaration of May 9, 1950. Foundation Robert Schuman, *European Issue*, No. 204, May 10, 2011, https://www.robert-schuman.eu/en/doc/questions-d-europe/qe-204-en.pdf.

34 Adenauer, *Memoirs 1945–53*, 260.

35 'Entrevue du 23 mai 1950, entre M. Jean Monnet et le Chancelleur Adenauer', CVCE, 5, https://www.cvce.eu/obj/compte_rendu_de_l_entrevue_entre_jean_monnet_et_konrad_adenauer_23_mai_1950-fr-24853ee7-e477-4537-b462-c622fadee66a.html.

36 아데나워가 쉬망에게 보낸 1950년 5월 23일 자 편지. Bonn, CVCE, https://www.cvce.eu/de/obj/brief_von_konrad_adenauer_an_robert_schuman_23_mai_1950-de-7644877d-6004-4ca6-8ec6-93e4d35b971d.html.

37 Konrad Adenauer, 'Where Do We Stand Now?', 1951년 2월 본대학교 학생들에게 한 연설. Konrad Adenauer Foundation, https://www.konrad-adenauer.de/seite/10-februar-1951-1/.

38 'Ratification of the ECSC Treaty', in *From the Schuman Plan to the Paris Treaty(1950–1952)*, CVCE, https://www.cvce.eu/en/recherche/unit-content/-/unit/5cc6b004-33b7-4e44-b6db-f5f9e6c01023/3f50ad11-f340-48a4-8435-fbe54e28ed9a.

39 Ibid.

40 Michael Moran, 'Modern Military Force Structures', *Council on Foreign Relations*, October 26, 2006, https://www.cfr.org/backgrounder/modern-military-force-structures#:~:text=Division.,on%20the%20national%20army%20involved.

41 Adenauer, *Memoirs 1945–53*, 193.

42 'Aide Defends Adenauer's Stand', *New York Times*, November 25, 1950.

43 Granieri, *The Ambivalent Alliance*, 56.

44 Arnulf Baring, *Außenpolitik in Adenauers Kanzlerdemokratie*(Berlin: R. Oldenbourg, 1969), 161–164.

45 Ibid.

46 1952년 5월 24일, 소련 외교부가 모스크바 주재 미국 대사관에 보냈다. *Foreign Relations of the United States, 1952–1954*, vol. 7: part 1, document 102, https://history.state.gov/historicaldocuments/frus1952-54v07p1/d102.

47 Granieri, *The Ambivalent Alliance*, 79에서 재인용.

48 Gordon Alexander Craig, *From Bismarck to Adenauer: Aspects of German Statecraft*(Baltimore: The Johns Hopkins Press, 1958), 110에 인용된 *Der Spiegel*, October 6, 1954, 5.

49 Thomas A. Schwartz, 'Eisenhower and the Germans', in Gunter Bischof and Stephen E. Ambrose, eds., *Eisenhower: A Centenary Assessment*(Baton Rouge: LSU Press, 1995), 215.

50 Adenauer, *Memoirs 1945–53*, 456.

51 Leo J. Daugherty, 'Tip of the Spear: The Formation and Expansion of the Bundeswehr, 1949–1963', *Journal of Slavic Military Studies 24*, no. 1(winter 2011).

52 Williams, *Adenauer*, 392–409.

53 Ibid., 410–423.

54 Jeffrey Herf, *Divided Memory: The Nazi Past in the Two Germanys*(Cambridge, MA: Harvard University Press, 1997, 282에 인용된 Konrad Adenauer, 'Regierungserklarung zur judischen Frage und zur Wiedergutmachung', in *Der deutsch-israelische Dialog: Dokumentation eines erregenden Kapitels deutscher Außenpolitik, Teil 1, Politik*, vol. 1(Munich: K. G. Sauer, 1987), 46–47.

55 Ibid., 1:47.

56 Herf, *Divided Memory*, 288.

57 위의 책, 288에 인용된 Michael W. Krekel, *Wiedergutmachung: Das Luxemburger Abkommen vom 10. September 1952*(Bad Honnef-Rhondorf: SBAH, 1996), 40.

58 Williams, *Adenauer*, 534.

59 'Adenauer Feted by Eshkol; Wants Jews to Recognize Bonn's Good Will', *Jewish Telegraphic Agency*, May 5, 1966, https://www.jta.org/archive/adenauer-feted-by-eshkol-wants-jews-to-recognize-bonns-good-will.

60 Ibid.

61 James Feron, 'Adenauer Begins 8-Day Visit to Israel', *New York Times*, May 3, 1966.

62 'Adenauer Feted by Eshkol'.

63 Williams, *Adenauer*, 442.

64 Felix von Eckardt, *Ein unordentliches Leben*(Dusseldorf: Econ-Verlag, 1967), 466.

65 Keith Kyle, *Suez*(New York: St Martin's Press, 1991), 467.

66 Department of State Historical Office, *Documents on Germany, 1944–1961*(Washington, DC, United States Government Printing Office, 1961), 585.

67 Kissinger, 'Visit of Chancellor Adenauer', 4. 4월 12일에 열린 케네디와 아데나워의 첫 정상회담을 준비하는 자리였다.

68 Henry A. Kissinger, 'Remarks at the American Council on Germany John J. McCloy Awards Dinner', June 26, 2002, Yale University Library Digital Repository, Henry A. Kissinger papers, part II, series III: Post-Government Career, box 742, folder 10.

69 Niall Ferguson, *Kissinger 1923–1968: The Idealist*(New York: Penguin Press, 2015), 490–491, 906.

70 Ibid.

71 월터 다울링(Walter Dowling)이 본의 대사관에서 1962년 2월 17일 오후 2시에 국무부로 보낸 전보. *Foreign Relations of the United States, 1961–1963*, vol. XIV: Berlin Crisis, 1961–1962, https://history.state.gov/historicaldocuments/frus1961-63v14/d298.

72 Ibid.

73 Neil MacGregor, *Germany: Memories of a Nation*(New York: Knopf, 2015), ch. 1, 'Where Is Germany?'.

74 동방정책의 명확한 역사에 관해서는 Timothy Garton Ash, *In Europe's Name: Germany and the Divided Continent*(New York: Vintage, 1994) 참조.

75 Williams, *Adenauer*, 503–519.

76 1956년 9월 25일, 유럽의 동합 가능성에 관한 아데나워의 연설. CVCE, https://www.cvce.eu/content/publication/2006/10/25/ea27a4e3-4883-4d38-8dbc-5e3949b1145d/publishable_en.pdf.

77 Barbara Marshall, *Willy Brandt: A Political Biography*(London: Macmillan, 1997), 71–73.

78 Helmut Schmidt, *Men and Powers: A Political Retrospective*, trans. Ruth Hein(New York: Random House, 1989), 4.

79 Marion Gräfin Dönhoff, *Foe into Friend: The Makers of the New Germany from Konrad Adenauer to Helmut Schmidt*, trans. Gabriele Annan(New York: St. Martin's Press, 1982), 159.

80 슈미트는 2015년에 세상을 떠났다. 나는 함부르크에서 열린 국장에서 추도사를 전했다. 그날의 주요 연사가 기독교민주연합의 대표이자 기독교민주연합과 사회민주당 연정의 앙겔라 메르켈(Angela Merkel) 총리다. 양당이 구성한 연정은 아데나워 이후 독일이 내부 분열을 얼마나 극복했는지 잘 보여 준다. 나는 슈미트의 기여를 이렇게 요약했다. "헬무트(슈미트)는 전환의 시대에 살았다. 과거의 점령된 분단국 독일에서 미래의 가장 강력한 유럽 국가 독일로 넘어가는 시기였고, 안보에 대한 우려와 경제 분야의 국제 질서를 구축하는 데 참여할 필요 사이 (……)." Henry A. Kissinger, 'Eulogy for Helmut Schmidt', November 23, 2015. https://www.henryakissinger.com/speeches/eulogy-for-helmut-schmidt/ 참조.

81 Blaine Harden, 'Hungarian Moves Presaged Honecker Ouster', *Washington Post*, October 19, 1989, https://www.washingtonpost.com/archive/politics/1989/10/19/hungarian-move-presaged-honecker-ouster/4c7ff7bd-c0de-4e82-86ab-6d1766abec3c/.

82 Jeffrey A. Engel, *When the World Seemed New: George H. W. Bush and the End of the Cold War*(New York: Mariner Books, 2017), 371–375.

83 2017년 4월 25일, 아데나워의 50주기에 콘라트아데나워재단에서 메르켈이 한 연설. https://www.kas.de/de/veranstaltungen/detail/-/content/-wir-waehlen-die-freiheit-1.

84 'Der Abschied', *UFA-Wochenschau*, Das Bundesarchiv-Inhalt. 'Ich habe den Wunsch . . . getan habe', https://www.filmothek.bundesarchiv.de/video/584751?q=bundeswehr&xm=AND&xf%5B0%5D=_fulltext&xo%5B0%5D=CONTAINS&xv%5B0%5D=&set_lang=de.

2장 | 샤를 드골

1   1969년 2월 28일, 오를리공항에 도착한 미국 대통령 닉슨을 맞이하는 드골 장군의 환영사.

2   1967년에 프랑스 대사가 나에게 대통령 면담 기회가 있는 초청의 뜻을 밝혔는데, 드골답게 결정권은 내게 주었다. "프랑스에 오신다면 대통령께서 귀하를 맞이할 준비를 하실 겁니다." 프랑스군이 NATO 사령부에서 탈퇴한 직후인 그때 존슨(Lyndon B. Johnson) 정부의 심기를 거스르고 싶지 않던 나는 이 초청을 받아들이지 않았고 오랫동안 후회했다.

3   Charles de Gaulle, *Complete War Memoirs*(New York: Simon and Schuster, 1964), 80 참조.

4   Ibid., 84.

5   Roger Hermiston, 'No Longer Two Nations but One', The Lion and Unicorn blog, June 4, 2016, https://thelionandunicorn.wordpress.com/2016/06/04/no-longer-two-nations-but-one/.

6   de Gaulle, *Complete War Memoirs*, 74–80 및 Hermiston, 'No Longer Two Nations but One' 참조.

7   Hermiston, 'No Longer Two Nations but One'.

8   Julian Jackson, *De Gaulle*(Cambridge: Harvard Belknap Press, 2018), 128–133. 드골은 후속 방송을 몇 차례 했다.

9   드골이 런던에서 페탱에게 보낸 답장. 위의 책, 134 참조.

10 위의 책. 저자가 인용한 원전은 René Cassin, *Les Hommes partis de rien: Le reveil de la France abattue(1940–1941)*(Paris: Plon, 1975), 76 참조.

11 Bernard Ledwidge, *De Gaulle*(New York: St Martin's Press, 1982), 76. Jackson, *De Gaulle*, 135에서 재인용.

12 *De Gaulle*, 41에서 재인용.

13 위의 책, 17에서 재인용.

14 *Vers l'Armée de Métier*, 1934. 첫 영역본은 1940년에 『미래의 군대(*The Army of the Future*)』로 출간되었다.

15 Charles de Gaulle, proclamation dated July 1940, in *Discours et Messages*, vol. 1(Paris: Librairie Plon, 1970), 19. Christopher S. Thompson, 'Prologue to Conflict: De Gaulle and the United States, From First Impressions Through 1940', in Robert O. Paxton and Nicholas Wahl, eds., *De Gaulle and the United States: A Centennial Reappraisal*(Oxford: Berg, 1994), 19에서 재인용. 우연히도 「우리는 해변에서 싸울 것입니다(We shall fight on the beaches)」라는 1940년 6월 4일 연설 중 "때가 되면 신세계에서 온 힘을 다해" "구세계에 구원과 해방을" 가져다줄 것이라고 한 처칠의 신념과 완전히 일치하는 정서다.

16 Henry Kissinger, 'The Illusionist: Why We Misread de Gaulle', *Harper's Magazine*, March 1965.

17 Charles de Gaulle, '1939, Notes sur les idees militaires de Paul Reynaud', *Lettres, Notes et Carnets, 1905–1941*(Paris: Editions Robert Laffont, 2010), 886.

18 Jackson, *De Gaulle*, 44에서 재인용.

19 Walter Benjamin, *The Arcades Project*(New York: Belknap Press, 2002).

20　Paul Kennedy, *The Rise and Fall of the Great Powers*(New York: Random House, 1987), 99, 199.

21　Ibid.

22　Ulrich Pfister and Georg Fertig, 'The Population History of Germany: Research Strategy and Preliminary Results', working paper(Rostock: Max-Planck-Institut fur demografische Forschung, 2010), 5.

23　Rondo E. Cameron, 'Economic Growth and Stagnation in France, 1815–1914', *The Journal of Modern History 30*, no. 1(March 1958), 1.

24　Nadege Mougel, 'World War I Casualties', Robert Schuman Centre Report(2011).

25　De Gaulle, *Vers l'armée de métier*, 1934. 출간 당시 드골은 중령이었다.

26　Kissinger, 'The Illusionist', 70. 또한 'Address by President Charles de Gaulle on French, African and Algerian Realities Broadcast over French Radio and Television on June 14, 1960', in *Major Addresses, Statements and Press Conferences of General Charles de Gaulle: May 19, 1958–January 31, 1964* (New York: French Embassy, 1964), 79, https://bit.ly/3rEDU8w 참조.

27　몰로토프·리벤트로프조약.

28　Charles de Gaulle, *Memoirs of Hope: Renewal and Endeavor*(New York: Simon and Schuster, 1971), 3.

29　Ibid., 4.

30　Dorothy Shipley White, *Seeds of Discord*(Syracuse: Syracuse University Press, 1964), 87.

31　Jackson, *de Gaulle*, 138.

32　드골, 1940년 8월 27일 라디오 방송. https://enseignants.lumni.fr/fiche-media/00000003432/le-general-de-gaulle-salue-le-ralliement-du-tchad-a-la-france-libre-audio.html#infos.

33　줄리언 잭슨은 "드골이 훗날 한두 번 자살에 대해 생각한 것을 암시했다"(*De Gaulle*, 149)고 썼다.

34　맹세 전문은 이렇다. "Jurez de ne déposer les armes que lorsque nos couleurs, nos belles couleurs, flotteront sur la cathédrale de Strasbourg."

35　Jackson, *De Gaulle*, 170에서 재인용.

36　De Gaulle, *Complete War Memoirs*, 192.

37　Ibid., 206.

38　Ibid., 195.

39　Ibid., 206.

40　Jackson, *De Gaulle*, 183.

41　Ibid., 254.

42　Charles de Gaulle, 'Telegramme au vice-amiral Muselier, a Saint-Pierre-et-Miquelon', December 24, 1941, in *Lettres, Notes et Carnets*, 1360.

43　Jean Lacouture, *De Gaulle, the Rebel 1890–1944*(New York: Norton, 1990), 317 참조.

44　Benjamin Welles, *Sumner Welles*(New York: St Martin's Press, 1997), 288.

45　Jackson, *De Gaulle*, 209.

46　드골이 자유프랑스 수립 2주년을 기려 1942년 6월 18일 런던 앨버트 홀에 전한 말. *Discours et Messages*, vol. 1(Paris: Librairie Plon, 1970), 207–215.

47 Jackson, *De Gaulle*, 210-211.

48 1941~1942년 워싱턴 회담과 1943년 카사블랑카 회담. *Foreign Relations of the United States*, February 4, 1943.

49 de Gaulle, *Complete War Memoirs*, 410 참조.

50 Jackson, *De Gaulle*, 215.

51 Ibid., 277.

52 위의 책, 266에서 재인용.

53 Jackson, *De Gaulle*, 269-273. Lacouture, *De Gaulle, the Rebel*, 446-450도 참조.

54 Jackson, *De Gaulle*, 276 참조.

55 De Gaulle, *Complete War Memoirs*, 429.

56 Jackson, *De Gaulle*, 341.

57 Ibid., 315에 인용된 Henry L. Stimson and McGeorge Bundy, *On Active Service in Peace and War* (New York: Harper & Brothers, 1947), 549(June 14, 1944).

58 1944년 6월 14일, 바이외에서 드골이 한 연설.

59 Jackson, *De Gaulle*, 317.

60 De Gaulle, *Complete War Memoirs*, 648.

61 Jackson, *De Gaulle*, 326.

62 위의 책, 327에서 재인용.

63 Ibid., 326.

64 Ibid., 331. 레지스탕스 해체에 관해 더 자세한 내용은 Jean Lacouture, *De Gaulle, the Ruler 1945-1970*(New York: Norton, 1992), 25 참조.

65 Jackson, *De Gaulle*, 336.

66 Ibid., 350.

67 Jean Laloy, 'A Moscou: entre Staline et de Gaulle, decembre 1944', *Revue des etudes slaves 54*, fascicule 1-2(1982), 152 및 Jackson, *De Gaulle*, 350 참조.

68 De Gaulle, *Memoirs of Hope*, 3.

69 Edmund Burke, *Reflections on the Revolution in France*(1790), in *The Works of the Right Honorable Edmund Burke*(1899), vol. 3, 359.

70 De Gaulle, *Complete War Memoirs*, 771.

71 Ibid., 771-772.

72 Ibid., 776.

73 Ibid., 778.

74 *Plutarch's Lives*, trans. John Dryden(New York: Penguin, 2001), vol. 1, 'Life of Solon', 118.

75 De Gaulle, *Memoirs of Hope*, 6.

76 Jackson, *De Gaulle*, 381에서 재인용.

77 위의 책에서 재인용.

78 De Gaulle, *Complete War Memoirs*, 993.

79 Ibid., 977.

80 Jackson, *De Gaulle*, 499.

81 Ibid., 418.

82 De Gaulle, *Complete War Memoirs*, 996–997.

83 Charles G. Cogan, *Charles de Gaulle: A Brief Biography with Documents*(Boston: Bedford Books, 1996), 183에서 재인용.

84 Ibid., 185.

85 Ibid., 186–187.

86 Ibid.

87 Ibid., 187.

88 위의 책, 185에서 재인용.

89 JFK Library, President's Office File, 'Memorandum of Conversation, President's Visit to Paris, May 31–June 2, 1961', 1961년 5월 31일 엘리제 궁에서 케네디와 드골이 나눈 대화 기록. https://www.jfklibrary.org/asset-viewer/archives/JFKPOF/116a/JFKPOF-116a-004.

90 Henry Kissinger, *Diplomacy*(New York: Touchstone, 1994), 541–543.

91 'Proclamation of Algerian National Liberation Front(FLN), November 1, 1954', https://middleeast.library.cornell.edu/content/proclamation-algerian-national-liberation-front-fln-november-1-1954.

92 Alistair Horne, *A Savage War of Peace: Algeria 1954–1962*(New York: Penguin, 1978), 99에서 재인용.

93 Central Intelligence Agency, 'Validity Study of NIE 71. 2-56: Outlook for Algeria published 5 September 1956', CDG.P.CIA.1957.08.16.

94 Jackson, *De Gaulle*, 447에서 재인용.

95 'Eyes on Allies: De Gaulle the Key', *New York Times*, May 20, 1962에서 재인용.

96 *Major Addresses 6.*

97 Jackson, *De Gaulle*, 463.

98 De Gaulle, *Memoirs of Hope*, 26.

99 Horne, *Savage War of Peace*, 301.

100 위의 책, L6333 참조.

101 De Gaulle, *Memoirs of Hope*, 54.

102 Ibid.

103 1969년 5월 16일, 키신저가 대통령에게 보고한 기록. 'Africa after de Gaulle', Richard Nixon Library, box 447(218).

104 People's Republic of China Foreign Ministry Archive, 'Main Points of Chairman Mao's Conversation with Premier Abbas on September 30, 1960', trans. David Cowhig, October 4, 1960, Wilson Center History and Public Policy Program Digital Archive, http://digitalarchive.wilsoncenter.org/document/117904.

105 JFK Library, 'Staff Memoranda: Kissinger, Henry, February 1962: 13–28', https://www.

jfklibrary.org/asset-viewer/archives/JFKNSF/320/JFKNSF-320-025.

106 Jackson, *De Gaulle*, 501.

107 Ibid., 518.

108 Ibid., 519.

109 'Address Given by Charles de Gaulle(29 January 1960)', Centre virtuel de la connaissance sur l'Europe, University of Luxembourg, https://www.cvce.eu/en/obj/address_given_by_charles_de_gaulle_29_january_1960-en-095d41dd-fda2-49c6-aa91-772ebffa7b26.html.

110 'Speech Denouncing the Algiers Putsch: April 23, 1961', in Cogan, *Charles de Gaulle*, 196.

111 '"Pieds-noirs": ceux qui ont choisi de rester', *La Dépêche*, March 10, 2012.

112 'After 40 Years of Suffering and Silence, Algeria's "Harkis" Demand a Hearing', *Irish Times*, August 31, 2001.

113 Cogan, *Charles de Gaulle*, 119에서 재인용.

114 Jackson, *De Gaulle*, 585.

115 De Gaulle, *Memoirs of Hope*, 176.

116 1960년 5월 31일, 드골 대통령의 연설. *Major Addresses*, 75, 78.

117 드골 장군이 프랑스 대통령으로서 한 여덟 번째 기자회견(1963년 7월 29일, 파리 엘리제 궁). 위의 책, 234.

118 *Major Addresses*, 159.

119 Kissinger, *Diplomacy*, 606에서 재인용.

120 Ibid.

121 Ibid., 605.

122 위의 책, 575에서 재인용.

123 미국의 정책에 관해서는 McGeorge Bundy, 'NSAM 294 U.S. Nuclear and Strategic Delivery System Assistance to France', April 20, 1964, National Security Action Memorandums, NSF, box 3, LBJ Presidential Library, https://www.discoverlbj.org/item/nsf-nsam294 참조.

124 Wilfrid Kohl, *French Nuclear Diplomacy*(Princeton: Princeton University Press, 2016), 79 참조.

125 이 회의 기구는 세계 안보에 영향을 미치는 모든 정치적 사안에 대해 공동 결정을 내리고 특히 핵무기 사용과 관련된 전략적 계획을 수립하며 필요한 경우 실행에 옮기는 책임을 맡도록 구상되었다. 더욱이 북극해, 대서양, 태평양, 인도양 등 개별 작전지역의 방위 조직도 책임지려고 했다. Kissinger, *Diplomacy*, 611 참조.

126 Henry Kissinger and Francoise Winock, 'L'Alliance atlantique et l'Europe', *Esprit*, n.s. 359, no. 4(April 1967), 611.

127 Mark Howell, 'Looking Back: De Gaulle tells American Forces to Leave France', https://www.mildenhall.af.mil/News/Article-Display/Article/272283/looking-back-de-gaulle-tells-american-forces-to-leave-france/. 미국 핵무기가 1958년 8월에 처음으로 프랑스 본토에 배치되었는데, 이에 앞서 프랑스령 모로코에 있던 것이다. Robert Norris, William Arkin and William Burr, 'Where They Were', *The Bulletin of the Atomic Scientists*, November/December

1999, 29.

128 *Major Addresses*, 226.

129 Henry Kissinger, 'Military Policy and Defense of the "Grey Areas"', *Foreign Affairs 33*, no. 3(1955), 416‒428, doi:10.2307/20031108.

130 'No Cities', 국방 장관 맥너마라의 1962년 7월 9일 자 연설. https://robertmcnamara.org/wp-content/uploads/2017/04/mcnamara-1967-22no-cities22-speech-p.pdf.

131 Kissinger, *Diplomacy*, 615에서 재인용.

132 Ibid.

133 De Gaulle, *Complete War Memoirs*, 81.

134 Ibid.

135 Ibid.

136 Julia Lovell, *Maoism: A Global History*(New York: Knopf, 2019), 273.

137 Jackson, *De Gaulle*, 721.

138 Ibid., 737.

139 'World: A Glimpse of Glory, a Shiver of Grandeur', *Time*, November 23, 1970에서 재인용.

140 Charles de Gaulle, *The Edge of the Sword*, trans. Gerard Hopkins(Westport, Conn.: Greenwood, 1960), 65‒66. Cogan, *Charles de Gaulle*, 218에서 재인용.

141 Jackson, *De Gaulle*, 41에서 재인용.

142 De Gaulle, *Complete War Memoirs*, 997‒998.

143 'Sans Anne, peut-être n'aurais-je jamais fait ce que j'ai fait. Elle m'a donné le coeur et l'inspiration.' Pierrick Geais, 'Récit: La véritable histoire d'Anne de Gaulle, la fille handicapée du Général', *Vanity Fair*(France), March 3, 2020.

3장 | 리처드 닉슨

1 David Shambaugh, *China Goes Global: The Partial Power*(New York: Oxford University Press, 2013), 39.

2 Dale Van Atta, *With Honor: Melvin Laird in War, Peace, and Politics*(Madison: University of Wisconsin, 2008), 271‒273.

3 'Memorandum from President Nixon to his Assistant for National Security Affairs', *Foreign Relations of the United States*, vol. 17: *China, 1969–1972*, no. 147, State Department: Office of the Historian, https://history.state.gov/historicaldocuments/frus1969-76v17/d147.

4 굿패스터가 국가안보보좌관은 아니지만 NSC의 절차를 수립하는 데 도움을 주었다. C. Richard Nelson, The Life and Work of General Andrew J. *Goodpaster: Best Practices in National Security Affairs*(Lanham, MD: Rowman & Littlefield, 2016) 참조.

5 'History of the National Security Council, 1947‒1997', The White House Archives, https://

georgewbush-whitehouse.archives.gov/nsc/history.html#nixon. David Rothkopf, *Running the World: The Inside Story of the National Security Council and the Architects of American Power*(New York: PublicAffairs, 2006), 84–85. 2017년에 NSC 인원을 200명으로 제한하는 법이 만들어 졌다. 'The National Security Council: Background and Issues for Congress', the Congressional Research Service, June 3, 2021, 8, https://crsreports.congress.gov/product/pdf/R/R44828 참조.

6   Richard Nixon, *RN: The Memoirs of Richard Nixon*(New York: Grosset & Dunlap, 1978), 390.

7   Richard Nixon, 'Remarks to Midwestern News Media Executives Attending a Briefing on Domestic Policy in Kansas City, Missouri', July 6, 1971, https://www.presidency.ucsb.edu/documents/remarks-midwestern-news-media-executives-attending-briefing-domestic-policy-kansas-city.

8   Ibid.

9   *Time*, January 3, 1972.

10   Henry Kissinger, *Diplomacy*(New York: Simon and Schuster, 1994), 38–40.

11   Woodrow Wilson, 'Address of the President of the United States to the Senate', January 22, 1917, https://www.digitalhistory.uh.edu/disp_textbook.cfm?smtID=3&psid=3898.

12   Kissinger, *Diplomacy*, 709.

13   'Text of President Nixon's Address at the 25th-Anniversary Session of the U.N.', *New York Times*, October 24, 1970.

14   Ibid.

15   Henry Kissinger, *White House Years*(Boston: Little, Brown, 1979), 135–136.

16   Richard Nixon to Melvin Laird, February 4, 1969. *Foreign Relations of the United States, 1969–1976*, vol. 1: *Foundations of Foreign Policy, 1969–1972*, State Department: Office of the Historian, https://history.state.gov/historicaldocuments/frus1969-76v01/d10.

17   Richard Nixon, 'Remarks to the North Atlantic Council in Brussels', February 24, 1969, https://www.presidency.ucsb.edu/documents/remarks-the-north-atlantic-council-brussels.

18   Jeffrey Garten, *Three Days at Camp David: How a Secret Meeting in 1971 Transformed the Global Economy*(New York: HarperCollins, 2021), 4.

19   Ibid., 9–10.

20   Ibid., 77.

21   Ibid., 255.

22   위의 책, 250. 독일의 주요 신문사들은 "미국이 무역 전쟁을 선포하기 직전"이며 "닉슨의 계획은 (······) 세계에서 가장 강력한 경제 대국이 민족주의와 보호주의로 퇴보한다는 증명"이라고 보도했다.

23   Ibid., 308.

24   Richard H. Immerman, '"Dealing with a Government of Madmen": Eisenhower, Kennedy, and Ngo Dinh Diem', in David L. Henderson, ed., *The Columbia History of the Vietnam War*(New York: Columbia University Press, 2011), 131.

25 Harrison Salisbury, *Behind the Lines–Hanoi*(New York: Harper & Row, 1967), 137.

26 John W. Finney, 'Plank on Vietnam Devised by Doves', *New York Times*, August 24, 1968.

27 Defense Casualty Analysis System(DCAS) Extract Files, created, c. 2001–4/29/2008, documenting the period 6/28/1950–5/28/2006, https://aad.archives.gov/aad/fielded-search.jsp ?dt=2513&cat=GP21&tf=F&bc=,sl.

28 Richard Nixon, 'Informal Remarks in Guam with Newsmen', July 25, 1969, UC Santa Barbara American Presidency Project, https://www.presidency.ucsb.edu/documents/informal-remarks-guam-with-newsmen.

29 위의 자료, 저자가 강조 표시.

30 Richard Nixon, 'Address to the Nation on the War in Vietnam', November 3, 1969, UC Santa Barbara American Presidency Project. https://www.presidency.ucsb.edu/documents/address-the-nation-the-war-vietnam.

31 'Memorandum of Conversation', Washington, October 20, 1969, 3:30 p.m. *Foreign Relations of the United States, 1969–1976*, vol. 12: *Soviet Union, January 1969–October 1970*, no. 93, State Department: Office of the Historian, https://history.state.gov/historicaldocuments/frus1969-76v12/d93.

32 Nixon, 'Address to the Nation on the War in Vietnam'.

33 전문은 *White House Years*, 1480–1482 참조. 후속 메모는 다음 문단과 함께 1482쪽에 있다. "지난 몇 년간 지나치게 낙관적인 보고가 이어졌기 때문에, 상대가 괴로워하고 있으며 시간이 우리 편일 수 있다는 말로 미국 국민을 설득하기란 사실상 불가능하다. 첫째, 지표를 잘못 읽은 적이 많은 우리는 우리의 상대적 위치를 확실히 알 수 없다. 둘째, 연합국의 군사적 입지가 튼튼하다고 판단해도 정치적 면에서 이를 해석할 방법을 모른다. 게다가 남베트남의 정치적 전망은 훨씬 더 불안하다. 셋째, 정부는 극도로 회의적이고 냉소적인 미국 대중을 상대해야 한다. 대통령은 낙관적으로 보여서는 안 되며 국민의 불신을 가정해야 한다. 마지막으로, 이 나라의 반대자 중 목소리가 큰 다수는 연합국의 입지가 얼마나 단단한지를 중요하게 여기지 않는다. 이들은 어떤 대가를 치러서라도 전쟁을 끝내고 싶어 한다." Kissinger, *White House Years*, 1482; 'Memorandum from the President's Assistant for National Security Affairs(Kissinger) to President Nixon', Washington, September 11, 1969, *Foreign Relations of the United States, 1969–1976*, vol. 6: *Vietnam, January 1969–July 1970*, no. 119, State Department: Office of the Historian, https://history.state.gov/historicaldocuments/frus1969-76v06/d119 참조.

34 'Address to the Nation', January 25, 1972, *The American Presidency Project*, UC Santa Barbara, https://www.presidency.ucsb.edu/documents/address-the-nation-making-public-plan-for-peace-vietnam.

35 'Vietnam War U.S. Military Fatal Casualty Statistics', National Archives, https://www.archives.gov/research/military/vietnam-war/casualty-statistics#toc--dcas-vietnam-conflict-extract-file-record-counts-by-incident-or-death-date-year-as-of-april-29-2008--2.

36 Richard Nixon, 'Address to the Nation on the Situation in Southeast Asia', May 8, 1972.

37 Kissinger, *White House Years*, 1345에서 재인용.

38 'Transcript of Kissinger's News Conference on the Status of the Cease-Fire Talks', *New York Times*, October 27, 1972.

39 'Act of the International Conference on Viet-Nam', *The American Journal of International Law 67*, no. 3(1973), 620-622, https://doi.org/10.2307/2199198. 또한 Henry Kissinger, *Years of Renewal*(New York: Simon & Schuster, 1999), 485, 즉 "미국, 프랑스, 중국, 영국, 캐나다, 소련, 헝가리, 폴란드, 인도네시아, 베트남민주공화국(DRV, 북베트남), 베트남공화국(GVN, 남베트남), 남베트남공화국 임시혁명정부(PRG, 남베트남공산당) 등 12개국이 참여했다." 참조.

40 Henry A. Kissinger, *Years of Upheaval*(Boston: Little, Brown, 1982), 316-327 참조.

41 'Vietnam-Supplemental Military Assistance(2)', Gerald R. Ford Presidential Library, box 43, John Marsh Files, 28 and 20-21, https://www.fordlibrarymuseum.gov/library/document/0067/12000897.pdf: "이 법안은 (……) 1975년 6월 30일 이후 캄보디아에 대한 추가 군사원조나 (인도를 포함해) 판매를 금지한다." "회계연도 1974년의 군사원조로 미국은 약 8억 2300만 달러(그리고 전년에 승인된 2억 3500만 달러)를 제공했다. 이는 전년도 자금의 약 3분의 1이며 정부가 요청한 16억 달러의 절반 수준이다. (……) 회계연도 1974년의 경제원조로, 미국은 정부가 요청한 4억 7500만 달러에서 3분의 1 정도 모자란 3억 3300만 달러(추가된 4900만 달러 포함)를 제공했다." H. J. Res. 636(93rd): 'Joint resolution making continuing appropriations for the fiscal year 1974, and for other purposes', July 1, 1973, https://www.govtrack.us/congress/bills/93/hjres636/text.

42 Jeffrey P. Kimball, *The Vietnam War Files: Uncovering the Secret History of Nixon-Era Strategy* (Lawrence, KS: University Press of Kansas, 2004), 57-59.

43 Hal Brands, 'Progress Unseen: U.S. Arms Control Policy and the Origins of Detente, 1963-1968', *Diplomatic History 30*, no. 2(April 2006), 273.

44 1964년 4월 20일에 미국과 소련이 원자로의 수와 핵분열물질의 양을 줄이는 데 합의했으나, 조약으로 명시되지 않고 핵무기에 대한 제약이 없어서 큰 성과는 아니었다. Brands, 'Progress Unseen', 257-258; 'Summary' of *Foreign Relations of the United States, 1964–1968*, vol. 11: *Arms Control and Disarmament*, State Department: Office of the Historian, https://history.state.gov/historicaldocuments/frus1964-68v11/summary 참조.

45 Kissinger, *White House Years*, 813.

46 'Editorial Note', *Foreign Relations of the United States, 1969–1976*, vol. 13: *Soviet Union, October 1970–October 1971*, State Department: Office of the Historian, https://history.state.gov/historicaldocuments/frus1969-76v13/d234.

47 Hans M. Kristensen and Matt Korda, 'Status of World Nuclear Forces', Federation of American Scientists, last updated May 2021, https://fas.org/issues/nuclear-weapons/status-world-nuclear-forces/.

48 Sana Krasikov, 'Declassified KGB Study Illuminates Early Years of Soviet Jewish Emigration', *The Forward*, December 12, 2007.

49　Mark Tolts, 'A Half Century of Jewish Emigration from the Former Soviet Union: Demographic Aspects', paper presented at the Project for Russian and Eurasian Jewry, Davis Center for Russian and Eurasian Studies, Harvard University, on November 20, 2019.

50　Ibid.

51　Richard Nixon, 'Asia after Viet Nam', *Foreign Affairs 46*, no. 1(October 1967), 121, https://cdn. nixonlibrary.org/01/wp-content/uploads/2017/01/11113807/Asia-After-Viet-Nam.pdf.

52　Kissinger, *White House Years*, 181.

53　'99. Memorandum from the President's Assistant for National Security Affairs(Kissinger) to President Nixon', *Foreign Relations of the United States, 1969–1976*, vol. 17: *China, 1969–1972*, State Department: Office of the Historian, https://history.state.gov/historicaldocuments/frus1969-76v17/d99.

54　'Memorandum of Conversation', October 25, 1970, *Foreign Relations of the United States, 1969–1976*, vol. E-7: *Documents on South Asia, 1969–1972*, State Department: Office of the Historian, https://history.state.gov/historicaldocuments/frus1969-76ve07/d90.

55　Richard Nixon, 'Remarks to Midwestern News Media Executives', July 6 1971, *The American Presidency Project*, UC Santa Barbara, https://www.presidency.ucsb.edu/documents/remarks-midwestern-news-media-executives-attending-briefing-domestic-policy-kansas-city.

56　Kissinger, *White House Years*, 1062에서 재인용.

57　'Joint Statement Following Discussions with Leaders of the People's Republic of China', February 27, 1972, *Foreign Relations of the United States, 1969–1972*, vol. 17: *China, 1969–1972*, State Department: Office of the Historian, https://history.state.gov/historicaldocuments/frus1969-76v17/d203.

58　'Memorandum of Conversation', February 17-18, 1973, *Foreign Relations of the United States, 1969–1976*, vol. 18: *China, 1973–1976*, State Department: Office of the Historian, https://history.state.gov/historicaldocuments/frus1969-76v18/d12.

59　Lee Kuan Yew, 'Southeast Asian View of the New World Power Balance in the Making', Jacob Blaustein Lecture no. 1, March 30, 1973, 1-3.

60　Richard Nixon, 'Remarks to Midwestern News Media Executives', July 6, 1971.

61　United Nations Security Resolution 242, November 22, 1967, https://unispal.un.org/unispal.nsf /0/7d35e1f729df491c85256ee700686136.

62　Martin Indyk, *Master of the Game: Henry Kissinger and the Art of Middle East Diplomacy*(New York: Knopf, 2021), 162-163.

63　Kissinger, *White House Years*, 579-580.

64　위의 책, 601 참조.

65　Indyk, *Master of the Game*, 66-68.

66　Kissinger, *White House Years*, 605 참조.

67　'Memorandum of Conversation', October 10, 1973. Washington, 9:05-10:36 a.m., *Foreign*

Relations of the United States, 1969–1976, vol. 25: *Arab–Israeli Crisis and War, 1973*, no. 143, State Department: Office of the Historian, https://history.state.gov/historicaldocuments/frus1969-76v25/d143.

68 'Transcript of Telephone Conversation Between President Nixon and Secretary of State Kissinger', October 14, 1973, *Foreign Relations of the United States, 1969–1976*, vol. 25: *Arab–Israeli Crisis and War, 1973*, no. 180, State Department: Office of the Historian, https://history.state.gov/historicaldocuments/frus1969-76v25/d180.

69 UN Security Council Resolution 338, October 22, 1973, https://undocs.org/S/RES/338(1973).

70 National Archives, Nixon Presidential Materials, NSC Files, Kissinger Office Files, box 69, Country Files—Europe—USSR, Dobrynin/Kissinger, vol. 20, https://history.state.gov/historicaldocuments/frus1969-76v15/d146.

71 Eqbal Ahmad et al., 'Letters to the Editor: Home Rule for Bengal', *New York Times*, April 10, 1971; Chester Bowles, 'Pakistan's Made-in-U.S.A. Arms', *New York Times*, April 18, 1971; Benjamin Welles, 'Senate Unit Asks Pakistan Arms Cutoff', *New York Times*, May 7, 1971 참조.

72 Margaret MacMillan, *Nixon and Mao: The Week That Changed the World* (New York: Random House, 2007), 222-227.

73 'Memorandum from the President's Assistant for National Security Affairs(Kissinger) to the President's Deputy Assistant for National Security Affairs(Haig)', July 9, 1971, *Foreign Relations of the United States 1969–1976*, vol. 11: *South Asia Crisis, 1971*, no. 97, 242, State Department: Office of the Historian, https://history.state.gov/historicaldocuments/frus1969-76v11/d97.

74 Syed Adnan Ali Shah, 'Russo-India Military Technical Cooperation', https://web.archive.org/web/20070314041501/http://www.issi.org.pk/journal/2001_files/no_4/article/4a.htm.

75 'Memorandum of Conversation, Washington, August 9, 1971, 1:15–2:30 p.m.', *Foreign Relations of the United States, 1969–1976*, vol. 11: *South Asia Crisis, 1971*, no. 117, 316-317, https://history.state.gov/historicaldocuments/frus1969-76v11/d117.

76 'Memorandum of Conversation, Washington, September 11, 1971, 9:30–10:10 a.m.', *Foreign Relations of the United States, 1969–1976*, vol. 11: *South Asia Crisis, 1971*, no. 146, 408, https://history.state.gov/historicaldocuments/frus1969-76v11/d146.

77 UN Security Council Resolution 307, December 21, 1971, https://digitallibrary.un.org/record/90799?ln=en.

78 Benjamin Welles, 'Bangladesh Gets U.S. Recognition, Promise of Help', *New York Times*, April 4, 1972.

79 'Agreement on Joint Commission on Economic, Commercial, Scientific, Technological, Educational and Cultural Cooperation', October 28, 1974, https://www.mea.gov.in/bilateral-documents.htm?dtl/6134/Agreenent+on+Joint+Commission+on+Economic+Commercial+Scientific+Technological+Educational+and+Cultural+Cooperation.

80 'Transcript of President Nixon's Address to Congress on Meetings in Moscow', *New York Times*,

June 2, 1972.

4장 | 안와르 사다트

1   Eugene Rogan, *The Arabs: A History* (New York: Basic Books, 2009), 65-71, 82.

2   대개 Albert Hourani, *Arabic Thought in the Liberal Age: 1798–1939* (Cambridge: Cambridge University Press, 1983); Rogan, *The Arabs: A History*, 88-89 참조.

3   John McHugo, *Syria: A History of the Last Hundred Years* (New York: The New Press, 2015), 39-40; Tarek Osman, *Islamism* (New Haven: Yale University Press, 2016), 50-52; Majid Fakhry, *A History of Islamic Philosophy* (New York: Columbia University Press, 2004), 349 참조.

4   Rogan, *The Arabs: A History*, 124-131.

5   Lawrence Wright, *Thirteen Days in September* (New York: Vintage Books, 2015), 13-14.

6   Edward R. F. Sheehan, 'The Real Sadat and the Demythologized Nasser', *New York Times*, July 18, 1971.

7   Mohamed Heikal, *Autumn of Fury: The Assassination of Sadat* (New York: Random House, 1983), Chapter 2, 'Roots', 7-11.

8   제임스 레스턴(James Reston)의 사다트 인터뷰, *New York Times*, December 28, 1970.

9   Sheehan, 'The Real Sadat'.

10 Ibid.

11 Anwar Sadat, *In Search of Identity* (New York: Harper & Row, 1977), 4.

12 Eric Pace, Anwar el-Sadat obituary, *New York Times*, October 7, 1981.

13 Mark L. McConkie and R. Wayne Boss, 'Personal Stories and the Process of Change: The Case of Anwar Sadat', *Public Administration Quarterly 19*, no. 4 (winter 1996), 493-511.

14 예컨대 Sir Alfred Milner, *England in Egypt* (London: Edward Arnold, 1902) 참조.

15 Rogan, *The Arabs: A History*, 151, 164.

16 Ibid., 169.

17 Ibid., 196.

18 Ibid., 208-210.

19 Steven A. Cook, *The Struggle for Egypt* (New York: Oxford University Press, 2012), 30-31.

20 Ibid., 117.

21 1952년, 사다트는 알반나가 "강직하고 명예로운 사람이었으며 내가 알기로는 형제단이 저지르는 지나친 행위를 용납하지 않았다"고 회고했다.(Anwar Sadat, *Revolt on the Nile*, New York: The John Day Company, 1952.) Richard Paul Mitchell, *The Society of the Muslim Brothers* (New York: Oxford University Press, 1969, reprinted 1993), 24도 참조.

22 Jehan Sadat, *A Woman of Egypt* (New York: Simon and Schuster, 1987), 92-93.

23 Sadat, *In Search of Identity*, 18-19, 24-26.

24 Ibid., 27.

25 Raphael Israeli, *Man of Defiance: A Political Biography of Anwar Sadat*(Totowa: Barnes and Noble Books, 1985), 16–25.

26 Rogan, *The Arabs: A History*, 267–268.

27 Sadat, *In Search of Identity*, 303.

28 Ibid., 303.

29 'Egypt Tense after Cairo's Mob Riots', Australian Associated Press, January 28, 1952.

30 Sadat, *In Search of Identity*, 108.

31 사다트의 독립선언문. Cook, *Struggle for Egypt*, 11–12에서 재인용.

32 Selma Botman, 'Egyptian Communists and the Free Officers', *Middle Eastern Studies 22*(1986), 362–364.

33 Central Intelligence Agency, 'Memorandum for the Director: Subject: Thoughts on the Succession in Egypt', September 29, 1970, 1, https://www.cia.gov/readingroom/document/cia-rdp79r00904a001500020003-3. 몇몇 무슬림형제단원이 이 사건에 연루되어 처형당했다. Steven A. Cook, 'Echoes of Nasser', *Foreign Policy*, July 17, 2013, https://foreignpolicy.com/2013/07/17/echoes-of-nasser/.

34 Cook, *Struggle for Egypt*, 60–61.

35 Don Peretz, 'Democracy and the Revolution in Egypt', *Middle East Journal 13*, no. 1(1959), 27 참조.

36 The New Egyptian Constitution, *Middle East Journal 10*, no. 3(1956), 304. Mona El-Ghobashy, 'Unsettling the Authorities: Constitutional Reform in Egypt', Middle East Research and Information Project(MERIP)(2003), https://merip.org/2003/03/unsettling-the-authorities/도 참조.

37 Anthony F. Lang, Jr, 'From Revolutions to Constitutions: The Case of Egypt', *International Affairs 89*, no. 2(2013), 353–354 참조.

38 Robert L. Tignor, *Anwar al-Sadat: Transforming the Middle East*(New York: Oxford University Press, 2015), 45–51.

39 Jon B. Alterman, 'Introduction', in *Sadat and His Legacy*(Washington, DC: Washington Institute, 1998), x, https://www.washingtoninstitute.org/media/3591.

40 Steven A. Cook, 'Hero of the Crossing?: Anwar Sadat Reconsidered', *Council on Foreign Relations*, October 7, 2013, https://www.cfr.org/blog/hero-crossing-anwar-sadat-reconsidered.

41 Peretz, 'Democracy and the Revolution in Egypt', 32.

42 Sadat, *In Search of Identity*, 75.

43 대개 Joseph Finklestone, *Anwar Sadat: Visionary Who Dared*(London: Frank Cass, 1996), 38–61; Tignor, *Transforming the Middle East*, 38–59 참조.

44 Nicholas Breyfogle, 'The Many Faces of Islamic Fundamentalism: A Profile of Egypt', *Origins*(1993), 15, https://origins.osu.edu/sites/origins.osu.edu/files/origins-archive/

Volume1Issue2Article3.pdf.

45 Jacob M. Landau, *Pan-Islam: History and Politics*(London: Routledge, 2015), 279; Martin Kramer, 'Anwar Sadat's Visit to Jerusalem, 1955', in Meir Litvak and Bruce Maddy-Weizman, eds., *Nationalism, Identity and Politics: Israel and the Middle East*(Tel Aviv: The Moshe Dayan Center for Middle Eastern and African Studies, 2014), 29–41, https://scholar.harvard.edu/files/martinkramer/files/sadat_jerusalem_1955.pdf.

46 Tawfig Y. Hasou, *The Struggle for the Arab World*(London: Routledge, 1985), 75–84; Arthur Goldschmidt, Jr, *A Concise History of the Middle East*(New York: Routledge, 1979), 73 참조. 나세르는 바그다드조약기구가 중동을 지배하고 영향권하에 두려는 영국과 미국의 시도를 대표한다고 보았다. 'Excerpts from Interview with President Gamal Abdel Nasser of the U.A.R.', *New York Times*, February 15, 1970 참조.

47 Heath Mason, first secretary, dispatch of December 31, 1955, Foreign Office: Reference 371, Document 121476; https://discovery.nationalarchives.gov.uk/details/r/C2878966을 인용한 Kramer, 'Anwar Sadat's Visit to Jerusalem, 1955', note 12.

48 1958년에 사다트가 이란 방문을 준비하면서 페르시아 속담 하나를 외웠다. 그리고 회담을 마무리할 때 왕에게 이를 읊어, 두 사람은 평생 친구가 되었다. Camelia Anwar Sadat, 'Anwar Sadat and His Vision', in *Sadat and His Legacy*(Washington, DC: Washington Institute for Near East Policy, 1998) 5, https://www.washingtoninstitute.org/media/3591.

49 Malcolm Kerr, '"Coming to Terms with Nasser": Attempts and Failures', *International Affairs 43*, no. 1(1967), 66.

50 Rogan, *The Arabs: A History*, 287.

51 이것은 1955년 반둥회의에서 나세르와 저우언라이가 회담한 결과다. 저우언라이가 나세르와 소련, 체코의 중간에 서겠다고 제안했다. Finklestone, *Anwar Sadat: Visionary Who Dared*, excerpts on Sadat's opinions and advice under Nasser, 38–44, 46–47, 49, 53, 55–61.

52 Cook, *Struggle for Egypt*, 67.

53 Eugene Black, John Foster Dulles Oral History Collection, Princeton University, 15, https://findingaids.princeton.edu/catalog/MC017_c0024를 인용한 William J. Burns, *Economic Aid and American Policy Toward Egypt: 1955–1981*(Albany: State University of New York Press, 1985), 106.

54 Cook, *Struggle for Egypt*, 68.

55 1956년 8월 5일, 이든 총리가 아이젠하워 대통령에게 보낸 글. *Foreign Relations of the United States, 1955–1957*, vol. XVI: *Suez Crisis, July 26–December 31, 1956*, no. 64, State Department: Office of the Historian, https://history.state.gov/historicaldocuments/frus1955-57v16/d163.

56 United Nations Department of Economic and Social Affairs, *Economic Developments in the Middle East: Supplement to World Economic Survey, 1956*(1957), 106–107, https://www.un.org/en/development/desa/policy/wess/wess_archive/searchable_archive/1956_WESS_MiddleEast.pdf.

57 Michael Laskier, 'Egyptian Jewry Under the Nasser Regime, 1956–1970', *Middle Eastern Studies 31*, no. 3(1995), 573–619.

58 Ibid., 103–104.

59 Ibid., 106–107.

60 Karen Holbik and Edward Drachman, 'Egypt as Recipient of Soviet Aid, 1955–1970', *Journal of Institutional and Theoretical Economics*(January 1971), 154('growing dependence'); John Waterbury, *The Egypt of Nasser and Sadat*(Princeton: Princeton University Press, 1983), 86, 397.

61 'Aswan High Dam Is Dedicated by Sadat and Podgorny', *New York Times*, January 16, 1971; Holbik and Drachman, 'Egypt as Recipient of Soviet Aid', 143–144.

62 Holbik and Drachman, 'Egypt as Recipient of Soviet Aid', 139–140; World Bank, 'GDP Growth(Annual %) – Egypt, Arab Rep.', https://data.worldbank.org/indicator/NY.GDP. MKTP.KD.ZG?end=1989&locations=EG&start=1961.

63 Waterbury, *The Egypt of Nasser and Sadat*, 298.

64 Ibid., 97.

65 Sadat, *In Search of Identity*, 128; Tignor, *Transforming the Middle East*, 64.

66 Dana Adams Schmidt, 'Cairo Rules Out a Pro-U.S. Stand', *New York Times*, June 7, 1961.

67 Sadat, *In Search of Identity*, 128.

68 Peter Mansfield, 'Nasser and Nasserism', *International Journal 28*, no. 4(autumn 1973), 674.

69 Fouad Ajami, 'The Struggle for Egypt's Soul', *Foreign Policy*, June 15, 1979, https://foreignpolicy. com/1979/06/15/the-struggle-for-egypts-soul/.

70 Ibid.

71 Cook, *Struggle for Egypt*, 110.

72 'Telegram from the Embassy in the United Arab Republic to the Department of State, Cairo, December 17, 1959', *Foreign Relations of the United States*, vol. XIII: *Arab–Israeli Dispute*, no. 252, State Department: Office of the Historian, https://history.state.gov/historicaldocuments/ frus1958-60v13/d252.

73 'Telegram from the Department of State to Secretary of State Rusk in New York, Washington, September 27, 1962', *Foreign Relations of the United States*, vol. XVIII: *Near East, 1962–1963*, no. 59, State Department: Office of the Historian, https://history.state.gov/historicaldocuments/ frus1961-63v18/d59; 'Telegram from the Embassy in the United Arab Republic to the Department of State, Cairo, October 10, 1962', ibid., no. 77, https://history.state.gov/ historicaldocuments/frus1961-63v18/d77; 'Telegram from the Embassy in Saudi Arabia to the Department of State, Jidda, November 30, 1963', ibid., no. 372.

74 Waterbury, *The Egypt of Nasser and Sadat*, 320.

75 'Memorandum of conversation, Washington, February 23, 1966, 11.30 a.m.', *Foreign Relations of the United States*, vol. XVIII: *Arab–Israeli Dispute, 1964–1967*, no. 274, State Department: Office of the Historian, https://history.state.gov/historicaldocuments/frus1964-68v18/d274.(참고 로, 사다트는 존슨 대통령과 만났다.); 'Memorandum of conversation, Washington, February 25, 1966, 5:05 p.m.', *Foreign Relations of the United States, Near East Region*, vol. XXI, no. 391, State

Department: Office of the Historian, https://history.state.gov/historicaldocuments/frus1964-68v21/d391; 'Telegram from the Embassy in the United Arab Republic to the Department of State, Cairo, May 28, 1966', *Foreign Relations of the United States, 1964–1968*, vol. XVIII: *Arab–Israeli Dispute, 1964–1967*, no. 296, State Department: Office of the Historian https://history.state.gov/historicaldocuments/frus1964-68v18/d296 참고.

76   Jehan Sadat, *A Woman of Egypt*, 282.

77   Sadat, *Revolt on the Nile*(1952), 103.

78   레스턴의 사다트 인터뷰, *New York Times*, December 28, 1970.

79   'January 8, 1971–Address to the Faculty of Universities and Higher Institutions of Learning'을 인용한 Raphael Israeli, *The Public Diary of President Sadat*, vol. 1: *The Road to War*(October 1970–October 1973)(Leiden: E. J. Brill, 1978), 19.

80   Sadat, *Revolt on the Nile*, 1952, 27.

81   Thomas W. Lippmann, 'A Man for All Roles', *Washington Post*, December 26, 1977; James Piscatori, 'The West in Arab Foreign Policy', in Robert O'Neill and R. J. Vincent, eds., *The West and the Third World*(New York: St. Martin's Press,1990), 141.

82   '1970년 10월 19일, 사다트 대통령이 수에즈운하 전선의 장교들을 상대로 한 취임 후 첫 공개 연설'을 인용한 Israeli, *The Public Diary of President Sadat*, vol. 1, 11.

83   '1971년 1월 15일, 소련의 포드고르니 대통령이 참석한 아스완댐 완공 기념식 연설'을 인용한 위의 책, 28–30쪽.

84   '1971년 2월 16일 《뉴스위크(*Newsweek*)》(1971년 2월 22일 영문판 발행) 인터뷰'를 인용한 위의 책, 32–33쪽.

85   Finklestone, *Anwar Sadat: Visionary Who Dared*, 61.

86   다음 자료의 내용이며 문구를 그대로 옮긴 대목도 있다. *Years of Upheaval*(Boston: Little, Brown, 1982); Henry A. Kissinger, *Years of Renewal*(New York: Simon & Schuster, 1999).

87   "나세르가 위협적이지 않은 후보들을 돌아가며 부통령직에 앉혔기 때문에 사다트는 (······) 뜻밖에 이집트의 임시 대통령이 되었다." Kiki M. Santing, *Imagining the Perfect Society in Muslim Brotherhood Journals*(Berlin: de Gruyter, 2020), 119; "대통령이 되기 전 사다트의 별명이 '예예 대령'이라는 말이 들렸다." Robert Springborg, *Family Power and Politics in Egypt*(Philadelphia: University of Pennsylvania Press, 1982, republished 2016), 187); Edward R. Kantowicz, *Coming Apart, Coming Together*(Grand Rapids: William B. Eerdmans, 2000), 371; David Reynolds, *One World Divisible*(New York: Norton, 2001), 370.

88   'A Gesture by U.S.: President Terms Loss Tragic–He Joins Fleet Off Italy', *New York Times*, September 29, 1970.

89   Central Intelligence Agency, 'Thoughts on the Succession in Egypt'.

90   해럴드 H. 손더스(Harold H. Saunders)가 키신저에게 보고한 문건. 'Subject: The UAR Presidency', October 8, 1970, 1. https://www.cia.gov/readingroom/document/loc-hak-292-3-14-9.

91 Central Intelligence Agency, 'Thoughts on the Succession in Egypt'.

92 Sadat, *In Search of Identity*, 125.

93 Cook, *Struggle for Egypt*, 114.

94 Raymond H. Anderson, 'Sadat Is Chosen by Egypt's Party to Be President', *New York Times*, October 6, 1970.

95 Raymond H. Anderson, 'Showdown in Egypt: How Sadat Prevailed', *New York Times*, May 23, 1971. 사다트가 예상한 대로 이 연방은 실질적 효력이 전혀 없었다.

96 Cook, *Struggle for Egypt*, 122.

97 Anderson, 'Showdown'.

98 Cook, *Struggle for Egypt*, 117.

99 1972년 1월 13일, 사다트의 대국민 연설. https://sadat.umd.edu/resources/presidential-speeches.

100 1972년 10월 15일, 사다트의 이집트 국민의회 2차 회기 연설 1~3. https://sadat.umd.edu/resources/presidential-speeches.

101 Sadat Peace Initiative of 1971, January 17, 1971, http://sadat.umd.edu/archives/speeches/AADD%20Peace%20Announcement%202.4.71.pdf 참조.

102 John L. Hess, 'Deadline Comes and Cairo Waits', *New York Times*, August 16, 1971.

103 Martin Indyk, *Master of the Game: Henry Kissinger and the Art of Middle East Diplomacy*(New York: Alfred A Knopf, 2021), 91.

104 Edward R. F. Sheehan, 'Why Sadat Packed Off the Russians', *New York Times*, August 6, 1972.

105 Sadat, *In Search of Identity*, Appendix I. Sadat, letter to Brezhnev, August 1972, 321을 인용한 Thomas W. Lippman, *Hero of the Crossing: How Anwar Sadat and the 1973 War Changed the World* (Sterling: Potomac Books, 2016), 62.

106 Sadat, *In Search of Identity*, 231.

107 전문은 이렇다. "대통령이 보기에 가장 큰 문제는 이집트의 주권 대 이스라엘의 안보 사이에 있다. 그는 양측이 완고하게 고집하는 견해의 차이가 크다고 생각했다. 대통령은 중동 문제를 한 번에 다 해결할 수는 없으며 어쩌면 아예 해결하지 못할 수도 있다고 보았다. 그는 임시 해결안이 최종 해결안으로 변할 수 있다는 이스마일의 지적을 이해한다고 말했다. 대통령은 항구적 화해를 목표로 삼겠다고 약속했으나 양측 사이 골이 워낙 깊어져서 단번에 그런 화해에 도달할 수 있다고 생각하지는 않는다고 재차 강조했다. 따라서 중간 단계를 고려할 필요가 있다. 그는 아마 이집트 측이 이런 접근법을 거부하겠지만 이스마일이 키신저 박사와 이를 논의해 보라고 촉구했으며 우리가 이 문제에 대한 장기적 해결책을 마련하는 데 전념하고 있다고 강조했다. 목표를 향해 나아갈 길을 찾으려면 그 어떤 가능성도 간과해서는 안 된다. 대통령은 이 만남이 최초일 뿐이며 마지막 회담이 아니기를 바란다고 말했다. 이는 대화의 시작이 되어야 하며, 만약 구체적인 결과가 나오지 않는다고 하더라도 이스마일이 돌아가서 사다트에게 헛수고였다고 보고하지는 않기를 바란다고 했다. 대통령은 비밀 회담이 얼마나 민감한지 다시 지적하면서, 협상이 성공하려면 비밀리에 조용히 진행해야 한다고 말했다."

108 대통령 일일 보고, 1971년 7월 24일, 3. https://www.cia.gov/readingroom/document/

0005992769.

109 Jehan Sadat, *A Woman of Egypt*, 282–283.

110 인터뷰. *Yedioth Aharonoth*, June 11, 1987.

111 *Yedioth Aharonoth*, November 6, 1987에 실린 지한 사다트 인터뷰를 인용한 David Tal, 'Who Needed the October 1973 War?', *Middle Eastern Studies 52*, no. 5(2016), 748.

112 Sheehan, 'Why Sadat Packed Off the Russians'.

113 Jehan Sadat, *A Woman of Egypt*, 282.

114 Anthony Lewis, 'Sadat Suggests Return of West Bank, Gaza as Peace Step', *New York Times*, May 11, 1978.

115 David Hirst and Irene Beeson, *Sadat*(London: Faber and Faber, 1981), 144; Israeli, *Man of Defiance*, 79.

116 Moshe Shemesh, 'The Origins of Sadat's Strategic Volte-face: Marking 30 Years since Sadat's Historic Visit to Israel, November 1977', *Israel Studies 13*, no. 2(summer 2008), 45.

117 Elizabeth Monroe and Anthony Farrar-Hockley, *The Arab-Israeli War, October 1973: Background and Events*(London: International Institute for Strategic Studies, 1975), 17; Henry Kissinger, *Years of Upheaval*(Boston: Little, Brown, 1982), 465 참조.

118 Sadat, *In Search of Identity*, 241–242.

119 Ibid.

120 'Remarks by the Honorable Henry Kissinger', May 4, 2000, Anwar Sadat Chair for Peace and Development, University of Maryland, https://sadat.umd.edu/events/remarks-honorable-henry-kissinger.

121 William B. Quandt, 'Soviet Policy in the October 1973 War', Rand Corporation(1976), vi, https://www.rand.org/content/dam/rand/pubs/reports/2006/R1864.pdf.

122 'Transcript of Kissinger's News Conference on the Crisis in the Middle East', *New York Times*, October 26, 1973.

123 Indyk, *Master of the Game*, 138.

124 Sadat, *In Search of Identity*, 244.

125 Saad el Shazly, *The Crossing of the Suez*(San Francisco: American Mideast Research, 1980), 106을 인용한 Cook, *Struggle for Egypt*, 131.

126 "저는 여러분과 세계 앞에서 우리가 데탕트 정책이 성공하고 발전하기를 바란다고 말하고 싶습니다. (……) 저는 (닉슨 대통령에게) 우리가 전쟁을 하는 목적은 이미 잘 알려져 있으며 더 해명할 필요가 없다고 말씀드립니다. 또한 우리의 평화 요구안이 궁금하시다면 평화 계획안을 보내겠습니다." 'Excerpts of a Speech Calling for an Arab-Israeli Peace Conference', October 16, 1973, 91, https://sadat.umd.edu/resources/presidential-speeches 참조.

127 US Department of State, Office of the Historian, 'OPEC Oil Embargo 1973–1974', https://history.state.gov/milestones/1969-1976/oil-embargo.

128 워싱턴 블레어하우스에서 1973년 11월 3일 토요일 오후 10시 45분부터 다음 날 새벽 1시 10분

까지 나눈 대화 기록. https://nsarchive2.gwu.edu/NSAEBB/NSAEBB98/octwar-93b.pdf.

129 Ibid., 1031-1038.

130 Sadat, *In Search of Identity*, 43.

131 Ibid, 291-292.

132 1974년 1월 6일 워싱턴, 닉슨 대통령에게 국가안보보좌관(키신저)이 보고한 기록. https://history.state.gov/historicaldocuments/frus1969-76v26/d1#fn:1,5,4,4,8,9,12,4.

133 셔틀외교는 이집트에서 시작해(1월 11~12일) 이스라엘(1월 12~13일), 이집트(1월 13~14일), 이스라엘(1월 14~15일), 이집트(1월 16일), 이스라엘(1월 16일~17일)을 거쳐 이집트(1월 18일)에서 마무리했다. Department of State, Office of the Historian, 'Travels of the Secretary, Henry A. Kissinger', https://history.state.gov/departmenthistory/travels/secretary/kissinger-henry-a 참조.

134 Kissinger, *Years of Upheaval*, 824.

135 Ibid., 836.

136 Ibid., 844.

137 학자이자 외교관인 마틴 인딕(Martin Indyk)은 10월 정상회담 전에 합의를 이끌어 낼 기회가 있었다고 보았다. *Master of the Game*, 413-444 참조.

138 Yitzhak Rabin, *The Rabin Memoirs* (Berkeley: University of California Press, 1979), 421-422.

139 라빈이 사다트에게 보낸 1975년 3월 12일 자 편지. https://catalog.archives.gov.il/wp-content/uploads/2020/02/12-3-1975--רבין-מכתבלסאדאת-HZ-5973_13.pdf.

140 손으로 쓴 기록을 재구성했다.

141 'The Seventeenth Government', *The Knesset History*, https://knesset.gov.il/history/eng/eng_hist8_s.htm.

142 'Memorandum of conversation, Kissinger, Peres, Allon and Rabin, March 22, 1975, 6:35-8:14 p.m., Prime Minister's Office, Jerusalem', Gerald R. Ford Presidential Library and Museum, https://www.fordlibrarymuseum.gov/library/document/0331/1553967.pdf.

143 Henry Kissinger, *Years of Renewal* (New York: Simon and Schuster, 1990), 437.

144 Ibid., 1054.

145 1976년 6월 13일, 이란 신문 《에텔라트(*Etelaat*)》에 실린 사다트 대통령 인터뷰. 722.

146 Sadat, *In Search of Identity*, 297-298.

147 카터가 사다트에게 보낸 1977년 10월 21일 자 편지. https://sadat.umd.edu/sites/sadat.umd.edu/files/Letter%20from%20President%20Jimmy%20Carter%20to%20Egyptian%20President%20Anwar%20Sadat1.pdf.

148 Sadat, *In Search of Identity*, 302.

149 Eric Pace, Anwar el-Sadat obituary, *New York Times*, October 7, 1981.

150 'Excerpts from the speech of H. E. President Mohamed Anwar el-Sadat to the People's Assembly, November 9, 1977', https://sadat.umd.edu/resources/presidential-speeches.

151 "'우리가 제네바에 가기 직전'이기 때문에, 새로운 전략을 결정하려고 [아랍] 정상회담

을 열 필요는 없습니다." 이집트 카이로 주재 대사관에서 국무부로 보낸 1977년 11월 10 일 자 전보. 제목: 사다트의 11월 9일 연설 중 아랍-이스라엘 부분. https://history.state.gov/ historicaldocuments/frus1977-80v08/d145.

152 이집트 카이로 주재 대사관에서 국무부로 보낸 1977년 11월 10일 자 전보. https://history.state. gov/historicaldocuments/frus1977-80v08/d145.

153 사다트의 연설에 앞서 베긴은 외무 장관 다얀에게 모로코에서 사다트의 보좌관 하산 투하미 (Hassan Tuhami)와 비밀회의를 통해 자신이 시나이반도에서 완전히 철수할 준비가 되어 있다 는 것을 알리라고 지시했다.

154 1977년 11월 15일, 베긴 총리가 사다트 대통령에게 보낸 초청장. *Israel's Foreign Policy - Historical Documents*, volumes 4-5: *1977–1979*, https://www.mfa.gov.il/MFA/ForeignPolicy/ MFADocuments/Yearbook3/Pages/69%20Prime%20Minister% 20Begin-s%20letter%20 of%20invitation%20to.aspx.

155 William E. Farrell, 'Sadat Arrives to Warm Welcome in Israel, Says He Has Specific Proposals for Peace', *New York Times*, November 20, 1977.

156 Anwar Sadat, 'Egypt-Israel Relations: Address by Egyptian President Anwar Sadat to the Knesset', November 20, 1977, https://www.jewishvirtuallibrary.org/address-by-egyptian-president-anwar-sadat-to-the-knesset.

157 Ibid.

158 Ibid.

159 Ibid.

160 *Peace in the Making: The Menachem Begin-Anwar El-Sadat Personal Correspondence*, edited by Harry Hurwitz and Yisrael Medad(Jerusalem: Gefen Publishing House, 2011), 'Begin Addresses the Knesset After Sadat', November 20, 1977, 35.

161 Abraham Rabinovich, *The Yom Kippur War: The Epic Encounter That Transformed the Middle East* (New York: Schocken Books, 2004), 497-498.

162 Henry Kissinger, 'Sadat: A Man with a Passion for Peace', *TIME*, October 19, 1981, http:// content.time.com/time/subscriber/article/0,33009,924947,00.html.

163 Sabri Jiryis, 'The Arab World at the Crossroads: An Analysis of the Arab Opposition to the Sadat Initiative', *Journal of Palestine Studies* 7, no. 2(winter 1978), 26.

164 Ibid., 30-40.

165 Kissinger, *Years of Renewal*, 456.

166 파미는 "이집트군이 막대한 노력과 희생을 치러 가며 얻어 낸 모든 것을 사다트가 아무하고도 상의하지 않고 독단적으로 포기했다"고 보았다. — 파미를 인용한 Tignor, *Transforming the Middle East*, 144.

167 US Department of State, Office of the Historian, 'Memorandum of Telephone Conversation (Carter and Begin), November 17, 1977', https://history.state.gov/historicaldocuments/ frus1977-80v08/d147.

168 Joseph T. Stanik, *El Dorado Canyon: Reagan's Undeclared War with Qaddafi* (Annapolis: Naval Institute Press, 2003), 64.

169 1977년 11월 19일·24일 《알사피르(*al-Safir*)》에 실린 전국민회의(General People's Congress) 성명을 인용한 Jiryis, 'The Arab World at the Crossroads', 29-30.

170 Marvin Howe, 'Hard-Line Arab Bloc Is Formed at Tripoli', *New York Times*, December 6, 1977.

171 Jiryis, 'The Arab World at the Crossroads', 30-35.

172 Kissinger, *Years of Renewal*, 1057.

173 Ibid., 354.

174 James Feron, 'Menachem Begin, Guerrilla Leader Who Became Peacemaker', *New York Times*, March 9, 1992.

175 Kissinger, 'A Man with a Passion for Peace'.

176 Finklestone, *Anwar Sadat: Visionary Who Dared*, 249에 인용된 사다트의 말이다.

177 Thomas Lippmann, 'Sadat Installs New Government to Lead a Peaceful Egypt', *Washington Post*, October 6, 1978.

178 1973년 5월 1일, 마할라알쿠브라 경기장에서 열린 대규모 집회의 노동절 기념 연설. Israeli, *The Public Diary of President Sadat*, 354-355.

179 사다트, 노벨 강연, 1978년 12월 10일. https://www.nobelprize.org/prizes/peace/1978/al-sadat/lecture/.

180 Ibid.

181 Finklestone, *Anwar Sadat: Visionary Who Dared*, 251; Wright, *Thirteen Days in September*, 354.

182 베긴이 사다트에게 보낸 1979년 11월 18일 자 편지. Israel Ministry of Foreign Affairs, vol. 6: 1979-1980, https://www.mfa.gov.il/MFA/ForeignPolicy/MFADocuments/Yearbook4/Pages/53%20Letter%20from%20Prime%20Minister%20Begin%20to%20President%20S.aspx.

183 Hedrick Smith, 'After Camp David Summit, A Valley of Hard Bargaining', *New York Times*, November 6, 1978.

184 사다트가 베긴에게 보낸 1978년 11월 30일 자 편지, *Peace in the Making*, 95-97.

185 Ibid., 85-86, 105.

186 사다트가 베긴에게 보낸 편지, 1980년 8월 15일 수신, 위의 책, 209쪽; 베긴이 사다트에게 보낸 1980년 8월 18일 자 편지, 위의 책, 224쪽.

187 Ibid., 216.

188 M. Cherif Bassiouni, 'An Analysis of Egyptian Peace Policy Toward Israel: From Resolution 242(1967) to the 1979 Peace Treaty', 12 Case W. Res. J. Int'l L. 3(1980), https://scholarlycommons.law.case.edu/jil/vol12/iss1/2.

189 Judith Miller, 'Hussein, in Egyptian Parliament, Condemns Camp David Accords', *New York Times*, December 3, 1984.

190 Smith, 'After Camp David Summit'.

191 Jason Brownlee, 'Peace Before Freedom: Diplomacy and Repression in Sadat's Egypt', *Political Science Quarterly 126*, no. 4(winter 2011–2012), 649.

192 Burns, *Economic Aid and American Policy Toward Egypt*, 192.

193 World Bank, 'GDP growth(annual %) – Egypt, Arab Rep.' https://data.worldbank.org/indicator/NY.GDP.MKTP.KD.ZG?end=1989&locations=EG&start=1961.YES

194 Henry F. Jackson, 'Sadat's Perils', *Foreign Policy 42*(spring 1981), 59–69.

195 Marvin G. Weinbaum, 'Egypt's Infitah and the Politics of US Economic Assistance', *Middle Eastern Studies 21*, no. 2(April 1985), 206; 이란 신문 《에텔라트》에 실린 사다트 대통령 인터뷰, 1976년 6월 13일.

196 Tignor, *Transforming the Middle East*, 140; Brownlee, 'Peace Before Freedom', 651.

197 Saad Eddin Ibrahim, 'Anatomy of Egypt's Militant Islamic Groups: Methodological Note and Preliminary Findings', *International Journal of Middle East Studies 12*, no. 4(December 1980), 439.

198 Saad Eddin Ibrahim in 'Discussion', in *Sadat and His Legacy*(Washington, DC: Washington Institute, 1998), 103, https://www.washingtoninstitute.org/media/3591.

199 Ibrahim, 'Anatomy', 445.

200 Jiryis, 'The Arab World at the Crossroads', 35–36.

201 'Middle East: War of Words, Hope for Peace,' *TIME*, August 7, 1978, http://content.time.com/time/subscriber/article/0,33009,948219,00.html.

202 Jackson, 'Sadat's Perils', 64.

203 Ibrahim, speaking in 'Discussion: Sadat's Strategy and Legacy', 102.

204 Jehan Sadat, *A Woman of Egypt*, 415.

205 Jackson, 'Sadat's Perils', 65; Don Schanche and *LA Times*, 'Arab Sanctions Leave Egypt Unshaken', *Washington Post*, April 2, 1979.

206 1969년에 어떤 정신 나간 관광객이 알아크사 모스크에 불을 지르자 이슬람 지도자들이 이스라엘 점령지의 성지를 보호하기 위해 어떤 조치가 필요한지 논의하는 자리가 마련되었고, 나세르가 이집트 대표로 안와르를 보냈다. 남편은 이 문제에 관한 샤의 제안이 너무 약하다고 생각해서 이를 지도자들에게 아랍어로 말했다. 그러자 샤가 화를 내며 대꾸했다. 안와르가 자신의 말을 샤가 알아들을 수 있도록 프랑스어로 통역하면 더 선동적으로 들린다는 걸 깨닫고 정상회담 참석자들에게 페르시아어로 말하자 싸움이 가라앉았다. 절대 소리 내어 웃지 않고 드물게 미소만 짓는다고 알려진 샤가 이때 웃으면서 자리에서 일어나 안와르에게 박수를 보냈다. 평생 우정의 씨앗이 싹이 튼 순간이었다. 안와르는 샤를 이야기하며 '불화가 없다면 사랑도 있을 수 없다'는 아랍 속담을 즐겨 말했다.(Jehan Sadat, *A Woman of Egypt*, 340–342.)

207 지한 사다트가 이렇게 회고했다. "사우디아라비아로 가서 국왕 칼리드(Khalid)와 왕자들에게 왜 당신을 지지하는 게 늦어지는지 물어보겠습니다." 샤가 남편에게 말했다. "당신이 전 지역과 포괄적이고 공정한 평화와 아랍 민족의 권리 회복을 위해 일한다는 걸 그들도 알아야 합니다." 샤가 실제로 제다에 갔지만 성과는 없었다. 그러나 안와르는 친우가 부탁도 없이 자신을 위해 어디까지 갔는지를 절대 잊지 않았다.'(위의 책, 384–386.)

208 Ibid., 424 – 425.

209 Richard L. Homan, 'Opposition Parties Disbanding to Protest Sadat Crackdown', *Washington Post*, June 6, 1978. Brownlee, 'Peace Before Freedom', 661, Jackson, 'Sadat's Perils', 64.

210 William E. Farrell, 'Sadat, with Anger and Sarcasm, Defends His Crackdown on Foes', *New York Times*, September 10, 1981.

211 Brownlee, 'Peace Before Freedom', 664.

212 Raphael Israeli, 'Sadat's Egypt and Teng's China: Revolution Versus Modernization', *Political Science Quarterly 95*, no. 3(1980), 364.

213 Camelia Anwar Sadat, 'Anwar Sadat and His Vision', in Alterman, ed., *Sadat and His Legacy*.

214 *Peace in the Making*, 244 – 245.

215 Henry Kissinger on ABC News Nightline, October 6, 1981, https://www.youtube.com/watch?v=N1nCpbUKc4E.

216 Howell Raines, '3 Ex-Presidents in Delegation to Funeral but Reagan Is Not', *New York Times*, October 8, 1981; 'Officials from Around the World Attending Sadat's Funeral', *New York Times*, October 10, 1981.

217 Kissinger on ABC News Nightline, October 6, 1981.

218 David B. Ottaway, 'Body of Sadat is Laid to Rest in Tightly Controlled Funeral', *Washington Post*, October 11, 1981, https://www.washingtonpost.com/archive/politics/1981/10/11/body-of-sadat-is-laid-to-rest-in-tightly-controlled-funeral/c72f4903-7699-42a8-b0c7-77f063695e81/.

219 Anwar Sadat, 'Address at Ben-Gurion University', May 26, 1979, https://mfa.gov.il/MFA/ForeignPolicy/MFADocuments/Yearbook4/Pages/15%20Statements%20by%20Presidents%20Navon%20and%20Sadat-%20and%20P.aspx.

220 https://www.presidency.ucsb.edu/documents/remarks-president-carter-president-anwar-al-sadat-egypt-and-prime-minister-menahem-begin.

221 Sadat, *In Search of Identity*, 79, 84 – 85.

222 Kissinger, *Years of Renewal*, 458.

223 Prime Minister Yitzhak Rabin, 'Address to the United States Congress, July 26, 1994', https://mfa.gov.il/MFA/MFA-Archive/Pages/ADDRESS%20BY%20PM%20RABIN%20TO%20THE%20US%20CONGRESS%20-%2026-Jul-94.aspx.

224 Kissinger, *Years of Upheaval*, 651.

225 'Remarks by the Honorable Henry Kissinger', May 4, 2000, Anwar Sadat Chair for Peace and Development, University of Maryland, https://sadat.umd.edu/events/remarks-honorable-henry-kissinger.

5장 | 리콴유

I   2000년 10월 17일, 하버드대학교 존F.케네디스쿨에서 한 리콴유의 '콜린스가 국제 석학회원 강연'. https://www.nas.gov.sg/archivesonline/data/pdfdoc/2000101706.htm. 또한 Richard Longworth, 'Asian Leader Begins Brief Sabbatical', *The Harvard Crimson*, November 14, 1968, https://www.thecrimson.com/article/1968/11/14/asian-leader-begins-brief-sabbatical-plee/ 참조.

2   Longworth, 'Asian Leader Begins Brief Sabbatical'.

3   Lee Kuan Yew, *From Third World to First*(New York: HarperCollins, 2000), 460–461 참조.

4   Richard Nixon, *Leaders: Profiles and Reminiscences of Men Who Have Shaped the Modern World*(New York: Warner Books, 1982), 319.

5   Margaret Thatcher, *Statecraft: Strategies for a Changing World*(New York, HarperCollins, 2002), 117.

6   리콴유의 콜린스가 국제 석학회원 강연.

7   John Curtis Perry, *Singapore: Unlikely Power*(New York: Oxford University Press, 2017), 6.

8   Lee, *From Third World to First*, 3.

9   Han Fook Kwang et al., eds., *Lee Kuan Yew: Hard Truths to Keep Singapore Going*(Singapore: Straits Times Press, 2011), 19.

10   Ibid., 18.

11   Lee, *From Third World to First*, 690.

12   Ibid.

13   'Aspen Meeting, May 6, 1979, 3.00 p.m., Singapore', Henry A. Kissinger papers, part III, box 169, folder 4, 12, Yale University Library, http://findit.library.yale.edu/catalog/digcoll:1193313.

14   Han et al., eds., *Hard Truths*, 390. 레이철 린(Rachel Lin)과 로빈 챈(Robin Chan) 등 싱가포르 출신 젊은 기자들이 리콴유를 인터뷰했다.

15   Ezra Vogel, *Deng Xiaoping and the Transformation of China*(Cambridge, MA: Belknap Press, 2011), 290–291.

16   Perry, *Singapore*, 37.

17   Ibid., 124.

18   Ibid., 121.

19   시기에 관해서는 위의 책, 124. Fred Glueckstein, 'Churchill and the Fall of Singapore', *International Churchill Society*, November 10, 2015, https://winstonchurchill.org/publications/ finest-hour/finest-hour-169/churchill-and-the-fall-of-singapore/.

20   Lee Kuan Yew, *The Singapore Story*(Singapore: Times Editions, 1998), 51.

21   Ibid., 35.

22   Ibid., 34. 리콴유는 회고록의 첫머리에 아버지가 돈을 잃은 날이면 발코니에 매달려 시비를 걸던 장면을 잊을 수 없다고 썼다.

23   Ibid.

24 Ibid., 35-38.

25 Ibid., 36.

26 Ibid., 43.

27 Ibid., 38.

28 Ibid.

29 Ibid., 39-40.

30 리콴유의 콜린스가 국제 석학회원 강연. Perry, *Singapore*, 146. 여기에 싱가포르의 어떤 말레이 여성이 전쟁 뒤 돌아온 영국군을 보고 느낀 비슷한 감정이 기록되었다. "우리는 분명 영국이 우리를 일본군으로부터 해방하기 위해 돌아와서 기뻐했다. 그러나 앞으로도 우리를 지켜 주겠다는 그들의 약속은 믿지 않았다. (……) 신께도 결점이 있기 마련이다."

31 Perry, *Singapore*, 138.

32 Ibid., 140.

33 Ibid., 61-66.

34 Ibid., 66.

35 Ibid., 115.

36 2010년 10월 6일 싱가포르 총리실, 콰걱추의 장례식 중 리콴유 고문장관의 추도사.

37 Ibid., 113-114.

38 리콴유의 콜린스가 국제 석학회원 강연.

39 위의 강연.

40 1950년 2월 초 리콴유가 데이비드 위디콤(David Widdicombe)을 위해 한 연설, "내가 영국인이라면(If I Were an Englishman)". *Lee Kuan Yew: The Man and His Ideas*, eds. Han Fook Hwang, Warren Fernandez and Sumiko Tan(Singapore: Times Editions, 1998), 255.

41 Constance Mary(C. M.) Turnbull, *A History of Modern Singapore*(Singapore: National University of Singapore Press, 2020), 371-372.

42 Ibid., 382.

43 1879년 위원회가 경찰 조직에 퍼진 뇌물 수수를 비난했다. Jon S. T. Quah, 'Combating Corruption in Singapore – What Can Be Learned?', *Journal of Contingencies and Crisis Management* 9, no. 1(March 2001), 29-31 참조.

44 Ibid., 30.

45 Cyril Northcote Parkinson, *A Law Unto Themselves: Twelve Portraits*(Boston: Houghton Mifflin, 1966), 173.

46 Perry, *Singapore*, 157.

47 Lee, *The Singapore Story*, 305-309, 319.

48 Turnbull, *Singapore*, 449-450.

49 Lee, *From Third World to First*, 96.

50 Ibid., 105.

51 Quah, 'Combating Corruption in Singapore'.

52 Turnbull, *Singapore*, 429.

53 1994년 11월 1일 국회 앞 연설 "좋은 장관의 가치는 얼마입니까(How Much Is a Good Minister Worth)?", *Lee Kuan Yew: The Man and His Ideas*, 331.

54 Beng Huat Chua, *Liberalism Disavowed: Communitarianism and State Capitalism in Singapore*(Ithaca, NY: Cornell University Press, 2017), 3.

55 2000년 2월 2일에 열린 '좋은 정부와 부패 척결에 관한 국제 경험(International Experiences on Good Governance and Fighting Corruption)' 세미나에 제출된 Muhammad Ali, 'Eradicating Corruption – The Singapore Experience'.

56 Quah, 'Combating Corruption in Singapore', 29.

57 Lee, 'How Much Is a Good Minister Worth?', 338.

58 Turnbull, *Singapore*, 450.

59 Ibid., 495.

60 Ibid., 450.

61 George P. Shultz and Vidar Jorgensen, 'A Real Market in Medical Care? Singapore Shows the Way', *The Wall Street Journal*, June 15, 2020, https://www.wsj.com/articles/a-real-market-in-medical-care-singapore-shows-the-way-11592264057.

62 Lim Meng-Kim, 'Health Care Systems in Transition II. Singapore, Part 1. An Overview of Health Care Systems in Singapore,' *Journal of Public Health 20*, no. 1(1988), 19.

63 Turnbull, *Singapore*, 510 – 511.

64 Ibid.

65 Turnbull, *Singapore*, 511.

66 Lee, *From Third World to First*, 112.

67 Perry, *Singapore*, 160, 250, 252.

68 Lee, *From Third World to First*, 112.

69 Fareed Zakaria, 'Culture Is Destiny: A Conversation with Lee Kuan Yew', *Foreign Affairs 73*, no. 2(March/April 1994), 111.

70 Lee, *The Singapore Story*, 16, 401 – 402.

71 Ibid., 394 – 396.

72 Perry, *Singapore*, 157.

73 Ibid., 164.

74 Lee, *The Singapore Story*, 23.

75 Arnold Toynbee, *Cities on the Move*(New York: Oxford University Press, 1970), 55.

76 Perry, *Singapore*, 197.

77 Lee, *From Third World to First*, 7.

78 Seth Mydans, 'Days of Reflection for the Man Who Defined Singapore', *New York Times*, September 11, 2010.

79 Lee Kuan Yew, 'Transcript of a Press Conference on August 9, 1965', National Archives of

Singapore, 32–33, https://www.nas.gov.sg/archivesonline/speeches/record-details/740acc3c-115d-11e3-83d5-0050568939ad.

80 Lee, *From Third World to First*, 6.

81 Ibid., 14.

82 Ibid., 11.

83 Ibid., 15.

84 Ibid., 19.

85 Ibid., 228.

86 동아시아기독교협의회(EACC) 후원으로 1967년 4월 10일 퀸스트리트감리교회에서 열린 '청소년과 리더십 교육에 관한 회의(the Consultation on Youth and Leadership Training)' 모임에서 총리가 한 연설의 녹취본.

87 'Aspen Meeting, January 30, 1980, 3.30 p.m., Germany', Henry A. Kissinger papers, part III, box 169, folder 11, 10–11, Yale University Library, http://findit.library.yale.edu/catalog/digcoll:1193221.

88 Lee Kuan Yew, *My Lifelong Challenge: Singapore's Bilingual Journey*(Singapore: Straits Times Press, 2012).

89 Ibid., 53.

90 싱가포르공화국 헌법 153A.

91 Zakaria, 'Culture Is Destiny', 120.

92 Perry, *Singapore*, 166. 리콴유는 심지어 인조대리석으로 복제본을 만들어 싱가포르 해안의 주요 지점에 두기도 했다.

93 Lee, *From Third World to First*, 50 참조.

94 Ibid., 3.

95 리콴유, '모든 버튼이 작동하는지 확인하라(Make Sure Every Button Works)', 1965년 9월 20일 빅토리아극장에서 고위 공무원을 대상으로 한 연설. *Lee Kuan Yew: The Man and His Ideas*.

96 리콴유, 1963년 8월 31일 파당에서 열린 말레이시아 독립기념일 대회 및 행진 중에 한 연설, 4. https://www.nas.gov.sg/archivesonline/speeches/record-details/740957c6-115d-11e3-83d5-0050568939ad.

97 'Aspen Meeting, January 17, 1978', Henry A. Kissinger papers, part III, box 168, folder 31, 12–13, Yale University Library, http://findit.library.yale.edu/catalog/digcoll:1193335.

98 1981년 5월 1일, 총리의 노동절 기념사. https://www.nas.gov.sg/archivesonline/speeches/record-details/73b03d18-115d-11e3-83d5-0050568939ad.

99 Perry, *Singapore*, 152; and Rudyard Kipling, 'Recessional', The Poetry Foundation, https://www.poetryfoundation.org/poems/46780/recessional.

100 'British Withdrawal from Singapore,' *Singapore Infopedia*, Singapore National Library Board, http://eresources.nlb.gov.sg/infopedia/articles/SIP_1001_2009-02-10.html.

101 Perry, *Singapore*, 165.

102 Ibid., 157.

103 Ibid., 167. 리콴유가 조선업에 대해 알아보려고 몰타, 영국, 일본을 방문했다.

104 *Lee Kuan Yew: The Man and His Ideas*, 109에서 재인용.

105 'Aspen Meeting, January 18, 1978', Henry A. Kissinger papers, part III, box 168, folder 32, 2, Yale University Library, http://findit.library.yale.edu/catalog/digcoll:1193198.

106 Perry, *Singapore*, 196.

107 2003년 1월 18일 오후 3시 40분, 싱가포르 이스타나 궁 내각회의실 담화 기록.

108 'World Economic Survey, 1971', UN Department of Economic and Social Affairs(New York: UN, 1972), http://www.un.org/en/development/desa/policy/wess/wess_archive/1971wes.pdf.

109 Turnbull, *Singapore*, 491.

110 Ibid., 491.

111 *Lee Kuan Yew: The Man and His Ideas*, 111-112.

112 Lee, *From Third World to First*, 691.

113 Ibid., 63.

114 리콴유, 1987년 8월 8일 '1987년 국경일 전야 방송', https://www.nas.gov.sg/archivesonline/speeches/record-details/73fa03f6-115d-11e3-83d5-0050568939ad.

115 '총리의 1981년 노동절 기념사'.

116 1984년 10월 9일, 리콴유 총리가 외신 기자 다섯 명과 SBC에서 나눈 대화의 녹취본. https://www.nas.gov.sg/archivesonline/speeches/record-details/7422b2ea-115d-11e3-83d5-0050568939ad.

117 1967년 10월 17일, 존슨 대통령이 백악관에서 싱가포르의 리콴유 총리를 맞이하는 환영사. https://www.presidency.ucsb.edu/documents/remarks-welcome-the-white-house-prime-minister-lee-singapore.

118 Hubert Humphrey, 'Memorandum from Vice President Humphrey to President Johnson: Meeting with Prime Minister Lee Kuan Yew of Singapore', October 18, 1967, Department of State, Office of the Historian.

119 Zakaria, 'Culture Is Destiny', 115.

120 1973년 4월 4일, '대통령과 함께한 싱가포르 리콴유 총리의 건배사', 7, https://www.nas.gov.sg/archivesonline/speeches/record-details/7337d52d-115d-11e3-83d5-0050568939ad.

121 '총리의 1981년 노동절 기념사'.

122 Zakaria, 'Culture Is Destiny', 124-125.

123 Lee, *From Third World to First*, 451.

124 'Obituary: Lee Kuan Yew', *The Economist*, March 22, 2015, https://www.economist.com/obituary/2015/03/22/lee-kuan-yew.

125 Zakaria, 'Culture Is Destiny', 112.

126 *Lee Kuan Yew: The Man and His Ideas*, 230, 233.

127 리콴유, '새로운 시대의 동아시아: 협력의 전망(East Asia in the New Era: The Prospects of

Cooperation)', 1992년 5월 11일 뉴욕에서 열린 하버드대학교 페어뱅크센터 콘퍼런스에서 한 연설. Graham Allison and Robert D. Blackwill, eds., *Lee Kuan Yew: The Grand Master's Insights on China, the United States, and the World*(Cambridge, MA: Belfer Center for Science and International Affairs/The MIT Press, 2012), 41에서 재인용.

128 '2002년 5월 2일, 미국 국방정책위원회(DPB) 논평', 저자의 자료, 3.

129 Han et al., eds., *Hard Truths*, 313.

130 Lee Kuan Yew, 'Southeast Asian View of the New World Power Balance in the Making', Jacob Blaustein Lecture no. 1, March 30, 1973, 12, https://www.nas.gov.sg/archivesonline/speeches/record-details/73377f87-115d-11e3-83d5-0050568939ad

131 'Aspen Meeting, May 7, 1979, Singapore', Henry A. Kissinger papers, part III, box 169, folder 5, 3, Yale University Library, http://findit.library.yale.edu/catalog/digcoll:1193268

132 Ibid., 6.

133 Ibid., 4.

134 Peter Hicks, '"Sleeping China" and Napoléon', Fondation Napoleon, https://www.napoleon.org/en/history-of-the-two-empires/articles/ava-gardner-china-and-napoleon/.

135 Nicholas D. Kristof, 'The Rise of China', *Foreign Affairs* 72, no. 5(November/December 1993), 74.

136 Lee Kuan Yew, 'Asia and the World in the 21st Century', 1996년 9월 4일 베이징에서 열린 21세기포럼 연설.

137 Han et al., eds., *Hard Truths*, 310.

138 리콴유의 콜린스가 국제 석학회원 강연.

139 Vogel, *Deng Xiaoping*, 292.

140 Han et al., eds., *Hard Truths*, 389.

141 Vogel, *Deng Xiaoping*, 291.

142 Ibid.

143 Emrys Chew and Chong Guan Kwa, *Goh Heng Swee: A Legacy of Public Service*(Singapore: World Scientific Publishing Co., 2012), 17에서 재인용.

144 Lee, *From Third World to First*, 626.

145 Ibid., 627-628.

146 2001년 7월 11일 싱가포르에서 열린 퓨처차이나 글로벌 포럼 중 리콴유와 존 손튼(John Thornton)이 나눈 대화의 요약본. Allison and Blackwill, eds., *Lee Kuan Yew*, 42에서 재인용.

147 Nathan Gardels, 'The East Asian Way – with Air Conditioning', *New Perspectives Quarterly 26*, no. 4(fall 2009), 116.

148 Henry A. Kissinger, *Years of Renewal*(New York: Simon and Schuster, 1999), 1057에서 재인용.

149 2009년 9월 2일 싱가포르에서 열린 리콴유 공공정책대학원 5주년 만찬 중 리콴유의 질의응답 시간. Allison and Blackwill, eds., *Lee Kuan Yew*, 47-48에서 재인용.

150 Allison and Blackwill, eds., *Lee Kuan Yew*, 43 중 저자 인터뷰.

151 Ibid., 45.

152 '미국과 아시아(America and Asia)', 1996년 11월 11일 워싱턴 DC에서 열린 신세기의 건축가 상(the Architect of the New Century award) 기념식 중 리콴유의 연설. Allison and Blackwill, eds., *Lee Kuan Yew*. 41에서 재인용.

153 '중국 르네상스에서 상하이의 구실(Shanghai's Role in China's Renaissance)', 2005년 5월 17일 상하이에서 열린 상하이포럼 중 리콴유의 연설. Allison and Blackwill, eds., *Lee Kuan Yew*, 48에서 재인용.

154 'Aspen Meeting, June 10, 1978, Iran', Henry A. Kissinger papers, part III, box 169, folder 2, 61–62, Yale University Library, http://findit.library.yale.edu/catalog/digcoll:1193349.

155 'Aspen Meeting, May 6, 1979, Singapore', Henry A. Kissinger papers, part III, box 169, folder 3, 11, Yale University Library, http://findit.library.yale.edu/catalog/digcoll:1193222.

156 Ibid.

157 2002년 5월 2일 미국 국방정책위원회에서 리콴유가 한 말, 1.

158 World Bank Open Data, 'GDP per capita(current US$) – Singapore', https://data.worldbank.org/indicator/NY.GDP.PCAP.CD?locations=SG.

159 World Bank open data, 'GDP growth(annual %) – Singapore', https://data.worldbank.org/indicator/NY.GDP.MKTP.KD.ZG?locations=SG.

160 Nixon, *Leaders*, 310.

161 'Aspen Meeting, June 9, 1978, Iran', Henry A. Kissinger papers, part III, box 169, folder 1, 33–34, Yale University Library, http://findit.library.yale.edu/catalog/digcoll:1193199.

162 Ibid., 336.

163 Lee, *From Third World to First*, 688.

164 Ibid., 687.

165 Alexander Pope, third epistle in *An Essay on Man(1733–1734)*.

166 Jose Ortega y Gasset, *History as a System, and Other Essays Toward a Philosophy of History*, trans. Helene Weyl(New York: W. W. Norton & Company, Inc., 1962), 217.

167 Lee, *From Third World to First*, 9.

168 Han et al., eds., *Hard Truths*, 388.

169 Tom Plate, *Conversations with Lee Kuan Yew*(Singapore: Marshall Cavendish Editions, 2015), 203.

170 Colin Campbell, 'Singapore Plans to Revive Study of Confucianism', *New York Times*, May 20, 1982.

171 Tom Plate, *Conversations with Lee Kuan Yew: Citizen Singapore: How to Build a Nation*(Singapore: Marshall Cavendish, 2010), 177.

172 1978년 이란(키신저, 리콴유, 슐츠가 참석하고 슈미트는 불참한 제1회 '애스펀원탁회의'), 1979년 싱가포르(키신저·리콴유·슐츠 참석, 슈미트 불참), 1980년 독일(키신저·리콴유·슈미트 참석, 슐츠 불참), 1982년 도쿄(키신저·리콴유·슈미트 참석, 슐츠 불참)에서 회담이 열렸다. 1982년 여름 캘리포니아에서 처음으로 네 사람이 모였다. Matthias Nass, 'Four Very Powerful Friends: Lee Kuan Yew, Helmut Schmidt, Henry Kissinger, George Shultz', *The Straits Times*,

July21, 2012, https://www.straitstimes.com/singapore/4-very-powerful-friends-lee-kuan-yew-helmut-schmidt-henry-kissinger-george-shultz 참조.

173 Matthias Nass, 'Vier Freunde', *Die Zeit*, July 5, 2012, 4, https://www.zeit.de/2012/28/Vier-Freunde/seite-4.

174 Perry, *Singapore*, 237; and Seth Mydans, 'Days of Reflection for the Man Who Defined Singapore', *New York Times*, September 11, 2010. This despite Lee's 1968 proclamation: 'Poetry is a luxury we cannot afford.'

175 Seth Mydans, 'Days of Reflection for the Man Who Defined Singapore', *New York Times*, September 11, 2010.

176 슬프게도 현재 이를 두고 리콴유의 가족 내 불화가 있다.

177 2009년 7월 6일 마크 제이콥슨(Mark Jacobson)의 리콴유 인터뷰. Allison and Blackwill, eds., *Lee Kuan Yew*, 149에서 재인용.

178 Mydans, 'Days of Reflection'.

179 Ibid.

180 Lee, 'How Much Is a Good Minister Worth?', 331.

6장 | 마거릿 대처

1 Ferdinand Mount, 'Thatcher's Decade', *The National Interest 14*(winter 1988/1989), 15. 저자가 강조 표시.

2 1968년 10월 11일, 대처의 보수당 정치 강연. https://www.margaretthatcher.org/document/10163.

3 1975년 2월 11일 보수당 대표 당선 기자회견. https://www.margaretthatcher.org/document/102487.

4 Margaret Thatcher, *The Downing Street Years*(London: HarperCollins, 1993), 5.

5 Philip Larkin, *Collected Poems*(New York: Farrar, Straus, and Giroux, 2003), 141.

6 Peter Hennessy, *Having It So Good: Britain in the Fifties*(London: Penguin, 2007), Chapters 12 and 13 참조.

7 Kathleen Burk, *Old World, New World: The Story of Britain and America*(London: Little Brown, 2007), 608에서 재인용.

8 윌슨도 존슨이 요청한 베트남전 파병을 거부했다.

9 Nixon tapes, February 3, 1973, 840-12, Richard M. Nixon Presidential Library, Yorba Linda, CA.

10 Odd Arne Westad, *The Cold War: A World History*(New York: Basic Books, 2017), 520–521.

11 BBC News, '1974: Miners' Strike Comes to an End', *On This Day*: March 6, 1974, http://news.bbc.co.uk/onthisday/hi/dates/stories/march/6/newsid_4207000/4207111.stm.

12 Christopher Kirkland, *The Political Economy of Britain in Crisis: Trade Unions and the Banking Sector* (London: Palgrave Macmillan, 2017), 76.

13 BBC News, 'In Quotes: Margaret Thatcher', April 8, 2013, https://www.bbc.com/news/uk-politics-10377842.

14 마가복음 12:31 및 마태복음 22:39에서 예수가 인용한 레위기 19:18.

15 1960년 2월 5일, 대처의 하원 앞 연설. https://www.margaretthatcher.org/document/101055.

16 위의 연설. 프랭크스위원회가 1957년 보고서에서 영국 법정이 개방성과 공평무사, 공명정대를 실천해야 한다고 역설했다. 크리첼다운 사건과 국정 운영 전반의 부족한 점에 대응하기 위해 만들어진 이 위원회의 구체적인 권고 사항은 대부분 1958년 '행정심판소와 심리에 관한 법률(Tribunals and Inquiries Act)'로 시행되었다.

17 1968년 10월 11일, 대처의 보수당 정치 강연.

18 '1975년 5월 9일 포드, 키신저' 대화록. box 11, National Security Advisor, Ford Library, Ann Arbor, MI.

19 Charles Moore, *Margaret Thatcher: From Grantham to the Falklands* (New York: Knopf, 2013), 367.

20 찰스 파월의 동생 조너선 파월(Jonathan Powell)도 토니 블레어(Tony Blair) 총리를 위해 비슷한 구실을 했다.

21 1983년 1월 16일 런던주말텔레비전(LWT), 브라이언 월든(Brian Walden)의 대처 인터뷰. https://www.margaretthatcher.org/document/105087.

22 Thatcher, *The Downing Street Years*, 821.

23 Charles Powell to Anthony C. Galsworthy, 'Prime Minister's Meeting with Dr Kissinger: Political Matters', December 3, 1986, National Archives of the UK, PREM 19/3586, 1, https://discovery.nationalarchives.gov.uk/details/r/C16481832 참조.

24 찰스 파월과 사적으로 주고받은 편지, 2021년 1월 4일.

25 1980년 10월 10일, 대처의 보수당 전당대회 연설. https://www.margaretthatcher.org/document/104431.

26 저자의 회고.

27 Samuel Taylor Coleridge, *The Statesman's Manual* (London: Gale and Fenner, J. M. Richardson and Hatchard, 1816), 16.

28 Chris Edwards, 'Margaret Thatcher's Privatization Legacy', *Cato Journal* 37, no. 1 (2017), 95.

29 1983년 1월 16일 LWT, 월든의 대처 인터뷰.

30 1984년 10월 12일, 대처의 보수당 전당대회 연설. https://www.margaretthatcher.org/document/105763.

31 세계은행 공개 자료.

32 UK Office for National Statistics, 'Labour Disputes in the UK: 2018', https://www.ons.gov.uk/employmentandlabourmarket/peopleinwork/workplacedisputesandworkingconditions/articles/labourdisputes/2018.

33 키신저가 대처에게 보낸 1997년 5월 6일 자 편지.

34 대처가 키신저에게 보낸 1997년 5월 20일 자 편지.

35 Rachel Borrill, 'Meeting between Thatcher and Blair "worries" left wing MPs', *Irish Times*, May 26, 1997, https://www.irishtimes.com/news/meeting-between-thatcher-and-blair-worries-left-wing-mps-1.75866.

36 Simon Jenkins, *Thatcher & Sons : A Revolution in Three Acts* (London: Penguin, 2006), 205.

37 Mark Tran, 'Thatcher Visits Brown for Tea at No. 10', *Guardian*, September 13, 2007.

38 Margaret Thatcher, 'Memoir of the Falklands War', https://bit.ly/3nFSvQO.

39 Moore, *Margaret Thatcher: From Grantham to the Falklands*, 678에서 재인용.

40 Thatcher, *The Downing Street Years*, 179.

41 Moore, *Margaret Thatcher: From Grantham to the Falklands*, 666에서 재인용.

42 Margaret Thatcher, April 3, 1982, Hansard: 21/633.

43 레이건이 대처에게 보낸 1975년 4월 30일 자 편지. THCR 6/4/1/7, Churchill College, Cambridge, available via the Margaret Thatcher Foundation, https://www.margaretthatcher.org/document/110357.

44 Ronald Reagan, *The Reagan Diaries*, ed. Douglas Brinkley (New York: HarperCollins, 2007), February 27, 1981, 5.

45 NARA, College Park, MD에서 찾은 'Monthly Warning Assessment: Latin America', April 30, 1982, CREST Program, CIA Archives.

46 1983년 1월 의회에 제출된 '포클랜드제도 검토서(Franks Report)', 114-118문단.

47 Andrew Roberts, *Leadership in War* (New York: Viking, 2019), 183.

48 Henry A. Kissinger, 'Reflections on a Partnership: British and American Attitudes to Postwar Foreign Policy', *Observations: Selected Speeches and Essays, 1982–1984* (New York: Little, Brown, 1985), 21.

49 Moore, *Margaret Thatcher: From Grantham to the Falklands*, 727.

50 Ibid., 735.

51 Roberts, *Leadership in War*, 193.

52 Ibid., 192.

53 레이건과 대처의 1982년 5월 31일 통화 기록. https://www.margaretthatcher.org/document/205626.

54 Sam LaGrone, 'Reagan Readied U.S. Warship for '82 Falklands War', *U.S. Naval Institute News*, June 27, 2012, https://news.usni.org/2012/06/27/reagan-readied-us-warship-82-falklands-war-0.

55 대처, 1982년 7월 3일 첼트넘에서 열린 보수당 대회 연설. https://www.margaretthatcher.org/document/104989.

56 John Coles to John 'J. E.' Holmes, November 15, 1982, National Archives of the UK, PREM 19/3586.

57 Margaret Thatcher Foundation에서 찾은 Roger Bone to John Coles, 'Points to Make',

November 11, 1982, National Archives of the UK, PREM 19/1053, https://www.margaretthatcher.org/document/138863.

58 Margaret Thatcher Foundation에서 찾은 Roger Bone to John Coles, 'Future of Hong Kong: Recent Developments and the Prime Minister's Dinner with Dr Kissinger on 12 November', November 11, 1982, National Archives of the UK, PREM 19/1053, https://www.margaretthatcher.org/document/1388.

59 Thatcher, *The Downing Street Years*, 262.

60 Ibid., 383.

61 파월과 사적으로 주고받은 2021년 1월 4일 자 편지.

62 Moore, *Margaret Thatcher: From Grantham to the Falklands*, 597–601.

63 논란의 여지가 있다. 대처는 테러리스트와 절대 협상하지 않는다는 기조를 유지했으나 MI6이 IRA와 접촉하는 것을 묵인하고, 자신에게 유리할 경우 이를 이용했기 때문이다. 이 설명은 위의 책 599–600쪽에 있다.

64 대처, 1981년 3월 5일 벨파스트 연설. https://www.margaretthatcher.org/document/104589.

65 대처, 1981년 5월 5일 하원 질의응답. https://www.margaretthatcher.org/document/104641.

66 대처, 1984년 10월 12일 BBC TV 인터뷰. https://www.margaretthatcher.org/document/133947.

67 대처, 1984년 10월 12일 보수당 전당대회 연설. https://www.margaretthatcher.org/document/105763.

68 Ibid.

69 Charles Moore, *Margaret Thatcher: At Her Zenith: In London, Washington, and Moscow* (New York: Vintage, 2015), 315에서 재인용.

70 영국·아일랜드협정 제1조. https://cain.ulster.ac.uk/events/aia/aiadoc.htm#a.

71 위의 책, 336에서 재인용.

72 Thatcher, *The Downing Street Years*, 415.

73 Moore, *Margaret Thatcher: At Her Zenith*, 333–338 참조.

74 대처, 1976년 1월 19일 켄싱턴 타운홀 연설. https://www.margaretthatcher.org/document/102939.

75 Ibid.

76 브레즈네프, 1968년 11월 13일 연설. https://loveman.sdsu.edu/docs/1968BrezhnevDoctrine.pdf.

77 'Excerpts from Thatcher's Address', *New York Times*, February 21, 1985.

78 대처, 1985년 2월 20일 양원 합동 회의 연설. https://www.margaretthatcher.org/document/105968.

79 대처, 1975년 9월 19일 내셔널프레스클럽 연설. https://www.margaretthatcher.org/document/102770.

80 Henry A. Kissinger, 'The Special Relationship: "I Kept the British Better Informed than the

State Department"', *Listener*, May 13, 1982.

81 키신저, 1983년 홍콩 무역박람회 기조연설.

82 Henry A. Kissinger, 'We Live in an Age of Transition', *Daedalus 124*, no. 3, The Quest for World Order(Summer, 1995), 99–110.

83 Richard V. Allen, 'The Man Who Won the Cold War', *Hoover Digest 2000*(1), https://www.hoover.org/research/man-who-won-cold-war.

84 1983년 3월 23일, 국방 및 국가안보에 관한 레이건의 대국민 연설. Public Papers of the Presidents, American Presidency Project, http://www.presidency.ucsb.edu/ws/index.php?pid=41093&st=&st1=.

85 1984년 12월 22일 캠프데이비드 회담 뒤 대처의 기자회견. https://www.margaretthatcher.org/document/109392.

86 Geoffrey Smith, *Reagan and Thatcher*(London: Bodley Head, 1990), 131.

87 Robert McFarlane to Robert Armstrong, November 7, 1983, United Kingdom: Vol. V(11/1/83–6/30/84) [3 of 3], box 91331, Exec. Sec., NSC: Country File, Reagan Library, Simi Valley, CA.

88 영국 측 회담 기록 인용. John Coles to Brian Fall, December 21, 1983, National Archives of the UK, PREM 19/3586 참조.

89 Archie Brown, *The Human Factor: Gorbachev, Reagan, and Thatcher, and the End of the Cold War* (New York: Oxford University Press, 2020), 113에서 재인용.

90 ibid., 114에서 재인용.

91 Moore, *Margaret Thatcher: At Her Zenith*, 110에서 재인용.

92 Ibid.

93 대처와 레이건의 1983년 9월 29일 대화 기록. 'UK-1983-09/24/1983–10/10/1983', box 90424, Peter Sommer Files, Reagan Library, Simi Valley, CA.

94 Reagan, *Reagan Diaries*, April 6, 1983, 142.

95 Moore, *Margaret Thatcher: At Her Zenith*, 229.

96 1984년 12월 16일, 대처와 고르바초프의 사적인 오찬 중 대화 기록. National Archives of the UK, PREM 19/1394, available via the Margaret Thatcher Foundation, https://www.margaretthatcher.org/document/134729.

97 Thatcher, *Downing Street Years*, 461.

98 1984년 12월 17일, 대처의 BBC TV 인터뷰. https://www.margaretthatcher.org/document/105592.

99 대처와 레이건의 1984년 12월 22일 대화 기록. Thatcher Visit – December 1984 [1], RAC box 15, NSC: EASD, Reagan Library, Simi Valley, CA.

100 *Newsweek*, December 3, 1990.

101 Charles Powell to Len Appleyard, July 31, 1985, National Archives of the UK, PREM 19/3586 참조.

102 Moore, *Margaret Thatcher: At Her Zenith*, 266-268.

103 1986년 10월 12일(오후 3:25-4:30, 5:30-6:50) 회프디에서 나눈 대화 기록. The Reykjavik File, National Security Archive, George Washington University, DC, https://nsarchive2.gwu.edu/NSAEBB/NSAEBB203/Document15.pdf.

104 영국 측 회담 기록을 인용했다. Charles Powell to Anthony C. Galsworthy, December 3, 1986, 'Prime Minister's Meeting with Dr Kissinger: Arms Control', National Archives of the UK, PREM 19/3586 참조.

105 1986년 10월 13일 대처 총리와 통화한 기록 요약본. 'UK-1986-10/07/1986-10/19/1986', box 90901, Peter Sommer Files, Reagan Library, Simi Valley, CA.

106 Powell to Galsworthy, December 3, 1986, 'Prime Minister's Meeting with Dr Kissinger: Arms Control' 참조.

107 Charles Powell to Anthony C. Galsworthy, September 13, 1987, National Archives of the UK, PREM 19/3586.

108 Ibid.

109 Powell to Galsworthy, 'Prime Minister's Meeting with Dr Kissinger: Political Matters' 참조.

110 Charles Moore, *Margaret Thatcher: Herself Alone*(New York: Knopf, 2019), 599에서 재인용.

111 Jon Meacham, *Destiny and Power: The American Odyssey of George Herbert Walker Bush*(New York: Random House, 2015), 424에서 재인용.

112 Ibid., 425.

113 Moore, *Margaret Thatcher: Herself Alone*, 602-603.

114 1990년 8월 2일, 이라크의 쿠웨이트 침공에 관한 조지 H. W. 부시와 대처의 공동 기자회견. https://www.margaretthatcher.org/document/108170.

115 Ibid.

116 George H. W. Bush, 'Remarks and an Exchange with Reporters on the Iraqi Invasion of Kuwait', August 5, 1990, Public Papers of the Presidents.

117 Moore, *Margaret Thatcher: Herself Alone*, 607에 인용된 Charles Powell to Margaret Thatcher, August 12, 1990, National Archives of the UK, PREM 19/3075.

118 George H. W. Bush, *All the Best*(New York: Scribner, 2013), 479에 인용된 Diary of George H. W. Bush, September 7, 1990.

119 Benjamin Disraeli, 'On the 'German Revolution', February 9, 1871, http://ghdi.ghi-dc.org/sub_document.cfm?document_id=1849.

120 Conrad Black, *A Matter of Principle*, Google Books version, 1966-1967, https://bit.ly/3wk42YL.

121 *New York Times*, October 25, 1989.

122 파월이 스티븐 월(Stephen Wall)에게 전한 총리와 키신저 박사의 대화, 1990년 1월 10일. National Archives of the UK, PREM 19/3586.

123 Moore, *Margaret Thatcher: Herself Alone*, 512-522.

124 Donald Edwin Nuechterlein, *America Recommitted: A Superpower Assesses Its Role in a Turbulent*

World(Lexington: University Press of Kentucky, 2000), 187에서 재인용.

125 Thatcher, *The Downing Street Years*, 536.

126 메이는 탈퇴 협정의 실패 이후 사임했고, 데이비드 캐머런(David Cameron)은 브렉시트 국민투표에서 잔류 운동을 펼쳤다가 패배하고 사임했다. 존 메이저(John Major)는 내부 반란에 떠밀려 사임하지는 않았으나, 그의 정부는 1992년 파운드화 평가절하로 큰 타격을 입고 몇 년 뒤 사실상 '마스트리히트 반군' 앞에 무릎을 꿇었다.

127 Moore, *Margaret Thatcher: Herself Alone*, Chapter 4: 'The Shadow of Lawson', 94-111.

128 1988년 9월 20일, 대처의 유럽대학교 연설. https://www.margaretthatcher.org/document/107332.

129 Ibid.

130 Ibid.

131 Ibid.

132 1988년 7월 6일, 들로르의 유럽의회 연설. https://www.margaretthatcher.org/document/113689.

133 Ibid.

134 1990년 10월 30일, 로마 유럽연합정상회의에 관한 대처의 하원 연설. https://www.margaretthatcher.org/document/108234.

135 1990년 11월 13일, 하원에서 하우가 발표한 성명. https://api.parliament.uk/historic-hansard/commons/1990/nov/13/personal-statement.

136 위의 성명. 이때 하우의 주장은 2016년 브렉시트 국민투표에서 잔류 측 주장을 거의 예측했다.

137 Ibid.

138 Moore, *Margaret Thatcher: Herself Alone*, 683.

139 1990년 11월 22일, 키신저와 통화한 파월의 기록. https://www.margaretthatcher.org/document/149456.

140 Moore, *Margaret Thatcher: Herself Alone*, 716에서 재인용.

141 1990년 11월 22일, 대처의 영국 정부에 대한 신뢰 표명. https://www.margaretthatcher.org/document/108256/.

142 Ibid.

143 Isaiah Berlin, 'Winston Churchill in 1940', in Henry Hardy and Roger Hausheer, eds., *The Proper Study of Mankind: An Anthology of Essays*(New York: Farrar, Straus and Giroux, 1998), 618.

144 Ivor Crewe and Donald Searing, 'Ideological Change in the British Conservative Party', *The American Political Science Review 82*, no. 2(June 1988), esp. 362-368.

145 1988년 9월 27일, 대처의 영국왕립학회 연설. https://www.margaretthatcher.org/document/107346.

146 2013년 4월 17일 세인트폴대성당, 대처의 장례식. https://www.stpauls.co.uk/documents/News%20stories/BTOOS.pdf.

결론

1 *The Republic of Plato, trans. Allan Bloom* (New York: Basic Books, 1991), 93–96.

2 Winston S. Churchill, *The Gathering Storm* (Boston: Houghton Mifflin, 1948), 4.

3 Ibid.

4 David Landes, *The Wealth and Poverty of Nations* (New York: Norton, 1998), 285.

5 일반적인 내용은 Adrian Wooldridge, *The Aristocracy of Talent: How Meritocracy Made the Modern World* (New York: Skyhorse Publishing, 2021) 참조.

6 1975년 9월 15일, 대처의 사회경제연구소 연설. https://www.margaretthatcher.org/document/102769.

7 Christopher Lasch, *The Revolt of the Elites and the Betrayal of Democracy* (New York: Norton, 1995), 48–49.

8 Julian Jackson, *De Gaulle* (Cambridge: Harvard Belknap Press, 2018), 772.

9 William Deresiewicz, 'Solitude and Leadership', *The American Scholar*, March 1, 2010, https://theamericanscholar.org/solitude-and-leadership/ 참조.

10 Yuval Levin, 'Making Meritocrats Moral', American Purpose, December 7, 2021. 또한 Yuval Levin, *A Time to Build: From Family and Community to Congress and the Campus, How Recommitting to Our Institutions Can Revive the American Dream* (New York: Basic Books, 2020) 참조.

11 Ibid.

12 일반적인 내용은 Marshall McLuhan, *Understanding Media: The Extensions of Man* (New York: Signet Books, 1966) 참조.

13 가핑클이 인지과학자 매리언 울프(Maryanne Wolf)가 구상한 '심층 독서'라는 개념을 빌려다 심화했다. Adam Garfinkle, 'The Erosion of Deep Literacy', *National Affairs* no. 43 (spring 2020), https://nationalaffairs.com/publications/detail/the-erosion-of-deep-literacy 참조.

14 Max Weber, 'Politics as a Vocation', in *The Vocation Lectures*, eds. David Owen and Tracy B. Strong, trans. Rodney Livingstone (Indianapolis: Hackett Publishing Company, 2004), , 77.

15 Neil Postman, *Amusing Ourselves to Death: Public Discourse in the Age of Show Business* (New York: Penguin, 1985), 10 참조. 퇴역한 미 해병대 장성이자 전 국방 장관인 제임스 매티스(James Mattis)도 이에 대해 상세히 설명했다. "지금까지 수백 권의 책을 읽지 않았다면 당신은 기능상 문맹이며 분명 무능할 것이다. 개인적 경험의 폭은 당신을 성장시킬 만큼 넓지 못하기 때문이다. '책 읽을 시간이 없다'고 주장하는 사령관이 있다면 부대원들로 시체 가방을 채우게 될 것이다." James Mattis, *Call Sign Chaos* (New York: Random House, 2019), 42.

16 Garfinkle, 'The Erosion of Deep Literacy'.

17 Lee Kuan Yew, 'Collins Family International Fellowship Lecture', delivered October 17, 2000 at the John F. Kennedy School of Government at Harvard University, https://www.nas.gov.sg/archivesonline/data/pdfdoc/2000101706.htm.

18 Ibid.

19 토머스 제퍼슨(Thomas Jefferson)이 존 애덤스(John Adams)에게 보낸 1813년 10월 28일 자 편지. Adrienne Koch and William Peden, eds., *The Life and Selected Writings of Thomas Jefferson*(New York: Random House, 1944), 632–633 참조.

20 James Q. Wilson, *On Character*(Washington, DC: The AEI Press, 1995), 22.

21 Niall Ferguson, *Civilization: The West and the Rest*(New York: Penguin, 2012).

22 Niccolo Machiavelli, *Discourses on Livy*, trans. Julia Conaway Bondanella and Peter Bondanella (Oxford: Oxford University Press, 2009), 213.

23 Ibid.

24 Friedrich Engels, *Herr Eugen Duhring's Revolution in Science(Anti-Duhring)*(New York: International Publishers, 1966), 307.

25 Weber, 'Politics as a Vocation', 93–94.

26 Epictetus, Enchiridion, in *The Art of Living: The Classic Manual on Virtue, Happiness, and Effectiveness*, trans. Sharon Lebell(New York: HarperCollins, 1995), 10.

찾아보기

옮긴이 서종민

뉴욕주립대학교에서 경제학과 국제정치학을 공부하고 한국외국어대학교 통번역대학원을
졸업한 뒤 전문 번역가로 활동하고 있다. 『권력의 심리학』, 『모기: 인류 역사를 결정지은
치명적인 살인자』, 『경이로운 역사 콘서트』, 『알렉산더 해밀턴』(공역), 『이슬람의 시간』,
『이슬람 테러리즘 속 이슬람』, 『군주론』을 비롯한 여러 책을 옮겼다.

리더십
현대사를 만든 6인의 세계 전략 연구

1판 1쇄 찍음 2023년 5월 4일
1판 1쇄 펴냄 2023년 5월 18일

지은이   헨리 키신저
옮긴이   서종민
발행인   박근섭·박상준
펴낸곳   (주)민음사

출판등록 1966. 5. 19. 제16-490호
주소   서울특별시 강남구 도산대로1길 62(신사동)
          강남출판문화센터 5층 (우편번호 06027)
대표전화 02-515-2000 | 팩시밀리 02-515-2007
홈페이지 www.minumsa.com

ISBN 978-89-374-1715-3 (03340)

* 잘못 만들어진 책은 구입처에서 교환해 드립니다.